東南亞史

A History of Southeast Asia
Critical Crossroads

安東尼・瑞德
Anthony Reid ——著

韓翔中——譯

・多元而獨特，關鍵的十字路口・

目次

導讀

文：鄭永常／國立成功大學歷史學系退休教授

　　澳大利亞歷史學家安東尼・瑞德（Anthony Reid）是當代國際著名的東南亞史學研究者，一九八八年瑞德出版《東南亞的貿易時代：1450-1680》（Southeast Asia in the Age of Commerce, 1450-1680）是他的成名作。二〇一五年瑞德著的《東南亞史：多元而獨特，關鍵的十字路口》（A History of Southeast Asia: Critical Crossroads）繁體中文版終於面世，這是一本四十五萬字的巨著，從遠古東南亞時代講起，至當代東南亞各國民族、文化及國家的形成過程，作了一次全面而縱深的檢視，作者跳脫過去史學家書寫東南亞王朝史的寫法，認為「這些人事物在歷史中並沒有那應重要」，這一說法把二戰後出版的非常重要的東南亞史著作打了一巴掌，如法國學者賽代斯（George Coedès）一九四八年出版的經典著作《東南亞印度化國家》（The Indianized states of Southeast Asia, 1968 英譯）。瑞德不客氣的批評賽代斯將第三至六世紀中國文獻有關扶南史料與後來出土銘文加以連結，由此假定，湄公河三角洲在第一世紀誕生了東南亞第一個「扶南王國」，它曾經統治印度支那與馬來半島的大部分區域。後來的學者由於高度仰賴賽代斯的研究，從而建構了一套連貫性的敘事，講述那些東南亞國王可能怎樣前後承繼的，如英國霍爾（D. G. E. Hall）《東南亞史》（A History of South-East Asia, 1955），這本被視為東南亞史教科

書的通史，在瑞德看來是「誤導了後世學者，讓他們接受簡化的觀點。」筆者不完全同意瑞德的說法，賽代斯和霍爾是東南亞史研究入門的重要著作。

瑞德沒有提及美國學者卡迪（John F. Cady）的《東南亞歷史發展》（Southeast Asia: Its Historical Development, 1964），也沒有提及那本國際學者合作撰寫，由尼古拉斯・塔林（Nicholas Tarling）主編的《劍橋東南亞史》（The Cambridge History of Southeast Asia, 1992），他自己也有撰寫其中一章（8. Economic and Social Chang）。顯然他對這二本巨著仍然有很大的保留態度，雖然《劍橋東南亞史》已將早期王朝史壓縮在其中一章處理，而多從經濟、宗教與政治來敘述東南亞的歷史發展，但也脫不掉以西方觀點來看東南亞歷史。瑞德在本書的〈作者序〉中指出：

> 當前，後民族主義（post-nationalist）時代的歷史學者，漸漸意識到自己的專業是與現代民族國家同時興起，他們將史學的主要任務訂為為民族國家編纂歷史。現代人對於民族國家光榮成就（與失敗）所持的執念，導致我們回到歷史裡去尋找可以類比的組織、團體或至少是祖宗，但其實這些人事物在歷史中並沒有那麼重要的角色；同時，我們會將無法以國家角度闡述的課題與人物邊緣化。沒有國家的社會因此淪為「沒有歷史的人們」，不止如此，根基於親緣、宗教、藝術與表演、儀式與經濟互惠性的社會組織體制，即便不是全然受人忽視，也都被歸類成原始的、注定要消滅的。

換言之，用這套王朝史觀來書寫東南亞史將是失敗之作，只能理解東南亞所謂「政權」的一少部分，絕大部分生活在王朝外的人們都被書寫者消滅了。也因此瑞德從另一角度去觀察東南亞的歷史發展，將沒有史料記載的東南亞人事物書寫入歷史中，它的發展至今自有其脈絡和方向，無論是部落時代、殖民地時期，以致二戰後東南亞民族國家的形成，都有著各不同種族、部落對於自身文化、藝術表演、宗教信仰、祭祀儀式、經濟結

構，以及親緣關係的追尋與認同。

　　瑞德提出東南亞歷史除了眾所周知的多樣性之外，有三項重要的因素要注意：

　　第一：東南亞危險的地殼交界處，對於世界氣候與人類生存都具有決定性的作用；第二：相較於歷史上其他社會的女性而言，東南亞女性在經濟與社會方面更具有自主性；第三：與主宰其他地區的那些國家相比較，東南亞的社會則擁有更多具備文化與經濟連貫性的機制。

　　以上的三個因素是理解東南亞從古代走到當代不可或缺的重點理由，簡單來說就是「位於地殼交界處」、「女性在經濟與社會更具自主性」、「社會結構具備文化與經濟的連貫機制」。這三種因素有助於我們理解東南亞這個區域，自古至今成為一個「關鍵的十字路口」的背景理由。瑞德舉出近期科學家發現，一八一五年位於爪哇以東的松巴哇島（Sumbawa）之坦博拉火山（Tambora）噴發，和位於爪哇以西巽他海峽（Sunda Strait）中的喀拉喀托火山（Krakatau）於一八八三年噴發，這二次火山噴發雖然帶來危險，卻都為該片土地帶來肥沃的土壤，讓耕種可以繼續存在。另一方面此二次火山爆發，讓整個地球變暗、變冷，造成歐洲「無夏之年」。也就是說，東南亞這個區域的地理環境和氣候變遷影響著世界各地的環境和氣候。瑞德在談到東南亞女性充滿欣慰的歷史情懷，他說直到十九世紀，東南亞女性「在經濟層面的角色堪比男性，也因此較歐洲、中國、印度、阿拉伯女性享有更多自由度與動力。」筆者以中國史料印證瑞德的說法，元代周達觀《真臘風土記》〈貿易〉謂：「國人交易皆婦人能之，所以唐人到彼，必納一婦人者，兼亦利其買賣故也。」又如明代馬歡《瀛涯勝覽》〈暹羅〉謂：「其俗，凡事皆是婦人主掌。其國王及下民若有謀議刑罰輕重、買賣，一應巨細之事，皆決於妻。其婦人志量，果勝於男子。」

　　瑞德強調「我們所處全球化時代，不再能接受民族主義式歷史，因

為民族主義式的歷史忽視人們過往的糾葛，以及目前對於地球的普遍責任。若要用其他的主題來構築起一種不同的歷史，東南亞確是個絕佳的起始點」。這論點是本書緣起的引子，也為如何書寫部落、族群歷史「發凡起例」。因為過去所謂東南亞歷史論述只涵蓋了位於貿易路線上的港口城市，絕大多數生活於肥沃的高地上或叢林低地的人們都不被關注，也沒有被書寫入歷史中。此外還有一些邊陲民族或部落「自覺地透過親緣與儀式，選擇自身的社會組織型態，從而規避以貿易為根基的河流式國家（river-state）」。學者稱之為「不要被統治的藝術」，這種「無國家」（stateless）是一個有認知、有自覺的選擇。學者認為對東南亞歷史重新認知「有助於打破東—西歷史的二分法，且能夠動搖歐洲例外論的思想。」瑞德藉著當代的研究成果指出：「歷史似乎在引導著我們超越以國家為準的民族主義，並邁向一種普遍的認知：非國家的歷史（non-state history）對於人類進化具有同等的重要性。」因此瑞德對於東南亞歷史的重新書寫，必須放棄得自於歐洲歷史或中國歷史的假設的文明、國家興盛與衰亡，才能重新了解東南亞地區根深蒂固的多元主義。那些印度教、佛教廟宇「似乎是一種具有流動性中心的多元體，驅使人民參戰或建造神廟的超自然性質作法，而沒有證據顯示有強制力的國家存在」。

也由於瑞德用去中心化的書寫，因此本書沒有把東南亞各王朝興衰史作為主軸，而是由時段及性質來呈現該時期東南亞各民族、部落如何在歷史進程中扮演的角色。讀者從各章的標題可看到作者瑞德著力之處及想貫通的歷史脈絡，例如第一章〈潮濕熱帶的人民〉就論述東南亞古代社會之「女人和男人」扮演的角色，並明確地指出東南亞不是中國，也不是印度。第二章已講及第十至十三世紀是東南亞文明核心擴張階段，主宰著政權的城市稱為納加拉（nagara）如吳哥、蒲甘和滿者伯夷，它們都將自身視為文明的、神聖的中心。納加拉是具有本土性文明的神聖中心，它沒有邊界，卻支配了順從它的如曼陀羅式分布的小型水稻耕作中心區域以提供糧食來源，學者稱為憲章時代（charter era），其實就是王朝史的神聖中心城市。另一種是以貿易為本的社會，作者稱為內格里（negeri），它們

位在麻六甲海峽、東南亞大陸東部多山海岸區的貿易路線上，具有戰略性位置、又相互競爭的各港口，如越南中部的占婆，成為中國的朝貢國。這些成功的港口國家具有高度國際性，它們容納來自中國、印度、阿拉伯與馬來商人，以及歡迎印度教、佛教、穆斯林導師到來，港口呈現多元的國際性格。如在第六章〈亞洲與歐洲的相遇：一五〇九至一六八八年〉中，瑞德用一節書寫「歐─華城市」（Euro-Chinese city），顯示他十分重視華人移民東南亞所產生的影響，在歐人占領的港口不但仰賴中國帆船來貿易，也非常仰仗有技術的華人移民。他將華人移民放入東南亞史討論，獨具慧眼，自十六世紀以來華人在東南亞確實扮演十分重要的角色。

從第六章至最後的第二十章，作者討論東南亞各區域的近現代史演變過程中，豐富而多采多姿的議題，如「作為文化媒介的女性」、「文化混合體」、「火藥國王」、「本土身分認同」、「華化世界（指越南）的擴張」、「胡椒、咖啡、鴉片與菸草」、「文明的倖存者」、「國家的塑造」、「屈服女性」、「現代服飾與身分認同」、「進步與現代性」、「現代性的男子氣概」、「軍方、君主制與馬克思」、「教育與國族認同」、「東南亞地區在世界上的定位」等等。也涉及近年學者討論的「大分流」與「內捲化」的問題。無論你對東南亞歷史熟悉與否，你讀完全書都會感覺收穫滿滿。這是一本氣勢磅礡，上下二千年東南亞區域發展史，打破國家、朝代、帝王將相的局限，也打破對殖民地的批判，從自然人生活出發，與周邊區域間之交往突顯出東南亞區域特色與存在的意義，各處人們有著截然不同的宗教、文化、習俗及社會結構，卻安然地生活在這個既多元又活潑的高地、叢林、深谷和海岸，沒有一個力量逼迫它成為一個統一體，但是它的發展跟中國、歐美和伊斯蘭世界有著千絲萬縷的關係和影響。書名的英文副標題「關鍵的十字路口」，是危機還是轉機？只有東南亞人才知如何轉向，其他地區的人根本不知道也不明白東南亞人的想法，他們有著幾千年生活經驗與思維來處理他們面對的問題。

最後說一說這本書對台灣讀者有何啟發，瑞德對東南亞的書寫理念也可用來重構台灣早期歷史，相信會十分精彩而有意義，同是南島語系的台

灣原住民共有十多族分布在台灣島上不同地區，他們有著不同語言、宗教、儀式、習俗及文化，歷史上各自獨立發展出不同的社會結構及組織，及至荷西時代才出現「歐—華城市」如熱蘭遮城和普羅民遮城，明鄭至清中葉出現在西海岸平埔族與閩粵族群的「文化混合體」展現出台灣諺語那句「有唐山公，無唐山媽」的意義。雖然因生活所需使平埔人走向漢化，貌似以「漢人」為主體，其實是「原漢族群」的共同體。之後經歷晚清和日本的殖民統治，以致戰後回歸中華民國面對威權時代，以及近三十多年從解嚴走向民主，其經過歷程與東南亞史何其相似。當讀者用心閱讀瑞德的《東南亞史：多元而獨特，關鍵的十字路口》而想起台灣走過的歷史，相信會有更深層的感動。

作者序

　　東南亞一直都是個獨特且多樣性無窮的地方，有濕熱的季風氣候、密集的叢林、廣泛的水系，還有周期性的自然災害，這些特殊的環境保存著極為特殊的多樣性，同時抵制大規模一統勢力之出現。其他地區那種高度宰制著歷史敘事、整合並統治廣大疆土的帝國，並不適合東南亞。東南亞地區的一致性，事實上便在於它的多樣性，以及掌握此多樣性的才能。東南亞的法律—官僚國家（legal-bureaucratic state）到很晚才出現，而且這種國家要成為東南亞歷史主流，已然是二十世紀的事情。保持多樣性與獨特性兩者之間的平衡，卻不要讓二者之一掩蓋了另一者，是一本東南亞史的挑戰所在，也正是本書的挑戰。

　　就常情常理來說，東南亞的歷史應該受到東南亞後裔的注意，而且東南亞大部分的歷史，可以為許多東南亞教科書中稚嫩的民族主義思想提供某種指引。東南亞歷史也應當受到世界其他地區的注意，除了眾所周知的多樣性之外，還有三項重要的理由。第一：東南亞危險的地殼交界處，對於世界氣候與人類生存都具有決定性的作用；第二：相較於歷史上其他社會的女性而言，東南亞女性在經濟與社會方面更具有自主性；第三：與主宰其他地區的那些國家相比較，東南亞的社會則擁有更多具備文化與經濟連貫性的機制。以上這些因素，都有助於這個區域成為一個「關鍵的

十字路口」。

　現代以來這個世界上最嚴重的兩次火山爆發，分別是公元一八一五年松巴哇島的坦博拉火山與一八八三年的喀拉喀托火山，這兩處分別位於爪哇島（Java）、峇里島（Bali）、龍目島（Lombok）這片高噴發地帶的兩端，這片地帶同時也以肥沃度著稱。火山爆發讓整個地球變暗、變冷，並且造成歐洲的「無夏之年」，這個因果關係是到很近期才為人所發現。自從人類（智人，Homo sapiens）的非洲始祖出現以來，唯一一次嚴重危及全人類生存的災難就發生在蘇門答臘島（Sumatra），那次的火山噴發在七萬四千年前造就出多巴火山湖（Lake Toba），並且導致長達六年的全球性冬季。氣候研究者近來還辨識出其他急速降溫事件，這些事件導致了北半球的危機，其中以公元五三五年、一二五八年（可能是龍目島巨型火山噴發造成）與一五八〇年代尤其著名。這些降溫事件的原因可能就是熱帶地區火山噴發，此類噴發足以透過普及的風系而影響全世界，而東南亞則是這些事件的主要發生地點。

　東南亞的性別型態與它的鄰居及貿易夥伴如中國、印度與中東地區大異其趣。直到十九世紀時，雖然男女角色各有不同，但東南亞女性在經濟層面的角色堪比男性，也因此較歐洲、中國、印度、阿拉伯女性享有更多自由度與動力。東南亞女性包辦了紡織與陶瓷生產，她們分擔農業生產工作（在栽種、收割、採集方面為主力），更重要者在於她們是買賣與商業的主力。因此，東南亞男性遂在財務管理與買賣方面特別無能。歐洲與中國的男性貿易商主要是跟東南亞當地女性進行交易，而且發現他們在當地的性伴侶對於他們的事業極有幫助。

　當前，後民族主義時代的歷史學者，漸漸意識到自己的專業是與現代民族國家同時興起，他們將史學的主要任務訂為為民族國家編纂歷史。現代人對於民族國家光榮成就（與失敗）所持的執念，導致我們回到歷史裡去尋找可以類比的組織、團體或至少是祖宗，但其實這些人事物在歷史中並沒有那麼重要的角色；同時，我們會將無法以國家角度闡述的課題與人物邊緣化。沒有國家的社會因此淪為「沒有歷史的人們」，不止如此，

根基於親緣、宗教、藝術與表演、儀式與經濟互惠性的社會組織體制，即便不是全然受人忽視，也都被歸類成原始的、注定要消滅的。我們從孩提以來就受到現代國家的教育，現代國家生產、分類、維持著我們的知識，在此情況下，我們所面臨的挑戰是，要怎麼樣才能做得更好。我們所處的全球化時代不再能接受民族主義式歷史，因為民族主義式的歷史忽視人們過往的糾葛，以及目前對於地球的普遍責任。若要用其他的主題來構築起一種不同的歷史，東南亞確是個絕佳的起始點。

在這個充滿樹林與水的區域，我們所熟悉的法律—官僚國家實是外來侵入者，而且對其人民的掌控程度頗低，這種情況直到二十世紀才有所轉變。到目前為止諸多關於這個區域的歷史，只涵蓋了位於貿易路線上的港口城市，然而絕大多數人口其實分布在肥沃的高地上。高地可以免於瘧疾等疾病，還可以免受海上的攻擊或海嘯，而且，相較於叢林密布的低地，高地更容易從事灌溉水稻農業和游耕——後者是以輪耕式火耕方式進行。

此外尚有一政治性因素。當地人們似乎是有自覺地透過親緣與儀式，選擇自身的社會組織型態，從而規避以貿易為根基的河流式國家，執行詹姆斯・史考特（James Scott）所謂「不要被統治的藝術」。「無國家」是一個有認知、有自覺的選擇，我曾經嘗試特別以東南亞群島區將此論點加以推展，而史考特現在則更有力地以「佐米亞」（Zomia）證實此論——「佐米亞」指涉的是東南亞大陸區與中國西南地區的高地。史考特呼籲人們認知此種無國家選擇的重要性，然而此主張已經由維克多・萊柏曼（Victor Lieberman）的經典學術作品高明地制衡。萊柏曼指出，東南亞大陸區與法國、日本、其他歐亞地區「受保護的邊緣地帶」（Protected Rimland）類似，自身一直持續在經歷國家擴張與合併的過程，期間僅有極短的中斷時期，這個情況顯示歐亞大陸各處有「奇怪的相似處」（Strange Parallels）。萊柏曼提出，東南亞有助於打破東—西歷史的二分法，且能夠動搖歐洲卓越論（European exceptionalism）的思想。我非常感謝這兩位傑出的同事，還有很多很多的人們，他們幫助我更有條件構思

出能夠同時承認民族國家帶來的益處，以及選擇生存於國家以外之人的成就和創造力的歷史進程。歷史似乎在引導著我們超越以國家為準的民族主義，並邁向一種普遍的認知：非國家的歷史對於人類進化具有同等的重要性。

即使是在歐洲地區，山區也是人們遠離國家並追求自由與自治的藏身處；不過，就組成健全的、人口稠密、複合的社會而言，東南亞地區的高山谷地在許多方面可說比歐洲山地更加成功。東南亞半島區與菲律賓（Philippine）部分地區的原住民抗拒暴力與威權，即使威權採取親緣的形式也不例外，這些原住民竟然能夠倖存直到二十一世紀，他們遇上威脅迫近時便撤入叢林，而且避免自身對農業形成依賴，因為農業在自然與政治災難的威脅下是很脆弱的。

所以，如果要企圖了解東南亞地區根深蒂固的多元主義，我們必須放棄得自於歐洲歷史或中國歷史的假設（雖然這些假設在歐洲或中國也遭到質疑），此即文明與國家會同時興盛。像巴塔克人（Batak）、武吉士人（Bugis）、他加祿人（Tagalog）、撣人（Shan）等等社會，是在缺乏任何統一政體益處的情況下，發展出書寫文字、灌溉農業、冶金技術與複雜的宗教系統。而在其他不受單一水系或港口宰制的文化區域，這些文化區域的「王」固然擁有宗教儀式與法術上的重要地位，但「王」的屬性並非法律─官僚，例如峇里島人（Balinese）、馬來人（Malay）、米南佳保人（Minangkabau）。無國家的內陸社會廣泛地和更具階級性的王權政權進行貿易，甚至將這些事情融入他們的神話與習俗儀式之中；但是，這些內陸社會並不讓自己被併吞到沿岸的階級性政權內；為了自我防禦，也不模仿學習此類政權。

研讀中國文獻、梵文銘文、考古遺物的早期學者，依然太過傾向於假設有統治臣民的大王國存在。但這種詮釋與十九世紀後期歐洲人在東南亞遇到的鬆散權力結構並不相符，學者於是提出「王國衰亡」的假設。今日的史前史家擁有豐富而嚴謹的人類學研究成果幫助，故對更近代的政治關係本質有所認識，他們以更具批判性的態度研讀載有蠻夷「王國」進貢的

中國史料，以及諸多銘文記錄的偉大印度文頭銜。事實上，我們透過這些研究方法所知悉的政權，似乎是種具有流動性中心的多元體，且重視能驅使人民參戰或建造神廟的超自然性質作法。如爪哇婆羅浮屠（Borobudur）或伊洛瓦底江（Irrawaddy）畔蒲甘（Pagan）那般令人嘆為觀止的佛教廟宇，應當可以震撼且啟發我們發覺建造者普遍的虔誠，並且沒有證據顯示其中有具備強制力的國家存在。

　　具有魅力與力量的個人對於塑造其時代之重要性，本書無意否認，但以現代國家概念回顧歷史——這些概念並不屬於那樣的時空——所導致的扭曲，則是本書想要矯正的地方。讓國家跌落王座，能夠創造出更多空間來容納環境、宗教、社會、文化、人口、健康、思想的變遷，這些變化對於人民的重要性，實在超過了國王的言行。尤其重要的是，對於外人而言，東南亞讓人產生興趣的第三大點，也就是在經濟上平衡男女角色的特殊性別模式，需要這個世界——一個時到今日才發現性別平等重要性的世界——更多的關注。現代性（modernity）漸進地將父權制施加於東南亞地區，首先是世界宗教，接著是歐洲的國家、團體、婚姻模式，而東南亞模式也逐漸被標記為「現代的」，同時，東南亞的互補性則漸漸被視為鄉村的、窮困的、迷信的。

　　我們從小到大所學所知的現代地圖，是將這個世界分割為不同國家的色塊，因此，利用已知的當代邊界來描述從前的地理，這麼做確實具有誘惑力，這種誘惑力促使人們不恰當地使用國家單位來回顧歷史。歐洲人在十九世紀畫疆分界，但如果要回首十九世紀之前的時代，我會努力使用地理特徵如島嶼或集水區，其中特別重要者包括伊洛瓦底江、昭披耶河（Chao Phraya）、湄公河（Mekong）等等支配東南亞大陸區人們定居型態的區域；倘若真的別無他法，我有時必須使用「即今日某地」的說法。那個從歐亞大陸向南延伸一千三百公里的狹窄、多山半島，是遍及其歷史上的高度多元主義之樂土，所以，若將十九世紀英國人指稱「馬來半島」（Malay Peninsula），擴展到超出二十世紀「馬來」一詞政治化意涵的程度，那實在是很不恰當的做法（Montesano and Jory, 2008）。因此，

我會將那個半島稱為「東南亞半島」，或者經常就僅僅用「半島區」來稱呼 [1]。

民族、種族性用詞的涵義會隨著時間而改變，通常它們一開始是他人所使用的「外名」（exonym），最後經常又在民族主義時代變成政治化與情感性的意符（signifier）。我企圖使用同時能表達特定群體與大型語言系屬的語系標記，所謂大型語言系屬例如南島語族（Austronesian）——即馬來—玻里尼西亞語族（Malay-Polynesian）——及傣語族（Tai）。「泰」（Thai）一詞是用來限定指稱進一步以國家型態統一並控制昭披耶河地區的傣語族。誠然，「族稱」（ethnonym）是在現代民族認同之前就已出現在文獻上，但我會設法以引用史料的方式來描述族稱的性質，而不是假定族稱本來就具有獨立的意義。

我用「越」（Viet）一詞來指稱低地地區使用所謂越南語（Vietnamese）的人們，但是直到十九世紀，越族要自我區別於「不開化」的鄰居時，他們是（令人感到混淆地）自稱為「漢」（Han）；而到二十世紀時，「京」（Kinh，意思為城鎮居民）這個稱號則受到官方所認定。我將東京 [2]（Tongking）的越王國稱為「大越」（Dai Viet），至於興盛於十七、十八世紀的南方阮氏（Nguyen）越王國，我則稱之為「交趾支那」（Cochin-China，此亦為當時外國人的稱法）。

在方言語彙變體當中，Myanma 是書寫形式，Bama 為口語形式，這件事情的爭議簡直有如緬甸政局一般詭譎。緬甸英文國名 Burma 的確立，不會晚於一八八〇年代，我則是以 Burma 稱呼所有時代的緬甸，雖

1　譯注：中文用語習慣是將包含中國以南的大陸區，統稱為「中南半島」，並將馬來半島視為中南半島的一部分；廣義的中南半島包括馬來半島，狹義的中南半島不包括馬來半島。但本書使用的英語定義是將大陸區（Mainland）、半島區（Peninsula）、群島區（Archipelago）三者分開。

2　編注：東京，今河內，在後黎朝時期稱為東京（Đông Kinh）。後來在越南的鄭阮紛爭期間，「東京」一詞被西方人用於稱呼鄭主統治的地區，而「交趾支那」則被用於稱呼阮主統治的地區。雖然越南於一八〇二年的時候統一，但這兩個詞仍然被使用，分別用於指代越南的北部和南部。

然自一九八九年起，Myanmar 已經被緬甸軍政府用作國名（然而當時受鎮壓的反對黨人則拒絕此用法）。緬甸國內最大的語族兼民族通常被稱為 Burmese，但在這個多民族國家當中，如果有需要強調種族語言區別時，有些人則會用 Burman 一詞。近期緬甸官方傾向用 Bama 來稱呼低地區的主要語言（但在民族稱呼方面則較少這麼做），而我在本書內便使用 Bama 以作為一種合宜的語言與民族自稱。

本書有意不要列出太多參考資料，這件事讓我得以不需要對本書所仰仗的大量評論、見解、學術成果一一致謝。若我真要開始感謝那些幫助我學習東南亞地區無數人民與歷史的那些人，那可真的是無窮無盡了。就讓我簡單地感謝那些幫忙讀過稿子並協助我取得平衡的人吧，他們分別是 Mary Somers Heidhues、John Sidel、Eric Tagliocozzo、Bob Moore、David Marr、Craig Reynolds、Li Tana、Pierre van der Eng、Nicholas Cheesman。一如既往，海倫（Helen）是我不可或缺的支持者、陪伴者兼文雅的批評者。

Bob Moore 以超乎常理的耐心等待此書系中我承諾已久之書，並且大力協助本書朝著易於理解的方向前進。Blackwell 出版社（數年後已為 Wiley Blackwell）的 Tessa Harvey、Georgina Coleby 與其同事們，對於本書出版過程裏助良多。澳洲國立大學（ANU）Carto GIS 的 Karina Pelling，製作出十分精美的地圖。我要再次感謝澳洲國立大學亞太學院（College of Asia and the Pacific）的同事們，讓我從二〇〇九年起有如歸家園之感。日本京都的東南亞研究中心與柏林高等研究院（Wissenschaftskolleg zu Berlin）為本書之寫作，提供了極佳的支持與激勵的環境。

台灣版作者新序

　　發現本書將會有繁體中文版本問世，對我來說是極高的榮譽。每一次的翻譯，都是一種新的創作，也就是作者思想的重新發明，轉化進入一個本來沒有預想到的文化環境中。其中，將歐洲語言翻譯為中文尤其是艱辛的挑戰，某一個思想、每一個用詞，都必須脫離原先的文法或用詞模式解構並重組。我非常感謝八旗文化出版社以及譯者韓翔中先生，承擔起這項沉重的任務並且將它給完成了。

　　我希望這本書能夠幫助台灣的讀者或台灣以外地區的讀者，欣賞並理解東南亞豐富的歷史，也可以更了解到將東南亞綁在一起的那股聯繫力量。本書原序提及東南亞歷史值得讀者注意的三個關鍵原因，而這三項原因其實也同樣適用於台灣：曝露於地殼災難的「火環帶」位置、相對平衡的性別型態、現代世界強力官僚國家出現的時間相對晚近。

　　如本書地圖 1-3（頁 41）所示，如果沒有台灣，就不會有東南亞的語言地圖。我個人從事歷史語言學的研究生涯成果確認了台灣島是一整個龐大語族──我們今日所謂的南島語族──的誕生地。南島語族先驅一定擅長航海，而且很有可能熟稔稻米農業，在五千年之前，他們從台灣出發，帶著他們的語言來到今天的印尼、菲律賓和馬來西亞，不僅於此，他們最終還抵達太平洋上的波里尼西亞還有馬達加斯加。那些南島語族人（今

日台灣原住民的祖先）當然不是最後一批逃避大陸壓力而到台灣島避難的人群，但在被迫將台灣島與他人分享之前，他們已經在此生活了好幾千年的時光。

十七世紀時，台灣再次涉入東南亞的海洋網絡。此時，福建、日本、荷蘭商人在台灣建立據點，使東南亞港口乃至於世界各地得以與中國、日本連結。其中表現尤其突出的荷蘭東印度公司，於一六二四年在台灣西南岸建造起熱蘭遮城，占據此地直到一六六一年被鄭成功驅逐為止。在那段時期，總部設立於巴達維亞（雅加達）的荷蘭人，將台灣變成重要的貿易據點，把台灣的鹿皮輸出給日本，並以日本銀、西班牙銀（透過馬尼拉）交易中國絲綢、東南亞香料與印度棉。在鄭成功擊敗荷蘭人之後，鄭氏政權逐漸將台灣化作東南亞與東北亞之間的重要貿易樞紐。

一六八三年以降，滿清統治之下的台灣雖然與東南亞的聯繫大減，但是到日本統治與國民黨統治期間，台灣又再度成為東南亞地區的仲介者。二十世紀末，台灣與某些東南亞國家同樣經歷了繁榮與民主化，這又是另一雙方具有共同性之處。在本書關於現代化與國族建構的章節，台灣讀者將會發現許多歷史上的共通處。在過去，台灣與東南亞各國曾向對方學習許多，然還有更多事物值得彼此取經。

公元一九九一年，我第一次造訪台灣，且饒有興致地觀察東南亞研究在此地成長茁壯。我於一九九〇年代曾數度拜訪台灣的中央研究院，我十分讚賞這裡的學術水準，並欽佩蕭新煌（Michael Hsiao）先生於中研院提倡東南亞研究的努力。如果我記得正確的話，一九九五年創立於台灣中部埔里的暨南大學，是台灣第一間特別著重東南亞研究的大學，其中設有東南亞研究的學系、研究中心與期刊。二〇〇四年時，暨南大學東南亞研究中心曾邀我前往參訪與演講，這是我第一次去到台北以外的地方，也因此看見更多美麗的台灣內在。

那次拜訪埔里的經驗，讓我擁有親自接觸台灣原住民的珍貴機會，我與妻子也體驗了當地的溫泉，這兩樣發現讓我想起自己的故鄉紐西蘭。紐西蘭與台灣一樣，都是位在太平洋火環帶，地震與地熱活動相當活躍；

紐西蘭的情況還有與台灣相似之處，那就是南島語族原住民居然在自己的國度當中被殖民者變成少數族群，原住民的文化十足珍貴，但同時也瀕臨消失的危機。對於東南亞數百萬人口中所說、影響最廣泛的南島語言加以深入研究，提醒著我們應當要更用心保護家鄉那些古老但脆弱的語言。

　　我目前身在澳洲，我對東南亞的觀點是由南往北看；至於台灣對東南亞的觀點，是從北向南看。然這兩種觀點所認知的東南亞，都同樣覺得東南亞的熱帶環境相當鄰近、卻也相當歧異，非常重要、卻也研究不足，十分多樣、卻又極為一致。數百年來中國文獻作者將「南洋」視為一個整體，「南洋」是一片包含許多小王國的異域，擁有奇特而多元的習俗，以及熱帶產品和熱帶疾病。二十世紀東南亞境內的華語人士與知識分子，建立起充實「東南亞」概念的第一批機構，其中包括奠基新加坡的南洋大學，還有南洋學會與其學報。

　　我們實在很需要更多這類的翻譯作品——無論是將外語翻譯為中文，抑或將中文翻譯為英文與東南亞語文——來避免往昔的那些誤解。我要再次深深感謝，那些使本書之問世所以可能的各位。

安東尼・瑞德

二〇二一年十一月

第一章

潮濕熱帶的人民

良好的氣候，危險的環境

　　東南亞歷史的多樣性與一致性，可以從東南亞的地質開始說起。東南亞地區散布的島嶼、河川，是因為板塊碰撞而生成，向北方移動的印澳板塊和往西邊移動的太平洋板塊，推升起一連串火山山脈，形狀幾乎是環繞著整個東南亞區域。位於這些火山山脈之下，則是相對穩定的巽他陸棚（Sunda shelf），在全球低溫與低水位時期，連結著蘇門答臘、爪哇、婆羅洲（Borneo）、菲律賓與東南亞大陸區。最後一次全球低溫、低水位時期也就是所謂冰河時代，東南亞的赤道環境必定是全世界最適合生物居住的環境，陸橋讓歐亞大陸的較大型哺乳類可以遷徙，例如大象、老虎、猴子、鹿、豬、水牛還有人類，這些生物所進入的廣大地區，如今則是由爪哇海與南中國海南端分隔著，此後全球開始暖化，造成的環境讓人類在過去一萬年間得以崛起。東南亞是全世界最大的熱帶潮濕季風帶，這個地區的雨林與水文型態對於人類經濟及社會活動提供了一種環境背景。

　　整片東南亞區域幾乎全部都處於熱帶，全年擁有相對平均的白晝氣溫，大約在攝氏三十度或稍低。東南亞的極北地帶則是例外，該地區在十二月或一月時會經歷暖冬，氣溫可能降到二十度以下。除了伊洛瓦底江

上游河谷的乾燥區外，東南亞各地雨量豐沛，年雨量介於一千至四千公釐之間，但因為降水變率頗大，導致從事定居農業有困難。雖然東南亞的氣候宜人，但就長遠觀點來說，東南亞易於出現自然災害，而這可能是某些時期人口減少的因素之一。北向移動的澳洲板塊隱沒到蘇門答臘、爪哇、小巽他群島（Lesser Sunda Islands）的下方，造就出由山脈構成的隱沒帶，隱沒帶向北邊彎曲延伸到蘇拉威西（Sulawesi）、摩鹿加（Maluku）與菲律賓，那裡的地殼構造更為複雜。肥沃的火山土壤吸引著農民，讓火山活躍的爪哇島和峇里島成為區域內人口最稠密的地帶，而缺少地震的婆羅洲人口則最為稀少；不過，周期性的超級大噴發足以遮蔽天空、毒化水流，火山灰會覆蓋土地，導致作物死亡、人口驟降。

地震是石造寺廟建築的噩夢，但是地震對於現代以前主要以木頭茅草所蓋的房舍，破壞性則相對較低。伴隨大規模地震而來的海嘯，又是另外一件事了，海嘯能夠沖毀沿岸聚落與港口，並吞噬小島上的居民。公元二〇〇四年大海嘯肆虐，主要在蘇門答臘以及半島區等地奪走二十多萬條性命，而目前我們已經知道，自古至今這類海嘯其實每數百年便會周期性出現。菲律賓及今日越南沿岸地區，經常受到颱風的摧殘。聖嬰現象（El Nino）則對東南亞群島造成嚴重影響，聖嬰現象於歷史上的紀錄至早可追溯至一六一八年、一六五二年、一六六〇年，而且聖嬰現象至少每十年會發生一次，其嚴重性與周期各有變化。聖嬰現象導致降水可能低到正常值的三分之一，乾季於是延長，人們因此被迫離開定居區域找尋水源與糧食。東南亞的聖嬰現象固然嚴重，例如一九八二年三月與一九九七年的現代案例所示，但由於東南亞從事定區稻米農業的人口比例較低，聖嬰現象在東南亞造成的饑荒情況，程度並不如中國和印度嚴峻。本章以下將會討論到，由於蘇門答臘與呂宋島（Luzon）之間島弧區的周期性火山噴發，會嚴重傷害依賴季節性輪作的人口，這種現象使採集狩獵和游耕農業之間已經在世界上其它地區消失的平衡狀態能夠延續。

這些潮濕熱帶地區的季節性，最重要的決定因素便是季風。北方巨大陸塊的升溫與降溫，定期在十一月到三月之間造成自東北方吹拂過南中國

海的風，每年中期則吹拂反方向的風；孟加拉灣地區在十一月至三月是吹東風，年中則是吹西風。這種定期變動的風力型態，對於東南亞和印度洋赤道地區的船隻航行十分有利，使得這片地區成為全世界商業航海的重要搖籃。此外，季風的更替同時也支配著降雨的變化模式。

東南亞的中間地帶，長長的中央半島、蘇門答臘南部與東部、婆羅洲、爪哇西部，以及菲律賓東部，全年都有可預期的豐沛雨量（地圖1-1）。非季節性氣候維持著翁鬱常綠叢林的生長，連陽光都難以穿透。此地區整體上不宜人居，沿岸的沼澤地帶尤其如此。這片地區的土壤是肥沃度貧乏的黏土，土壤肥沃度增加的唯一可能是依靠近期的火山活動，爪哇和蘇門答臘西部便是例子。樹葉在熱帶環境下會迅速分解，樹葉養分因此下降，然後被叢林生物再利用，無法滋養出適合農業的表土。所以，這些叢林的平衡狀態其實很脆弱，樹冠層如果消失，剩餘的養分會快速淋溶，隨後太陽光和大雨的作用便會造成侵蝕。在這種叢林之中，可食用野生植物和能適應環境的獵物相對較少。在沒有乾季的情形下，要清除與焚燒樹林的障礙很大，而且很多作物的生長不如人意。所以，在十八世紀後期的移民與商業化農業時代之前，東南亞中央赤道帶始終是人口稀少。

另一方面，東南亞大陸區的絕大多數區域，大約在一月至四月會有顯著的乾季。在大陸區的山地，河流在乾季時依然流淌，因為山地能夠收集到更多的雨水，而且當河水水位下降的時候，地下水就會反過來注入河流。有乾季以及較涼爽的溫度造成此地樹林狀態比較稀疏，其中有較低矮的灌木、蕨類和草，適合各種大型哺乳類居住。在中南半島有乾季的區域當中，高地可以維繫大量的鹿、豬、大象、老虎、犀牛以及小型動物的生存。相較於終年有雨的赤道叢林或較小島嶼而言，東南亞大陸更能夠為狩獵者提供肉類來源，且富有可供出口貿易的鹿皮、象牙、犀牛角。

在東南亞大陸的大河三角洲內，陸地區域除非位置正好在大河旁邊，否則在乾季的時候會完全陷入乾旱。這些三角洲具備絕佳的稻米種植條件，因為每年的洪水會帶來豐富的沖積土壤，而濕季則帶來作物一熟甚至二熟所需的豐沛水量。湄公河、昭披耶河、薩爾溫江、伊洛瓦底江的氾濫

平原，每年都會洪水氾濫，這些地帶有能夠長到兩公尺甚至三公尺的各式稻種，而且至少從十六世紀開始，便可以收成大量的剩餘糧食。

不幸的是，這些三角洲地區並不適合人類定居。濕季到來時，大片區域會全部沉沒到水中，光是昭披耶河三角洲，年度洪水所淹沒的面積就有一百萬公頃。在乾季的時候，三角洲地區完全沒有淡水，在現代排水與灌溉技術傳入之前，只有沿著河流的自然河岸地帶才便於定居。在公元一八○○年之前，這些三角洲的人口幾乎全都集中在河流沿岸處。

十九世紀以前，只有越南人能駕馭困難的三角洲集約農業。越南人運用與中國三角洲農業相似的技術，在至少一千年前便已經開始馴服紅河三角洲，沿著河流興建堤壩以防範洪水，越南人還造出複雜的灌溉系統，

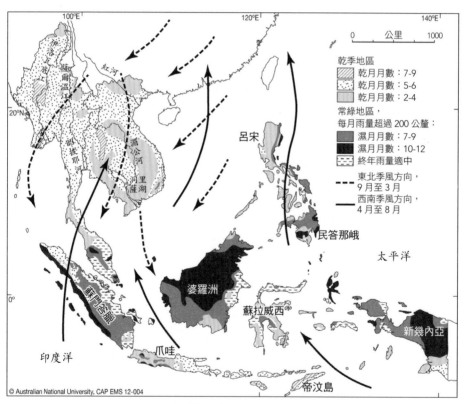

地圖 1-1：氣候和降雨

幫助他們在乾季期間也能種植稻米。

爪哇東部、小異他群島以及群島以東的區域，在五月到九月之間會經歷更強烈的乾季，有些地方的乾季高達六個月以上。這片區域當中某些島嶼上的火山土壤，非常適宜從事農業，峇里島和龍目島尤其如此，兩座島上全年有河流、泉水，島上山區的山麓坡地在數百年來已經被改造為種稻的築堤農田（bunded field）。再往更東邊，陸地愈加乾燥，稻米更難種植，印尼群島東部主要是種植塊莖類、西米椰或小米，直到美洲玉米傳入，狀況才有改變。不過，對於商業性作物如棉花而言，漫長的乾季反而是一項特殊優勢。

面向太平洋的菲律賓東部全年有雨，降雨狀況和馬來亞（Malaya）與蘇門答臘地區相當；菲律賓群島西部則類似於東南亞大陸區，在九月至三月之間有顯著的乾季。呂宋島的火山土以及中央山谷的緩坡，為河水灌溉的種稻堤田提供極佳的條件，我們曾發現公元前第二千紀以來卡加延河谷（Cagayan Valley）的稻穀遺跡，這件事情於是讓彼得・貝爾伍德（Peter Bellwood, 2005）假設，最早的南島語族是從台灣向南遷徙到呂宋，而且在三千多年前將稻米種植引入諸島。

叢林、水文與人民

在智人居住於這些潮濕熱帶區域的六萬年（或更久）之間，濃密的叢林、溫暖的淺海和水道，提供著唯一的生活條件與生活背景。即便面臨現代的變遷，叢林間和海邊的覓食者仍不尋常地具有某種程度維持此生活方式的能力，雖然如此，若我們將東南亞半島區等地現代的「部落」人民，與八千年以前農業時代之前的原始人畫上等號，這實在是一種錯誤。人類學家仔細地記錄了農業民族與非農業民族之間，在求生策略、語言、文化方面的密集交流互動。在豐饒海岸區與森林邊緣區覓食的收穫，始終比在陰暗的原始森林更高，因此，採集狩獵者從來都不是孤單的。在世界各大地區中，東南亞的獨特處就是它被水體所穿透，東南亞的大多數陸地，

距離潮汐區都不超過兩百公里。渡過河流與沿海地區交通，搭乘獨木舟可能是在農業時代以前的覓食必要輔助。熱帶叢林在植物資源與庇護方面得天獨厚，此處易於藏身，攻擊者通常得靠水路才能進入；但是對於古代與今日的人們來講，全然居住在叢林深處，並不是他們自主選擇的結果。

不過，我們還是可以從對叢林居民的當代研究之中，推論出一些過去的情況。首先，東南亞中部終年有雨的潮濕叢林，雖然以求生來講條件艱辛，但人類並不是完全不可能在那裡居住；也許最早有人類定居的地帶，是在北方的大陸區以及東部的島嶼，那些地方的森林分布較不茂密。此外，在有顯著乾季與稀疏樹林的區域，用火成為開墾森林的有效方法，這些地區也是植物馴化與動物馴化最早發生的地方。不過，原始森林確實為金屬器時代之前的採集狩獵者提供了關鍵的工具，也就是吹箭。吹箭的箭頭沾過有毒植物之後，可以麻痺猴子、鼷鹿或其他森林中的小型獵物，森林中多種藤類以及棕櫚樹可成為製作捕魚陷阱與籠子的原料，而海岸地區的海中生物則是非常豐富充裕。

第二，採集狩獵者與海邊覓食者的社會，只要沒有轉變為從事農業的話，通常會維持在小規模狀態。任何大量人口集中的情況，都會迅速耗竭沿岸或森林中的狩獵採集者仰賴的食物儲量。所以，他們的社會始終維持高流動性，尤其是以親緣團體的形式移動。親緣團體或以整體行動搜尋資源、或再度分裂，而更年輕的家庭會到別處尋找自身可以覓食的地方。在東南亞，農業社會與採集狩獵社會共存且交流的情況已經存在至少五千年的時光，而維生方式的選擇主要是關乎個別社群所傾向的社會單位規模大小，以及牽涉的科技這兩項因素。

在一萬年前至一萬兩千年前的全新世（Holocene）暖化之前，東南亞的居民主要是彼得·貝爾伍德所謂的澳美人（Australo-Melanesian），即澳洲─美拉尼西亞人，比起後來冰河融化的狀況，澳美人那個時代的東南亞，水量要少得多。即便是在冰河時期，婆羅洲、峇里島以東的「華勒斯線」（Wallace line）深溝依然存在，但澳美人還是跨過了華勒斯線，抵達包括新幾內亞（New Guinea）與澳洲在內的東端島嶼。在新幾內亞的澳

美人獨立發展出塊莖類作物為主的農業，而在澳洲的澳美人，則保持著比較適應環境的採集狩獵生活方式。

　　早期的人種誌學者認為，全新世以前的東南亞移民應該是現代族群「尼格利陀人」（negritos，又稱矮黑人）的祖先，其根據是他們的皮膚深黝、頭髮捲曲、身材矮短。這些移民在菲律賓與半島區成功生存下來，避免被後來農業族群征服或吸收，保持住無國家狀態的採集狩獵生活。不過，他們與農業民族的交流互動非常廣泛，乃至於他們在菲律賓採納了南島語，在半島區則採用孟語—高棉語（Mon-Khmer），到近代又受到馬來語的影響。

　　據估計，在公元一六〇〇年左右，這些移民大概占有菲律賓人口的百分之十，有位西班牙的編年史家曾這麼描述他們：

　　　　一個靠水果與植物根莖維生的野蠻種族，他們赤身裸體，只用一些樹皮製作的東西遮住私密處……他們沒有法律、沒有文字，除了親族以外別無政府、社群……西班牙人稱他們為矮黑人（Negrillos），因為他們大多像是衣索比亞黑人那樣，皮膚黝黑，頭髮捲曲……有一座大島，上面矮黑人人數眾多，因此這座島被稱為尼格羅斯島（Negros，即黑人島）。這些黑人顯然是這些島嶼最早的原住民，他們受到後來的文明民族，也就是那些從蘇門答臘、爪哇、婆羅洲、望加錫（Macassar）靠著水路前來的族群所剝削。（Colin, 1663，引用自 Minter, 2010, 37-8.）

　　公元二〇〇〇年時，在呂宋島、巴拉望島（Palawan）、民答那峨島（Mindanao）、班乃島（Panay）、尼格羅斯島上，還有三萬以上的尼格利陀人，其中生存得最好的是呂宋東北部的阿格塔族（Agta），以及呂宋西部皮納圖博火山（Mount Pinatubo）地區的阿埃塔族（Aeta）。此外，東南亞半島區還有六千尼格利陀人，其中大多數是聚集在今日馬來西亞與泰國邊界附近的塞芒族（Semang）或撒凱族（Sakai）。

自松巴哇島往東至帝汶（Timor），還有蘇拉威西以東諸島嶼，有舊移民與南島語族不同程度混血的漸進變化，雖然如今這些混血後裔大多是使用南島語言。澳美人似乎曾與佛洛勒斯人（Homo floresiensis）有互動，這種情形至少存在於佛洛勒斯島（Flores），公元二〇〇三年曾有人發現過一組佛洛勒斯人的骨骸，因為佛洛勒斯人的身高僅僅稍長於一公尺，他們迅速獲得「哈比人」（hobbit）的綽號。雖然有人主張佛洛勒斯人只是代表智人的某種病理畸形，但他們應該比較可能是一種特有種。也許佛洛勒斯人與南方古猿（Australopithecus）或直立人（H. erectus）有關係，這是一百多萬年前離開非洲的第一波遷徙結果，遷徙者的骨骸曾經在爪哇島出土，這些「爪哇（猿）人」（Java-man）在一八九一年當時曾掀起一陣轟動，然後近期也有在佛洛勒斯島上出土的例子。無論相關爭議是如何解決的，這裡倖存的佛洛勒斯人與現代智人共存的狀況，延續地遠比地球上其他地區更晚，這個情況很有力地呈現出，熱帶潮濕地區保持特殊生物多樣性程度的能力。

為何人口稀少卻多樣？

　　一直要到二十世紀的人口調查，東南亞地區才有普遍的人口資料。要估計較早期的人口數量，我們得利用旅行者留下來的紀錄（如果紀錄佚失的話，則多依靠皇家進行的人口統計），並用已知的數字來往前推算，還要結合有長時期資料的少數特定地區紀錄（尤其是荷蘭人或西班牙人控制相對緊密的區域）。這些研究顯示，公元一六〇〇年時東南亞總人口數大約接近兩百五十萬人，主要是集中在爪哇、峇里島和紅河三角洲，但是，其它地區的人口密度大多低於每平方公里五人。亞洲熱帶區有人類持續居住的情況，比地球上絕大多數地區更悠久，人類在此存活度過最後一次冰河期，並在約五千年前發展出農業。

　　那麼，為什麼東南亞要到過去兩百年間，才趕上人口密度較高的歐洲、印度、中國和日本呢？就蘇門答臘至呂宋的島鏈地帶而言，自然災害

可能是一項因素。這片島鏈位在全太平洋「火環帶」（地圖 1-2）最活躍的板塊交界處，在坐擁肥沃火山土的同時，也容易遭受自然災害。這塊危險地帶內的地質研究情形落後於富裕國家，二十世紀之前的紀錄大多是臆測，例外是引起世界矚目的兩次火山超級大噴發，其中一次是一八一五年的坦博拉火山，另一次是一八八三年的喀拉喀托火山。破壞性的大型地殼活動會打斷東南亞諸島的歷史，但是，相對於當地地殼活動發生時研究貧乏的限制，我們還是能從極地冰冠的火山灰沉積物，也可以從北半球的人類記載，對於地殼活動的存在有更多了解。海嘯對人口的影響可能不如地殼災難，但是海嘯會摧毀沿岸港口與捕魚社群，嚇阻後人不敢在容易受海嘯襲擊的海岸區定居。此外，菲律賓群島地區擁有受颱風摧殘的悲慘歷史。不止於此，我們因此必須這麼理解，那就是，東南亞群島上的農業人口應是在大型自然災害間的溫和間隔時期興盛起來，例如公元一八四○至二○○○年間。

地圖 1-2：「火環帶」的危險

同樣的因素也能有助於解釋，東南亞非常獨特的人類多樣性與生物多樣性，尤其是東南亞東緣與南緣區域最顯著的地殼隱沒帶。發現「哈比人」的所在地，是火山活動活躍的佛洛勒斯島，他們在現代人類到來之後依然存活下來。尼格利陀人倖存的主要地區，也是暴露於大型災難之下的區域，其中著名的有呂宋島的皮納圖博火山跟尼格羅斯島的坎拉翁火山（Kanlaon），此外還有呂宋島暴露在颱風侵襲的最危險的東部海岸。災害可能抑制了他們農業競爭對手的擴張。公元一九九一年皮納圖博火山爆發，有二十五萬個家園遭到摧毀，屬於澳美人的阿埃塔人面對火山噴發，卻能以極具靈活性與行動力的方式找到當地食物來源，這是定居民族辦不到的事情。先前已有提到，在颱風過境之後，受災的農業居民會企圖嫁入阿埃塔家族以便活下去。近兩百年來農業與人口的快速擴張，迫使採集狩獵者面臨絕跡的處境，但在過去，威脅著採集狩獵者的類似擴張，居然很有可能是受到自然災難的制衡。

　　東南亞的生物多樣性與人類多樣性，也因為自然災害定期對農業造成的打擊而受到保護。在亞洲熱帶地區，人們轉變為從事農業這件事情，過程是異常的複雜與漸進。現代研究顯示，東南亞地區所馴化的植物種類，比世界上任何地區都還要多，這個現象幾乎可以確定，某些植物是獨立在東南亞被馴化，而不是作為外來移入者帶來的「包裹」而被引進當地。有可能是獨立在東南亞被馴化的植物，包括山藥、芋頭、薏苡、檳榔、香蕉、西米椰，甚至是甘蔗。

　　可是，即便是沒有地震的東南亞大陸區，人口密集度也比中國和印度低很多，所以一定有更廣泛的因素在作用著。其中一項原因，可能是海平面高度的變化，在一萬年前的最後一次冰河期，海平面大約比今日低了五十公尺左右，但是到四千年前時，海平面卻比今日「高」出二點五公尺至六公尺之間。在四千年以前，那些養活東南亞大多數人口的大河三角洲地區，全都位於水底下。另一項可能看似矛盾的因素，則是宜人的暖和氣溫與豐沛雨量本身，暖濕氣候造成茂密的叢林，並促成不需要人口集中的生產模式。叢林與海岸覓食、游耕、沒有強大國家之下規模頗小的戰爭

與掠奪，上述這些體制的人力需求全都相對較低，它們需要的是活動力，還要有撐過作物頻仍歉收的能力。尤其是在常見的沒有國家的環境之下，還需要持續戒備鄰近社群的襲擊，這套體制促使家庭規模必須要小。東南亞許多社會有殺嬰或墮胎的習俗，這是為了要限制出生人數，並讓出生人口彼此間隔拉開。

除了越人在紅河三角洲卓越的開墾以外，早期的稻米種植中心似乎是分布在乾季地區的高地河谷，還有在島嶼山嶽的山麓坡地。前述的第一類，包括緬甸乾季區域的伊洛瓦底江支流，以及清邁（Chiang Mai）、楠府（Nan）、素可泰（Sukhothai）地區的昭披耶河北部支流，還有位在永珍（Vientiane）與龍坡邦（Luang Prabang）地區的湄公河上游河谷盆地。至十三世紀時，上述的河谷區已經全部在從事堤田水稻農業，水源來自高地溪水或河流。這類灌溉農田中心很早就開發了，證明直到十五世紀時，大部分傣族（包含泰族、寮族與撣族的語族）是位在這些河流的上游處，而不是如同今日位在昭披耶河下游的狀況。公元一三七六年時，龍坡邦的統治者曾經下令，指派三十萬男性寮族子民與四十萬非傣族人從事勞役，另外在約一六四〇年時，另一位成就斐然的寮國統治者，曾列舉他有能力作戰的男性子民五十萬人。這些數字反映出當時北方河谷區的傣族人口至少超過一百萬人，而與此同時期的昭披耶河下游仍然是人類無法駕馭的沼澤之地。

在強盛的統治者維護內部和平並鼓勵定居農業的時代，人口出現快速成長的跡象，例如十五世紀的大越、暹羅、蘭納（Lan Na，清邁）。大越國在公元一四〇七至一四二七年被中國人占領，事後，它採納了被占領期間學到的官僚、軍事、農業革新，大越國在紅河三角洲的農業使它取得人口基礎，乃至於有能力組成二十萬以上具作戰能力的軍隊，足以對抗南邊的占婆國（Champa）、西邊的傣—寮諸王國，甚至是雲南。暹羅王國是在阿瑜陀耶（Ayutthaya）地區成形，它以至今仍有瘧疾問題的昭披耶河下游作為基地，在氾濫平原從事種稻農業，並且積極進行對外貿易。蘭納國（字義為「百萬稻田」）與下個世紀的瀾滄王國（Lan Sang，永珍），

都因為強大統治者與稻業進步帶來的好處，分別成為昭披耶河上游與湄公河上游的人口中心。

在提供穩定環境的統治者逝去之後，這種類型的人口增長通常沒有辦法再繼續維持很久。戰亂與動盪導致死亡率上升而出生率下降，但是在戰場上的傷亡，其實還不如人民離散、糧食儲備遭破壞、歉收與疾病的影響。公元一五四五年至一五九二年間爆發的猛烈內戰，似乎使越南人口減少了五分之一。據說，一五六九年緬甸征伐暹羅所導致的人口死亡數，即便是經過後來兩百年，都無法恢復原狀；反過來，十六世紀昌盛的緬甸王國中心勃固（Pegu）地區，則因為戰事、戰爭釀成的飢荒、疾病，在一五九八至一六〇〇年間淪為一片荒土。

十五、十六世紀之間，活躍的國際貿易為沿岸港口與其統治者帶來繁榮。先前，人口大多集中在適宜農業與人類生活的高地河谷，但到此期間，人口重心開始轉移到海岸區。人們遷移到港口城市（port-capital）的周遭地帶，來分享這些地區的富裕，但也有許多人不是出於自願，而是被更有武力、更具組織的國家帶到這些地方。在這段期間，之前位在暹羅、緬甸的高地以及柬埔寨（Cambodia）吳哥地區（Angkor）的人口重心，往下游方向轉移到港口城市附近，即勃固、阿瑜陀耶、金邊（Phnom Penh）。雖然在十六世紀時，昭披耶河和湄公河上游還有幾個蓬勃發展的傣語國家，但是到一八二〇年的時候，這些傣語國家全部都已屈服於低地大國，而且它們的人口在十九世紀之前增長並不多。在緬甸，類似的南向移轉發生在十五、十六世紀的勃固全盛期，但是到一六〇〇年左右，這個趨勢隨著勃固的摧毀、首都移回內陸而有所逆轉。公元一七八五年的緬甸人口普查顯示，僅有百分之二十六的人口分布在下緬甸地區，不過到一八九一年英國人進行的第一次人口普查時，下緬甸地區的人口比例則有百分之五十八。

在爪哇島上，北部岸邊的新興港口如錦石（Gresik）、泗水（Surabaya）、淡目（Demak）、扎巴拉（Japara）、井里汶（Cirebon）、萬丹（Banten），首次成為文明和人口中心。在其他地方，富裕的港口

城市如麻六甲（Melaka，又譯滿剌加）、亞齊（Aceh）、萬丹、望加錫（Makassar）、西班牙統治下的馬尼拉（Spanish Manila），將內陸地區的游牧與游耕人口吸引過來，或是強迫遷徙，藉此讓自身的人口數增長。不過，這些早期現代（Early Modern）的城市就像世界各地前現代（pre-modern）的城市那般，是相對不衛生的場所，必須持續有移民或俘虜補充才能維持人口稠密的狀態。此外，這個火藥時代的戰爭規模擴大，人口喪亡也因此增加。大多數鄉村地區只有在十九世紀時，才得以享有長時期的政治穩定，唯有到那個時候，人口才真正開始迅速增長。

官僚國家的外來模式在一段自然災難相對微少的時期內，鞏固了內部秩序，東南亞是在這段時期開始進入現代人口轉型（死亡率下降，幾代之後出生率下降）。現代人口轉型首先發生在十八世紀的菲律賓，接下來則發生在十九世紀的爪哇與東南亞大陸區的多數國家，最後則是在寮國以及除爪哇以外的印尼地區，大約在公元一九〇〇年受殖民者征服，同時人口則開始持續成長（見本書第十三章）。

農業和現代語族

目前作為東南亞地區主流的諸多語族，是從今天中國南部與喜馬拉雅山脈（Himalayas）東部地區向南遷徙而來。亞洲人最早轉型從事稻米農業，是發生在長江中游南邊的湖泊區，這項事實似乎能夠大部分解釋，為何中國人或原型中國人（proto-Chinese）漸漸將不願意被併入中華帝國的民族擠向南方。因此，雖然東南亞人的文化特徵主要是與南亞相連，但是他們的基因或語言特徵卻比較接近東亞。

關於當代東南亞人的可能起源，彼得·貝爾伍德建立在白樂思（Robert Blust）的語言學假說基礎上，並兼採考古學、語言學、近期基因資料，是最具一致性的綜論學者。貝爾伍德對東南亞與太平洋地區所持的觀點，類似於柯林·倫福儒（Colin Renfrew）對歐洲的觀點：從採集狩獵轉為農業的先驅者所享有的人口優勢，是解釋某些語族分布極為分散

的最佳理由，此事的顯著例證有印歐語族（Indo-European）和南島語族。農業不只是能讓人付出努力後獲得更多、更穩定的營養作物，農業還會促進人類以頗大的社群規模（因此具備相當武力）永久定居，農業還能造成人們生育力提高，因為農業使女性的活動減少，還可以提供軟爛的斷奶食品（例如粥食），嬰兒需要母奶數年餵養的需求於是下降，女性懷孕生育的間隔期間也因此減少。這些新石器時代的（農業）先驅者南遷擴張，東南亞較古老的採集狩獵住民生活則受到威脅，先驅移民可能經常運用社群規模較大的武力優勢，並將採集狩獵社會的女性納入自身社群內。

貝爾伍德的理論認定，稻米農業大約是在公元前七○○○年左右起源於長江中游河谷，並且在公元前四○○○年至前三○○○年間，逐漸向南擴散到廣東的其他水源區，稍後又傳到雲南部分地區。但是，有鑑於近期的基因證據發現，前述這種傳播論必須有限制，基因證據顯示，現代兩種主流稻種「日本型稻」（Japonica）和「印度型稻」（Indica）是分別受到馴化的，前者是在中國南部被馴化，後者則是在印度和／或東南亞大陸區被馴化。無論如何，公元前二三○○至前一五○○年間，在紅河、湄公河、昭披耶河水系中間地帶，分布著擁有「廣泛東南亞大陸區新石器時代特徵」，包括稻業以及共通形式的紋紅陶的民族（Bellwood, 2005, 131）。這些人們似乎帶來了一套彼此相關的語言，如今我們稱之為南亞語系（Austroasiatic family），其中一支包括孟族、高棉族的祖先，另一支則包括越南人和芒族（Muong）。南亞語族繼續主宰著這些河域，直到數千年之後傣語族、藏緬語族（Tibeto-Burman）到來之後，狀況才有所改變，不過，現代柬埔寨（高棉）的低地區依然是由南島語族掌控。越南語方面具有爭議性，許多人認為，越南語是經過被中文壟罩的一千年時光，不知怎麼地倖存下來；但是，近來學者主張，越南語成形的關鍵期是在公元第十／十一世紀，它是過去主流中古漢語（middle Chinese）的南方方言與原型越—芒語（Viet-Muong）的混合產物（地圖 1-3）。

在冰河時代之前就已經住到熱帶地區的舊住民，已經在此生活了四萬年以上的時光，他們和澳洲與新幾內亞的族群擁有相同的特徵，包括深

膚色、圓眼、捲髮。這些舊住民在上述過程中，大多數都被同化或消滅，不過那個過程本身很複雜，牽涉著覓食與農業生活方式之間的長期互動。如前文所述，唯有在南邊的島弧區，才有一些舊住民以採集狩獵者之姿，驚人地存活下來了。

南島語族的擴散是世界奇觀之一。南島語族顯然在不到一千年的時間內，便從台灣抵達東南亞群島，再進入美拉尼西亞與玻里尼西亞西部。南島語系的先祖包括台灣原住民與馬來－玻里尼西亞語族，他們最早可能是在公元前三五〇〇年左右從大陸抵達台灣，不過證明他們將稻米農業帶來台灣的證據，定年則落在公元前二五〇〇年。再來，菲律賓北部曾發現公元前二〇〇〇年的陶器，證明與台灣的陶器類型相似，此外還有稻穀顯示

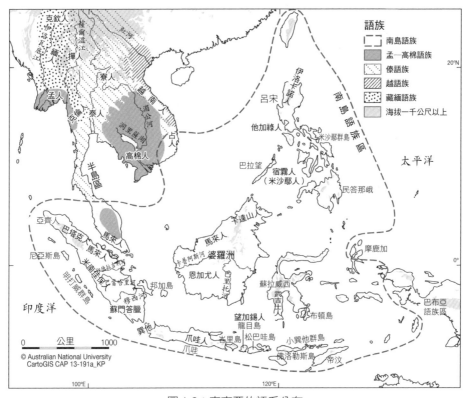

圖1-3：東南亞的語系分布

農業的存在。與台灣類似的陶器型式證據，至公元前一四○○年時已迅速擴散到印尼東部、美拉尼西亞，最遠到達薩摩亞（Samoa）。在這個推測脈絡之下，蘇門答臘、爪哇與婆羅洲南部則是形成不一樣的擴散網絡，在這些地區內普及的是不同類型的陶器，不過這些地區同樣也是非常快速地傳播源自台灣的稻米農業。

這股往西南方向的南島語族擴散，是最趨近於完成的一股擴張，婆羅洲、蘇門答臘、爪哇、峇里島和蘇拉威西島的先前住民幾乎全部消滅。這個結果表示，在南島語族擴散之前，此處稠密的森林覆蓋面積只維持著稀疏的狩獵採集人口，這些人們非常容易受到併吞。這些島嶼上僅存的狩獵採集者，有蘇門答臘中部的庫布族（Kubu）、婆羅洲砂拉越（Sarawak）東部的普南族（Punan），他們似乎也曾經從事農業，但卻比較不成功或不積極，於是又在其他農業族群的壓力之下，轉回到叢林邊緣從事採集狩獵。另一方面，在菲律賓地區，呂宋島高地上屬於尼格利陀人的阿格塔族，以及巴拉望島上的巴塔克族，似乎是一直維持著採集狩獵的生活方式，但是他們的處境也日漸艱難。倖存下來的採集狩獵者在很久以前便採用了新來南島語族人的方言變體。不過，雖然南島語族移民在同化或消滅先前住民方面非常成功，他們自身也有分裂，許多不同的南島語言因此出現，倖存於現代的印尼、菲律賓、越南南部地區。

今日伊洛瓦底江谷地的主要人口屬於緬族（Bama）、欽族（Chin）和克欽族（Kachin），這些族群都屬於一個非常多樣的語族—藏緬語族，它包含了喜馬拉雅山脈東部地區數百種語言。如同我們所討論過的其他語族，藏緬語族的來源可能也是長江中游地區的種稻農業先驅。藏緬語族與中文、傣語、越南語擁有共通的聲調系統（但不包括更古老的孟—高棉語）。在漢藏語系（Sino-Tibetan）的傘狀類群（umbrella group）之下，藏緬語族可以與中文連結，但兩者的距離其實很遙遠；分布在今日泰緬邊界高地的克倫族（Karen），他們所講的各種方言也許可以（但也有疑慮）連結到這個語系。緬族的南向擴散也許只是約一千年以前的事情，大約早於公元一一一二年，也就是以四種語言：巴利文（Pali）、孟文、驃文

（Pyu）、緬文銘刻的彌室提（Myazedi）石碑的年代之前。藏緬語族的多樣性，顯示他們居住在多山的喜馬拉雅山邊境已經很久了，如今這個區域屬於中國、印度與東南亞之間的邊境。

最後，現代東南亞第二普及的語系是傣語或澳─傣語族（Austro-Tai），他們抵達東南亞的最初證據是一份公元一一六七年的銘文，文物的發現地點在那空沙旺（Nakhon Sawon）。傣語族包括今日講泰語與寮語的人們，也包括緬甸東北的撣族在內，不過，傣族也遍布在從雲南到廣東的中國南部，而他們的起源可能在更北邊的初始稻米農業區，也就是長江中游河谷。傣語族群往南遷徙的時間應該是在十一至十三世紀之間，他們帶去的包括語言以及能疏導水流的高地種稻技術，還有許多小型自治體的政治形態，也就是以堡壘與能幹領袖為中心的「勐」（muang）。讓軍事與政治菁英選擇往南遷移的最後一項推力，也許是蒙古政權下的中國式官僚體制範圍大肆南向擴張，不過，移民定居的過程應該是經歷更長時間的潛移默化。有許多古老的孟語及高棉語族群遭到同化，但其他人依然各自在他們的河谷內生活，這個情況於是造就出東南亞大陸高地區的多元性奇觀。十三世紀後期，講傣語的統治者接納上座部佛教（Theravada Buddhism），非常迅速地建立起一系列的「勐」，宰制著昭披耶河上游和湄公河中游河谷區，到十四世紀時，他們的勢力甚至遍及具有高度多元性的東南亞半島區。

稻米革命與人口聚集

除了越族以外，對於絕大多數東南亞人來說，土地方面的人口壓力相對輕微，這讓火耕或游耕成為較受青睞的種植糧食方式。根據記載，十六世紀印尼東部摩鹿加的農人，「用火燒方式開闢土地，然後用尖棍戳洞，在洞裡放進兩三粒穀子，再以手或腳將土覆蓋上去。」（Galvão, 1544/1971, 133）火燒之後的殘餘物會為土壤增添充足的營養，種植旱稻、小米或各種根莖類作物都可以豐收。他們不太除草，稻束成熟時需個別採

割，因為旁邊還有其他新作物。這種耕耘方式很浪費土地，因為休耕期需要十年以上的時間，森林才會重新生長到足以讓農人回到原地再次火耕的程度；不過，在高地的土壤上，這是在各種方法中，一個家庭投入勞力後獲得最高回報的辦法。此外，根莖類作物與蔬菜可以與主要稻米作物一同生長，或者在稻米收成之後繼續種植，這樣做可以提高一個家庭的自給自足程度，而且在任一作物歉收時依然有安全保障。直到十九世紀，東南亞的農業人口大多都是採取這種火耕、游耕方法，一直到二十世紀，從事游耕的地區還是比定區灌溉農業更廣大。

不過，我們可以很肯定地指出，十三世紀時東南亞已有部分地區是從事灌溉水稻集約農業，在許多案例中，稻米生產造就的剩餘糧食足以維持頗具規模的都市生活與文化。尤其是在東南亞北部，這種水稻農業特別有進展，這個發展似乎屬於馬克・艾文（Mark Elvin, 1973, 113-45）所謂南方中國「農業革命」的一部分。這場在中國南方發生的「農業革命」，是指大約自九世紀至十三世紀期間，種稻技術變得更加集約並形成理論通則。中國方面對這些變革的記載，遠比東南亞更完備，不過很顯然的是，這些進步並不限屬於一個書寫文化（written culture）——雖然中國農書可能有助於技術在中國與越南之間通則化，而是在農業技術能有效施展的地方來來回回地流傳。其中，某些農業技術存在於東南亞某些地區的時間，幾乎是比中國還要更早，例如一年兩熟、梯田和某些灌溉裝置。中國南方最為人所知的新稻種，據說是來自於占婆（即占城，位於今日越南中南部），占城稻經大越國與福建地區流傳，十一世紀時，中華帝國下令推廣占城稻，因為相較於其他稻種，占城稻成熟速度更快，而且可以在更貧瘠的土壤、更乾燥的環境下生長。

這場農業革命的主要要素包含有：犁，當水牛牽引著犁的時候，犁不只是刮土，還可以翻土；從精心培育的苗床上移植秧苗；可以快速成熟的稻種，使一年兩熟變得更容易達成；進步的灌溉技術，在秧苗成長期間攔水、畫分並淹沒農地，還有各種引水工具或唧筒裝置。在中國，這些稻米耕種方面的進步改變了南、北的人口平衡，種麥為主的中國北方在第三至

第五世紀時，擁有全中國四分之三的人口，但是到十三世紀的時候，種稻為主的南方已擁有全中國四分之三以上的人口。東南亞大陸區也經歷了相同的轉型。

接續著傣語人口增加與明代中國軍隊的騷擾破壞，在公元一四〇〇至一五五〇年這段氣候溫和的時期，東南亞大陸河流上游區經歷了人口與水稻農業的快速擴張。十六世紀的中國觀察家認為，東南亞大陸河流上游區的生產力，比他們所知的任何中國地區還要更高。東南亞北端傣語人口建立的「勐」，例如蘭納和阿薩姆（Assam）地區的阿洪姆（Ahom），另外還有大越國，都在十五世紀時進入擴張的黃金年代，這件事情很高程度可歸因於先進的種稻技術，讓傣人與越人人口皆得以快速提升。另外一項重要的因素，則是中國先進火器的引入。

考古遺址發現的稻殼分析結果顯示，到了第九、第十世紀時，類似現代日本型稻的圓形穀粒，變成後來普遍於現代東南亞、長條穀粒的印度型稻。這項轉變似乎與上緬甸、呵叻高原（Khorat Plateau）、吳哥平原地區將灌溉農業有效應用至乾燥地帶一事重合。這或許也呈現另一項變化，也就是從仰賴在大河年度洪水來臨前播種的作法，轉變為離開容易受災的氾濫平原地帶而至其他土地上開闢堤田，從事勞力更加密集的農業體制。

在東南亞群島區，灌溉水稻農業的最早證據出現在爪哇與峇里島高地區的銘文裡，這些高地的小河流顯示——尤其是爪哇東部布蘭塔斯河（Brantas）海拔較高的支流地帶——最早於第九、第十世紀時，人們已集體合作挖掘灌溉溝渠。如同大陸區的情況，這些地區是具有顯著乾季的高地山間河谷。爪哇的高地有另一項額外的因素，那就是附近活躍的火山，包括克盧德（Kelud）、卡威（Kawi）、阿朱那（Arjuno）、潘拿古南（Penanggungan）火山，火山充實了土壤的肥沃度，但也會造成包含河川改道在內的周期性破壞。在峇里島上則有證據可證明，至早追溯到公元一〇二二年時，便有自治性灌溉團體或行會的存在，稱為「蘇巴克」（subak）。

蘇門答臘南部、中部與馬來半島及婆羅洲情況類似，無顯著乾季加上

降雨相對穩定的氣候創造出濃密的叢林，不利於稻業需要的初期灌溉系統開發。巴塔克、米南佳保、柯林芝（Korinci）、勒姜（Rejang）、貝塞馬（Besemah）山區谷地則屬於例外，這些地區的雨量只有蘇門答臘西岸的一半，每年還有三個月或以上的乾季；例外者還有今日的亞齊地區，亞齊位於蘇門答臘北岸，是全島最適宜從事水稻農業的沿岸區。花粉證據顯示，在兩千多年前，多巴湖、柯林芝湖附近的高地已有栽種稻米。在殖民者入侵之前，東南亞中央「濕」區（蘇門答臘、馬來亞、婆羅洲）的主要人口集中帶，並不是旅行者所認識而歷史學者也因此知曉的沿岸區域，事實上，人口主要是集中在蘇門答臘西部山脊的這些海拔五〇〇公尺以上的高地河谷內，以及集中在婆羅洲南部訥迦拉河（Nagara）以北一百多公里處的河源（Hulu Sungei）地區。當第一批歐洲觀察家在十九世紀初深入這些谷地時，他們對於這裡灌溉稻田的複雜與密集程度感到很訝異。沿岸港口足以維繫那些史上有名的國家，例如巨港（Palembang）／三佛齊（Sriwijaya）、占碑（Jambi）、錫國（Siak）；但是，最早的文明遺跡和遺物不是在沿岸港埠地區發現，卻是在蘇門答臘東部河川源頭地帶被發掘。貝塞馬高原的巨石文化，還有接近葛林芝（Kerinci）、蘭瑙（Ranau）高山湖區的「類東山文化」（Dongson-like）青銅器，可以追溯到第一至第六世紀之間。即便是到十七世紀之後，雖然有一些外面世界知曉的、位置鄰近河口的海洋國家存在，可是幾座最重要的佛教寺廟建址卻是遠遠位在巴魯蒙河（Barumen）／比拉河（Bila）、印德拉吉利河（Inderagiri）、巴當哈里河（Batang Hari）的上游處高地，而在那些地方很少發現國家存在的歷史證據。

國家和社會的農業基礎

我們在前文所討論到的抗拒國家傾向，其原因是根基於東南亞的環境與人口情況，這種傾向在爪哇以外的東南亞群島區最為顯著，群島沿岸的叢林地帶人煙稀少、荒涼難行。要前往人口較多的高地區域，必須透過各

條河流水路，而每條河在河口附近都會有個或大或小的港口國家（port-state）。這種港口國家透過轉運進出口貨物，某種程度上宰制著內陸的經濟，但由於港口國家的海洋貿易人口不多，所以它並沒有軍事上的主宰力，而且港口國家的使者很難穿行到無國家的高地區。除此之外，前文所敘述的游耕型態，與國家的發展是相互牴觸的。可以用來儲藏或徵稅的剩餘稻米，需要的是定居且集中的人口來耕耘堤田。

檢視中華帝國文獻、梵文銘文、寺廟遺跡等證據的早期學者，傾向假設曾有統治眾民的強大王國存在。但這樣的解釋，與十九世紀歐洲人遇見的分散權力結構有所違背，於是早期的學者提出了王朝衰亡的假設。今日的歷史學者知道分散聚落的考古證據，也對於殖民時期之前的政權有更多認識，因此，他們對於中國文獻中記錄的蠻夷之「國」（可能指國家、政治實體或城市）進貢事蹟，還有諸多銘文記載的偉大印度文頭銜，都以更具批判性的眼光研究。實際上，這類政權是在公元第一千紀之間成形，其特色是有許多自主的中心，並形成多元的樣貌，這些自主中心的忠誠目標很容易有變，將重心放在貿易的中心可能隨即又改變目標。

最古老中國文獻所記載東南亞的「國」，似乎是指主要貿易路線上的轉口港埠，不過「國」經常也指涉那些在洪水退去之後，於河畔簡單栽種稻米的氾濫農業的地區。由此，中國史料中出現了「扶南」（Funan，502-540 年），現代考古學家認為它與泰國灣內最容易到達湄公河下游的地點喔呋（Oc Eo）和吳哥博瑞（Angkor Borei）之間的聚落和運河溝渠有關。相近時代的中國文獻還記載了「林邑」（Linyi，後來為占婆），其位置在今日越南中部，可能與茶嶠（Tra Kieu）地區發掘的遺址有關係；中國文獻還載有「狼牙脩」（Langkasuka），其範圍涵蓋半島區的運輸路線，可能與如今半島區東部沿岸察亞（Chaiya）地區、西部達瓜巴（Takuapa）地區附近的寺廟遺跡與聚落有關。

這幾個中心與中國的貿易大多比與印度的貿易多，中國文獻對於它們的記載與認識也遠高於印度文獻，儘管如此，這些中心卻是透過梵文開始顯示自身的存在，關於這件事情的原因會在第二章解釋。印度貿易商隨身

攜帶宗教圖像、文獻以及執禮人員，作為商業信任的基礎，印度神祇對於他們來說非常重要。後來，有第十、第十一世紀的證據指出，泰米爾（Tamil）商人行會利用特殊的廟宇、圖像、儀式，建立起橫跨印度洋地區的網絡。東南亞港都的商人與掌權者，也企圖掌握接觸宇宙的力量與因果報應，因此借用這種新來的文字作為神明的語言。

在前往中國的海路上，占婆具有貿易與海盜行動方面的有利位置。因為中國與印度之間的商人與朝聖者必須通行麻六甲海峽，因此只有麻六甲海峽的三佛齊可以與之比肩。透過「朝貢」貿易的媒介作用，宋代中國與東南亞的商業聯繫開始興盛，因此受益的三個對象分別是大越（在宋代有七十六次朝貢使團）、占婆（六十二次）和三佛齊（二十六次）；把剩下的東南亞國家加總起來，它們的朝貢使團數量還不到二十次，這個現象正可反映，對上述三個政權來說，與中國貿易的價值是何等之高。

以今日視角看來，由相互競爭的河港所組成的鬆散政權，歷史學者稱之為「三佛齊」（Sriwijaya）。當三佛齊在七世紀中期第一次派遣使團到中國的時候，它的中心可能是在末羅瑜（Melayu），地點接近巴當哈里河畔的占碑，但是後來的三佛齊變成比較接近現在的巨港。這個海洋文明在延續到十三世紀的悠久生命當中，曾經將半島區、蘇門答臘與部分爪哇島上的小港口，納入自己的活動範圍，並將它們的貨品輸出運送到中國。

不過，這些海洋中心所遺留下的寺廟遺跡規模並不大，因為那些以流動商人為主的人口，在不需要灌溉稻業供給大量糧食的狀況下就能夠維持。需要成千上萬人力、令人讚嘆不已的神廟寺院，都是位於內陸，而且是在可以方便集中大量剩餘稻米的地點。其中，最古老的地點是位在默拉皮火山（Mount Merapi）南邊坡地上的馬打蘭（Mataram）地區，靠近今天的日惹（Yogyakarta），時代是在第八到第十世紀之間。像是婆羅浮屠這樣巨大的佛塔浮屠，再加上附近如塞烏（Sewu）和卡拉森（Kalasan）的寺廟，一定需要長時間與成千成萬的人力協調合作。傳統上認為夏連特拉（Sailendra）的國王曾統治這片區域，而這些國王並不像是埃及法老那樣的征服者，史料也沒有提過他們是婆羅浮屠的施主或贊助者。建造這些

紀念建築必需的勞力，是仰賴宗教虔誠以及宗教義務所動員，而不是用武力脅迫，狀況類似於今日峇里島的神廟節慶，那裡的人們也是出於宗教虔誠及義務而投入。無論如何，馬打蘭王國確實預示了第十世紀以後出現的那些更具有東南亞特質的諸王國：崇高的王權觀念與受外國勢力影響的港口城市相結合，再加上受內陸灌溉農業中心供養的大量人口。

　　東南亞區域中最北邊的兩個國家，分別是在紅河三角洲與伊洛瓦底江上游，在經濟方面它們與其他地方的模式都不同，沒有什麼通則可以套用在它們身上。公元第一千紀的多數時間裡，東京的三角洲都是由中華帝國統治，期間發展出在中國南方很普遍、卻不見於東南亞其他地區的三角洲農業類型。人們廣泛建築堤壩來控制河流每年的洪水，這需要的社會控制程度相對較高，但相應地，這種穩定的條件能夠提供可靠的年產量，維持前現代東南亞最密集的人口區。到了七世紀，該區域內最為穩定的首都，已是今日的河內（Hanoi）地區。唐朝滅亡之後，一個獨立的越南王朝逐漸形成，在公元一○○七年占有河內，並抵禦了隨後的中國入侵。自十三世紀開始，它模仿了中國經典記載的科舉考試方法，建立了一個為國家服務的官僚機構。經過公元一四○七至一四二七年的明朝占領時期之後，有活力的後黎朝（Le Dynasty）企圖根據儒家路線，將越南重塑為一個中央集權的官僚式政權，但是十七和十九世紀時，其他的新王朝依然重複著相同的任務，表明了其困難程度。

　　上緬甸的乾季區也很早就發展出定居灌溉農業，這是個年雨量在六○○公釐以下，伊洛瓦底江在曼德勒（Mandalay）與蒲甘之間流過的特殊地區。這區有易於管理的伊洛瓦底江支流流入，再加上北邊流來的穆河（Mu），南邊皎克西（Kyaukse）地區流來的四條河流；前緬甸時代的第一批首都在七世紀興起以後，證明了上述條件對於早期灌溉系統之開發是優越而可靠的。這些河流的水來自乾季區之外的高雨量地區，而北方平原的坡度夠緩，足以讓大多數的養分留在乾季區內。從十一至十三世紀，皎克西地區開發出一系列的溝渠堰壩，讓蒲甘文明的存在與延續成為可能（見本書第二章）。根據現代的估算，光是那個時期皎克西的灌溉田地，

每年收成便可以產出約八萬公噸,足夠讓五十萬緬甸人溫飽。

　　從八世紀到十三世紀,柬埔寨吳哥建築群是湄公河下游的一大權力中心,關於此地的農業基礎,至今仍然是一個有爭議的課題。格羅斯里爾(Groslier)等老一代學者的觀點認為,吳哥的巨大人工蓄水湖(baray),可以持續供應水源給多種作物的堤田,由此能夠維持高達一百萬的集中人口;近期的研究則否定這種灌溉功能是建造蓄水湖的目標,反而認為人工蓄水湖的主要目的是像印度那樣的宗教儀式,還有在度過乾季時享有水源保障。在吳哥的全盛期,柬埔寨地區「確實有」長久灌溉的田地,但是情況並不是像前人想的那樣集中在一地。吳哥與蒲甘類似,都是位在處境困難的乾燥區域,吳哥神廟建築群主要應該是作為宗教儀式中心,而這個地方的人口數量是起伏波動的,倚靠船隻與牛車運輸洞里薩湖(Tonle Sap)豐富的魚獲,以及數個小規模灌溉地區種植的稻米,就足以供應充足的糧食(見本書第二章)。

食物與衣著

　　前現代時期,東南亞的主要消費與貿易物品,就是食物與服飾。東南亞人的飲食相對簡樸,主要食品是米和魚,人們的飲食只是根據權勢財富有別而有多寡與種類上的差異。

　　在世界主要食物的榜單上,東南亞有它的一份貢獻。香蕉、參薯(Dioscoria alata)、西米椰(Metroxylon sagu)這三種關鍵的澱粉來源,都是東南亞的原生種,而且都是在新石器時代革命時馴化。芋頭(主要是紫芋,Colocasia esculenta)是最早期被馴化的作物之一,這最初也許是發生在印度和緬甸地區,幾千年來,芋頭一直是能適應濕軟沼澤地帶的作物。這四種植物被人類帶到亞洲、非洲、太平洋的熱帶地區,攜帶這些植物的人有一部分是早期的南島語族探索者,結果,東南亞各地的澱粉需求有很大比例是這幾種作物組成。這幾種作物的高度適應力,表示多數的東南亞村民除了野生的森林食物以外,全年都可以至少直接取得其中一種

作物。當作為人們首選的稻米歉收時，那些作物依然是重要的基礎食物，所以「農作或穀物歉收從來就不會造成像更先進國家面臨歉收時所經歷的可怕後果」。（Marsden, 1811/1966, 64）對於沒有國家的山丘居民來說，栽種這些作物也是優先選擇，因為這些分散的作物不像是河谷地種植的稻米會受到國家的徵收。爪哇高地主要種植芋頭的地帶，尤其是十九世紀之前巽他族（Sundanese）所在的西爪哇，他們之所以種植芋頭，原因可能就是想要逃避國家徵收的動機，以及土壤類型的條件。在米沙鄢群島（Visayan Islands）也是這樣，一直到十七世紀，芋頭都依然是那個地區的重要作物。

太過乾燥或鹽分太高而無法種稻的貧瘠地區，是以西米或山藥作為澱粉來源，在十七世紀左右美洲新作物傳進來之後，這些地區往往會改種耐性強悍的玉米。不過，到那個時代，稻米已經是東南亞各地的首要食物，原因包括口感、營養（稻米幾乎是種「完全食物」，complete food）、宗教儀式。最富裕的地區例如城市、香料出口區、漁獲盛地等等，沒辦法自己生產稻米，但是這些區域還是可以進口爪哇中部、東部稻米盛產區的收成，或是昭披耶河、伊洛瓦底江、薩爾溫江（Salween）氾濫平原的產品。

搭配米食的日常菜餚不是肉而是魚。在二十世紀之前，漁業絕對是東南亞的第二大產業，僅次於農業。在那些靠近沿海漁場或漁產豐富的湖泊、河流區域，人們可以吃到新鮮的水產，但另一方面，那裡的肉類來源卻是相對有限。歐亞大草原有放牧或畜牧的傳統，但東南亞卻不太有這類傳統，來到這邊的歐洲人常常發現，他們對肉類的日常需求會快速耗竭那個區域的供應。節慶是吃肉的場合，在進行祭祀屠宰之後，再進行分配和消費。在伊斯蘭教（Islam）跟上座部佛教的規範產生巨大影響力之前—大約是在漫長十六世紀[3]（long sixteenth century）時交通可及的低地區—節慶大多愛用豬肉，肉源可能是畜養或從附近林區狩獵得來。

至少在十七世紀以前，東南亞乾季顯著的區域常有草地（尤其是在東

3　譯注：「漫長十六世紀」一詞大約是指公元一四五〇至一六四〇年。

南亞的西北邊緣和東南邊緣），這裡的人們大多從事游耕，草地也因此成為長久的植被。隨著伊斯蘭教禁止在森林狩獵野豬，有證據顯示，人們會蓄意在每個乾季時放火燒林，讓地表化為長期的草地，讓畜養的牛隻或要狩獵的野鹿有充足的草地可以進食。例如十七世紀亞齊附近的丘陵區有所謂「疏林草原」（savannah），人們在那裡養育水牛，並供應城市市場出售。最早於十四世紀時，從氣候較乾燥的東邊島嶼——峇里島、馬都拉島（Madura）、松巴哇島和松巴島（Sumba），到爪哇島人口中心區之間，就有牲畜貿易，從前者島上的草地獲利。在蘇拉威西島南部與部分婆羅洲南部地區，人們會騎馬獵鹿，所求的是鹿肉與追逐的刺激；同時，在寮國、柬埔寨、暹羅北部比較稀疏的森林帶，十六、十七世紀的人們大肆捕鹿，獵取毛皮，成為對日本的貿易出口品。

　　無論如何，跟歐亞大陸多數區域相比，肉類在東南亞是比較不重要的食品。隨著伊斯蘭教在十五、十六世紀的流傳，吃肉的規模可能因此更加萎縮，山羊與雞肉並不能夠取代過去流行的豬肉，也無法取代伊斯蘭教時代以前印尼人也會吃的狗肉、蛇肉和蛙肉。所有的東南亞人都認為，只有大量的人聚在一起舉行盛宴的儀式場合才會吃肉。在伊斯蘭教、基督教、上座部佛教不鼓勵這類的儀式很久之後，宰殺動物便有祭祀犧牲的性質，人們繼續執行這種莊嚴的儀式，為祖先之靈獻上動物鮮血。在婚禮、成年禮、村莊淨化甚至是新宗教的聖日，人們會宰殺動物並分送肉品，其中最重要的莫過於亡靈宴，因為此時的鬼魂特別危險。不像是歐洲人或中國人會將肉燻乾或醃製，東南亞人總是吃生肉。非穆斯林地區最流行的是雞肉和牛肉；穆斯林喜好的則是雞肉與山羊肉；至於水牛，則是碰上重大節慶典禮時才會宰殺。

　　東南亞的人們沿著河流與海岸交易稻米、鹽、醃魚、牲畜、棕櫚酒、檳榔，而從很早的年代開始，最大宗的遠距離進口物品就是布料。東南亞的文獻資料裡很少討論房屋、工具與用品，但是卻經常提到美麗的布料。有位傳教士曾經寫道：「緬甸人在食物、床榻、房舍方面的簡約程度，就和他們在服裝方面的燦爛奢華程度相當。」（Sangermano, 1833/1966,

159）而這番描述，也同樣適用於大多數的東南亞人。東南亞人很樂意將個人財富運用或展現在布料或其他個人飾物，例如黃金製的裝飾品。第二章將會清楚說明，這些事物是開啟東南亞通向廣大世界的鑰匙。

　　縫製衣物需要的條件是能生產針或取得針，跟鄰居比起來，東南亞人習得縫製衣物的時間要晚許多。在十六世紀之前，只有中國─越南文化發展的紅河三角洲地區，才普遍有縫製的絲綢衣、衫、褲。在「商業時代」（age of commerce）的大變局到來之前，大多數東南亞地區只有簡單紡織的棉製布料。其最初且最主要的使用方法，就是將棉布圍繞在下半身並以折疊方式固定，這就是現代馬來語所稱的「紗籠」（sarung）、泰語所稱的「帕農」（panung）或緬甸語的「籠基」（longyi）。包覆上半身通常

圖片 1-1：一位傣族婦女的裝束，繪於一六八〇年代。

會使用另一塊布料，這塊布的作用是保暖，或者只是出於文雅要用來遮掩胸部的一小片布（圖片 1-1）。

在很早以前，中國、北印度、伊斯蘭世界的縫製上衣就有流通到東南亞。尤其是十六世紀之後歐洲人記述他們企圖販賣各類服裝，讓我們特別能瞭解東南亞的情況。這些舶來衣物的買家，是那些有能力負擔價格的人，他們起初為了新奇或作為地位象徵而購買。但是，十六世紀之後，即便是在伊斯蘭教與基督教禁止暴露上身的規範壓力下，東南亞許多地區的人們還是將細心塗油抹香的上半身，視為一種養護的終極象徵。即使是到十九世紀，約翰・克勞佛（John Crawfurd）還是表示，已長期經歷伊斯蘭化的爪哇男性「處在盛裝狀態時，幾乎就是裸體。」（Crawfurd, 1820,

圖片 1-2：萬丹的權貴，由一位丹麥商人繪於一六七〇年代。印度穆斯林（左）與中國商人（右）與一位爪哇貴族接觸。

I, 29）就算是在東南亞菁英大舉文化借用（cultural borrowing）的時代，在外來觀察者眼中，那些養護身體以作為飾品的人們，與穿著從頭到腳裝束的印度穆斯林、歐洲基督徒、中國商人站在一塊兒時，所形成的對比是很顯著的（圖片 1-2）。

女人和男人

　　十九世紀擴張期之前，相對低落的人口密度是決定東南亞社會結構的一項關鍵特徵。在東南亞人的認知裡，叢林是無窮無限的，能創造財富的條件不是擁有土地，而是掌握人力。只有男女人力可以「開闢」叢林進行墾殖；只有男性組成的軍事力量和女性的生育力可以增加某人的追隨者。公元一五〇〇年左右的一份中國文獻曾經談到馬來諸國，表示「它們認為，擁有奴隸比擁有土地更好，因為奴隸是保護主人的力量。」（引用自 Reid, 1988, 129）不論是跟中國或印度鄰居相比，東南亞地區的官僚國家對於個人人身的控制力很有限，此外，在東南亞取得財富與安全之道，就是依靠對人的直接控制。

　　在東南亞世界裡，領袖與追隨者之間或者主人與奴隸之間的垂直性紐帶（vertical bond），是社會整合的關鍵。與世界上其他地方一樣，實力增強的國家會企圖將人民同質化，但是在十九世紀之前，只有大越的官僚國家才成功地取代人民之間的兩人紐帶（dyadic bond），讓國家成為主要的社會粘合力。東南亞各語文之中有大量的人稱代名詞，顯示人們大多樂意接受這種同時承認主人身分與另一方義務的人際關係。在十九世紀後期以前，東南亞並沒有所謂的「自由」勞力，因為為他人勞動工作是一個人本有的責任，無論這是透過親緣、債務、世襲地位或是強迫奴役的關係所造成，但是中國移民則屬於例外。所謂奴隸，顯然是一種地位卑下的勞力，被視作可以買賣的財產，而在那些併入俘虜勞力的擴張都市中心，奴隸顯然是它們的一項特色；若是在別的地方，使用附庸或奴僕這類的詞彙，可能是比較合適的。

殖民時代以前的東南亞有一項長久的特徵，那就是戰爭，而且，缺乏財產安全的保障，是東南亞朝資本主義方向發展的一大障礙。獵首、俘虜人當奴隸、搶奪女性，是多數高地區無國家社會的特徵；同時，那些沒有直接參與大港口朝貢體系的船主往往從事海盜與海上掠奪行徑。無論戰事規模大小，大多數戰爭的目標就是要俘虜，不是要殺人。「在風下之地（Below the Winds，即東南亞）的所有國家……當土著們……要發動戰爭時，他們會特別地小心，而鬥爭完全限制在詭計和欺騙的範圍。他們沒有意圖要殺害彼此，或者是導致任何大型殺戮，因為倘若一個將軍真的毀掉敵人，他就是在割自己的血肉。」（Ibrahim, 1688/1972, 90）防禦城市的那一方，會傾向退守到附近的森林裡，等待攻擊者掠奪一番後離開，所以，根據歐洲或中國的標準，東南亞很少有慘烈的圍城戰。戰場上的陣亡對於人口與資本積累的影響，遠沒有俘虜或難民不斷流動造成的破壞、掠奪、疾病和作物歉收那麼嚴重。

　　東南亞的環境適合明亮通風、以木頭與茅草蓋成的房子。為了安全、涼爽、清潔的緣故，人們會建造高腳屋，將廢物殘渣從地板縫隙丟給下方的動物。只有那些受到國家控制、人口最多的區域，因為木材數量逐漸稀少，人們才會將房子蓋在地上，有時是以石頭或磚頭蓋成地基，這些地區包括十六世紀以後的越南北部和爪哇、十九世紀以後的摩鹿加。在其他地方，由於缺乏安全加上流動性的模式，人們特別不會投資在磚頭或砂漿建築上。一個家庭通常可以使用森林的材料，在七天之內重建一間房子，因此，逃難、火災、掠劫還算不上是天大的災難。人們會將資本化為黃金、珠寶、布料來保存，這些東西可以埋起來或是隨身攜帶。

　　那些滿是寺廟的古代城市如吳哥、蒲甘和早期的馬打蘭，它們的顛峰時期一定是容納了好幾萬人力，但是，我們必須把這種支持皇家印度教—佛教的社會組織型態視為特殊的例外。在十九世紀之前的大半時光之中，對多數東南亞人而言，安全一方面是靠家族、親緣團體、庇護者的武力而獲得，另一方面則是要向超自然力量尋求。邪惡或錯誤的行為，會受到神靈報應的處罰，而有時神靈的報應也有人類媒介從中協助。同理，透過正

確的儀式來操控神靈，一個人也可以藉此保護自己的家族、作物與財產，這類儀式一般會包括重大節慶時的動物犧牲。人們相信，國王或戰士的力量、契約的效力、審判時證據的可信度（通常是神裁法），全部是由超自然力量控制。世俗權威或宗教權威兩者較為現代的型態，是仰賴文字典籍、官僚式階層，還有比較可預測、比較平等的精神宇宙，而這種較為現代的權威型態在東南亞各個時代的城市內部，確實有所發展。可是，我們不應該將這種進展發生的背景，視為一個野蠻或無秩序的環境，而應該視為一個人類世界與神靈世界之間有不穩定垂直聯盟關係的環境。

在敘述十五世紀以來商業交流成長的結果之前，我們也必須了解東南亞男性與女性的個別角色。與中國、印度相比，東南亞在許多層面都不一樣，而在性別關係上，東南亞依然非常不一樣。我們可以說，即便儒家、伊斯蘭教、佛教、基督教將外來的男性主導模式帶進了東南亞，然而確實有一種男人與女人擁有相對平衡的角色與經濟自主性的「東南亞模式」存在著。典型東南亞的宗教儀式體制——除了那些被經典宗教（scriptural religion）所改造的地區以外——都強調男性和女性的互補原則，這種互補性也是充斥於宗教生活的二元論的一部分。許多前現代村落中流傳的創世神話裡，代表的祖先人物都是一對最初的男女，最初的男人代表上層的世界，最初的女人代表下層的水世界，而他們的結合創造出了人類。

植物、動物、金屬、田地的神靈堅持男性、女性有各自的特殊任務，通常來說，家庭中會分出男性與女性的領域。男性領域包括所有與金屬和大型動物有關的事情，如打獵、耕田、冶金、伐木、開闢新土地；而在插秧與收成稻米、種菜、編織，以及大多數狀況下的陶器製作，女人的角色極為重要。此外，在擔任神靈媒介這方面，女性與男性於宗教領域可說是同等活躍。女性與男性各有他們的經濟自主性，而且，婚姻絕對不是女人依賴於男人的情況。夫妻財產是由雙方共同持有，婚後夫妻與女方父母同住的情況遠多過與男方父母同住，而親屬關係和遺產都是屬於雙方的，女性的財產權有足夠的保障，這使得離婚的提議者差不多是男女一樣多。以現代的角度看起來，這種模式很具有吸引力，可是，在近世的歐洲與中

國，殘酷的男性長子繼承制卻可以將財富集中在特殊的世系之中，而東南亞缺乏長子繼承制一事，則是它無法像其他中心那樣累積資本的原因之一。

　　與商業型態特別相關的是，東南亞人認為應該由女性控制家庭的金錢收入並進行理財。當地人認為男人應該把重點放在別的事情上，特別是身分地位。男人特別熱衷於賭博，尤其是鬥雞，這種愛好有部分目的是要顯示男人對於金錢輸贏並不在乎。討價還價這種事，只有女人和外國人可以做，於是，女人和外國人竟變成了交易買賣的主導者。

　　東南亞這種模式對印度、阿拉伯、中國與歐洲商人很有利，他們都知道該怎麼從中獲利。對這些外國人來說，臨時妻子（temporary wives）是貿易體制中被公認的，她們是非常理想的文化仲介（cultural broker），並與在地主人的社群建立起親緣與互惠的紐帶，而且她們擁有市場、做買賣相關的知識，這是外國男性難以奢求的。有位來自中國的旅人曾經這麼描述越南中部的會安（Hoi An）港口：「這些女人非常精通買賣之道，

圖片 1-3：女性紡織者與孩子的青銅雕像，第六至第七世紀，於佛洛勒斯島發現，但可能是婆羅洲地區製作。25.8×22.8×15.2 公分。

所有來到這邊的商人都想要娶一位當地女性，來幫助自己的生意。」（Da Shan, 1699/1993, 58）某些當地婦女，包括統治階層的女性或外國富商的妻子，成為了商界的大人物或船主人。不過，和外國商人狀況類似，女性可以活躍於商業的原因，是因為她們處在權力與地位的男性世界之外，所以，她們讓那個世界改朝資本主義方向的影響力，本質上就是受限的。

　　目前已知東南亞地區最古老且最精美的青銅文物，所刻畫的並不是印度神祇，而是一個親切的女性雕像（圖片1-3）。她使用背帶織布機從事日常紡織工作，此時正在小憩，餵孩子吃奶，這種景象至今依然存在於東南亞各個角落。她穿著一件簡單的裹身布裝，可能是她自己親手所織，將二或三塊狹窄紡織成品縫起來所製成。雖然她的上半身幾乎是裸露的，但人們對於她上身的精心裝飾感到驚訝，她的頭髮很優雅地編成辮狀，有許多珠寶掛在她的頸上和耳上。這座高二十六公分的雕像，是在佛洛勒斯島東部發現，定年可追溯到第六世紀。與同時代其他青銅像的相似處進行比對，學者認為這座青銅雕像可能是婆羅洲東部所出產。這個女人顯然是東南亞人沒錯，但是這座銅像卻出現在當時應該沒有製銅、錫或青銅科技的地區，這不禁讓人們好奇，這個女人是不是某位混血外國商人的妻子或是心儀對象，而這位商人恰好熟悉以宗教為目的的青銅鑄造技術。

不是中國，不是印度

　　東南亞地區，經常被視為研究印度與中國偉大文明之後令人尷尬的渣滓，或者最多也不過是中國與印度文明之間的交流場域。在此必須再次重申，東南亞有它獨特的環境，這個環境創造出許多物質文化與社會結構方面的共通特徵，東南亞保存了政治多樣性和文化多樣性，因此限制外來模式進行同化的程度。根本上，現代東南亞的基因庫與語言庫，大多是來自於北方大陸，也就是如今中國所在的區域，而東南亞（除了越人以外）的宗教與書寫文化則是來自於西邊。然而，這兩項非常重要的交流卻有其極限，這點必須清楚說明。

中華文明的長壽、廣大，以及國家體制下的官僚力量，都是人類歷史上獨一無二的，中國每次在經歷外來征服或內部崩潰之後，總是可以在類似的組織基礎上自我重建。中國是第一個禁止運輸武器的大型區域，它希望能讓國家壟斷武力，但是，在這件事情上，東南亞卻是最後一名。在二十世紀之前，「中國（性）」（Chinese-ness）的定義可以跟文明本身畫上等號，文明內部的人們自我稱呼為明人或唐人，又或者是更現代的稱呼「中國人」，這使得他們的國民性與他們的文明之間有密不可分的關係。由此，很特別的是，中國邊界的畫分非常清楚，就是帝國朝廷根據對中國經典的認識，決定不再派遣官員前往的地方。一千年以來，中國與南邊的越南、北邊的朝鮮，它們之間的邊界都是很穩定的，這與東南亞那充滿個人魅力、私人性、相對短暫的權力世界，形成了強烈的對比。

　　中國對東南亞人口最大的貢獻，並不是十三世紀以來那些向南遷移，並且被南方人認知為「中國人」的帝國子民；相反地，中國對東南亞人口最大的貢獻，是那些往南逃離官僚式帝國吞併的各種族群，他們為東南亞地區帶來了農業，以及東南亞的現代語言群。在「中國（性）」的邊界向南移動之前，「大東南亞」（Greater Southeast Asia）這個詞彙，是被用來稱呼長江以南「還不屬於中國」的廣大區域。直到被帝國吞併之前，這裡多樣的族群確實並不屬於「中國」，而且他們的語言、文化與社會關係，是屬於在東南亞發現的多樣性光譜之內。可是，因為我是用潮濕熱帶氣候來定義東南亞，所以，這些遷移的族群必須往南移動到這個環境內，我才會將他們視為「東南亞人」。

　　少有國家統治的東南亞，之所以能免於歷代中華帝國長期向南擴張，有四項主要的保護性因素。第一點，我們可以稱之為中國文明的低輸出性，因為中國文明的書寫系統與印度拼音文字相比的話很艱深，此外，低輸出性還與那些帝國任命的官員的控制力有關，因為他們精通的多是中國表意文字所記載的經典。第二點則是海洋，中國政府對於征服海洋興趣缺缺（與之相反的是中國東南沿海那些充滿冒險精神的商人們），即使像是台灣這樣非常接近中國且具有戰略性的島嶼，都直到公元一六八三

年滿清征服之後，才進入帝國控制之下。這種情況與沒有國家的南島語族的成就，形成十分驚人的對比，海洋取向的南島語族從台灣開始擴張，最終抵達從馬達加斯加（Madagascar）到復活節島（Easter Island）之間的廣大海洋區域。只有要征服全世界的蒙古政權，才驅使著中國進行海外擴張行動，遠征日本（1274年、1281年）與爪哇（1292-1293年）。接續蒙古政權的大明曾在最初活力十足的階段（1368-1424年）短暫地效仿前代那般放眼世界，太監將軍鄭和領導過令人讚嘆但依舊極為神祕的海上活動（1405-1433年），但這些活動並沒有持續或者持續不了，因為這些行動似乎是出自思想觀念而發，而不是以貿易利益為目的。

第三項保護東南亞世界維持低人口與相對稀少的國家性的因素，便是詹姆斯·史考特所說的「佐米亞」環境，也就是現代中國與東南亞交會的山脈區域。山脈屏障本身對於中國文明來講是一大障礙，因為中國文明是靠著向南擴張，尋找可以進行灌溉水稻農業的肥沃河谷地，此外，就軍隊的運輸與補給而言，軍隊離開種稻谷地的補給基地愈遠，他們前進的困難就愈大。十八世紀時，中國軍隊與傣人、緬人曾爆發關鍵的戰役，戰役期間，中國軍隊在數量與火器科技上的優勢受到地形因素的抵銷。不過，最重要的因素是微生物的平衡。中國向南擴張的優勢，就是密集的農業人口，天花等疾病已經成為這種務農人口的地方病，但是由於他們對手的人口是分散的，通常缺乏免疫力，因此這些疾病的傳播會造成很恐怖的結果。然而，到了熱帶地區，就有中國人不習慣的疾病存在，尤其是瘧疾和霍亂，這股更大的障礙又將中國人的優勢給制衡住了。

自從最初漢代向南方地區（包含今日越南）擴張，中國文獻就會持續定期記載，中國方面遭受熱帶疾病的挫敗，它們將此稱為「瘴」，要翻譯的話通常會翻成沼氣。所謂「瘴」應該包含瘧疾，但也可能包含霍亂這類經水傳播的疾病。死於這種神祕災禍的士兵，往往比敵人殺死的人數更多，瘴癘的恐怖是嚇阻軍隊繼續前進的另一項因素。大明弘治皇帝（1488-1505年在位）曾派遣數百萬軍隊進駐廣西南疆，但根據記載，多數軍士卻死於瘴癘，而倖存的人都逃走了。最終，廣西與雲南臣服於中

國，但緬甸和東京則否。大清強勢的乾隆皇帝（1736-1795 年在位）讓滿清帝國的國土達到極盛，連西藏也臣服了，但乾隆卻在征服緬甸的重要行動上失敗，原因與前面是類似的。在這場災難之後，乾隆宣誓再也不從事這類冒險行為，他表示：「緬甸之地真是糟糕，人無法與上天及水土的因素競爭。我們毫無所獲，精銳部隊與菁英將領卻因瘴癘而死，這真是令人難過。」（譯於 Yang, 2010）

中國對南擴張的第四重阻礙，就是越南人的祖先。他們控制著中國向南擴張最自然的通道，也就是紅河三角洲地區（東京）。東京灣是一塊海上主要貿易區，而紅河則是通往廣西的貿易要道之一。史料當中記載的第一個東南亞王國，就是中國文獻所稱的「南越」，在公元前第二世紀時涵蓋東京以及今日中國南部的廣東地區。公元前一一一年，漢帝國的擴張將南越納入控制之下，由此建立了中國勢力的基礎。後來，越南漫長民族英雄名單當中居首的徵氏姐妹（Trung sisters），領導對抗中國的行動，但在公元四十三年時遭到鎮壓，中國也由此對紅河三角洲地區進行直接統治。於是，東京在政府與書寫文化方面變成了「中國的」，這比現代中國大量地區所經歷的還要更早、更深入。公元六七九年，在唐朝最鼎盛的時候，紅河三角洲的文明教化得到朝廷認可，「安南都護府」因此設立於此。

東京地區在一千年中國統治期間，出現了具備文化教養的統治階級，他們受過向上級呈報及問責的中國教育，由此獲得重要的能力，甚至足以擊退中國的擴張。公元九三九年，中國正處於唐、宋之際的亂世，此時東京的菁英們掌握住當地局勢，建立了一個獨立政權，並擊退了中國南漢政權的入侵，中國人對這個政權的稱呼是「交趾」（Jiaozhi）。下一個成功的中國王朝宋朝最終兼併了其它類似的政權，結束了五代十國的亂世，但交趾卻兩度擊退了宋朝的入侵（981 年、1077 年），到蒙古統治中國的元朝，交趾甚至三度抵擋住中國的入侵（1257 年、1285 年、1287 年）。雖然蒙古人每一次都能占據大越的首都（現代河內），但他們終究在瘴癘疾病、越人游擊抵抗的壓力之下退兵；中國撤軍還有另一項因素，那就是越人幹練的政策運用，他們會願意向中國朝貢以換取實際上的獨立。

十五世紀是大越國轉變為軍事強權的關鍵時期，此後的大越擁有了防備中國的能力。明代中國當時正處於征服世界的特殊時代，在派遣鄭和從事大規模對外冒險活動的同時，依靠亞洲最早的火藥科技系統化使用，曾經占領大越二十年（1407-1427年），但最終結果是，越南人反過來利用同樣的科技將中國人驅逐。在公元一四二七年的軍事勝利之後，大越國的後黎朝在火器科技方面領先全東南亞，有能力進行對外擴張並擊敗占婆和寮國的對手，也有辦法抵禦中國。越南的社會轉型更加突顯出這些軍事勝利，中國的堤壩建築技術幫助東京地區變成米倉之地，且至今依然是，東京人口在十五世紀時增長了一倍。藉此條件，大越在沿海平原地區防住中國進一步的擴張，不過，在後續幾個世紀之間，將三角洲密集農業、儒家式政府、尊崇中國經典的中國模式繼續向南邊推展的，則是越人自己（見本書第九章）。

印度和東南亞的連結似乎更加難分難捨，在十九世紀之前，歐洲人是將印度洋所有沿海地區全都想像為「印度」。對中古歐洲人而言，這片異國地域是他們急需的香料出產地，後來證明這片香料產地是南亞和東南亞。荷蘭人與西班牙人相信他們在亞洲的主要基地位於印度，因此將島嶼世界（island world）的族群稱作「印度人」（荷蘭文 Indiër、西班牙文 Indio），這個稱呼在二十世紀之前都是如此。與中國不一樣，這裡顯然不是一個國家，而是擁有許多大大小小國家與無國家的區域。

亞洲人從來沒有受到這種混淆的困擾。印度與東南亞雖然有共通的文化，但地理差異很大，而且兩地交通的唯一方式除了靠很正式的航海，才有辦法穿越孟加拉灣，此外就是翻越布拉馬普特拉河（Bhramaputra）與伊洛瓦底江三角洲之間層巒疊嶂的山脈。吠陀文獻裡面稱東南亞為「素萬那普」（Suvarnabhumi），也就是「黃金之地」的意思，而早期東南亞的文獻對於婆羅多（Bharat）或崛闍羅提舍（Gurjaradesa）的佛教史料有所認識。印度洋地區的伊斯蘭貿易商很清楚知曉「風下之地」（東南亞）和「風上之地」（南亞及西亞）的地理差異。就多元性以及抵抗國家吞併方面來說，印度南部就像是中國最南端的區域，那裡是屬於「東南亞的」。

創造出「梵文國際圈」（Sanskrit cosmopolis）的多數東南亞海洋交流，都是在恆河谷地歷代政權勢力以外的印度南部區域進行。就政治意涵來講，我們會說東南亞「不是中國」，但一直要到十八世紀後期英國統一印度次大陸之後，我們才能真正說東南亞「不是印度」。

即使是在英國統治印度之前，宗教就已經進一步的將印度與東南亞一分為二。在公元第一千紀期間，佛教與濕婆教「雙法」（dwidharma）統合東南亞與印度，所以除了大越之外，印度文化在東南亞各地的影響力，遠遠高過中國文化（見本書第二章）。但是，到十五世紀的時候，佛教在印度可以說已經式微，但緬甸、傣族、高棉世界則採納了斯里蘭卡（Sri Lanka）更為嚴格的上座部佛教。伊斯蘭教幾乎在印度所有地方都是少數派，但它卻大約於這個時期，成為島嶼世界裡各國的宗教。伊斯蘭教最終成為一種正統宗教，並且除了文學、舞蹈與神話範疇之外，將印度神祇自其它領域漸漸驅逐。

第二章

風下之地的佛陀與濕婆

關於印度國家的辯論

歐洲與東北亞史學家的習慣，激發出一種對東南亞早期國家構成的追尋，成為沒有豐富文字史料的原始歷史（proto-history）時代的主要研究課題。公元第三世紀的中國文獻記載，有南方熱帶地區的國家前來朝貢，而學術界則將重心放在如何把中國記載的地名（toponym）與在東南亞發現的遺物連結起來，以確定這些王國的位置在哪裡。近期在越南、泰國、馬來西亞的考古成果，能讓人辨識出這些公元初年相對複雜的社會，這些社會留下了陶器、金屬加工、精緻喪葬的證據，以及進口珠子、錢幣、金屬器代表的貿易證據。不過，直到這些遺址的真相獲得確認之前，通過大約第六世紀以來印度語文的銘文，人們對於地點的命名是高度推測性的，更遑論是「王國」了。即便是在第八到十三世紀這段銘文或寺廟遺跡相對豐富的時代，東南亞地圖上王國、城市、種族、語族的標記，其實是奠定在頗為稚嫩的基礎上。物質證據記錄的經濟活動與宗教活動很詳盡，但是在經濟結構與身分識別方面則是非常不足。

在這一章，我對於辨認國家所採取的方法，會比一般歷史學者的共識要更保守，對於我們可以確定什麼，我傾向相信考古證據。特別要指出的

是，中國文獻對南方蠻夷「王國」使團來朝的紀錄，對於商業網絡、生產、交流方面的研究來說極為重要，但是這些記載不應該直接就被轉譯為現代對於國家的假設。商人知道接觸中國廣大市場的最佳辦法，就是把自己扮成蠻夷王國派來的貢使，尤其是中國朝廷根據古老文獻所認定，但卻不管它是否真的還存在的那種國家。

文獻、圖像之中的銘文，以及印度語文的解讀，開啟了一場關於「印度化」（Indianization）本質的大辯論。這場所謂的「印度化」，似乎在第六至十四世紀期間轉變了東南亞。在一九三〇年代時，主張印度文化透過殖民活動對外傳播的大印度學派（Greater India school），在印度地區引起振奮的風潮，但是「殖民」這個詞彙對於一九五〇與一九六〇年代民族主義氛圍下的東南亞來講，特別不能接受。二戰之後，大量的學界研究都致力於證明，建構國家與興建神廟的力量並不是來自外國殖民，而是當地人的天才與適應力。這場辯論造成的不幸結果，是印度學術界與東南亞學術界的分裂，雙方得等到二十一世紀才再次開始接納彼此。

西方學術界的經典作品是一九四四年喬治・賽代斯對於東南亞「印度化國家」（états hindouisés / Indianized states）歷史的綜論著作（Coedès, 1968）。霍爾（D.G.E. Hall, 1968）與後來的學者高度仰賴賽代斯的研究，而這些學界先驅建構出一套連貫的關於那些「國王們」可能的繼承順序，誤導了後世學者，讓他們接受簡化的觀點——是那少少幾個「國家」建起寺廟、留下銘刻，並且經營與中國的關係。

其中一個典型案例，就是賽代斯、霍爾、後代教科書上大力提倡為「第一個印度王國」的扶南。扶南從三世紀開始出現在中國的文獻上，雖然東南亞地區並沒有這樣一個地名。賽代斯認為（1968, 36），扶南是老高棉語 bnam（現代為 phnom）的變體，字義是「山」，這個觀點讓扶南變成了高棉國家和吳哥的前輩。其他學者則表示，扶南是一個海洋國家，因此，扶南是屬於南島語族的國家。聰慧的賽代斯將第三至第六世紀中國文獻上關於扶南的許多故事，與後來六世紀銘文中出現的類似事物連結，並由此假設湄公河三角洲在第一世紀誕生了一個王國，並從第三世紀開始

擴張征服，直到它統治了印度支那與半島區的大部分區域（Coedès, 1968, 36-42）。後來的史學家與教科書作者把這個概念推展，將公元一至六世紀詮釋為「扶南時代」，弄到所有印度宗教與文學的引進，簡直都是集中於這個國家一樣。

這個扶南概念之所以能得勢，有一大原因在於，那段時期留下的考古遺址之中，最早被科學方法分析的遺址位於喔呋，喔呋距離泰國灣大約二十五公里，位居今日越南南部最西端的邊界處。公元一九四〇年代初期，路易斯・馬列雷特（Louis Malleret）曾探索過這座築牆城市（walled city），當時，賽代斯正在準備自己的著書，賽代斯與馬列雷特兩人都同意，這個擁有豐富羅馬等地錢幣、玻璃製品、金屬徽章的遺址，一定是扶南國的港口。從那之後，考古工作又有長足的進展，其中包括有與喔呋遺址同樣古老的東南亞大陸區、半島區、西爪哇等地遺址。各遺址顯示出，這些地方確實有貿易與交流存在，但是這些地方真的有國家嗎？隨著人們透過考古所學到的愈來愈多，我們發現即便是後來被學者視為建廟文明的吳哥、占婆、三佛齊與早期馬打蘭，其實都比人們原先認為的狀況更不統一、更不像是有國家的樣子。奧立佛・沃爾特斯（Oliver Wolters）於是相信，在公元起初幾個世紀之間，「古代小聚落網絡所組成的拼圖，橫跨於東南亞地圖上。」（Wolters, 1999, 16）有充足的證據顯示，確實有一種高度複雜的青銅文化存在，但卻鮮少有證據能夠證實這個文化是由國家所構成的。

考古紀錄中的青銅、鐵器與陶器

大型青銅鼓在東南亞地區驚人的流傳狀況，刺激出一些最早期的東南亞學術作品，也就是對東南亞原始歷史特殊形態之研究。在最早的時代當中，金屬科技是如何傳播的呢？這件事情是一個悠久且屹立不衰的辯論主題，尤其是一九七〇年代湄公河中游班清（Ban Chiang）遺址的出土，顯示那裏的青銅技術可能與中國一樣古老，使得此一辯論更加激烈。最早的

班清遺址分期說法，如今已大半被推翻，不過，學者逐漸出現的共識是，東南亞青銅時代的起源不會超過四千年，此處所講的東南亞青銅時代，也包含今日雲南南部的幾處重要遺址，雲南南部在當時和更古老的黃河流域「中國」傳統已經非常不一樣。與歐亞大陸其他主要青銅傳統不同，東南亞精密的冶金技術之傳播與發展，於國家甚至於都市無涉，而是與有複雜交流網絡相連的村莊社群有關。東南亞的人們將本已熟悉的石器、陶器、貝器型態運用到青銅上，將青銅做成裝飾品或用具。青銅物件也成為陪葬用的權威性物品，但是，這些墓葬遺址並沒有顯示出世襲酋長的存在，更遑論世襲的王權，它們所呈現的，是在紀念有成就的男、女個人——包括與自己的工具葬在一起的女性製陶者。

這項特殊的東南亞傳統在最初一千年之間的發展，涵蓋雲南、紅河地區、呵叻高原、湄公河中游及下游、昭披耶河上游的生產地點。石器、青銅器、鐵器的時代高度重疊，不過公元前第一千紀的主流是青銅製成的斧、箭鏃、鑿子、銼子。倖存至今最優良的青銅、鐵製文物和紋飾陶器，有許多都是在墓葬遺址內發現，這種情況呈現出即便是這種小型而分散的社群，都具有某種程度的儀式複雜性，這是東南亞的特色。有的聚落是專門從事製陶與青銅鑄造，還有其他聚落是在幾百公里外的礦產區採銅、採錫，提供鑄造青銅的必要原料。雖然沒有證據可以證明公元時代之前有重要城市存在的跡象，也沒有證據能證明有強大政權的存在，但是，專業化分工的聚落之間一定存在廣泛的貿易和交流網絡。在沿岸與內陸地區，器物製作者、農人、漁人、獵人、礦工、金屬工之間的互惠性，為東南亞的長期特質——「沒有城市的文明」提供了基礎。

東南亞潮濕氣候的中心地帶包括蘇門答臘、半島區、西爪哇與婆羅洲，我們可以想見，沒有什麼證據能顯示這塊區域在公元時代之前有任何青銅工業的痕跡，因為除了一些高地河谷以外，要在這片區域內從事定居農業的條件很嚴苛。東南亞島嶼區最古老的青銅文物證據，出現在公元前最後幾個世紀，那些文物是來自東南亞大陸區的貿易品。追溯這個時代，最令人大開眼界的發現就是大型「東山」（Dongson）青銅鼓，

這些青銅鼓顯然是被交易至蘇門答臘高地、爪哇高地、峇里島的定居農業社群。在蘇門答臘地區發掘的青銅鼓，是出現在遠離東部海岸的高地湖畔谷地，在那些地方，青銅鼓似乎在風格方面啟發了不少應屬同時代的巨石和石墓。因此，這些青銅鼓的貿易經歷了很遠的距離，從紅河谷地製作中心出發，經由海路抵達巴拉望、婆羅洲，最遠可到達爪哇。有些青銅鼓則被運到東南亞半島區的登嘉樓（Trengganu，又譯丁加奴）和彭亨（Pahang），有證據顯示，青銅鼓會從那些地方經由陸路運輸橫跨半島區，雪蘭莪（Selangor）地區曾經發現其中一些青銅鼓，其他青銅鼓則再度透過船運與陸運越過麻六甲海峽，再沿著蘇門答臘東部漫長的河流抵達貝塞馬（Besemah／Pasemah）與其他高地農業中心。要經歷這段艱苦的貿易旅程，這些青銅鼓必定是價值不菲的珍寶，這個現象反映著，只有發展相對複雜的社會才有能力購買它們。到後世，也許是從公元二世紀開始，有數量不少，可能是在群島區製作的小型青銅鼓，被交易到東南亞最東南端的島嶼，包括松巴哇、佛洛勒斯、帝汶和阿洛島（Alor）。

在公元時代之前，島嶼區非國家的社會所生產的最優良物品當屬陶瓷，這項特殊的傳統，有可能是從台灣經由南島民族海洋移民向南傳播的。巴拉望島（菲律賓西部）上的一處洞穴遺址，曾發掘出一個約公元前八百年的「靈魂船」（soul boat）甕棺，它在風格上與同時代其他島嶼以及鄰近印度支那（Indochina）大陸區發現的文物風格類似。這段時期，東南亞群島從大陸區紅河流域的中心處進口精緻的青銅鼓，此時的群島區還不是青銅鼓的製造地。

東南亞島嶼區鑄造青銅的最早證據，是在峇里島和巴拉望島上發現的，時間可追溯至公元前第三、第二世紀。巴拉望和附近的婆羅洲北部有銅礦，銅礦也廣泛分布在蘇門答臘、西爪哇和婆羅洲西部；但是製造青銅的另一重要原料：錫，只存在於沿著東南亞半島而下，終止於蘇門答臘東岸外島邦加島（Bangka）、勿里洞島（Belitung）的礦層。因此，要在峇里島、巴拉望島上鑄造青銅，群島區必定有既有的交流網絡存在。這個時期除了銅與錫之外，黃金與鐵也都是被廣泛開採、冶煉、貿易，並且被加

工製作成裝飾品、用具的金屬。我們必須等到公元最初幾百年，那時群島區才出現靠近銅、錫礦產地的專業青銅鑄造中心，製作出——如本書第一章織布者青銅雕像那樣的——青銅珍品。吉打（Kedah）的布央谷（Bujang Valley）位在穿越半島區的一條主要陸路路線上，布央谷有一處冶鐵遺址，活躍時期為第三至第六世紀，這個遺址的發現顯示，當時冶鐵與鐵器貿易已頗具規模、複雜程度頗高，這反映冶鐵出現的時間可能要更早一點。

上古時期，南島語族是造船、航海的亞洲民族先驅，可以確定在遠早於公元時代之前，南島語族的活動已將東南亞各島嶼彼此跟大陸區、印度與中國連結了起來。從東南亞出發的南島語族貿易商，似乎在公元之初已經抵達馬達加斯加與非洲東岸，並且在後續幾百年間，逐漸在馬達加斯加島上殖民。這些航海先驅常常隨身帶著蘇門答臘或東南亞半島的黃金，蘇門答臘及半島區這片區域至早在公元前第三世紀時，就已經在印度史詩當中被稱為黃金之地「素萬那普」。

相對於人口較多的鄰居中國與印度，東南亞金屬的利用程度一直都比較低，不過前面提到的黃金還有半島的錫屬於例外。歐洲與中國的旅人發現，他們日常使用的釘子、刀子、針，都是當地人非常渴求的物品，主要原因在於東南亞礦藏地區附近人口稀少，導致生產規模較小，而採礦與冶煉的技術都不如中國有效率。在公元第二千紀貿易發展期間，日漸繁榮的東南亞各港口發現，從外地進口日常金屬用品通常比較便宜，同時，當地的採礦與冶煉傳統也逐漸退縮到交通比較不便的內陸地帶。

青銅雕像固然是各地印度宗教的一項重要遺緒，可是，東南亞地區最早製作出的佛教或印度教圖像，材料大多是黃金或赤陶。東南亞的青銅最早、最主要的用途，絕對不是用在普世宗教的目的，而是用來製作日常工具、裝飾品，或者用於死者的祭典。

佛教世界與梵文化

針對這個曾被稱為東南亞「印度化」的歷程，薛爾登・波洛克

（Sheldon Pollock, 2006）有比較高明的解釋，他認為東南亞「印度化」是梵文國際圈的快速擴張，從少數幾個北印度地區的信仰中心，傳播到在商業上有聯結的南亞、東南亞權力中心。好幾百年來，梵文都是「神祇的神聖語言」，僅有少數的宗教人士可以學習，用來背誦《吠陀經》（Vedas）記載的眾神活動。到公元初年時，梵文有了新用途，成為具有普世意義、賦予合法性的權力語言。可將其解釋為全球化宗教（globalizing religion）的第一個階段，同時代還有西方羅馬帝國啟動基督教普世主義，以及中國漢政權將中文國際圈（Chinese cosmopolis）拓展到東北亞地區。此時──或者其他任何時期──的東南亞，並沒有可與羅馬帝國或中華帝國相提並論的政權中心興起。雖然如此，那些從事各種海上交流，最終藉此將羅馬帝國與漢帝國連結起來的人們，通常是可以接受普世性觀念的人。根據銘文史料的判斷得知，到第五世紀的時候，普遍使用梵文的地區除了印度南部和斯里蘭卡以外，也包括東南亞婆羅洲、爪哇、半島區、湄公河下游等地的那些遺址區，還有位於今日越南中部的占族（Cham，屬南島語族）聚落中心。梵文的推展非常成功，成為一種「美感力量的頌讚」，並出現兩種新文體，分別是宮廷詩（kavya）和皇家贊辭（prasasti）。這兩種新文體也傳播到南亞、東南亞眾多不同習俗、使用不同語言的民族，標誌著書寫文字、王權（以普世力量而非有限權力的姿態表現）、經典宗教（主要透過佛教）和文學的開端。

　　佛教具有的流動性更加強化了這股擴散的動能。早期的佛教拒絕使用梵文，認為梵文等同於既有的階級秩序；可是到第三世紀時，佛教又出現重新使用這種普世語文的現象，而且此時的梵文也已經掃除其侵犯性的特質。出於諸多理由，早期佛教與貿易網絡建立了一種共生關係，在公元最初幾百年，造就了可觀的印度洋貿易擴張。佛教所提倡的看破、放下、出離觀念，可以讓種姓階級的差異變得比較沒有限制，並且打破出海旅行限制的種姓禁忌。事實證明，「僧伽」（sangha）組織，還有世俗各方面對僧伽的支持，足以跨越地域及文化的藩籬並移植到其他地方。中國與佛教最早的接觸是透過中亞陸路，雖然如此，最早從中國前往印度的一些朝聖

者發現，自印度經由海路返回中國是比較容易的交通方式。法顯（Faxian）在第五世紀初完成了這趟往返印度的旅程，而至義淨（Yi Jing，635-713年）的時代，海上路線已經很穩固暢通了。公元六七一年，義淨從廣州出海，沿著以東南亞為基地的商人建立好的貿易網絡來進行旅程。二十四年之間（671-685 年），義淨奉獻自己的人生心力，在印度聖地路線沿途求學、旅行、蒐集經書，其中有十年光景，他待在一處被他稱為「室利佛逝」（Shilifoshi）的地方，這個地點顯然是東南亞地區佛教貿易網絡最重要的基地。於此，義淨寫道：「在這裡潛心求學問、積善功的僧人，超過了一千位……他們的戒律和儀式，都與印度的情況一模一樣。」（引用自 Coedès, 1968, 81）義淨因此建議中國朝聖者善用這個多文化的佛教重鎮，來學習佛教的梵文與巴利文。

歷史學家將義淨提到的室利佛逝，等同於銘文裡面記載的三佛齊，判斷那個地方最有可能是現代的巨港，就位在蘇門答臘南部穆西河（Musi River）河口上溯六十公里處。那裡在過去有個主要的貿易中心，是一個重要的交界處，有一條穿越兩個海峽的海路經過，蘇門答臘南部高地的稻米也可經由河運供應此地。但是，如今我們還是有個未解的謎團，那便是跟爪哇的婆羅浮屠，乃至跟蘇門答臘其他佛教遺址——慕拉占碑（Muara Jambi）、穆拉塔庫斯（Muara Takus）、巴東拉瓦斯（Padang Lawas）——相比之下，巨港地區並沒有什麼重大的佛教遺跡。可以肯定的是，蘇門答臘、爪哇、半島區的眾多地點曾共同享有早期三佛齊的世界性文化，它們之間擁有宗教與商業上的關係。我們最好將巨港主要理解為一個節點，是蘇門答臘、爪哇、柬埔寨的種稻中心以及中國和印度的貿易及朝聖，兩者之間的交流節點。佛教造就三佛齊在第七至第十世紀之間成為亞洲交流互動的重要角色。公元七四一年，有一些被中國驅逐的外國僧侶，旅行到東南亞與斯里蘭卡，其中，最有名的僧人莫過於不空金剛（Amoghavajra，705-774 年），不空在七四六年帶著數百卷典籍回到中國，並成為中國最具影響力的佛教導師之一。印度東北地區的那爛陀（Nalanda）是偉大的佛教學問兼信仰中心，此地曾經發現一片九

世紀的銅盤，上頭記載著該處有五座村莊捐獻給一座由「金洲」（Suvarna Dvipa，即蘇門答臘）夏連特拉國王建造的寺院進行修繕，以容納自「四方」來訪的僧侶。西藏密宗（Vajrayana Buddhism）的建立者、孟加拉出身的著名僧人阿底峽（Atisha，980-1054 年），曾經在蘇門答臘研修，於一位著名導師的座下學習密宗教義。這個時期的東南亞港口與聖地，屬於「泛亞洲佛教世界」（pan-Asian ecumene of Buddhism）的一部分；正如九世紀的爪哇梵文文獻所記錄，來自印度與柬埔寨的「人流不斷」到達爪哇，至此地「躬身禮佛」。（Pollock, 2006, 127）

因此，我們可以了解，東南亞最早的佛教圖像是出現在中國與印度之間的主要貿易路線，尤其是在跨越半島區的陸路上，還有蘇門答臘南部及產錫的邦加島。最晚在第六世紀，從印度經東南亞通往中國的佛教網絡已經奠定。東南亞地區所發現屬於這第一階段（延續到七世紀）的佛像或佛教銘文，宗教性質都非常濃厚，並沒有任何資料顯示，委託製作這些文物的對象是國王或國家，不過倒是有件文物上記錄著，銘刻者是一位船長「摩訶那毘迦」（mahanavika）。這些文物有一些共同的特徵，包括三類佛陀與觀世音菩薩（Avalokitesvara）的站像，還有一段人們喜愛的佛經，重複在許多銘文中出現。那些文物上書寫的梵文有共同的演化方向，已經變得和印度原本的梵文不一樣，這件事情反映出東南亞內部佛教網絡與朝聖的重要性。

不過，在這股佛教圖像與梵文的擴散潮流之中，印度教的神祇也沒有落後。帶著專屬法冠的毗濕奴形象，曾經出現在爪哇、柬埔寨最早期的一些佛教遺址內，而且所有與它相關的銘文都在宣示著皇權。因此，佛陀與毗濕奴簡直像是隨著貿易路線一道旅行，佛教固然是一個統合亞洲各地商人且較為流行的信仰體系，但是在東南亞想要為新興階級與王權型式尋求合法性的人，則是選擇訴諸毗濕奴教。毗濕奴是笈多王朝（Gupta）皇帝的主神，笈多帝國從第四世紀開始統治北印度地區，一直持續到十六世紀為止，所以，笈多皇帝的國教能夠吸引懷抱雄心壯志的人，這點實在不足為奇。最早的這類梵文銘文之一，在第五世紀後期，位於今天寮國南部的

湄公河上游，裡面提到一位叫德范尼珈（Devanika）的國王，他興建了一座蓄水池，號稱仿效《摩訶婆羅多》（Mahabharata）眾神開創了一個王國。另外一位摩拉瓦耳曼（Mulawarman），在婆羅洲東海岸上游三十公里處的古泰（Kutai）遺址，留下七根石柱與梵文銘刻，宣稱自己征服了其他國王，根據文物風格可以判斷其時代應是第四或第五世紀。也許是受到能執行印度祝聖儀式的婆羅門旅人所啟發，《摩訶婆羅多》傳奇故事裡頭的潘達瓦（Pendawa）征服者國王，被用來替婆羅洲的新興權力中心合法化。同樣地，爪哇最早有記載年代的銘文是公元七三二年的產物，裡面記錄著一位名叫珊闍耶（Sanjaya）的國王，他在爪哇中南部吉都平原（Kedu plain）樹立起濕婆最重要的象徵物「林伽」（lingga）；珊闍耶顯然是使用了梵文與濕婆信仰來進行自我合法化，這是爪哇語地區第一次出現對王權的明確宣稱。

宮廷體梵文例如詩與贊辭，從西方的古吉拉特（Gujarat）到東南方的爪哇和柬埔寨，傳播到不同語言與習俗的族群。宮廷體梵文典雅地讚頌地方的國王是何等的有知識、美麗、勇敢、公正與慈悲，這種崇高的文辭還警告違抗者會遭到宇宙力量的報應、保證順從者得到獎賞，成為了那些大人物們企圖凌駕既有互惠性與王權網絡的一項主要武器。即使是只接受一位爪哇「國王」進行「朝貢」的唐代中國，也承認爪哇島實際上有「二十八個小國」。

東南亞最早接受印度宗教思想的那些中心，位置自然是在印度洋到中國的貿易路線上。在公元最初幾百年間，湄公河諸多河口與海洋交界的水世界，顯然是這條貿易路線的關鍵地點，其重要性與越過半島區中部與北部的陸路同等。從第七世紀開始，這個地區的銘文數量變得很多，內容包括訴諸神祇的梵語銘文，還有處置日常事務的高棉語銘文。一份中國文獻曾記載，「扶南」的建立者是位來自印度的婆羅門，他想要將人民統合到環繞蓄水池周圍的村莊，而不是讓人們繼續自己挖自己的井。來自印度的宗教觀念，似乎確實建立起一種高棉式的聚落型態，也就是讓聚落如珠串般環繞蓄水池，才能獲得重要的水源供給而度過乾季。而且，藉由聖壇、

「林珈」或浮屠佛塔，還可以將宗教奉獻累積功德的新觀念，融合對社群奠基先祖的崇拜。從銘文內容可知，有許多社群同時有掌管聖地儀禮的神職人員與統治者，還有以各式各樣主僕關係模式服侍前者的奴僕。

在這個村莊之間互相關聯又保持獨立的複合世界中，伊奢那城（Isanapura）地區在第七世紀時建起了大型寺廟建築群，地點就在第九世紀的皇家首都吳哥以及金邊古代遺址最集中的區域之間的河流地帶，這兩個地區之間的中間位置，也就是今日的三博波雷古（Sambor Prei Kuk），靠近現代的磅同（Kampong Thom）。在伊奢那城建築群的一百多座寺廟當中，主廟是奉獻給濕婆的，此外銘文裡還提到一位與主廟有關係的國王伊奢那跋摩（Isanavarman）。但是，興建眾廟的力量源自於宗教信仰在民間的流行，國王只是靠著與聖地建立關係來獲得權力。也許，啟發人民的是「帕斯普達」（pasuputa），也就是雲遊的苦行婆羅門，在第五、第六世紀時，帕斯普達成為南亞地區的一項特色，他們所教導的教義是，對濕婆的虔誠奉獻是宇宙力量保護的終極型態。帕斯普達以及大乘佛教僧人都是更廣大的文化統一體的推手，讓越來越多的流動人口相信除了地方神明與祖先之外，人們也需要宇宙保護神來保佑豐收、安全與繁榮。因為宇宙力量無所不在，萬事萬物的目的就是實現內在的神性，由此，理當集中更多神聖性的國王乃是一種典範。

殖民時代與民族國家時代的學者認定，在今日被稱作中緬甸的伊洛瓦底江地區，曾經有一座城市、王國、孟語族的上座部佛教文明，在後來的編年史裡面，這個地方被稱為直通（Thaton），大約位於伊洛瓦底江三角洲地帶。但是，考古學家沒能找到直通，反而是在伊洛瓦底江中游乾燥區內找到一種小型築牆城鎮型態，那裡在傳統上被稱為驃（Pyu）文明。麥可・昂丁（Michael Aung-Thwin, 2005）已經有力地將直通斥為後代編造的神話，反過來，他認為我們應當承認，驃文明是公元第一千紀在後代所謂緬甸地區，締造佛教共有文明的創建者。

早期學者之中有不少人假定，第九世紀爪哇中南部那些奇妙絕倫的紀念性建築一定是由強大的國王建造，包括佛教的婆羅浮屠與濕婆信仰的普

蘭巴南（Prambanan）。這兩個宗教的問題，透過以下這種主張而得到解決：信仰佛教的夏連特拉王朝自蘇門答臘入侵，造就了佛教紀念建築的盛期。但是，對於物質證據進行更仔細的研究後發現，印度神壇與佛教聖壇是同時存在的，而且這片地區內並沒有大型都市中心或宮殿建築群—這類建設在其他地方可能會與建造寺院的國王連結。事實上，馬打蘭地區多數的早期紀念建築是佛教徒的建設，並沒有任何銘文能證明其建造者是國王。屬於最初期的薩里寺（Candi Sari）、卡拉森寺（Candi Kalasan），是在第八世紀晚期建造於後來的普蘭巴南地區，它們是建有圍牆的神壇，奉獻給佛陀或度母菩薩（bodhisattva Tara），它們的建築物有兩層，用來提供僧侶、奉獻者、朝聖者住宿。大約在同時期建造的塞烏寺（Candi Sewu），則是採取巨大的曼陀羅（mandala）布局，其中包含兩百四十座大乘佛寺與佛塔，顯然，它是爪哇這個稻米之鄉中的無數人，憑藉其宗教虔誠與奉獻而蓋起來的。在各銘文史料裡面，只有一處公元八四二年的銘文曾經提到這類曼陀羅之中最偉大的婆羅浮屠，發現地點接近婆羅浮屠遺址，裡面記錄了一位捐贈土地給寺廟的婦女名字。這種龐大而精細的建築計畫，所需要組織起來的人力與技術，一定需要很高程度的社會凝聚力；不過，提供這種社會凝聚力的人物似乎不是國王，而是具有感召力的宗教領袖。

在佛教教導之下，人民對於累積功德和超脫受苦輪迴的熱心程度，可以透過第八、第九世紀大肆修建且倖存至今的石造建築確認。寺廟並不是由國家力量建造，反之，藉由控制興旺朝聖地點的交通，或者操縱這些聖地的號召力，有些國家的成形可能是沾了寺廟建造運動的光。普蘭巴南的濕婆寺廟建築群，就建在塞烏寺曼陀羅的邊緣，它的建造時間比塞烏寺晚幾十年，與佛教建築群不同之處在於，普蘭巴南濕婆寺廟內有讚頌主持者國王的銘文。

像是爪哇島上的文明，宗教似乎是最強烈的統一要素，不過，灌溉合作與市場周期也扮演著重要的角色。「水力國家」（hydraulic state）論的主張是，若要控制大河水系，便需要某種專制政治；但除了在公元第一千

紀延伸至紅河三角洲（東京）的中國式模式之外，東南亞似乎屬於「水力國家」的反論。以地方性的合作運動導引高地河谷的水道，而不是大河本身，至今依然是峇里島上一種顯著的作法。在古代爪哇等地區的市場週期運作方式是五日一個循環，這麼一來，主要負責此事的婦女就可以在連續幾天之間，造訪五個鄰近的村落，而其中至少會有一個村落，又與大村莊的更大市場週期有聯繫。在這個世界裡，國王將自己與最神聖的朝聖與崇拜中心連結起來，他們維持自身地位的作法，就像是那些寺廟得以維繫的方式一樣，也就是倚靠那些相信上天要求自己義務提供稻米、茅草、陶瓷或勞力的村莊。

「憲章時代」中的濕婆與納加拉：
九〇〇至一三〇〇年

　　大唐帝國刺激了前往東南亞的貿易和朝聖活動，使得佛教世界大為繁榮。這個佛教時代的得利者，是位在麻六甲海峽的三佛齊、爪哇中南部，還有位在通往中國主要路線上的占婆，即便它們並沒有建立起穩固的世襲王權型態。近期的研究發現，佛教貿易的大擴散和印度文字的傳播狀況也比從前認為的更普遍。一件呂宋島上發現的「拉古納」（Laguna）銅盤銘刻，是在公元九百年時以南島語系方言與老爪哇文所寫，內容是蠲免一位女士與其兄弟的債務。而在民答那峨和蘇拉威西島上，也有出土佛教圖像及銘文。

　　東南亞的主要貿易中心在第十世紀時都受動盪所苦，原因更有可能是自然災難，其影響程度高於公元九〇七年唐朝滅亡所導致的中國貿易衰退。爪哇中南部的馬打蘭文明在九二八年之後變得默默無聞，若不用自然災難，例如一兩次火山大噴發來解釋的話，這件事實在是難以理解。

　　東南亞文明核心擴張的下一個階段，正好與中國北宋的繁盛時期大部分相符，但是對中國仰賴似乎要小的多。於第十至十三世紀之間宰制著東南亞大陸區的政權，我將把它們稱為「納加拉」（nagara），因為那是它

們對自身的稱呼。「納加拉」是個梵文詞彙，本意是城市或市鎮，以及一切與都市複雜化（urban sophistication）有關的事物。東南亞大陸區的吳哥與蒲甘，以及爪哇島的滿者伯夷（Majapahit），都將自身視為文明的焦點、神聖的中心。它們並沒有邊界，他人曾經將它們視為如曼陀羅或如銀河般的政權，因為它們涵蓋並支配了一片仿效或順從它們的小型中心的區域。維克多‧萊柏曼（2003, 23-5）將這段時期稱為「憲章時代」（charter era），因為每個「納加拉」都建立了一個具有本土性的文明（vernacular civilization），並且形成一種集體身分認同意識，成功度過後世的盛衰變遷。每個「納加拉」之所以能存續，得依靠一個以上的水稻耕作中心，來為它提供穩固的糧食來源，這就是在第一章已經探討過的「稻米革命」時期，前述那些區域採用更密集的方式生產出剩餘稻米，造成了「納加拉」的興起。這個時代正好與歐洲中古氣候異常溫暖期同時，而東南亞在這段期間的雨量也是比較豐沛的。

那些位在通往中國路線上、較為古老的貿易中心遭到破壞的原因，是現代歷史之前已知唯一一次印度對東南亞的海上軍事行動（由此抵消或平衡了中國在一二九〇與一四〇〇年代的軍事行動）。出兵的那一方，是個印度南部的泰米爾海洋政權，並不是來自恆河平原的帝國建構者。雖然朱羅（Chola）王朝是屬於比較有侵略性的濕婆教派而不是佛教徒，但是自公元九八五年起，朱羅王朝隨著印度洋至宋代中國貿易的蓬勃而崛起。在這門貿易上，朱羅的夥伴兼潛在對手是三佛齊，三佛齊曾經於一〇〇五年時，在朱羅最主要的港口納加帕蒂南（Nagapattinam）贊助建造一座佛教「精舍」（vihara），鼓勵朝聖者可以沿貿易路線前來，與幾個世紀之前唐代中國的作為類似。但是，印度南部的商人希望能直接通達中國，以尋求更大的利潤。中國朝廷的記載顯示，朱羅國於一〇一五年首次「進貢」，但其它的朝貢紀錄多是來自三佛齊。十年以後，朱羅國王羅貞陀羅（Rajendra）採取行動，他宣稱自己曾派遣許多船艦前往馬六甲海峽那片擁有十多個港口的地帶，奪取三佛齊的寶藏，包括那「大珍寶之門」（也許這是通往中國要道的隱喻）。三佛期能掃除或勝過其他競爭的港口，所

仰仗的是超自然力量的感召（透過佛教色彩的誓言而成立）、贊助者及保護者身分以及與中國交通的特權，而不是倚靠軍隊或法律。三佛齊曾憑藉行政資本方式累積起的微薄資源，都在朱羅的掠奪下喪失掉了。

在新時代能獲得優勢的中心，必須可以結合內部的剩餘稻米以及對貿易幹道的控制，同時，它的位置不會暴露於直接的海上攻擊。佛教普遍流行依然是一個關鍵的動員因素，但是國王已經愈來愈能夠控制佛教流行這個要素，用以累積自身的神聖力量。這些國王雖然在贊助佛教朝聖中心，但印度教的階級體制對他們而言也是不可或缺的，國王需要一群婆羅門協助他，來執行登基以及合法化的儀式，讓國王成為如神明般的「提婆羅闍」（devaraja）或「諸神之王」，國王的地位透過超自然力量的積累，遠遠凌駕於他人之上。

就語言學範疇而言，根據銘文來判斷，這個時代的特徵是早期「眾神的語言」—也就是梵文的本土方言化，轉變成為緬文、高棉文、占族文、爪哇文和馬來文，它們各有對於印度文字的調適與修改。這是在整個印度文世界（Indic world）四處發生的轉變，這個情況先在印度南部出現，稍後又在東南亞出現。至這個時代的末期，每種語文都已形成獨特的上層文化傳統，是宗教學者、宮廷官員這些識字的菁英都必須熟知的。此時學者依舊知曉梵文與巴利文，但梵文及巴利文已經不再作為普世文明的重要標誌。當然，在這片廣袤的區域之內，民間有許多種口說的方言，彼此之間差別很大，與上層書寫文化也差別很大。不過，後續出現的廣泛文化交流基礎，是由宗教與知識聖地朝聖的模式所奠下，而不是有魅力的國王所建立。

◎吳哥與高棉

被我們認知為吳哥的那個文明，是這個新時代當中最早興起的強權中心，而它也是歷史學者心目中最大的謎團。具有宇宙強大力量的國王，被視為等同於濕婆與「林珈」崇拜，這種思想似乎是在九世紀的時候出現在

湄公河下游與洞里薩湖諸河的高棉地區。這種思想有可能是來自於南方的島嶼，因為根據許久之後的銘文記載，第一位自稱為神君「提婆羅闍」以代表濕婆神力的高棉人，似是從「爪瓦」（Jawa）帶來這個觀念。到這位高棉提婆羅闍的後裔耶輸跋摩一世（Yosavarman I，889-910 年在位）統治時期，在吳哥地區建起了一座城市，即耶輸達拉城（Yosadharapura）但這不並是（或說還不是）一個可以被國王繼承或攻取的「國家」。

吳哥文明在接下來兩個世紀，公元九五〇年至一一五〇年的發展使人讚嘆，而且比起濕婆派國王與他的婆羅門顧問的「沙克蒂」（sakti）的神力，前者的發展更需要解釋。令人敬畏的吳哥窟（Angkor Wat）及吳哥城（Angkor Thom），分別建造於公元一一四〇年和一二〇〇年，其寺廟建築群、廣大的蓄水池，還有可讓供軍隊行走數百公里的筆直道路，啟發早期的學者假設這裡確實有一個組織複雜水利系統的東方式專制主義（oriental despotism）存在，但是後續的研究反而顯示高棉的農業其實是以數千個自治村莊的灌溉系統為基礎。位在洞里薩湖北方平原的吳哥「納加拉」核心地帶，受惠於洞里薩湖豐富的漁產，以及每逢濕季湄公河洪水注入湖中，定期造成洞里薩湖面積增長二至三倍。高棉的務農方法是利用堤壩減緩水流退去的速度，並將水引入種稻堤田內。在這片洪水氾濫平原上，曾發現三千座以上的寺廟遺跡，每座寺廟都有一個協力建築堤壩的社群在維繫。這套體制並不需要國家的控制，而它的巔峰時期竟然可能維持一百萬至兩百萬之間的人口，這或許占了當時東南亞總人口的百分之五以上。這個特別有利的位置，吸引著人們前來吳哥地區，他們在此持續繁榮了兩百年的光景。

這種人口集中的條件，賦予吳哥潛在人力，讓其足以宰制前所未有的廣大內地。公元一一七七年，更具有海洋取向的占人，派遣艦隊順湄公河而上掠奪吳哥的財富，在此事件之後，吳哥成為了一個軍事化國家。將占人驅逐的那位吳哥領袖是闍耶跋摩七世（Jayavarman VII），可以想見闍耶跋摩七世著迷於軍事力量，他是高棉歷史上最卓越的征服者與建設者。在宗教方面，闍耶跋摩七世也同樣傑出，他採納的是大乘佛教，也許這

是為了超越古老濕婆派的多元性舊秩序之上。闍耶跋摩七世在位期間所從事的全都是征服行動與建築計畫，據估計，他所做的事情已經超過先前所有統治者的總和。雖然在很多層面上，闍耶跋摩七世貌似符合「東方專制君主」的刻板印象，但其實他的權力並不是結構性、而是個人性的，這屬於奧立佛・沃爾特斯（1999）所謂東南亞的「非凡人物」（man of prowess）現象中，一個極致的例證。闍耶跋摩七世龐大的建築計畫，包括迅速建起的巴揚寺（Bayon），還有鋌而走險的蓄水池擴建工程，並不能夠繼續執行下去。闍耶跋摩七世的後繼者們不願接受他的佛教，不過大乘佛教到後來又有復興的情形。闍耶跋摩七世欠缺節制的作為，也許加快了吳哥體制的崩潰速度。

◎蒲甘與緬人

在伊洛瓦底江谷地上，典型的東南亞權力破碎狀態一直持續到第十世紀，在此期間，來自北方的緬族移民（也許是被崛起的雲南南詔政權逼走），似乎進入了古老的驃人居地，最終成為主宰的族群。緬族移民可能帶來灌溉與耕作稻田的新技術。最晚在十一世紀時，伊洛瓦底江中游地區蒲甘，已逐漸成為佛教朝聖與寺廟建築的重鎮。蒲甘鄰近被稱為波巴山（Mt Popa）的一座火山錐，是佛教時代以前伊洛瓦底河谷最神聖的朝聖地點，人們相信緬甸神靈世界的「納」（nat）就是從那個地方出現的。根據傳統流傳的說法，蒲甘偉大的建國者阿奴律陀（Anawrahta，1044-1077年在位），是佛教與「納」信仰的偉大綜合者，阿奴律陀將波巴山的三十六個祖先靈與自然靈（男、女數量幾乎相等）封神，還另加一靈代表著印度神明因陀羅（Indra）。封神的作法是將神祇的形象設置在巨大的瑞喜宮佛塔（Shwezigon）基座，瑞喜宮佛塔浮屠是由阿奴律陀下令在蒲甘附近建造，裡面供有來自斯里蘭卡的佛牙。蒲甘也具備現實上的優勢，那就是它可以吸引河流上游聚落如皎克西、敏巫（Minbu）等地的稻米供給，還控制著印度洋與進入雲南之間的伊洛瓦底江貿易要道。在阿

奴律陀的作為之下，伊洛瓦底江谷地全境似乎出現了史上第一次的佛教和平時代。

在接下來的兩百年，蒲甘作為佛教信仰中心的地位變得愈來愈重要。蒲甘平原上出現了一萬座磚造建築，其中有三千座遺留下來，成為憲章時代的奇觀。據銘文顯示，建築大多不是由國王所建，而是地主菁英的傑作，他們通常會捐獻稻田作為維持寺廟建造與運作之用。公元一二八六年，有位緬甸使節曾告訴中國皇帝，蒲甘的光榮是源自於宗教，而不是軍事力量，這位使節的說法確實其來有自。這股寺廟建築風潮在一二〇〇年左右達到巔峰，當時人們每年捐獻的土地高達數萬英畝，然而到一三〇〇年時，這股風潮卻迅速地萎靡。一如吳哥案例的狀況，宗教建築興起與衰亡的原因具有爭議性，但這段興衰一定是伴隨著人口的擴張與稻作的盛產；與這兩種現象關係密切的因素，包括這段時期較為宜人的氣候與降雨、進步的種稻與金工技術，以及與同時期繁榮的宋代中國的貿易成長。

◎爪哇島—峇里島

儘管爪哇島默拉皮火山南邊的馬打蘭地區的佛教—濕婆教文明，在第十世紀時被遺棄，但它已經播下了獨特的爪哇—峇里島文化的種子。印度兩大史詩都經過「爪哇化」而轉成古爪哇文的詩體，《羅摩衍那》（Ramayana）的版本最早出現於九世紀，《摩訶婆羅多》則是十世紀。普蘭巴南寺廟的圖畫，以及該時期墓葬中一件黃金物品上的圖畫，可以反映《羅摩衍那》的流行程度。類似的文化複合體（cultural complex）的要素，開始出現在峇里島東南部，以及東爪哇的火山谷地，大約位在今日的瑪琅（Malang）和諫義里（Kediri），受到活躍的克盧德火山（Kelut）分隔。這些屬於此文化複合體的銘文，最早是第十世紀的產物。後來，爪哇中部已不再出現這種銘文，但在東爪哇和峇里島的數量卻變多了。從十一至十四世紀，這段高地河谷印度教—佛教文化的燦爛時期，可以被視為東南亞大陸區憲章時代的類似型態。它也受益於類似的濕稻農業技術如

犁的使用，藉此形成一個擁有充足稻米盈餘的人口集中區。這段時期某一些傳說中的英雄國王（hero-king），繼續受到後世文學及表演的讚頌。十四世紀的列王志《巴巴拉頓》（Pararaton），使得較早時代「有火焰子宮的公主」肯德德絲（Ken Dedes），和她出身寒微但卻有超自然力量的愛人肯安格羅克（Ken Anggrok）的傳說成為永垂不朽的故事。在一九五〇年代時，東方世界最早的兩所國立大學以兩位十一世紀的「非凡人物」命名，他們分別是爪哇的艾爾朗加（Airlangga），以及峇里島的烏達雅納（Udayana）。印尼獨立之後所成立的第一間大學，是日惹的加查馬達（Gajah Mada）大學，而這座大學居然不是以那個地區的偉人命名，而是採用十四世紀東爪哇滿者伯夷王國最有力量的大臣之名。

　　藉由這些傳說故事、市場周期以及佛教與濕婆派聖地的朝聖，有個爪哇文化在這些谷地之間成形了。在第十至十三世紀的貿易蓬勃時期，這些地區的經濟經歷了商業化與貨幣化，但在政治上卻從來沒有統一過。布蘭塔斯河蜿蜒流過火山間谷地，河流出海口是在接近泗水的海岸，但是布蘭塔斯河的統合力量，卻不如當時伊洛瓦底江和洞里薩湖所開始呈現的情況。諸王們如艾爾朗加與格爾達納卡拉（Kertanagara，1254-1292 年在位）的銘文，顯示國王在推動灌溉、治理河川，並吸引宗教人士及藝術家前來他們的宮廷，可是這些國王卻都只能建立短暫的盛世。

　　公元一二九二至一二九三年，忽必烈從中國發動史無前例的海洋征服行動，派遣載有兩萬名人員與騎兵的「一千艘船艦」前往爪哇，目標是建立蒙古的威權，但這支艦隊最後顯然是以失敗告終。一位自稱是格爾達納卡拉女婿的男人，利用了這支中國軍隊的武力，在距離布蘭塔斯河口僅五十公里處建立起一座新首都，並由此控制住所有肥沃高地區的對外貿易。這股勢力最後成為滿者伯夷王國，在十四世紀時，靠著結合爪哇的海上連結與政治自主的高地河谷，建立起一個真正的憲章「納加拉」。印度教─佛教爪哇所留下的最出色的文獻，是滿者伯夷「佛教事務主持人」普拉班扎（Mpu Prapanca）寫於一三六五年的作品。荷蘭人於一八九四年征服龍目島時，從一份古爪哇文獻之中再度發現，它被稱作《爪哇史頌》

（Desawarnana or Nagarakertagam）並且以兩種英語翻譯版本而為人所知。這首長篇詩是為了紀念在歷史上被稱為哈奄武祿（Hayam Wuruk，生於1334年，1350-1389年在位）的國王，將其描寫為神明般的人物，以超自然的力量統一爪哇全境與所知的世界：「他是濕婆、是佛陀，化身於物質與非物質；他是山之王，是弱勢者的保護者，他是世界諸王之王。」（Robson, 1995, 26）普拉班扎以生動的詩句，告訴我們爪哇可知的最早期歷史，他說王朝的合法性是透過女人而建立的，辦法是那位曾與入侵的蒙古人結盟的滿者伯夷建國者，將先王格爾達納卡拉所有女兒全數娶了。詩中還敘述道，眾妻當中的拉賈帕特妮（Rajapatni）非常熟稔瑜珈與佛教冥思，這種能力竟讓她得以安排自己的女兒登基，而後又安排這位女兒的兒子繼位，而那便是哈奄武祿本人。

公元一二九二年蒙古／中國的干預行動，促成東爪哇的權力平衡向海岸區及商業那一邊傾斜。在下個世紀，東爪哇與其北海岸各港崛起，一躍為東南亞貿易樞紐，它們崛起的部分條件是因為蒙古艦隊的叛逃者與俘虜帶來的科技。在這個時代，人們開始使用一種新型的東南亞貿易大船，那便是十六世紀歐洲觀察家所稱的「戎克船」（junk，爪哇文 jong）。哈奄武祿政權的文字證據，顯示滿者伯夷王國認為自己身處馬來群島／「努山達拉」（Nusantara）世界（半島區及群島區）的貿易中心，並將這些貿易中心視為滿者伯夷神聖國王所保護的世界之一，這片地區從東方產香料的摩鹿加群島，一直延伸到西邊新興的穆斯林港口八昔（Pasai，蘇門答臘）。此外，史料裡面還將暹羅、柬埔寨、占婆、大越，以及一些印度港口，列為「永遠的朋友」。這段短暫的和平與繁榮時期，凝聚起一個可觀的文學、音樂、戲劇文化，這個文化將會撐過後續的分裂時期而倖存下去。

普拉班扎和當時另一位偉大作家、僧人普旦多拉爾（Mpu Tantular），所讚頌的不只是他們的佛教信仰，還有維持爪哇固有平衡的另外兩項關鍵要素，那就是擔任印度王權概念要角的濕婆派祭司，還有崇拜火山、海洋神聖力量並尊崇叢林中修行隱士「雷西」（resi）神聖力

量的原住民傳統。爪哇南部與峇里島的皇家宗教儀式，會同時告慰山脈的男性神祇和海洋的女性神祇。信訶沙里王國（Singhasari）的濕婆派國王將自己的地位放在眾火山之間，他們以印度神話的須彌山（Meru）將最活躍的火山命名為「斯須彌」（Smeru），又將其它的火山命名為布羅摩（Bromo，印度的梵天／婆羅摩 Brahma）和阿周那（Arjuna）。哈奄武祿神聖地位的一項標誌，就是公元一三三四年克盧德活火山在哈奄武祿生日期間噴發，地震撼動了大地。

《爪哇史頌》告訴我們，滿者伯夷國的皇室城堡，是由大梵天羅闍（Brahmaraja）座下的濕婆祭司、南方佛教住持座下的僧侶、西方的皇親與官員們所環繞。通達覺悟的各種不同儀式，只是對於內在唯一性的外在表達而已，這件事成為爪哇神祕主義的一個課題。當代印度尼西亞的國家格言「多樣性中的統一性／異中求同」（Bhinneka Tunggal Ika），起源自十四世紀的神祕詩篇《須陀須摩》（Sutasoma），普旦多拉爾在詩中思索表面現象差異—例如佛教、濕婆教、山嶽信仰、新興但尚未昌盛的伊斯蘭教之間的差異—背後本質性的「一」，詩中寫道：「耆那（Jina，意思是佛）的真理與濕婆的真理為一；它們確實不同，但它們依然為一（Bhinneka Tunggal Ika），因為真理沒有二元性。」（Santoso, 1975, 578）

南島語族的門戶港口：內格里

在這個時期，馬來人政權和占人政權所經歷的並不是一段「憲章時代」，而是位在供給宋代、元代中國的貿易路線上，有戰略性意義的各港口彼此激烈的競爭。如同三佛齊在一〇二五年失陷於朱羅王國，占婆首都因陀羅補羅（Indrapura，現代茶嶠，接近會安），也許包括占婆在美山聖地（My Son）上的寺廟群，則是約在公元一千年的時候失陷於大越國的攻擊。接下來的四百年，貿易變得更有活力，這對於以貿易為基礎的社會來說是一個充滿機會的時代，但這些已經屬於不同類型的社會了。這些以貿易為本的社會，都不是由單一河系與粗放灌溉農業核心區剩餘稻米所

統一起來的「納加拉」，反之，我們用馬來文詞彙「內格里」（negeri）來稱呼它們，那是指位在麻六甲海峽、東南亞大陸區東部多山海岸區的貿易路線上，作為河流上游社群的門戶、且具有戰略性位置、又相互競爭的各港口。這種多中心的鬆散政權模式，曾經被人用曼陀羅、群島、銀河，或說法比較普通的聯邦來描述，但是這類比喻也許太過誇張了這個模式的政治穩定性。將這些社會結合的力量，是宗教、語言、物質文化方面的本質共通處，還有與中國貿易的實際需求，因為它們可以表現地像是單一政權，成為一個向中國「進貢」、被中國認可的蠻夷王國。這些地方的國王繼續建造濕婆信仰的寺廟（在占婆），還有在蘇門答臘建造大乘佛教—經常為怛特羅（Tantra）密宗—的佛塔浮屠，銘文顯示，那些國王渴望成為其領土內各個地區的保護者。一份公元一〇七〇年的占語銘文寫道，國王「保護著十大區域，使其免於恐懼」；占婆屢次受到大越與吳哥的入侵，占婆國王在面對外來威脅的時候，確實有成為保護者的企圖。不過，國王的制裁力量依然大多是屬於超自然性質，也就是威脅那些破壞王家秩序者死後會受到宇宙報應。在這段時期能夠成功的港口，都具有高度的國際性，它們歡迎並容納中國、印度、阿拉伯與馬來商人，以及印度教、佛教、穆斯林的導師。

占婆的銘文顯示，它似乎承認沿岸五個有梵文名稱的區域或中心。位於國家最北方的占婆首都因陀羅補羅，落入了大越國之手，後來，占婆的新首都成功崛起於十二世紀，稱為「毘闍耶」（Vijaya）——接近今日的歸仁（Quy Nhon），直到一四七一年時，毘闍耶再次被大越攻陷。中國與中—越文獻所認知的中心至少有十個，但是，占婆某次派往中國的使節，曾宣稱他們的國王保護著「一百零五個地區」。占婆政權繼續是最頻繁進貢中國的「朝貢國／藩屬」，它也繼續增加東向的貿易，擴展至爪哇、布圖安（Butuan，民答那峨島）。相較於麻六甲海峽的馬來諸港，占婆的每個區域都擁有自身的種稻小型谷地，這得益於河流平原每年的洪水氾濫。確實，「占城稻」在宋代時被引入中國南部，成為了優勢稻種。

公元第一千紀期間，占人港口的獲利，源自於它是最接近中華帝國及

其繁榮的海洋州郡交趾，但卻「不屬中國」的自由港口，不需受到中國對海上貿易的規範所拘束。唐王朝於公元十世紀崩潰，一個越人政權由此興起，並且成為占婆的競爭對手。從十一世紀到十三世紀，吳哥、占婆、大越雄心勃勃的統治者之間屢次爆發衝突，每一位統治者都企圖壟斷與宋代中國之間興旺的貿易。不過至十四世紀時，當蒲甘與吳哥的「納加拉」陷入危機之際，占婆的外部力量卻達到前所未有的高峰，一如爪哇地區的滿者伯夷。占婆達到巔峰的關鍵，顯然是因為它龐大的艦隊以及它所在的重要位置，不只是有利於對中國的貿易，也讓占婆成為了越南陶瓷的出口中心，當時越南陶瓷正處於流傳遍及東南亞的高峰期。公元一三六一年，野心勃勃的制蓬峨（Che Bong Nga，1361-1390 年在位）登上占婆王位，就在此時，占婆與大越的關係破裂，占婆大艦隊前去掠劫了紅河三角洲。在一三八三年以前的十次掠奪行動之下，越南首都三次遭到洗劫。一三九〇年，制蓬峨正處於他最偉大的成就時刻，但越南人卻採用了新獲得的火器，成功殺死制蓬峨，占婆的進攻因此告終。結果證明，占婆這次的失利十分關鍵，因為越人更能夠有效利用一四〇六年中國入侵並占領大越一事，藉此終於創建出一個中國型態的軍事／官僚國家，而在十五世紀時改變了大越與占婆之間的平衡（見本書第九章）。

麻六甲海峽的馬來港口，也是在中國宋、元時代的貿易蓬勃期間繁榮起來，不過它們的團結統一程度更加低於占婆諸港。在朱羅王國攻擊三佛齊首都的巨港地區之後，三佛齊在繼續「朝貢」中國的名義下，與中國的貿易轉向了更北邊的巴當哈里河區域。靠近巴當哈里河口的慕拉占碑，開發建起一處寺廟建築群，而其他的寺廟建築群，則是在數百公里之外的蘇門答臘河流處，例如米南佳保地區的巴葛魯容（Pagarruyung），以及穆拉塔庫斯、巴東拉瓦斯。與之對比的是，接近今日棉蘭（Medan）地區的柯塔支那（Kota China），挖掘出了一座第十一至十四世紀的主要港口遺址，但此處卻沒發現什麼宗教性建築的證據。馬可·孛羅（Marco Polo）於公元一二九二年時造訪蘇門答臘北岸，此時伊斯蘭教的力量正開始影響蘇門答臘港口，馬可·孛羅表示蘇門答臘島上有八個「王國」，每個王國

都有它各自的語文。與此同時，東南亞半島區的情況，根據交通陸路的考古遺址發現，呈現出的是十一世紀以下活動增加，還顯示有保持自主地位的佛教城市國家（city-state）存在，就位在今日的察亞、那空是貪瑪叻（Nakhon Sithammarat，又譯洛坤）、董里（Trang）地區。

　　在這段時期，蘇門答臘島和東爪哇的印度教—佛教中心，有著廣泛的接觸與衝突，並造就出一系列銘文與佛教建設，其發現地點大多是位於高地區域。那時，蘇門答臘北至米南佳保、南至勒姜的高地地區，已經奠基於某種南印度的文字，而建立起一個書寫文化。而今日蘇門答臘高地區使用的數種方言，非常接近現代馬來語。這個時代大約有三十份的銘文與一位佛教王子阿帝多跋摩（Adityavarman）有關，他顯然是滿者伯夷國在十四世紀時派來掌控黃金產地的人物，而滿者伯夷將那片地區稱為「末羅瑜」。這些銘文的所在處，大多位在巴當哈里河系中上游以及巴葛魯容——即後來的米南佳保地區，實質上無國家的超自然信仰中心。根據銘文記載，阿帝多跋摩企圖在這片區域內累積宇宙力量；不過他肯定對於此地的黃金及稻米很有興趣，雖然銘文裡沒提到這件事。十四世紀時還出現了第一批寫在紙上而不是青銅銘文的馬來文文獻，位置在葛林芝的高地區，書寫的材質為樹皮紙。這份馬來文手稿是以古馬來文所寫，不過導論序文則是使用梵文，手稿內容包含了一套法律彙編。

　　上述的十四世紀馬來文手稿，還包括一份比較日常性質的文獻，是同時使用古帕拉瓦文（Pallava script），以及後來普及於蘇門答臘的「卡迦納」（ka-ga-nga）字母所寫。簡言之，佛教文明還有以宗教與散文為目的的書寫文字，至十四世紀時已經擴展到蘇門答臘的高地上。以怛特羅密宗型態表達的神聖王權概念，也傳到了這片地區，不過，神聖王權概念雖然在阿帝多跋摩過世的一三七○年代繼續維持著，但在接下來幾個世紀之間，它只不過是種崇高但虛玄的個人魅力，並繼續圍繞巴葛魯容的米南佳保「國王們」。透過單一河口掌握貿易，或者以接觸中國市場的特權掌控貿易，這兩種機會一旦被剝奪，那些高地區又將再度回到一個實質上沒有國家的文明模式；反之，早於十五世紀伊斯蘭教與其阿拉伯外來語轉化馬

來文之前，蘇門答臘東部與半島區的諸多港口，已將馬來文逐步推展為它們之間的通用語文。

大越國以及與中國的邊界

公元第十至十三世紀之間的大越國，也算是一個憲章政權（charter polity），這麼說的意義在於，大越國創建出第一個獨特的越南式書寫文字的身分認同（Vietnamese written identity），它建立了一個長久的首都（全東南亞最持久的首都），而且形成以灌溉稻米農業所造就的集中人口。大越的作法並不是將印度語言文字本土化，事實反而相距甚遠，它所從事的艱鉅任務，是在中文書寫土語（Chinese written idiom）當中打造一個不是中國的政權。作為大越國前輩的交趾，曾是唐代中國「王冠上的珠寶」，交趾占有東京灣的三岸，成為中國南方活躍的貿易中心。在公元第一千紀期間，紅河三角洲地區浸淫在「中國世界」（Sinic world）的程度，顯然高於我們今日稱之為「中國」的多數地方。隨著唐王朝於第十世紀崩潰，交趾也分裂成數個彼此競爭的地域，其中只有大越最終成功地讓中國王朝繼續認可自身的合法性。由此，大越國設下邊界，抵擋中華帝國秩序更進一步向南擴張，事後證明，大越這道邊界就長期而言，對於定義東南亞一事擁有關鍵性作用。

大越國的立國精神、國家抱負一直都是中國的／儒家的、而不是印度的／濕婆信仰的，所以大越並不能被稱為一個「納加拉」。不過，在大越國家形成的早期階段裡，流行的大乘佛教信仰扮演了非常重要的角色，這一點則與憲章「納加拉」的狀況相同。來自紅河三角洲南方邊緣華閭（Hoa-lu）的「十二使君之亂」，成就了大越初期的國家型態，他們侵擾著崩潰中的唐代帝國殘部，最終獲得過渡性中國南漢政權的認可，建立起某種程度的地方秩序。靠著戰士酋長與認識中文、了解中國官僚階級基本原則的佛教僧侶的結盟，使得唐代在此地的首府昇龍（Thang-long，今日河內），於公元一〇一〇年時重建起一個朝廷。佛教僧侶努力維持此地對

宋代中國的重要朝貢關係，並監督佛教紀念性建築的興建，還幫助李朝諸王（1009-1225 年）制定法典與宮廷儀禮。大越實質上的文明標誌是佛教（而非儒家），但李朝與同時代的蒲甘政權一樣，將強大的地方神靈系統化為一種皇家宗教。一方面受益於宋代中國之繁榮，另一方面受益於中國相對上的軍事虛弱，彼此競爭的各港口所在之東京灣海洋區域，成為了一片更具有流動性的地域。李朝還針對南邊的占婆國、北邊與自身競爭的「盜匪」集團，發動過數次的掠劫行動。中國對於東京灣地區的控制力下降，長期之下造就廣州、尤其是福建的泉州，成為人們通往中國時所偏愛的港口，這個情況導致到十五世紀的時候，大越以及整片東京灣地區已被排除在亞洲長途貿易之外，陷入孤立狀態。

不過，十三世紀的海洋貿易依然有十足的活力。陳氏靠著海洋貿易之利，以它的艦隊奪取政權，並於公元一二二五年建立起新王朝。陳朝的一大革新，就是創始中國風格的科舉制度。雖然佛教依然處在主導性地位，但這些對中國經典的考試造就出越來越多的士大夫階層，並以唐代、宋代中國的治國之道為榜樣。蒙古在中國的政權於一二五七年時出兵占領昇龍，而那些士人則幫助大越撐過這段侵略時期的威脅，入侵者最終也遭到驅逐。接下來，士人的任務就是運用經典的文字，來試圖說服中國歷屆統治者，大越國是一個與中國有分別的地區，大越在文明與尊嚴上與中國是平等的。其中，士大夫黎文休（Le Van Huu）受命撰寫第一部大越史書，那便是一二七二年的《大越史記》。黎文休在《大越史記》中，對於過去的越人統治者以中國語文的「王」自稱十分不滿，並訴諸從前南越對抗漢朝的傳說，認為大越統治者的地位應當與北方偉大的中國皇帝相當。黎文休還聲稱，皇帝的身分地位是奠基於他的「德」（duc），而不是靠領土或軍隊。

公元一三七〇及一三八〇年代，大越陳朝與占婆制蓬峩之間爆發殊死鬥爭，陳朝沒能撐過，政權被「篡位者」胡季犛（Ho Quy Ly）於一三九〇年代所奪，這件事遂成為明代中國入侵的藉口，明廷以支持「正統」的陳朝為由，於一四〇六年出兵入侵，由此對大越國進行全面的大改造。

佛教僧侶與戰士酋長聯盟在十一世紀所造就出的秩序，雖然已在一場大越自身版本的十四世紀危機（指陳胡之爭與中國入侵）當中瓦解；然而，這個秩序根深蒂固的程度，已經足以為後代越南人們提供一個清楚的國家民族認同（national identity）。

憲章時代中無國家的多數人

以核心區域控制交通幹道及剩餘稻米的憲章文明，其實只是廣袤濃密叢林地帶裡面的一塊小小飛地（enclave）而已（地圖 2-1）；貿易路線沿途具有國際性的港口城市，對於整體大環境的影響力更是微少。東南亞大多數的地區是原生林、較乾燥區域的草地，以及如本書第一章所描述的游耕農業造成的次生林，它們可能是東南亞大多數人口的庇護所。各地的人口鬆散地分布在海濱地帶與高地水畔，人們可以輕易地從海洋、河流、叢林邊緣獲得食物，可以自散落的村莊群體種植的油棕、果樹、蔬菜、塊莖類植物、山米輕易地取得糧食。如詹姆斯・史考特（2009）所論證，灌溉稻米之鄉如上緬甸的皎克西、紅河三角洲或東爪哇的河流灌溉高地，都需要和平的環境並發展出高度的組織，以確保收割季節能夠豐收，能作為一年剩餘時間的保障。合作協調是必需的，而這種合作若不是透過國家，便是透過某種如峇里島「蘇巴克」的灌溉團體進行。在憲章時代，和平的環境與單位面積高產量的稻米，讓這些米倉之地的人口大幅成長，人們的休閒時間因此增加，造就出豐富的儀式生活和文化生活。不滿或喪失財產的農民，可以輕易地在國家控制之外的邊疆地帶進行農業開墾，所以，壓迫的情事也因此是有限的。

在比較密集的飛地之外，分散的村落社群透過互惠貿易、朝聖、節慶、以交互進貢尋求保護的行為，甚至是周期性的掠奪，與其他社群的網絡連繫在一起。這些村莊社群的自由是真實的，但代價卻是不安全，必須隨時準備戰鬥或逃跑，所以社群人口也因此稀少。這種流動的、無國家的社會，與城市和灌溉稻業核心之間的對比，在公元一四○○年之後變得更

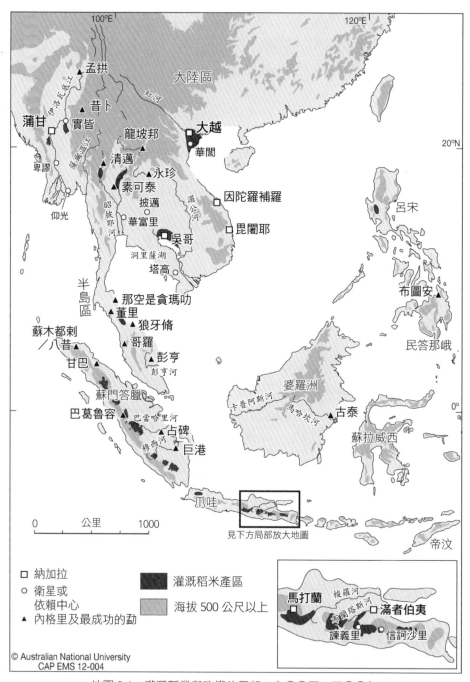

地圖 2-1：灌溉稻業與政權的興起，七〇〇至一三〇〇年

加劇烈，與此同時，儒家、伊斯蘭、基督教的文明觀念，創造出文明之內與文明之外兩者間的界線——詳情見本書第五章。不過，在憲章時代，書寫文化與共有儀式的文明，最初是由一個不太知道邊界的佛教僧人帶來，並將這種文明的學問傳統傳播到叢林隱士所在與山間聖地。正如我們在蘇門答臘的案例裡所見，高地地區絕不是孤立於那些要素的傳播之外。即便是十九世紀時被清楚的視為文明世界以外的那些民族，如分布於蘇門答臘高地的巴塔克人、蘇拉威西的托拉查人（Torajan）、呂宋的伊富高人（Ifugao）、大陸區的克倫人，他們其實都吸收了印度與佛教文明的重要因子，其中包括涉及宇宙力量的梵文詞彙。經過幾百年的孤立處境，巴塔克人依然保持著對下棋的熱愛，下棋這件事是從印度及波斯那邊傳來的，輸入的時間尚早於伊斯蘭教的傳入。

無論是要訂定法律或論述政權合法性，書寫文字都是國家的一項重要工具。在西方人傳入羅馬拼音之前，東南亞的許多民族都沒有文字書寫系統，這些族群常被視為缺乏國家、落後野蠻。但是這樣的族群例如：大陸區高地的赫蒙人（Hmong）、克倫人、欽族、瑤族（Yao），以及婆羅洲的卡達山人／杜順人（Kadazan/Dusun）、加央人（Kayan）、肯雅人（Kenyah），內部卻保留著生動的故事，講述了他們的神聖典籍與其閱讀方法是如何在神祕渺茫的古代喪失、遭竊或被摧毀。在佛教徒傳播書寫文字的早期階段，文明人與野蠻人、信徒與異教徒之間的界線尚不明顯，此時無論是要分享或要接受文字，障礙都是小的；反過來說，一旦文字書寫與外來宗教、外來國家權力出現關聯，那些障礙就會變得很大。書寫文字常與國家、經典宗教有著廣泛的關係，但是一個極為特殊的例外是，在東南亞島嶼區的無國家社會之間，流傳著一套特殊形式的「卡迦納」字母。這種直行手寫在竹子或棕櫚葉纖維上的文字，最早出現在本土化的「憲章時代」，它是從印度文字原型改編而來，前文所述的十四世紀蘇門答臘文獻已反映這件事情。一種類似字母的流傳，遍及了蘇門答臘的高地，到十六世紀時還傳到蘇拉威西南部以及菲律賓多數地區。身在呂宋的西班牙傳教士曾經記錄道，這種字母的用途不是為了宗教或政府，而是用

來交流商業、儀式資訊，字母使用者的身分為女性多過男性。在蘇門答臘島上某些地區，年輕男女之間的情書往返，是求愛遊戲的一個重要戲碼，而這也許是他們識字程度特別高的可能原因。

在憲章時代，佛教文明的普及狀況在東南亞大陸區更顯著。最早將佛教文明帶來的是修行者的網絡，在第六至第九世紀期間，透過孟文（伊洛瓦底江三角洲的南亞語系）與「陀羅缽地」（Dvaravati）風格的宗教藝術，這些人表達了他們的存在。佛教文化不只是影響吳哥與蒲甘的「納加拉」，也影響了傣語族群的多樣性，傣語民族在第八至十二世紀期間，從北方逐漸遷入東南亞大陸區，發展出以上座部為主流風格的佛教，但也同時涵蓋了大乘佛教要素與濕婆教「林珈」崇拜，這種信仰普遍存在於東南亞大陸區以種稻為生，處於自治狀態的傣族「勐」（相互聯繫的村莊群體）。這些「勐」在高地河谷的種稻灌溉組織非常成功，「勐」的人口也因此而增長。傣族的「勐」似乎相互承認彼此屬於一個互通世界（coherent world）的一部分，可能共享著農業科技、貿易網絡、管理可灌溉河谷地的類似模式，同時與山區的游耕農人以共生關係（相互掠奪、必需品的交流）的方式在運作著。

隨著「納加拉」在十三、十四世紀垮台，傣人的「召」或「刀」（chao，意思為領主）、軍事領袖或非凡人物崛起，他們採取具有戰略性的掠奪行動，同時採取舊憲章秩序的某些濕婆派贊辭與形象，進而挑戰吳哥或蒲甘政權。在伊洛瓦底江上游與東部盆地的撣族中，思可法（Hso Hkan Hpa）就是一個這樣的人物。據史書記載，思可法從公元一一五二至一二〇五年之間，曾率領撣人軍隊進攻「中國」（這也許是指雲南地區的南詔「納加拉」）、阿薩姆以及蒲甘。即便有這些傳說，但實質上撣族的政體等級依然為自治性的「勐」，它們共同擁有書寫文化與廣泛的市場網絡，但是從來沒有發展為一個官僚國家。伊洛瓦底江貿易幹道的統一要素掌握在緬人的手裡，所以當緬甸「納加拉」比較強大時，較為興盛的撣族「勐」——例如孟拱（Mogaung）及昔卜（Hsipaw），會傾向承認它；但當緬甸「納加拉」勢力衰弱，撣族「勐」便會伺機掠奪。由此，這些撣族「勐」

並沒有發展出自己的統一國家。

傣人蘭納王國的開國者孟萊王（Mangrai，1259-1317 年在位），在他充滿幹勁的統治期間於清邁建立首都，他顯然是個幹練的軍事領袖兼外交達人。孟萊王的史家宣稱，在鄰近各「勐」的領主之中，只有孟萊王是透過印度加冕儀式與超自然王權取得合法性。此外，孟萊王在位期間，從古老的孟族、緬族城市取得了以靈驗著稱的佛陀圖像與佛骨舍利。公元一二八七年，帕堯（Phayao）與素可泰兩地較具野心的「勐」爆發衝突，孟萊王居中協調，結果各方同意組成聯盟，不再互相攻擊，而是要抵禦來自北方蒙古／中國軍隊壓境的威脅。

我們從編年史與銘文兩方面得知，於一二七九至一二九八年間統治素可泰王國的蘭甘亨王（Ram Khamhaeng），在他短暫的統治期間建立了驚人的勢力範圍，延伸到昭披耶河谷地的傣族諸「勐」，甚至及於半島區，遠至那空是貪瑪叻（據那空是貪瑪叻的史書記載，蘭甘亨王曾經來此統治城市兩年，但這不太可能是事實）。蘭甘亨王之所以能達到此等成就，是他為不同的族群提供了特殊的上座部佛教僧侶戒律，還有相較於已擴張過度且在衰弱中的吳哥，更能與諸「勐」自主性相容的共識性王權（consensual kingship）。著名的一二八三年蘭甘亨王多語文銘刻，真實性曾經遭到質疑，因為對於十九世紀的發現者來說，這簡直好到像是美夢成真一般。這份銘文透過說明那些吳哥會做而蘭甘亨王並沒有那麼做的事情，解釋了蘭甘亨王的王權。

無論是平民百姓或有身分地位的人過世了，亡者的財產——他的大象、妻子、兒女、穀倉、稻米、僕役、檳榔樹——全部都是由他的兒子來繼承……當國王看見別人的稻米，國王並不貪求，當國王看見他人的財富，他並不惱怒……如果有人騎著大象來見國王，將自己的領土置於國王的保護之下，國王會幫助他，慷慨地對待他、照顧他。（引用自 Wyatt, 1982, 54-5）

素可泰王國擁有一些屬於憲章國家的要素，並且遺留下一種「泰國性」（Thai-ness，現在用來指暹羅會比較精確，而不是整體指傣人）的模式，這尤其是指本土化的泰文，以及對斯里蘭卡式上座部佛教的深刻認同。不過，素可泰也繼承了某種鬆散的個人性型態，即小型「勐」的首領雖然相互競爭、短暫遵從對方、層級充滿變動，但卻彼此認可對方的合法性。

占有昭披耶河上游戰略性位置的素可泰王國，為境內的傣族人口提供了屬於國家人民的獨特性質；在接下來的幾百年，這種獨特性將會由鄰近昭披耶河口的阿瑜陀耶王國，繼續擴展到更深刻的程度。於是，我們或許可以開始稱其為「泰」或「暹羅」，也就是「傣」的一種特殊變種。對於撣人來講，伊洛瓦底江的支流缺乏類似的統合力；至於湄公河中游的統合力，那就更不如昭披耶河了。在寮國，能夠與素可泰的蘭甘亨王相提並論的人物是法昂（Fa Ngum），因為前述的原因，法昂依然被歸類為非凡人物，他只能以戰爭目標進行短暫的統一。法昂與溫環父子於公元一三五三至一四一六年間，建起龍坡邦地區的偉大首都；法昂的兒子溫環（Un Huan）比父親更有成就，但卻比較不為後人所知。法昂可以與同時代蘇門答臘的阿帝多跋摩相提並論之處，是前者將某些濕婆派憲章國家的儀式與意象，帶進傣族諸「勐」及高地游耕者的無國家領土之內。法昂治下的國家就像是阿帝多跋摩的國家，它們太過酷似吳哥，以至於無法長存，最終，法昂在一三七三年時，被支持他兒子的勢力推翻。溫環相較於乃父更具有外交手腕，在與更強大的鄰居保持和諧關係的同時，溫環自稱為三十萬傣人（有組織地分布在從事灌溉稻業的「勐」）、四十萬其它——應當是根據其從事游耕而區分——族群的國王。這些統治者的霸業雖然隨著他們的死去而消逝，但是到後世，十九、二十世紀的國家建造者，則企圖追溯並強化人們對那些統治者的記憶。

要描述東南亞地區可能的多數人口，也就是那些生活在灌溉農業的固定居住地區之外，繼續過著游耕、捕魚、採集狩獵生活的那些人，是一件更為困難的事。中國文獻偶爾會提及，「納加拉」確實透過各種形式的主

僕關係，將這類人統合。周達觀曾經描述過，一二九〇年代的吳哥菁英將「蠻夷」用作奴隸，此外，他們還認為，與蠻夷發生性關係是件不光彩的事情。周達觀在一段相當引人興致的文字當中，區別出兩種蠻夷，第一種野人「知道怎麼跟人打交道」，他們適合作為奴隸，這種人可能已經處於被主流社會同化的歷程中；第二種則是「非常兇悍」的採集獵食者，他們「沒有可居住的家園，而是在山地之間遷移。」（Zhou, 1297/2007, 61）

中國、阿拉伯以及後來的歐洲觀察者，很容易就會使用野蠻／文明的二分法，但是東南亞史料本身卻沒有這種界線的意識。東南亞的史料文獻會提到不同的族群，只是區別的方式是根據衣著和語言，以及各種類型的主僕或主從關係。以二分法區分人們的狀況，只會出現在高地與低地、山間與海洋、叢林與定居濕稻農業的分別。這幾組二分項目中的前者——高地、山間、叢林中的人們——擁有他們自身的靈性力量，其代表為山地聖壇、林間僧侶與地方神靈，而本土化的佛教並不會畫下界線把他們排除在外。即使到後面的時代，那時邊界雖已經畫下（見本書第五章），但這些二分法之下的雙方之間的相互依賴與協同作用，依然是東南亞地區結構的一部分。

十三／十四世紀的危機

那些建造寺廟的「納加拉」，為什麼會在十三、十四世紀時瓦解呢？以貿易為基礎的「內格里」、相對小巧的傣族「勐」，為什麼會在十三、十四世紀時陷入權力分裂呢？學者對於相關原因已有大量討論。當中最受到肯定的原因，包括（蒙古）元代中國在一二八〇、一二九〇年代對緬甸及爪哇的攻勢，還有傣語民族受中國南部農業擴張壓迫下的南向遷徙，以及新宗教日漸增長的影響力。在過去，國王吸引超自然力量的方式是訴諸濕婆崇拜與梵文國際圈；但到後來，東南亞大陸區的上座部佛教「僧伽」，還有島嶼區的伊斯蘭教導師，愈來愈掌控住超自然力量方面的資源。

人類對於全球氣候、疾病、火山與地殼運動模式的了解，在近期有大

幅的進步。如今，研究長時段歷史的學者，絕不能不面對這些正在成長的領域——雖然新出的資料與討論大多集中在北半球的溫帶地區。在此背景之下，我們現在已經很清楚知道，十三世紀蒙古勢力於歐亞大陸擴張之後，隨即出現公元一三四〇年代歐亞地區的腺鼠疫大流行，這使得某些集約農業地區的人口消滅一半。同時間，東南亞有些地帶有可能也捲入了這個歐亞大陸的常見疾病庫（common disease pool），人口密集區因此遭受第一次嚴重的打擊，但是此番經歷最終也讓那些地方的天花或鼠疫從流行病（epidemic）轉變為地方病（endemic），疾病的傷害性或威力因此下降。長久以來，東南亞大陸區的種稻人口若要遷徙到河流三角洲地帶的氾濫濕地平原，障礙就是瘧疾等等經水傳播的疾病，不過到十四世紀的時候，三角洲農業似乎已大為進展，此時瘧蚊已難以生存在稻田「帕迪」（padi）阡陌連綿的艷陽之下。早期的暹羅編年史書記載著一個神話，似乎是將昭披耶河下游地區首都的建立，與征服一種像是瘧疾的疾病連繫在一起。有位流亡的中國王子，帶領自己的船隊四處尋找適合定居的新所在，當他來到昭披耶河中阿瑜陀耶的島上，有位隱士告訴他，除非先消滅沼澤區的惡龍「那伽」（naga），否則絕對無法在此建立聚落。據說，「那伽」在「受到騷擾的時候，會從口中吐出有毒的涎沫，涎沫的惡臭會帶來瘟疫，讓附近的所有人全都死於非命。」終於，在惡龍受戕、沼澤被填起之後，「這塊地再也不受瘟疫所苦了。」（van Vliet, 1640/2005, 200-1）

公元九〇〇至一二五〇年的「中古溫暖時期」（Mediaeval warm period），促進了當時歐洲與中國的農業生產；但至十四世紀時，氣候又逆轉變冷，造就出北半球的飢荒情況。如今，熱帶地區樹木幼年期的年輪研究顯示，當時，與歐洲北部較溫暖的氣候相關的，是東南亞地區季風降雨型態變得更加穩定。在這之後，東南亞出現一些極為嚴重的乾燥時期。公元一二五七年造成龍目島林賈尼（Rinjani）火山口的巨型噴發，一定打亂了氣候型態，並且在廣大的區域內落下有毒灰燼。這些氣候方面的重大變化，擾亂了整個東南亞的農業，尤其是維繫著蒲甘與吳哥的複合系統（complex system）。近年的樹木年輪研究顯示，在巨型噴發之後，環境

顯然變得更乾燥，特別是十四世紀中葉，以及一四〇一至一四〇四年間的超級乾旱期。讓情況更加惡化的是，超級濕潤年也出現了，其中最嚴重的是發生在一二五七至一二五八年以及一四五三年，也就是兩次熱帶火山最大的噴發事件。洪水似乎破壞了吳哥的水利系統，情況嚴峻到吳哥農業無力應對乾燥時期的狀況。這種環境也造成上緬甸的乾燥區農業變得不太可行。此期間，人口出現朝向較潮溼的伊洛瓦底江三角洲移動的現象，對此，海洋貿易的繁榮是一項促進人口移動的直接因素。海岸地帶的孟人政權到一三〇〇年時，已不再畏懼蒲甘的勢力。公元一二七七至一三〇一年間，由於蒙古／中國向蒲甘北方腹地採取擴張政策，導致蒲甘「納加拉」得將心力放到北方的腹地；最後，蒲甘在一三五九至一三六八年的撣人襲擊之下終於淪陷，正如吳哥亦屈服於東南方其他的傣語民族之下。

　　氣候數據可以肯定一個學者長期主張的假說，即吳哥仰賴定期雨量與洞里薩湖洪水形成的密集人口，在十四世紀中葉氣候條件惡化的情況下已支持不住。擴張過度的軍事帝國和闍耶跋摩七世的建設計畫，實在不可能維持下去，甚至在一二一八年闍耶跋摩七世過世之前，皇家權力就可能開始衰落。一二九〇年代周達觀筆下的吳哥，雖能夠提供宜人的都市生活以及一座崇高的知識學習場所，但是支撐王權的濕婆派崇拜已經失去激發人民虔誠奉獻的力量，吳哥人民全都信仰特別形式的上座部佛教，每座村莊當中都有一間佛教寺院。至於鄉間地區，則「因為與暹羅人的連年戰爭，全部淪為一片荒蕪。」（Zhou, 1297/2007, 79）泰人對吳哥首都的征伐與掠劫——可能發生在一四三一與一四三二年，只不過證明吳哥的農業模式與早就搖搖欲墜的神聖國策，已然出現大幅轉變。

　　這是一場將佛教時代與穆斯林—基督教時代區分開來的環境危機，而東南亞群島是否也經歷了相近時期的環境危機呢？目前為止所發現的最佳樹木年輪序列位於爪哇島的柚木林。很可惜的是，它開始的年分為一五一四年。既然缺乏資料，我們對於該如何將潮濕熱帶島嶼連結上北半球的氣候模式，最好是以謹慎為上策。包括海嘯、遮蔽天空導致作物嚴重歉收的火山噴發，超級地殼活動事件，很有可能是更為重要的因素。

自從公元二○○四年蘇門答臘西北岸發生毀滅性的大海嘯之後，人類對於這塊「隱沒帶」（subduction zone）的理解有了長足的進步。地質學家對先前各海嘯沉積砂土層的進行研究與碳定年法，還有，對於與二○○四年海嘯規模類似的巨大地殼釋壓活動隆起過程中造成的死亡珊瑚進行定年，這相當程度上幫助我們理解過去那些規模近似，甚至大於二○○四年海嘯的大型地殼活動。這些大型地殼活動發生在一三四○至一四五○年間，影響及於蘇門答臘西海岸的北部──包含亞齊和尼亞斯島（Nias）──及中部。蘇門答臘西海岸地區，可能還包括爪哇南岸，之所以缺少印度教─佛教遺跡存在除了強烈的海浪減少安全港灣的數量以外，地殼活動頻繁也是原因。在兩次大海嘯之間的幾百年時光，河口港口可能確實推進了國際性交流（這種狀況於相對溫和的十九、二十世紀再度出現），但是一次巨大的海嘯，便會將這些活動的絕大多數證據給殲滅。

　　新近的科學研究清楚呈現，東南亞歷史的長期格局有較高的不連續性，原因是氣候劇變、火山、地殼活動所造成。除此之外，論及第十至十四世紀時，我們還應該將疾病列入原因，此時東南亞的人口集中地帶，正處在被併入巨大歐亞疾病庫的過程之中。與美洲及澳洲的情況不同之處在於，十六世紀歐洲人到來時，即便是東南亞島嶼區也沒有遭遇可怕的人口死亡情形，這意味著天花等疾病在歐洲人到來以前已是當地的地方病。不過，在神話中保存了足夠多的、與前五百年間流行病大災難相關的記憶，這使人推論，天花、鼠疫、霍亂很可能已隨著一二九○年代和十五世紀初期的中國大艦隊，或者是與印度人的較小規模接觸而到來，這些疾病造成最初的大流行之後，轉變為地方病。這種不連續性，就是十六世紀東南亞依然人口數低落的背景，當時的東南亞人口密度，僅僅是印度或者中國的八分之一。

第三章

貿易及貿易網絡

假使不參考熱帶海洋區的貿易關係，便無法突顯本書前兩章的意義。中國陶瓷、東山（紅河谷地）青銅器、印度雕刻，自公元時代開始便出現在東南亞的偏遠地區，顯示早在我們握有歷史紀錄之前的數百年間，長途貿易已對於這些地區擁有不小的影響。不過，一四○○年以後的商業時代，貿易的重要性和可測量性（measurability）都在提升，藉此，我們對於前面那件事情究竟是如何運作，可以有更具系統性的探討。不同貿易網絡所建構起的水平式信任紐帶，有助於整合宗教及書寫語文建立的文明型態，也有助於將其與更廣闊的歐亞大陸世界聯繫在一起。

陸路與海路

兩千多年之間，上游農業中心與下游港口的商業性共生關係，似乎是東南亞河系的一項特色。曾經有位傳教士如此形容西班牙時代之前的菲律賓：

> 山中的住民要生活，不可以沒有其他地區的魚、鹽等等物品；另一
> 方面，岸邊的住民，也不能沒有山間出產的稻米和棉花。（Loarca,

1582, 121）

接近河口或戰略性水道的貿易中心，通常無法自給稻米，稻米是從更肥沃、更有生產力的高地，由船隻順流而下運到這些貿易中心所在地；反過來說，所有的高地人口都需要鹽，而鹽大多是在潮池地帶生產。此外，高地人口以稻米等等農作物作交換，獲得來自下游中心處的魚乾及各種進口物品，包括珍貴的金屬器物、陶瓷、尤其是布料，進口品的產地往往遠達印度和中國。

傣人於十三、十四世紀期間，遷徙至東南亞北部以及接壤的雲南地區，同時期進入的，還有元代（蒙古）與明代前期中國政權的擴張力量，它們共同創造出跨越東南亞山間通道的活躍交通。中國文獻史料當中記載最完整的是朝貢貿易，大明共派出兩百五十個跨陸使團，前往傣人等民族在東南亞北方高地的侯國，而反方向的「進貢」使團數量則高達五百。來自南方的使節獻上奴隸、大象、馬匹、象牙、犀角、黃金、香料、寶石，而他們獲得的回報通常價值更高，包括白銀、絲綢，以及可用來購買貿易貨品的紙幣。傣人及越人的編年史也證實，在十四世紀後期、十五世紀初期，東南亞北部及雲南的侯國之間存在著以外交形式進行的大量貿易。

中國明代初年銀礦業的擴展及雲南人口的增長，似乎促進了蓬勃的私人貿易，對大明的統治者而言這是非法的，但對地方官員來說這是有利可圖的。從傣人及緬人侯國處進口的物品，有貝幣（直到十七世紀，都為雲南全境使用的基礎通貨）、寶石、象牙、棉布（有該地生產也有印度進口）、棉花（來自緬甸）、魚製品、鹽，還有來自群島區的香料及檀香。反過來，東南亞人想要雲南銀、雲南銅、中國絲綢以及其他製品。想要穿越這些山地，腳夫是最快的交通辦法，有成千上萬的——大多是傣族——腳夫或搬運工，在各河流的上游地帶內頻繁穿梭著。

在二十世紀之前，雨林覆蓋的東南亞中心區，道路數量很少且使用壽命又短；相較於此，東南亞北部有漫長的乾季與相對開闊的地形，使得跨陸路線比較沒有那麼危機四伏。因此數量愈來愈多、比例愈來愈高的

人口，是居住在距離可航行的水道，以一天之內的步行便能抵達的地方。即便是高地河谷早期種稻區的人們，也是傾向圍繞著河流與湖泊居住，以便進行運輸、捕魚以及田地灌溉。因此，嫻熟船隻這件事，是全東南亞的普遍狀況。

小型島嶼和沖積谷地都是早期聚落偏好的地點，因為這些地方擁有豐富的漁產及岸邊棕櫚樹，還有當地人們對礁石及通道之了解所造成的防禦優勢；而在另一方面，許多大河的河口地帶則有危險的瘴疾，等到被開闢為定居稻田之後才能緩解。這點使得居住在船上或島上的「海人」（orang laut），在某些重要的海洋路線中得到了定位。連續的幾個馬來語政權——三佛齊、麻六甲（Melaka）、柔佛（Johor）——有能力控制住麻六甲海峽，將貿易吸引至它們的港口，這在很大程度上要歸功於它們對居住於蘇門答臘東岸眾多外島的「海人」海盜，擁有一種神奇的魅力。

途經東南亞的全球貿易重要路線，對商業成長有更進一步的刺激。雖然倚靠陸路與中國、印度、中東、歐洲進行貿易，確實不是不可能的事情，那便是沿著所謂的「絲路」交通；不過，無論是在哪個時代，只要海路沒有淪入海盜或貪婪國家的勢力範圍內，經過東南亞的海洋路線都遠比陸路交通更快、更節省成本。那個繁榮與貿易興旺的時代與宋代中國有關，海洋路線在此期間成為了主流，並且繼續維持這樣的地位，唯一的例外是蒙古人一統中亞、西亞與中國的十三、十四世紀。

全世界各地最早期的貿易商，必然是待在相對靠近海岸線的地帶，他們航海時最主要是憑藉熟悉的路標、海流與淺灘，其次則是依賴星辰。最晚於第九世紀時，阿拉伯人建立的直接路線，能橫渡阿拉伯海抵達故臨（Quilon）、古里（Calicut）等印度港口，然後從斯里蘭卡與印度之間的保克海峽（Palk Straits），航向蘇門答臘北端，途中只有在尼科巴群島（Nicobar Islands）靠岸。第七世紀時，從中國前往印度的佛教朝聖者，已經循著這條路線進行旅程了。

更往東走，只要海盜或壟斷路線者不要來興風作浪的話，最便利的路線就是穿過麻六甲海峽和新加坡。另外一條可行但也比較艱辛的海路，就

是沿著蘇門答臘西岸而下，再渡過蘇門答臘及爪哇之間的巽他海峽。葡萄牙人控制麻六甲而於一五一一年至一六四一年間宰制麻六甲海峽的時候，他們的敵對船隻——起初是穆斯林、後來是荷蘭人——傾向選擇取道巽他海峽，這種走法有利於雅加達灣與萬丹的西爪哇海港。另外一項選擇，是走一條險阻的陸路跨越東南亞半島，人們最常使用這條陸路的時期，是在十四世紀與十七世紀，當時麻六甲海峽安全有虞，而暹羅的國力強大到足以擔當東、西方的轉運地，確保陸路上的秩序。我們所知的跨越半島路線共有十多條，但其中最重要的，是吉打與北大年（Patani）之間的路線，由穆斯林商人使用；還有董里與那空是貪瑪叻之間的路線，為佛教徒較偏愛；以及從半島區往北走，自丹那沙林（Tenasserim）進入暹羅核心地域的路線（地圖 3-1）。

　　南中國海上最常見的路線，是從新加坡海峽與刁曼島（Pulau Tioman），經過位於今日越南南部的占婆沿岸，然後再渡過東京灣，抵達海南島及中國的港口。紅河三角洲地帶的河流主流，是公元第一千紀期間的主要路線，但是至十五世紀時，因為越南人在貿易方面的積極程度降低，它的地位已經降為交通支線。前往中國的東邊路線，還有另外一種比較危險的走法，就是從麻六甲海峽往東北向前進，沿著婆羅洲西北岸、菲律賓西岸航行到台灣南部，最後再抵達福建地區的港口。這條危險性較高的東邊路線，可能是人們在宋代中國時所開闢，根據記載，當時民答那峨島的布圖安和婆羅洲的渤泥（Brunei），都是中國的「藩屬」。十四世紀中葉取道這條路線的商人，最有可能是那些開始將摩鹿加群島產的丁香、肉豆蔻商業化的貿易商；到十五世紀某些時期，這條路線又為人摒棄，於是，中國與菲律賓、婆羅洲的接觸與交通，主要就是透過麻六甲的轉運口岸進行。至一五七〇年代時，西班牙人將馬尼拉設定為美洲白銀的主要亞洲市場，這條路線於是再度興盛。

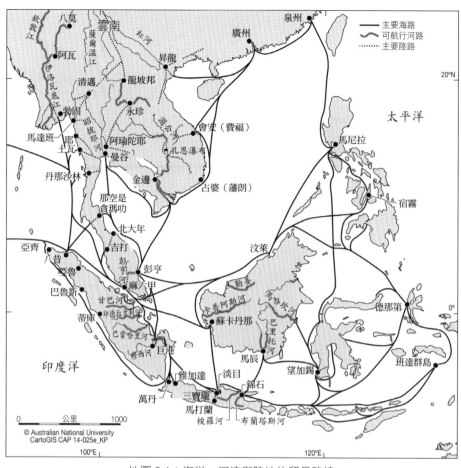

地圖 3-1：海洋、河流與陸地的貿易路線

專業化生產

　　東南亞地區因為水路交通方便的緣故，發展出生產布料、金屬、鹽、陶瓷的專業化中心。與歐洲或中國的型態不同，在東南亞，市場取向的專業化生產大多是出自女性而非男性之手。紡織品及陶瓷的生產屬於女人的專利（受中國典範強大影響的地方除外），而金屬加工業則是男人的分內事。其中某些生產中心，在漫長十六世紀期間隨著經濟商業化的過程而擴

張，但是因為來自中國、日本、印度、後來還有歐洲的製造中心生產的價格低廉或品質優良的進口品數量增加，許多沿岸與都市中心因而遭到打擊。

東南亞最古老的布料紡織可能是使用植物纖維，例如原生於菲律賓潮濕地帶的麻蕉（Musa textilis）製成的蕉麻（abaca）。菲律賓出口這類布料的事蹟，從十三世紀開始為人提及，並一直持續到現代。原生於印度的棉花，在公元第一千紀期間傳至東南亞，並且在有顯著乾季的區域大量種植，例如緬甸中部、東京、柬埔寨、呂宋西部、爪哇東部、峇里島、松巴哇、蘇拉威西西南部。我們第一次獲悉此事的詳細資訊，是這些區域在十六世紀時透過既有的交流模式，為東南亞其它地區與中國提供布料。從公元初年的佛教擴張階段以來，印度棉布就是一項很有價值的進口品，它的染色更加鮮豔、形式更為複雜，而且，印度織布機遠比東南亞婦女使用的背帶織布機更有生產效率。

在長途貿易進口品當中，陶瓷與金屬工具隨及趕上了紡織品的重要性。自史前時代開始，靠近陶土產地的專業化村落便會生產陶製廚具、容器與水罐，提供給周遭的區域。至十五世紀時，水路運輸讓爪哇北部陶業中心的產品能夠在摩鹿加、婆羅洲附近銷售，也讓緬甸南部的勃固大陶罐「瑪塔班」（martaban）能在東南亞和印度流通。一六八〇年代的一份英國報告表明，這種交流並不限於奢侈品，也有一船就運十萬個越南碗去西蘇門答臘，獲得豐厚利潤的例子。

自十二世紀以來，中國的高溫釉瓷是一項人們極為渴望的產品。近年出土了許多精緻的貿易物品進入國際藝術市場，它們來自菲律賓及印尼東部的墓葬遺址，以及南中國海打撈的沉船貨物。由上述文物可見，十二至十四世紀期間，有大量的中國高級物品進口到東南亞地區。不過，到了十五世紀時，卻因為明代中國嚴格的出口限制，出現一道「明代鴻溝」（Ming gap）。此時精緻陶瓷在東南亞的流通狀況並沒有減少，但中國製品已經大量被來自東南亞大陸區北部新窯燒製的混合風格高溫瓷器取代。科技方面的轉移，也許還包括了工匠本身的移動，造就出輝煌的成品，當

時的貿易界稱之為宋加洛（Sawankhalok）製品與安南製品。

東南亞境內的鐵、銅、錫、鉛礦資源分布並不平均，是生產專業化與貿易發展的另一項重要基礎。此區域內最豐富的銅礦資源，可能是位於越南北部的山丘地，據說在十八世紀時，那裡每年有超過五百公噸的銅產量。其他的銅礦中心，是位在蘇門答臘北部及中部、西爪哇地區，此外還有呂宋島科迪勒拉山脈（Cordillera）的伊哥洛特人（Igorot）所在地，到十九世紀時，伊哥洛特人採銅與冶銅的情況，仍然比西班牙技工更具經濟效益。銅的加工業比採銅業更為普遍，峇里島的精緻青銅製品可以證明此事，由於峇里島上根本沒有銅礦和錫礦，島民是利用進口的金屬來鑄造。

有發現鐵礦的地區，包括東南亞大陸區北部、暹羅與緬甸之間的山丘，以及蘇門答臘中部、勿里洞島、西婆羅洲、蘇拉威西島中部。上述地區製造的武器、工具、犁頭，流通到許多沒有發現鐵礦的人口聚集中心，例如爪哇與峇里島。波浪匕首「格里斯」（kris）是一項著名的爪哇產品，而製作它的金屬原料得遠從婆羅洲與蘇拉威西等地運來。然而，至十五世紀時，中國的金屬器已經主宰了海路可及之處的市場。到了一五〇〇年代，像麻六甲那樣的貿易大城市，主要是從中國輸入「上百種的銅、鐵……鑄鐵壺、碗、盆……大量的針，其中一些產品非常高級，製作十分精良……而品質非常低劣的產品，則是從法蘭德斯（Flanders）運到葡萄牙的東西。」（Pires, 1515/1944, 125）由於擁有先進技術與規模經濟，中國生產這類物件的成本更便宜，由此，東南亞的採礦與金屬加工業，隨著時間逐漸退到交通比較不易抵達的內陸地區。

關於東南亞長途貿易的文獻紀錄比較周全，而且印度洋與東方海洋的連結非常活躍，當地長期以來運載的貨物量必定非常巨大。河流系統是交流的幹道，東南亞最大的河流幹道是伊洛瓦底江，大帆船從海洋可以順伊洛瓦底江航行達一千四百公里抵達八莫。湄公河比伊洛瓦底江還要長，但是它的阻礙比較多，湄公河在中游有一段可航行五百公里的主要水路，這是寮國的主要交通幹道；湄公河在下游的可航行水路約有四百六十公里，是高棉的交通要道。不過，湄公河中游與下游之間的孔恩瀑布是無法航

行穿越的,商人可能冒著風險企圖將船拖過孔恩瀑布,但這是極為罕見的狀況。當河流幫不上忙的時候,要穿越常常因為沖刷而消失的山間通道,人力是最有效、普遍的運輸工具。例如伊洛瓦底江谷地與湄公河上游之間的高地撣族腳夫,據說每日可以背負三十六公斤的物品走二十四公里。短程運輸當然會用上牛車,比較乾燥而平坦的地形尤其適合,但是唯有如吳哥、蒲甘、馬打蘭等政權,才有能力維護可讓牛車有效通行的道路網絡,而這種情況算是短暫或零星的。

亞洲海洋市場的整合

由於東南亞地區是世界貿易的重要十字路口,東南亞的產品要進入世界市場,並不算是一件難事。兩河流域城鎮德迦(Terqu)的儲藏室考古挖掘遺址,驚人地發現了來自印尼的丁香,定年為公元前一七〇〇年。一直到十八世紀,丁香只有生長在摩鹿加(香料群島)。古羅馬與漢代中國的文獻中,已出現丁香作為醫藥的買賣文字證據。不過,直到一四〇〇年左右的商業擴張開始之前,東南亞對於世界貿易的貢獻,幾乎都是生長在熱帶叢林或淺海地區內的東西。東南亞的出口經濟是奠基於採集和捕獲——僅有露天開採的黃金與錫礦是例外——以提供焚香、香木、香料、象牙、藥材等等奢侈品。

宋代中國的生產力大幅提升,被麥克尼爾(McNeill, 1982, 25)評為「傾斜了世界歷史上的關鍵平衡」,在市場規範行為的方向上,無疑為第二章所述的「憲章時代」創造出有利的條件。南宋失去了北方的首都與往西通往中亞的重要陸路,於是將史無前例的心力放在南方的海路交通上。從這個時期開始,中國船運加入東南亞的貿易網絡,而在宋人的活動之下,東南亞人逐漸看到內部水路運輸技術進步帶來的效果。如十三世紀福建港口官員趙汝适(1170-1228年)這類中國人的實地報導表示,南方「蠻夷」也朝向更實際的商業化手工業邁進一大步。

在十三世紀,歐亞貿易體系變得比以往更完備,三條東、西主要交通

路線全都處在有效運作狀態。大約在公元一三〇〇年時，蒙古人讓中亞交通變成前所未有的容易，但是這個交通線在十四世紀中期崩解。我們已經在第二章看到，東南亞於十三世紀後期及十四世紀時經歷了一場危機，但危機肇因於氣候、政治因素，而不是作為東南亞生命線的海洋貿易崩潰了。確實，一二五八年巴格達的陷落加上蒙古大帝國的分裂，確保了通過東南亞的海路，將會主宰東、西交通。

公元一三〇〇至一五〇〇年間，東南亞水路在規模與複雜性方面持續增長，最具說服力的證據就是，這一時期的權力從建造寺廟的農業國家，轉移到以伊斯蘭教及上座部佛教主導的海洋貿易中心。「憲章時代」讓位給我所謂的「商業時代」（見本書第四章），商業時代從十五世紀開始持續到十七世紀，期間的主宰者是一系列規模較小、以貿易為基礎的「內格里」。其中最為成功的「內格里」，則利用新式武器大肆擴張成為「火藥帝國」（gunpowder empire），此事見於本書第五章。十四世紀至十五世紀初期，最早的「內格里」沿著貿易路線而興起，包含以孟人為主流的緬甸南部之勃固、傣族世界的阿瑜陀耶、成為柬埔寨新中心的金邊，和海峽地帶的八昔、阿魯（Aru）、巴魯斯（Barus）、巨港、麻六甲，還有爪哇島上的錦石、扎巴拉、杜板（Tuban）、萬丹，以及更東邊的汶萊、宿霧（Cebu）、馬尼拉、德那第（Ternate）、班達。到一五〇九年歐洲人抵達東南亞之際，上述地區已是東南亞的主流勢力，以高度組織化的轉口貿易體制來維持。

在公元一〇〇〇年到一六〇〇年之間，這個轉口貿易體制的主要外部變數（external variable）就是中國。宋代中國的繁榮與科技進展，迅速擴展到了大越；從這個具有威脅性的鄰居身上，大越學習的速度非常快。雖然明代中國從一三六八年開始的百年，朝廷禁止私人貿易，但是能規避的漏洞很多，而且愈來愈多。麻六甲蘇丹曾在公元一四六八年宣示：「海洋之內的所有陸地都同為一體，所有生命都在愛中滋養，自古以來，人生從來沒有這麼豐足。」（引用自 Kobata and Matsuda, 1969, 111）他這麼說是有道理的。

南島語族及印度先驅

亞洲水域的長途航行先驅者實屬東南亞人。「南島語族」這個現代稱呼，對當事者而言真是恰如其分，從三千年前至一千年前，南島語族將亞洲的離岸島嶼彼此與太平洋連結起來。南島語族是前現代世界分布最廣闊的語族，它的範圍西達馬達加斯加，東至東太平洋的復活節島，北到台灣，而三面中間環抱著東南亞的所有島嶼。南島語族在新幾內亞北部沿岸建立商業灘頭陣地（beachhead），後來他們也到亞洲大陸最具戰略性的貿易沿線地點上殖民，尤其是東南亞半島、大陸區的占婆、海南島。繁榮的宋朝曾經記載，占婆曾派出六十二次的海上遣華使團，三佛齊派遣二十六次，東南亞島嶼區的其它南島語族貿易中心如布圖安、爪哇和汶萊，則派遣過九次；記載中另外三十八次的使團，大多數是來自阿拉伯人（大食），他們是從更西方的港口出發，由海路經東南亞而來。

比較老舊的觀點認為，南島語族定居到馬達加斯加以及更遙遠的玻里尼西亞群島，只是偶然的意外，但這樣的觀點如今已經站不住腳了。考古、基因、植物證據顯示，南島語族商人在兩千年前已與東非海岸有接觸，此外他們還在新幾內亞與斐濟（Fiji）之間運作一套交流網絡。自從南島語族最初定居馬達加斯加以後，在公元第一千紀期間，印尼群島的某些族群，似乎還與馬達加斯加保持著商業關係，這種情況一直延續到公元第二千紀中葉為止。到過馬達加斯加的第一代葡萄牙旅人，碰上被他們描述為從「爪瓦」來的人們，並由此體驗到那段長途貿易的遺留記憶。馬來文化裡的英雄漢都亞（Hang Tuah），在史詩故事裡面被描寫為偉大航海家，為他的主人——麻六甲的統治者航海到暹羅、印度、中東與中國。這種故事之所以會出現，不是很合理嗎？葡萄牙人記錄道，在十六世紀初期，馬來人、爪哇人、占人、「呂宋人」（北婆羅洲與菲律賓商業中心的土著），依然與中國有定期的貿易，而當時正是明代中國禁止私人貿易的階段。

從公元第一千紀開始，印度次大陸與斯里蘭卡的人們——主要為泰米

爾人，也投入印度洋貿易。自治的泰米爾海洋商人社群扮演著其中要角，他們或許是在共通宗教執禮責任的基礎上共同享有資本，就像是後來如柴提亞族（Chettiar）的商人種姓階級。這種社群經常被拿來與歐洲中古行會基爾特（guild）比較，泰米爾海洋商人社群在印度許多地方樹起紀念碑，刻有它們經宗教核准的貿易規定，到了第九世紀時也出現於東南亞半島區的達瓜巴、十世紀時出現在爪哇中南部、十三世紀時出現在蒲甘（緬甸）及泉州（中國南部）。關於泰米爾海洋商人社群在東南亞的運作方式，最強而有力的證據便是他們於一〇八八年在巴魯斯（蘇門答臘西北部）樟腦口岸立起的一根大柱子。柱子上的銘文是由五百位泰米爾商人組成的「艾努魯瓦」（Ayyavole）行會，以典雅的泰米爾文書寫。行會以守護神杜爾迦（Durga）之名規定，想要在此進行貿易的每艘船都得以黃金繳稅，需繳稅者包括押運人或船長「納亞那」（nayana），還有小型商旅或船員「珂維」（kevi）。「納亞那」與「克維」，也許就是十五、十六世紀的麻六甲文獻記載的「納后達」（nakhoda）和「奇維」（kiwi），此事將在本書第四章探討。

　　大約在一五〇〇年之際，也就是我們開始擁有比較充足的文獻資料時，東南亞地區最成功、最出色的流散資本家（diaspora capitalist），就是印度的商人種姓，尤其是南印度的柴提亞族、北印度的古吉拉特沙拉夫（Gujarati Sharaf）。十六世紀東南亞各大城市如勃固、阿瑜陀耶、麻六甲、八昔、萬丹都有少數柴提亞族人，他們可以從社群公有寺廟基金當中提取資本，並且透過信用「夯迪」（hundi）證系統彼此連結。葡萄牙人對於這些金融經理人的財富與技巧懷抱著敬畏之心。一五〇〇年左右，麻六甲與八昔兩地居首的金融家與船主，都是青史留名的柴提亞族人，他們能取得如此成就，部分原因是他們在自己投資的穆斯林船運事業中願意使用葡萄牙語。柴提亞族人的首富可能是納伊拿・蘇拉德瓦納（Naina Suradewana），他每年大約會資助八艘大船航行東方路線，從麻六甲前往爪哇與摩鹿加。另一位名叫尼納・帕圖（Nina Chatu）或賽圖・奈伊納爾（Setu Nayinar）的柴提亞富豪，曾於公元一五一三至一五一四年間，與

成為麻六甲新主人的葡萄牙人合夥，派遣戎克大船航往暹羅（兩次）、勃固、孟加拉、科羅曼德（Coromandel，泰米爾沿岸）、巨港、摩鹿加與中國。

隨著穆斯林與基督徒的衝突在十六世紀愈演愈烈，這些印度教式的網絡在穆斯林港口逐漸失勢，遭古吉拉特穆斯林取代。跟柴提亞族比起來，古吉拉特穆斯林比較沒這麼祕密和排外，而他們也使用與前者類似的先進會計方法；古吉拉特穆斯林的興起，可以被視為伊斯蘭東南亞朝著統整印度商業技巧的方向，向前邁進了一步。

一二八〇至一五〇〇年的東亞貿易體制

我們已經看到，從南宋開始，有大量「中國」商人在東南亞水域上航行。泉州與廣州的港口成為非常國際化的中心，而我們必須假定，最早的中國航海者，曾效仿了他們周遭的阿拉伯人、馬來人等行船人的榜樣。蒙古—中國在一二九二至一二九三年間進攻爪哇的大艦隊，在爪哇與西婆羅洲留下數以百計的中國人，從而逆轉了上述的趨勢。從這時開始，南中國海兩側的地帶都出現了間歇的族群混合與文化借用現象。福建港口的鎮壓穆斯林動亂事件[4]之後，接續的則是大明於一三六八年禁止外國貿易，這些事情必然迫使許多以中國為基地的貿易商——尤其是穆斯林，將他們的基地轉移到東南亞（見本書第五章）。

在大明統治者的帝王世界觀中，亟欲展現皇帝居於天下中央的地位，朝貢體制是他們與蠻邦國王之間唯一有效的關係。大明皇帝認為對朝貢使節的慈悲認可，是帝國美德的重要體現，他們會以與貢品相等價值以上的中國物品獎賞來人。然而，只要這類使團的商業策略是依賴東南亞或阿拉伯貿易商，藉此接觸中國市場，它們最多只是零星的存在。只有當雄

4　編注：指公元一三五七至一三六六年發生於福建地區的一場長達十年、以波斯色目人民兵「亦思巴奚」軍為主的兵亂。

心勃勃的世界統治者忽必烈大汗派遣帝國軍隊從陸路征伐蒲甘（緬甸）、從海路出征爪哇，朝廷才獲悉關於南方各國的第一手資訊，並希望它們根據既有規矩定期進貢。公元一二八七年中國攻下蒲甘之後，位在伊洛瓦底江上游與昭披耶河地區、相互競爭的傣族與緬族統治者們，在一二九○至一三三○年間，紛紛持續而穩定地向帝國朝廷遣使納貢。到大明最初五個皇帝的在位時期（1368-1435 年），朝貢體制達到了巔峰，朝廷幾乎每年都要接待十多個東南亞國家派來的貢使。

有明一代的體制，是洪武皇帝與永樂皇帝派出的大型軍事使團奠定，大明使團採取恩威並濟的作法，讓對方遣使來朝。不過，朝貢使團可獲得的貿易優待非常高，高到中國方面根本沒有持續施壓的必要。貢使除了可以享有慷慨的贈禮，他們在去程與回程中還可以帶上自己的貿易貨物，中國朝廷則在一三八四年時准許這項貿易享有免稅的優惠。至於朝貢使團的真實性，則是建立在勘合符制度上，勘合符上面印有圖案與數字，可以分作兩半，進貢國握有一半，貢使得帶著它前往中國港口，與該處的另一半核對。現實層面上，朝貢體制可能強化了中國特殊船運家族的勢力，他們了解制度並控制著勘合符，這種狀況尤其出現在爪哇地區，因為當地實際上是由中國商人或中華—爪哇商人在組織朝貢貿易。

明代初年中國與東南亞之間的官方關係十分密切，此事激發了東南亞的外部貿易，並且催生出貿易沿線一系列的港口國家，這些港口國家將會支配後續兩百年間的政局。三寶太監鄭和在公元一四○五至一四三三年間率領的七次帝國遠征，規模之大前無古人，其中最盛大的一次艦隊，擁有戎克船四十八艘與人員兩萬七千名。鄭和的遠征行動，創造出人們對東南亞產品的新興需求，大量的胡椒和蘇木被運送到中國，甚至被當成數十萬政府官員的部分薪資；因此胡椒和蘇木等東南亞產物，從菁英專用的奢侈品轉變為大眾消費品。那些取得中國使團初期優勢的港口，像是阿瑜陀耶（暹羅）、麻六甲、汶萊、蘇祿（Sulu）、馬尼拉等地之所以能贏過競爭對手，靠的不只是成為前往中國貿易的轉運站，還憑藉中國指定的朝貢權利所散發出的權威與力量。東南亞的地圖則因為這些新興港口而重塑，

這些港都在十五世紀期間，逐漸主宰了它們各自的腹地。

　　發起這場史無前例的中國與東南亞官方貿易活動的大明皇帝，正是下令禁止私人海洋貿易的皇帝。海禁之後，除了參與官方使團者以外，東南亞商人在中國港口已成為稀客；中國商人則得走偏門、耍花招。公元一四二一年，明代皇帝將首都從南京遷到北京，此後，中國皇帝對於外國國王、使節的異國物品的興致驟減，至一四四〇年代時，皇帝還諭示爪哇統治者不用那麼頻繁派遣貢使來朝。隨著朝貢貿易日趨衰弱，中國對於外國物品的需求，就靠福建與廣東沿海諸島嶼的走私活動來填補。外國物品進入中國的另外一條「合法」管道，則是由琉球這個島國提供。福建商人以琉球王國向中國及日本進貢為掩護，將琉球作為與東南亞、中國、日本貿易的基地。大約從一四二〇年代開始，琉球每年都會派船到重要的東南亞港口，每艘船都會帶著一封琉球國王書信，內容充滿頌辭且是以中文書寫，致信對象則是暹羅、爪哇或麻六甲的國王或統治者；與中國的情況不同，琉球致書的目的不是要進貢、也不是要求進貢，而是表達「四海之內皆兄弟，透過我們的交往而友誼長存」的希望。（Kobata and Matsuda, 1969, 159）

　　表格 3-1 陳列的，是中國與琉球各自的文獻中所記載的東亞地區交流頻率。這提供了歐洲船舶抵達之前一個世紀，關於各港口相對重要性的最早期的量化證據。長期而言，暹羅、占婆、爪哇是東亞交通的重量級好手；不過，由於占婆作為中國船隻中繼站的戰略性位置，以及因對抗擴張的越南人的需要，占婆的使團已經超越它在商業上的重要性了。

　　明代初年，暹羅與柬埔寨的重要性，反映出圍繞各河港華人社群形成的新權力集中現象。阿瑜陀耶位在海上船隻循昭披耶河航行的極限地帶，透過混血華人商貿社群與當地傣「勐」的交流接觸，阿瑜陀耶地區出現一個新興傣人國家，也就是「暹羅」，根據傳說它的建國年代為公元

5　原注：表格內列出的年代，是派往中國的朝貢使團的時間。1419-1442年的琉球資料則放在1420-1439年時期；1464-1481年的琉球資料放在1460-1479年時期；1490-1509年的琉球資料放在 1480-1509時期。

表格 3-1：派往中國的官方海上「進貢」使團次數（主要數字）；琉球派出的貿易使團次數（括弧數字）[5]。

時期	暹羅	柬埔寨	占婆	爪哇	麻六甲	汶萊／渤泥	蘇木都剌／八昔
1369-1399	33	13	25	11	0	1	1
1400-1419	17	7	14	14	11	7	10
1420-1439	14（24）		19	21（6）	8	2	8
1440-1459	5		12	10	5		
1460-1479	5（10）		7	3	3（15）		1（3）
1480-1509	7（2）		8	2	2（2）		3

一三五一年。暹羅的崛起，很高程度要歸功於暹羅的華商或華－泰商人，在後續半個世紀之間擔負起出使中國、朝鮮、日本、琉球的任務。此外，能代表「柬埔寨」的，已不再是吳哥的宗教兼農業複合體，吳哥於十四世紀期間，在它與傣人的漫長鬥爭中落敗；如今能等同於「柬埔寨」者，是名為金邊的新興河港城市，就位在湄公河與洞里薩湖諸河的匯流處。在金邊，華人也是商人社群中的佼佼者，此地的商人社群已非吳哥宗教的供奉者，而只從吳哥的神明國王（god-king）傳統之中，汲取自己所要的部分。

爪哇的使團是從泗水－杜板地區的滿者伯夷港口派出，最常見的情形似乎是由華－爪哇人率領，這些人擁有中國姓名與爪哇頭銜。有一位同樣富有企圖心的華人，曾為暹羅開啟與日本及朝鮮的關係，稍後，他竟於一四〇六年、一四一二年兩度擔任爪哇遣至日本的使節（Kobata and Matsuda, 1969, 149-50）。十五世紀初年麻六甲的崛起，大部分可歸因於它積極地利用與中國的連結，麻六甲的最初三位統治者，在一四一一年至一四三四年間，總共進行了五次前往中國首都的王室親訪。麻六甲在滿速沙蘇丹（Sultan Mansur，1459-1477 年在位）成功的統治之下，已經讓自身居於戰略性的中央地位，它的老對手如汶萊、八昔甚至爪哇的貿易者，會前來麻六甲以尋求中國和琉球貿易，而不是企圖進行直接貿易。後來，由於內部衝突的關係，麻六甲的相對重要性再度衰落。

關於華人在東南亞地區的大流散，第一位親眼目睹的人是周達觀，

他在公元一二九六至一二九七年，跟著蒙古／中國使團造訪吳哥（東埔寨）。他記錄道：

> 中國水手在這過得不錯，因為在這個國家你可以不用穿衣服，這裡食物容易取得，女人容易得到，房子容易蓋，生活只需少許器具，而且容易做買賣，所以他們往往逃到這裡不再回去。（Zhou, 1297/2007, 81）

蒙古遠征軍中有許多中國兵士，或遇上船難、或被俘虜、或被誘拐。據說，公元一三六八年大明開國時，有幾千個逃亡的廣東人取得了巨港的控制權，他們就像從前的三佛齊統治者一般，倚靠麻六甲海峽貿易而發財致富。一四〇七年時，鄭和曾經與這群廣東人的領袖發生爭吵，最後鄭和將後者處決，並且命另外一位巨港廣東人擔任「宣慰使」。這個政權並沒有被中國承認為王國，但是它在一四二〇年代依然企圖派遣使節至日本及琉球，並且在一四二八至一四四〇年間接待過至少八次的琉球貿易使團。

在鄭和到訪之際，杜板、錦石、泗水這幾個爪哇的重要港口處，也有幾千名富裕的廣東人，據說其中還有一位是錦石的統治者。這類人物所組織的「爪哇」使團，起初很受中國方面的歡迎，但到一四四〇年代時，中國文獻裡面卻批評這些人惹事生非，是帝國財政的一項負擔。至一四五三年之後，官方使團變得很罕見，未獲授權而前來的使團則遭到懲處，爪哇與中國之間的直接連結似乎遭到放棄，人們轉為支持麻六甲的轉口貿易。一五〇〇年以後的葡萄牙人報告顯示，此時，「中國人」或「華人」作為一種個別的類別，實際上已在爪哇島上消失。葡萄牙人在爪哇海岸地區遇見的活躍商人－貴族階級，被描述為「爪哇人」；正如馬尼拉灣和汶萊地區的類似階級，則被稱作「呂宋人」；而蘇門答臘諸港的類似階級則被稱為「爪夷」（Jawi）或「馬來人」。不過，葡萄牙的編年史家則記錄道，前述的這些人，就男方的淵源以及他們的諸多制度而言，是屬於中國（式）的。

東南亞地區商業活動的起伏軌跡，在約公元一三九八至一四三〇年間確實出現一個往上提升的重要轉捩點，此事與這些中國使團及中國亡命之徒相關。十四世紀的中國人或中華—東南亞人，似乎是第一批系統性開發摩鹿加丁香、鼓勵商業性種植的商人。十六至十八世紀期間的蘇門答臘，是全世界胡椒市場的主宰者，此地也是大約在同一時期開始商業性生產，這應當是為了回應來自中國船隊的新興需求。但是，十四世紀中葉的中國與歐亞大半地區，都出現了「黃金荒」（bullion famine），以及另一陣的貿易低迷狀況，所以，我們若將早期現代的新興商業熱潮，與漫長十六世紀相連，會是比較穩當的見解。

公元一五六八年中國開放海禁之後，中國航運業在東南亞的擴張，也是這個商業時代的一部分，相關討論可見本書第四章。

伊斯蘭網絡

以阿拉伯海西岸地區——也就是波斯灣與紅海周圍為基地的商人，長久以來便是阿拉伯海的主宰者。至公元七〇〇年時，新興的伊斯蘭教已經統一波斯灣與紅海地區，而商人正是最早接受這個新興宗教的群體。建都大馬士革（Damascus）的奧瑪雅王朝（Umayyad，661-750年）與雄據巴格達（Baghdad）的阿拔斯王朝（Abbasid，750-1258年），這兩個哈里發政權下的穆斯林臣民，也就是當時所謂的「阿拉伯人」。從第八世紀以來，這些「阿拉伯人」不但宰制阿拉伯海，而且也開始出現在東南亞及中國的港口地帶。阿拉伯商人蘇萊曼（Sulayman）曾於八五一年造訪當時最大、最宏偉的港口廣州，他描述當地存在一個自治的穆斯林社群，是由中國方面認可的教法官「卡迪」（qadi）在執行穆斯林律法。第九世紀沉沒的阿拉伯船骸證明阿拉伯人經東南亞到達中國的直接貿易路線，這艘沉船是在一九九八年時於勿里洞島外海所發現，船上載有奢華的貨物，包括中國瓷器以及為中東顧客特別設計的貴重金屬品。這艘船的位置在距離最短的麻六甲海峽路線的南方，它或許是正在航向爪哇或蘇門答臘的中繼港口途中

時沉沒。最早在第十世紀時，中國史書上就有記載，三佛齊、占婆那邊重要的東南亞中繼港，曾派遣貢使來朝，使節的姓與名分別是中國「李」姓與伊斯蘭名，他們也許是從奧瑪雅、阿拔斯正統遜尼派（Sunni）那邊出逃的什葉派（Shi'a，親阿里派 Alid）難民。

印度沿岸與東南亞港口的伊斯蘭社群，提供了一個非凡的網絡，足以讓許多不同種族的貿易商獲得安全感。隨著一二五八年巴格達的覆亡，「阿拉伯人」這個標誌轉化為更多樣的類別，例如波斯人、土耳其人、古吉拉特人、朱利亞人（Chulia）；不過進入十六世紀時，阿拉伯文依然保持世界大語言的地位，將伊斯蘭商人社群凝結在一起。十三世紀末的威尼斯人馬可・孛羅，還有十四世紀中期的摩洛哥人伊本・巴圖塔（Ibn Battuta），兩位遊記作者都曾親身見證印度洋伊斯蘭貿易網絡的連續性和一體性，而這套網絡也與以中國港口為基地的其他網絡，有了愈來愈多的交集。

最早定居至南亞與東南亞地區的穆斯林商人，是來自哈德拉毛（Hadhramaut）地區的阿拉伯人以及來自波斯灣的波斯人，這些人多在當地結婚，留下本土化的後裔，這些後裔吸引了許多當地貿易商加入他們的行列。那個時空下的伊斯蘭教，似乎很自然會成為商業貿易的宗教，因為伊斯蘭教擁有既定的術語和法律架構，可以管理借貸、合夥、奴隸、契約、委任關係。比較古老的印度教、道教與萬靈信仰，都受限於特定的地域、陵墓、宗教中心，而佛教則主張放下世俗牽掛；相對於此，伊斯蘭教則提供了一套完全可攜帶、可移動的典範，很合適要四處旅行的商人們。史上第一部馬來文法典，在一五〇〇年左右編纂於麻六甲轉運口岸，這套法典裡的商業與金融條款，大部分都取自於伊斯蘭律法，但法典中涉及的民法、刑法方面則來自國王所在之地。

自治的伊斯蘭貿易社群，從第十世紀開始出現在南印度沿岸，但他們在東南亞地區最早出現的地方，經證實則為十三世紀末的蘇門答臘北部，但是出現地點根據年代先後卻是詭異地由東至西排列：阿魯、巴祿頭（Perlak）、八昔、南浡里（Lambri，即亞齊），這些地方成為了穆斯

林商人在印度洋東側的有力立足點，也成為中國產品及摩鹿加香料的轉口處。十五世紀初的中華帝國艦隊似乎促進了伊斯蘭作為貿易者宗教的角色，因為鄭和與他屬下的許多官員都是雲南穆斯林，而中國艦隊遺留的華人，則被同化融入各港口的國際穆斯林社會之中，而不是內陸區的印度教—佛教—萬靈信仰社會裡。十五世紀早期，爪哇與占婆諸港已經出現部分自治的伊斯蘭社群，崛起的麻六甲王朝則決定將命運押注於伊斯蘭，甚至連丁香產地德那第、蒂多雷（Tidore）與肉豆蔻產地班達的菁英，都開始在吸收伊斯蘭文化。十五世紀崛起的伊斯蘭轉口港，首先是八昔，接著則是麻六甲，並使八昔、麻六甲從商者說的馬來文，傳遍東南亞群島區以及大陸區的許多港口。無論出自哪種環境背景的東南亞人，只要加入貿易城市的國際性社群，便很可能會學習、吸收馬來語和伊斯蘭教。

在西方，隨著北半球逐漸從一三四六至一三四八年的黑死病打擊中恢復，威尼斯（Venice）與開羅（Cairo）之間的商業連結，已經達到壟斷的程度。威尼斯與開羅兩大勢力於公元一三四五年訂定商業條約，確保從印度洋經紅海到開羅及亞歷山大城的海上路線，會運輸最大宗的亞洲產品進入地中海。威尼斯共和國與埃及馬穆魯克（Mamluk）政權大為繁盛，並對於自身壟斷的霸權感到洋洋得意。但是這種得意其實頗為危險，將會反映在後續發生的事情上。更往東去，則是不同伊斯蘭港口與運輸商之間的激烈競爭，他們爭相從東方運送胡椒和香料到埃及。東南亞的港口諸如八昔（蘇門答臘）、麻六甲和丹那沙林（半島區）、錦石和扎巴拉（爪哇）以及班達（摩鹿加），它們如同印度南部各港一樣，必須好好善待伊斯蘭貿易商，否則他們就會跑到競爭對手那邊去了。

至十五世紀末，伊斯蘭貿易網絡對於要運輸香料與胡椒到歐洲及中東日漸成長的市場，已發展出極高的效率。一四九〇年代後期抵達威尼斯的摩鹿加香料，數量比起一個世紀以前已經高出好幾倍。到一四九〇年代時，這些香料是從產地摩鹿加，由爪哇船與馬來船運送到爪哇島各港與麻六甲，再由印度船與馬來船載到南印度，接著由阿拉伯船和古吉拉特船接手渡過阿拉伯海。輸入威尼斯的胡椒數量雖然成長緩慢，但其中東南亞胡

椒的比例，已從一四○○年微不足道的狀況，至一五○○年時提高到極可觀的情形，這是因為中國方面的需求導致蘇門答臘出現新興生產，同時，這些產品也往西邊運送，加入印度次大陸上原本的印度胡椒市場。

公元一五○○年以來，葡萄牙人開始猛攻穆斯林船運，造成很嚴重的動盪，由此，經過穆斯林貿易路線而抵達威尼斯的胡椒與香料量，在接下來十年之間驟降至一半以下。但事實證明，伊斯蘭交通路線頗具韌性和毅力。一旦葡萄牙人開始進入貿易而非掠奪的型態，穆斯林港口便開始重建它們的網絡，避開葡萄牙力量的所在，而此後的穆斯林路線居然變得比以往更有效率。埃及從一五一七年以後，改由強大的鄂圖曼人（Ottoman）統治，一五六○年代，經由埃及抵達威尼斯的胡椒與摩鹿加香料數量，達到了歷史新高。公元一五六○至一六○○年這段時期屬於伊斯蘭路線的巔峰期，這也是伊斯蘭心臟地帶與東南亞各港直接交通的全盛期（見本書第五章）。

歐洲人

歐洲人對於印尼香料的狂熱，是伊斯蘭貿易路線大為興盛的驅動力之一。威尼斯在十五世紀進入盛世，它將日漸增長的胡椒、丁香、肉豆蔻、肉桂輸入到一個人口增長、日漸富裕的歐洲；一個對肉類、魚類、點心、飲料欲求不滿的歐洲。十五世紀歐洲人的胡椒消費量固然只成長了百分之二十五，但是他們對特定印尼香料——尤其是丁香和肉豆蔻的消費量，則是增長了百分之一百五十五。熱那亞（Genoa）因為威尼斯與埃及馬穆魯克政權的壟斷協議，而被排除在這門重大的貿易之外，熱那亞遂起而贊助西班牙與葡萄牙前往尋找替代路線。這些努力終於開花結果，公元一四九八年，從里斯本（Lisbon）出發的達伽馬（Vasco da Gama），抵達印度南部重要轉口港古里。後來，安特衛普（Antwerp）與里斯本達成了十分重要的合夥關係，前者為後者提供日耳曼白銀與武器，以交換東方的香料。

至公元一五〇四年之際，里斯本已經超越威尼斯，成為輸入亞洲香料的主要歐洲渠道。威尼斯的混亂則因埃及的衝突更雪上加霜，直到一五一七年土耳其人征服埃及才結束。歐洲船舶進入印度洋，嚴重打亂了既有的貿易模式。長久以來地中海海戰的激烈特性，也被帶入一個更為廣大的商業網絡，而這個商業網絡迄今所經歷過的，也不過是對抗低等級的海盜而已。除了貴重金屬和火器之外，葡萄牙人根本沒帶來什麼亞洲人想要的產品，而貴重金屬和火器，可不是會輕易交易的東西。葡萄牙人宣稱擁有掠劫穆斯林船隻及城市的權利，作為數百年來他們收復葡萄牙、攻略西非的宗教戰爭的延續。就亞洲標準看來，葡萄牙船體型雖小，但武裝充足且易於駕駛。葡萄牙人到亞洲的前二十年，每年平均派遣十一艘船東進，對穆斯林船運造成嚴重打擊。不過，直到一五一九年為止，葡萄牙人運回里斯本的香料與胡椒量，尚不足以與威尼斯的輸入量並肩。當然，有些珍貴的貨物無疑是在海上丟失了，而歐洲所短少的貴重商品，則大多數應該是轉運到印度及中國那邊比較安全的市場。

　　這場混亂持續的時間不久。要在亞洲立足生存，葡萄牙人必須強化一些可防守的據點，諸如第烏（Diu）、霍爾木茲（Hormuz）、馬斯喀特（Muscat）、果亞（Goa）、科欽（Cochin）、麻六甲、德那第，並且與當地人結盟。至十六世紀中葉，葡萄牙人已經成為亞洲貿易模式內的一項元素，以堅固的堡壘與強大但數量稀少的船艦著稱，並透過特許制度控制特定路線貿易。香料貿易理論上是由葡萄牙國王獨占，但實際上最大的利潤來自葡萄牙人與亞洲商人的私人合夥關係，後者中最財多勢大的，當屬南印度的柴提亞族人。

　　葡萄牙人在印度以東地區的軍事實力弱小，而他們加入貨物競爭行列這件事，長期而言對於東南亞經濟有很重要的正面效益。葡萄牙人最大的一次挫折，發生在一五一一年他們企圖占領麻六甲轉口大港的行動期間，占據麻六甲之後，葡萄牙人強化該地防禦，抵抗後續一連串的伊斯蘭勢力反攻。不過，伊斯蘭貿易也另外開闢出新的路線與市場，其中著名者包括亞齊、萬丹、柔佛、北大年、望加錫，這番舉動也創造出相較以往更為先

進的都市文化。穆斯林與後來的荷蘭人，想要迴避葡萄牙人先前在喀拉拉胡椒海岸進行的干預行動，因此胡椒種植事業逐漸在蘇門答臘等地擴大。至十六世紀後期，東南亞已成為全世界胡椒供應的大宗，就連葡萄牙人也開始從東南亞地區採購胡椒。到那個時期，就快速擴張的東南亞貿易而言，穆斯林網絡與中國／華人網絡的重要性，已經超過葡萄牙人了。

麻六甲之外，葡萄牙人為了取得丁香還在德那第與安汶（Ambon）建造堡壘；為了取得檀香，則在索洛（Solor）、利夫澳（Lifao）與帝汶建造堡壘，但是與後起的荷蘭人不同，葡萄牙人從來沒有鞏固住這些產品的來源。公元一五七〇年，葡萄牙人的高壓手段在德那第激起叛亂，迫使他們逃離這個丁香貿易重鎮，事後，葡萄牙人在鄰近的蒂多雷繼續從事丁香事業，但他們的戲分變得更微弱了。在東南亞大陸區，葡萄牙船隊在對日貿易與對華貿易中，扮演一個有用的小角色，此外，葡萄牙傭兵則有助於歐洲軍事新技術在此地的傳播。

公元一四九二年的西班牙人，希望靠西向路線到達傳說中的亞洲香料產地，而在一五二一年之際，麥哲倫（Magellan）的探險隊達成這項目標，他們抵達了菲律賓群島中央的宿霧，但領隊麥哲倫卻在此遭到殺害，此外探險隊也到過汶萊和摩鹿加群島的蒂多雷。一五二九年的《薩拉戈薩條約》（Treaty of Saragossa）幾乎將整個東南亞都畫為葡萄牙的勢力範圍，雖然如此，西班牙卻持續受到亞洲寶藏的誘惑，定期從墨西哥派遣西進的探險隊。一五六五年，德萊加斯比（Miguel López de Legazpi）在宿霧開始了西班牙對菲律賓群島的長久占領，德萊加斯比稍後於一五七〇年將總部移至馬尼拉，因為對從事中國貿易以及獲取邦板牙（Pampanga）米糧之利而言，馬尼拉的地理位置都更具戰略地位。

雖然就主要的歐洲網絡而言，西班牙的商業積極性居於末座，但西班牙在馬尼拉的奠基，以及每年連繫馬尼拉與墨西哥的加利恩大帆船（galleon）航程，卻在亞洲地區造成巨大的變化。每年從阿卡普科（Acapulco）運來的美洲白銀，讓馬尼拉成為中國船舶最熱門的東南亞目的地，此事反過來也保證了馬尼拉城的繁榮。時至一六〇〇年，西屬馬尼

拉的海關收入已然超越葡屬麻六甲，且在一六一二年左右達到七萬里爾（real）以上的巔峰數字。美洲的木瓜、辣椒、玉米、菸草，都是透過馬尼拉傳入亞洲，在二十年之間就改變了人們的消費習慣。在西班牙與葡萄牙王位聯合時期（1580-1640 年），馬尼拉的西班牙軍力也企圖支持葡萄牙在摩鹿加的事業，但卻從來沒有成功取得大部分比例的丁香原料。

伊比利半島人在一個世紀之間出盡鋒頭，他們透過武力與保密的結合，防止其他歐洲人染指自身利益。然而時至一五九六年，一支荷蘭遠征隊打破了這個壟斷的局勢，它直接航往印尼群島，帶回豐碩的胡椒、丁香等香料。事情一發不可收拾，一五九八年時已有二十二艘荷蘭船前往東南亞，而英國人、法國人、丹麥人也不願落後。葡萄牙人把他們擁有的軍事力量集中在阿拉伯海地區，這使得他們在東南亞的資產始終處於脆弱且孤立的狀態，而新來的訪客得以直接到達東南亞群島的胡椒與香料口岸。荷蘭人、英國人、丹麥人各自組成特許公司，管理他們在東方的商業冒險活動，不過，荷蘭的特許公司——也就是荷蘭東印度公司（VOC），於一六〇二年的創始資本額有六百五十萬荷蘭盾，是各對手的十倍之多。

荷蘭東印度公司於一六〇六年占領安汶、一六二一年占有班達群島，成為丁香與肉豆蔻方面的大買家。至十七世紀中期，荷蘭東印度公司對這兩項珍品的壟斷已經非常牢固。相較而言，胡椒的分布更為普遍，荷蘭人也因此需要時時與英國、中國、伊斯蘭、葡萄牙網絡競爭，使胡椒的收購價往往相對高昂。一六一九年，荷蘭東印度公司控制雅加達，也就是萬丹地區的爪哇胡椒主要出口港，他們將雅加達以如今位於荷蘭東部的古羅馬領土名稱，重新命名為「巴達維亞」（Batavia）成為荷蘭整個亞洲貿易網絡的總部。荷蘭貿易網絡能驅使的船隻數量遠高過其它網絡，一六二〇年代的平均船隻數量為一百四十八，至一六六〇年代時數量成長到二百五十七；此外，荷蘭人的資本流通與記帳方法，實為當時全球最先進者，由此，荷蘭東印度公司以一種新型的商業強權之姿，壟罩住半個世界。

第四章

城市與運往世界的產品：
一四九〇至一六四〇年

東南亞的「商業時代」

　　東南亞作為現代性誕生與世界市場統一的試煉場，在世界歷史上扮演了最核心的角色。在漫長十六世紀——大約為公元一四八〇至一六三〇年期間，東南亞之所以擁有這種地位，主要源自於它的海上位置與它的香料，反而不是來自東南亞的人民，今日東南亞人口占全世界的十分之一，但在那時這個比例遠遠更低。漫長十六世紀是一段商業化的重要年代，也是全球諸多地區相遇的重要年代，對東南亞而言尤其如此，那段時期正是東南亞輝煌的「商業時代」。中國在十五世紀時的鄭和時期直接「發現」了東南亞，歐洲從一五〇九年開始、日本從一五八〇年代開始，這些強大的經濟體和印度洋的穆斯林商人聚集在了東南亞的港口。它們去東南亞的部分原因是為了購買在過去的幾個世紀裡，讓它們著迷的胡椒、香料和芳香劑，此外，它們也利用東南亞港口彼此交易貨物。尤其是中國，中國在宋代、元代之間逐漸轉變為以白銀為現金的經濟，整個明代（1368-1644年），中國人對於白銀的需求是無窮無盡的，因此，中國人大多會從馬尼拉購買美洲白銀，從會安、柬埔寨、阿瑜陀耶購買日本白銀，從萬丹、巴達維亞、麻六甲購買歐洲白銀（經常也是來自美洲銀礦）。歐洲人與印度

人對於中國絲綢及陶瓷的需求，同樣可以在上述港岸處獲得滿足；此外，印度以東的所有港岸，皆對印度棉花有著巨大的需求。

公元十六世紀，全世界的銀產量增加了九倍。從一四九三至一五二○年間的年均四十二公噸，提升到一五八一至一六二○年間的顛峰時期，每年平均有三百八十公噸。此後，銀產量出現穩定的衰退，持續至一六七○年代，直到一七二○年代，流入世界經濟的白銀量再也沒回到一六○○年左右的高峰水準。全球銀產量大增的主要貢獻者為美洲，但對東亞地區而言，比較重要的則是日本銀礦的產出，日本銀礦業大約與秘魯同時發展出更具效率的水銀提煉白銀技術。直到一六○○年，歐洲輸出白銀與黃金，換取香料等亞洲產品，不過大部分的金銀是先被運到印度及阿拉伯海的口岸；相較之下，馬尼拉加利恩帆船在一六○○年之前，從墨西哥運來的少量白銀，以及日本出口的白銀，起初是輸出到東南亞各港，但最後全都流入了中國。以上所有的白銀來源，都在一六二○年代達到頂峰，據估計，這段時間日本每年輸出的白銀多達一百三十噸，馬尼拉加利恩帆船每年載送二十三噸白銀輸入東南亞，荷蘭人與英國人每年直接運送二十噸白銀至東南亞各港。在商業時代的巔峰期──即一五八○至一六三○年，此事促進了商業與都市生活的大幅擴展；然而，在顛峰期之後，卻出現劇烈的衰退情況（見本書第七章）。

東南亞之所以處於這些交流活動的中心地位，部分原因在於東南亞的地理，部分原因則來自中國特殊的貿易情況。明代中國雖然是當時世界最大經濟體，但是它卻嚴格禁止私人與海外地區的經濟交流。明代初年，中國南方「蠻夷」諸國派遣的朝貢使團，是明廷官方唯一核准的貨物交易方式。這類使團的派遣次數，在公元一四三○年之後急速減少（見表格3-1，頁115），這段時間，明帝國將重心放到北方邊防、將首都遷到北京、且經歷了十五世紀中葉的貨幣危機。在那段艱困的時期內，以東南亞及琉球為基地的私人商旅，在私下透過賄絡的方式運作，進而填補部分的缺口。大約從一四七○年以下，黃金與白銀開始回流入世界體系（world system），同時，以東南亞為基地的商人，成為了中國貿易條件改善的主

要受益者；不過十六世紀期間，東南亞商人又受到以中國為基地的船運業者所壓制。

公元一五六七年，新登基的大明隆慶皇帝（1567-1572年在位），終於承認海洋貿易是必然趨勢，並制定一套特許海上貿易的官方制度。此事大大提升了中國船運業者的安全，它們在面對廣州與福建各港的官僚障礙時具有交涉上的特殊優勢。因此，日本、東南亞、穆斯林、歐洲的航運商，已能滿足於跟東南亞各港的華人購買所需的貨物。中國南向的航運規模快速增長，中國戎克船長們想要帶回國內的，不只是東南亞的異國香料和芳香劑，還有供給正在增長的白銀。一五六七年時，有五十艘船隻獲得貿易特許，至一五九七年，這個數字增加到一百一十八艘。雖然這套特許制度在日後又逐漸崩解，但據估計，一六一〇年代時參與貿易的中國戎克船高達好幾百艘。

對於擴大的中國航運而言，最有吸引力的港口非馬尼拉莫屬，原因正是馬尼拉的白銀供給，在許多年中，馬尼拉所吸引的中國船舶數量，幾乎是總數的一半。約自一六〇〇年開始，當時阮潢（Nguyen Hoang）在交趾支那的南方越人政權成為實際獨立狀態，而阮氏政權的會安港，成為了白銀貿易商的另一個重要目的地；此外，阿瑜陀耶和柬埔寨則是中國人在東南亞大陸區第二重要的港口。更往南方，蘇門答臘南部與爪哇西部，是中國進口胡椒的主要來源地；而建立於一六一九年的荷屬巴達維亞，迅速取代了過去百年間爪哇萬丹地區的角色。不過，除了那些被允許繼續玩老套朝貢貿易的港口以外，中國方面的紀錄還提到許多小港口，包括半島區的北大年、彭亨、麻六甲、柔佛，蘇門答臘島的占碑、巨港，婆羅洲的汶萊、蘇祿、馬辰（Banjarmasin）。

日本大約從一五八〇年開始對世界貿易敞開大門。日本船載著白銀與金屬製品前往南方，交換中國與東南亞的貨物。德川幕府也採用了一種年度特許制度，准許特許貿易的船隻航往東南亞各港，該貿易的資料也反映出類似的排序，會安居首，馬尼拉居次。暹羅與柬埔寨對於日本—中國交易來講比較不便，但這些地方能夠供應大量的鹿皮，由於鹿皮可用以製作

手套及盔甲的內襯,日本對鹿皮的需求至十七世紀已達貪得無厭的地步。十七世紀期間,大越國各港代替無法交通的中國而成為絲綢供應者,它們對日本人的重要性由此逐漸提高。

　　大約從一五一五年的托梅‧皮雷斯(Tomé Pires)開始,歐洲編年史家還提到許多其他可從事國際貿易的港口,包括那些服務印度洋而非南中國海交通的口岸。皮列士曾提及勃固(今日緬甸)沿岸的四個貿易「內格里」、半島區的七個「內格里」,蘇門答臘有十多個、爪哇有八個,而東邊諸島還有好幾個。至一百年之後的巔峰時代,其中少數幾個港口一躍成為支配性的勢力,諸如亞齊、萬丹、巴達維亞(1619年以來)、勃固(直到1598年)、阿瑜陀耶(暹羅)。這幾個全球貿易路線上的節點,成為了前文所述的經濟與社會革新中心。這些節點不僅讓大部分新近都市化的東南亞地區直接觸及全世界的產品與思想,也間接讓大量鄉間的生產者與消費者與世界市場有了接觸與聯繫。

供應世界市場的作物

　　直到十五世紀時,東南亞地區絕大多數的出口物品都是來自海洋與叢林地區的採集捕獵成果。在南宋時期,中國輸入的東南亞異國奢侈品,規模相較以往成長了十倍,不過輸入增長的品項則是象牙、犀角、珍珠、香木、焚香等。要有這般的成長,當地港口與市場的發展是其必要條件,而森林與海洋地區的產物可以在那些地方交易中國產品,但此時還無法交易經濟作物。

　　數百年來,即便是作為藥材,從摩鹿加賣去世界各地的丁香與肉豆蔻,都是從島嶼的野生樹上採來。根據葡萄牙人的紀錄(Pires, 1515/1944, 219),要到十五世紀時,丁香與肉豆蔻的出產才漸漸從野樹採集轉為種植,便如同「野生李轉變為種植李,野橄欖轉變為栽種橄欖」。運往中國、印度、穆斯林世界的其他產品,大多是採集自森林中的香木(蘇木、沉香木、檀香木、肉桂),還有樹膠及樹脂(樟腦、安息香、乳

香、丹瑪樹脂），又或者是林間動物的製品，如紫膠、蟲膠、犀角、象牙、極樂鳥、鳥巢等。類似的採集捕獵法，也供應了各種海洋的產物，尤其是珍珠與龜殼。

轉變為規模全然不同的商業性農業一事，大約始自十五世紀。最早的證據出現在十四世紀尾聲，當時有大量的丁香及肉豆蔻定期藉航運輸入歐洲的地中海各港，每年約有三十噸的丁香與十噸的肉豆蔻。公元一三五〇年代，胡椒還不是蘇門答臘北部的出口品；但至一四二〇年代時，蘇門答臘胡椒的輝煌事業已經開始。此時期全球貿易的成長固然有諸多因素，但對東南亞地區而言，最重要的原因便是大明洪武與永樂皇帝前所未有的積極南方政策（見本書第三章）。明人船隊運回的胡椒數量非常龐大，所造成的需求甚至使印度的圓胡椒或黑胡椒（Piper nigrum）—— 相對本地原生的長胡椒—— 首度被引入蘇門答臘栽種，更加靠近既有貿易路線沿途的中國市場。

在一四〇〇至一六五〇年間，東南亞地區的胡椒與摩鹿加香料輸出，增長情形高得驚人，而且來自各地的競爭使物品價格更加上揚。十七世紀初，光是歐洲一地，每年就會進口兩百噸的丁香和近一百噸的肉豆蔻。同一時期，歐洲的進口胡椒量增加了三倍，此外，一四〇〇年時歐洲進口的胡椒全數來自印度，然而時至一六二〇年時，歐洲輸入的胡椒已有大半是出自東南亞。上述三項產品，已經成為涵蓋大片區域的組織化栽培作物，丁香先在摩鹿加、後在安汶種植；肉豆蔻在班達群島栽種；胡椒在蘇門答臘、西爪哇、馬來半島種植。除此之外，十七世紀時，甘蔗在南方越王國、暹羅、柬埔寨、爪哇地區已成為重要的經濟作物，安息香則成為北蘇門答臘、寮國、柬埔寨的重要經濟作物。供應東南亞當地人使用的棉花種植十分普及，但到一六〇〇年之際，棉花已廣泛出口到潮濕區域或難以栽種棉花的貧瘠區。

如表格 4-1 所示，對於兩種最容易量化的輸出品，胡椒及丁香的產量在一五六〇年後急速升高，以滿足歐洲日漸增長的需求。白銀的流入加上買家之間的競爭，使得產品價格高漲，一直持續到荷蘭東印度公司在

一六二〇年代確立丁香與肉豆蔻的部分壟斷、至一六五〇年代達成完全壟斷為止。荷蘭以及英國競爭者在十七世紀初到來，把自由市場轉口港如萬丹、望加錫等地的產品價格，拉到歷史新高點，在一六四〇年代時，一噸胡椒要價約一百六十西班牙銀元，一噸丁香則索價一千西班牙銀元（Bulbeck et al. 1998, Table 2.15）。東南亞各種產品輸出增長的累積效應，不僅將大量人口吸引去種植專業化經濟作物，還促進貿易城市及商業文化的成長，並促成了價值觀的深刻轉變。

東南亞經濟從來就不是靜態或自給自足取向的（subsistence-oriented），但只有到這個時期，我們才能將東南亞依賴世界市場的程度量化。在公元一六三〇年貿易繁榮的巔峰時刻，長距離的東南亞出口總值大約是八百六十萬西班牙銀元，代表東南亞每人平均貢獻將近五毛西班牙銀元。這樣龐大的金額富足了貿易中心，提高了東南亞內部交流的規模，而人們紛紛將糧食、布料、陶瓷、金屬器從港口運到港口、從上游運到下游。[6]

表格 4-1：兩項重要東南亞長程輸出品之成長估計[6]。

	丁香輸出：公噸		價值	胡椒輸出：公噸		價值
	至歐洲	總數	$000	至歐洲	總數	$000
1500-1509	30	170	5.9	50	950	47
1530-1539	50	200	20	300	1300	78
1560-1569	70	230	115	1300	2700	189
1590-1599	140	250	150	1400	3400	340
1620-1629	330	150	360	1500	3800	551
1640-1649	205	308	308	2100	3800	602

資料來源：取自 Bulbeck et al. 1998.

6　原注：數量是以十年為單位的每年平均公噸數；價值是以千元（西班牙銀元／里爾）為單位，此係根據東南亞各轉口港處的價格。所有的數字皆是估計，但其中最可靠的數據來自歐洲。

如果我們排除稻米這項在東南亞內部短距離貿易的作物，那麼，就數量和栽種面積而言，胡椒便是全東南亞最大宗的出口作物。至一五〇〇年時，胡椒種植已經遍及蘇門答臘北岸，爪哇西部與半島區的吉打、北大年、彭亨也有生產胡椒，只是產量不及蘇門答臘。至一六〇〇年時，原先的胡椒種植地帶已經耗竭，此時的胡椒主要來源則是在蘇門答臘中部的西海岸沿線，還有蘇門答臘南端的楠榜（Lampung）和西爪哇。後續的半個世紀，米南佳保人將蘇門答臘的胡椒種植進一步向內陸地區擴展，並透過巨港與占碑出口。蘇門答臘西岸較老的胡椒園，在十八世紀之前已全部完工，不過更南邊的（英屬）明古魯（Bengkulu）地區、南婆羅洲的班查爾人（Banjarese）所在地、交趾支那的南方越王國、半島區的那空是貪瑪叻——也就是洛坤（Ligor）等地區，有開闢新的胡椒種植區。

胡椒生產地持續變動的主要原因，就是種植胡椒的地力耗竭問題。蘇門答臘人會開闢原始林作為新種植園，地點要盡可能靠近港口。人們砍伐並焚燒叢林後，會在第一年種旱稻。種植者會先栽種「達達杜里樹」（chingkareen, dadap duri）枝幹，來為胡椒藤蔓提供維生支撐和遮蔭，胡椒長到七至十年時，產量是最好的，因此，十年之後，人們又會新砍伐一片樹林，來替代先前退化的胡椒園。胡椒絕對無法在舊園地上重新栽種，因為舊土壤的營養不足以維持胡椒的長成；被遺棄的舊種植園，或者會慢慢地長成次生林，或者常常變成白茅（alang-alang, Imperata cylindrica）草地——至今這依然是亞齊和楠榜的一項特徵。

東南亞半島區和群島區西部，於十七世紀成為全世界胡椒的主要來源地。一六七〇年代的胡椒出口高峰期，胡椒輸出總額達到六千五百公噸，蘇門答臘、半島區和婆羅洲大約十分之一的人口，在經濟上都是仰賴這一項出口作物。這場擴張行動當中的關鍵人物，通常是貴族企業家（aristocratic entrepreneur），這類人士或者能夠直接控制勞動力，或者能靠自身的資本獲得勞動力。某些貴族企業家原本已是港口首都內的貿易官員，其他人則成為率先投入胡椒生產的「內格里」羅闍（raja）。這種企業家會派耕種者帶著工具及稻米補給，前往選定的森林區域，那些耕種者

至少在一開始的時候，是處在非自由狀態，他們與有權有勢的企業家之間，因欠債、被購買或遭捕捉為奴隸，而形成了主奴關係。

供應國際市場的經濟作物事業——尤其是胡椒，另外造成的效應，就是將人口從原先的高地產稻區，吸引到更接近港口的海岸地帶。種稻者有充分的理由要避開這些叢林密布的區域，因為這些地方氾濫頻仍、降雨不斷，還有瘧疾等經水傳播疾病的巨大危機。在沒有乾季的東南亞中央地帶，包括蘇門答臘、半島區、婆羅洲，種植胡椒的先驅在這付出生命，開闢危險的叢林來推展農業，至十九世紀時，又有阿仙藥／甘蜜（gambier）種植者加入此行列。一位亞齊的詩人觀察：「上帝創造出荒涼的『蘭逃』（rantau，意思為邊疆），人到那邊就會出事……你也知道『蘭逃』的情況，那邊到處都是不幸。一旦你生病，你的痛苦將無邊無際……如果你夠好運，你可能回得來；若你沒能歸來，你將死在『蘭逃』。」（Drewes, 1980, 10-11）

東南亞的蔗糖事業起始自十七世紀，至十九世紀時，蔗糖已成為東南亞最大宗的出口作物。先前，東南亞的主要甜味原料是棕櫚糖和蜂蜜；大約在公元一六〇〇年時，潮州人將甘蔗種植與蔗糖精製技術，從中國南部往南傳入東南亞。日本的氣候太過寒冷無法種植甘蔗，因此日本成為東南亞蔗糖的一大市場。潮州移民開始在交趾支那的廣南（Quang-nam）地區種蔗製糖，而日本船商則從會安港將廣南生產的蔗糖運回本國。同時，華人開始分別在暹羅和柬埔寨氾濫平原上方的低矮山丘，以及西爪哇的萬丹地區種植甘蔗。荷蘭東印度公司於一六一九年在巴達維亞設立總部後，它便隨即涉入附近萬丹地區的華人糖業。荷蘭人鼓勵種蔗與製糖的華人搬到巴達維亞的郊區，至一六四〇年代，此地已有二十三座小型糖廠在營運。蔗糖業進一步擴展到爪哇北部沿岸的三寶瓏（Semarang）東邊地帶，該地運作的糖廠於一六八六年時竟有三十六座。蔗糖生產規模在一六四〇、一六五〇年代達到全盛，產量最高的那幾年間，運到歐洲的蔗糖可超過一千噸，此外還有定期運到日本及波斯的四百至五百噸蔗糖。

全世界的錫礦有很大一部分集中分布在縱貫半島區並延伸至邦加島、

勿里洞島的連續山地。最晚於第十世紀，亞洲地區對錫的需求已有大半是由東南亞半島區供應；不少阿拉伯旅人曾經讚揚半島西岸錫礦的重要性，並稱錫礦所在地是哥羅（Kalah）。在一五八○至一六四○年的貿易興旺期，半島區的錫礦開採大舉提升，以供應印度、中國、暹羅和爪哇繁忙的市場。一直到十七世紀，半島區西岸各港如普吉島（Phuket）的江西冷（Junkceylon），還有吉打、霹靂（Perak）、雪蘭莪，負責供應錫給印度與阿拉伯人；半島區東岸的那空是貪瑪叻、北大年、彭亨則是將錫供給中國。

好幾百年來，東南亞半島當地居民除了從事農業或採集覓食之外，還可能以採礦為副業。可以和錫靈交流的薩滿，會確定採礦位址並監督；採礦區的男人負責從淹水的坑洞挖出泥土和礦石，女人則以手指將錫礦石挑揀出來。「鑄錫」是一種原始的冶煉方法，將燒紅的木炭與錫礦石混合，直到金屬融化流入模具中。製成的錫板重量大約二十公斤，順著河流被運到港口，而港口的統治者通常是錫買賣之中抽成最高的獲利者。

公元一五○○年的麻六甲「內格里」，已經崛起控制今日半島西部吉打、霹靂、雪蘭莪地區的多數錫產，並賣給印度商人運回它們的市場。出現於市場上的錫產量，在一五○○年時似乎每年不到一百公噸，至一六○○年時每年則增至三百噸，在一六三八年等高峰年分，甚至單年可以超過一千噸。葡萄牙占據麻六甲期間（1511-1641 年），葡萄牙人必須和穆斯林商人爭搶錫的供給，在穆斯林勁敵亞齊於一五七五年征服霹靂和吉打地帶之後，葡萄牙人損失慘重。後來在一六四一年攻下麻六甲的荷蘭人，希望以此港壟斷錫產供給，而且荷蘭人更有條件辦到。然而，荷蘭人曾取得的單年最大錫產量，是一六五○年的三百八十噸，荷蘭人採取固定收購價與配額制的高壓手段，反而在十七世紀後期將半島區錫產業逼迫至衰敗的處境。現代錫業的興起，是發生在一百年之後，然那時的錫業已泰半落在華人掌握之中（見本書第九章）。

船舶與貿易商

　　東南亞每年風向交替的模式，讓帆船航路（已於本書第二章描述）的不同區域，在一年當中有幾個月可以航行，其它月分則幾乎不可能航行。自十二月至三月，亞洲陸塊吹來穩定的南向季風；從四月到八月，東南亞季風改為北向，而印度洋的季風轉為東北向（見地圖 1-1，頁 30）。興起於各路線交會處的轉運點，其重要性不只是提供物資，還能讓人在此等待順風來臨而返航。大多數的東南亞海洋城市，還有那些供應印度及中國長途貿易的城市，都有所謂的旺季，此時來自中國與印度的商人到港，這也在提醒歐洲人該回去歐洲做生意了。麻六甲海峽及其他海峽的港口，以及服務跨半島陸路的港口，尤其傾向於這種貿易型態，某方向的季風會短期間帶來極大量的貿易人口，而他們又會在反方向季風來臨時離開。公元一四五〇至一五一一年間雄據跨亞洲貿易的麻六甲，葡萄牙征服者是如此貼切地形容它：

> 　　一個為商品而生的城市，一個全世界最適合從商的城市；季風的結束，是另一種季風的開始……來自四面八方上千個聯盟的不同國家之間，要從事貿易與商業，都必須來到麻六甲。（Pires, 1515/1944, 286）

　　東南亞諸港的船舶各式各樣，比地中海或大西洋的情況更豐富，反映造訪東南亞港口的航運商各色各樣。科技借用（technological borrowing）實為一種持續的歷程。東南亞港口所造的船隻，會根據爪哇人、中國人、古吉拉特人或阿拉伯人老闆的需求專門客製。東南亞的船隻類型是在一個缺鐵環境中演變出來的，造船者不使用鐵釘，而是使用木製銷釘將各板材緊密接合打造船體，再補上加固骨架。較小型的船隻一概配置舷外撐架以求穩定，此外，我們從爪哇婆羅浮屠寺廟上的描繪得知，連更大型的航海船隻也會使用舷外撐架。東南亞船隻在船尾兩邊各安置了四分之一大小的

側舵，另配有三角帆，以及船隻框架之間內部空間分區「佩塔克」（petak）系統。這種類型船隻的改良樣式（通常小於五十噸）仍然像一千多年來一樣運送這些島嶼的貨物。

　　相對之下，以河流為基礎的中國船運傳統，則會採用較平的船底，將板材加釘造出系列艙壁以替代船的骨架，另外還會有二或三支船桅，懸掛由竹篾製成的帆。西印度洋船隻類似東南亞船之處，除三角帆外，還有造船的作法，也就是以龍骨為基礎而接上相連的板材，只不過，西印度洋造船的接合法不是用木製銷釘、而是使用椰纖維繩。事實證明，在海戰方面，這些船隻完全不是歐洲船艦的對手，而古吉拉特等印度造船業，也自十六世紀開始模仿伊比利加利恩大帆船。

　　公元一二九〇至一五〇〇年間，如同諸多領域的發展情況，造船業也演化出中國—東南亞的混合風格。自忽必烈於一二九〇年代、永樂皇帝於一四〇〇年代出兵以後，有成千上萬的中國水手、士兵、商人在東南亞成家立業，這些移民有助於東南亞新興港口城市以及船業技術之創立。歐洲人與阿拉伯人所知的「戎克船」其實是融合了南島語族傳統的龍骨、側舵和三角帆，還有船身較大（八十至七百噸）、數根船桅、多個船體的中國傳統。

　　「戎克」一詞出現於十四世紀的外國紀錄裡，固然它的來源是更古老的爪哇詞彙「戎格」（jong）。一首古爪哇文詩歌裡面曾提到，有種新型的「戎格」是在蒙古入侵爪哇時期模仿中國船隻造成。不過，這種大型的東南亞「戎克船」在一六〇〇年左右消失了，導致「戎克船」一詞的英文意思轉變為專指中國船；但即便如此，當歐洲人首度來到東南亞之際，那種（擁有部分中國血脈）東南亞變體的戎克船確實正宰制著海洋，使歐洲人留下深刻印象。圖片 4-1 所描繪的，是時人在一五六九年所觀察到的爪哇戎克船及中國戎克船，而此刻前者的數量已日漸稀少。

圖片 4-1：爪哇沿海的船舶，由一五九六年荷蘭第一支遠征隊所繪。順時針方向（左起）分別為：爪哇戎克船、小型爪哇貿易船、中國戎克船、當地漁船。

作為革新中心的城市

　　貿易的急遽擴張，促成季風交會處的重要國際性城市興起。直到十四世紀，糧食供應問題或許是這種國際性城市發展的最大限制。生產剩餘稻米的高地灌溉農業區，地點遠離轉口港所在的主要海峽與陸路；反過來說，占婆沿岸、半島區、蘇門答臘東部和爪哇西部雖是具有戰略性的航運樞紐地帶，但它們卻缺乏種稻區域。十四世紀泰人移民成功馴服昭披耶河下游瘧疾肆虐的沼澤地，並且發展出高產量的稻種，其生長速度與河水氾濫同等迅速，這是為海洋城市供應稻米來源的重要關鍵。爪哇人開墾布蘭塔斯河下游三角洲，將作物供給錦石和泗水，並且出口至摩鹿加地區。以十五世紀的麻六甲，或十六世紀的北大年、柔佛、彭亨，或十七世紀的巴達維亞、萬丹、亞齊為例，倘若沒有出口稻米的糧食新來源，這類城市

是不可能生存下去的。

　　由於漫長十六世紀的白銀流入與貿易熱潮，整個歐亞大陸上的城市皆有成長。日本江戶（東京）與中國北京位居歐亞最大的城市之列，大約各有一百萬之眾。十七世紀中葉，暹羅首都阿瑜陀耶擁有超過十五萬的居民，而亞齊、望加錫、萬丹則分別有近十萬的人口。這些最大的城市，位在人口眾多的火藥帝國中心，運用貿易財富與新式火器，或吸引、或強迫依附人口來到火藥帝國光輝卻短暫的首都。在這些大城市各自的高峰，如昇龍（河內）約為一四六〇年、緬甸首都勃固約為一五七〇年、爪哇馬打蘭約為一六四〇年，它們可能都達到二十萬的人口數。這幾個龐大的城市，都有能力觸及鄰近的剩餘稻米產區。總之，在一六三〇年左右的商業高峰期，全東南亞大約擁有一百萬的都市居民，人口超過三萬的城市則有十多個（地圖 4-1）。東南亞這種相對先進的都市主義（urbanism），與它後來的農奴化（peasantization）情況形成對比，在半島區最為明顯，通過其眾多的轉口港和稀疏的農田，至少有百分之二十的城市化。

　　風下之地的城市同時結合了歐亞帝國文明的棋盤狀規律性（chessboard regularity），以及許多伊斯蘭及歐洲商業樞紐的擁擠混亂情況。在高棉人、傣人、尤其是緬人的佛教城市，國家似乎比較能夠將它的秩序烙印於城市上。勃固、阿瓦（Ava）與清邁，便如同從前的吳哥，全都是中央建有宮殿的築牆城市，內部有格子狀街道和眾多寺廟，而外國人與忙碌的市場活動通常位於城牆之外。東南亞群島區及越人城市的城牆內，便只有王宮或堡壘，後來才可能建造規模更大的城牆以抵禦歐洲人。穆斯林城市如萬丹、淡目、亞齊，則將市場設置在城中心的規畫區，包含一個大型中央廣場，宮殿位在廣場南邊，廣場西邊是清真寺──清真寺的位置是為了朝向麥加（Mecca）的方向，北邊則為市場。然而除此之外，城市型態其實是受快速增長的商業所決定，而不是由王權規畫。亞齊、望加錫、萬丹還有阿瑜陀耶成長最迅速的時刻，都是在政府權威低落的時期；這些城區變成設有防禦的富人院落廣泛聚集之處，周遭地帶則為都市的窮人。根據記載，十六世紀的亞齊是由建有堡壘大房的富有商人貴族

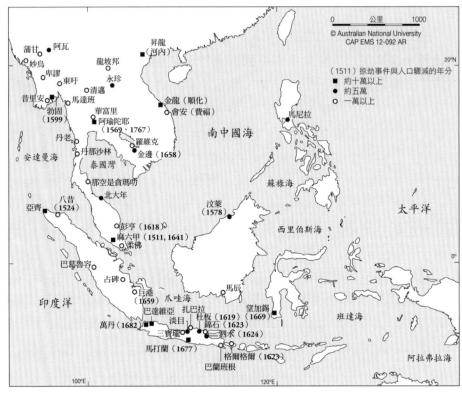

地圖 4-1：十六、十七世紀巔峰期的都市人口

（merchant-aristocrat）統治。據荷蘭人描述，在萬丹，這些設防的院落內部各有一小塊開放空間、一間祈禱廳、一座近處水井，有儲藏室、商家，還有保衛建築夜間安全、奴隸所居住的守衛室。

即便是暹羅和緬甸的築牆城市，在歐洲人、華人或阿拉伯人看來都出奇地充滿綠意；無築牆的城市如亞齊、望加錫（見圖片 6-1，頁 214），在歐洲人、華人和阿拉伯人眼中，僅僅是森林當中聚集的村落群而已，森林裡滿是椰子樹、果樹，完全沒有城牆的障礙。這些城市中唯一沒有樹且擁擠的區域，便是華人區或歐洲人區，隨著時間演進，華人區或歐洲人區逐漸變成疾病盛行的地帶，正如十八世紀巴達維亞惡名昭彰之處。十九世紀自來水出現之前，東南亞城市似乎也適用於死亡率高於出生率的城市

普遍模式；但相對於歐洲城市，東南亞城市對都市流行病的防護能力比較高，原因包括高雨量、人們頻繁沐浴、開放的木造房屋。城區最嚴重的危險應當是火災，因為這裡幾乎清一色都是輕便的木造建築。

除了某些短期膨脹的征服型首都（conquest capital）之外，這些城市不是東方專制形象的寄生者。這些城市的大部分補給品進口，是靠貿易的利潤來支付，而不靠進貢獲取。此外，巨大的人口與財富中心，自然會成為工藝品生產中心，此處的陶瓷與金屬製品是為宮廷菁英製作，但也會供應城市周圍的腹地；不過，這個過程最初通常不是出於工匠的自願，而是征服者將工匠送到首都以服務自身的誇耀企圖。亞齊歷來最強大的統治者是伊斯坎達·慕達（Iskandar Muda，1607-1636年在位），傳說他的宮廷裡有三百個金匠與其他的工匠。雖然往往人亡政息，但大城市確實也發展出固定的專業化工藝區，製作金、鐵、銅、陶製品，以滿足都市各色人等的需求。有一個極端的例子是位於婆羅洲巴里托河畔的訥迦拉（Nagara），它是十六世紀馬辰王國（Banjar kingdom）皈依伊斯蘭教之前的首都。後來，馬辰王國首都往下游遷徙至馬辰地區的貿易中心，但工匠似乎繼續待在訥迦拉，讓訥迦拉作為全婆羅洲的金屬加工業重鎮的地位又持續了兩百多年。爪哇的情況也是如此，十六及十七世紀諸王國的中心，如柯塔吉迪（Kota Gede，日惹）、梭羅（Surakarta）、杜板、悉達育（Sidayu）、錦石等地，後來仍繼續維持著專業化黃金工業的重心地位。黃金加工業達到的技術水準之高，除了造船可以與其媲美之外，其他工藝領域皆相形遜色。十七世紀某位前往交趾支那的法國傳教士曾記載，他獻給國王一件有銀色錶盤的巴黎自鳴鐘，經過二十四天之後，皇家御用金匠居然能夠做出與原件維妙維肖的複製品，而且時間還同樣準呢。

大城市地區有從事特定工藝的城區存在，此類型態之中最著名的就是大越國的首都昇龍，昇龍城在行政上區分為三十六區，而多數城區的名字來自其中人們從事的工藝行業。即便是汶萊的水上城市，也有兩塊從事黃金工業的城區，格里斯匕首製作、青銅業、煉油業則各有一個城區。緬甸首都從阿瓦遷到阿摩羅補羅（Amerapura）後又遷往曼德勒，雖然如

此，維持都市生活的專業化手工業村莊，繼續待在河流沿線的各個地點。東南亞多數的大城市裡，會有鐵工、青銅工匠、金匠、銀匠、造船匠、傢俱製作者、武器工匠、陶匠、紡織者和亞力酒（arak）釀造工。此外，昇龍城還有造紙工、繅絲及製絲工人。

在商業蓬勃時期外國商人與新科技迅速流入的影響下，望加錫編年史非常詳細記載這座城市於各技術領域的快速發展。圖尼帕朗加王（Tunipalangga，1548-1566年在位）統治期間，望加錫初次開始製造磚頭、火藥、大砲；到圖尼亞洛王（Tunijallo，1566-1590年在位）的時代，望加錫出現了格里斯匕首工匠和編年史家；到塔洛（Tallo'）馬托亞（Karaeng Matoaya）首相執政的時代（1593-1636年），望加錫首度進行灌溉建設、製作黃金加鉛的貨幣、首次製造火槍與槳帆戰船，還有其他如使用鐵釘等造船方面的革新。我們從外國史料得知，這場科技革新到帕丁加隆（Karaeng Pattinggalloang）首相執政時期（1639-1654年）還有更多進展，本書第六章對此會有探討。

然而，東南亞大多數城市的勞力組織體制，限縮了革新的成果與推展。體力勞動者即便有熟練的工匠技藝，仍與奴役、下等地位相關。漫長十六世紀期間成長的城市，提供了向上流動性（upward mobility）的豐富機會，人們向上流動的目的，是要逃避工匠等勞力工作，或提升地位以獲得奴隸來做這類的勞力活。戰俘通常要充當最艱苦的建設勞動，而工匠幾乎一概是某些大人物的僕役。即便至公元一八八二年時，約翰·克勞佛（Crawfurd, 1828/1967, 322）都在埋怨，暹羅首都裡「每一個有技巧的工匠，立即就會被捉拿，淪為國王、朝臣或權貴的僕人」。唯一的勞力市場通常位於華人移民數量較多的城市，或是需要以遠高於自由市場價格租用的奴隸勞力市場。一位到過亞齊和暹羅的波斯訪客寫道：「他們有租用奴隸的習俗。只要支付一筆錢給奴隸，奴隸將錢上繳給奴隸主後，租用者那一天便可任意驅使這位奴隸做任何工作。」（Ibrahim, 1688/1972, 177-8）

貿易、槍枝與新國家型態

　　商業時代為新式的海洋國家帶來重大的利益，包括貿易帶來的稅收、軍事科技的改良、願意充當傭兵的少數外國人、可以使專制主義合法化的治國之道與宗教觀念的新思想。這場國家形成（state-forming）可分作兩個階段。一四〇〇年左右中國的干預行動，為特殊類型的港口國家提供了許多優勢——港口國家加入了中國人的朝貢遊戲。在第二階段，漫長十六世紀期間持久的繁榮貿易，引入了殺傷力更強的火器，以及兼有意識型態和經濟性質、競爭激烈的世界性競賽（world-contest）。這個環境中，某些以貿易為根基的「內格里」成長為擴張的火藥國家，擁有足夠的中央集權程度，為東南亞一些現代民族認同奠定了基礎。

　　第一階段屬於城市國家的階段，大明於公元一三六八至一四二四年間，對於南方蠻夷王國進貢表現出前所未有的興趣，阿瑜陀耶、麻六甲、八昔、汶萊、馬尼拉，再加上爪哇港口錦石和淡目，成為最大贏家。麻六甲和汶萊的國王曾前往南京接受中國冊封，由此獲得特權；同時，阿瑜陀耶因為成為泰國灣唯一受中國認可的口岸，確立了對傣人世界的宰制力。這些港口因進行東南亞—中國貿易而獲利，並得益於數千名出逃的中國水手，這群人包括反對明朝、改朝換代後不想返鄉的廣東人及穆斯林，還有鄭和大艦隊的脫逃者。爪哇港口似乎成為這兩類華人的基地，其中許多華人是穆斯林，他們仍長期與泉州阿拉伯後裔海商社群有聯繫。在另一方面，巨港和北大年成為數千名反明的廣東人避難地，而它們從來沒有機會獲得大明認可為有尊嚴的蠻邦。

　　十五世紀時，這些地方全數維持著港口國家的型態，對內陸地區少有侵略，例外者唯有阿瑜陀耶在公元一四三二年征服吳哥、並開始統治歷史悠久的北方傣族政權。勃固政權的孟加拉灣諸港，如勃生（Bassein）、昔里安（Syriam）、馬達班（Martaban）、耶（Ye）等地，比較沒有直接得益於中國人，卻能在十五世紀時出現類似的海洋繁榮狀態，且擁有相對的自主性。在信佛孟人統治者信紹布女王（Shinsawbu，1453-1472

年在位）的寬和統治，以及信紹布挑選的僧人繼承者——達摩悉提王
（Dammazeidi，1472-1492 年在位）的統治期間，勃固成為一個成功的貿
易及上座部佛教中心，但它對領土擴張幾無野心。大越國則屬於另外一種
類型，持擴張立場的明代中國曾經占領此地二十年（1407-1427 年），而
當黎利（Le Loi）動員大越全國驅逐中國人以後，他在東京地區（紅河三
角洲）新建立的黎王朝，根據儒家模式建立全東南亞最官僚化、最具制度
的國家。儘管十五世紀是越南出口陶瓷的偉大世紀，但該時期的越南是全
東南亞唯一一個不因海洋貿易而繁榮的東南亞國家（見本書第九章）。

　　第二階段大約等同十六世紀，加速發展的海洋貿易以及新的軍事科
技，成為所謂火藥帝國崛起的核心因素。這些火藥帝國與此時期在歐亞
大陸興起的政權有許多相似性，但相較於同時代較著名的蒙古、薩法維
（Safavid）、鄂圖曼或哈布斯堡（Hapsburg）政權，東南亞的火藥帝國更
加脆弱、比較個人化、存在的時間也更短。大約在一四〇〇年時，主要是
從中國、但也有從中東伊斯蘭地區引入的各類火砲，已開始影響東南亞的
戰爭。特別要提起的是，與中國接壤的國家，需要透過出逃華人與走私販
獲取中國火藥科技，來對抗中國政府的進犯。公元一四四四年，明代兵部
尚書便曾抱怨道，中國的火器被走私至東南亞的北方諸政權處，使它們更
有力量反抗中國的兼併。大越以及北方傣族國家蘭納，尤其是中國式槍砲
科技的受益者。

　　公元一五〇九年，葡萄牙人抵達東南亞，兩年之後，他們征服了麻六
甲。如同其他地區，葡萄牙人的來臨在東南亞掀起了一場更根本的軍事革
命（military revolution）。雖然葡萄牙征服者報告他們在麻六甲發現大量
火器儲藏，還有技術嫻熟的製槍技工，但這些火器似乎並沒有在城市防禦
戰中被好好使用。至少，百年之後記載麻六甲淪陷事件的馬來文編年史，
傾向記錄守城者被葡萄牙大砲的威力給嚇傻了。史書記載：「麻六甲的
人們對於這種大砲的威力愈來愈感震驚。他們說：『這種圓圓的、但又能
犀利殺人的武器叫做什麼呀？』」（Sejarah Melayu, 1612/1938, 182）中
國的科技已停滯不前，而競爭激烈的軍事革命正要開始改變歐洲，葡萄牙

便是其中的積極參與者，葡萄牙槍手也公認為優質的傭兵。勃固、阿瑜陀耶、亞齊、萬丹、馬打蘭是漫長十六世紀最成功的東南亞火藥帝國，它們能夠利用貿易所帶來的前所未有之財富，以及包含葡萄牙或穆斯林傭兵的新軍事科技，還有外地輸入的治國觀念。

　　東南亞大陸區的佛教統治者實是葡萄牙傭兵到來的最大受益人，位在內部有葡萄牙—穆斯林兩極對立的伊斯蘭國家的另一極端。東吁（Toungoo）的緬人統治者德彬瑞梯（Tabinshweihti，又譯莽瑞體，1531-1550年在位），是最快採用新式火器的君主，他同時雇用穆斯林及葡萄牙傭兵，攻占勃固及其孟加拉灣沿海的富裕口岸。緬甸編年史家批評德彬瑞梯太過親近放縱的葡萄牙傭兵，然而德彬瑞梯的繼承者勃印曩（Bayinnaung，又譯莽應龍，1551-1581年在位）卻將新軍事科技更加擴展於他的軍隊之中。德彬瑞梯從繁榮且國際化的勃固基地出發，首度征服整座伊洛瓦底江盆地，建立緬人霸權，宰制南方具貿易取向的孟族、北方的撣族諸「勐」。德彬瑞梯還擊潰他最強大的傣人對手，攻下清邁，甚至於公元一五六九年時，攻取也有葡萄牙傭兵協助推動軍事革命的阿瑜陀耶。

　　在東南亞群島區，穆斯林冒險者與傭兵也扮演類似的新科技傳播者角色，雖然他們大多是因為一般的貿易因素進入東南亞，但鄂圖曼人卻為穆斯林提供強權介入印度洋地區的獨特時機。亞齊是與土耳其結盟的主要發起者與受益者，而這種聯盟所標誌的是鄂圖曼帝國意圖征服世界的高峰點（見本書第五章）。土耳其造槍工匠與土耳其砲兵，對於十六世紀亞齊的崛起貢獻厥偉，此外在爪哇地區的衝突之中，伊斯蘭軍隊裏面也發現有土耳其人的身影，還有來自印度的古吉拉特人和馬拉巴里人（Malabari），以及占人穆斯林和菲律賓穆斯林。亞齊、柔佛、萬丹、北大年、望加錫等地都擁有超級巨砲，這種巨砲在歐洲是不實用的，但在東南亞卻被當成寶貝，像人物一般被命名，在其當地文學之中被賦予超自然力量。某些火藥帝國在全盛時期，可擁有大小火砲達數百門。

　　十五世紀時，爪哇島北岸那些自治的、多語言的、主要屬於穆斯林的

港口，實力已漸漸凌駕信仰印度教——佛教的內陸地區。滿者伯夷王朝位於諫義里的最後一個首都，可能是在一五二〇年代被穆斯林攻陷。整個十六世紀，淡目的重心一直在沿海地區，儘管它無法像緬甸的勃固那樣有效地集中權力。爪哇北岸的城市國家如錦石、泗水、杜板，繼續享有實際上的自主權，這對於它們的商業來說無疑是一大優點。但是到了十七世紀初期，歐洲人取得大多數有利可圖的貿易事業，沿岸的「內格里」因此衰弱，此時馬打蘭的蘇丹阿貢（Sultan Agung，1613-1645 年在位）利用產稻內陸區的人口優勢，在爪哇創造出一段中央集權的短暫霸權。

十六世紀的商業繁榮與火器使用，讓那段時期出現了其他有實力的東南亞群島國家。葡萄牙人於一五一一年攻占麻六甲之後，穆斯林便尋找其他具備足夠力量抵禦葡萄牙人攻擊的貿易中心，亞齊、彭亨、北大年、萬丹蘇丹國順勢而起，它們各自位於重要的轉運港，同時能夠控制某河系地區或種植胡椒的沿岸區。更往東去，同一時期的望加錫，開始統一人口眾多的蘇拉威西西南半島。望加錫自公元一六〇五年開始皈依伊斯蘭，此地吸引了需要保護以抵制荷蘭壟斷的馬來商人與葡萄牙商人，此外，望加錫生產的剩餘稻米還能參與摩鹿加的香料貿易。

在東南亞大陸區，交趾支那和阿拉干（Arakan）兩國可被視為類似的海洋國家，它們的興起倚靠自身的商業優越位置，還有貿易財富與火器帶來的力量。阿拉干成功保持自主地位的時間僅有一個世紀（1540-1640年），它利用港口首都妙烏（Mrauk-U）的貿易與葡萄牙人傭兵的技術，抵禦孟加拉和緬甸的野心。交趾支那的人民稱自己的國家為「內路／塘中」（the inner region／Dang Trong），是由阮潢約在一六〇〇年時，建立於越人的南方邊界處。阮潢在名義上效忠已無實權的河內後黎朝，並與一五九二年取得東京實際控制權的鄭主（Trinh Dynasty）決裂。近兩百年之間（1600-1777 年），阮主統治著與鄭主對立的越南南方國家，從位在交通交會處、類似「內格里」的占人先輩那邊，借鑒了商業導向與多元風格，成為出口產品的高地生產者及外部世界之間的媒介。

這段時期當中，除了東京和深鎖內陸的北方傣人政權之外，幾乎所有

的東南亞國家都是靠貿易稅收作為皇室的主要收入來源。據估計，約一五〇〇年時，麻六甲蘇丹國每年可從海關獲得兩噸白銀等值的收入，這至少占了麻六甲全國總稅收的百分之九十以上。整體來說，港口稅率大約是抽進口貨物價值的百分之五至七；但在秩序混亂的口岸，貿易商則必須送禮給有權勢的官員，前述抽稅模式會因此遭到扭曲。統治者與位高權重的商人貴族的主要收入，都是來自販售他們自己的出口貨物，例如胡椒、錫、珠寶、蘇木等，他們經常進行壟斷，以確保供給的物品來源是自己的勢力範圍。於此特別要提到暹羅，某位法國觀察家曾中肯地描述道：「這些國王們全部都是商人，他們富有的地步就是他們投入商業的程度。」（Le Blanc, 1692 II, 219）

這種商業利益讓東南亞統治者與歐亞大陸其他統治者有區別。雖然皇家編年史的編纂目的是要呈現王朝的超自然力量的來源與合法性，但史書也承認，傑出統治者的一項標誌，便是停滿外國船舶的港口。可是，這種與商業的親密關係，未必能夠創造出有利商業繁榮的環境或條件。王室的貪心與商人的利益之間、宮殿和市場之間總是有緊張關係。由於國家的興衰如此之快，這段充滿動力的時代因此為資本主義誕生的陣痛，提供了一個引人入勝的實驗場。

從積極正向的層面看來，東南亞有很多地方朝著皇室專制與法治的方向前進，在同時期的歐洲，這兩點是資本主義茁壯的核心條件，暹羅國王納黎萱（Naresuan，1590-1605 年在位）與亞齊國王伊斯坎達・慕達（1607-1636 年在位）在位期間，都大力推動中央集權並且削弱貴族，貴族們或遭殺害、或財產充公、或被迫效忠王室。新近崛起的外國人、基督徒、穆斯林、華人，讓有宏圖的統治者能夠仰仗雇傭兵以及近乎壟斷出口產品的買家，得以凌駕權力太過膨脹的臣子。某種程度上，這一歷程確實使皇家官員依靠國王才能得勢、而不是地方稅收（特別是十五世紀以後的大越，以及十七世紀以後的緬甸和暹羅），並使朝廷有能力執行日漸成文的法律（尤其是在緬甸、暹羅和亞齊）。

然而，保障臣民財產權不受國王侵占的政治理論或制度，並沒有跟著

前述歷程一起出現。對絕對權力的新奇感，導致了專制權力的濫用。新興宗教如伊斯蘭教、上座部佛教、西班牙天主教，被野心家用來推翻地域多元主義（local pluralism），卻未將臣民的權利納入體制之內。歐洲觀察家細膩的分析，強取豪奪、貪婪成性的統治者，實是十七世紀東南亞人沒有累積資本的主因；除非那些資本如黃金或珠寶可以藏起來，或除非當事者有足夠能力保護資本免於對手的強奪。「這就是為什麼他們盡量不要擁有無法移動的財產，這就是為什麼他們努力不讓國王知道，他們擁有可攜帶的財產。」（La Loubère, 1691/1969, 52）

雖然在軍事方面未必總是成功，但是商業方面最成功的國家是那些無論是偶然或是刻意，能夠將寡頭政治併入理論上屬於專制王權的國家。萬丹商業成長最具活力，但也是最混亂的時代，正是一五八〇至一六二〇年間萬丹國王們常是幼主的時期。東南亞的一些港口國家，發展出一套兼容河流上、下游統治者的二元共生制度。至於其他的二元式政權，則是以契約形式建立，例如廖內（Riau）—柔佛地區的馬來王和武吉士「少年王」之間、暹羅國的前宮副王（front palace）與主宮正王（main palace）之間，或者一個最成功的例子是望加錫戈瓦（Goa or Gowa）王朝和塔洛王朝之間。雖然伊斯蘭教很忌諱女王，但在亞齊（1641-1699 年）、北大年（1584-1690 年）及其他幾個群島區港口國家卻頻繁出現女王統治，這點可用類似前述的觀點來理解。事實證明，女性的統治很適合和平的商業貿易，但是隨著女王先後繼承，她們的權力卻逐漸衰弱，以至於無法成為商人寡頭之間有力的仲裁者，這套體制由此衰敗而淪於失序。

國家擁有的主要商業功能之一，即是管制市場和發行可於市場中使用的標準貨幣。東南亞的統治者會在首都中心與港岸中心提供市場，而做得更好的統治者還會透過商業法庭、市場官員、租賃攤位給賣家的制度來管理市場事務。隨著商貿成長，這些市場的規模確實擴大了，但它們的複雜度卻沒有提高，市場依然維持著以討價還價確定價格的作法。統治者鑄造錢幣是這類社會貨幣化程度提高的一項指標，但東南亞的鑄錢卻呈現耐人尋味的不連續。大約自第五世紀開始，阿拉干、緬甸的孟人和驃人王國、

昭披耶河盆地的陀羅缽地王國，都各自鑄造銀幣，但是，緬甸和暹羅的銀幣卻於九世紀、阿拉干的銀幣則於十一世紀消失。吳哥、蒲甘、占婆（九至十四世紀）的憲章政權，並沒有發行真正的貨幣，反之，它們採取有價值的稻米、布料、中國錢幣，或者在大宗買賣時使用黃金和白銀秤重交易。在第九至十二世紀，爪哇、汶萊和其他的群島區國家裡面有金幣和銀幣，可是這些錢幣在十三世紀時卻消失無蹤，取而代之的是大量湧入的中國錢幣。

　　東南亞商業時代的特徵之一，是中國銅「錢」的大量流入；中國銅錢外圓內方，中間有方孔，可以用繩子串成六百至一千文錢。中國銅錢在一三〇〇年左右成為爪哇島上的基本貨幣，這也許是一二九〇年代蒙古海軍遠征的結果；很快地，菲律賓某些地區也將中國銅錢當作基本貨幣使用。十五世紀時，中國銅錢的使用情況變得更加普遍，這也許是與明代初年的干預行動有關的密集交流活動所造成。大越、占婆、麻六甲、八昔、汶萊等王國，在明人造訪期間變得非常依賴中國錢幣，以至於明人船隻在一四三〇年後不再前來之後，它們隨即開始鑄造自己的錢幣。雖然東南亞已普遍在鑄錢，但「錢」似乎永遠都不夠。當地原本使用礦藏比較豐富的錫來鑄錢，但事實證明這種錢幣缺乏競爭力；中國從一五九〇年左右開始專門為東南亞鑄造低等級的「錢」，原料主要是鉛而不是銅，但東南亞鑄造的錢仍然比不上。英國公司和荷蘭公司從一六三〇年代開始供應鉛給東南亞島嶼上的鑄造商，此外還供應銅給大越，因此，進口的金屬總噸數可以作為基礎錢幣供給量的衡量標準。鉛製小錢幣會在五年之內變質至消失，越南銅錢則可以撐得比較久一些，據此進行估算，我們必須假定此時東南亞所流通的「錢」應達到十億枚以上（Reid, 1993, 98-9）。

　　為了尋求更高價格，金幣隨著伊斯蘭教重新進入東南亞群島區。蘇門答臘北部的幾個王國，持續地以統治者名義鑄造一種零點六公克的小黃金「瑪斯」（mas），八昔從一三〇〇年左右開始這麼做，後來在約一七〇〇年時傳到亞齊。柔佛、吉打、萬丹、望加錫、北大年在十七世紀時，也有發行類似的黃金錢幣。東埔寨自十六世紀開始，也鑄造金幣與銀幣。

在東南亞大陸區的歷史上，人們比較青睞白銀，也比較能取得白銀。最晚在一五三〇年代，阿拉干已重新引入銀幣。至於傣族與緬族各國，大宗交易則繼續以白銀秤重的方式進行，不過，暹羅的阿瑜陀耶在十六世紀時，已經製造一種模樣像肝臟的標準銀兩，重量為十四點六公克，那便是歷久不衰的泰「銖」（baht），即便沒有刻印統治者的名字，泰銖依然可作為貨幣流通。

必須在一五七〇年後大量白銀流入東南亞的大背景之下，了解這些透過國內貨幣管理金錢供給的努力。巨量湧入的白銀，愈來愈多是西班牙里爾，並迅速成為整個東南亞的國際通貨。群島區港口城市發行的黃金錢幣，在市場上完全無法與西班牙里爾匹敵——即便國家會強迫人們使用這種黃金貨幣。白銀既流行又充足，再加上外國買主帶來大量白銀，導致群島區的統治者全都無法繼續有效控制金錢供給之事。至一六二〇年的時候，東南亞的國際通用貨幣已是里爾；地方金幣的主要用途，是用來繳交直接支付給統治者的國內稅或罰款。

亞洲的商業組織

作為印度、阿拉伯、中國、歐洲商業方法的交流重鎮，東南亞成為了金融技術發展的重要實驗所。東南亞內部的每一個商業網絡或流民都是以其自身的信任規則在運作，也都為十五、十六世紀期間發展的獨特東南亞商業體制，貢獻了一些元素——尤其是馬來語術語。

在早期現代的商業大革命將整套外國詞彙與概念帶進東南亞貿易之前，東南亞已有悠久的商業、交易、收息借貸傳統。因此，十六世紀為米沙鄢語言所編纂的字典之中涵蓋不少原住民用詞，諸如「巴卡斯」（bakas，生意夥伴）、「撒馬罕」（samahan，生意合夥關係）、「加米特」（gamit，賒帳購買），還有各種與買賣交易相關的詞彙。東南亞當地對利息的概念很確定，是用樹上長出花朵（馬來文 bunga、泰文 dok）來比喻。東南亞群島區南島語言對於買賣利潤的表達，是一個古老的詞彙：「拉

巴」（laba）。

　　十六和十七世紀期間，最傑出的金融管理人當屬古吉拉特穆斯林，他們從印度「沙拉夫」（sharaf）那邊繼承了一些累積資本的方法（見本書第三章），並有學得伊斯蘭商業律法的廣大志向。一位與葡萄牙人待在麻六甲的佛羅倫斯商人，曾經承認那裡的古吉拉特人實是「又精明又聰明的生意人，在商務方面跟我們一樣厲害；他們的貨物帳本以及載貨卸貨的清單，都做得完美無失。」（引用自 Reid, 1993, 113）身在伊斯蘭港口的歐洲商人們發現，除非雇用一個能幹的古吉拉特中間人，否則他們難以處置複雜的貨幣、重量、價格系統。在當時，有許多印度詞彙──例如「莫德耳」（modal，資本）被納入東南亞語文之中，而這些印度商業專家的方法，也為東南亞都市的廣大商人群體遵循。阿拉伯商業用語經由伊斯蘭律法而化為馬來用語，馬來法典也部分採用伊斯蘭律法來管理這類事務，諸如「穆扶里斯」（muflis，破產）、以及伊斯蘭不贊成的「里巴」（riba，高利貸）。

　　中國的商業慣例高度影響整個東南亞使用的重量系統。中國─東南亞船運的海上業務慣例，很大部分是源自福建的中國船舶；不過，此時期中國、泰米爾、東南亞的慣例之間有持續的互動交流，所以我們應該認定這是混合而不是單一的來源。無論船主是華人、馬來人還是爪哇人，在航行海洋的戎克船上頭，貨艙都一概分成數區，旅行的商人、船長、船員們在各自區塊裡都擁有自己的一份貨物。馬來航海法典裡面指涉這種旅行商人的用詞「奇維」（kiwi），可能源自於福建廈門方言「客位」（Kheh-ui），或源自泰米爾語「珂維」（kevi），又或者來自更複雜的互動情況。

　　在東南亞的商業時代，商業活動最活躍的時期，也是一段特別具有國際主義（cosmopolitanism）的時代。由於外國商人在各主要港口地區聲勢顯赫，我們很容易受此誤導，以為東南亞沒有自身的商業群體；但真相是，這段時期的外國商人，透過婚姻的媒介以及採用當地語言與服裝，持續地融入當地社會。當然，商人作為外國人及移動能力佳還是有優勢，因為善妒的國王比較不會想剷除一個被視為體制外的強大商人。「商業」一詞的

馬來文是「達岡」（dagang），但這個詞更早的意思其實是「異國的」。一六○○年各港口的「外國」商業少數族群中，最重要的還是在自己家鄉以外地區活動的東南亞人，包括爪哇人、馬來人、班達人、占人、孟人（來自緬南的勃固），以及「呂宋人」（來自馬尼拉和汶萊）。上面提到的這些族群稱呼，其實指涉的都是具有國際性起源的人們，那些稱作爪哇人和呂宋人的族群，其實有很深厚的華人淵源；那些被稱為馬來人的，則有爪哇、中國、印度方面的源頭；那些被稱為班達人的，則有爪哇、馬來方面的關係，如此這般。

東南亞的港口是這些多元商業傳統的交流地點，在商業時代裡，東南亞口岸也產生了自身的混合商業少數族群與商務作法，吸收了最實用的外國技術。除了戎克船本身的特色之外，爪哇與馬來的航海者還將中國羅盤與製圖技術納入他們的航海方法中，後者原本在沿海水域內得高度依賴對潮水、風力、地貌的辨識。

東南亞商業與航海方法的關鍵證據，來自於互補的馬來文與葡萄牙文史料。有兩部馬來文法典，可能是十五世紀後期的麻六甲蘇丹國所編纂，我們從後代資料得知它們的名稱是《麻六甲法典》（Undang-undang Melaka／Melaka Laws; Liaw 1976）和《海事法典》（Undang-undang Laut）。前來東南亞的第一代葡萄牙人，也曾描述過當地的印度式金融系統，還有爪哇、馬來、孟人各自的航行技術。前述這些史料顯示，東南亞船舶上的「納后達」，同時擔任船長與押運人的職務。《海事法典》的編纂者，是麻六甲領銜的五位「納后達」，據說他們編纂法典時曾諮詢過所有「納后達」，麻六甲蘇丹批准了法典，並加上這幾個字：「你們『納后達』在自己的戎克船上，就像是國王一般。」在船上，「納后達」握有生死大權，高級船員支持納后達的權威並執行他的命令，高級船員包括一位掌船長、幾位「吐幹」（tukang，甲板船員）、舵手、「朱魯巴圖」（jurubatu，水手長），負責錨務與測深線。典型的大型戎克船約是兩百公噸，上面會有五十至一百位船員，其中有些是奴隸、其他人則是活躍的貿易商。領航員自成一個等級，稱為「馬禮姆」（malim），這個詞彙也會用來稱呼有

學識的穆斯林導師；「馬禮姆」擁有深奧的技術與知識，他也因此負責著船上所有人的生命安危。

「納后達」在商務方面擁有至高的的地位，他有權在船舶靠岸時，以最優惠的價格率先進行買賣。他也會充當外交官的角色，為東南亞的宮廷與港口送信與傳達新聞。「納后達」除了自己的貨物以外，還會有其他待在家鄉的商人委託他寄賣的商品，相關報酬雙方在事先已經議定。若是從麻六甲駛往爪哇的船隻，這種交易約定的一般報酬率是百分之四十；從麻六甲到勃固或暹羅的話，則是百分之五十。不過，更為普遍的制度，其實是由在家商人租下幾塊「佩塔克」（艙區），放在艙區內的貨物會分類，以固定費用，或貨物價值的一定百分比計算租金，例如某些群島區路線是收百分之二十。接著，在家商人會派自己的人手上船管理貨物並進行交易。但不管是上述哪一種情形，一旦船沉了，投資者就血本無歸。

東南亞的旅行商人——可能包含那些在家鄉的投資人所雇用的商人，被稱為「奇維」。當「納后達」在處理影響航程貿易成果的事務，尤其是決定投棄貨物與否時，必須先諮詢旅行商人的發言人「毛拉奇維」（maula kiwi）。在典型的東南亞船上，「奇維」的人數和水手一樣多，「奇維」會和他的貨物睡在一起，有時還會帶上妻子，占有一個或多個艙區空間。奴隸船員會有稻米的配給，至於高級船員與自由人雖沒有支薪，但他們卻擁有貿易的權利。從這方面來看，如同其他多數的船務安排，以麻六甲為基地的船隻與中國南部沿海的航海船隻非常相似，而與印度船隻非常不同。很遺憾的是，我們並沒有任何十六世紀遺留下來的商業契約，但是，我們確實知道馬來、爪哇、孟、越南商人會以書面形式記錄他們的合同。如第一批荷蘭遠征隊曾記錄萬丹的情況：

> 富有的商人通常待在家裡，當一艘船準備要出航的時候，商人會給予那些要隨船旅行的人員一筆錢，同時保證在航程完成且人員執行約定後，會再給予對方雙倍的報酬。如果航程成功完成，則按照合同向投資者付款……這些文字，跟其他的文字一樣，都是寫在棕櫚葉上

面。（Lodewycksz, 1598/1915, 120）

限制東南亞地區資本主義結構發展的因素，並不是金融技術方面的無知，而是資本安全的缺乏。相較於資本主義發展較快速的歐洲、日本、中國城市，東南亞的商人則更容易受到統治者商業取向的影響。東南亞統治者從商業汲取非常大量的利益，這是他們權力的來源。弔詭之處在於，與東南亞相比，歐洲和日本的封建貴族比較依賴於土地的財富，但這卻為商業飛地提供了更多喘息的空間。全東南亞沒有一座城市能夠真正解決欠缺安全的問題，但整體來說，在強大統治者之間的那些混亂時期，商人卻比較有牟利的機會。

商業時代之中最強大的統治者，是那些能夠從口岸汲取最大財富的人，這或者是靠壟斷貿易、或是靠優勢條件的貿易、或者就是直接沒收潛在對手的貨物。許多國家仰仗商業與火藥而迅速茁壯，因此損及傳統法律慣例及貴族特權，藉此，國王們得以躍升至個人權力的制高點，但這種權力其實是脆弱的，通常在國王逝世之後就會引起反動。亞齊蘇丹伊斯坎達‧慕達（1607-1636 年在位）就是這類最成功的霸主之一：

> 他每天都下令處決人，沒收對方的財產，從中獲得巨大的利益。被他處決的人，大部分都是惹他不悅的大貴族……我記下兩個讓這麼多「歐蘭卡亞」（orangkaya，即商人貴族）丟掉性命的原因，第一是他們在人民之間享有美譽，第二是他們的財富。（Beaulieu, 1622/1996, 215-16）

欠缺安全的後果就是資本短缺，資本集中在有能力提供保護的人手中，利息率因此相當高。在東南亞所有貿易城市的歐洲觀察家都曾抱怨，要找個手上有充裕貨物的商人是多麼困難的一件事。外國商人有流動性，要保護他們的資本，外國商人必須先為一次航程預付費用，之後再回去取得貨物。中國商人比較善於建立大範圍的網絡，從小型供應商那邊蒐集

貨品；然而，營運開支巨大的歐洲公司，則被迫得與當地統治者打交道，如此一來也強化了此時期本已顯著的專制主義趨勢。

十七世紀東南亞的利息率，遠高於世界領先的資本市場阿姆斯特丹，甚至還高過蘇拉特（Surat）等印度主要城市。曾經出現過的最低利息率，是每月百分之二（也就是每年百分之二十四），但這僅適用於統治者、歐洲公司、最大的外國商人、或是貸款人的近親，換句話說，只有那些保證能還錢的人，或是有權力開條件的人，才適用此利息率。東南亞有很多城市引用了這項利息率，顯示這是借款大戶彼此之間尋求的最佳標準。在這個流動的、不安全的商業世界，其他地方的貸款利率可能會高到每年百分之兩百至四百之間。

簡言之，這個時代的東南亞社會，與商業接觸的程度遠遠高於其他時代與地區，但東南亞社會卻沒能發展出私人資本累積的體制性基礎。壓抑資本累積的主因，就是因為缺乏政治保障或法律保障所導致的安全欠缺問題。壟斷性的荷蘭東印度公司於十七世紀進入東南亞，這使得政治問題變得愈加困難；然而，光是荷蘭公司本身，並不足以解釋東南亞為何沒有發展持久的資本主義制度。

第五章

宗教革命與早期現代性：
一三五〇至一六三〇年

　　商業時代的聯繫與接觸大為增加，隨此而來的是一種新的普世主義（universalism）思想，是一種對於國際圈的追求，類似於先前一千年傳播佛教普世主義的國際圈。此時，這種氛圍正籠罩著全球，並引導全球進入世界歷史的「早期現代」，在這個時代當中，沒有人可以逃避普世主義之間的對立碰撞。在其它地方，我將這個時代稱之為東南亞的「宗教革命」（religious revolution）時期，它確立了東南亞每個人將自己視為需承擔普世文化的一員。每一個新興的經典宗教，都帶有自身的核心思想與界線，擁有與其它普世主義競爭的自覺。驅使東南亞人接受這類宗教的動力有類似之處，那便是一個商業性、國際性、競爭的環境，這個環境撼動了老舊地方信仰的根基；而東南亞人接受這些宗教的結果，讓他們步上最後終將分歧的道路。佛陀與濕婆帶來的變遷，是在東南亞的內部及外部創造出更多的交流互動；但與前者不同的是，新興普世主義卻將東南亞內部分化為五種現代性模式。在後續幾百年之間，伊斯蘭化的東南亞南部、上座部佛教的東南亞北部、基督教化的東南亞東部以及儒家化的越文化，都逐漸成長且與彼此的差異與日俱增，此外，這四種模式也與第五種模式——較古老的東南亞宗教型態的剩餘追隨者的差別愈來愈大。

　　前述的第五種模式，是東南亞人最基礎的信仰。在那場宗教革命的開

始，較古老的東南亞宗教型態幾乎是無處不在，它很自然地與濕稻區域流行的上座部佛教、國王雄主的濕婆崇拜共榮共存。東南亞的古老宗教甚至在宗教革命中倖存下來，就像它繼續存在於今日一樣，信仰它的人不只是那些堅拒新信仰的守舊分子如巴塔克人、托拉查人、伊富高人、欽族、赫蒙人、克倫族，它也繼續存在於充滿經典主義（scripturalism），且能提供經典主義所欠缺事物的合夥關係之中。

東南亞宗教

　　由於採用「泛靈論」（animism）和「薩滿教」（shamanism）等用詞會有相關問題，所以我選擇把古老東南亞宗教型態就只稱呼為「東南亞」（宗）教，但不要因此認為這個稱呼有單一性的暗示。當然，這個精神宇宙是沒有地理邊界的。古老東南亞宗教的某些概念，確實具有近乎普世的流通性，它的興起是對比更有組織的現代「宗教」；到後來，那套組織化的現代「宗教」概念竟是在東南亞流行，而不是歐洲、中國或印度。商業時代對這套古老宗教體制最可信的描述，來自了解此一體制在對抗什麼的基督教傳教士，他們記錄最為詳細的地區是菲律賓；另外，現代民族誌學者較具有系統性的諸多區域研究，也非常值得參考。

　　靈性領域是內在、本有、普及的，與現實或日常生活密不可分。歐洲傳教士發現這套系統具有很粗糙的唯物傾向，只在乎能獲得什麼；但傳教士也很快意識到，如果無法治療疾病、保佑生命、祈得及時雨，那他們就不足以和傳統儀式競爭。靈性無所不在，力量無處不有，保證神靈的滿意與友善，是專業人士的工作。生命個體的危險流動的精神或靈魂本質——馬來文稱「賽曼加特」（semangat）、泰文是「魂」（khwan）、緬文為「雷皮亞」（leikpya）——之間存在著廣泛的區別；當遇上生命危機的時候，便需要透過儀式將個人靈魂拉回肉體之中。至於無數自然和已故人類的靈魂——泰文稱為「菲」（Phii）、緬文則是「納」（nat）——則是掌管著人居的世界。南島語對於萬靈的稱呼多到不可勝數，其中有許多是「阿尼

塔」（anita, anitu, hantu）的同源詞；阿拉伯語源的「羅」（rob），則成為馬來文當中的一個統稱。人死之後會繼續影響活人，影響有好也有壞。活人之所以會生病，有可能是近日親戚過世的喪禮儀式不當所造成；同理，適當處置祖先、英雄甚至猛獸的強大靈魂，則可以帶來健康和興旺。地位至為重要的農業神靈潛居於稻作之中，祂經常被人格化，傳說祂原先是一位為人類犧牲的善良處女。

為每段生命旅程而設定的儀式琳瑯滿目，其中為死亡執行的儀式是最精緻繁複的。十七世紀某位眼光敏銳的觀察者，曾記載東南亞人「不只相信他們能幫上死者的忙，他們還相信死者擁有折磨及救助活人的力量；由此衍生出他們對喪禮的重視與舉辦喪禮之盛大，只有在其中，他們自己才得以偉大。」（La Loubère, 1691/1969, 121）沒有任何節慶典禮比喪禮來得更重要，而且，由於節慶是唯一可以吃肉的場合，所以豬、雞、牛的犧牲，與儀式本身有非常密切的關係。跳舞和飲酒是節慶常見的部分，而所有經典宗教的道德家都很厭惡這個部分，因為這是在死亡中重新肯定生命，並且向死者保證大家齊聚一堂紀念他的名號。

透過與現代宗教與經典宗教模式的對比，我們可以概括這種模式；但是，觀察家都被它的多樣性弄得很糊塗，他們記錄了大量屬於各村落、甚至各個家庭的神靈。在這麼豐富的選項之下，也必然會存有一種實驗主義（experimentalism）的態度。信仰者認為那些事業成功、作物豐收、子孫興旺的人，是因為執行了正確的儀式，而其他人則會試圖找出當事人的儀式祕方。當穆斯林與基督徒出現在東南亞時，看起來在貿易與戰爭都很有成就，東南亞人便積極尋找他們的儀式祕方。有些人因此決定不吃豬肉，因為這似乎就是穆斯林的關鍵祕方；天主教徒在聖禮中使用的聖水，也受到人們當成療方一般追求。這套宗教系統具有根本上的開放性，這也讓它成為一個在不拋棄舊系統之下便可「皈依」的領域——至少在最初的時候是如此。

舊宗教系統與新宗教系統之間的一項重大差異，在於它們的性別化。東南亞（宗）教是均衡的、二元的，它有大地女神、稻米女神、月亮女

神、陰間女神，相對於此則有天空男神、鐵器（犁田）男神、太陽男神、陽間男神。女性作為治療者或靈媒，是儀式必不可少的角色。在某些地區如蘇拉威西南部，人們相信男女混合具有特殊的能力，因此力量最強勁的薩滿屬於第三性，也就是跨性別的「比蘇」（bissu）。對比之下，將經典宗教帶來東南亞的人，幾乎一概是男性專門人士，他們持有根深蒂固的概念，例如神明與先知為男性、獨身苦行男性的理想、女性不純潔且會汙染儀禮。不令人感到訝異的是，最願意接受新信仰的多是東南亞男性，儘管舊儀式對於生育與健康的保佑依然是人們必需的，男性仍將其貶低為女人家的事。根據菲律賓地區的紀錄，對新興一神信仰最為堅決的反對者，通常是女性。基督教對於終生一夫一妻制的強調，對於儒家文化圈地區的女性造成不成比例的吸引力；可是，東南亞普遍的型態是離婚與再婚相較而言比較容易的一夫一妻制，因此基督教往往將處在此型態中的婦女給嚇退。有位米沙鄢婦女曾告訴一位傳教士道：「如果跟丈夫在一起不快樂，卻又不能像習俗允許的那樣離開他，這真是一件難過的事。」（Chirino, 1604/1969, 313）

上座部佛教國際圈與大陸區國家

　　商業時代的火藥帝國與傳統決裂，培養新興的宗教普世主義，因為它可以合理化國家權力以異國正統教義的名義進行的前所未有之擴張。就這點而言，新宗教普世主義與在過去傳播文字與文明的流行的大乘佛教大不相同。東南亞大陸區的統治者選擇上座部佛教作為自己的新正統，他們建造並裝飾寺廟、供養僧眾，以累積自己的功德與名譽，這些從前信仰大乘佛教的統治者也曾做過；不過，斯里蘭卡的上座部佛教，則能幫助統治者更深入的統合，在受人民敬重的僧侶之間強制推動統一化的儀式，尤其是出家儀式。

　　今日被稱為上座部佛教的那種由外部認定（externally validated）、斯里蘭卡式的出家儀式與修行，是從什麼開始受東南亞大陸區所接納，此事

已經難以考證。透過漫長十六世紀的商業密集化，上座部佛教鞏固了自身的正統地位，但它顯然是在早於公元一三〇〇年的貿易擴張潮中開始在大陸區傳播，而斯里蘭卡在此貿易擴張之中具有很重要的角色。後世的緬甸編年史，企圖將這筆功勞歸諸於半傳說、半史實的人物，即蒲甘的征服者國王阿奴律陀；但是，那個時代遺留下來的建築、銘刻、文獻則顯示，此事應該是發生在一一七〇年代。其中一股驅動力，可能是斯里蘭卡的對外軍事征伐行動，目的是為了保護與柬埔寨之間的貿易，軍事活動的範圍遠達蒲甘，僧伽羅語編年史《小王統史》將其事記於一一六五年。一二九〇年代的周達觀敘述道，在柬埔寨地區，帶有上座部佛教風格的僧侶「會剃頭，穿著黃色袈裟，右肩袒露……並且赤腳」，雖然當時的僧伽並沒有受到高棉王廷贊助，而且，周達觀用來稱呼僧人的詞彙「苧姑」（zhugu）似乎屬於傣文。勃固沿岸口岸的孟族貿易商，也許是最初使斯里蘭卡思想與東南亞族群接觸的媒介，而蒲甘緬人征服孟族一事，或許使得這些觀念更加流傳。雄心勃勃的國王，如清邁的孟萊王（Mangrai，1259-1317 年在位）和素可泰的蘭甘亨王（1279-1298 年在位）尤其喜愛這種異國正教，將它當作顛覆地域特殊性的方法。

在商業時代以前，各宗教之間的儀式與奉行作法依然差異極大，而地域性聖地的重要程度高過任何全國性的統一規定；受斯里蘭卡啟發的儀式統一性，與能幹的火藥國王（gunpowder king）結合起來，改變了上述的情況。公元一四二三年，有三十九位傣族與孟族僧人，在斯里蘭卡的摩訶毘訶羅（Mahavihara）寺院再度受出家戒，返鄉之後，這些僧人成功說服一群東南亞統治者支持他們的教派改革。清邁的提洛卡拉王（Tilokaraja，1441-1487 年在位），以及日漸強大的港口國家阿瑜陀耶的戴萊洛加納王（Trailokanat，1448-1488 年在位），這兩位同時代的國王，是以摩訶毘訶羅戒律之名統一傣語諸「勐」的偉大統治者。阿瑜陀耶有能力控制昭披耶河並掌握外來財富和武器，使自身獲得優勢；不過，作為阿瑜陀耶早期大征服者之一的戴萊洛加納王，其實善用宗教的能力更高於作戰。戴萊洛加納王於一四六四年遜位出家為僧兩年，並且邀請自己的對手捐獻土

地支持他在首都附近蓋的大寺院。身為戴萊洛加納王勁敵的提洛卡拉王，回敬了此事，蓋了更龐大的佛教建築奇觀，包括模仿印度典範菩提迦耶（Bodhgaya）和摩訶菩提寺（Mahabodhi Temple），而蓋起的齋育德七塔寺（Wat Chet Yod），且於一四七七年時藉此寺主辦他在清邁召開的第八次佛教世界結集[7]（Eighth World Buddhist Council）。在接下來的五十年間，人們投入宗教的程度高過了軍事競爭，阿瑜陀耶、清邁、素可泰、永珍和龍坡邦，都在藉由他們寺廟的輝煌、對僧伽的虔敬，來統合原先破碎的各處高地河谷。

在伊洛瓦底江河谷區，從事這類事情的最初動機比較是出自信仰誠心、而不是政治目的。繁榮的沿岸國家勃固出現了兩位偉大的統治者，他們利用口岸帶來的財富與對外聯繫，對僧伽進行淨化與統合，他們分別是虔誠的信紹布女王（1453-1472年在位）和僧人國王達摩悉提（1472-1492年在位）。達摩悉提王曾舉辦過一次佛教結集，還派過另一僧團至斯里蘭卡再度受戒，在此僧團歸國後，他堅持國內所有僧人都必須根據摩訶毘訶羅儀式再度受戒，否則就會撤除對其的認可；達摩悉提留下的銘文說有一萬五千以上的僧人接受這項要求。對此，阿拉干各港的統治者紛紛仿效，於十四世紀中葉多次派遣僧團至斯里蘭卡。

公元一五五〇年至一六八〇年間，是全東南亞火藥國王最風光得意的時期。其中，最為強大的君主乃是勃固的勃印囊（1551-1581年在位），勃印囊利用上座部佛教的統一性與僧伽的純粹性，合理化自己統一所有「撣人、孟人、緬人」的殘酷征服行動。以「勐」為中心、說傣語的講傣語的撣人政權對伊洛瓦底北部的兩個世紀統治就此結束，曾宰制伊洛瓦底江北部地區高達兩百年；他們被安上的罪名，是從事人殉、動物犧牲、神靈崇拜。勃印囊的軍事實力達到前所未有的規模，他雇用葡萄牙和穆斯林砲兵，效果卓著，還讓軍隊普遍裝備了火器。一位義大利的訪客除大力

7　編注：結集，又稱結集、合誦或會誦。早期的佛教沒有書面和文字經典，僧眾以口頭傳誦方式，傳承佛陀的教法。

讚賞勃印曩擁有的大砲和八萬支火繩槍外，還高度肯定士兵的技巧：「國王要求他們每日射靶，透過持續的訓練，他們成為最出色的射擊手。」（Frederici, 1581/1907）勃印曩在正統上座部佛教的協助下，打造出維克多・萊柏曼（Lieberman, 2003, 152）所評價「可能是東南亞史上的最大帝國」，版圖涵蓋伊洛瓦底江谷地——從伊洛瓦底江三角洲富裕的貿易港到米倉之地皎克西和敏巫，以及盛產寶石、通往雲南及中國的門戶。不止於此，帝國全盛時期的版圖，幾乎涵蓋了整個傣語世界，包含了撣人所在區域以及今日的寮國和泰國。

公元一五六九年，勃印曩征服了泰人商業大都會阿瑜陀耶，一時之間打遍周圍無敵手，這讓他自封為統治世界的真王，也就是佛教傳統中的「轉輪王」（cakkavatti）。勃印曩深受現代緬甸軍方懷念，今日緬甸各地時常立有勃印曩的雕像。勃印曩建立的帝國，在本質上是脆弱的、屬於個人的，在他死後帝國也無法繼續維繫；不過，勃印曩以上座部正宗之名來征服世界的意識型態，繼續在後世幾百年迴響。

長期而言，相較於其他地區，阿瑜陀耶在這類宗教或軍事統一的資源是更豐富的。根據范弗利特的估計（Van Vliet, 1640/2005, 155-8），公元一六三〇年代，這座繁榮的首都有四百座寺院與兩萬名僧侶，大約占全暹羅的四分之一；愈多的寺院代表著愈多的識字人數，而昭披耶河盆地內的文化凝聚力（cultural cohesion）也透過這個歷程而愈加提高——比政治控制還要早了許久。一五六九年緬甸對阿瑜陀耶的征伐，對宗教生活造成極大的破壞，但是阿瑜陀耶的地利之便隨即將貿易和人口又吸引回此地。在緬甸逐漸崩潰之際，阿瑜陀耶靠著軍人國王納黎萱（1590-1605年在位）再度獲得獨立地位，並重建了寺廟，接續的國王讓自身成為宗教生活的中心，運用統一的修行與戒律標準，供養並同時規範僧伽。

後吳哥時代（Post-Angkor）的高棉語民族，也透過上座部佛教僧侶找到了文化凝聚力所在。上座部佛教僧人以虔誠與禁慾修行，補足他們欠缺的王室贊助。一五六〇年代時，有位天主教道明會（Dominican）傳教士表示，所有柬埔寨人家中的第三個兒子都是和尚，而且「老百姓對僧人

具有強烈的信心、極高的尊敬與崇敬。」在其他地方，崇佛的統治者仍企圖使自身在各競爭對立的寺院之間保有中心地位；但此時柬埔寨已經擁有全國性僧王「摩訶僧伽拉者」（mahasangharaja），地位甚至比國王更加崇高（da Cruz, 1569/1953, 61-2）。

位在湄公河和洞里薩湖戰略交會地的柬埔寨新王權，與信仰濕婆教派的前輩相比，在魅力與感召力量上較為貧乏。金邊和其他商業時代的港口首都一樣，需依賴外國貿易商，但也經常受到外國商人的箝制。公元一五九四年，暹羅（阿瑜陀耶）來攻，將柬埔寨國王逐出首都，他向西班牙與葡萄牙商人尋求軍事援助。後來，應邀的西班牙人與葡萄牙人殺死了暹羅安排的柬埔寨國王，最終幫助死去的流亡國王的兒子從永珍回來登基。豈料基督教冒險者好生事端，穆斯林商人憤而將他們全數殺害，稍後甚至也將這位年輕的國王殺死了。事後，佛教王權再度於暹羅援助下恢復，這使得穆斯林商人成為柬埔寨獨立地位最有力的支持者。再到後來，穆斯林商人成為荷蘭東印度公司在柬埔寨貿易的主要競爭對手，那場競爭演化為衝突，最終惡化為一六四二至一六四四年的血腥暴亂，這場暴亂之後，柬埔寨國王選擇押注並且皈依了伊斯蘭教。公元一六四四至一六五八年間，博涅贊（Cau Bana Cand）成為港口首都金邊的穆斯林統治者，信仰上座佛教的高棉子民稱他為列密提巴代二世（Ramadhipati II），而他在伊斯蘭世界的名號則是易卜拉欣蘇丹（Sultan Ibrahim）。最後，柬埔寨淪為越人與泰人的戰場，博涅贊的王位也在交趾支那的入侵之下遭到廢黜。

伊斯蘭的開端：貿易商與神祕主義者

在漫長十六世紀之前，將伊斯蘭信仰和習俗帶到東南亞的人，與當地國家並沒有什麼關係；他們一開始屬於貿易網絡中的流散成員，也是強大的戰士，擁有武器、團結、信念上的優勢，這方面就和十六世紀加入他們行列的歐洲人類似。本書第三章描述的伊斯蘭網絡，讓來自亞洲各地的商

人可以同化到這種有效的流散團體，從而逃脫地域、信仰、地位的限制。一開始為了重要的膜拜行為，他們充分學習阿拉伯文，但這很快就演變出能以阿拉伯文字表達的混合語言。馬來語就是東南亞地區的典範，作為有效的貿易語言，馬來語因此流傳地又遠又廣。

至十三世紀後期，有記年的穆斯林墓碑開始在蘇門答臘北部與半島區陸路地帶出現，其中有些墓碑宣稱墓主是穆斯林貿易社群的領袖。蘇門答臘北部的八昔，是許多旅行者跨越印度洋所見到的第一塊亞洲陸地，公元一三四〇年代，八昔的穆斯林統治者曾向伊本‧巴圖塔自我介紹道，他是領導人民發起聖戰對抗周圍異教徒的伊斯蘭戰士「加齊」（ghazi）。巴圖塔還曾在一個非伊斯蘭的港口——現今考證為占人港口，遇見一位出身高貴、教養良好的穆斯林「公主」；不過，巴圖塔在抵達中國大港泉州之前，並沒有遇過其他的伊斯蘭社群。

數千名泉州穆斯林形成了繁榮的多民族社群，但泉州卻在一三五七年時陷入混亂，發動叛亂或兵變的是蒙古軍中的波斯人穆斯林和什葉派穆斯林。為了掌握這座多族群的城市，泉州城經歷了一段非常混亂的戰鬥時期，城中各類社群也無可避免地捲入其中。後來，中國的蒙古統治者與一位對遜尼派發起屠殺的波斯將領合作，並在一三六六年後重新掌控局勢。在元代蒙古政權崩潰的暴亂時期，屠殺穆斯林的行為持續出現，一直到新興的大明政權在一三六八年逐漸鞏固後方才改觀。這段恐怖的時代，結束了泉州海洋貿易霸權的時代。凡有辦法逃出泉州城的人，全都逃離了，包含參與東南亞與印度洋貿易網絡的大量遜尼派穆斯林。

這些富有的國際貿易商，撤退到占婆、爪哇、蘇門答臘、汶萊、馬尼拉灣等最靠近的替代貿易基地，此事足以解釋為何記載鄭和出航行動的穆斯林史家馬歡（Ma Huan, 1433/1970），會認出那麼多「中國」穆斯林，尤其是在爪哇北部各港口地帶；此外，這件事也可以說明為何爪哇、汶萊、半島區的登嘉樓、巴魯斯、蘇門答臘的某些地方，會出現較多穆斯林菁英的墳墓。一九七〇年代時，印尼穆斯林曾對於伊斯蘭教是從中國傳到爪哇的說法深感憤怒，導火線之一是蘇門答臘穆斯林工程師巴林桐岸

（Mangaradja Parlindungan, 1964）出版的著作，這本回憶錄中收有作者出身名門的父親提供的資料，當中包含一份神祕的「中國」史料，記有民間傳說流行的爪哇伊斯蘭化功臣「九聖」（nine walis）的中國姓名與源頭。蘇哈托（Suharto）政府下令禁止進一步討論，雖然如此，這本書中已有足夠的驚人事實，足以啟發正經學者投入研究而揭示類似資料。真相似乎是這樣的，公元一三六八年以來，已部分華化、來自泉州的穆斯林富商，確實對爪哇及東南亞某些口岸的穆斯林社群傳播，發揮了重要的作用。

隨著貿易社群而興起的知識社群，與特殊的神祕主義蘇菲派（Sufi）有關──通常是指蘇菲派「塔里卡」（tarekat）修行法的謝赫（Sheikh）。目前為止我們發現，最早使用「阿爪夷」（al-Jawi）[8]一詞指涉來自東南亞的穆斯林之文獻，是十四世紀來自哈德拉毛的蘇菲派聖徒傳記，此文獻將阿布‧阿卜杜‧阿喇‧馬斯烏德‧阿爪夷（Abu Abd Allah Mas'ud al-Jawi）列為一位偉大的聖者與施展奇蹟之人，他以能力與死去的蘇菲派導師溝通著稱。這位馬斯烏德或許是出生於十三世紀晚期東南亞的某香料口岸，而他後來竟成為哈德拉毛有名的謝赫，最終也逝世於哈德拉毛；透過此事我們可以肯定，穆斯林港口國家興起的第一個世紀之間，蘇菲教派在東南亞已經很活躍了。

至一五〇〇年的時候，已有幾個東南亞「內格里」在服務長途貿易，而當時控制長途貿易的人，或為外國的穆斯林、或為名義上伊斯蘭化的當地王朝。這種伊斯蘭化的當地王朝包括麻六甲及其他幾個半島區的河口「內格里」，還有蘇門答臘北部互相競爭的八昔、皮迪（Pidie／Pedir）、瀾里（Lamri）、巴祿頭、阿魯以及爪哇的錦石和扎巴拉。在婆羅洲的汶萊、占人諸港、暹羅、勃固（緬甸）、柬埔寨各處，穆斯林商人既有錢亦有勢，深受他人的尊敬與照顧。十六世紀初第一批歐洲觀察家來到東南亞時，顯然看見了這幅外國貿易商帶來的伊斯蘭外部景象，他

8　譯注：阿拉伯文名稱中的al或al-為定冠詞，不發音，但為與「爪夷」（Jawi）一詞區別，故此處將al-Jawi譯為「阿爪夷」。

們也經常提起此事；但歐洲觀察家看不見的是，與神合一的伊斯蘭神祕主義思想，以及波斯文和阿拉伯文的流行詩句，透過具有創造力的文化適應（cultural adaptation）進入了馬來語文。

漢沙・凡蘇里（Hamzah Fansuri）的詩詞便是這種創造性融合的極致。原本人們以為凡蘇里死於一五九〇年代，但後來麻六甲地區發現一座載有他姓名的墳墓顯示凡蘇里的卒年為一五二七年。他使用「凡蘇里」（al-Fansuri）這個名字，表示他出身於蘇門答臘西部的樟腦港凡蘇爾（Fansur）；不過，他也稱自己是一位來自沙納維（Sharnawi）的「爪夷」（東南亞穆斯林），「沙納維」是暹羅首都阿瑜陀耶的波斯文名字。我們知道凡蘇里是十七世紀時最受歡迎的蘇門答臘詩人，但凡蘇里的卒年比原本認為的更早，代表他的影響力至十七世紀時已持續一百年之久。凡蘇里的詩句優美地表達了與存在於萬事萬物本性的上帝（immanent God）合一的心願：

> 祂是王中最大……；
> 祂持續隱身在一個奴隸之內……；
> 祂既是母親也是父親；
> 此時祂是一個旅行者；
> 此時又是一個在田中工作的同胞。（Fansuri, 1986, 98）

古典阿拉伯文作家例如哈拉吉（al-Hallaj），特別是安達盧西亞蘇菲派（Andalusian Sufi）的伊本・阿拉比（Ibn al-Arabi，1165-1240年）所抱持的一元論在風下之地特別流行，因為這種一元論可以建立在佛教已發展出的禁慾苦修與冥想內觀之上。漢沙・凡蘇里和他的神祕主義同道，將信奉經由七層境界提升至遁去的終極唯一（即上帝）的蘇菲派教義，加以翻譯詮釋而融入東南亞當地的語文之中。關於十五至十六世紀爪哇的伊斯蘭化，民間流行的傳說人物「九聖」，正突顯著伊斯蘭這種神祕面向具有的吸引力。爪哇當地本有深厚的冥思苦修者「塔帕」（tapa）的傳統，

苦修者「塔帕」一詞源自梵文，他們之中似乎有許多人接納了終極唯一的蘇菲派思想，進而追求順利的轉型。葡萄牙人了解的是，在這場宗教轉型的高峰期，爪哇有五萬名托缽獨身苦行的「塔帕」，同時受到穆斯林、佛教徒、印度教徒一致的敬仰（Pires, 1515/1944, 177）。另外一個經歷轉型的梵文詞彙是「桑特利」（santri）與其修行之處「佩桑特蘭」（pesantren），「桑特利」最初是指印度教─佛教學者，後來則變成指稱虔誠守律的穆斯林。

爪哇傳統中最受愛戴的「瓦利」（wali，傳教聖者），是為了無形內在的真相獻身殉道的西蒂澤納爾（Siti Jenar），他也許是效法了哈拉吉的阿拉伯文學典範。西蒂澤納爾的一元論神祕主義風格，和偉大阿拉伯神學家如安薩里（al-Ghazali，1059-1111 年）較嚴守經典字面意義的思想之間具有緊張衝突性，這種衝突曾在爪哇等地上演，但我們只能透過「瓦利」傳說窺見這個歷程。某些傳說故事寫道，瓦利眾聖者曾齊聚開會，各自對於統一的真性表達自己的觀點；瓦利對於西蒂澤納爾因教導神祕知識而愈來愈受歡迎感到憂慮，因為這種奧祕是不應該當眾揭露的，由此，西蒂澤納爾的追隨者也輕忽了星期五禮拜。瓦利聖者召來西蒂澤納爾與會，但西蒂澤納爾卻堅持，西蒂澤納爾這個人並不存在，唯有上帝存在；而當聖者批評西蒂澤納爾的信眾不參加星期五禮拜時，西蒂澤納爾卻回應道：「星期五並不存在，清真寺並不存在。」於是，戰士聖者蘇南·卡利查加（Sunan Kali Jaga）憤而拔刀將西蒂澤納爾斬首，由此衍生出各式各樣關於西蒂澤納爾如何憑空消失，或西蒂澤納爾為何不像其他瓦利一樣有墳墓可尋的奇蹟故事。

一如東南亞群島區最複雜的印度教─佛教文明區域，爪哇絕不是什麼衝突都沒發生就出現改變，編年史書中滿滿都是十六世紀轉型期間的戰爭。就表面來看，幾乎整個爪哇語文化區都在此時期轉為信仰伊斯蘭，與同時期被穆斯林征服的印度情況形成強烈的對比，因為受穆斯林統治的印度臣民，大多保持著印度教信仰；甚至，爪哇語文化區的情況也和蘇門答臘及蘇拉威西大不相同，後兩地山區民族的反應，是起而對抗好戰的伊斯

蘭火藥帝國。相較於其他地方，爪哇島的伊斯蘭化之所以會更完全，是因為這個新宗教與舊宗教型態融合地相當成功。印度蒙兀兒帝國（Mughal India）阿克巴蘇丹（Sultan Akbar）想要統一各宗教體系的努力終歸失敗，但是爪哇卻在馬打蘭諸王治下終竟全功，馬打蘭的國王宣示必要的文化折中便是「伊斯蘭」，並將頑固分子驅逐至峇里島去。

根據葡萄牙人的報告，公元一五○○年時，伊斯蘭的勢力仍相當侷限在昔日滿者伯夷王國所在地的沿岸貿易港口。這些穆斯林港口國家中最強盛的當屬淡目，淡目從前的贊助者是信仰印度教的滿者伯夷，但此時的滿者伯夷已陷於混亂。一四八六年以後的王朝動盪，導致滿者伯夷將首都更往內陸遷至諫義里，因此滿者伯夷喪失對所有沿岸港口的影響力，唯有杜板是例外。淡目的財富是由來自巨港的一位混血（部分為華人血統）商人所締造，他的貿易船隊主宰了來自摩鹿加的香料貿易，以及來自爪哇的並供應給麻六甲的稻米來源。與其說這位巨港混血商人是個統治者，不如說他是個具備政治敏銳力的商人，他將自己的女兒們嫁給沿岸地區的幾個國王。這位巨港混血商人的後人成為了淡目的統治者，還帶領淡目成為伊斯蘭聯盟的盟主與爪哇海的霸權。他或他兒子一定是傳說中爪哇英雄「征服者」拉登·巴達（Raden Patah）的歷史人物原型之一。在十八世紀馬打蘭史詩《爪哇國土史》（Babad Tanah Jawi）中，拉登·巴達被用來將來自海邊的非爪哇穆斯林，合理化為滿者伯夷的正統繼承者。《爪哇國土史》將拉登·巴達塑造為滿者伯夷的末代印度教統治者與中國公主所生的兒子，那位中國公主在孩提時代就遭放逐到巨港，被一位中國藩屬的統治者養育成人。傳說在一四七八年，拉登·巴達征服滿者伯夷國，這可以被人們想像為滿者伯夷王室血統的復興，因為公元一四七八年正是爪哇紀年的一四○○年，這一年被認為符合改朝換代的實際時間。

淡目第一位史實可考的統治者，在逝世之後被稱為特倫佳納蘇丹（Sultan Trenggana，又譯特連科諾蘇丹），他是某位華人—馬來人船業巨頭的兒子或孫子。特倫佳納蘇丹大約在一五○○年左右登基，於一五○七年興建或重建淡目的大清真寺，並於一五二七年最終征服印度教首都諫

義里，並造出一門巨大火砲，由此使自己的領導地位合法化。特倫佳納蘇丹悠久的執政期，恰好與爪哇伊斯蘭教從國際性商業飛地轉型為爪哇全島的主流宗教同時；不過，一直要到蘇丹阿貢（1613-1645 年在位）的時代，使用爪哇語的區域才以伊斯蘭之名出現短暫的統一（見下文）。

這段時期人們對於精神合法性的較勁，也牽涉到神聖的場所，例如建有悠久聖壇、佛塔、寺廟的聖山。雖然經典宗教中追求純粹的人士，並沒有實踐這類傳統，但蘇菲派也有自身的神聖墓地，所葬的是曾施展奇蹟的神祕主義者謝赫。每一位「瓦利」聖者，都與一處聖地有關，那或者是他們施教傳道之處、或者是他們的墓地。在爪哇，這類瓦利神聖墓地最早的建築方式，延續著古老的神聖建築模式，其建築形態至今仍可以在信仰印度教的峇里島上看見；同時，最早期的瓦利聖墓建築，很可能就位於較古老宗教已神聖化的地方，亞齊地區目前倖存最古老的清真寺，擁有梵文名字「殷德拉普里」（Indrapuri），應當就是建在前伊斯蘭時代的寺廟遺址上。

在公元一五一一年之前，也就是在葡萄牙新元素加入之前，伊斯蘭已經在各港口高度多元化、國際化的氛圍中領先。伊斯蘭生命線的基礎，源自於他們歡迎各式各色的商人，也歡迎各個宗教團體在貿易中扮演必要角色。雖然穆斯林內部有諸多語言和信念，並在航運方面占有主導地位，但每座口岸也需要專業的印度教種姓提供金融服務，因此印度教廟宇對於這些人的運作是很重要的。同樣地，各港口也以多元宗教的傳統歡迎中國商人。據說，人們可以在麻六甲的街頭，聽見八十四種語言。頻繁的航程需要配置穆斯林或佛教徒船員，而金融資本可能屬於印度教徒或猶太人。在初期階段，即使是穆斯林統治的港口國家都頗具多元性與包容性，嚴格尊法的穆斯林在其中只能算是少數群體。

穆斯林的影響力也擴散到東部島嶼區的貿易中心，那些地方連結的貿易路線，一方面可通往中國南部，另一方面可通往摩鹿加北部的丁香出產中心。解讀沒有紀年的蘇祿家譜之後，我們得知某位來自蘇門答臘的穆斯林商人兼冒險家，大約在公元一四〇〇年於蘇祿開創了一段伊斯蘭世系。

十五世紀初期，汶萊、蘇祿、馬尼拉是明代中國位置最東邊的三個「藩屬」，源由是一三六〇年代有些泉州的穆斯林商人曾到那幾個地方定居。至一五二〇年左右，歐洲人第一批報告問世之際，當時的汶萊已是個繁榮的蘇丹國，企圖支配馬尼拉到麻六甲沿線全部的貿易。在菲律賓群島中部的宿霧，一位身處當地的穆斯林商人，曾警告當地羅闍要採取行動，對抗麥哲倫遠征隊帶來的危險；於此同時，馬尼拉地區則有一位與所有商人結盟的穆斯林領袖。在摩鹿加，購買德那第及蒂多雷珍貴丁香、班達肉豆蔻的爪哇買家，從十五世紀後期開始，便在當地建立穩固的穆斯林社群，此外，德那第王朝及蒂多雷王朝的穆斯林源頭，也可以追溯到相同的時代。

在東南亞的東部島嶼上，穆斯林依然屬於少數族群，對於這些地區傾向接納歐洲香料買主一事，無法構成阻礙。伊比利半島人自初便在各地受到歡迎，因為他們是當地香料的另一買家，因此可以抬高香料價格；直到後來，伊比利人開始企圖宰致當地或進行壟斷，或者像麥哲倫那樣初次見面就要推展基督教，當地才漸漸分化為不同的陣營，或支持伊比利人、或支持穆斯林貿易商。

第一次全球戰爭的兩極對立：
一五三〇至一六一〇年

葡萄牙人為印度洋帶來一種當地未曾出現過的十字軍習俗。國家利益與宗教狂熱的緊密結合，驅使著葡萄牙人向南前進，與伊斯蘭爆發纏鬥許久的大小戰役，他們首先的任務是要光復葡萄牙本身，繼而再將戰場移到非洲沿岸。當葡萄牙人於公元一四九八年進入印度洋之後，他們的目標就是鎖定胡椒和香料的來源，無所不用其極地從穆斯林商人手中搶奪控制權。這並非傳教的驅動力，而是一股十字軍的動力，葡萄牙人藉此將掠奪行徑合理化，將其視為與伊斯蘭進行政治及軍事鬥爭的一部分。

由達伽馬（1498-1499 年）和卡布拉爾（Cabral，1500-1501 年）分別率領的最初兩支葡萄牙艦隊，俘虜或擊沉許多伊斯蘭船隻，並以此舉昭

示他們的意圖。古里和古吉拉特的穆斯林商人透過在開羅的同伴，敦請埃及馬穆魯克統治者派軍應對新來的威脅。公元一五〇二年與一五〇四年，埃及穆斯林確實有派軍隊支持亞洲盟友，在印度西岸打了不少戰役；但是，他們卻無法防止葡萄牙人在具有戰略性的地點設防鞏固——最初在古里，後來則長期占據果亞（1510年）、麻六甲（1511年）、霍爾木茲（1515年）。葡萄牙人此番攻勢，迫使印度洋貿易在各方面都必須調整，印度教徒與佛教徒找出與葡萄牙人打交道的模式，但位居主流的穆斯林貿易卻必須更有效地提高武裝防禦，還必須投靠有能力與意願面對葡萄牙人威脅的強大統治者，從而進行重組。

十五世紀印度洋貿易的關鍵政治體制是城市國家（city-state），像是麻六甲、八昔、扎巴拉、錦石、德那第，還有南印度的古里和科欽，它們屬於致力並仰賴於海洋貿易的國際性港口政權。城市國家試圖對大陸強權的戰爭保持旁觀，必要時則花錢買來自治權，向那些威脅到自身的強權派出貢使。城市國家連稻米主食都必須仰仗海洋進口，所以，當葡萄牙人發動前所未見的海軍攻勢時，它們的受害尤其嚴峻。商人因為身為穆斯林而受到攻擊，也自然因為身為穆斯林而反擊。穆斯林貿易商與信仰印度教的統治者、資助者、金融家之間，本來有很複雜的連結關係，但由於葡萄牙人的挑戰，這個關係出現了疑慮；於是，穆斯林商人轉而支持足夠強大且願意保護他們免於葡萄牙人攻擊的統治者。至十六世紀時，火藥帝國如亞齊、萬丹、勃固、阿瑜陀耶，這些政權把握住新出現的商業、軍事、宗教機會，獲得了前所未有的力量，並取代了國際性城市國家的地位。

蘇門答臘的西北角，是印度洋商人進入東南亞時看見的第一塊陸地，此地在十五世紀時也散落著幾個活躍的港口國家，大多數屬於穆斯林。公元一五〇九年，葡萄牙人開始在其中兩個最大的港口國家尋找立足點，也就是位在今日實格里（Sigli）的皮迪國，與接近今日司馬威（Lhokseumawe）的八昔國，葡萄牙人動搖了該地王朝的統治並疏遠阿拉伯及印度穆斯林商人，成功達成了目標。於是阿拉伯及印度穆斯林商人轉而支持在更西邊新出頭的亞齊，後續亞齊也在一五二〇年代初期，將葡萄

牙人逐出皮迪和八昔,統一整個蘇門答臘北岸,建立了對抗葡萄牙人的穆斯林王朝。從此以往,亞齊為穆斯林商人及學者提供了一個安全的基地,穆斯林商人及學者也逐漸開發出能避開葡萄牙勢力中心的新路線。在十六世紀剩餘的歲月裡,亞齊一直是葡萄牙的死敵,它曾派人渡過印度洋,前往中東尋找朋友和保護者,還針對麻六甲的葡萄牙人要塞頻繁發動包圍戰。

位於爪哇西北部的萬丹日漸興盛,躍升為爪哇全島最強盛的海洋蘇丹國,而萬丹的崛起,也有前述的類似緣由。在一五一二年來臨之際,爪哇西部各港仍信仰印度教,葡萄牙人將爪哇西部口岸視為有前途的胡椒與奴隸產地,他們在一五二二年時在某個港口建立起基地——此即後來的雅加達,引起穆斯林勢力迅速反擊。穆斯林勢力的領袖是個軍人「瓦利」,根據爪哇傳統,他的名號是蘇南.古農查提(Sunan Gunung Jati),先人來自蘇門答臘的八昔。古農加提有感於葡萄牙人的冒犯,憤而前往麥加研習三年,歸來後的古農加提,希望爪哇的淡目能夠成為穆斯林軍力的領導者,據說他還迎娶了淡目特倫佳納蘇丹的姊妹為妻。葡萄牙人進攻雅加達,使得古農加提贏得淡目和其穆斯林盟友的支持,他們要共同對異教徒發起聖戰。古農加提在一五二七年攻克萬丹和雅加達,而他的後代子孫也成為萬丹的蘇丹。由此,西爪哇的北部沿岸地帶變得很特殊,因為相較於使用巽他語的內陸地區,它使採用的是爪哇語文和嚴守經典的伊斯蘭教;同時,西爪哇北部沿岸區域最終也成為以馬打蘭為中心之爪哇國家的強勁對手(地圖 5-1)。

十六世紀一些強大的火藥帝國,以犧牲防禦能力較低的商業港口為代價崛起,是不止於印度洋世界的廣泛現象,穆斯林與基督徒的競爭絕非唯一的因素。讓大砲等科技的使用更具效率的軍事革命,其傳播狀況是不平均的,而軍事革命也讓某些推動軍事革新者的力量,成長到史無前例的地步。葡萄牙入侵印度洋與鄂圖曼人在中東的興起正好同時,鄂圖曼人不只崛起成為海洋強權,還懷抱著統領全球的大志。鄂圖曼人於一五一七年併吞埃及,隨即併吞漢志(Hejaz)和哈德拉毛,又於一五三〇年代吞併波

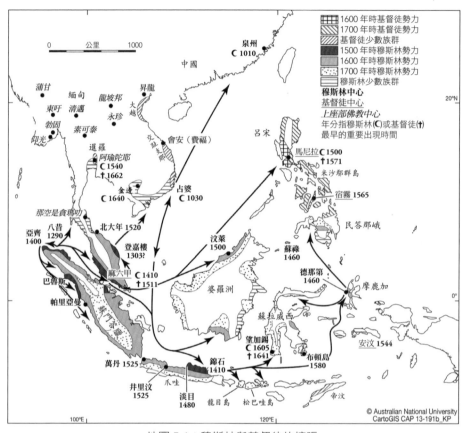

地圖例（圖例）：
- 1600 年時基督徒勢力
- 1700 年時基督徒勢力
- 基督徒少數族群
- 1500 年時穆斯林勢力
- 1600 年時穆斯林勢力
- 1700 年時穆斯林勢力
- 穆斯林少數族群

穆斯林中心
基督徒中心
上座部佛教中心
年分指穆斯林(C)或基督徒(†)
最早的重要出現時間

地圖上標示地名：

公里 0 — 1000

泉州 C 1010
中國
蒲甘　緬甸　龍坡邦　昇龍
東吁　清邁
物固　永珍
卬光　素可泰　會安（費福）
遷羅
阿瑜陀耶
C 1540
† 1662
金邊
C 1640
占婆 C 1030
那空是貪瑪叻
北大年 1520
亞齊 1400
八昔 1290
登嘉樓 1303?
麻六甲 C 1410 † 1511
汶萊 1500
巴魯斯
帕里亞曼
呂宋
馬尼拉 C 1500 † 1571
米沙鄢群島
宿霧 1565
民答那峨
蘇祿 1460
德那第 1460
摩鹿加
望加錫 C 1605 † 1641
布頓島 1580
汶汶 1544
萬丹 1525
井里汶 1525
爪哇
淡目 1480
錦石 1410
龍目島　松巴哇島
帝汶
婆羅洲
蘇拉威西
蘇門答臘
20°N
0°
100°E　120°E

© Australian National University
CartoGIS CAP 13-191b_KP

地圖 5-1：穆斯林與基督徒的擴張

斯灣的伊拉克諸港，將勢力擴展到印度洋。藉此，鄂圖曼人控制住舊伊斯蘭香料貿易路線的所有陸路及伊斯蘭的聖地，這使得鄂圖曼人成為第一個真正有資格宣稱為普世伊斯蘭哈里發的政權，並維持了好幾百年的時間。參與穆斯林香料貿易的亞洲商人與政治角色，例如古吉拉特、南印度的比賈布爾（Bijapur）和亞齊，並沒有花費多少時間，便說動伊斯坦堡領導伊斯蘭勢力合作對抗葡萄牙人的威脅。

　　第一批鄂圖曼大艦隊於公元一五一八年啟航前去援助古吉拉特，此後，大多數印度洋衝突的文獻紀錄之中，便經常出現「土耳其人」。鄂圖曼帝國最強大的統治者蘇萊曼大帝（Suleiman "the Magnificent"，1520-

1566 年在位），將他的注意力放到統合一五三七年對抗葡萄牙人的軍事行動，並開始在紅海組建另一支大艦隊。此時的亞齊，已經成為鄂圖曼人與古吉拉特的戰略夥伴，他們要重振穆斯林的香料貿易路線，載運胡椒經由伊斯蘭統治的馬爾地夫（Maldives），直接通往紅海。亞齊於一五三七年首次進攻葡屬麻六甲，很有可能是受到鄂圖曼人軍事行動的鼓舞。從此以後，葡萄牙的史料中大量記載土耳其的士兵與武器出現在亞齊對抗鄰近信仰印度教／泛靈論的巴塔克人、麻六甲葡萄牙人的行動中。

在這段危機時期當中登上亞齊蘇丹寶座的人，是阿留丁·加哈爾（Ala'ud-din Ri'ayat Syah al-Kahar），加哈爾蘇丹統治亞齊直到一五七一年，期間成為葡萄牙人在麻六甲海峽最苦惱的禍患。葡萄牙人與亞齊在蘇門答臘北部的對手聯盟，更增添了加哈爾擴張戰略的「吉哈德」（jihad，聖戰）性質。印度洋貿易路線沿途的重要伊斯蘭國家，在此時期都信仰著正統的伊斯蘭遜尼派，其中包含蒙兀兒帝國、比賈布爾、戈爾康達（Golconda）、喀拉拉（Kerala）的莫普拉人（Mappila），還有東南亞的港口國家，這些伊斯蘭國家或多或少都接受鄂圖曼帝國蘇丹作為伊斯蘭哈里發的領導地位。

印度洋強權競爭的高峰之所以於一五六〇年代來臨，部分原因是源自亞齊的行動。土耳其人的紀錄保存了這段時期某些亞齊的信件，內容為請求土耳其蘇丹要作為哈里發保護穆斯林朝聖者與商人前往聖地途中的安全；不僅如此，亞齊還懇求蘇丹考慮將它納為鄂圖曼帝國的臣子，就像是埃及或葉門的總督那樣。鄂圖曼帝國新即位的蘇丹塞利姆二世（Selim II）積極回應，要協助這些遠方的附庸。公元一五六七年，塞利姆二世諭令派遣十七艘船艦的遠征隊，並配置槍砲與造槍工匠，前去協助亞齊擊潰葡萄牙人並奪取麻六甲。不過，蘇丹允諾的艦隊，後來卻被引去鎮壓葉門地區的叛亂，但葡萄牙人與亞齊都曾記載一些土耳其援軍抵達蘇門答臘。土耳其士兵曾參加一五六八年、一五七〇年亞齊圍攻麻六甲之役，還參與了一五六六年印度蘇丹國聯軍摧毀信仰印度教的毗奢耶那伽羅（Vijayanagar）之戰，也參與過一五七〇年對葡萄牙人印度據點的聯合攻

勢。對葡萄牙人而言，這是他們在亞洲最難過的時刻之一。在遙遠的摩鹿加地區，起初當地存在許多聯盟與諸多衝突，讓外來者容易插入其中扮演某種角色；即便如此，至十六世紀中葉時，摩鹿加已形成穆斯林與基督徒的兩極化對立。葡萄牙人與德那第名義上的穆斯林諸王以及摩鹿加各地長久競爭關係之下的一方領袖們組成的脆弱聯盟，終於在一五七〇年時土崩瓦解。葡萄牙人謀害了所謂盟友的哈倫蘇丹（Sultan Hairun），哈倫之子巴阿布拉（Baab Ullah）起而領導穆斯林組織成有力的同盟，將葡萄牙人趕出德那第，並且推行伊斯蘭教作為效忠者的主要象徵。巴阿布拉執政到一五八三年退位，人們歸功他傳播伊斯蘭教信仰，範圍遠至蘇威西南部的布頓島（Buton）和塞拉亞島（Selayar），以及民答那峨南部。

在一五四六年特倫佳納蘇丹死於沙場之前，與上文類似的戰鬥精神也驅使著爪哇的淡目。特倫佳納蘇丹插足馬辰，鞏固了伊斯蘭在馬辰的勝利，並且領導軍事行動對抗爪哇東部岩望（Pasuruan）地區印度教王國殘部。但至特倫佳納蘇丹死後，穆斯林的統一狀態無法繼續保持，爪哇後來又再度變回地方酋長割據的情況。鄰近今日梭羅地區的巴章（Pajang）政權，在十六世紀中後期宣稱自身握有包括淡目在內的爪哇中部；但是到十六世紀末期時，馬打蘭又躍而成為一大中心。在公元十世紀的災難之前，現代日惹附近的這塊地區，維繫著興建偉大寺廟的第一代爪哇文明，至十六世紀末，帕南巴罕・施諾巴迪（Panembahan Senopati）利用這塊區域肥沃的火山土壤作為新政權的基礎。後來有位荷蘭旅人曾紀錄道，森諾巴迪運用伊斯蘭教，與舊印度教貴族徹底決裂，並將該區域內的對手全數殲滅，同時，森諾巴迪將自己的新合法性，建立在皈依伊斯蘭的名義之上——但卻沒有任何伊斯蘭紀念建築是與他有關的。森諾巴迪「一路作戰，打到死為止」，他死於一六〇一年，死前已降服較古老的巴章、淡目、諫義里、茉莉芬（Madiun）各中心（van Goens, 1656/1956, 177）。

森諾巴迪留給後世的記憶是，他是最後一個強大爪哇國家的建國者，善用沿岸穆斯林、葡萄牙人、華人引進的新作戰方式，是將權力再度拉回內陸的征服者。森諾巴迪的馬打蘭政權，似乎是一支先鋒軍隊，駐紮在因

為過去發生過火山爆發和地震，所以土壤肥沃但人口稀少的地區，政權早期的人口大多是從其他地方強制遷移至該地的士兵或俘虜。伊斯蘭學術以及部分伊斯蘭化的爪哇宮廷文化，如今存在於爪哇北岸的商業城市之內；泗水從淡目那裡繼承了一個建構新文明的文化任務，這個新文明能調和港口國際穆斯林社群的需求與爪哇貴族的傳統。森諾巴迪雖沒能統合各個口岸，但他的孫子蘇丹阿貢（1613-1645 年在位）終於在一六二○至一六二五年間的一系列戰事擊敗泗水，完成祖父未竟的事業。這位爪哇太陽王的統治，塑造出結合印度教滿者伯夷之舊爪哇與穆斯林沿岸城市之新爪哇的綜合體。沿岸穆斯林城市陷入衰敗，是因為受到馬打蘭的軍事威脅，又受到荷蘭人與英國人侵入它們原先獲利甚豐的香料貿易，也使爪哇歷史精采的一章就此畫下休止符。十六世紀期間，爪哇與印度洋沿岸的其他地區一樣，受到伊斯蘭世界的國際圈與商業之影響；但至蘇丹阿貢統治的末年，這些影響已經受到限制，而這個爪哇綜合體政權甚至能夠融合爪哇社會之中最為印度化的那些因素（見本書第八章）。

公元一六○三至一六一一年的短暫時期，蘇拉威西南部的伊斯蘭化有比較詳細的紀錄。蘇拉威西島延伸出的這一塊西南地區人口稠密，武吉士人和望加錫人在此發展出灌溉稻米農業和印度文字的書寫文化，與蘇門答臘或菲律賓的情況最為相近，但只有些微佛教與濕婆教的蹤跡。武吉士人和望加錫人對於他們從天而降的王室極為崇敬，此外他們也極為崇敬跨性別的「比蘇」祭司階級，因為「比蘇」可作為國王與天庭神祇之間的特殊媒介。關於諸神的史前史，《加利哥》（La Galigo）史詩之中有詳細的描述。此地十五、十六世紀的墓葬遺址之中，埋有豐富的中國、越南、泰人陶瓷，顯示這個地區在伊斯蘭教來臨之前，已整合進亞洲貿易世界中，主要是為摩鹿加香料貿易商提供稻米。十六世紀時，武吉士人和望加錫人的十多個統治階級世系，對於伊斯蘭教與基督教都是熟悉的，但他們對於改信卻有抗拒，因為這麼做也許會貶損他們他們自身的超自然性地位，更遑論皈依可能會影響他們吃豬肉、飲棕櫚酒的宗教慶典型態。

宗教傳統將此地區快速的伊斯蘭化歸功於蘇門答臘的傳教士，但皇家

編年史書則顯示，重要的統治者之間存在一種磋商模式，確保穆斯林與基督徒的衝突不會撕裂他們的社會。在望加錫，塔洛的馬托亞在戈瓦—塔洛王朝合作關係中，站在較重視貿易取向的一方，於是在一六〇五年時，馬托亞率領望加錫的貴族皈依伊斯蘭教，後續還要求所有的武吉士國家比照辦理。若武吉士國家膽敢拒絕，就會展開征服；反之，如果它們屈服接受，就會獲得馬托亞慷慨給予的自治權，這種恩威並用的作法，在短短幾年之間就達成可觀的結果。因此，與其他火藥國家相比，巔峰期望加錫的特殊之處在於，願意尊重傳統的自主權以及較古老的貴族文化。國際化的望加錫港口兼首都，直到在一六六九年落入荷蘭人手中前，在那個時代是一座包容所有信仰的耀眼燈塔，是對抗壟斷的荷蘭人的自由陣營。荷蘭人的據點一概禁絕天主教，然而十七世紀中葉時的望加錫，居然擁有三座天主教教堂，還有一個聲譽良好的葡萄牙人貿易社群，人數高達數千。

在這些海洋政權進行伊斯蘭化的第一階段中，武力只是次要的因素，而且此時的伊斯蘭社群本質上屬於商業性，它們是生活在高度多元世界之中的飛地少數族群（enclave minority）。十六世紀的兩極化情況造成聖戰似乎是穆斯林面對葡萄牙人攻勢的適切回應。新興的火藥帝國憑藉貿易的財富與火器而崛起，並採納了伊斯蘭的戰鬥精神，合理化自身的擴張。有許多人接納這個新信仰、有些人則拒絕，這顯然是因為伊斯蘭是一個普世體系，而伊斯蘭的政治領導權在伊斯坦堡、伊斯蘭的中心聖地在麥加。這種普世主義促使某些貿易中心如亞齊、萬丹、汶萊、望加錫的統治者（選擇性）接受外國出生的「烏理瑪」（ulama）抱持的嚴守經典主義（scriptural literalism），因為這能幫他們滿足外國貿易商的需求，並藉此推翻各地珍重的自治權。一五五〇至一六五〇年之間，伊斯蘭勢力大肆擴張，我們也發現對經典字面嚴格運用的證據——但不確定年代的早晚。統治者派遣使者前往麥加、設置宗教法庭以及實施「胡督法」（hudud）的懲處，例如偷竊會判處截肢、叛教者或異端分子會遭到處決。我們後續將會在本書第八章看到，這個階段最終會隨著十七世紀後期至十八世紀的本土化與綜合化而終結，而此事對於伊斯蘭教與基督教皆有影響。

對立競爭的普世主義

葡萄牙人起初的十字軍熱情，其實沒包含什麼傳教或使他人改信的興趣，最早因為葡萄牙人而改宗者，其實是他們的妻子、小孩，或者是親近的盟友，因為這是一種身分的標記。然而，葡萄牙人與土耳其所領導的伊斯蘭世界之間的全球性衝突，後來涉入了歐洲宗教改革與反改革（counter-reformation）運動，也因此涉及早期現代性（Early Modernity）。雖然特倫特宗教會議（Council of Trent，1545-1563 年）的天主教改革運動，主要是受到日耳曼新教徒的刺激而起，但天主教改革運動最忠實的使者耶穌會（Jesuites），認定他們的偉大使命在東方。羅耀拉（Ignatius Loyola）在一五三四年建立耶穌會，於一五四〇年得到教皇的認可，在成立耶穌會之前，羅耀拉曾經前往土耳其治下的耶路撒冷朝聖，而他一直都將亞洲視為基督教世界最巨大的考驗。羅耀拉最親近的友人沙勿略（Francis Xavier），在最初一有機會的時候，就被派遣搭乘葡萄牙人船隻前往亞洲，沙勿略隨即進行翻譯，並且盡可能地對所有亞洲社會傳教。沙勿略的十年亞洲生涯之中，僅有兩年多的時間是待在東南亞（1545-1547 年），但他卻能以馬來語進行傳教與教學，並在麻六甲、安汶和摩鹿加各島上為數千人洗禮，從而改變了基督教的做法。沙勿略在前往更宏偉的目標——也就是中國和日本之前，將耶穌會的方法與人員引進東南亞地區，並且激勵比較古老的傳教團體如奧古斯丁修會（Augustinian）、方濟會（Franciscan）、道明會，採取類似的嚴謹作法。

這種嚴肅的傳教動力，也對於葡萄牙人的東南亞大本營麻六甲這類的飛地造成了影響。已與亞洲人共同生活的葡萄牙人遭到施壓，必須迎娶她們並使其信教；反過來，這些女性則必須穿著以葡萄牙標準而言成體統的服裝。公元一五三二年對葡萄牙人居地的一份人口調查，當中只列舉了七十五位基督徒女性，然至十六世紀末，這樣的基督徒女性已經有好幾千人。自從一五一一年征服麻六甲之後，葡萄牙人便企圖透過從前的馬來人官員「盤陀訶羅」（bendahara），來管理非基督徒商人，而盤陀訶羅在

調解葡萄牙人與亞洲人時，曾面對許多恐怖的問題。最後一批盤陀訶羅在一五六四年皈依基督教，象徵著權傾一時的麻六甲印度社群影響力至此戛然而止。

當時最強大的基督教君王，是西班牙的菲利浦二世（Philip II，1556-1598 年在位），他決定，西班牙必須在亞洲擁有永久性的勢力，他反宗教改革的思維，與葡萄牙人的十字軍心態全然不同，也與一百年前抵達美洲的西班牙征服者有別。公元一五六四年，菲利浦下令自墨西哥派遣遠征隊，前往已經以菲利浦的名號命名的菲律賓（Philippines），此舉的部分原因源自東南亞的香料，但正如德萊加斯比收到的訓令：「最為重要的事情是，陛下希望我們神聖的天主教信仰能夠傳播，而那些異教徒的靈魂能獲得救贖。」（Zaide, 1990, 408）西班牙遠征隊的指揮權本要委託給烏爾達內塔（Fr Andres de Urdaneta）這位成為奧古斯丁修會教士的前航海家，烏爾達內塔雖拒絕此職，但他卻作為軍事指揮官跟隨德萊加斯比，成為此次任務的精神領袖。公元一五六五年，這次任務從宿霧開始了西班牙對菲律賓的殖民，並且在一五七一年時將重心轉移至馬尼拉。西班牙於此次任務共派了六位奧古斯丁會修士，至一五八六年時，傳教士的人數提升至九十四位，至一五九四年時已達到二百六十七位，是葡萄牙人派至東南亞的傳教士人數的十倍有餘。傳教士以他加祿語、米沙鄢語（Visayan）翻譯並印刷經文，至一六五〇年時已經達成呂宋低地區和米沙鄢群島的基督教化。

用拉丁美洲的標準來衡量，西班牙人在馬尼拉可說是非常和平，雖然如此，西屬馬尼拉還是受到了前述全球性鬥爭的影響。為提防伊斯蘭導師在德那第和汶萊的成果，西屬馬尼拉派遣遠征隊前往民答那峨及蘇祿，並於一五七八年成功劫掠汶萊，削弱它作為菲律賓貿易及伊斯蘭化樞紐的地位。自此之後，以蘇祿島和民答那峨島普朗依河（Pulangi）盆地為基地的蘇丹國，將成為伊斯蘭的主要政治支持者而對抗菲律賓的西班牙人。這兩個蘇丹國具有的最大防禦力量，就在於它們將權力分散於諸多酋長處，這使得西班牙人無法將自身軍事優勢與某段時間的勝利，轉變為永久的影

響力。此時期之內，唯有馬京達瑙（Magindanao）庫德拉特蘇丹（Sultan Qudrat，1619-1671 年在位）於他漫長的在位期間，曾造就出一個強大的伊斯蘭政治中心，這一部分還得歸功於荷蘭人的商業支持。

菲律賓人接納基督教之所以如此迅速，其中一些原因類似於同時期使某些人願意接納伊斯蘭教的原由。東南亞在漫長十六世紀的快速經濟擴張，將許多人從他們本地的農業根基抽離出來，此外，它還導致外來的、普世性的宗教體制變得具有吸引力。經典宗教還能以其可循的理性道德標準，對抗無處不在的惡靈的恐怖力量。西班牙傳教士對於菲律賓人皈依信教一事擁有豐富的記錄，其中大量的敘述是，「魔鬼」出沒肆虐居民，最後受到十字架與聖禮的力量所降伏。

若要說早期現代性「宗教革命」的動機是類似的，那麼，穆斯林與基督徒的宣教模式則是大異其趣。穆斯林商人與學者即便在家鄉已有家室，他們還是會與當地人結婚，由此組成的家庭因而提供了內建的本土化機制。對比而言，反宗教改革的天主教教會則決意以獨身教士作為聖禮力量的唯一中介者，此事遂使教會歐洲人在早期階段握有領導權與正宗地位。天主教教士對於神聖力量的壟斷，對於東南亞統治者來說特別難以接受，因為東南亞統治者的權力主要來源就是作為宇宙秩序的媒介。葡萄牙人為了要讓東南亞的國王受洗，曾經下過不少苦功，但國王若皈依基督教，將會摧毀他們從前的神靈能力，卻又沒讓他們連結上基督教的超自然力量，所以，葡萄牙人的努力終究全部付諸流水。相較之下，穆斯林與上座部佛教統治者則有許多方法可以操縱這些新宗教，來提升自己的崇高地位。阿拉伯文詞彙如「朵拉」（dawla，國家）、「瓦伊」（wahy，先知的神聖啟示）等等，都被用來為統治者獨占的超自然力量賦予某種伊斯蘭合法性。更有甚者，新興的強大火藥國王頗有辦法利用這種外來的通過檢定的新式宗教，顛覆大部分東南亞社會盛行的多元契約論（contractualism）。

在漫長十六世紀，東南亞所有的菁英都意識到伊斯蘭、基督教、佛教這幾個相互競爭的普世主義，而且必須在其中做選擇，就此意義而言，漫長十六世紀確實將早期現代性帶到了東南亞地區。穆斯林—基督徒的衝突

在十六世紀初年是以殘酷的掠奪與戰爭開始；到十六世紀後期，隨著雙方的經典主義被有創意地翻譯為當地方言，這場衝突又增添了知識以及靈性的方面。在公元一五八〇至一六八〇年這一百年，穆斯林的文學創意尤其驚人，創造出我們今日所稱的古典馬來文學。在持續至十五世紀的第一階段裡面，印度洋地區的伊斯蘭商業社群使用的通用語文是阿拉伯文。據麻六甲編年史書記載，十四世紀的八昔人一概都是講阿拉伯語，但在十五世紀時，麻六甲地區最通行的口語與書寫語文，是使用阿拉伯文字的馬來語。同一部麻六甲編年史又提到，在一五一一年麻六甲被葡萄牙人征服的過程中，《穆哈納菲亞傳》（Hikayat Muhammad Hanafia）與《阿米爾漢札傳》（Hikayat Amir Hamzah）——先知時期兩位著名戰士英雄的阿拉伯故事的馬來韻文版本，曾成為麻六甲年輕貴族奮勇對抗葡萄牙人的靈感來源。

漢沙・凡蘇里認為他需要以馬來語文寫作，這樣一來，不懂阿拉伯文或波斯文的穆斯林，便能夠了解他的神祕主義訊息。十七世紀許多重要的作家都曾閱讀或引用凡蘇里的字句，而且如同凡蘇里一般在將阿拉伯和波斯思想傳入馬來世界的主要引進地——亞齊進行教學與寫作。文獻裡面曾記載，一五七〇年代從紅海與古吉拉特搭乘胡椒貿易船前來亞齊的外國穆斯林學者的名字，這些學者應當是使用阿拉伯文在進行寫作。但十七世紀的偉大作品，是由當地出生的學者以馬來語文所寫，例如八昔出生的沙姆蘇丁・薩馬特拉尼（Shamsud-din al-Samatrani），就是這麼一位宣揚受納克什班迪教團（Naqshabandiah）蘇菲派影響的神祕一元論的學者。薩馬特拉尼的主要傳教工具是一六〇一年的《米拉特姆敏》（Mi'rat al-Mu'min），是一部包括了兩百一十一個馬來語教義的問答。據說，薩馬特拉尼也曾經擔任亞齊的「卡迪」（kadi）或「謝赫伊斯蘭」（Sheikh ul-Islam），此職位用英語表達的話是「主教」的意思。他還曾用阿拉伯文與一六〇二年詹姆斯・蘭卡斯特（James Lancaster）的第一支英國艦隊討論過事務。

哈布斯堡帝國領導的天主教派基督教世界，和鄂圖曼帝國領導的遜尼

派伊斯蘭這兩者的較勁，竟然在十七世紀之際迅速終結。自十七世紀開始，對於天主教陣營的葡萄牙人來說，最麻煩的敵人已不是穆斯林，而是新教陣營的荷蘭人；荷蘭人初來東南亞，便尋求與穆斯林勢力如亞齊、萬丹結盟，來共同對付葡萄牙人。到公元一六三〇年代時，荷蘭人與英國人在非洲沿岸載運香料與胡椒事業的成功，已經將經由紅海的穆斯林貿易路線完全比了下去；再加上鄂圖曼及西班牙的力量逐日削弱，導致東南亞與中東穆斯林的直接連結就此中斷。在十七世紀的經濟危機（見本書第七章）過後，接續出現的是宗教與文化身分認同在地化的新階段，其事將於本書第八章再行探討。

多元性、宗教邊界與「高地蠻人」

在東南亞多元性的演化過程中，這場宗教革命是一個重大的轉捩點。我們也許可以這麼說，東南亞地區就如同其他地區，經典宗教和官僚國家這兩股力量，終究會將同質性施加於不同空間人們的自然多樣性（natural diversity）之上。然而，這兩股力量在東南亞地區突破環境障礙而進行整合的速度，卻比其他地區更緩慢，一直到非常近代的時候，東南亞都還保持著高度的多元性。不過上文剛討論過的，在商業時代之中，相互競爭的普世主義已經確定了東南亞內部某些長久存在的邊界，這裡所指的不只是穆斯林、佛教、基督教、儒家之間的界線而已；相競爭的普世主義，還創造出「文明」低地人與「野蠻」高地人之間的新邊界。

「文明」低地人與「野蠻」高地人的區別是怎麼出現的呢？最基礎的差異是生產模式的差別，如採集狩獵者、森林與海洋覓食者、游耕農業者、定居濕稻種植者、都市貿易者等等。在直到二十世紀都是以熱帶叢林為主的東南亞地區，上述每一種生產模式都是長久存在，因為每種模式都擁有它在特殊環境及市場條件下的優點。人們可能會將這幾種模式綜合起來，又或者會在其中切換，從古到今，這樣的例子已多到不可勝數。在這之中，只有定居農業生產者能夠提供詹姆斯‧史考特（Scott, 2009,

73）所謂「國家能取得的產品」（state-accessible product），可以合乎國家的控管與利用；然而，開放性的疆界卻又使得多數務農者可以逃入森林，迴避國家壓迫性的控制。較古老的當地史料中，並無顯示有任何高地和低地、野蠻和文明的二元意識。可是，有三種從外部輸入的二分式思想，鞏固了高地蠻人這個概念，分別是：區別教化與蠻夷的中國思想、國家勢力的延展、經典宗教的行為邊界（behavioral boundary）。中國文明將自身區別於帝國控制之外的蠻夷戎狄，時至當日已有一千年的歷史；越人知識菁英也抱持著這樣的觀念，至少在十五世紀、十九世紀新儒家理學（neo-Confucianism）熱潮階段的時候是如此。所謂文明教化者，等同於處在帝國官僚控制範圍之內的人，同時，國家意識型態則企圖強調版圖之外的無國家人民是蠻夷野人，以此防範國內人民擺脫被徵稅者的身分。越南人（類似中國人和朝鮮人）自稱為「漢」以對比於蠻夷，這種情形一直持續到十九世紀；而當時所流行的「京人／京族」（字意為「市民」）一詞，後來則成為越南民族主義者所接受的族群標記，以對應於山民「眓上」（Thuong）或者「高地人」。其實，相比於中國人，低地區越人與高地人的接觸互動遠遠更多，但是越南地區的文明式思維卻是東南亞區域內最強烈的。公元一八一九年時，廣義（Quang Ngai）地區還曾蓋起一道分隔文明「漢人」與野蠻山民的城牆，這簡直是在對中國概念而非東南亞觀念致敬。

在東南亞其他地區首度表示類似二分法的人，是一個來自中國的觀察家，他和後來的歐洲人一樣，可能將他們自己的假設加諸於更為複雜的真相之上。周達觀（Zhou, 1297/2007, 61）對於公元一二九〇年代的吳哥，描述了一幅鮮明的景象，在此，「來自山中的野人」會被抓來當作奴隸，他們很受歧視，而與他們發生性關係是件丟臉的醜聞；另外還有一種野人，他們無法抓來當奴隸，也與城市居民不能溝通，性格「非常凶狠」而好戰，他們「沒有可居住的家園，而是四處遷移。」但事實上，這些野人應當和低地區高棉人的語言及長相類似，周達觀（Zhou, 54）也稱低地高棉人是「粗人，又醜又黑。」那些人之所以會在中國人眼中被視為野蠻人

或奴隸，是因為他們既沒有國家而且又弱小。鄭和船隊的中國穆斯林史家馬歡（Ma Huan, 1433/1970, 93-4）也做出類似的區別，他分別了爪哇沿岸港口裡清爽體面的華人與穆斯林居民，以及「人好兇強」骯髒又粗野的鄉土人民。另一方面，東南亞的早期史料中並沒有指稱野人，只會提到高地人、森林之人或都市人，或者就直接使用族群名稱、地名；在史料之中，高地人的形象經常是擁有著超自然力量，而他們所居住的那個神靈世界，則反映出低地區過去的真實情況。

除了中國化的世界之外，國家因素最明顯的地區是菲律賓，西班牙與伴隨的基督教對此地之控制，至一六五〇年時已經擴展至呂宋的低地與米沙鄢群島。西班牙控制力量的限制在於物流運輸，因為他們擁有的士兵數量非常少，若將軍事行動推進至遠離馬尼拉的山地，他們的能力不足以維護補給線不受攻擊。由此，反抗西班牙勢力的人們，傾向聚集在縱貫呂宋島中部的科迪勒拉山脈。在西班牙人眼中，呂宋島最有價值的資產便是集中於科迪勒拉山脈的黃金，即使如此，西班牙早期的軍事行動卻全數失敗，至十七世紀的時候，西班牙人最終還是決定放棄對這塊地區的攻略。反抗西班牙的最大規模叛亂，發生在公元一六六〇、一六六一年，爆發於伊羅戈斯（Ilocos）和邦板牙的北部區域。有些高地人參與了該次叛亂，而在西班牙人開始鎮壓之下，頑抗分子自然也撤退至山地加入高地人反抗的行列。在前西班牙時代，高地人相比於低地人，本來就比較沒有知識、沒有階級、沒有定居；但到了西班牙統治低地區的時期，這項差異變得更為明顯。西班牙官員和教士禁絕了低地區的小型戰爭、獵首行為及奢華的死亡祭典，並且樹立伊比利天主教的婚姻與服裝型態，還透過印刷術的引進，將主要語言的族群變得同質化；科迪勒拉山區的語言和宗教依然保持多樣，小規模戰役與獵首行為也繼續存在於此地，使它愈來愈成為西班牙人和華人——後來也包括低地人，心目中的狂野危險之地。

科迪勒拉山區的伊富高族開闢出極為壯觀的梯田，近來的定年研究有進展，認定伊富高族開始建造梯田的時間，是發生在西班牙控制卡加延下游河谷區之後（Acabado, 2009）。對於研究者得知的碳定年序列，最有

效的解釋為卡加延河谷區這塊呂宋米倉之地的濕稻種植者，不願臣服於西班牙、不願放棄自身的宗教與社會習俗，於是決定向上游撤退。他們原本就習慣從事常年氾濫地區的集約稻業，後來又在山區發展出特色十足的稻米梯田，相較於長期以來山區住民的游耕農業，這種耕作方式能夠維持更大量的人口。如果這就是伊富高族稻米梯田的正確解釋，那麼蘇門答臘北部高地的多巴巴塔克人（Toba Batak）、蘇拉威西的托拉查人所擁有的灌溉梯田，或許都曾經歷類似的演變過程；只是在這些地方，將灌溉種稻者驅往高地的因素比較可能是伊斯蘭、而不是基督教。

十三世紀至十六世紀期間，「巴塔克」這個詞的意思似乎是指一個地方、甚至是一個王國，它似乎代表著沿岸的一個地點，外國貿易者曾在此遇見蘇門答臘北部的主要族群。大約在公元一五一五年時，此時亞齊尚未興起，而托梅・皮雷斯（Tome Pires, 1515/1944, 145-6）描述蘇門答臘東北岸有個「巴塔王國」（kingdom of Bata），「國王」靠著打撈葡萄牙人阿方索・德・阿爾布克爾克（Afonso de Albuquerque）派遣返鄉的船隻而致富，船上載著阿爾布克爾克一五一一年征服麻六甲時奪來的戰利品。如同南方的鄰居阿魯，「巴塔國王」為接納外國商人而自稱穆斯林。然而，這兩個「王國」的伊斯蘭教類型差異太大而且流於表面，後來，在亞齊興起並與葡萄牙人爆發激烈衝突的那種兩極對立氣氛之中，這兩國的穆斯林身分完全不被接納。巴塔和阿魯在那場衝突之中，選擇站在葡萄牙人那邊，而無論沿岸區的那個「巴塔王國」究竟是什麼，它最後也許淪為了亞齊擴張初期的犧牲品。

至一五四〇年代，穆斯林亞齊已然統領蘇門答臘北岸，「巴塔克」也成為了一個族群—宗教性標誌，此外，「巴塔克人的國王」（King of Bataks）則擁有西岸的一座港口首都。曼德斯・平托（Mendes Pinto, 1578/1989）曾述說一個悲劇故事，有土耳其人與古吉拉特人支持的好戰亞齊蘇丹，向期望能相容共處的巴塔克對手提議，在死亡與伊斯蘭之間兩者擇一。巴塔克王的軍隊已被擊敗、兒子都被殺害，葡萄牙人援軍卻遲遲未來，這位痛苦的「國王」只能放棄對外的商業連結，往上遷移至山區之

內。這件事似乎代表著一個轉折點，自此之後，「巴塔克」一詞就被用來指涉抵抗伊斯蘭以及抵抗代表伊斯蘭的沿岸國家的高地人，而且這個詞也就不再用來指特定的語言或地點。到十六世紀中葉，葡萄牙人的報告表示，蘇門答臘已分裂成信仰萬靈的原住民，以及衍生自外國貿易者的穆斯林，後者在先前一百五十年間控制住沿岸地區，創造出伊斯蘭諸國。那些拒絕伊斯蘭教的人民離開沿岸區域，並漸漸成為人們口耳相傳中，吃人肉的高地蠻夷巴塔克人。

東南亞野蠻食人族的形象，甚至可以追溯到遠至托勒密（Ptolemy）的歐洲圖像學，而自十四世紀開始，雖然東南亞當地的馬來文史料幾乎沒提過這件事，東南亞食人族就特別與巴塔克一詞相連。固然有強烈的證據顯示，食用戰敗敵人血肉的儀式確實存在，但這項作法似乎是受到後代巴塔克人大肆誇張渲染，因為他們在跟外來者接觸的時候，想要以此嚇阻外人進入內地的企圖。

此段時期內的穆斯林國家進行迅速的軍事擴張行動，從而刺激出歧異的高地身分認同新意識，巴塔克的故事便是其中之一。在蘇門答臘島附近，尼亞斯島（Nias）上看似原始的巨石文化，座落在山脊的村落之內，如今，透過碳定年與口語系譜學的估算，認定此巨石文化其實是十七世紀的產物。當初此文化的新開端，是否是在應對亞齊的第一波攻勢，或者，這是經歷可怕海嘯後的新開始呢？真相至今仍未能確認。

蘇拉威西的托拉查族是另外一個類似的案例。托拉查人的語言、文化、宗教儀式，非常接近鄰近低地區的武吉士人，但托拉查人似乎刻意要遠離伊斯蘭教與沿岸推行伊斯蘭教的武吉士國家。直到現代，托拉查族人的記憶依然會在慶典中吟唱著，他們的祖先曾立誓結盟抵抗武吉士穆斯林的攻擊，後來「退守至波恩山中」（untulak buntuna Bone）。這場攻擊的發動者，可能是波恩（Bone）諸王當中最強大的、與荷蘭人結盟的阿隆・帕拉卡（Arung Palakka），他在一六八〇年代時，曾企圖攻略高地區。至於那些加入抵抗者誓言之人，則被托拉查族人視為模範祖先，他們是「擁有相同夢想之人」。此外，在典禮吟唱裡頭，族人還會緬懷，「那個時候

的大地是豐收的，人類是富庶的。」（Waterson, 1997, 73-6）這種對於農業黃金時代的記憶，顯示托拉查人——可能包括許多逃離伊斯蘭教國家、從事濕稻農業的武吉士低地人——是於十七世紀開始開闢山丘，造就出灌溉稻米的美麗梯田，堪比伊富高族的稻米梯田。

巴塔克人、托拉查人這種受伊斯蘭教引發的高地無國家屬性，在爪哇地區最接近的例子，當屬後來被稱為異他人的族群；他們之所以被稱作異他人，是因為最早可追溯至十七世紀的異他政權曾在今日雅加達、茂物（Bogor）地區遺留下銘刻。即便是爪哇的史料，都將早期王權及文明歸諸於這塊爪哇西部三分之一的區域；然而，十七世紀或後續的火山災難，逆轉了爪哇的人口與文明興盛區所在。前文所述穆斯林淡目的擴張，奠定穆斯林在爪哇北岸的勢力，這是宗教擴張兩極化階段的其中一章。接近現代茂物地區的異他王國或異他神聖中心，只倖存到公元一五六七年，終究還是被萬丹蘇丹國給征服。不過，和蘇門答臘的亞齊一樣，爪哇的萬丹也難以將力量推進至高地區。那些抗拒伊斯蘭教或沿岸勢力的人們，成為了特殊的高地人，他們在沒有國家所帶來的好處之下，將產量豐碩的稻米經濟複製到高地。雖然十六世紀的萬丹、十七世紀的馬打蘭，都名義上宣稱異他人臣服於自身霸權之下，但異他人依然堅持他們是自主的、平等的。然而，如同蘇門答臘南部的高地人，異他人至十八、十九世紀時，隨著巴達維亞有目的地鼓勵沿岸地區去掌控高地區域，也漸進地接受了伊斯蘭教。於是，人口稀少、土壤肥沃的爪哇高地地區，便成為荷蘭控制的咖啡事業中，第一批廣大的種植地帶。

在爪哇東部三分之二這片講爪哇語的區域，蘇丹阿貢造就的綜合體政權，比較成功地吸收了高地人，而不是逼他們做出困難的選擇。不過，在兩極對立的十六世紀，政治與宗教菁英面對穆斯林淡目的攻擊之下，只能選擇往東邊遷徙。爪哇最東邊的岩望和巴蘭班根（Balambangan）雖然撐了一段時間，但至十七世紀時，只剩下峇里島依然是信仰古老印度教——佛教文明的區域。峇里島大量的人口、精密的灌溉稻米系統，還有它的文學與藝術，必定得歸功於此期間來自爪哇的移民；爪哇高地人與峇里島人的

差異，在於後者擁有階級社會體制與精緻的文化，但峇里島人同時也以勇武著稱，因為他們了解伊斯蘭國家進逼的危險——此事遠遠早於他們得知歐洲人的潛在危險。

在東南亞大陸區所進行的，雖然長期結果相同，但卻是一種不同的歷史節奏。十五世紀和十九世紀初期，再加上程度較低的十七世紀，新儒家理學在越人地區獲得了成功與確立，上述期間，越人國家企圖透過官僚實施儒家標準，此舉在高地地區激起反應和產生反彈。在大陸區的其它地方，上座部佛教透過神聖中心與僧伽的感召力量而擴張，同時，上座部佛教對於不信者或者野人，不太有什麼分別心或邊界意識。十六世紀的時候，當然還是有一些積極剷除古老神靈宗教的行動者，緬甸征服者勃印曩正是此中代表。編年史書記載，勃印曩在他征服的上緬甸各處建造佛寺，並統一各地不同的宗教曆法，以自身頒布的曆法為準，此外他還立法禁止人殉與動物犧牲。然而，當勃印曩認定神靈「納」沒有協助他的軍事行動時，他就會摧毀神靈「納」的聖壇；一直到二十世紀，緬甸的人們仍然持續信仰著「納」。在更早之前，龍坡邦當地曾於公元一五二七年時，摧毀河流交會處的大神壇，並且在原處建起一座佛塔；不過，稍後一份葡萄牙人資料卻表示，此地依然盛行高度多元的教派與犧牲儀式。

東南亞大陸區的高地社群務實地向低地人派出象徵性的進貢、與低地人貿易、並在抵禦敵方低地中心入侵時請求其他低地人干預，由此，高地社群倖存了下來，並且發展出與低地人有別的身分認同。到了十九世紀，位於高棉和越人領土中間山地的嘉萊族（Jarai），會與各個柬埔寨國王交換禮物，以認定雙方的共生關係，其中的象徵物是嘉萊人擁有一把繼承自古代占人統治者的寶劍，同時高棉人所持有的則是劍鞘。為了自身宗主權獲得承認，柬埔寨國王所送的禮物價值，會遠遠高過他所收到的禮物，就這方面來說，他們和中國統治者還真像呢。

緬人與孟人所在的伊洛瓦底江及薩爾溫江三角洲，和低地泰人所在的昭披耶河盆地，這兩塊上座部佛教文化低地區之間的山丘地帶，住著如今被稱作克倫人的族群。克倫人是典型的無國家多元社群，用自身的森林產

品與山丘作物與低地區進行貿易，且滿足於自身被視為藩屬附庸。人們對於克倫族的歷史一向所知甚少，但在十八世紀後期，主教傳教士桑格曼諾（Sangermano, 1833/1966, 36）卻在介紹緬甸時特別提到了克倫人：

> 雖然是居住於緬甸人與勃固人之間，但他們不只保有了自己的語言，也保有自身特殊的服裝、房舍等各方面的事物。更令人驚奇的是，他們甚至還擁有不同的宗教。

這個紀錄顯示，雖然其內部具有高度多元性，但許多高地克倫人仍然自覺地區分自身與低地人。至少從十九世紀中期開始，克倫人就擁有一個共同的起源神話：創造之神將知識之書贈予克倫人的祖先，但粗心大意的祖先卻把書給弄丟了，導致克倫人因此不像他們的鄰居那般擁有書寫文字。一八三〇年代的浸信會（Baptist）傳教士發現，克倫人對於基督教特別能夠接納，是因為克倫人將克倫語《聖經》（Karen Bible）視為尋獲祖先遺失的知識文字之書，並藉此肯定他們確實原是緬人的兄長（見本書第十一章）。

第六章

亞洲與歐洲的相遇：
一五〇九至一六八八年

歐—華城市

我們在第四章已經見到，城市確立了漫長十六世紀的文化型態與政治型態。其中，由歐洲征服者在一五一一年之後重新塑造的城市，在規模上相對較小，而且在文化上處於邊緣；不過，這類城市引入三項新的要素，就此而言，這種城市實具有革命性。第一，經歐洲征服者重塑的城市設有深壘重防，以此面對他們假定具有敵意的內地；第二，部分國際性網絡之中各港口城市據點，都臣服於同一個權威；第三，它們是由定期調動的行政官所統治。這幾項新要素綜合起來，可以提供相對穩定的環境，在此環境之中商業考量通常最為優先，由此，對商人而言，東南亞長年以來的風險——一方面是暴政、另一方面是無政府狀態——可以降到最低。不過，就其他層面來看，這些新興城市其實也將前輩們的商業技巧與族群複雜性延續了下去。

勝利方程式的發現當然不是一蹴可幾的事情，而如果能發現它的話，這一方面出自好運、一方面是由於好的管理。葡萄牙人在公元一五〇〇至一五二五年間，沿著亞洲海洋貿易的主要幹道，建立一連串他們征服並設防的據點；然而，要盡可能吸引亞洲商人前來這幾個中心，葡萄牙人做得

特別失敗。葡萄牙國王曼紐一世（King Manuel I，1495-1521 年在位）自封為「對衣索比亞、印度、阿拉伯、波斯進行征服、航海、貿易的大王」，他企圖以軍事力量，摧毀至今大部分沒有武裝的印度洋地區的穆斯林貿易，並且以葡萄牙政府壟斷關鍵貿易物品的方式來取代。在阿爾布克爾克指揮之下，葡萄牙人攻占了三大關鍵口岸，分別為果亞（1510 年）、麻六甲（1511 年）、霍爾木茲（1515 年）。

葡萄牙人在東南亞地區的力量始終不如在阿拉伯海的情況，麻六甲是葡萄牙人在東南亞唯一的強大據點；另外，自一五二〇年以來，葡萄牙人還不定期地在德那第維持著堡壘要塞，以及自十六世紀中葉以後，不定期地在安汶、索洛、帝汶維持要塞。葡萄牙人在攻擊穆斯林船舶方面頗為好鬥，因此，主宰印度洋貿易的穆斯林即便在葡萄牙人允許的狀況下，仍不願定居在葡萄牙人的堡壘。相反地，穆斯林貿易者會特別尋找實力強大到足以面對葡萄牙人的替代口岸。企圖壟斷貿易並將其集中於葡萄牙國王或他特許的商人手中，這種目標會造成反效果；其實，葡萄牙人在他們實力弱小到不足以考慮壟斷的地方，反而獲利最大，尤其是澳門和日本長崎這兩個他們最東邊的據點。

葡屬麻六甲在人口或商業規模，都遠不如從前馬來人統治的麻六甲。葡屬麻六甲的軍事資源，大部分是依賴葡萄牙人或「麥士蒂索人」（mestizo），自始至終人數大概就只有幾百人。葡萄牙人的政策是鼓勵士兵於當地結婚並讓他們當地的妻子接受基督教，成為永久的「加薩多斯」（casados）。即便是在葡萄牙人的巔峰期，也就是一六一二年左右，要塞化的麻六甲城中也只有三百名這類的「加薩多斯」，城牆之外另住著約七千四百個皈依基督教的亞洲人，還有人數較少的印度教徒、穆斯林和佛教徒。在麻六甲被葡萄牙人征服之後，麻六甲統治階層的穆斯林馬來人大部分都遷走，跟著離去的還有穆斯林印度人。在麻六甲蘇丹國時期，爪哇人是當地人口最多的族群，但是他們後來也很快與葡萄牙人鬧翻，在一五二五年之前就離開了。最後集中至麻六甲的亞洲人口，大多是非穆斯林的印度人、福建華人（尤其在 1567 年後），還有各種想要和葡萄牙人

打交道的東南亞人。

　　中國對東南亞的貿易在一五六七年時出現劇烈的變遷。公元一五六七年，中國首度出現年度特許制下進行南向貿易的大量私人戎克船。雖然在更早期，阿拉伯或東南亞船隻曾經占有中國海上貿易的很大部分，而在一五六七至一八四〇年間，中國海洋貿易幾乎全是由主要根據地在福建的華人船隻所掌握。在這段時間，歐洲人占有的港口變得極為仰賴華人船隻的來訪，也非常仰仗有技術的華人移民當地，由此，我們或許擁有充分的理由，將這些城市貼上「歐—華城市」的標誌。

　　大量華人戎克船湧入東南亞進行貿易，第一個受益的歐洲人據點便是馬尼拉，並且還在後續兩百年間持續受益。對西班牙人來說，這種嘉惠實在是純粹的好運。公元一五六〇年代，西班牙為了占有菲律賓而向西方派出的修士跟征服者心中掛念的是靈魂和香料，當時他們對於與中國貿易的潛力，其實是一無所知。西班牙人指揮官德萊加斯比，很快就注意到繁榮的馬尼拉港口以及蓬勃的中國貿易，也注意到華人貿易日漸向馬尼拉集中。德萊加斯比於一五七〇年派去偵查馬尼拉的探險隊，發現有四艘中國船隻停泊在穆斯林控制的貿易聚落區外，探險隊也很明智地善待了他們。一五七一年，德萊加斯比將總基地遷移到馬尼拉，來自福建的船舶數量隨即變得更多，這是因為西班牙人能穩定供應來自墨西哥和祕魯的廉價白銀，這是穆斯林所沒有的。到一五七五年時，一年已有十五艘船抵達馬尼拉，這塊殖民地的經濟生存能力至此已非常穩固。西班牙加利恩帆船回程所載的中國絲綢與陶瓷，成為了馬尼拉到墨西哥的生命線。

　　在一五八〇至一六四〇年之間，擁有全世界首屈一指天然良港的馬尼拉，幾乎是不由自主地成為福建商人最大的東南亞市場。也因為如此，馬尼拉對於遭禁止與中國直接接觸的日本商人產生吸引力，日本商旅會前來此地，取得他們所需求的中國絲綢等商品。此外，馬尼拉也是福建貿易商最盛行的目的地，直到一六一〇年左右，這個地位才被交趾支那的港口會安後來居上。馬尼拉城內發展出獨特的華人與日本人社群，原先來到此地服務華人貿易者的工匠，很快就成為整座城市必需的重要人物。公元

一五八一年，龍魁洛總督（Governor Ronquillo）首次為華人貿易者指派一塊特定區域與絲綢市場「八連」（parian），就在馬尼拉城牆外東邊的巴石河（Pasig River）南岸。雖然在一五八八至一六四二年之間，「八連」曾七度慘遭火災，但每次重建起來時，都比之前還要體面。龍魁洛總督也開始實施對華人收稅的制度，獲利頗豐，起初的作法是對所有自中國進口的貨物，抽取百分之三的溫和稅率，後來到一六〇六年時，這項稅率提高到百分之六。

馬尼拉的薩拉薩爾主教（Bishop Salazar）對於華人居民採取保護的立場，希望能透過他們來向中國傳教。薩拉薩爾主教曾於一五九〇年時評論道：

> 這座八連讓整個城市變得非常有看頭……全西班牙沒有任何一座城市、這片區域裡沒有任何一座城市能夠跟它相比；在八連裡，你可以找到中國所有的行業和手藝，還有各式各樣來自中國的商品與新奇事物。這些貨品目前已開始在本地生產，製造的速度與水準甚至比中國更好……他們製作的產品，比西班牙製品還要更精美，而且產品的價錢非常便宜，有時甚至廉價到讓我羞於啟齒的地步。（Blair and Robertson, 1903-9 VII, 224-5）

相比於薩拉薩爾，別人的批評聲就比較大了，他們抱怨道，華人的產業導致這裡的西班牙和菲律賓居民得放棄自己所有的技能，把工藝領域全部都留給華人掌握。這個西班牙殖民地高度依賴中國人的事業，引起了近乎偏執的恐懼，這種恐懼經常危及整體的事業。公元一五八六年的馬尼拉城市人口調查結果顯示，此地有七百五十個華人店主、三百位技藝不凡的工匠，同時，西班牙市民卻只有區區八十人，西班牙士兵有兩百人，城牆之外則住著七千五百個菲律賓人。據報，一六〇三年時，馬尼拉的華人居民已有兩萬之數，此時，各方對彼此的猜疑惡化到失控的程度，西班牙人、日本人與當地人於此結合起來，殘酷地屠殺四分之三的華人。雖然這

些嗜血的勝利者獲得了價值三十六萬披索的中國貿易商品作為獎賞,「馬尼拉城卻發現自己陷入愁苦之中,由於這裡沒有了華人,這裡變得沒有東西可吃、沒有鞋子可穿。」(Morga, 1609/1971, 225)

雖然有這些慘絕人寰的事件發生,以中國為基地的貿易並沒有因此中斷,馬尼拉當局固然常常實施限制中國移民的規定,但此地人口很快又再度補足。公元一六四○年爆發另外一場恐怖的屠殺,估計有兩萬華人慘遭殺害;一六六二年的時候,又出現另一場屠殺華人事件。在這之後,由於西班牙人的警戒心加上馬尼拉走向衰微,馬尼拉的華人人口再也沒有超過兩萬,不過這樣的人數始終遠遠高過西班牙人。至一六六○年時,馬尼拉華人已約有四分之一是基督徒,其中大部分又是已婚的住民。至於讓華人融入東南亞社會這件事,華人的菲律賓妻子應得的功勞,其實比她們的丈夫還要更高。

公元一六○九年至一六四八年之間,海盜、走私以及與荷蘭人持續的戰爭,對於馬尼拉加利恩大帆船以及供應它們的華人船舶的豐厚利潤造成巨大的損失。即使如此,在一六四四年之前,每年抵達馬尼拉口岸的中國船隻數量,幾乎都超過二十艘;然而在一六四四年這一年,大明的覆亡終結了馬尼拉的黃金時代,此後中國船隻數量降低至每年七艘。西班牙王室企圖對於每年兩艘特許船送往阿卡普科的貨物價值,實施限制性的「許可證」(permiso)制度,以此保護西班牙絲綢製品,並且抑制墨西哥白銀的外流。最初,一五九三年的許可證規定,在馬尼拉購買的商品價值限制至多為二十五萬西班牙銀元,或者是商品在墨西哥販售的價值至多為五十萬銀元;這項金額上限逐漸在提高,到一七三四年時,可在馬尼拉購買的商品價值上限增加到五十萬銀元,至一七七六年時,這個數字增加到七十五萬。因為這個金額上限實際上往往還是會超過,馬尼拉他加祿人(Manileños)出於利益所在,經常會隱瞞真相、假造數字。在最繁榮的那些年,例如一五九○年代、十七世紀初、還有一六九○年以後斷斷續續的時期,每一年大約會從阿卡普科運來兩百萬西班牙銀元。

荷蘭東印度公司得益於西班牙人和葡萄牙人的經驗,比後兩者更積

極、更花心思要建立能吸引華人和東南亞商人的轉口貿易站。對於在戰略性地點建立荷蘭人大本營，揚‧彼得斯佐恩‧科恩（Jan Pieterszoon Coen，1587-1629 年）是最極力支持的提倡者，最終，柯恩在雅加達找到這樣的地點。荷蘭人想要前往香料群島，但卻不想像葡萄牙人那樣經由印度前去，他們的策略是靠印度洋南部的咆嘯西風帶（roaring forties）直接前進，然後再往北抵達爪哇；雅加達相鄰爪哇島和蘇門答臘島之間的巽他海峽，這個所在對上述的荷蘭人策略而言，是非常理想的位置。這塊地區原是由萬丹所宰制，荷蘭人和英國人最早設置的東方基地，就是位在萬丹的首都。雅加達本是萬丹東邊一塊比較弱小的屬地，公元一六一九年五月時，柯恩設法征服了這座小鎮，並建起一座堡壘，以抵禦未來可預見的攻擊，就此為荷蘭人橫跨亞洲的貿易策略奠定基礎。

柯恩將這座城市重新命名為巴達維亞，設想它能夠成為荷蘭人家庭與私營貿易商在亞洲的主要據點——這是參考葡萄牙人「加薩多斯」模式而設計，這些人可以防禦移民聚落，由此便不需要雇用昂貴的職業軍人。然而，幾乎沒有歐洲女性會被派至東方，在公元一六〇二至一七九五年間，荷蘭東印度公司共派出九十七萬八千個男人（最終歸返的人數只有其中三分之一），而僅有一次失敗的實驗當中，曾派出區區幾百位女性。荷蘭人的風俗比較無法接受與亞洲人通婚，相較於葡萄牙人是如此、相較於華人更加是如此；而且，荷蘭公司的股東反對將能賺大錢的壟斷事業跟私營商人分享。公元一六二八至一六二九年，馬打蘭來犯，這是巴達維亞城最黯淡艱苦的歲月，守城者只有約兩百三十個荷蘭「市民」、四百七十位公司士兵、七百個華人居民、兩百六十個公司奴隸，還有兩百個奴隸後代的華人自由民「馬迪克斯」（mardijkers）和日本人。隨著巴達維亞的成長，講荷蘭語的歐洲新教徒與麥士蒂索人社群人口比例逐漸減少，到一七七〇年時已到僅占總人口不及百分之一的地步；但是，他們身為受到良好保護而擁有權力的內婚菁英群（endogamous elite），其經濟條件與社會地位仍然在穩健地提升。

相較於葡萄牙或西班牙人，荷蘭人高度仰賴源自印尼東部、印度南

部、阿拉干的奴隸作為勞力，還以這些地區的女性人口來充實他們早期的亞洲城市據點。根據公元一六三二年的計算，巴達維亞城內有兩千七百二十四名奴隸，占總人口的三分之一；此外還有四百九十五位「馬迪克斯」，其中有些馬迪克斯已經擁有奴隸了。當時大部分的奴隸屬於荷蘭東印度公司，並且是在倉庫或工地裡工作；不過，也已經有七百三十五位奴隸，是由荷蘭市民擁有。雖然最初在尋找奴隸來源時遇上一些困難，然在公元一六六〇年至一八〇〇年間，巴達維亞成為了東南亞地區最大的奴隸輸入者。一六六〇至一六九〇年之間，每年輸入巴達維亞的奴隸人數大約是五百，至十八世紀時，一年輸入的奴隸人數竟攀升到四千人左右。絕大多數的奴隸，是從蘇拉威西島南部、峇里島與更多東部島嶼處買來。儘管奴隸死亡率頗高，加上有大量的第二代奴隸受到解放，然在一七二九年時，巴達維亞城內（包含城牆之內與之外）的奴隸仍有三萬人以上。巴達維亞的奴隸人數在十八世紀時繼續增加，雖然奴隸人口相對於總人口的比例，已下降到四分之一。到那個時代，奴隸不再是重要的勞力來源，他們已高度家務化，工作內容主要和有社會地位的歐洲菁英之需求相關，或者是成為男、女比例失衡之下男性人口的性伴侶。

雖然柯恩的荷蘭移民政策宣告失敗，但柯恩其他的策略，無論就短期或長期而言，都彌補或挽救了這個失敗：

> 要打造一個很棒的地方，讓人潮來到我們這邊，華人、馬來人、爪哇人、吉寧人（Kling）等所有的民族，都會在閣下（荷蘭東印度公司）的管轄下和平而自由地在此居住與貿易，很快的，這座城市便會人口稠密，貿易商品就會被吸引而來。（Coen, 1616, in Coen, 1919 I, 215）

自巴達維亞建城伊始，柯恩便特別誘導或脅迫華人移民或中國貿易來到巴達維亞。他曾經帶著威脅表示，除非中國戎克船能為該城提供一百個人，否則就不允許它們離開巴達維亞返回中國。

公元一六一九年末，已有超過四百個華人遷徙到這座新城市，為巴達維亞提供了第一批勞動力，這是一六二三年大量奴隸抵達此地之前的事情。至一六三二年，巴達維亞城中已有兩千三百九十個華人，他們占百分之四十五的男性自由民比例。如同馬尼拉的情況，這些華人從事服務業、建造業、手工業，或者擔任供應商、貿易商；不過，與馬尼拉情況的差別在於，華人要獲得信任並不需要成為基督徒，荷蘭當局反而是鼓勵華人在荷蘭人指定的領袖人物管理下，保有特殊的身分認同。由此，一六一九年時，荷蘭當局已任命蘇鳴崗（Bingkong）為巴達維亞華人的領袖，日後成為「甲必丹」（Captain），後來蘇鳴崗的權威通過獲得某些壟斷收入的權利得到加強，也演變成為華—荷經濟性組織的固定型態。自一六二〇年以來，蘇鳴崗經營巴達維亞城秤量房的營運權，另外一位顯赫的華人楊公／甄缸（Jancon），則壟斷獲利甚豐的華人賭博事業。至十七世紀中葉，華人已在巴達維亞等荷蘭人占有的城市中，位居包稅或撲買制度的最大獲利者，其中包含港口稅，而華人收來的港口稅金，居然占荷蘭東印度公司在亞洲總收入的四分之一，僅次於東印度公司的貿易所得。

一六四四年大明滅亡，後來又有三十年中國沿海地區控制權的鬥爭，這些事件造成的混亂，使得中國到巴達維亞的貿易與移民受到障礙。一六三〇年代時，每年從福建各港前往巴達維亞的戎克船還有四、五艘，但到後來幾乎一艘都沒有。時至一六七〇年代，福建戎克船又慢慢地重建起貿易連結，但唯有到一六八三年滿洲人充分控制福建沿岸與台灣之後，正規的貿易才被准許。此後廈門的中國船舶蜂擁南向，而巴達維亞則成為它們第二重要的異國目的地——第一名為日本當時唯一開放的港口長崎，在一六九一至一七四〇年之間，平均每年有十四艘戎克大船抵達巴達維亞。它的華人人口迅速成長，至一七三九年已有一萬四千八百人，占總人口數的百分之十七。有鑑於大量的奴隸人口日漸失去生產力，華人是巴達維亞城中最有價值的族群，多數的製造業、建造業、服務業、糖業、市場園藝農業都是由他們負責。

巴達維亞當局最初並不信任印度尼西亞人，尤其是爪哇人，認為他們

都是潛在的敵人；直到一六五○年代，他們才開始在除了奴隸以外的群體發揮顯著的作用。跟馬尼拉不同，巴達維亞起初是一個完全依靠海洋供應的飛地經濟體（enclave economy）。十七世紀東南亞人口中，穆斯林馬來人在經濟層面的角色極為重要，他們是一個流散的貿易社群，其根基位在從前麻六甲（1511 年以前）、北大年、望加錫、巨港的「重鎮」（emporia）區域。馬來人甲必丹（Malay Captain）這個職務設立於一六四○年代，最初三位甲必丹全都是來自北大年的富商。一六八○至一七三○年的巴達維亞商業全盛期，城中的馬來人人數大約在兩千至四千之間；而且，馬來人還是僅次於華人和歐洲人，擁有船舶的重要社群，馬來人的船隻比其他印度尼西亞人所造的船要更大上兩倍。

　　十七世紀後期，爪哇農人開始被允許到巴達維亞的外部區域，也為城市供應部分的糧食需求；同時，有大量前身為奴隸且伊斯蘭化的峇里島人，融入了爪哇農人的群體中。至十七世紀末，他們儼然成為巴達維亞最大的單一族群，而巴達維亞的飛地性質也在逐漸消失。巴達維亞的人口在一七二○年代超越十萬，但若是考量到巴達維亞驚人的商業交易範圍已遍及亞洲海域，這樣的人口數量其實並不算多。一六五○至一七四○年間全盛期的巴達維亞，並不是當時最大的東南亞城市，但絕對是最富有、最具戰略性的城市。巴達維亞是一處利於文化交流及相互學習的優良溫室。

作為文化媒介的女性

　　公元一八○○年之前，從世界各地來到東南亞的男性商人、水手、士兵，與東南亞女性形成了對彼此有益的伴侶關係。東南亞口岸的開放性與國際性，使長途貿易的富商在此擁有頗高的地位，對於習慣控制自身市場多數領域的當地女性來說，這些可作為性伴侶的富商特別有價值。東南亞的港口對於來訪的貿易商提供了具有高度價值的暫時婚姻機會，而非其他地區那種賣淫的娼妓：

只要他繼續居住在此地，這場婚姻就會和睦地持續下去。當他想要離開的時候，他會給她任何他承諾的事物，這樣他們就能以朋友的態度與對方分開，而她也可能繼續隨心所欲地找尋另一個屬意的男人，這沒有可恥或丟臉的。（van Neck, 1604/1980, 225）

　　風下之地男、女權力較為均衡的情況，促進了一夫一妻制，也讓男女雙方都比較容易離婚。中國人、印度人、穆斯林這些亞洲的外來者，要將這個模式納入他們的一夫多妻制觀念之中，其實並不困難，因為他們人在不同的港口時，就可以有不同的妻子。相對的，歐洲的基督徒要在沒有罪惡感或醜聞的情況下接受這套體制就困難地多，但他們若能逃脫家鄉社群的社會控制，也會覺得自己和東南亞這套作法頗為契合。由此，跨種族結合成為這些東南亞城市的典型情況，一直要到外來的歐洲人與家鄉的聯繫變得非常穩固的時候，歐洲地區的偏見才會輸入。到十九世紀時，這種跨種族的結合竟受到商業移民自身的藐視，而這樣結合的人們也會被當成低等階級；不過，東南亞人本身比較不會這麼看。

　　由此，東南亞女性成為與外來者進行文化交流的先鋒，然而，這樣一種具有創造力的角色，既不受民族主義者表彰、亦不受帝國主義者推崇。東南亞女性率先展現出適應技巧的領域，自然是在語言與貿易，這兩者對性別交流體制（sexual exchange system）而言都很重要。作為當地銷售體系的參與者，商業中心的東南亞女性，可以向她們的異國伴侶提出市場狀況的建議，並且在這些異國伴侶離開的時候擔任代理人：

如果她們的丈夫有貨物要賣，她們就會設置店鋪以零售方式販賣，這種兜售方式會比批發出售的價格更好，她們之中有些人會帶著貨物到內地城鎮，用以物易物的方式，購買丈夫所要前去的外國市場處所需之產品……但如果丈夫出軌，她將會熟練地給丈夫服一劑藥，把他送往另一個世界，以消解自己的怨恨。（Hamilton, 1727/1930, 28）

尤其是在早期的階段，我們可以想見，當時是東南亞的女人在對來訪的華人、歐洲人或阿拉伯人，解釋度量衡和通貨的體制，也是東南亞女性發展出不同體制之間混合經營的做生意方法。此外，只要貨幣兌換這個行業還是當地人在主導，從事的人通常都是女性。

　　在麻六甲、馬尼拉、巴達維亞等城市土生土長的華人，形成永久的混合語／克里奧爾化文化（creolized culture），此即土生華人／「峇峇娘惹」（peranakan）／「麥士蒂索」，在此等文化的形成之中，第一代東南亞母親的角色極為關鍵。麻六甲和馬尼拉的華人，似乎是在當地人中找到伴侶；在地處偏僻的巴達維亞地區，早期華人則是從奴隸或前奴隸女性之中選擇伴侶。日本基督徒的小型流亡社群，在一個世紀之間，便因為同化而消失了，這種日本基督徒的女兒大多嫁給歐洲人，他們的兒子則是迎娶信奉基督教的印尼前奴隸女性。十七世紀定居在巴達維亞的華人，比較可能會娶來自峇里島或婆羅洲的女性（她們可以接受華人吃豬肉），其中，成功人士的兒子可能會被送到中國受教育，但女兒就從來沒有這種待遇；這類人士的女兒會成為比較有成就的華人眼中適合的結婚對象，因此混血群體的內婚制再次建立。公元一六四八年，巴達維亞華人甲必丹過世，即便華人男性曾表達過抗議，他出生峇里島的妻子仍接管起甲必丹的職責。巴達維亞的華人基督徒很罕見，即便是混血的峇峇娘惹也不樂意信奉基督教，這點與馬尼拉的情況很不同；讓東印度群島（Indies）地區的華人社群相互團結聯繫的要素，是祖先崇拜以及系列的廟會節慶。

　　初期軍事階段進入印度洋的歐洲冒險者組織嚴密，使得他們從東南亞女性伴侶得到好處的機會更為稀少；但逃脫官方控制的歐洲人卻可能這麼做，而這對於他們要適應東南亞極有幫助。最初一批前往東南亞的葡萄牙遠征隊，是一五〇九年狄奧戈・薛奎羅（Diogo Lopes de Sequeira）的隊伍，探險隊相信他們之所以倖存，是靠一位來自麻六甲大型爪哇人社群的女性，「她是我們一位水手的愛人，趁夜晚的時候游泳到船上」，並警告葡萄牙人，盤陀訶羅計畫在宴會時把他們抓起來（Albuquerque, 1557/1880, 73-4）。阿爾布克爾克在一五一一年征服麻六甲之後，曾派遣三艘船艦前

往東邊，探索肉豆蔻和丁香資源，這次任務中最成功的成員，就是副指揮官佛朗西斯科・塞拉（Francisco Serrão），塞拉在爪哇島港口錦石進行補給期間，很明智地娶了一位當地女性。塞拉的船雖然在摩鹿加地區失事，但塞拉和他的妻子，再加上一些族群混雜的追隨者，居然設法贏得德那第蘇丹的友誼，並為葡萄牙和德那第蘇丹國的親密關係奠下基礎，後續雙方關係甚至撐過了宗教兩極化的一五六〇年代。幾乎所有身在東南亞例如摩鹿加或大陸區據點上的葡萄牙人，都有當地的妻子或是小妾，隨著葡萄牙人漸漸適應亞洲的商業方法，這些妻妾扮演著至為關鍵的媒介或調解角色。這種跨種族結合的後代中，較為知名者有朱昂・伊利地亞（Juão de Erédia）的三個兒子。公元一五四五年，朱昂・伊利地亞帶著一位武吉士公主乘船私奔，離開公主不情願的父親，也就是蘇拉威西南部蘇帕（Suppa）的羅闍。朱昂和公主這對夫婦，日後居然成為麻六甲社會的支柱，他們有兩個兒子成為領導麻六甲的教士，第三個兒子曼努爾・高丁紐・伊利地亞（Manuel Godinho de Erédia）則成為一位偉大編年史家與探索者，他是第一位繪製南半球澳洲大陸地圖的人。

了解歐洲人的東南亞女性先驅，就像了解之前的華人一樣，她們自然成為了翻譯和協商者。東南亞群島區有證據顯示，即便在語言不是問題的情況下，女性還是會擔任協商談判的角色，這應該是因為女性具備商業角色且習慣於議價與和解；同時，貴族男性不願從事這類的事情，唯恐這會貶低自己的地位。派往講越語的交趾支那地區的第一次荷蘭代表團，發現與他們交涉的人大多是婦女，他們在交趾支那宮廷的翻譯人員是兩位年長的女性，先前曾在澳門居住、當過葡萄牙人的妻子。此外，荷蘭人主要是向另一位從貿易中心前來會面的女性購買胡椒。

荷蘭東印度公司在暹羅首都阿瑜陀耶取得成功，很大的原因是它在一六四〇年代取得有利的貿易條件，這件事情得要歸功於一位懷抱事業心的暹羅女子，荷蘭人稱她為奧索特・佩古（Osoet Pegu）。奧索特・佩古雖然出身於阿瑜陀耶的孟人貿易社群，但她從孩提時期開始，便從頻繁光顧的荷蘭商人那邊學得荷蘭語，成年之後，佩古成為荷蘭人和暹羅

宮廷之間不可或缺的聯絡人，她還曾被三任荷蘭人代表納為「妻子」（就當地人的角度看是如此，但荷蘭人並不這樣認知）。直到她一六五八年過世為止，奧索特·佩古一直是富裕的貿易商兼中間人，對於泰國王后及重臣擁有巨大的影響力。佩古曾和她最年長的前夫耶雷米亞斯·凡弗利特（Jeremias van Vliet），爭奪小孩的扶養權，她甚至送了一頭大象給巴達維亞總督當禮物，藉此成功地讓自己的訴求能在巴達維亞實現。後來，很少有荷蘭代表能獲得暹羅皇室許可帶走自己的後代；於是到公元一六八九年時，阿瑜陀耶有十七個荷蘭暹羅混血兒，是由當地的荷蘭人據點提供部分的支持。

這種重要的婚姻結盟，是東南亞外交的部分元素，它甚至可能延伸到東南亞王室本身；王室可能嫁出女兒、或迎娶人家的女兒，藉此與強大的外國人鞏固聯盟關係。長久以來，華商、阿拉伯商人、印度商人都了解這種關係，並且利用它來創造出當地的文化混合體（cultural hybridities），此外，那些離開群體控制的歐洲人也是這麼做的。勢力強大的亞齊蘇丹伊斯坎達·慕達，娶來一位泰國公主為妻，企圖強化自身與暹羅的關係，他也向英國代表湯瑪斯·貝斯特（Thomas Best）提議過，英國公司應該要送英國女人給自己：

> 如果我讓她們生了小孩，而且生下的是男孩，我將會讓他成為帕里亞曼（Priaman）、帕撒曼（Passaman）與沿岸地區之王，這些都是你們取得胡椒的地方。這樣一來，你們就再也不用為了這些商品來找我，而是去找你們自己的英王。（Best，引用自 Reid, 1993, 239-40）

這種跨種族聯姻的型態，在東南亞人與歐洲人交涉的過程中逐漸衰弱。基督教堅持終生一夫一妻制，再加上歐洲公司據點經常遭到圍攻所形成的群體團結性，以及日益增長的種族歧視，這些因素阻礙著歐洲人繼續利用跨種族婚姻的管道。到十八世紀時，歐洲人要通婚的對象即便是出身

高貴的亞洲人，這種事都會受到殖民地社會反對。

　　一般的荷蘭士兵與商人會納妾，歐亞混血基督徒菁英社群則是在內部結婚，是讓歐洲人能在巴達維亞等城市繼續待下去的原因。成千上萬來到亞洲的歐洲人，他們的死亡率比起家鄉的歐洲人高出四倍，死亡原因可能是瘧疾，天花以及在他們所建立的人口密集的都市聚落之中多種經水傳播的傳染病。荷屬東南亞據點的歐洲人死亡率通常在百分之十以上，但在公元一七三三年巴達維亞瘧疾大流行的時期，這項數字曾飆升到駭人的百分之三十六。當地出生者死亡率最高的時候是兒童時期，所以，嫁給歐洲移民的女性成人，通常會有些免疫力，而且常常可以比丈夫更加長壽。歐亞混血的女人從她們的母親那邊，學來比較健康的習慣，例如每天洗澡和嚼檳榔（已證實可防止寄生蟲與消化性疾病），又從華人朋友那裡學到要飲用煮開的茶水。在早期的葡萄牙人或荷蘭人聚落中，亞洲女性也許可以從原本奴隸或私生女的身分，躍升為富裕的寡婦；到了第二代或第三代子孫的時候，他們更加努力讓龐大的財產保持在巴達維亞等聚落的菁英內部。當時，有圖謀的男性若與前夫為荷蘭東印度公司高層的歐亞混血寡婦結婚，便可藉此獲得不少財產。一個嫁得不錯的歐亞混血女性限定群體，漸漸成為掌握巴達維亞財富的中心角色，她們的族群來源極為複雜多樣，但她們的共通語言卻不是荷蘭語，而是葡萄牙語和馬來語，她們最重要的共有儀式，就是每周光鮮亮麗地去上新教教堂，還會有個奴隸在旁撐著陽傘隨同。

　　在該時期，這些有著重要媒介作用的東南亞女性，對文藝復興時期的知識有了更深的了解，主要是植物學與人類健康方面的知識。一直以來，女性都是在負責接生、墮胎以及草藥的採摘、交易與使用。讓早期歐洲觀察者大為驚訝的是，東南亞女性在市場裡賣的草藥居然如此豐富。此外，東南亞女人也常常是厲害的按摩師、接骨師，她們也是靈媒，能跟造成精神或神經紊亂的神靈交涉。東南亞女性透過長久的經驗，知道要怎樣才能在熱帶生存，這點倒和歐洲公司隨船派來的外科醫師形成強烈對比。她們教導不情願的歐洲男人，如果想要做愛，就得每日洗澡。當歐洲作

家願意屈尊承認他們的療方來源時，通常是來自東南亞女性草藥師。熱帶醫學先驅邦迪烏斯（Jacobus Bontius or Jacob de Bondt，1591-1631 年）曾記錄道：「每一位馬來女性都是她自身的醫生與能幹的產科醫生，而且（這是我堅定的信念）我對她們技術的信任，絕對超過那些博學的醫師或傲慢的外科醫師。」（引用自 Sargent, 2013, 149）相較而言，在印度和中國，歐洲先驅與當地女人少有接觸，歐洲人通常是被帶去跟男性阿育吠陀（Ayurvedic）與體液專家進行理論性的探討，但是這些理論卻沒有什麼實際的效用。東南亞的醫學理論從來就沒有被正規整合進任何男性主導的知識系統，而男性主導的知識系統通常是威望大於實效。就實用層面而言，東南亞的醫學主要是靠殺菌草藥與草本療法，邦迪烏斯表示在這方面「他們的植物學知識……遠遠比我們更為先進。」（引用自 Sargent, 2013, 148）對這套知識整理最力的人，是安汶的大博學家郎弗安斯（Rumphius or Georg Eberhard Rumpf，1627-1702 年），他對東南亞草藥的探索，推進了歐洲植物科學的發展。和邦迪烏斯類似，郎弗安斯對於提供他知識的東南亞女性評價極高，他尤其感激他於一六七四年大海嘯中不幸喪生的摩鹿加妻子對於自己草藥知識的重要幫助。

文化混合體

葡萄牙語和它多樣的克里奧爾化變體，成為亞洲貿易城市裡東、西方交流的關鍵媒介，即便是在十七世紀禁絕葡萄牙勢力與天主教的荷屬巴達維亞，其重要性依然很高。葡萄牙語與通用馬來語文的交流，在具有創造性的十六世紀城市，提供了文化轉移（cultural transfer）與文化交流的場域。阿拉伯詞彙傳入的時間比較早，中國福建話與荷蘭語則是在十七世紀時加入這鍋大雜燴。於是，星期幾的名稱多取自阿拉伯語，然而禮拜日「明古」（minggu，也是「周」的意思）則源自葡萄牙語。荷蘭牧師兼作家弗朗索瓦・瓦楞汀（Francois Valentijn），率先指出，穆斯林文獻及宮廷外交使用的高級馬來文（high Malay），不同於低級馬來文（low

Malay）或混合馬來文（bahasa kacukan），前者「除了穆斯林諸王、統治者、教士以外……連馬來沿岸地區的人們都不懂」，後者「來源有許多民族……有時混雜了葡萄牙語等等各種語言。」（譯於 Maier, 2004, 9）

在阿拉伯人、華人、歐洲人等異國男性看來，東南亞變化最迅速的事物之一就是東南亞女性的服飾。在東南亞，最引人注目的奢侈品是布料和服裝——尤其是進口自印度而鮮豔多彩的衣物，這也許是因為出身低下的東南亞女性，可以藉由衣著展示自己的財富，並不會受禁止奢侈的法令所限制。東南亞女人衣著清涼，她們經常赤腳、不戴帽冠，腰部以上所圍不過一條布巾，歐洲人或中國人對此頗為驚訝，認為這不甚端莊，此外，女性裝飾品的奢侈程度也常常令他們咋舌。即便進入十九世紀，爪哇、峇里島、泰國、武吉士人仍然認為，上半身裸露且以油脂、香水、化妝品精心養護，對男女而言都是高級儀式場合最適宜的著裝方式。不過，避免生殖器露出這件事，東南亞人就比大多數外來訪客更吹毛求疵了，舉例來說，法國士兵曾被要求在暹羅河川裡洗澡的時候，必須要圍上一條紗籠。

東南亞商業蓬勃的重大影響之一，是印度進口衣料的增長及世界各地服飾的引進與嘗試。貿易商受人們驅策要供應稀有物品與異國物事，尤其是為富人提供華麗的衣服或飾品。縫製衣物與合身衣物原本相當罕見，但是在這場變革發生以後，它們的數量便開始增加，歐洲或中東的外套和印度的褲子被東南亞人視為新奇玩意，需求量也在增長。十七世紀時，望加錫統治者是以赤裸上半身穿著歐洲大衣的裝扮，迎接外來訪客。印度和東南亞當地逐漸設計並縫製出適合東南亞氣候的縫製上衣。穆斯林、基督徒、華人男性對於女人怎樣算是得體，觀念差異頗大，而他們各自的想法也愈來愈造成影響，最先受到影響的地方便是這類男性集中的商業城市。在葡屬麻六甲，葡萄牙人的當地伴侶即便已經基督教化並且上教堂，她們還是繼續穿著輕薄的上衣，頭上不戴帽飾，直到十六世紀中葉耶穌會士前來，才迫使這些人穿起更具葡萄牙式風格的服裝；同樣地，在菲律賓地區，皈依基督教者被迫要穿著西班牙式的裝束，女性的身體必須全部遮掩起來。不過，其中最有影響力的革新當屬於混合式風格，那便是下半身保持

裹布類的衣著（馬來文的「紗籠」），但是胸前要加上衣物，裸露的程度低於圍布巾，最終再套上一件縫製的上衫或袍子。在馬來語世界的東南亞港口城市裡，許多與縫製衣物有關的辭彙都是外來語，襯衫是「克梅賈」（kemeja），褲子是「賽拉納」（celana），鞋子是「賽芭杜」（sepatu），以上皆來自葡萄牙語，後來還有如外套「爵斯」（jas）、裙子「洛格」（rok），這些則源自於荷蘭語。與港口外國人互動的都市女性，發展出一種受葡萄牙人風格影響的獨特外衣，稱為「可峇雅」（kebaya）——不過這個詞彙可能源於阿拉伯語——可巴雅非常精細輕薄，近乎透明，這使得穿著紗籠加可巴雅的組合，成為了東南亞地區最棒的女性混合式服裝。

　　長期以來，表演就是東南亞地區偏愛的文化形式。東南亞本土化的《摩訶婆羅多》和《羅摩衍那》的印度故事以及某些地方傳統，受到東南亞人的熱愛與學習，但他們所依靠的不是閱讀、而是以舞蹈和戲劇的方式來體驗。無國家社會很高程度是靠儀式與宗教典禮所凝聚，一直以來，慶典中都伴隨著舞蹈和音樂，將生人與神靈世界相連，同時為人提供娛樂及媒合的機會。婚姻、宗教場合、葬禮全部都有音樂和舞蹈增添色彩，同時，河上行船人總會唱歌搭配划槳的節奏。每逢有王室宮廷崛起，它們便會彰顯自身作為文化典範的顯赫地位。於此進行的表演則反映著它們的宗教中心地位與國際主義精神。外國人有時會被這類活動吸引，但他們也經常抱怨自己沒時間做別的事情，只能觀賞通宵達旦的舞蹈和戲劇。

　　就此方面而言，商業時代也是一個有重大創新與借用的時代。成為文化交流重心的港口首都，樂於享受折衷主義（eclecticism）精神。弦樂器從中東、中國、歐洲地區引進東南亞，擴充了古代東南亞青銅打擊樂器及長笛的組合。每個外國社群都得為東南亞的宮廷或公共場合，提供它的娛樂方式。松巴哇島雖然地處極東，並非商業接觸的主要地點，但島上卻有一份馬來文獻列舉了「各種類型的娛樂，例如印度舞蹈、暹羅戲劇、中國戲曲、爪哇偶戲，以及古提琴、詩琴、定音鼓、長笛、竹笛、哨笛、庫法克（kufak）和響板等音樂」（Hikayat Dewa Mandu, 257），由此展現出它的國際主義精神。東南亞大多數的「傳統」戲劇形式其實都是這個

時期的創作，脫胎於古老型態與新宗教及社會規範的邂逅。爪哇的哇揚皮影戲（wayang kulit）固然有其較為古老的宗教儀式源頭，但哇揚皮影戲和哇揚面具戲（wayang topeng）較為今人熟悉的現代形式，則是成形於十六世紀北爪哇的國際性港口，應當是為了以較隱晦的方式訴說流行的印度故事，而不要明目張膽地冒犯伊斯蘭教。皮影戲後來傳到東南亞大陸區，但卻受限於較為深奧晦澀的儀式角色；泰國的面具「箜劇」（khon）則創作出人們熱愛的本生／闍多伽（Jataka）佛陀故事；起源於爪哇的無面具舞蹈戲劇「洛坤劇」（lakhon），改編自印度和當地廣受歡迎的故事。此外，在一六〇〇年左右，占族以南地區的戲劇加上受中國啟發、較古老的北部戲曲主題，造就越南民族舞蹈戲曲「嗹劇」（hat boi）的出現與流行。

　　克利弗德・紀爾茲（Clifford Geertz, 1980, 123-5）很適切地評論道，東南亞的統治者正在展開一場「持續不斷的競爭展示」，透過公開的戲劇和儀式展現他們的典範地位。各個國家所擁有的力量，源自於「它想像性的能量，以及讓不平等狀態變成令人著迷的符號象徵之能力」。在漫長十六世紀為文化定調的港口國家內，王室若要展現自身的成功與地位，外國商人的角色事關重大。在當時爪哇島的強權萬丹的英國人曾經描述他們執行過一項挑戰，那便是要舉行一場公開的割禮儀式，以榮耀男童國王，這項典禮是一六〇五年三月至七月貿易季期間的重點，至少，英國人做得算是跟荷蘭人一樣好。相較於下列慶典的內容，歐洲人幾乎無法使人留下印象：有來自中國的戲曲、煙花、雜技，還有爪哇人各式各樣的遊行隊伍、數以百計光彩奪目的男女、盛裝遊行、彩車彩船，內容包括假堡壘、假戰場，還有載滿禮物的船、載著龍，以及：

　　　「載著各種野獸禽鳥的船，這些動物有活生生的，也有人工製作的……維妙維肖，難以辨別是活的還是假的」。還有戲劇與舞蹈、各式各樣的音樂，並且「展現取自《舊約聖經》的古代歷史事件的內涵。還有爪哇與國王的編年史……爪哇人的這些發明，大多是從前的華人

們所教……其中一些是爪哇人向古吉拉特人、土耳其人等來此貿易的民族那邊學來的。」（Scott, 1606/1943, 154－6）

第一代粗野的歐洲商人─軍人對於這種文化混合幾乎毫無貢獻，不過歐洲船上若載有音樂家，這些人就會在各港的競爭性表演中大受歡迎，例如公元一五七九至一五八〇年間，身處德那第和爪哇的法蘭西斯・德瑞克（Francis Drake）船隊。然而就長期而言，歐洲對於東南亞音樂的貢獻厥功甚偉。整體來說，在東南亞的島嶼世界，天主教教會音樂其實是這個新信仰的巨大吸引力所在，菲律賓人變得尤其精通教堂聖樂（Gregorian）頌歌或演奏音樂。菲律賓人和麻六甲受葡萄牙人影響的社群，是東南亞各地都熱烈歡迎的表演者，他們也將歐式樂器與主題傳播到各處去。荷蘭與英國的新教徒比較不看重音樂，但他們卻發現吟唱大衛王（David）的詩歌，是一個與穆斯林進行跨文化的交流點，例如英國初次航隊的人員，在亞齊的時候便曾被要求演唱此詩歌。荷屬巴達維亞的大戶人家，會擁有自己的奴隸管弦樂團，後來，這些樂團奴隸的後代子孫，將樂器與旋律的相關知識傳播地更廣更遠。小提琴因為演奏技藝精湛的關係，深受東南亞人珍視，在十八世紀以前便已廣泛流傳。湯瑪斯・佛瑞斯特（Thomas Forrest，1729-1802年）是位素養高超的鄉村商人，他會定期為與自己貿易的地方菁英演奏，以此討好對方，此外，他還會將小提琴贈予重要的盟友。信奉伊斯蘭的馬京達瑙位於西班牙或基督徒的控制範圍之外，然而一七七六年時湯瑪斯・佛瑞斯特居然發現，該地王位繼承人「穆達羅闍」（raja muda）竟也是個小提琴家，這位太子顯然對於佛瑞斯特的樂譜演示興致盎然。

安汶的郎弗安斯算是一個罕見的例子，他將自己的發現歸功於當地妻子的幫助。然而，我們必須認定，那個時代有許多重要的「歐洲」成就，其實源自於歐洲人與所知甚豐的東南亞女性進行的密集交流。這樣的女性人物中，有一位是前文已提及的孟族暹羅人奧索特・佩古，她和荷蘭東印度公司的耶雷米亞斯・凡弗利特共生下三個女兒，在當時，凡弗利特也是

最嫻熟暹羅歷史與文化的外國人，但如果沒有佩古，凡弗利特的三種珍貴著作是不可能寫就的。

伊斯蘭的「大發現時代」

十五世紀的穆斯林航海，並不是國家的事業，而是不同民族與文化中個別企業家的事業，這些人透過伊斯蘭宗教與律法上的共通性彼此溝通。經歷漫長十六世紀的繁榮，南亞地區的海洋人民被拉進國際性的關係內，其中有許多人在伊斯蘭教中看見了新的普世性。伊斯蘭教強烈宣揚，整個世界只有一個上帝，只有一條真確的道路，只有一種特定的語文可以彰顯天啟，那便是阿拉伯文。十五至十七世紀的「阿拉伯文國際圈」（Arabic cosmopolis）——甚至超越公元第一千紀薛爾登・波洛克所謂「梵文國際圈」，創造出一個高於地區和文化的全球性使命。隨著阿拉伯文國際圈而來的，是學者與文獻、作家與故事的網絡，這個網絡將阿拉伯文、波斯文的慣用語法翻譯為馬來文、爪哇文。馬來文在這個歷程當中出現轉型，它採用修改過的阿拉伯文字，也接納許多來自阿拉伯語及波斯語的詞彙。至此，源於印度的較古老文字，依然書寫於棕櫚葉上；但是，紙張則比較合適以旋、點筆畫構成的阿拉伯文字書寫。東南亞地區進口了大量的紙張，十五世紀期間，紙張來源地主要是中國，到十七世紀的時候，歐洲已是東南亞的紙張主要進口來源。不過，馬來文當中的紙、筆、墨的名稱源自阿拉伯語，甚至連泰文裡面紙張的稱呼也是來自阿拉伯文語。

十五世紀的印度洋世界是歐亞地區最大的交流場域，但歐洲的知識卻處於邊緣地位。鄂圖曼帝國在公元一四五三年征服了君士坦丁堡（Constantinople）與其希臘學術遺產時，情況開始有所改變。鄂圖曼非凡的擴張延伸到歐亞海洋路線的關鍵港口，一五一七年獲得埃及這個大獎品，並於一五三七年時取得通往波斯灣與紅海的門戶。鄂圖曼人成為地中海與印度洋世界之間的橋樑，比葡萄牙人更有分量。鄂圖曼人的「大發現時代」（Age of Discovery），將歐洲人與阿拉伯人對於海洋探索的知識

結合起來。公元一五一六年，阿里·阿克巴（Ali Akbar）將他的《中國之書》（Book of Cathay ╱ Hitayname）獻給塞利姆蘇丹（Sultan Selim），內容是前往中國貿易的第一手資訊，比當時任何歐洲人的紀錄都更詳細。一五一七年，塞利姆蘇丹控制開羅後不久，皮瑞·雷斯（Piri Reis）便獻上更加了不得的世界地圖，目的在告知蘇丹印度洋地區及印度洋香料的潛力，此時的土耳其人要到印度洋去，在交通上已經比葡萄牙對手更為輕易。

先進技術在東方世界是如何交流的，情況並不是一直都很明確。印度洋地區的穆斯林商人，絕對是在遇見歐洲人之前就已經使用航海圖，其中某些人必定對於葡萄牙人在大西洋的發現，學習地十分迅速。公元一五一一年，阿方索·德·阿爾布克爾克征服麻六甲馬來穆斯林王朝之際，他從當地某位爪哇航海員那邊獲得一份地圖，並稱此為他平生所見最棒的地圖。這張地圖呈現的內容是葡萄牙人的探索與發現，包含巴西、非洲以及歐洲，有從紅海到摩鹿加的穆斯林路線，還有來自福建與琉球的華人路線；遺憾的是，這張地圖和其他寶藏在返鄉送予葡萄牙王曼紐一世途中，隨著船艦「海花號」（Flor de la Mar）一同葬身於海底。

雖然土耳其人沒能成功將葡萄牙人逐出他們在印度洋的據點（見本書第五章），但土耳其人對於印度洋沿岸民族的直接影響力，是大過葡萄牙人的。競爭雙方之間最基本的差異就是，葡萄牙艦隊顯然自初就代表著國家資助與主導的壟斷，他們作為亞洲的外來者，少有自然的盟友。鄂圖曼人之所以會被吸引到印度洋，則是因為重要商業中心如古吉拉特與亞齊等地的訴求，它們希望鄂圖曼可以提供軍事保護以對抗葡萄牙人的入侵。鄂圖曼帝國征服麥加之後，隨即在一五一八年宣示自己為普世哈里發，增加了亞洲人祈求保護的希望。「伊斯蘭國際圈」（Islamic cosmopolis）的盛世是十六世紀後半葉，當時，宗教兩極化的情況更加突顯普世規範，而犧牲地域標準。伊斯蘭的書籍為南方諸島引進一種以經文為準的學術新型態，此即使用紙張書寫文字將神聖經典翻譯闡明；天主教書籍在菲律賓的傳播，也是同樣的情況。此外，鄂圖曼的臣民還將航海、船運、軍事等

科技，傳入各個穆斯林港口。

　　東南亞人擁有文字已是長久的事情，但大眾的虔誠主要是透過視覺方式如雕塑或戲劇表演呈現；新近的伊斯蘭國際圈，則造成對書寫文字的強調，以及對書卷、辯論、博學之重視。從公元一五六〇年代開始，亞齊成為東南亞伊斯蘭國際圈的樞紐，敞開大門歡迎南亞、西亞的「烏理瑪」學者前來，甚至亞齊本身也出了幾位烏理瑪。馬來語文的學術書寫傳統，正是在這段關鍵的百年於亞齊地區創造出來，此外尚有重要的分支存在於國際性港口如萬丹、望加錫、淡目及北大年。固然大量倖存的翻譯與評論都屬於伊斯蘭學術傳統，然而十六世紀、十七世紀初年的作品是有自覺地在進行創新，試圖調合經典規範以及早期的內在神祕主義和禁慾苦行傳統。技術或科學方面的文獻雖僅有少數流傳，但土耳其軍事與海軍科技轉移至亞齊、柔佛、望加錫等中心的情況也非常廣泛。

　　對於這個國際主義的時刻，歐洲人的貢獻並不限於軍事科技方面——雖然最初的印象是如此沒錯。至十七世紀時，耶穌會士已向亞洲地區呈現歐洲最先進的數學和天文學。東南亞地區的耶穌會學者—傳教士中，最有名的當屬亞歷山大・德羅德（Alexandre de Rhodes），這多虧了德羅德自己的著作，其中他敘述道，自己曾與望加錫（見下文）、東京的菁英進行討論。德羅德曾經進入北部越人的宮廷，向國王呈上耶穌會士的中文翻譯作品，內容是歐幾里得（Euclid）幾何學的解說；越人統治者鄭梉（Trinh Trang，1623-1652 年在位）對此非常感興趣，他因此花了兩個小時與耶穌會士談論數學和天文學，並准許對方留下來並興建教堂。到達柬埔寨地區的耶穌會士，則發現他們與有學問的中國人處在競爭狀態；柬埔寨的耶穌會士得自我敦促要謹慎地預測月蝕，以免出錯而遭到他人恥笑。此外，荷蘭人也是科學方面的競爭者，會向重要的東南亞貿易中心交易或贈送望遠鏡和時鐘，地點甚至遠達寮國首都永珍。

　　至公元一六〇〇年時，東南亞流行的已是歐洲的紙張，古早使用的棕櫚葉遭到取代，這讓新型的書寫大為增加，尤其是與伊斯蘭教相關的課題。不過，東南亞卻沒有那麼快接受印刷術，西班牙人於一五九三年時將

印刷機引入菲律賓，後續則有荷蘭人將印刷機引進東南亞群島區，法國傳教士將印刷機傳入兩個越人國家。上述的每一個案例之中，歐洲傳教士都是在印刷他們所設計的羅馬拼音字母，有意以此各自取代較古老的他加祿、馬來、越南文字。長久下來，這些印刷的羅馬字母造成非常巨大的影響，後來成為了東南亞現代大國的民族語文，最終由此敞開迎接「歐洲國際圈」（European osmopolis）崛起的大門。然而在當時，除了基督教化的群體對此感興趣之外，印刷機居然出奇地沒引起多少注目；要得到解釋，我們必須留意廣大民眾對於使用傳教士印刷機來印製伊斯蘭教和佛教神聖經文保持著不信任的態度，這種猜疑甚至一路維持到二十世紀。

東南亞啟蒙運動：望加錫和阿瑜陀耶

亞洲人統治的城市中，好奇的歐洲人造訪最多的地點，是國際圈實際如何運作的最好歷史證據。大約從一五八〇年開始，望加錫便是印尼東部的首席港口，持續到荷蘭人在一六六六年占領為止。在望加錫興起之前，蘇拉威西島西南角這塊望加錫人的區域，就像它北邊的武吉士社會一般破碎分裂。望加錫人與武吉士人的社會，主要都是種植稻米的農業民族，是由天命降世的光榮貴族擔任統治者，貴族彼此之間的關係，則是由具有超自然力量的誓言契約規範。要到十五世紀時，此地才引入印度源頭的文字，大多是用來記錄世系家譜。公元一五四〇年代，馬來／穆斯林商人開始大量造訪此地，至十六世紀中葉時，他們設法在今日的望加錫附近設立基地。他們願意這麼做的部分原因，是葡萄牙人企圖讓更北方的馬來／穆斯林商人早期聚落地帶的統治者，改信天主教；另一部分則是望加錫諸王頗有技巧地保障穆斯林貿易社群重要的自治地位。

政治上，望加錫因為戈瓦王朝和塔洛王朝的合作關係而蓬勃發展。戈瓦位在傑尼貝朗河（Jeneberang）大河區域，該河流為它的君權發展提供了條件；塔洛則位在戈瓦北邊，是一個較具海洋性的中心，能造就出掌管貿易的塔洛王國首相。有兩位塔洛的首相領導望加錫經歷它最為成功

的時期，分別是公元一五九三至一六三七年間掌權的馬托亞，以及馬托亞之子，在一六三九至一六五四年間執政的帕丁加隆。馬托亞於一六〇五年時領導望加錫皈依伊斯蘭教，當時，伊斯蘭教遜尼派跟天主教都已經很有名了，同時，身為新教徒的荷蘭人與英國人則開始以天主教葡萄牙人的對手之姿出現。望加錫透過伊斯蘭教，得以對蘇拉威西島南部所有的武吉士人和望加錫人的社會稱霸；不過，望加錫與武吉士的史冊都記載，馬托亞顯然繼續承認這些社會的傳統自治權。雖然伊斯蘭教轉變了望加錫人的服裝與行為準則，但他們對於歐洲人依然抱持很高的開放態度。據說，馬托亞信奉伊斯蘭教之後嚴守每日禱告五次，有一次，他因為腳疾腫脹求助一位英國人，才不得不因此錯過禱告，那位英國人則使用酒精幫他治療。根據另外一位英國人在一六一二年的報告：「這是一個非常宜人而豐裕的國家，有著全印度群島中對外人最為友善的人民……國王對待基督徒非常和藹、真心。」（引用自 Reid, 1999, 144）確實，望加錫蘇丹有一位妻子竟是葡萄牙人，他們所生下的兒子弗朗西斯科·門德斯（Francisco Mendes），在一六四〇年代成為宮廷不可或缺、能使用三種語文的「葡萄牙秘書」。那個時候，信仰伊斯蘭的望加錫境內居然有四座天主教教堂，以接納耶穌會士、方濟會士、道明會士，以及被逐出麻六甲的入世教士（圖片 6-1）。

作為一個對所有人開放的香料口岸，望加錫的繁榮因此造就。當時，荷蘭東印度公司正無所不用其極地壟斷丁香和肉豆蔻。其他貿易商發現望加錫是購買香料最安全的地點，小船可以避過荷蘭人的封鎖將香料運到望加錫，望加錫這座城市本身也足夠強大，能嚇阻荷蘭人的征服行動。一六二〇年代時，有幾百個葡萄牙人以此地為據點，等到一六四一年荷蘭人奪走葡萄牙人的主基地麻六甲之後，又有幾千個葡萄牙人來到此地。針對荷蘭東印度公司的壟斷欲望，望加錫則堅持所有人擁有公平的自由。「上帝創造大地與大海，將大地分給人，但將大海分給所有人。禁止人們在海上航行這件事，真是從來沒有聽聞過。」（Sultan Ala'ud-din, 1615，引用自 Stapel, 1922, 14）不過，望加錫的地位若要維持，它必須要夠強大

才行，此地的菁英非常熱衷從葡萄牙人、英國人、穆斯林處學習關鍵的軍事技術。望加錫的編年史讀起來就像是一連串的革新，其中記載，馬托亞是最初引入大砲與火繩槍製造技術的人，他本人便「精通於製造火藥、煙火、照明彈、水中煙火，他同時也是一位神槍手。」（引用自 Reid, 1999, 138）

　　繼承父親而當上望加錫的戈瓦—塔洛聯合王國首相的帕丁加隆，更加是一位傑出的「文藝復興人」。帕丁加隆十足擁有父親的知識好奇心，但他的額外優勢是在國際性氛圍下長大，可以說流利的葡萄牙語、望加錫語、馬來語，而且至少能夠閱讀西班牙文和拉丁文。帕丁加隆經常向來訪的歐洲船舶求取新奇事物，他尤其喜愛蒐羅書籍，並且累積成一間可觀的圖書館。我們對帕丁加隆最完整的一手資訊，來自法國耶穌會士學者亞歷山大・德羅德，一六四六年德羅德身在望加錫時曾寫道：

> 這整個王國的大總管……我發現他極其聰慧而理性，雖然他信了一個爛宗教（指伊斯蘭教），但除此之外，他真是一個非常坦誠的人。他對於我們所有的祕密知之甚詳，他富有好奇地閱讀過所有歐洲諸王的編年史。他時常握有我們的書籍在手，尤其是數學相關，他本人也頗諳於此道。他真的對於這門科學抱持著熱情，他可以整天用功……焚膏繼晷。如果你聽見他說話而沒有看見他本人，你會以為他是個土生土長的葡萄牙人，因為他講葡語之流利程度，簡直像是個里斯本人。
>
> 看見他這麼熱衷討論數學，我於是開始與他討論這些課題，此後，他便希望我能常待在他的宮殿，可見上帝的旨意確是要他樂在其中。有一次，我向他預測月蝕，幾天之後月蝕確實出現了……此事贏得了他的心，他要我教導他這門科學的所有奧祕。（de Rhodes, 1653/1966, 208-9）

　　荷蘭人固然是望加錫的主要威脅，但荷蘭人也承認帕丁加隆驚人的求

圖片 6-1：公元一六三八年的望加錫，由凡德翰（van der Hem）為《荷蘭東印度公司的祕密地圖集》（Secret Atlas of the VOC）所繪製。圖畫右方的堡壘內包含：蘇丹的宮殿（B）、先前的木柱宮殿（C）、王家倉庫（D）、王家清真寺（E）。宮殿左方的是新挖的渠道，以作為傑尼貝朗河的一個出口，旁邊有葡萄牙人區（F）、古吉拉特人區（G）。渠道的左方有葡萄牙人教堂、市場（M）、英國人住宿地（L）、荷蘭人住宿地（K）。

知心靈，並且盡力為他提供最新的世界地圖與地球儀。公元一六三五年時，帕丁加隆曾以蘇丹的名義，向英國人索求伽利略望遠鏡，遺憾的是幾年之後望遠鏡送到時，這位首相已經過世，而這段啟蒙運動也隨之消逝了。

　　雖然這位卓越的首相是位不同凡響的個人，但確實有頗多事情顯示望加錫的宮廷文化擁有求知的國際主義精神，東南亞人主導的最佳翻譯事業就在望加錫，他們翻譯的文獻不止於宗教經卷，還有歐洲與土耳其的科技

手冊。保存至今的手稿內容，是針對西班牙、葡萄牙、土耳其、馬來權威的槍砲學、火藥、彈道學作品，以望加錫文和頗為不同但整體而言保存狀態較佳的武吉士語文所寫之譯文與結論。這項翻譯事業的實際效果，到帕丁加隆過世之後已可看出，在一六六九年荷蘭人大舉來襲之際，守禦望加錫的武器包括十二門重達一噸以上的鐵製大砲、三十四座小型青銅火砲、二百二十四支長管蛇砲。帕丁加隆本人對於地圖的興趣，似乎也促進了蘇拉威西島南部製作地圖的特殊傳統。

在這段充滿革新的早期現代時期，阿拉伯文與波斯文在歷史寫作、史詩、文學方面的影響力，是透過伊斯蘭貿易網絡而擴散。中文的傳播，首要是透過精采的中國戲曲（實際上通常屬於福建），只要是頗具規模的華人貿易社群所在之處，凡有節慶必有中國戲曲登場，至一六〇〇年時已包括萬丹、北大年、會安等地。在望加錫，歐洲模式的重要性較高，自帕丁加隆的時代開始，這裡便有仔細記錄國家大事的習慣；用東南亞人的標準去看，編年記事只記載事實是很不尋常的事情，這類的編年史體例同樣也是在十六、十七世紀之間發展而成形。戈瓦（望加錫）編年史的開頭，便解釋為何後人銘記過去是如此重要：「為了避免重蹈覆轍，避免我們自以為都是偉大國王，或避免我們自貶為一文不值。」（Sejarah Goa）

看重個人自由的價值，經常被認定為「歐洲啟蒙運動」（European Enlightenment）的關鍵特徵；而且，自從希羅多德（Herodotus）以來的刻板印象就是，個人自由並非亞洲的產品。由此，蘇拉威西島南部社會經歷這段啟蒙運動時刻之後，似乎特別珍重它的自由，這件事情的意義可見一斑。望加錫火藥帝國的崛起，受到傳統蘇拉威西島南部契約主義的精心平衡，此情可反映於「梅爾德卡」（merdeka，自由）一詞，意思正與奴隸相反。至少，在瓦久（Wajo'）的武吉士人王國當中，新王登基儀式要求即位者必須保證人民言論、財產與行動的個人自由，這個意思就像古希臘與傑佛遜主義的美國（Jeffersonian America），他的人民是自由的、不是他人的奴隸。

除望加錫之外，暹羅那萊王（King Narai，1656-1688 年在位）出色

統治期間，首都阿瑜陀耶則是第二個例子，關於此地的資訊足夠呈現這段特殊時期的文化交流結果。這個國際性的首都吸引著「非常多來自各國的外來者在此處定居，擁有根據自身風俗生活的自由，也有公開執行各種敬拜方式的自由。」（La Loubère, 1691/1969, 112）據拉盧貝爾（La Loubère）估計，此地的印度穆斯林、葡萄牙人、馬來穆斯林、華人皆各有三千人左右，同時荷蘭人、法國人（這兩國人留下的紀錄最詳盡）、英國人、日本基督徒難民、孟族佛教徒在此也各有勢力區。暹羅國王雖然對內是一位冷酷的專制君主，但他也是一位持國際主義的現代化人士，周遭圍繞著有學識的人們，其中包括能講多國語言的希臘冒險家康斯坦斯·華爾康（Constance Phaulkon），華爾康在一六八〇年代時甚至曾為那萊王效勞，擔任實際上的外交部長。

暹羅那萊王對於科學的好奇心，最初是由荷蘭東印度公司試圖滿足，由此，那萊王在一六六四年時准許荷蘭人擁有治外法權，終結先前雙方互相猜疑的階段。後來，荷蘭公司是歐洲各國中最積極持續向暹羅供應歐洲人專業知識的國家，他們不僅為那萊王提供軍事協助如砲兵和火藥工匠，還獻上時鐘、望遠鏡、吹玻璃匠、金匠、雕刻家、醫生等。意圖領先荷蘭人的法國人，在一六八五年派出華麗的皇家使團前去暹羅，隨同者尚有法國最博學的頂尖耶穌會士；依法國皇家使團安排，他們在一六八五年十二月十日觀測月全蝕，這麼做具有雙重目的，一方面是要讓暹羅國王印象深刻，另一方面則是要更精準地推測巴黎和暹羅的子午線。耶穌會士的報告呈現，暹羅宮廷對於這些外國科學家十分感興趣，經常派暹羅學者來尋問太陽、風等事物的性質。那萊王要求再派更多耶穌會「數學家」前來暹羅，並且承諾為他們打造精緻的天文觀測台，不過這些到後來都沒有實現，因為一六八八年時這位國王遭到推翻而且過世。同樣地，文學方面在那萊王執政期間也出現重大的革新，真正意義上的世俗史學與詩歌首度問世。

作為早期現代形式的火藥國王

　　閱讀十七世紀東南亞旅人的紀錄，讓人感到震撼的是，他們似乎非常了解自身所遇見的東南亞政權的基本形式。十七世紀的旅行者似乎非常習慣與宮廷和城市打交道，從熟悉而能進一步欣賞；與此形成強烈對比的則是十九世紀的旅行者，他們最多只覺得自己看到的是古怪的異國風情，甚至覺得自己看到的是墮落、放縱、無能。早期現代世界上許多地區的國王都有自覺，他們是在彼此依存的同時互相競爭，他們也了解自己所登上的權力頂端頗有脆弱之虞，故有以戲劇方式展現其合法化的需要。統治著急速都市化的港口首都，國王以形式極其奢華的國家劇場，甚至以宏大的建築計畫與軍備擴充，使人對他們印象深刻。國王彼此之間互派使節、互相操控，同時他們也發現這場遊戲，其實別的地區也正在玩。

　　在歐亞大陸兩端的菁英對於來自遠方的發現、驚奇和珍異事物的印象深刻。當時的歐洲統治者會把這些東西置於所謂珍奇櫃（wunderkammer）中，目的不是為了像後來十九世紀那樣展示自己帝國之廣袤，而是要展現自己具有國際胸懷與品味，是一個了解新世界的人物。在這方面，此時代的東南亞不惶多讓，這裡的菁英也會以收藏珍品的方式展示自身的地位。商業時代之所以出現，必要因素實是東南亞各地人們對於印度生產的七彩布料有強烈的渴求，並以香料與熱帶產品交易印度布料進口；而商業時代之所以終結於十七世紀（見本書第七章），最好的解釋莫過於東南亞開始排斥外國衣料與異國風尚。

　　商業時代的統治者急切地詢問遠來的到訪者，他們也急於想和全球的統治者爭長論短，並將遠程交通與遠方連結變成自身的目標。世界各地的火藥國王擁有一項共同特徵，那就他們對於外國商人、外國金融家與外國傭兵的依賴。帶著自己國王親筆書信前來的使節，在東南亞的宮廷中會受到盛大的典禮歡迎，這封御筆書信會由盛裝大象的隊伍或是由鍍金畫舫護送。公元一六八七年前往暹羅的法國使團，是這類皇家戲碼當中的末代，暹羅為了接待法國使團，動用約三千人、七十艘船——有樂師也有舞者

——陪同法國大使順河而上。歐洲使團加入亞洲外交組合一事，造成反方向派出的外交代表團。公元一六〇一至一六〇三年間的亞齊，與一六〇七至一六〇八年的暹羅，皆派遣使團去參見荷蘭的毛里茨親王（Prince Maurits）；然而，自荷蘭東印度公司一六一九年開始征伐事業之後，它便禁止往後的東南亞使節前去遠於巴達維亞的地點。因此，後來東南亞人所派遣的外交代表團，實是為了尋找對抗荷蘭人的幫手。公元一六八二年，萬丹曾經派出一次著名的外交團，前往英王查理二世（Charles II）處；此外，為回應法國的行動，暹羅曾於一六八〇年、一六八四年、以及一六八六至一六八七年，數度派遣外交團至法國。派遣使團的亞洲王室後來殞落，再加上歐洲方面失去興趣，最終導致這段好奇的交流階段告一段落。

漫長十六世紀期間，這種國家劇場（theater of state）達於全盛，其形式是國王登基大典的華麗隊伍、或者是國王喪禮的隆重隊伍，又或者是國王主持的婚禮或宗教慶典。與此同時，歐洲人讓皇家遊行發展成為國家權力的象徵，這類盛大的場合諸如一五三〇年查理五世（Charles V）進入羅馬、一六二八年亨利四世（Henry IV）進入巴黎、一五八八年伊莉莎白（Elizabeth）進入倫敦、一六〇四年詹姆士一世（James I）進入倫敦。東南亞的火藥國王也轉變了大型公共儀式，將儀式的主題從宗教性質轉化為讚頌國王本身。這個「劇場國家」（theater state）的概念本是由克利弗德・紀爾茲（Geertz, 1980）所提出，用以解釋十九世紀的峇里島政治，然而當我們將此概念套用於解釋商業時代的火藥國王時，竟然更加地貼切。在亞齊，這類遊行隊伍居然有精心裝飾的大象（以一六四一年的末代盛大典禮為例，大象數量竟有二百六十頭）、有異國珍獸如犀牛和波斯馬、有數千名裝甲武士，讓觀禮群眾們驚嘆不已。在東南亞大陸區及婆羅洲的河畔首都，這裡最盛大的隊伍形式，是以河流上的船隊在展現。有位荷蘭人曾經描述過一場暹羅的年度大典：

前方經過大約兩百位官員，每位官員都坐在自己華麗船隻上的小亭

子內，亭子皆按照所有者的身分階級而鍍金與裝飾。每艘船大約有
三十至六十位槳手……在最高級精美的那艘船上，國王安坐在華麗
的棚子之內，貴族與朝臣則圍繞在王座底部，向國王敬拜致意……船
舶的總數約有三百五十至四百艘，而參加隊伍的人員約有兩萬至兩萬
五千人。（van Vliet, 1640/2005, 119）

　　到了十七世紀後期，無論是在亞洲還是歐洲，這類盛大的場合都迅速
地衰頹並退出潮流，因為各王室不再擁有足夠舉辦此等盛事的資源，新型
火器讓統治者易受威脅而處境維艱，而皇家劇場的活力也限縮為宮牆之內
更精緻化、更內部化的場合。

　　亞洲與歐洲的情況相似，並不是一種巧合，而是反映某種特定的世界
現象，此即位於歐亞大陸不同角落的國王，自視為某種──擁有相當程
度的共同性──道德秩序內的競爭者。相較於更早的時期，他們與彼此
的接觸與了解比較多；相較於後世，他們對彼此的尊重與好奇心較深。
足以反映那個時代的一項事物，就是「王者鏡鑑」（Mirrors of Princes）
這種文學體裁之流行，阿拉伯文則稱之為「米拉特穆盧克」（Mirat al-
Muluk），這種文學主要是以伊斯蘭的型態被引進亞洲。自十一世紀以
來，基督教世界和伊斯蘭世界對於這類文學都很熟悉；由於火藥諸王欲
躍居於穩固有虞的權力頂端之上，這些被視作權力頂峰的國王其實頗需
指引，這也使得「王者鏡鑑」這類文學在漫長十六世紀之間更加盛行、
流傳地更廣。有一個顯著的借用範例，是從波斯、阿拉伯文獻借用至馬
來文的《蘇丹之冠冕》（Taj as-Salatin），此書為公元一六〇年時，由布
哈里・喬哈里（Bukhari al-Jauhari）獻予亞齊蘇丹。這項著作後來也為其
他馬來文作品所模仿，例如拉尼里（Raniri）的《蘇丹的花園》（*Bustan
as-Salatin*, 1643），而《蘇丹的花園》之後又被翻譯為爪哇語，於後世廣
受引用。類似於歐洲同時期這類作品的佼佼者，《蘇丹的花園》當中引
用各種鮮明的例子譴責暴君行徑，並宣揚一個好君主需以理性為中心。理
性乃是上帝最先創造的事物，上至天子、下及庶人一概須以理性作為行為

準則：

> 人身中的理性，就如同天穹中的太陽，光芒照耀世界各個角落⋯⋯
> 對於有理性天賦者而言，萬物萬物——無論善惡——皆可一目了然，
> 正如同七彩顏色——無論黑白——在陽光之下更加醒目。因此，你
> 應當榮耀理性，如此你的統治方可能臻至完善。（譯於 Braginski,
> 2004, 437）

然而，後續的事件發展，將會在各文化之間築起高牆，並消磨人們彼此觀摩學習的興致；雖然如此，早期現代性已在開展當中。

第七章

十七世紀的危機

大分流的辯論

本書前面的章節追溯了一段健全擴張的時期，其中，東南亞菁英與歐洲人及其他地區的人們，是以平等的地位在進行互動。進行交流的各方，似乎都很積極地從新面臨的文化差異之中學習。這樣的一幅景象，與十九世紀、二十世紀初以來的豐富證據相比，實在難以吻合；自十九世紀、二十世紀初以來，東南亞人難以在商業、軍事、科學或政治上與歐洲人匹敵，就亞洲人與歐洲人之間的實力差距而言，東南亞人與歐洲人的差異尤為懸殊。十六世紀至十九世紀，東方與西方的分流與分歧（divergence）是很清楚的；然而，東方與西方分歧的原因，相較之下就隱晦許多。在過去一百年間，東、西方大分流這個課題引發了激烈的辯論，激切辯論的雙方是殖民主義與民族主義的辯護者，或是馬克思主義經濟決定論（Marxist economic determinism）與文化性解釋的主張者，或是歐洲卓越論與亞洲衰微論者。東南亞為這場廣大的辯論──後來二十世紀「第三世界」（Third World）的那片地區為何陷入貧困──提供了關鍵的論辯場。東南亞香料貿易與轉口貿易的強盛與衰敗，讓它成為世界上特別戲劇化的案例。

姑且無論好壞，在殖民時代，歐洲活動者是當時的中心，而亞洲人角色則被壓抑到淪為歐洲人進犯的無助犧牲者。十七世紀荷蘭東印度公司無情的壟斷行徑，扼殺了亞洲的商業活力，導致亞洲國家、城市、福祉的衰退。一九六〇年代，在喬努（Chaunu, 1960）和馬加海斯—戈尼迪奧（Magalhaes-Godinho, 1969）主導之下，學者開始對於伊比利資料進行嚴格的實證量化（empirical quantification）研究；後來，研究範圍還擴展到荷蘭東印度公司數量浩繁的檔案。日本學術研究彌補了歐洲方面的資料，前者提供日本與中國方面的史料，證明日本白銀與華人船運對於一五六七至一六四四年的商業繁榮期非常重要。至此，情況變得更為明顯，漫長十六世紀白銀產量與貿易大量擴張的全球型態，有一部分是由東南亞構成；漫長十六世紀過後，接踵而來的卻是十七世紀中葉的蕭條與危機。

　　一九九〇年代的歷史界前沿恰好轉移至更具均衡性的實證性探索，企圖擺脫西歐、中國或日本特殊性的理論，改而將歐亞大陸視作一個整體。維克多·萊柏曼（Lieberman, 2003; 2009）的根本論點是難以否認的，那就是整個歐亞世界「在過去幾千年的演化期間，所反映出的類似性多過分歧性」。和彭慕蘭（Kenneth Pomeranz, 2000）一樣，萊柏曼否認歐洲／亞洲二分法，偏好於細膩比較歐亞內部——最具有重要相似性者——的不同部分。萊柏曼（2009, 77-92）察覺到東南亞型態與歐亞其它地區的型態之間，具有「奇怪的相似處」，而他有效地總結出橫跨歐亞的九大交流領域，有助於解釋這所謂的「奇怪相似處」。我個人將萊柏曼的九種交流領域進一步結論為五大課題：氣候變遷；疾病模式；有利於強國的軍事革新，尤其是騎兵與火器方面；全球商業周期；思想趨勢、借用與反應。

　　我個人介入這場辯論而提出的論點是，十七世紀中葉影響東南亞地區的激烈變遷，強化了傑佛瑞·帕克（Geoffrey Parker, 1978; 2013）已提出的主張——十七世紀「小冰期」（little ice age）相關的歐洲危機，事實上是一場全球性危機（Reid, 1990; 1993, 270-311）。然而，萊柏曼（Lieberman, 1995）就東南亞大陸區立論，明白否認此一論點，他將重點放在大陸區主要國家的領土鞏固，這也導致他所提出的是公元一五六〇至

一六○○年、一七五○至一八○○年之政權危機，不過，這些危機到後來卻造就出前所未有的強力國家統合（Lieberman, 2003）。

亞洲相對於歐洲，是從什麼時候開始變得貧困、如何變得貧困？這個問題並非萊柏曼的關懷，卻成為彭慕蘭的任務（Pomeranz, 2000）。彭慕蘭的論點將歐洲與亞洲的經濟大分流時刻，調整到一七八○至一八五○年這段時期，並主張大分流的關鍵原因在於，多數活躍亞洲核心區如長江三角洲等地，有土地與能源（尤其是木材）資源耗竭的問題，反之，歐洲（尤其是英格蘭）擁有本地煤礦資源，並且在新世界握有豐富的農業與森林資源。彭慕蘭的論點令人耳目一新，它暗中否定了一六四○年代中國危機——與白銀短缺與明王朝滅亡攸關——的重要性，但卻對於亞洲其他地區的危機罕有提及。在彭慕蘭處理的課題中，東南亞依然處於邊緣而非核心；東南亞的人口數量太少、分布太散，不足以如英格蘭、荷蘭或部分中國地區那樣，造就出原型工業化（proto-industrialization）。

我的主張是，歐亞大陸作為一個整體，在十七世紀的時候發生了一場重大的危機，只是東南亞受這場危機的影響比較深刻，箇中原因包括，東南亞高度暴露於漫長十六世紀擴大的貿易周期，再加上它面對荷蘭東印度公司的壟斷策略時頗為脆弱，以及日本—中國的白銀換絲綢貿易撤出東南亞經濟圈所造成的虛弱（Reid, 1993, 288-9）。東南亞在這段時期內出現決定性的變化，在我看來是一件不容置疑的事實，這個關鍵變化的走向，是東南亞地區降低對長途貿易的參與、減少與外國思想的接觸。這一章的內容會企圖概括這場變遷，而且還會處理更棘手的問題，也就是此一變遷的根本原因及其結果。

東南亞人喪失長途貿易的利潤

整個十六世紀有全球同步性（global synchronicity）的價格上揚現象，尤其是穀物與勞力的價格；至十七世紀中期的時候，又接續出現了全球同步的衰退。許多學者對此做出解釋：經過百年的擴張，自公元一六二八年

開始，新世界白銀產地送往歐洲，以及透過馬尼拉的加利恩帆船運往亞洲的白銀量開始降低。就亞洲而言，一項驚人的事實是，日本白銀出口也是在一五七〇至一六三〇年間急遽增長，但到了一六四〇年代卻驟降至巔峰時期的一半以下；日本白銀輸出的驟減，若用來解釋一六四四年大明的滅亡，以及東南亞諸多轉運口岸遇到的困境，甚至會有更高的說服力。

　　一五四〇年代至一六四〇年代，在這百年之間，相較於黃金與重要貿易品，中國特別看重白銀，且對白銀設定的價值是全世界最高的。原因是中國紙幣制度的衰敗，以及明代中國因人口與經濟擴張而急需通貨。全球相當比例的白銀產出最終流入中國，導致了白銀價格的落差，所以從東南亞和其他地區向中國輸入白銀，這項利潤極高的貿易因此而結束。這讓中國政府徵收白銀為稅金的真實價值降低，更嚴重的是，東南亞地區從事的白銀貿易因而利潤遽減。

　　據瞭解，這項因素對於大明的滅亡有一定的影響，但對於東南亞的影響卻更加劇烈，因為東南亞是當時中國與世界其它地區進行貿易的最主要區域。東南亞的港口與都市中心，在一五七〇至一六三〇年的貿易蓬勃期間獲益最大。各國對於東南亞產品的需求，在一六二〇年代達到巔峰，自全亞洲運回歐洲的貨物當中，東南亞胡椒及香料占了貨品總價值的一半以上。中國與日本也在東南亞口岸彼此大量貿易，或與廣大的海洋世界展開貿易。日本船舶自公元一六三五年開始不再前來，另外，中國方面的需求於一六四〇年代的危機中大量減低，新興的滿清政權又直到一六八〇年代才解除海禁政策。至於歐洲人，他們起初對南洋群島香料與胡椒的重視，已被其它的亞洲興趣取代，尤其是印度布料和靛藍。在運往荷蘭的貨物中，摩鹿加香料和東南亞胡椒兩者總和，從一六四八至一六五〇年的百分之六十八，下降到一六九八至一七〇〇年的百分之二十三；此外，摩鹿加香料和東南亞胡椒在一六四〇年代之前本為英國貨物之大宗，在一六八二年英國失去與萬丹的接觸之後，比例下降到了百分之二左右（Reid, 1993, 288-9）。

　　海戰方面，東南亞船隻與歐洲船艦相遇時，前者的科技劣勢雖小卻仍

相當明顯，這是對貿易與船運造成深遠影響的軍事因素之一。十六世紀初的葡萄牙或義大利作者描述的狀況，與海洋考古學的研究結果相符，他們表示南中國海上的船隻主要是在三百至五百公噸之間的大型「戎克船」，造船地點多為勃固，但它們的主要基地為麻六甲、爪哇、暹羅。據葡萄牙人描述，這些戎克船是屬於爪哇人或馬來人，不過船隻有中國—東南亞的混合設計；這顯示，戎克船的起源可能是中國與東南亞的交流，此事已於本書第三章說明。

又經過一個世紀，那時有了豐富的荷蘭報告可供研究，而那時的情況也已大為改觀。葡萄牙船艦變得更加巨大，而自一五六七年中國官方特許制度開始後，主宰中國—東南亞貿易的船隻是以中國為基地的船舶，大約有五百公噸；此外，東南亞船隻的數量愈來愈多，但是體積卻變得更小。首批荷蘭探險隊報告道：「東印度群島水域船隻多，但多為小船，我見過最大的戎克船，載重不會超過四十噸。」（Lodewycksz, 1598/1915, 132-3）葡萄牙人不時會攻擊這些利潤豐盈但笨重不靈活的船隻，讓這類船隻航行的風險過高，當地企業家因此怯於投資。十七世紀初，東南亞統治者依然擁有少數大船，這包括主要補給路線上載運稻米的戎克船，以及大型的軍用帆船。相較於一百年前葡萄牙人船艦所占的軍事優勢，後來的荷蘭戰艦更加位居海戰領域的尖端；但相對的，至一六五〇年時，東南亞船隻的規模卻變得更小。某些東南亞最強大的國王，會擁有少量根據歐洲或中國設計而打造的船艦；除此之外，當時的東南亞船隻很少有超過二十公噸。大型船運業以及距離最遠的長途貿易，都已經變成歐洲人與華人的專屬事業，而根據歐式設計建造的印度船隻數量也在減少中。

與這些海戰挫敗相關的，是東南亞人控制的那些最重要的轉運海港的破壞。其中，有三處地點的破壞發生在十六世紀，分別為一五一一年葡萄牙人征服麻六甲，一五七八年西班牙人掠劫汶萊，還有勃固在一五九〇年代，分別遭到其糟糕的國王與鄰居的摧毀。葡萄牙人征服麻六甲與西班牙人掠奪汶萊，後來有替代轉口港興起彌補，此為東南亞的常態；但勃固的破壞與後續在十七世紀的衰敗情況，長期下來則有更重大的意義。公

元一六二五年，蘇丹阿貢征服了杜板、泗水，以及爪哇中部與東部港口，爪哇人的生活重心因而更移往內陸。具有國際氣息的沿海地帶受到嚴重的邊緣化，後來的馬打蘭統治者甚至將這些地帶視為敵人，不斷地剝削與壓迫，直到後者最終向荷蘭東印度公司投降。就像是勃固衰亡之後的孟人處境，爪哇人的商業生活無論是以自身的絕對標準，還是與競爭對手生活模式比較的相對標準而言，遭受了長久的挫敗。

荷蘭東印度公司在總督揚‧彼得斯佐恩‧科恩在職期間（1618-1629年），在亞洲的海軍力量布署圖謀明確而態度堅決，意在建立永久的戰略性據點，並壟斷最重要的貿易物資。這場實際上遍及亞洲地區的行動，總部設在一六一九年更名為巴達維亞的雅加達，此為東南亞的不幸。班達群島的五座小火山島，本由傑出的寡頭政治貿易商統領，全世界的肉豆蔻都是產自此處。公元一六二一年，荷蘭人征服班達，造成該地人口減少。荷蘭或歐亞混血種植園主人紛紛引入奴隸來照料肉豆蔻。

公元一六二九年是亞洲與歐洲力量之間的軍事轉捩點，當年剛巧發生亞齊企圖將葡萄牙人逐出麻六甲，而馬打蘭希望將荷蘭人驅離巴達維亞。亞齊和馬打蘭都一敗塗地，從此以後歐洲人飛地再也沒遭遇任何亞洲勢力的嚴重威脅。此外，荷蘭東印度公司也在一六二〇年代，對昔日的丁香中心和德那第蘇丹國建立主導地位；至於荷蘭公司的丁香壟斷大業，隨著它一六五〇年代在安汶地區捷報連連，終於大功告成。不過，主張自由貿易的望加錫仍然是對抗荷蘭主宰印尼東部的強勁競爭對手，正如萬丹在爪哇海域對荷蘭人的掣肘；至此時，它們都成了荷蘭人欲去之而後快的目標。荷蘭公司選擇等待，等到它們爆發內部衝突時，才伺機而動找到重要的當地盟友，經過連番的戰役，望加錫終於在一六六九年失守淪陷，萬丹的相同遭遇則發生於一六八二年。

至此東南亞只剩下西邊的亞齊和北邊的阿瑜陀耶，得以維持對自由貿易者的巨大吸引力，同時它們也大力吸引被荷蘭人驅逐的商人群體去避難。但至十七世紀中葉，荷蘭東印度公司已有能力見縫插針，針對亞齊在蘇門答臘屬地賺錢的胡椒種植事業及亞齊在馬來亞殖民地的錫產業，分得

一杯羹。那萊王（1657-1688年在位）治下的阿瑜陀耶，是東南亞國際主
義與創新精神的最後一處大淨土，那萊王反過來企圖策動穆斯林、英國
人、法國人去對抗荷蘭人，但他最終卻變得太過依賴頗為密集的法國軍
隊，釀成一場仇外的革命事件，那萊王最後也死於該次事件。之後，穆斯
林與歐洲人貿易大多放棄了阿瑜陀耶，僅餘荷蘭人與華人仍在此競爭已大
為削減的國際貿易。

最早的歐洲人資料記載了他們親身經歷的多元海洋貿易世界，其中，
爪哇人的表現最為耀眼，同時占人、望加錫人、班達人、「呂宋人」（來
自馬尼拉和汶萊）、孟人（來自勃固與緬甸沿岸）也擁有並營運一百噸以
上的貿易船，與古吉拉特、南印度、孟加拉與中國的人們從事買賣。不過，
爪哇人和孟人因為經歷了上述的災禍，此時已經不再被視為海洋民族。得
以撐過十七世紀中期壓力的本地統治者，經常寧願與外國商人如歐洲人、
華人、印度人等打交道，而不願冒風險涉入其富裕臣民的混亂狀態。本土
海洋貿易群體中，生存的最好且存續至十八世紀者，便是馬來人（針對講
馬來語的穆斯林之總稱，最初被認為是來自麻六甲的流散群體），和源自
蘇拉威西島南部的武吉士人。馬來人和武吉士人背後都沒有重要的家鄉母
港，這兩個群體都是以流散型態倖存下來，倚靠的是二十至三十噸之間小
船所具備的流動能力。

十七世紀中葉，荷蘭東印度公司壟斷或近乎壟斷了某些關鍵的東南亞
產品，對於東南亞區域經濟的衝擊，絕對遠大於亞洲其他地區。最沉重的
一擊，就是對丁香、肉豆蔻等摩鹿加香料徵稅，摩鹿加香料可以說是最容
易壟斷的物品，因為它們的產地就僅限於當地幾個小島。在十七世紀初期
的繁榮年代，相較摩鹿加香料，胡椒的貿易量大上許多，但胡椒貿易的價
值卻只有高出一點。荷蘭公司難以全然壟斷胡椒，因為英國人和葡萄牙
人仍持續運送較少量的胡椒至歐洲與中東，華人則將部分胡椒送往東亞。
不過，即便是如此，蘇門答臘——除了與英國公司辛苦經營的據點「明古
連／明古魯」（Bencoolen／Bengkulu）相關區域以外——和西爪哇這片
東南亞最重要的胡椒生產區域，在一六八四年荷蘭人征服萬丹之後，全都

屈服於荷蘭人的控制之下。

荷蘭人控制那些地區的結果，就是減少支付給種植者的金額；然而更重大的影響是許多東南亞貿易商原先將香料運到轉運港，維持著這些城市的商業活力，但是荷蘭人控制那些地區之後，一下子就將眾多貿易商排除在外。荷蘭公司控制的價格系統取代了開放市場，歐洲買家在這些東南亞轉運口岸付出的價格當然也就因此減少。據估計，購買丁香的平均金額，在一六〇〇至一六六〇年競爭高峰期，一噸丁香是賣到一千西班牙銀元；但此後丁香價格驟減，最終由荷蘭公司將購買價固定在一噸丁香八十三西班牙銀元，也就是一石（pikul）丁香五里爾（Bulbeck et al. 1998, 58, 84）。由於荷蘭東印度公司在歐洲以高價出售摩鹿加香料，歐洲消費者因此望之卻步，改買替代性的產品，反而造成摩鹿加香料數量下跌。此番衰退對於東南亞貿易的整體影響，反映在當時兩項最有價值的出口物品上——也就是丁香與胡椒，請見表格 7-1。

表格 7-1：胡椒輸出與丁香輸出，根據歐洲（阿姆斯特丹）和東南亞（轉口港）的價格，單位為千西班牙銀元。

年分	一年丁香估計輸出			一年胡椒估計輸出		
	公噸	歐洲價格	東南亞價格	公噸	歐洲價格	東南亞價格
1600-1609	300	1866	210	4000		600
1630-1639	400	1196	400	3800	2005	462
1640-1649	308	718	308	3800	1954	602
1650-1659	300	855	90	4000	1710	417
1660-1669	160	822	33	4900	2286	357
1670-1679	136	405	28	6500	1924	417
1680-1689	134	389	28	4700	1542	392
1690-1699	176	505	36	5300	2082	442

資料來源：Bulbeck et al. 1998, 58, 86.

包括胡椒、丁香、肉豆蔻、肉桂、檀香木、錫、蔗糖等東南亞產品對全世界的供給，荷蘭東印度公司在其中的角色分量不輕，使其在貿易的其

他層面也有許多著力之處，包含東南亞的關鍵進口品，如印度的布料及日本白銀（後來又有日本銅）。對壟斷的追求將荷蘭東印度公司捲入鉅額軍事開銷的泥沼，由此釀成的惡性循環是，高額經費支出使得公司若不繼續維持壟斷的條件，便難以獲得利潤。長久下來，東南亞產品在世界市場裡受苦受難，尤其是在歐洲與日本，因為荷蘭公司持續讓產品價格高居不下，並試驗讓新產品維持在最低供給量的作法。到十八世紀的時候，世界貿易最感興趣的貨品，已經不再是東南亞產品，而是印度的棉布和新世界的煙草與蔗糖，還有中國的絲綢、陶瓷和茶葉。

中國船運業者對於一五七〇至一六三〇年的東南亞貿易熱潮貢獻良多，而這樣的情況在一七五〇年之後，還會再度出現（見本書第九章）；然而中國船運貿易卻遭到這場危機的摧殘，導致大明一六四四年的覆滅，甚至還導致征服中國的滿清政權在對付反清復明、力量基礎在福建海上貿易的鄭氏政權時，採取了殘酷的手段。公元一六三〇年代，根據官方的註冊紀錄，每年抵達馬尼拉的中國船舶平均為三十四艘；但到了一六四四至一六八三年明、清之際的衝突時期，這個數字驟跌到每年五、六艘（多數是鄭氏的船）。一六八三年滿清攻下台灣，隨即於一六八四年取消海禁，開放海上貿易。中國前往馬尼拉的船隻固然因此又多了起來，但終究只回復到東南亞商業繁榮期的一半左右；巴達維亞作為十七世紀衝突的贏家，受害的程度少於馬尼拉，至一六八八年時，巴達維亞已經回復到商業繁榮期的水準，甚至猶有過之。

中國的動盪在各方面衝擊東南亞人控制的港口，但其中有某些港口卻不受當代衰退的整體趨勢影響，如同馬尼拉和長崎的船運紀錄所顯示（表格7-2）。靠著中國對自身商賈的限制，越南各港再度從中牟利；十五世紀明代中國海禁時期，大越（例如占婆與某些傣勐）填補了這個缺口，透過其港口雲屯（Van Don）輸出數百萬件陶瓷至東南亞地區。但到了十六世紀初期大越國內動亂時期，雲屯的出口體制似乎崩潰，越人廣泛參與外國貿易之事也就此告終。大越皇家史書表示：「四海之內，一片悽慘。」（引用自 Whitmore, 2011, 114）托梅・皮雷斯（Pires, 1515/1944, 114）

報告道,越人「在海上是個弱小的民族」,他們除了與中國進行買賣之外幾無其他貿易。

表格 7-2:自東南亞各港抵達日本長崎的華人戎克船,括號中的數字為抵達馬尼拉的華人戎克船[9]。

年分	東京	交趾支那	柬埔寨	暹羅	北大年	萬丹	荷蘭人諸港	總數
1651-1660	15(1)	40(6)	37(5)	28(3)	20	1	2	143
1661-1670	6(1)	43(5)	24(2)	26(7)	9		14	122
1671-1680	8	41(5)	10(1)	26(10)	9	1	38	133
1681-1690	12	25(1)	9(1)	37(7)	9		23	109
1691-1770	6	29(0)	23(1)	19(15)	7	1	18	103
1701-1710	3	12	1	11	2		2	31
1711-1719	2	5	1	4			1	13
1720-1724		4	1	2				7
總計	52	199	106	147	56	3	98	661

引自 Chaunu, 1960.

十七世紀中葉,中國沿岸地區發生的衝突及所受的壓迫,曾經讓某些中國船舶改道前往東南亞諸港,並且為大越創造了一個機會,那就是透過新興港口庯憲(Pho Hien),取代中國的供應,將大越的絲綢出口至日本。於是,十七世紀中期的大越(東京)竟出現一場遲暮開花的貿易熱潮,大越人賺回來的日本白銀,甚至比國家內部稅收多出好幾倍。但就在貿易稅收增加的同時,針對交趾支那南方越人政權的惡戰爆發,農業人口與稅賦因而急遽減少(見於下文),因此,大越朝著國際主義取向轉化的動力變得更加顯著。可是,到一六八四年後,中國與日本之間的直接貿易雖然需配合長崎體制的嚴格控管,但又再度可行,所以大越的最後一段海洋盛世也就此宣告完結。

公元一六八八年暹羅爆發革命,當地的貿易因此中斷;到一六九〇年代,柬埔寨雖然一時之間也表現得狀況不錯,但整體趨勢仍無情地在走下

9　原注:感謝Li Tana與Yoneo Ishii幫助我閱讀岩生成一(Iwao Seiichi)編輯的日本資料。

坡。日本長崎的配額制度變得愈來愈嚴格，於一六八九年原則上限制每年前來的東南亞船隻只能有十艘（其中有三艘來自交趾支那），一七一五年則限定為五艘；不過，表格 7-2 顯示，實際執行的情況會有些時間延遲。將長崎的資料結合西班牙人與荷蘭人的資料，足以充分反映出東南亞大陸區主要港口受苦的程度。

如果在氣候、環境、白銀或荷蘭侵略性壟斷方面，選擇單一要素企圖解釋，那沒有一項解釋是充分的。全球氣候與貿易的變遷，破壞了東南亞商業的長期環境；但東南亞商業確實出現許多挫折，各有其各自的原因，無論這些挫折最終是否以複雜的方式與全球性的現象連結。此外，個別角色也對結果具有決定性的影響，聰明而有成就的統治者對於人民的摧殘，實不亞於無能或殘暴的統治者。

全球氣候與區域危機

近年來，全球氣候變遷的研究可謂日新月異。如今我們已能清楚知道，一個世代甚至一個世紀的「正常」天氣，若放在地球壽命的角度來看，未必就是正常的。本書第二章已述，經由樹木年輪與石筍序列的研究已經確認，東南亞大陸區與中國一樣，在公元九〇〇至一二五〇年間的中古氣候異常溫暖期，擁有較適宜農業的溫和氣候條件；此外，研究也確認了後來氣候條件惡化，這也是蒲甘、吳哥建廟「納加拉」崩潰的原因。公元一四七〇至一五六〇年間氣候再度轉好，造就北部種稻社會諸如素可泰、清邁、永珍與大越出現實質性的新成長，此期間，包括勃固、阿瑜陀耶、柬埔寨新首都金邊在內的新興港口國家，成長其實更加可觀，它們從海洋貿易的巨大增長獲取了不少利益。一五七〇年左右，歐亞大陸開始降溫，在十七世紀中期形成小冰期，嚴重擾亂中國與東南亞北部的氣候，衝擊了農業與人口。大約自一七〇〇年始，全球氣溫逐漸轉暖，到了二十世紀暖化的情況更加快速，暖化過程的短期中斷，是火山噴發與太陽異常活動所造成的。

熱帶島嶼的氣溫變動低於歐亞陸塊，從十九世紀初到一九五○年代，熱帶島嶼的平均溫度只有上升零點六度，變動幅度僅有溫帶地區的三分之一。十七世紀氣溫下降的情況，在海洋東南亞地區應該較為溫和；氣溫下降或許對商業時代東南亞港口政權的崛起有幫助，但東南亞北部仰賴稻米的人口集中區卻因此蒙受不幸。火山噴發與周期性的聖嬰現象，會造成東南亞島嶼區的短期氣候變化，在十七世紀時尤為嚴峻。

　　無論是過去或現在，東南亞的島嶼擁有全世界破壞力最強大的火山與地殼活動。日漸複雜的定年技術如冰芯和樹木年輪定年，足以讓人們標出全球氣候中的短期波動，其成因是巨型火山噴發，噴發物在全球形成灰塵層，會讓氣溫下降、農作物難以生長。就爆發度與危險程度而言，東南亞的火山噴發往往是全球最劇烈的，富含硫的火山灰層會散布至全球的人口區；相對而言，北半球或南半球的火山爆發，影響所及之處主要就是它們所在的相同緯度區。

　　十七世紀全球低溫當中最極端的那些年，舉凡公元一六○一至一六○四年、一六四一至一六四三年、一六六五至一六六八年、一六七六年以及一六九五至一六九九年，可能是因那些時段開頭的火山大噴發，或是整個小冰期開頭的大噴發所導致。雖然大多數的新資料是來自北半球，然而能對北半球區域造成如此影響的大型噴發，大部分都定位為東南亞諸島的火山爆發。較著名的十九世紀坦博拉火山與喀拉喀托火山爆發事件中，噴發物影響了全球的氣候，災難最猛烈之處當然是接近島嶼區的地帶，數萬人當場喪生，廣大地區的天空昏暗、作物枯萎。這幾次全球性危機當中的第一次危機，在歐洲與俄羅斯造成的影響從一五八四年持續至一六一○年，其間最低溫度則出現在一六○一年。學者將此事歸因於兩次爪哇的火山噴發，並大約將兩次事件定於一五八六與一五九三年；但也許，對於前述危機影響更重大的是新幾內亞以北布干維爾島（Bougainville Island）上比利米切爾火山（Billy Mitchell）的噴發，碳定年將該事件定為一五八○年（前後二十年）。在史籍記載當中，一五八六至一五九七年，是東京地區史上歉收、饑饉、疾病最嚴重的時期，隨後北半球也出現類似的危機型態。

整個印尼群島之中,最有用的樹木年輪資料至今依然是貝爾拉吉(Berlage)在爪哇的研究,該研究顯示在一五九八至一六七九年間,樹木生長速度低於平均,其中某些時段的樹木生長速度尤其緩慢。其中,第一個時段是一六〇五至一六一六年,恰好與印尼群島在一六〇六至一六一三年發生的嚴重乾旱時間符合,也符合當地人記錄的亞齊首都最著名的一次飢荒,大約發生在一六〇四至一六〇五年,期間「死了很多人」(Raniri, 1643/1966, 34)。第二個時段為一六三三至一六三八年,這也正好符合近年越南樹木年輪研究為期七百五十九年的序列之中,最乾燥的三年,也就是一六三三至一六三五年(Buckley, et al. 2010)。此外,這也應該是歷史上暹羅和峇里島一六三三年大旱與作物歉收的起因,以及摩鹿加一六三五年旱災的成因。一六四一年一月,民答那峨島帕克火山(Mount Parker)爆發,噴散出的火山灰瀰漫至摩鹿加、呂宋、婆羅洲區域,極有可能導致各地的農作歉收與飢荒。根據樹木年輪分析以及關於飢荒、疾病、歉收的歷史記載,東南亞群島區最悲慘的時期發生在一六六〇至一六六五年,雖然原因並不清楚、日期也不能確定,但禍魁禍首也許是新幾內亞外海長島火山(Long Island)的某次噴發。公元一六八一年強勁的聖嬰現象,在一六八一至一六八二年間為東京地區以及海南島帶來嚴重的乾旱與作物歉收,據編年史書記載,許多人死於饑荒,「路上滿是死屍。」在乾旱荒年之後,一六八二、一六八三年接踵而來的是一場恐怖的流行病,東京地帶的人口因此喪失三分之一,該次疫情也傳播到交趾支那。

就東南亞島嶼區而言,最後一個必須考慮到的地質要素,就是關於大地震與大海嘯的紀錄。二〇〇四年蘇門答臘西北外海大地震造成致命的大海嘯,此後的相關研究使我們得知,除了已知在一六九七年與一七九七年摧毀巴東(Padang)的地震與海嘯之外,十七世紀中期尚有許多大規模的事件發生。公元一六六〇年一月,亞齊首都受到一場海嘯或風暴潮重創,超過一千人死亡,而亞齊作為印度洋重要口岸的黃金時代也因此結束。關於地形暴露的爪哇島南岸,歷史紀錄十分罕見,但最為可靠的爪哇編年史記載,一六一八年的一次海嘯襲擊造成非常嚴重的破壞,迫使馬打蘭必須

遷移首都；強大而危險的南海女王「拉茶姬都」（Ratu Kidul）神話故事也因這次海嘯而出現，根據傳說，南海女王會與馬打蘭國王進行交合儀式，藉此賦予他們力量與合法性。

馬尼拉的重要建築在一六四五年的大地震中幾乎全毀，這昭示著馬尼拉黃金盛世戲劇性的終結。據估算，這場地震與先前一六一九年的地震，是十七至二十世紀期間，菲律賓所遭遇的地震中最猛烈的（大約規模八級）。荷屬巴達維亞（雅加達）經歷過最嚴重的地震，發生於一六九九年一月，四十棟建築物因此倒塌，幾乎所有的房舍都損毀。歷來人類已知的所有爪哇大地震，全部都集中於爪哇島南岸外海的隱沒帶，爪哇內陸與南部的人口中心遭受的打擊，肯定是大於巴達維亞；若生長在高地的樹木因地震連根拔起而滾落，阻塞城市仰賴的河流與水道，這種情況導致的傷害最為長久。

雖然就單一地點來說，內戰或異國征服的因素也有說服力，但這些由氣候與地殼活動帶來的困境，最可能是十七世紀中期人口下降的整體性解釋。可靠的人口資料數量雖然稀少，但我們擁有西班牙人和荷蘭人對他們特別控制的地區進行的人口調查資料，這些資料呈現出人口遽降的事實。合計之下，公元一五九一至一六五五年間，菲律賓低地區（呂宋和米沙鄢）人口減少百分之三十五；一六三四至一六七四年間，丁香產地安汶群島（Amboina）地區——包含安汶和里斯群島（Lease）——人口減少百分之十七；鄰近安汶的斯蘭島（Seram）大約於同時期減少百分之三十七的人口；從十七世紀初至一六八〇年，德那第人口減少百分之七十；在一六六四年至一六六九年間，蘇拉威西島東北部的米納哈薩半島（Minahassa），人口可能也減少了百分之七十。從一六五一至一七五五年間，爪哇核心地帶馬打蘭的人口也呈現穩定下降的趨勢，這是根據徵稅匯報的家戶「卡卡」（cacah）數字而得知（Reid, 1993, 294-7）。總體來看，無論是對於看天吃飯的農業人口、還是面臨荷蘭人貿易壟斷壓力的商業中心來說，這都是一段危機四伏的時代。

危機造成的政治性後果

　　整體觀之，十七世紀的危機導致許多東南亞社會失去對國際市場的依賴，並且減少了都市及國際性要素在其中的主導地位。先前火藥國家靠著貿易、財富、火器、國際盟友等優勢條件建立了易碎霸權，如今這些優勢喪盡，對此，火藥國家的回應方式有二種。在東南亞群島大多數區域內，港口國家新近取得的內陸影響力又再度喪失了，隨之而來的是權力再度分散於無數河畔酋長與世系單位之間；不過，人們對於商業時代的創始國王與征服者所懷抱的記憶，對於這些區域內成長的文化凝聚性和一致性有其作用。某些國家已發展出從事灌溉稻米農業的集中人口區，例如爪哇與幾個東南亞大陸區的社會，這些國家具有一股朝向更高程度自給自足與內部整合的趨勢，某種程度彌補了它們在國際方面的損失。商業時代的菲律賓低地區，開創出一個以馬尼拉為中心的國家，以更加自足、更加菲律賓化的形式，度過接下來的危機，可是教會、政府、商業大都會卻喪失大半力量而難以轉型。

　　支配漫長十六世紀的東南亞港口大城市，至十七世紀時經歷的衝擊非同小可。在早先的時代，受掠劫的城市通常會在它處重建；但十七世紀亞洲人統治的城市，例如勃固、萬丹、亞齊、望加錫、汶萊、北大年等，它們遭遇的挫敗卻有長久的影響。歐—華飛地如巴達維亞和馬尼拉，或可補足亞洲人統治的城市在長途貿易中的角色，卻無法取代此等城市的文化及政治生活角色。歐—華城市的土著人口不多，而這類土著與地方菁英關係脫節，整體地位卑下，在巴達維亞，土著的身分大多為奴隸或前奴隸。這些歐—華城市絕對是精彩的文化實驗場，但它們卻不能領導當地的社會。

　　十七世紀的危機在世界其他地區形成一股統一民族國家的趨勢，特別是不列顛、尼德蘭、日本。也許如同萊柏曼（Lieberman, 2003）所述，東南亞大陸區的國家——緬甸、暹羅與兩個越南國家——也是從此刻開始與東南亞島嶼區走上不同的方向，它們與江戶時代的日本相同，發展出更獨立的內部市場，以及世俗權威暨宗教權威方面更為標準化的形式。相較於

十六世紀，緬甸整個十七世紀的對外貿易都處在極低的水準，在一六三五年，緬甸首都重建的地點，居然是遠溯伊洛瓦底江而上、遠離海洋貿易的阿瓦，接近現代的曼德勒。暹羅與交趾支那的情況也類似，國家稅收中對外貿易所得的重要性，於一六八〇年代之後下降。不過，與江戶時代日本和清代中國形成強烈對比的是，東南亞大陸區的所有王朝在十八世紀中期時全數殞落，對外戰爭與內戰的災難是箇中原因之一；然而更根本的問題在於，它們在對外貿易停止供應政權核心之後，便無法維持充足的稅收。

第一個崩潰的火藥國家，是最大的火藥帝國，即緬甸王勃印囊藉由商業興旺的首都勃固建立的帝國。勃印囊的繼承者南達勃因（Nandabayin，又譯莽應理，1581-1599 年在位）下令維持過於龐大的軍隊，將首都內的孟族子民逼到造反，危急之下導致南達勃因發動更殘酷的鎮壓行動，勃生和馬達班的港口首先遭到摧毀。從一五九七年開始，帝國首都便受到南達勃因各方敵人的包圍，至一五九九年時，敵人已經毀滅緬甸沿岸諸港。稍後一份耶穌會的資料宣稱，勃固全國的人口或被殺、或被俘、或逃亡，有二十四萬孟人奔逃至暹羅、寮國和阿拉干：「整個國家頹敗荒涼，勃固王國境內杳無人煙。」（du Jarric, 1608, 626）至此，即便仍有少數孟人依然在暹羅或阿拉干從事貿易，但孟族商人已不再是印度洋貿易系統的重要成員。昔里安港在一開始並沒有遭到全面的破壞，在一六〇〇至一六一四年間，它是由葡萄牙人菲力普‧德布里托（Philip de Brito，又譯鄂辛加）統治，他原先是阿拉干國王麾下的傭兵，最終竟成為另一個獨立港口國家的統治者。

緬甸歷史進入了新階段，但這段時期（1606-1752 年）卻被人們誤稱為「第二次東吁王朝」（Second Toungoo），原因在於後世史家企圖強調自勃印囊以下的延續性；這個新階段，其實正是一個本土化的經典案例，此事在本書第八章將會論及。到當時，仰光（Rangoon）孟人供奉著雪德宮大金塔／仰光大金塔（Shwedagon Pagoda），而阿那畢隆（Anaukhpetlun，1606-1628 年在位）則開始成為大金塔的緬族贊助者，在他的控制之下，逐漸出現一個環繞仰光大金塔而新起的港口。一場佛教

徒的反動，讓阿那畢隆得以在昔里安殺死德布里托。阿那畢隆與弟弟兼繼承者他隆（Thalun，1629-1648 年在位）最重視的事情，就是在伊洛瓦底江上游產稻附庸國鞏固自身的基礎，他們關注的不是渺茫的帝國，而是新首都阿瓦附近的緬族灌溉稻米產地。在這塊核心地帶，阿那畢隆和他隆強迫勃印曩所封的屬國世襲公侯前來宮廷，並且以城鎮總督「謬溫」（myo-wun）取而代之，實行更有效的控制，朝廷更派出監察人員確保城鎮總督的忠誠。至此，一個更加節制、更加整合、更加屬於緬族的國家逐漸成形，一個可以開始被稱為「緬甸人」的社會也出現了。通往雲南地區的陸路與內河貿易，變得與現在逐漸減少的海洋貿易一樣重要。如今已是印度洋貿易最大參與者的英國及荷蘭公司對於緬甸失去了興趣，分別在一六五七與一六七九年關閉了他們在緬甸的辦事處。

　　勃固的崩潰與孟人／緬人海洋貿易的瓦解，從中得利者乃是暹羅，暹羅透過西部港口丹那沙林，迅速主宰東南亞半島的兩側地帶。從十七世紀初到一六八八年間，阿瑜陀耶成為了東南亞大陸區最大的轉運站，吸引著穆斯林、華人、葡萄牙人、英國人、荷蘭人前來貿易。

　　經歷勃印曩征服帶來的災禍之後，十七世紀重建暹羅的諸王，企圖利用外國貿易的財富與武器打倒反對者，建立內部的專制政治。戰士國王納黎萱的統治（1590-1605 年在位），「是暹羅史上最為好戰嚴酷的政權……他殺害的人以及他訴諸法律殺害的人超過八萬人……他首先下令，官員必須在國王面前跪拜匍匐前進，並隨時面朝地面……官員始終生活在對陛下的恐懼之中。」（van Vliet, 1640/2005, 229）暹羅首都的這種專制主義形式，在巴沙通王（Prasat Thong，1629-1656 年在位）和那萊王（1659-1688 年在位）期間達到鼎盛，根據外國觀察者的描述，這些國王恐嚇老一輩菁英並奪走他們的財產，同時任命出身卑賤但有能力者擔任官職。至於其他處於易碎權力狀態的火藥統治者所施行的專制主義，只要一離開首都的範圍便沒有什麼作用，倘若他們的專制主義能夠奏效，仰賴的是外國人帶來的財富。

　　能幹的國王對於這場遊戲玩得頗為上手，他們主持最後一代輝煌的國

際主義宮廷，卻最終迎來衰亡。終結時刻是在公元一六八八年四月降臨，暹羅那萊王對於法國人士兵、英國人港口總督、希臘出生的部長華爾康等人太過依賴，他的佛教子民對此覺得受夠了，皇家象群統領利用這股仇外情緒奪取了王宮，驅逐法國人，並殺害華爾康以及那萊的兩位潛在繼承人，那萊王本人則死於三個月之後。這次政變的領袖後來成為帕碧羅閣王（King Phetracha，1688-1709 年在位），他在位期間，各方的貿易都大量減少，至十八世紀時，暹羅貿易才逐漸復甦，但那時的貿易已然是華人主導的範圍。暹羅的心力大多放在如何以上座部佛教範式建立內部的凝聚力與一致性。

在東南亞島嶼區，荷蘭東印度公司與競爭對手採取的強迫性手段，使最受影響的當地社會感覺這些輸出的產品似乎在引入暴力與動盪，因而對它們產生惡感。胡椒種植區域流傳的史詩，證明這種對胡椒的反感確實存在。胡椒帶來財富，但在危難時刻卻無法取代稻米，因此許多國家似乎希望獲得更高程度的自給自足，還有那些已無力負擔布料與稻米進口的人們，也認知到自給的必要性。

大大受益於漫長十六世紀繁榮的火藥國家，最仰賴貿易與外部的支持，因此，它們也是十七世紀危機當中最脆弱的存在。因為荷蘭東印度公司幾乎奪走所有來自摩鹿加的賺錢香料貿易，位於爪哇北岸的港口國家如淡目、扎巴拉、泗水，於十七世紀初喪失了它們的生命線，導致它們變得很脆弱，容易受到從事農業的內陸地區以及不重視貿易的國家所宰制。馬打蘭的偉大建國者（其首都接近現代日惹）蘇丹阿貢（1613-1645 年在位），終結了這些港口國家的獨立地位，接連將它們征服，到了一六二五年，最強大的泗水港口群最終也陷落。蘇丹阿貢顯然企圖統一整個爪哇島，這也是史上的第一次，但是阿貢的進度卻遭到荷屬巴達維亞阻止，巴達維亞分別在一六二八與一六二九年，兩度擊敗馬打蘭的大軍。此後，蘇丹阿貢與荷蘭人達成某種和平關係，他將荷蘭東印度公司派來的使節解釋為某種貢使，宣稱自己對於荷蘭人公司的商業利益不感興趣。反之，蘇丹阿貢贊助特殊的爪哇宮廷文化，將來自他征服的港口國家的國際風格

伊斯蘭教，與爪哇內陸與南部的印度教—佛教聖地、火山與海嘯崇拜、農業萬靈信仰相互雜揉（見本書第八章）。講爪哇語區域形成的政治統一狀態非常短暫，因為阿貢的繼承者阿莽古拉特一世（Amangkurat I，1646-1677 年在位）是個暴君兼偏執狂，激起了叛亂並引起荷蘭人介入，迅速導致一六七〇年後爪哇政局的分裂。然而，蘇丹阿貢在位期間所造就的文化遺產，卻維持地更為悠久。

馬打蘭的崛起使萬丹變成爪哇島上最後一個獨立的港口，萬丹由於受到巴達維亞的保護得以免於馬打蘭的擴張威脅，也不用面對來自內陸、也就是西爪哇高地散布的異他語民族的威脅。更有甚者，萬丹的貿易保障在於它自身的胡椒供應，它能夠利用穆斯林、華人、英國人、葡萄牙人、荷蘭人貿易商的支持，來抵抗荷蘭公司壟斷意圖的持續脅迫。在一六二〇和一六三〇年代，萬丹頻頻受到荷蘭東印度公司的封鎖，導致其胡椒出口與食物進口量大減，讓這座昔日一度富庶的城市相信，它必須提高自給自足的程度。在強勢的蘇丹阿卜都法塔・阿根（Sultan Abdulfatah Ageng，1651-1682 年在位）統治期間，萬丹變成所有抵抗荷蘭壟斷者的主要去處。此外，由於擔心被荷蘭人擠出胡椒市場，萬丹於公元一六八二年派遣使團前往倫敦，萬丹使團受到英國東印度公司的資助，在英國待了三個月。在倫敦協會（London Society）的簇擁及支持之下，三十人萬丹使團當中的兩位高級使節，受到英王查理二世在溫莎堡接見並受封為騎士，成為阿邁德爵士（Sir Ahmad）和阿布都爵士（Sir Abdul）。但是即便有此事，也不足以防止萬丹內部衝突的爆發與荷蘭人的干預，蘇丹阿根終於在一六八二至一六八三年的苦戰中落敗。後續的萬丹統治者，其實是「荷蘭東印度公司安排的王」（Company's kings），他們承諾將所有的胡椒都按照固定收購價格交給荷蘭公司。在語言上，萬丹依然與其講異他語的內地以及爪哇人不同，但是在政治或宗教方面的差異已經消失。至於萬丹的伊斯蘭教，則是比較屬於麥加導向，而非馬打蘭導向。

萬丹與望加錫的陷落，使荷蘭東印度公司至一六八五年時已成為爪哇海的霸主，能在購買胡椒等熱帶產品排除主要的競爭對手，降低生產者

受到的誘因。荷蘭派遣隊於一六五七年摧毀巨港，又於一六八七年破壞鄰近的占碑，得以強化對其他買家的排擠。新加坡南邊的廖內群島（Riau Archipelago），得利於其位置正在中國航線上，在十八世紀之間接納華商、英商、武吉士貿易商前來，雖然它偶爾會受到荷蘭人進攻或內部衝突的打擊。至十七世紀終了之前，亞齊是東南亞島嶼區唯一一個沒有遭到征服或破壞的大港，繼續從印度、中國、歐洲、武吉士貿易中獲利。公元一六四一年至一六九九年間，亞齊驚人的女性統治實驗，證明它能成功維持內部秩序與促進商業的港口，不過，此時的亞齊已經無力再保住遠方的財產。一六六〇年的洪水事件（見前文）讓情況變得更糟糕了，亞齊在一六六〇年代喪失對東南亞半島的錫、蘇門答臘西部的胡椒之控制，使亞齊女王控制內地的力量受損，到十八世紀，亞齊女王們的男性繼承者就更加不成器了。

　　擁有脆弱權勢與龐大財富的火藥國王的時代轟然終結。漫長十八世紀（long eighteenth century）將會為更大量的小貿易商提供經濟方面的機會，而為本土領導者在宗教、文化、政治層面造就契機。

第八章

本土身分認同：
一六六〇至一八二〇年

十八世紀的凝聚

　　如前所述，十七世紀期間，長途貿易、普世主義宗教、異國借用、火藥戰爭等事情，全都開始造成更大的危險，而不是提供更多的機會。東南亞地區內部雖有著不同的宗教性和政治性結果，但是，東南亞作為一個整體，仍共同經歷過一段對商業時代之國際主義的本土化反動時期。文化認同在那段新時期中凝聚起來，使我們能談論，緬人、泰人、越南人、高棉人、亞齊人、武吉士人、爪哇人、峇厘人各具有內部一致性的身分，這種身分認同的存在，會比統治這些民族的王朝政權更持久。若說火藥帝國是用一個共同的權力中心，來涵蓋歧異的人民；那麼，火藥帝國的後續政權則是將主要的目標放在宗教與文化方面，它們企圖成為典範性的中心，以彌補火藥帝國在追尋軍事力量時所喪失的東西。

　　公元一六三〇年代「鎖國」（sakoku）後，日本走向自給自足的江戶時代，這段時期日本歷史學較以往更加發達，並由此為東南亞的轉型提供了一種有趣的模式。沒有任何一位東南亞的統治者，可以像日本德川幕府那般擁有壟斷性武力且排除外國影響，但確實有許多東南亞統治者企圖朝著同樣的本土化方向發展。日本成功地將城市與內地隔離，並且建立起內

部經濟、宗教、文化的一致性，而就其中某些方面而言，東南亞統治者也應該算是成功。

在日本，關於江戶時代社會的討論，長期以來被新馬克思主義的範例主導，新馬克思主義者把江戶社會貼上「封建」的標籤，由此，這個封建社會是在等待著中產階級革命的出現。如今，人們在思考江戶時代歷史與世界其他地區的連結關係時，「早期現代」這個詞彙的使用已經比較能夠被接受，東南亞的情況也是如此。事實上，早期現代包含了兩個階段，在這兩個階段當中，世界已經統合到相當程度，會受到新軍事科技、新交通科技、新糧食（見本書第十章）、普世主義宗教、全球疾病庫，以及各個社會其實在與其他社會相競爭的認知所影響。漫長十六世紀的普世國際圈充滿狂熱的革新、借用、衝突和競爭，然而到漫長十八世紀的時候，許多亞洲社會卻設下防線，抵制更進一步的借用行為，將重點放在內部的一致性與同質性。因此，針對亞洲地區，我們或許能以一六五〇年左右為準，將早期現代再進一步區分，分別為一六五〇年之前的國際圈時代，以及之後的凝聚階段。

在漫長十八世紀裡，我們要討論的那些社會發展出統合了宗教綜合體（religious synthese）的文學與文化，而那些讚揚火藥時代好戰統治者的過往歷史——即便是作為專制主義的政治性遺產——則受到它們的排斥，或者從此亡佚。這些漫長十八世紀社會的經濟，變得比較不依賴變化難測的國際市場，隨著城市愈來愈倚靠它們的內部交易、而不是國際性角色時，這些社會的內部經濟也變得更加貨幣化及市場化。成千上萬在商業時代期間被帶到繁榮港口城市的多民族奴隸人口，至漫長十八世紀時已大多融入本土型態之中。本書第七章曾描述過一種歧異的政治情勢，也就是東南亞大陸區與菲律賓的政權在鞏固，但是東南亞島嶼區的政權卻在分裂；然而，我們不應該讓這種歧異的情勢掩蓋或模糊了普遍發生在東南亞的本土文化轉向（vernacular cultural turn）。

宗教融合主義和本土化

曾於商業時代流行的極端改革主義（polarizing reformism），在後來的時代偶爾會復興，到了二十世紀的高度現代主義（high modernism）時期，它又再次達到巔峰。然而，商業時代與二十世紀之間，也就是早期現代的自我強化階段，在折衷、融合方面表現出相當了不起的成果，有助於先前受外來影響而極端化的社會進行統合。火藥國王（包括西屬馬尼拉的總督）經常將普世宗教用來正當化自己的擴張；但是，到早期現代的第二階段時，宗教網絡已變得更具有自主性，此時的統治者必須對其表達尊敬，以求分享它們的魅力和號召力。

東南亞宗教的生存，以及低調卻有效地融入漫長十八世紀的宗教綜合體，都具有不可忽視的性別層面。東南亞社會的特色，是女性的經濟自主性以及女性在宗教儀式生活中的中心地位；然而在商業時代中在東南亞世界有所進展的三個經典宗教裡，女性都是處於邊緣地位，此情令人費解，為什麼這樣的宗教可以被東南亞社會接納呢？雖然我們已經知道，在菲律賓和島嶼世界的其他區域，女性薩滿依舊是古老宗教最強悍的守護者。不過，經過長期的發展，占有主導地位的宗教綜合體最終准許女性施行儀式、操控神靈，繼續參與醫療、生育、提高農業生產力方面的重要事宜。於此，新宗教的男性專業人士，在要求嚴格的情況中可能必須迴避，在較為通融的情形下則可以送上他們的祝福。女性祖靈跟稻米女神依然是很有影響力的角色，而伊斯蘭聖人的妻子墳墓，會從祈求平安生子的女性那邊獲得最多的供奉。嚴謹的越式官方儒家，在接管從前信仰占族女神婆那加／天依女神（Po Nagar）的南方地區後，必須讓儒教中的女神去取代婆那加作為醫療者與保護者的地位。直到十九世紀初期，某位前往越南南部的英國旅人，仍然對於自己碰見的女靈媒人數大感震驚。

由於伊斯蘭教所展現出的本土化趨勢最為強烈，我們不妨就從這裡開始談。

◎伊斯蘭教

本書第七章描述的兩極化問題，在亞齊蘇丹伊斯坎達·泰尼（Iskandar Thani，1636-1641 年在位）統治期間達到極盛。伊斯坎達·泰尼出生於彭亨，是位虔誠的馬來王侯，在他的家鄉被征服之後，他被俘虜到亞齊，娶了暴君亞齊太陽王伊斯坎達·慕達的女兒。伊斯坎達·慕達隨著自己的喜好實施伊斯蘭教，只要法律不妨礙他行使絕對專制，他便遵照伊斯蘭教路線為法律進行正當化。不過在神學方面，伊斯坎達·慕達所偏好的則是漢沙·凡蘇里的神祕一元主義，是蘇菲派宗師沙姆蘇丁·薩馬特拉尼為慕達宮廷特別奉獻的。然而，至伊斯坎達·泰尼統治時期，他透過外國的「烏理瑪」尋求自身的合法性，這些烏理瑪自居承繼波斯遜尼派和莎菲懿派（Shafi'i）神學家安薩里，具有普世的正統地位。當中的領銜者是出生古吉拉特的努魯丁·拉尼里（Nuru'd-din ar-Raniri），一位嚴格要求伊斯蘭教法「沙里亞」（shari'a）字面意義的神學家。在上一位蘇丹統治期間，拉尼里曾企圖在亞齊定居，但卻發現這樣的話，自己會無法避開蘇菲派對手珊穌丁（Shamsuddin）的圈子；因此第一位蘇丹死去之後，拉尼里迅速回到亞齊，成為第二位蘇丹的顧問及首要的宗教權威人物。

拉尼里對伊斯坎達·泰尼蘇丹施加影響力，讓蘇丹強硬推行狹義而嚴厲的伊斯蘭教法，甚至因此犧牲亞齊的內部和諧與國際繁榮。華人商賈因為有吃豬肉的習慣，而被逐出亞齊。葡萄牙人派來的締和使團，遭受的待遇卻是要求他們皈依伊斯蘭教，不然就受死，最終有數位使團人員因此慘遭大象踐踏而死，受害者包括使團領袖、法國出生的教士皮埃爾·貝特洛（Pierre Berthelot），他隨即被天主教教會追封為殉道者。泰尼蘇丹下令將凡蘇里與薩馬特拉尼的著作焚燒於大清真寺的正前方，並且援引伊斯蘭「叛教」（murtad）法，將凡蘇里與薩馬特拉尼的門徒與追隨者中不願意放棄先前主張之人處以極刑——包括很受到歡迎的謝赫賈瑪魯丁（Jamaluddin）。

在公元一六四一年伊斯坎達·泰尼死後，這些造成分裂的教義詮釋便

遭到強烈反對。主導這座城市貿易的商業菁英，曾經被第一位伊斯坎達的專制主義與對外人的偏愛所恐嚇，後來又受到拉尼里及第二位伊斯坎達所驚嚇，事實證明，後者也是極有害於商業。商業菁英希望能夠矯正前兩位統治者過分的作為，於是一反拉尼里嚴格禁止女性統治的主張，讓一位女人登基為亞齊統治者，她便是第一位伊斯坎達的女兒，也就是第二位伊斯坎達的遺孀。結果令人十分滿意，從而趨使亞齊商業菁英繼續讓女性繼承此位，女性統治亞齊時期於是從一六四一年維持到一六九九年。亞齊商界菁英在他們的商業全盛時期，模仿了鄰近其它穆斯林港口蘇丹國的策略，例如北大年（1564 年以來）和馬爾地夫（十四世紀）等，我們也許可以這麼問，對比於拉尼里對泰尼施予的壓力，讓泰尼實行政教合一的高壓統治；相對的，禁止女性執行宗教權威的這項傳統，導致女王統治時期相對包容的宗教政策，可不可以視為亞齊女王統治的一項優點呢？沒有了單一宗教權威的存在，這也許被視作一種正當化多元主義的有效做法，而多元主義對於商業的穩定來說相當重要。在亞齊女王的統治期間，華人回來了，有方濟會傳教士在此服務小型的基督徒社群，而且亞齊成為東南亞海洋國家中，唯一在荷蘭東印度公司進逼與十七世紀危機之中倖存而獨立性絲毫未損的國家。

被處決的謝赫有位米南佳保門徒賽發里佳（Sayf al-Rijal），他在聽聞那位拉尼里贊助者的死訊之後，從阿拉伯的求學之地回到了亞齊，對於拉尼里的觀點與作為大加撻伐。正如拉尼里本人所言：

> 賽發里佳……與我們辯論先前就已經討論過的事情。我們問：「你怎麼可以同意那些自稱『人是阿拉、阿拉是人』的人們呢？」他的回答是：「這是我的信念，也是麥加和麥地那那邊人們的信念。」然後他的話語傳播開來，很多人又再次接受這項錯誤的信念。（Raniri, Fath al-Mubin，譯於 Azra, 2004, 60-1）

亞齊人的意見顯然是倒向賽發這邊，拉尼里於是在一六四三年時被迫

逃回古吉拉特。這件事情為亞齊新共識的形成打通了一條道路，新共識的代表者，便是亞齊最受到愛戴的蘇菲派宗師謝赫阿布督·羅發·辛奇里（Abdul-Rauf al-Singkili，1617-1693 年）。在拉尼里發動宗教迫害之後，辛奇里就離開家鄉亞齊前往阿拉伯，與當時最傑出的學者一同研讀蘇菲主義與律法。第一位亞齊女王在位時期，辛奇里於一六六〇年回到了亞齊，女王隨即指派他擔任首席宗教權威人士，辛奇里的作品相當豐富，但他從來不在著作中譴責凡蘇里或拉尼里，反而是尋求綜合性，企圖調和伊斯蘭教法「沙里亞」與神祕主義派的內在知識。辛奇里似乎曾經訴諸自己在麥加的導師——也就是著名的宗教權威易卜拉辛·庫拉尼（Ibrahim al-Kuran），進行一項裁決，一位被「烏理瑪」指控為異端的「烏朱迪亞」（wujuddiyah）單元主義蘇菲派人士，被質詢時表示自己的主張並沒有被理解，所以他不能表示懺悔；在此狀況下，蘇丹如果將他處決，這是否為合法？辛奇里得到了他期望的答案：這類處決實在是大錯特錯，而且一項主張如果有許多方式可以詮釋，便不可以拿來當作它是異端的證據。

雖然某些港口城市的宗教法庭依然有在運作，但到了一六六〇年代之後，已經沒什麼證據能顯示亞齊等地仍在執行嚴格的「沙里亞」律法，或基於宗教理由進行處決。港口專制統治者的衰微，使國家在宗教事務的壓迫力量減低，從而使宗教團結一致地可以聚集於神祕主義蘇菲派的「塔里卡」秩序，其中特別有名的便是「卡達里耶派」（Qadariyyah）和「沙塔里耶派」（Shatariyya）。這些發展促進了信徒的內在虔誠，其表達方式，是到伊斯蘭聖人及神祕派創建者的陵墓進行狂喜頌歌與儀式，當地偉大的謝赫，如亞齊的阿布督·羅發、望加錫的尤索夫（Yusuf）、爪哇九聖之陵墓，特別是這類活動的勝地。

十六世紀的爪哇島，充滿沿岸的國際性穆斯林與老教派爪哇人之間的衝突。當時有一本也許來自於淡目的伊斯蘭行為指南，警告人們不要崇拜偶像、不得否定他人的伊斯蘭、或表示有沒有伊斯蘭都沒差；此外，對於那些只是為了取得他人財產，不是出於真正宗教動機而殺害異教徒的新穆斯林，這本書也嚴屬譴責（Drewes, 1978, 15, 35-9）。對比之下，到十七

世紀的時候，那些沿岸的國際穆斯林中心遭到摧毀，或者地位陷入邊緣化，而內陸地區則從這些挫敗的港口進行選擇性借用，創造出一種獨特爪哇伊斯蘭教的豐富綜合體。在馬打蘭好戰的蘇丹阿貢統治期間（1613-1645年），這種宗教綜合體的地位鞏固住了，蘇丹阿貢從他的農村基地——後來形成今日的日惹——出發，將沿岸的穆斯林港口國家一一征服，最終一統講爪哇語的區域，這是史上首次、也是唯一一次。

雖然爪哇的哇揚皮影戲故事題材源自印度《摩訶婆羅多》及《羅摩衍那》，但現代形式的哇揚皮影戲，似乎是在那些伊斯蘭革新的都市熔爐中誕生。哇揚皮影戲也許是遵奉伊斯蘭禁令之下的一種文化折衷方式，它避免描繪出人類形體，而是呈現出他們的影子。隨著爪哇表演的菁英贊助者遷移到馬打蘭的內陸首都，阿周那和毗摩（Bima）的故事也繼續吸引著爪哇觀眾，傳達更深刻的內在真理：那個伊斯蘭法律義務的世界只是外部軀殼。一元主義哲學家將操偶者「達郎」（dalang）及敘述故事比作絕對存有或上帝，並將皮影戲偶比擬為相對存有，布幕則是隱藏起本質的外部世界，正規形式的宗教在此外部世界當中有它的定位。於是，布幕上的皮影戲便代表統一終極真相的隱匿狀態。

公元一六二九年，蘇丹阿貢進攻荷屬巴達維亞，結果卻一敗塗地，此後，阿貢將最大的心力轉移至如何在自己的統治範圍內，創造一個整合的、自給自足的文化。阿貢逐漸將荷蘭人認知為沿岸地區的藩屬，荷蘭人的國際貿易會為他的宮廷提供異國奢侈品，除此之外已不再有更重大的利益牽涉其中。蘇丹阿貢將泗水王侯兼典範文人邦格蘭·佩基格（Pangeran Pekik）帶到首都，他的名氣來自於能夠將穆斯林新知轉化為優美的爪哇語詩詞。阿貢利用佩基格個人魅力的方式，是讓雙方家庭進行策略性通婚，並且授權他將沿岸地區幾個最神聖的伊斯蘭中心——安珀爾（Ampel）、吉里（Giri）、騰巴耶（Tembayat）爪哇化的任務。由此，這幾個聖地發展出一種混合式建築風格。阿貢在伊莫吉里（Imogiri）為自己打造的皇家陵園中，也有與此相同的建築風格。從現代人眼光看來，那些伊斯蘭聖地的入口處，有一種峇里島式的外觀（圖片 8-1）。蘇丹阿

貢也授權一套特殊的復合爪哇曆法，將伊斯蘭的陰曆月分與周循環，融入源自印度的「薩卡」（Saka）陽曆。許多從前的佛教經院（pesantren）受到伊斯蘭化之後，仍與它們印度—佛教的前輩一樣，獲得免繳稅賦的保障，成為自治的學習、冥想、（經常還有）武術中心。

在一六二九年以後，蘇丹阿貢的王權模式著重於將蘇丹的創造力放在自身作為國王—祭司「普拉卜般帝達」（prabu pandita）這種重要角色的象徵主張，之後也受到他的繼承者效法。編年史呈現的蘇丹阿貢，是一位具有超自然力量的人物，每逢周五便能神奇地出現在麥加進行祈禱，並

圖片 8-1：蘇菲派聖人在爪哇中部騰巴耶的十七世紀墳墓。

248

贊助、保護著新興伊斯蘭化的爪哇聖山，例如吉里和騰巴耶。此外，透過與擁有操控海嘯能力的南海女王拉茶姬都的交合儀式，以及對火山神靈進行的儀式，阿貢能控制爪哇島上的神靈力量。葡萄牙人作者曾描述的古老武術傳統，此時已被納入一套控制無形神靈力量的內在神祕探索之中。墨爾・瑞克里夫（Merle Ricklefs, 2006）所稱的「神祕性綜合體」（mystic synthesis），幾乎成功地將所有爪哇人都納入這個新宗教，但是它依然必須屢次面對訴諸文字的律法層面的挑戰，如果不是因為荷蘭人在爪哇海岸地區的存在，這個新宗教或許還沒辦法達成這樣的成果呢。阿貢的繼承者是殘暴的阿莽古拉特一世，其聲名狼藉的暴行，是在首都屠殺了五千位伊斯蘭領袖，以便控制住他眼中的威脅，其他的國王則是靠著巴達維亞方面的軍事援助，才有辦法抵禦這番攻勢。

　　荷蘭人取得了商業領域的主導權，但卻導致國際穆斯林的邊緣化，這股影響遍及東南亞群島區。對於國際穆斯林來說，伊斯蘭教法「沙里亞」是很有利的共通要素，可以強化地方貴族的地位。在蘇拉威西南部，公元一六六九年望加錫被荷蘭東印度公司攻陷，導致武吉士與望加錫貴族的複合自治體再度重建，建立了自己的神祕性綜合體。武吉士與望加錫貴族的世系，繼續被人們認定為源自天庭，充滿超自然的神祕色彩；跨性別的「比蘇」依然負責主持貴族的登基、婚禮和葬禮；吃豬肉雖然遭到禁止，至今依然存在於托拉查（Toroja）高地區的精緻死亡儀禮也完全伊斯蘭化了，但是其他關於王權、農業、生命周期的儀禮則加入伊斯蘭元素而倖存。此處每個國家都會為國家清真寺指定一位「卡迪」和一位伊瑪目，不過這些人通常也是貴族成員，他們可以確保伊斯蘭能繼續維持下去，同時不會破壞原本的階級制度與習俗。爪哇的國王企圖宣稱他們同時是伊斯蘭傳統中亞當與亞伯拉罕的後代，也是印度—爪哇神明的後裔，類似於此，武吉士國王則將前伊斯蘭時代《加利哥故事》中的神明，融入伊斯蘭教的世系，並且讓他們的文化英雄薩韋里加丁（Sawerigading）變成一個預示《可蘭經》（Quran）的先知人物。某些伊斯蘭文獻中的經外故事記載，謝赫尤索夫回到望加錫教導更純淨的伊斯蘭教，但是望加錫的統治者卻依然信

奉他們的宗教綜合體，當中的儀式祭典包含鬥雞賭博、飲酒、抽鴉片等，以此祈求能取悅祖先，並確保祖靈能夠保佑生者（Azra, 2004, 94）。

　　十八世紀不乏改革派的學者宣揚安薩里較為主流的蘇菲派教義，並且批判穆斯林與荷蘭人合作。可是，隨著東南亞與中東地區的交通變得愈來愈困難，那些學者比較傾向留在阿拉伯地區，透過他們的作品影響時勢。十七世紀後期，宰制印度洋長途貿易的荷蘭船隊和英國船隊，經常運送付費前往麥加朝聖的旅客，但是，自公元一七一六年開始，荷蘭東印度公司因為擔心麥加方面對他們圖謀不軌，便開始禁止運送這類朝聖旅客回鄉。巨港的阿卜杜勒・薩馬德（Abd al Samad，1704-1788 年）也許是這類學者中最傑出的一位，到通訊比較容易的十九世紀，薩馬德的作品傳遍東南亞群島。擴展中的伊斯蘭在缺少火藥國王作為贊助者之後，有三種互相重疊的網絡，提供非強迫形式的領導。第一，學者與他們的門徒組成了一個交織程度愈來愈高的馬來文學世界，幫助迄今為止仍是口述的詩詞與史詩故事形成書寫的文學集。一七八六年暹羅終於擊潰北大年蘇丹國之後，謝赫達烏德・賓・阿布都阿拉（Da'ud bin 'Abd Allah）領導流亡行動，在東南亞半島區建立學者與門徒的重要網絡。第二，十七世紀傳入東南亞的蘇菲派，隨著在十八世紀的本土化、地域化，它的範疇也有擴展。最後，哈德拉毛阿拉伯人在十八世紀時大舉移民至東南亞，與當地人通婚，並且將伊斯蘭的教導與貿易融合。

　　無論是人類社會還是動植物群，東南亞維持多元性的能力確實是名不虛傳。不過就宗教方面而言，這一點必須加上經典宗教的「邊疆」（frontier）性質才能夠成立。多樣性是存在於無窮無盡的形式之內，在此之中，地方性與普世性相互融合，高度多元的神靈世界與啟示性經典相互結合。然而，東南亞地區的普世宗教本身卻出奇地統一。中東伊斯蘭固有的多樣性——包含根深蒂固的遜尼派、什葉派以及律法四大學派在內，已經輸出到印度地區，但卻沒有傳進東南亞。由於伊斯蘭扮演地方強人的外部合法角色，伊斯蘭必須被視為是單一的，即便在實踐方面它是多元的。什葉派的儀式與經文雖然也傳入風下之地，然而一旦正統性成為國家

議題時，這裡就是遜尼派和莎菲懿律法派的天下。之所以如此的關鍵原因可能在於，為東南亞地區調解中東複雜性的主要角色，是來自哈德拉毛的阿拉伯人。長期下來，這種情況卻能抑制住，接受多元性所帶來的危險。獨立後的印尼官方承認，印尼公民可以接受的基督教教派有兩種，但伊斯蘭只有唯一一個；一直要等到進入二十一世紀以後，對普世正統性的追求，才使得這件事情變成一個問題。

◎基督教

在葡萄牙人護持下，東南亞地區發展出基督教社群，但在公元一六四一年荷蘭人征服麻六甲之後，就沒有什麼天主教教士留在當地了。荷蘭東印度公司的首要任務，是將葡萄牙人與其教士逐出荷蘭在東南亞群島的征服區，其中尤其著名的是望加錫和安汶（摩鹿加）的大型社群。在這當中，只有很少數的葡萄牙人菁英撤到果亞或撤回葡萄牙，多數葡萄牙人面臨的選擇是，改信荷蘭東印度公司的官方信仰——改革宗喀爾文教派（Calvinism），並且留在受荷蘭人控制的城市裡，抑或是遷徙到暹羅、柬埔寨、緬甸或群島區東南部這些由亞洲人統治的區域。此中最著名的避難地當屬阿瑜陀耶（暹羅），此時的阿瑜陀耶已經成為法國傳教士為東亞、東南亞地區（不包括西班牙人獨占的菲律賓）訓練亞洲教士的新興大本營。不過，在這段比較和平擴張的現代階段初始時，暹羅本國在一六六〇年代其實僅有兩千名天主教徒，到一八一〇年代，這個數字也增加不多。長期下來比較具有影響力的，是佛洛勒斯島和帝汶島上的混血社群，他們被稱為「托帕茲」（Topaz）或「黑色葡萄牙人」。這些托帕茲最初的基地在索洛，後來擴展到佛洛勒斯島的拉蘭杜卡（Larantuka）和帝汶島的利夫奧（Lifao），荷蘭人忽視他們在此建立的地方聯盟，因為托帕茲社群幾乎沒有葡萄牙人教士，也脫離葡萄牙官方管轄。托帕茲的世俗性組織，是以崇敬聖母瑪麗為名的兄弟會「貢法拉利亞」（confraria），這個團體保留本土化的葡萄牙—馬來式天主教綜合體，一路維持到十九世紀

後期的現代傳教時代。

　　經過最初六十年傳教的巨大轉型期之後，菲律賓的基督徒很高程度就得靠自己了。此番改信的歷程，據說是基督教史上最快速且最深刻的，原因在於堅持皈依的信眾必須同意接受後續指導，否則就不得進行洗禮。十七世紀初期，菲律賓島嶼上的三百位歐洲教士，人數雖然沒有增加，但是他們的職責卻因為人口巨增而大幅擴展，在菲律賓人眼中，歐洲教士同時代表著教會與政府。修士並沒有進一步去訓練菲律賓的教士，他們的傳教熱情居然轉變成一種地方菁英的舒適角色，負責主持節日、婚禮和葬禮。菲律賓菁英接受一些基督教教導，但是大部分人民則是透過慶典、儀式、戲劇的方式，還有部分基督教化的通過儀式（rites of passage），來表達他們的虔誠。教會職位的圈子通常不招募菲律賓土著，但菲律賓女性對於精神平等的要求則是不能拒絕的。出自菲律賓女性的虔心與堅持，有兩個菲律賓人領導的宗教社群「貝亞特利奧」（beatario）在這段時期形成，他們克服種族偏見以及性別歧視，建立第一批被承認的本土基督教或女性基督教傳統。公元一六八四年，在同情的耶穌會士庇蔭之下，伊格納西亞修女（Mother Ignacia del Espíritu Santo）在馬尼拉建立了一個奉獻予聖母瑪麗的社群。與此同時，從布拉坎（Bulacan）的卡倫龐（Calumpang）地區來了兩位信念堅定的基督教姊妹，她們的姓氏是「塔朗帕斯」（Talangpaz），意思是「聖巖」，此姓可能是源自於古老的神靈崇拜；這兩位姊妹在克服諸多挫敗打擊之後，終於在一七一九年時在馬尼拉建立卡倫龐聖塞巴斯提安修道院（Beaterio de San Sebastián de Calumpang），從屬於重整奧古斯丁修會（Augustinian Recollects）。

　　即便菲律賓教士的人數不多，但聖經福音仍然在廣泛翻譯與印行的形式下方言化、本土化。西班牙文的宗教文獻是最早被翻譯的，但菲律賓人對於口述詩文的喜愛，延伸到像是托瑪士・平平（Tomas Pinpin）這類人物的雙語詩文——西班牙語及本土的拉丁諾語（ladino）。平平之所以有能力印刷出版自己的他加祿語詩文，或許是因為他在十七世紀初期曾於道明會的印刷廠裡工作。有些西班牙修士的能力高超，編纂出他加祿語、宿

霧語、伊洛卡諾語（Ilocano）的宗教文獻和字典，不過菲律賓人最喜愛的作品，當屬有關基督教節日的詩句與戲劇，其中，菲律賓作家的創作則特別受到鍾愛。最早由菲律賓人創作的基督受難記（基督的死亡與復活）詩詞，是在一七〇四年以他加祿語所出版，出自於著名的他加祿「俗人」加斯帕・雅基諾・德貝倫（Gaspar Aquino de Belen）筆下。從此以後，德貝倫的創作就在菲律賓各地教區被模仿、修訂、演出，產生一套屬於基督教經驗的方言術語。

地方化的教會—政府（church-state）的權力高張，在一七六〇年代達到頂峰。此時，西班牙馬德里（Madrid）的「開明專制」（enlightened despotism）企圖根據國家利益來控制教士，耶穌會在整個西班牙帝國境內受到壓制，後來被逐出米沙鄢和民答那峨的一百三十個教區。由此，為了取代向修會與教皇負責的歐洲修士，菲律賓教區司鐸的需求忽然大增，而這些教區司鐸必須服膺的對象則是馬尼拉大主教與西班牙國王。最終，形成了菲律賓人的教士階級，可是，他們所受的訓練太過倉促，導致他們與受西班牙人訓練的修會之間，出現了一道文化鴻溝。公元一八二〇年代，一位造訪當地的英國人寫道：「這些菲律賓神父與西班牙神職人員之間……存在劇烈而嚴重的忌妒問題，或者說，一方銜著仇恨而另外一方則帶著輕蔑。」（引用自 Schumacher, 1979, 213）被託付教區的菲律賓人，經常放棄從前修士根據需求所蓋的巨大石造建築，而傾向生活在以木竹興建的菲律賓風格房舍，他們對於禁慾獨身和正統教義的重視不如西班牙教士，卻更加關心他們的親緣網絡。菲律賓人的好色曾經讓西班牙人震驚，但菲律賓教士對此卻不甚在意；菲律賓人普遍相信死者的靈魂需要生者引導或撫慰，菲律賓教士對此也不大批判。在此，由於菲律賓人將對死者的祭祀與禱告天主教化，其中最著名的就是葬禮和每年一度的諸聖節（All Saints' Day）墓畔祭宴，這些條件促成了本地綜合治癒法（healing synthesis）應運而生。公元一七六〇年以來這段顯著的本土化時期中，菲律賓教士積極地創造出一種菲律賓身分認同，基礎便是我們今日所謂的民間宗教（popular religion）或民俗天主教（folk Catholicism）。

◎佛教

　　上座部佛教的維繫是靠禁慾獨身的男性出家人，但這跟早期天主教菲律賓的外國出家人不一樣。對於漫長十八世紀信仰上座部佛教的東南亞大陸區而言，關鍵性發展在於出家修行的規範逐漸同質化，雖然，出家修行的規範也根據特定的緬語、泰語、寮語、高棉語方言而有分化。過去由王室或貴族所資助而富裕茁壯的寺院，其地位已經讓給與人民整合的流行型態，僧人會從普通鄉村百姓、市鎮居民、朝聖者處獲得布施；反之，僧侶則提供祝福，以及相當重要的農業與生命周期儀式，並教導短期出家的男孩識字與佛教品德。就這項角色而言，緬甸的僧人最為稱職，最晚於公元一八〇〇年，緬甸僧侶便大約占全緬甸人口的百分之二，「每一個村落，無論它有多小」，至少會有一間寺院，而進入青春期的男孩都應該要去寺院待上一段時間（Sangermano, 1833/1966, 113）。至十九世紀時，這項作法讓全緬甸的男性擁有百分之五十以上的識字率，這也許已經創下任何前工業時代社會的紀錄了。

　　在寮人及高棉人的共同文化認同形成過程中，佛教「僧伽」的角色尤其重要。對於寮人與高棉人而言，漫長十八世紀是一段政治分裂的時期，也是一段暹羅與交趾支那異國入侵的時代。統治永珍地區瀾滄王國（Lanxang，又譯南掌王國）的蘇里亞旺薩王（King Surinyavongsa，1637-1694年在位）是一位卓越的火藥國王，他將首都打造為全湄公河中游盆地的宗教中心兼文化中心，但是，在他過世之後，三個接續的侯國——龍坡邦、永珍、占巴塞（Champassak），當中沒有一個有能力宰制對方，也無法對抗來自泰人及越人統治者的壓力。無論如何，永珍的塔鑾寺（That Luang）依然是寮人統合性的核心，此外，從前以豪奢、放縱、自大著稱的寮語僧伽，也轉變成為一種受歡迎的地域性體制。雖然湄公河西岸地帶經歷長達兩百年的泰人統治，但是在今日被稱為「依善」（Isan Thailand）的泰國東北部，寮語和寮人身分認同依然頗為強勢。柬埔寨的王權爭奪相當激烈，十七世紀在位最久的統治者（1643-1658年），居然

是一位改宗的穆斯林，而他那些信佛的繼承者們，若非歸順於阿瑜陀耶、便是受制於順化政權。高棉身分認同很高程度就是在這段艱苦的時期內成形，這有賴於教育的進展，以及講高棉語的僧侶所立下的典範。

緬甸與泰國君主則做得比較好，這主要是藉由他們與僧伽的結盟達成，由此，君主表明王權的主要目標是要促進佛法。在暹羅，那萊王的「開明專制」形象遭到推翻，受人民歡迎的暹羅僧侶對於那萊王的世俗取向及其與歐洲人的交往甚感憤慨，於是協助新家族在一六八八年登基，此後，暹羅君主制變得比較合乎民情輿論，比較沒那麼好鬥。在波隆摩閣（Borommakot，又譯博龍瑪戈，1733-1758 年在位）統治期間，暹羅王權的佛教屬性達到極盛，波隆摩閣維繫著和平的對外關係，將國家資源泰半投入於興建寺廟、贊助文學，也因此成為典範人物，甚至成為斯里蘭卡改革派僧人的模範，由此逆轉了從前暹羅從斯里蘭卡的佛教獲得外來合法性的舊型態。暹羅分別在一七五三及一七五五年，兩度派遣僧團攜帶巴利文文獻與佛陀圖像前往斯里蘭卡，以回應康提（Kandy）國王的請求。波隆摩閣的國內秩序和經濟雖然動盪，但廣大人民還是認定他遵循著佛教建立者印度阿育王的模範，以「依據佛法統治之王」——泰文為「塔瑪拉恰」（thamm-aracha）——的形象懷念他。緬甸的情況也是如此，此時的統治者以堅守佛法尋求自身的合法性，他們禁止公開販售肉類與酒類，並且興建寺廟、供養僧伽，同時也企圖將僧伽統一於王室掌控之下。

每一個文化區域的出現，都含有它與古老神靈崇拜型態的折衷。這段時期內的國王並不像是商業時代那樣攻訐神靈，而是以佛教的建構把祂們給容納起來。泰國諸王繼續在宮廷裡保有婆羅門，藉由濕婆派的儀式來強化他們的超自然權力；對比於此，民間流行的情況則是將印度神祇——泰人版本《羅摩衍那》中的印度神祇深受愛戴——併入佛教神明圈內。緬甸統治者則更進一步，他們企圖藉由認定三十七個大靈「納」的國教，將那個多元而歧異的神靈世界統合起來並國家化。這個緬甸國教和緬甸的諸多傳統一樣，據說是源起自蒲甘的阿奴律陀王（1044-1077 年在位）。祀奉這些神明的皇家儀式固然可能有統一的目的，但這個官方宗教決不會因

此便將地方神靈排除在外，官方的宇宙觀中，描述有數百萬計的「納」，這些「納」或者嵌入了佛教儀式之中，或者僅是由某個家族所供奉。與暹羅的情況類似，緬甸每一個村莊都有它自身的守護「納」，每棟建築物都會供奉一位、或同時供奉好幾位神靈。最後，有一套精緻的預兆系統——某些根據曆法或星象、某些根據人體的構造——融入了這個宗教綜合體。這些普世和本土的宗教綜合體，隨著緬甸與泰國政權的整合而愈加系統化，並根據各地的語言差異而統一不同的文化區域。

宮廷、浮屠和村莊內的表演

在風下之地，舞蹈、音樂與戲劇是人們生活與身分認同的核心。從吳哥及普蘭巴南寺廟上描繪的舞者與樂師可知，舞蹈為神明世界與人類世界牽起了聯繫。風下之地的每個人都知道怎麼跳舞，而且所有人都被期待能在宗教節日、婚禮、葬禮上起舞。根據傳教士的敘述，菲律賓是以非印度式型態的歌舞作為所有宴會與儀式的核心；至於其他地區，則會加上印度式的宗教觀念，以表演而不是以文學的方式，傳達人們熱愛的《摩訶婆羅多》及《羅摩衍那》傳說，以及佛教的本生故事。即便在伊斯蘭教、上座部佛教、儒家等正統教義得勢許久之後，前述這些故事仍然會在各個重大場合上表演，依舊同時保有神聖性與流行娛樂的作用。

如同其他領域，商業時代在表演與文學方面造成許多創新。外來的觀察者一方面對於表演的多樣性感到驚訝，一方面對於表演的豐富性感到吃力。商業時代的中心具有國際性，火藥國王會要求每個外國社群都得加入為國家劇場增添光彩的行列。歐洲人在這場競爭的表現並不是最出色的，但歐洲人將他們必須參加皇家宴會的事情給記錄了下來，為了慶祝王室婚禮或其他儀式，遊行可能會持續舉行幾個禮拜，他們必須盡全力編舞、將小號手打扮好，一同參與遊行隊伍。即便人們聽不懂外國語言，外國人的表演形式，例如中國戲曲以及爪哇哇揚皮影戲或面具戲仍頗受歡迎。

火藥國王珍愛的壯觀場面顯然有公開性質，設計目的正是為了展示強

大王者統轄多元而繁榮的首都之景象。競賽、比武和遊行是商業時代的突出特徵，這些活動經常是為了象徵性地彰顯國王力克敵人而取得的勝利。這種形式的表演或競賽，無疑吸引了最多的群眾觀賞，不過，這些港口表現出的多樣性，重點在於壯觀的景象，而不是語言的複雜度。商業時代過去之後，這類奇觀也迅速衰微，它們剩餘的部分也出現了分化。宮廷表演變得愈來愈緩慢而精緻，它的儀式目的是傳達一種已不再展現於戰場上的超自然力量；民間劇團則是在各個聖地與村莊市場之間巡迴，只要人們願意付錢，他們便進行演出。

在漫長十八世紀當中，緬人、泰人、寮人、高棉人、越人、爪哇人、武吉士人、亞齊人、馬來人、他加祿人的身分認同，主要便是由這些巡迴的表演者、操偶者、舞者、歌者、吟誦者塑造，雖然就這些人的屬性來講，他們並不像宮廷作家或宗教界人士會留下文字紀錄。那段時期所流行的型式全部都是詩詞，目的是使人容易吟誦與記憶。先前時代當中的國際性語文，如巴利文、梵文、古爪哇文、阿拉伯文，此刻依然存在於受宗教啟發之戲劇的哲學內核中，可是這些戲劇之所以能流傳，靠的是那些尋常的丑角、僕人和鄉下人，他們全都是操著一口人民可以了解的方言。同樣地，愛情故事也是以容易記誦的詩詞形式流傳，這些故事經常完全脫離了宗教性的架構。一直要到漫長十八世紀的尾聲，也就是十八世紀末、十九世紀初，這些詩詞故事的文字版本方才出現（先是在大越，後來是島嶼區）。學術研究總是追溯文獻，然而文獻卻是表演的稀薄反映、而不是表演的精華所在，因此，表演活動所具有的中心角色經常受到學者所忽略。

即便只有文獻，它仍然能呈現出漫長十八世紀方言詩詞形式的興盛，這些文字一般是為了要讓人演出或吟唱而不是閱讀。我們或許可以將許多重要傳統和浪漫故事的源起，追溯到這段時期——面對宿命的女中豪傑得在愛情與責任之間選擇；以方言表達的國族歷史之雛型；城市及村落文化與國族傳統之間的連結。人民識字率在佛教僧侶、伊斯蘭烏理瑪、基督教學校的努力之下提升，再加上十九世紀歐洲人收集文獻手稿的習慣，這也許可以解釋為何這些文獻是到早期現代性的晚期階段才出現。不過，

思想傳播的情況也是存在的，越南的例子最能夠明白呈現這個情形。

自從十三世紀引入中國考試制度以後，越南的文人菁英便受到中國典籍的教育，至十六世紀時，他們已創作出大量的中文詩文。然而至十八世紀時，越人民族文學「喃字」（nom）大為興盛，喃字是一套改編自中文的文字，以求表達越南語的發音，由於喃字的形式與其浪漫的文學主題，它更容易讓女性及非菁英群眾接受。黎貴惇（Le Quy Don）等文人便利用喃字來寫「賦」（phu）這種源自中國唐詩的韻文格式，內容表達年輕女性面對婚姻缺少愛的悲傷與矛盾。更為流行的是越式的「六八體」（luc-bat），會輪替使用六、七、八個音節的詩句，以傳達溫柔與憂鬱。這類文學的創作者中，有些是受過中國經典教育的士大夫或其家族成員，他們顯然是以中國民間小說與愛情故事作為消遣。十八世紀初期，某位士大夫曾以典雅的中文寫下《征婦吟》（chinh-phu ngam），當此作品被譯為憂傷的越南喃字之後，它更加得到歡迎而流傳。用喃字翻譯此作品而出名的段氏點（Doan Thi Diem，1705-1748年），正是一位丈夫前去中國作戰的少婦。

> 渭橋頭　清水溝
> 清水邊　青草途
> 送君處兮心悠悠
> 君登途兮　妾恨不如駒
> 君臨流兮　妾恨不如舟
> 清清有流水　不洗妾心愁
> 青青有芳草　不忘妾心憂
>
> （譯於 Gioseffi, 2003）

這個時代或說歷來最偉大的喃字文學成就，當屬《金雲翹傳》（KimVan Kieu）。《金雲翹傳》也許是十七世紀某部中國散文作品的韻文改良版，它的作者是阮攸（Nguyen Du，1766-1820年），一位受過中

國經典陶冶的文人，阮攸的父親是鄭主朝廷的大臣，他的母親卻是以寫詩與吟詩維生。《金雲翹傳》是一個悲劇故事，一個甜美而忠誠的女人選擇責任重於愛情，以結婚拯救家族倖免於難，但她卻屢屢遭到背叛，甚至被賣為妓女，最終又數度被愛人拯救。這個故事在越南全國傳頌，成為一項國家象徵，人們常常能記誦其中的詩句。

　　與中國民間文學的關係，或許有助於解釋越南方言詩詞創作為何能達到靈感高峰。在別的地區，擁有雙重文化背景的華人—東南亞人，將《三國演義》等等中國歷史故事，翻譯成泰語、爪哇語、馬來語以及越南語。不過，十八世紀的文學盛況相當普遍，難以歸諸單一的影響因素。泰人表演的經典代表作，是史詩浪漫故事《坤昌坤平》（Khun Chang Khun Phae），這個故事大約是從阿瑜陀耶的全盛期開始傳頌，但是文字化已經是十九世紀了。《坤昌坤平》的源頭似乎屬於泰族俗談，並稍微參考過巴利文的上層傳統。十八世紀時，《坤昌坤平》的吟誦搭配兩根木製敲擊棒「克萊」（krap）的節奏，成為流傳最廣的表演項目，通常會在農作收成之後的節日通宵達旦的演出。故事的兩位主人翁正是粗野但認真的坤昌，以及外型亮眼但不負責任的坤平，倆人相互競爭以博得美女英豪婉通（Wanthong）的芳心，過程歷經戰爭、鄉間逃亡、王室干預以及諸多喜劇情節。《坤昌坤平》通常是以八音節韻律「克隆比」（klon paet）表現，令人聯想到某些類似的越南或中國作品，所以我們不排除有跨越國界的影響存在。與越人故事裡面的高尚女英豪不同，婉通的想法在《坤昌坤平》中少有表現，而且故事的尾聲居然是婉通遭到處決，因為這場混亂的起因，被歸咎於婉通搖擺不定的態度（Baker and Pongpaichit, 2010）。

　　十七世紀阿瑜陀耶城的顯赫地位，使得阿瑜陀耶風格的影響及於十八世紀的緬甸及高棉表演。就緬甸的例子來說，其中的暹羅元素可以清楚識別出年代，因為在一七六七至一七六八年間攻下阿瑜陀耶的緬甸征服者，無所不用其極地將那裡的藝術家、文人、表演者、音樂家帶回家鄉。這有助於我們解釋緬甸戲劇為何在十八世紀後期出現恢弘的創新與諸多新流行體裁。長久以來，緬甸戲劇包括了比較不受限的「納普威」（nat pwe）舞蹈儀式，用以召喚神靈「納」降臨；還有比較莊重的「札普威」（zat pwe），所述說的是本生——「札」（zat）——故事。不過，到了這段時期，緬甸的表演卻完全避開這些侷限，發展出已在暹羅流行的浪漫戲劇主題，還有偶劇及《羅摩衍那》故事，此外還來自爪哇潘吉（Panji）傳奇故事的借用，媒介是潘吉傳奇的泰國版本《伊諾雅》（Inao，緬甸語 Eenoun）。

由於緬甸宮廷是推廣這些新風格的主要力量，所以我們知道那個時代許多御用詩人跟劇作家的名字。苗瓦迪·明伊·烏薩（Myawadi Mingyi U Sa，1766-1853 年）將《羅摩衍那》改編成為韻味十足的緬甸詩歌與歌曲。有好幾位宮廷的創新詩人是女性，例如清明公主（Ching Ming，1738-1781 年）和美桂（Mae Khwe，1781-1836 年），但兩人最終都死於慘烈的宮廷鬥爭之中。雖然如此，她們還是留下不少情詩與欣賞四季變化的文學佳作，其中還蘊含對當代品味的洞察。我們必須這麼設想，除了受緬甸宮廷保留名號的文人之外，還有一大群不知名的表演者存在，他們將宮廷及民俗風格改編成為流行風尚，在全國各地的市場與節日裡上演。

十六世紀期間爪哇地區轉型為伊斯蘭信仰所導致的分裂動盪，至十七世紀依然連綿不休。蘇丹阿貢企圖降伏所有講爪哇語的地區，戰爭也隨之延續，阿貢的繼承者們企圖繼承前人志向，對抗其他王朝的對手、伊斯蘭方面的挑戰與荷蘭人的干涉，但終究以失敗收場。直到荷蘭東印度公司鞏固在爪哇沿岸的利益、交戰的爪哇王侯願意瓜分剩餘利益之後，和平終於在一七五七年降臨爪哇。接下來的幾年，由於倖存的兩座皇家首都創造力勃發，傳統上被稱作「梭羅文藝復興」（Surakarta Renaissance），爪哇文學盛世因此出現。在這場文藝復興中，前穆斯林時期的「格卡溫」（kekawi）詩詞再度自古老文獻中被發掘出來，構成了新興詩詞的主要基礎——使用中爪哇語（middle Javanese）體裁及調整過的語文。事實上，有更多的文學作品顯然是在追求伊斯蘭神祕主義理念，只是早期的荷蘭爪哇學專家對這類作品比較沒興趣。至少，伊斯蘭習經院「佩桑特倫」（pesantren）如同宮廷一般，是詩詞創作與吟誦的重要中心，它們曾訓練

最出色的宮廷作家，例如著名的朗加瓦西塔（Ranggawarsita，1802-1873年），也就是「最後一位」梭羅宮廷詩人「普讓加」（pujangga）。目前保留下來的大部分爪哇文學，是供人背誦的「馬卡帕」（macapat）韻文形式。我們應該將那些受王室鼓勵而創作的文學作品，視為廣大群眾這座冰山所露出的一角，那些聽眾固然不識字，但很可能透過表演而對文學經典培養出深刻的涵養。

會在現代教科書上列出姓名而為人們所知曉且讚揚的，只有爪哇皇室與他們的御用宮廷詩人，例如朗加瓦西塔等人。大部分唱誦與文獻都是佚名，因為下筆將其化為文字的人，身分通常不是真正的創作者、僅是一位抄錄者，他將已經幾度背誦的詩詞記錄下來，有時相當精確、有時則加上有創意的改編。這些文學典籍最了不起的推廣者，其實是皮影劇場中操偶兼敘述故事的「達郎」，以及女性歌者「欣丹」（sindhen），他們能徹夜唱誦故事，卻很少仰賴有文字的劇本，主要是靠記憶和即興演出的方式學得這番技藝。哇揚皮影戲曲目主要取材自印度源頭的《摩訶婆羅多》，再加上純爪哇的僕人—丑角—神明角色「普納卡萬」（punakawan）。除此之外，伊斯蘭源頭的《阿米爾漢札傳》也是哇揚木偶戲（wayang golek）非常流行的情節。哇揚皮影戲表演的文獻資料，一直要到十九世紀時才成為圖書館的收藏，但我們可以很有把握地判斷，哇揚戲劇在十八世紀時已經在文化上涵蓋了爪哇全島東邊三分之二的範圍，無論這些地區的政局有多麼紛歧。「全國各地持續上演這些戲劇……有助於傳播關於當地歷史傳奇的一般知識。」（Raffles, 1817/1978 I, 339）教導神祕性綜合體的人們之中，最受歡迎的就是各類戲劇的「達郎」，他們並不是在和宗教學院裡的烏理瑪競爭，而是在運作一套不同的靈性領域——人們通常認為這個靈性領域更為深刻、更具有爪哇性格。

在東南亞群島的其他地區，商業時代的宗教革命首先引入阿拉伯文、之後引入阿拉伯字母的馬來文作為伊斯蘭教的語文。十八世紀時，這些地區的方言勢力擴大，區域語言能夠被書寫成文字並且經歷標準化的過程。舉例而言，十七世紀許多造訪亞齊首都的旅客，根本就不知道亞齊語的存

在，這座國際性首都的主要語文是馬來文，亞齊宮廷與烏理瑪使用的書寫文字也是馬來文。口說的亞齊語在單字與結構上相當獨特，而透過當時唱誦者與表演者的流傳，標準化的亞齊語漸漸形成，成為農人漁民之間溝通的內部口語。此事最早的證據出現在一六六〇年代，某位學者「以我們的唱誦方式」來推廣伊斯蘭經文，因為「很少人民懂得『爪夷』語言（即馬來語）。」（引用自 Durie, 1996, 115）。像是亞齊這樣的穆斯林中心，讀書識字的學習主要是以阿拉伯文進行，兒童需要學習以阿拉伯文背誦《可蘭經》（起初並不要求了解）。如果學生想要又能讀又能寫，那學習的就會是馬來文——自阿拉伯字母衍生出的馬來文在十六世紀時已經標準化。一旦亞齊語韻文的背誦和記憶變得普遍，改造阿拉伯字母來書寫亞齊語的實驗也隨之開始。遺留至今的最早手稿是十八世紀的產物，它們將亞齊韻文用阿拉伯文字來表達，這些作品包括一些盛行的史詩如《希佳雅謬柯塔阿郎》（Hikayat Meukota Alam），許多相關的故事手稿，其實是來自亞齊境內的不同地區。透過公開表演的形式，亞齊語文不但成為受到認可的語文，也成為了民族認同的來源。

正規書寫以馬來文或爪哇文進行、人們的口語則是別種語言，這類例子還包括爪哇的異他語、蘇門答臘的米南佳保語、婆羅洲的班查爾語、龍目島的薩薩克語（Sasak）、松巴哇島的比馬語（Bima）等語言或方言範圍。一八三〇年代對此課題進行研究的第一批荷蘭學者，並不清楚有不同於「爪哇人」的異他人身分認同存在，而以為他們是「山區爪哇人」。經由頻繁的唱誦、表演和記憶，詩句形式的流行創造出識字的異他語社群，這些識字社群透過烏理瑪連結更廣闊的馬來文、爪哇文、阿拉伯文文學世界，卻依然對於自身的特殊性懷有自覺。這種表演的方言化兼本土化情況，比異他語的書寫文學的誕生還要更早，書寫文學經常是晚至十九世紀末、二十世紀初，才在歐洲人的鼓勵或刺激下形成；而且，這種書寫文學通常採用羅馬拼音文字書寫，而與爪哇文及馬來文有所區別。即便如此，表演乃是創造社群的關鍵所在。

歷史、神話與身分認同

前述史詩故事的聽眾把這些故事當成娛樂、形上學、人生智慧的泉源，綜合起來構成獨立於政府之外而自主存在的共同身分認同。但是，隨著「國族」觀眾或聽眾的一致性變得愈高，國王與其御用文人就愈要展現他們在其中的正統性。東南亞所有的王權都在十七或十八世紀經歷嚴重的危機，但它們的文化已經發展到足夠獨特的地步，足以讓民族國王（national king）的角色崛起。十八世紀的文學盛世，與缺少傳統合法性的新興強人同時出現，這些新興強人必須展現出對新開端的樂觀精神，也要表現出歷史菁華的延續性，而這種歷史延續性必須是多樣的。新興的統治者不僅要虛構出與過往王朝世系的血緣關係，還需要證明他們分享了印度神祇及英雄的超自然力量。更有甚者，新統治者是處在一個屬於經典宗教的世界，每一個經典宗教都有各自的線性神聖史觀存在。《摩訶婆羅多》、《羅摩衍那》、《本生譚》、《潘吉王子》、《加利哥故事》的故事，大約發生在時間差不多的典範性歷史當中；伊斯蘭教與基督教則帶來神意介入以來的特定時間架構，並將之前的部分貶低為虛構的故事。甚至，佛教有所謂佛陀覺悟之後的五千年循環觀，這產生受巴利文影響、以佛法進展為內涵的編年史，並經過移植形成各地域的版本。

綜合以上的因素，或許有助於我們解釋一道謎題：十八世紀的東南亞地區是如何開始書寫國族歷史的呢？我們不能把緣由歸諸於外國的直接影響，雖然伊斯蘭或基督教使徒、中國商人、啟蒙運動後的歐洲人，對於古老東南亞神話抱持的懷疑態度，或許真的對這股新興的創造力造成影響。十九世紀後期至二十世紀東南亞以線性觀念重塑歷史的作法，歐洲民族主義範例在其中的作用肯定十分關鍵，但是少有證據顯示這項因素在十八世紀已經存在。不過，確實有一項非常明確的轉向出現了，那就是供人保存、閱讀、諮詢而不是記誦的散文形式的出現，及用方言散文去記錄眾王朝所統治的社群譜系。

以散文創作國族歷史的傳統最早出現在緬甸，而緬甸是最不可能受到

歐洲、穆斯林、中國影響的地區。吳格拉（U Kala）的二十一卷《緬甸大史》（Great Royal Chronicle），創作於公元一七一一至一七二四年之間，《緬甸大史》是一部革命性的著作，它不只是涉及一位英雄、一個王朝或一處聖地，它的內容涵蓋整個講緬語的低地區域。吳格拉的身分是俗人，是緬族及撣族官員的後代，即使沒有朝廷或僧伽方面的大力支持，家境富裕的程度亦足以讓他投身於這個宏偉的工作。據說他曾經參考多達七十種的佛教文獻或皇家記載，甚至查閱過某些可追溯至十七世紀的宮廷檔案，以及斯里蘭卡佛教編年史書《大史》（Mahavamsa），還有暹羅的早期文獻。吳格拉對自身「國家」或「國族」寫作事業的創新懷抱自覺，並預期自己會受到佛教學者的批評。為此他論道，對於過去擁有更完善的知識，可以彰顯出萬事萬物的無常，並由此呈現虔誠的佛教信仰。吳格拉對於十六與十七世紀歷史的記載極為精確且就事論事，不過，他將十一世紀以來蒲甘佛教文明的源頭追溯到直通的佛教中心（此說由後來所有的緬甸史家及英國史家遵循），此說於近年已經被麥可・昂丁（Michael Aung-Thwin, 2005）駁斥。

在最後一個緬甸王朝──貢榜王朝（Konbaung）或稱雍笈牙王朝（Alaungphaya，1752-1885 年），吳格拉的著作出現許多種版本，其中一部顯然是以國族史自居，也就是由波道帕耶王（Bodawpaya，又譯孟雲，1782-1819 年在位）所詔修的《新緬甸史》（Myanma Yazawinthit），但是書成之後波道帕耶王卻不願認可。與此同時，越南士人也出現類似的世俗性國族歷史趨勢，代表者為以紀傳體寫作《大越通史》的士大夫黎貴惇（1726-1784 年）。

暹羅首都阿瑜陀耶在一七六七年遭到緬甸人摧殘以後，經歷了嚴重的打擊，我們可以由此脈絡理解，徹底重新反省歷史為什麼會出現。在那萊王世俗化的統治期間（見本書第六章），已創作出世俗性更強的王朝史書（phongsawadan），王朝史書相當明瞭暹羅在各鄰國之間，乃至歐洲人、印度人、華人訪客之間的處境與地位。然而，在一七六〇年代的恐怖時期之後，佛教徒對於這種國際主義的反動，造就出一個新的開端。至此，

藝術家、文人、表演者、文獻、聖像都被緬甸人給奪去了，暹羅全境分裂成幾個彼此對立的中心，僧侶被迫離開寺院覓食求生。就在此刻，有位半華人血統的軍人居然崛起並恢復了秩序，將緬甸人驅逐出境，他便是達信王鄭昭（King Taksin，1767-1782 年在位）。達信王深信「天命在我」，他曾經鞭打五百位不願意向自己跪拜的僧伽，還將僧伽分裂成互鬥的陣營。經歷這段不義的鄭昭政權之後，暹羅最後一部受巴利文影響的佛教編年史（tamnan）於焉寫成，也就是所謂的《一七八九年史記》（1789 Chronicle）。反對達信王的僧侶以編纂此書作為重新團結僧伽的手段之一，並且藉此說服眾僧伽。新國王拉瑪一世（Rama I，1782-1809 年在位）在一七八八年召開佛教結集並於新首都曼谷（Bangkok）大量興建佛寺，已經恢復佛教的品格。與《一七八九年史記》同樣的僧人作者，也出現了世俗歷史的轉向，在一八〇九年時寫出阿瑜陀耶眾王及曼谷王朝成立的編年史。至十九世紀時，泰國史家愈來愈關心如何展現一個泰人國族的存在，以及如何透過時間演進呈現泰族諸王的正統地位。

十八世紀爪哇地區受到的創傷也許更久遠，穆斯林針對荷蘭東印度公司與其忠誠爪哇盟友進行的反抗被徹底擊潰了。普瓦薩斯特拉（Purwasastra）寫下一部頗帶有現實傾向的派系歷史，那便是一七七三至一七七四年的《巴蘭班根史》（Babad Balambangan），史書作者之所以如此，是因為荷蘭東印度公司的軍事勝利帶來急遽的情勢逆轉，而爪哇島東端眾多勢力面對這些情勢時，可以採取多種不同的理解。爪哇王室的心臟地帶在一七五七年被荷蘭人強迫分割，對此，史書必須解釋，為什麼四位彼此對立的國王，依然保持著合法而中心的地位。其中有一種回應之道，是再度去強調哇揚戲中那些勢弱卻優雅的英雄，例如阿周那和堅戰（Yudhisthira）具有超自然的內在力量，英雄藉由超自然力量戰勝了妖魔「羅剎」（raksasa），於此，羅剎則是被比作荷蘭人。

大部分的歷史寫作，繼續呈現虔誠的伊斯蘭信仰可以與爪哇地方神靈信仰相調和。至十八世紀時，歷史寫作在豐富性與多樣性方面更加大放異彩，因為能閱讀爪哇文字的讀者大為增加，而且歷史寫作實際上已脫離所

有宮廷傳統而獨立存在。公元一七三八年以爪哇韻文寫作的紀年史書《尚卡拉史》（Babad Ing Sengkala），在日期記載方面表現出前所未見的精確性。然而，十九世紀爪哇島上的荷蘭人勢力依然突顯一道巨大的鴻溝存在，一側是所謂爪哇的神話「傳統」，另一側則是歐洲式的客觀歷史。朗加瓦西塔試圖跨越這道鴻溝，他創作出爪哇史詩與哇揚詩詞的散文版本，還附上紀年，總成果便是十八世紀中期的《諸王志》（Pustaka Raja）。但可以預期的是，這部著作的詩意有限，未足以吸引爪哇讀者；它的學術性不夠，不足以讓荷蘭讀者相信其中紀年為真。

在馬來文書寫的世界中，文學比較沒有受特定的國王或宮廷把持。即便是商業時代，馬來文世界的政局都是多元的，那個世界之所以能稱為一個世界，是靠作家、表演者、宗教、貿易所凝聚。東南亞群島區內，馬來語作為貿易語言的角色愈來愈重要，此時群島區還同時接納了歐洲人與華人，這兩者的地位也都愈見顯著。然而，作為高級文學的馬來文，其範圍至十八世紀時已萎縮到僅僅存在於麻六甲海峽地區的幾個中心，此處也是十九世紀初期與歐洲人進行交流的熔爐。新加坡的文西・阿都拉（Munshi Abdullah），以及新加坡南邊廖內地區羅闍阿里哈吉（Raja Ali Haji）的學派，最能夠呈現馬來文字的典雅詩詞傳統，是如何面對更廣大社群而發生世俗性的轉化。作為一個馬來文作家，文西・阿都拉受到英國官員的影響，寫出直白的散文講述自己的人生與時代，他在作品當中論道，馬來人作為一個民族在向前邁進的路上，那些馬來統治者實在是一種阻礙。相較之下，十九世紀中期羅闍阿里哈吉的作品，受到更多伊斯蘭價值觀與敘事的影響，論述了王侯的言行應該避免衝突；羅闍阿里哈吉繼承了十八世紀時進入麻六甲海峽地區的武吉士元素，由此，他將文學和宗教視為調和有潛在衝突可能性的各民族之手段，並且利用文學與宗教創造出更廣大的社群。

整合與它的限制所在

維克多‧萊柏曼強力主張十五世紀到十九世紀這整段時間內，東南亞大陸區都在持續著一種整合的型態（某些狀況則是持續了一千年之久），其中的干擾因素只有王朝危機，但是這類重複出現的危機為期愈來愈短暫。「每一個主要國家都在擴展領土，進行中央集權，它的人民採納了更加一致的文化與民族認同。」（Lieberman, 2003, 44）殖民主義者和民族主義者假定「黃金時代」的國家衰弱至僵化的狀態，任由歐洲人侵略征服。面對此說，萊柏曼反駁到十九世紀的時候，這種政治整合「已造就出前所未見強大而廣大的結構」。（Lieberman, 2003, 457）

本書前文已清楚呈現，我肯定萊柏曼對於漫長十八世紀期間文化大整合的證明，但我同時對於國家的必要中心性（necessary centrality）問題表示質疑。將暹羅、緬甸、大越這三巨頭當作一千多年來東南亞大陸區的重心，這當然是重點所在，但這麼做也同時隱匿了這段時間關於危機、發展轉變的精彩故事。火藥國家的盛衰興亡，造成人民四處遷徙並形成都市大熔爐，諸如阿瑜陀耶、阿拉干的妙烏、勃固、萬丹、亞齊、金邊和永珍。後續那段比較和平、比較自給自足的時期，使得王室宮廷凝聚文化認同，成為典範的中心；然而，出現類似文化認同凝聚情況的，還包含沒有中央集權國家的族群，如克倫人、欽人、巴塔克人、米南佳保人、巽他人、峇厘人，以及文化認同還非常脆弱的族群，如高棉人及亞齊人，以及文化認同十分多元的族群，如越人、馬來人、爪哇人、撣人、北傣人，或者是國家由異族統治的族群，如孟人、他加祿人、巴達維亞的貝塔維人（Betawi）、安汶人。儘管它們實施的法律或官僚制度處在邊緣地位，但是透過戲劇、舞蹈、儀式的陶冶，節制與教養逐漸成為了許多文化體的特徵；與這種教養處於對立面的，是那種算計牟利的殘暴野蠻行徑，這些暴徒可以稍稍展示武力，逼迫人們對他們或其菁英贊助者順服屈從。

即使在十八世紀，文化整合進程的限制比起歐洲或中國依舊十分明顯。直到一九〇〇年左右殖民入侵以前，群山、森林和小島仍未被完全征

服。那些定居在聚集程度更高的灌溉水稻農業區的多數低地人民，在連續徒步兩天後就可以抵達無國家狀態下的自由高地，並深知這代表著另一種選擇。

第九章

華化世界的擴張

　　我們在第一章的時候已認識到，越南人是中國政府和中國文明更進一步向南擴張的主要阻礙。越南人控有最方便進入東南亞的陸路，他們從中國模式學習到足夠的軍事與官僚事務，足以阻擋中國的擴張主義。越南人學來這些寶貴的教訓，後來又於十五世紀再次努力學習，結果是他們也開始擁有向南擴張的能力，最終，越人勢力到達了泰國灣。與此同時，中國貿易商正在向東南亞地區擴展，凡是印度與歐洲貿易力量不盛的地區，中國商人便會滲透其中。十八世紀中國人口遽增，加上資源匱乏，驅使中國的礦工與農民往南遷移，華人因此成為東南亞最大的、最有經濟活力的少數族群。

大越的十五世紀革命

　　公元一三六八年的中國，大明取代了陷入困境的蒙古帝國，同時也繼承了前朝對於世界大帝國的興致。大明向東南亞派出大量使節，其中有極高的比例是永樂皇帝派遣的鄭和艦隊。要面對與南方人的衝突，火藥是大明擁有的利器之一，在一四〇六至一四〇七年中國占領大越的軍事行動期間，火藥扮演的角色尤其突出。據說在公元一三九〇年占人軍隊進攻大

越之際，大越國擁有一種新型的火槍，幫助它在敗績中挽回頹勢。可是，明人軍隊首度發展出火器營，擁有各類火砲和榴彈技術，如此新猷使得此時的中國人，得以征服五百年前逃出自身掌控的南方鄰居。然而大明的占領也沒能維持很久，事實證明越人的學習速度頗快，他們也在屢次叛亂中奪得愈來愈多的武器。一四二七年，黎利的越軍攻取中國人剩餘的重要陣地，而新即位的中國皇帝在面臨北方的嚴重危脅之下，不願意再繼續前人的南方冒險。於是，大越國再次取得獨立地位，但大越仍然小心翼翼、不敢得意忘形，唯恐得罪北方的巨龍，它很快就回到順服中國的態度，定期派出明廷相當看重的貢使團。

　　不過，此刻的大越國，已不是昔日的大越了。它的軍隊是全東南亞戰力最強者，大越軍隊配備火器，還擁有數百艘設有單門火砲的帆船。此等實力讓河內政權有條件向南邊、向西邊擴張。黎利建立的後黎朝，同樣也善用官僚直接治理的中國式體制，為國家帶來雄厚的實力；後黎朝史上最強大的統治者黎聖宗（Le Thanh Tong，1460-1497 年在位），曾在中國占領期結束後的大越宮廷裡接受正統的儒家教育，後來他將這套中國式官僚體制常態化、正規化。先前中國人統治越人時仰賴的那些儒者文人，如今成為黎聖宗的立國精神或國家意識型態的支持者。黎聖宗傾力排斥佛教與僧侶，同時在地方行政區擴建儒家「文廟」（Van Mieu），大越首都最古老的文廟竟可以追溯至公元一〇七〇年。黎聖宗根據中國朝廷設立六部，並希望將首都以外地區的權力，從世襲的藩鎮轉移至受儒家教育、透過中國典籍的科舉考試選拔出來的官僚手中。大越的地方行政為三級制，官員是由朝廷指派且定期調任，最低的地方層級為「州」，州政府負責任命村莊領袖，選拔條件是必須識得中文。大越內部的佛教信仰、神靈崇拜、親緣網絡、地方習俗依然普遍，偶爾也會挑戰儒家正統，雖然如此，十五世紀的大越國實是東南亞地區官僚控制農業人口的範例。政權造就的和平與有利的氣候條件，也許再加上新稻種的出現，使得大越人口在十五世紀成長了二至三倍，而東京地區（Dong Kinh）——也就是廣大的紅河三角洲的人口至少有三百萬之眾。其他東南亞統治者做不到的事情，後黎朝

諸王辦到了，他們控制廣大的農民，徵收充裕的賦稅，徵用充足的人力，以供應首都的需求。因此，相較於前人或對手的政權，後黎朝仰賴國際貿易的程度比較低，此外，後黎朝高度的儒家色彩，也導致官方在形式上貶低國際貿易的地位。

黎聖宗的統治可以被視為一場革命，深刻程度堪比其它東南亞地區在十五世紀以來遭遇的宗教變革。那個時代的儒家文士並不尋求政權延續性，反而是痛斥明代中國占領期之前的政權，譴責其私下劣行與公開作為。大越大史家阮廌（Nguyen Trai）意欲正當化大越國的勝利，他的作法不是排斥中國模式，而是伸張大越與中國具有同等的地位：「山脈與河流畫分了邊界，北方與南方的風俗異然有別。我們的國家是由趙、丁、李、陳各朝所建，與中國漢、唐、宋、元各朝各自並立，越人統治者以皇帝之姿統治著自己的疆土。」（Trai 1428 in Truong 1967）這場儒家革命似乎代表著大越與其他鄰國關係的決裂。過去的越人政權曾與占婆作戰，與山地居民聯姻，然而他們實際上的地位是平等的；但十五世紀的後黎朝則堅持，它在德性與文明層次上與中國相當，這導致大越必須將那些沒有華化／漢化的鄰居們歸類為「蠻夷」。黎聖宗向南攻打占人、向西征伐僚族的征伐行動，被文人辯護為教化之舉與上天所命。被俘虜的明代士兵可以在大越定居並成為模範子民，但被俘虜的南方人卻被迫大幅改變，得改採「漢人」的服裝、語言、習慣與道德觀，當然此處的「漢人」並非現代中國民族之意涵，而是作為一種被後黎朝所認定的文明。

越人的「南進」擴張

黎聖宗領導下的大越，在面對南方占人與西邊山區寮—傣民族時占據了上風。大越史書顯示——再加上中國史書的輔證，黎聖宗出兵深入湄公河流域，並且從寮人侯國處贏得戰利品與貢品。東京灣河流與湄公河之間分水嶺地帶的芒族和傣族，已不再是大越對手，而是必須以附庸身分承認低地文明的優越地位。大越利用它的艦隊與大砲，順著海岸向南依次推進

至各個占人中心。十四世紀時，沿岸地區的戰事互有勝負，越人的戰船在一三〇八年時遠達海雲關（Hai Van Pass）；反過來，占婆國王制蓬峩至少曾三度進攻大越首都。黎聖宗的征伐行動其實是為期長久的計畫，意在使「漢人」（「文明的」越人或華人）在占人舊地定居，並且迫使占人接受類似的文明規範。相較於其他時代，此時的占婆政局較為分裂，局勢頗為明顯，大越的軍隊有能力將地方的反抗逐步收服。利益豐足的廣南地區很靠近海雲關，大越應該是靠一四六〇至一四六一年的軍事行動奪下廣南，然後在一四七一年獲得南方中心毘闍耶，也就是後來的歸仁地區。

毘闍耶的敗亡是東南亞歷史上的大事。不僅中國史書和大越史書有記載，連麻六甲的《馬來紀年》（Sejarah Melayu）都有提及，因為有一群從商的占族難民脫逃出來，他們扮演起類似中國商人在麻六甲的角色，以及亞齊在蘇門答臘崛起過程中商業軍事菁英的角色。這股占族遷移活動最驚人的證據，就是占語的混血變體亞齊語，隨著亞齊蘇丹國在蘇門答臘本部的擴張而傳播，成為倖存之今最大規模的占族語言。如果不想戰死或被俘虜的話（大越史書記載有六萬占人被殺），沿岸地區的占人實際上擁有四種選項：第一，逃到附近的山區，那些地帶與森林採集者之間有長期的共生關係；第二，再往南逃到占族政權最南端的抵抗基地賓童龍（Panduranga），地點靠近現代的藩朗（Phan Rang）；第三，加入柬埔寨或馬來語世界的貿易夥伴行列，這是占族穆斯林少數族群的主要選擇；第四，留下來面對要同化為「文明」越人的壓力。

我們必須假定最後這個選項的歷程極為漫長而複雜。大越國在十六世紀時，陷入內部衝突的災難當中。昔日紅河北端據點貿易線衰敗，南方交通路線起而代之，這與十六世紀大越內亂似乎恰好同時。此時期的饑荒頻仍，十五世紀大量增加的人口到這時又有減少。越人國家不再具有同化占人或高棉人的主導力量，必須等到下一次的儒家化大潮流，而那已是十九世紀的事。近來，修正派史學已經取代民族主義敘事的觀點，也就是拋棄越人勢力持續擴張的敘事，史家改採的解釋包含更高程度地方動能及地域變化，重新評價擁有重要商業地位、在十六世紀大半時間內屢次自封為另

一政權的廣南地區。長期下來，儀式行為、家庭關係、性別關係、音樂方面的混種南方型態，讓占族的影響一路保持活躍直到十九世紀，到那時，占族影響當中有某些部分已被重新詮釋為「越南的」了。至於更南方的賓童龍占族政權，則會向任何向它施壓的越人國家進貢，但它同時也追求自身的對外關係，其中包括與中國的關係、與南邊穆斯林馬來「內格里」的關係、與首先經過此路線之葡萄牙人的關係，直到一六一一年後越人控制更嚴格之後，才終於禁止。穆斯林貿易商對於賓童龍政權的維繫極為重要，賓童龍菁英持續伊斯蘭化可作為其證明，連賓童龍的國王都隨著商人的腳步，於十七世紀時皈依了伊斯蘭教。

　　某種意義上，民族主義派史學所讚頌的「南進」（Nam Tien）代表著歷史的一處轉折，那便是「印度化」東南亞的減損與華化世界的南進，這個華化世界包含有中國文字、中國禮俗與中國政治理念。在另一種意義上，「南進」保住越人長久的東南亞人認同，因為越人不僅因此與占族文化、高棉文化相互糾葛，也因此得與此地區的各個鄰居們打交道。確實，這段今日被認定為「越南」的綿延海岸地區，究竟能不能被視為一個單一國家呢？迄至十九世紀，這件事情都還尚未明朗。北方的東京始終在注意自身不歸屬中國的獨立自主性，以及和中國之間的平等地位；那個北方世界與充滿種族、文化、政治交涉的遙遠南方大不相同，也許自公元一六〇〇年以下，我們可以將這樣的南方稱作「交趾支那」。

　　十五世紀後黎朝的成就，足以確保它在接下來的三百年保有名義上與儀式上的地位；然而，就像是同時期的日本天皇，後黎朝皇帝在新勢力崛起下已無實權，新興勢力之所以還重視後黎朝皇帝，是因為他們在越人及中國人眼中有歷史性地位。首先上場的新興勢力是宮廷侍衛出身的莫氏（Mac），在黎室愈加衰弱之下，莫氏於公元一五二七年稱帝，是為莫朝。大越歷史上最混沌紊亂的時期，便自此刻展開，在無盡的戰爭中，大越人口急遽減少。莫朝的統治，受到清化（Thanh Hoa）地區兩大軍閥阮氏及鄭氏的挑戰，清化位在東京的南方邊境，正是當年對抗中國人的反抗基地。阮氏和鄭氏在寮境山區聯合恢復了一位後黎朝後人的帝位，並且

以這位皇帝的名義討伐莫氏。但是，以後黎朝的正統名義結盟的雙方卻出現嫌隙，尤其是阮家父子遭到政治暗殺之後，阮、鄭雙方的衝突也更加惡劣。鄭家勢力居於上風，阮家的年輕兒子阮潢擔心自己的安危，於是在一五五八年時志願前去新近征服卻依然動盪的南方，名義上成為後黎朝派遣的廣南長官。避開內戰期間近親相殘的東京，阮潢將自身力量集中於廣南地區，這麼做確實相對安穩，於是他逐漸建構起自己的勢力。阮潢發現，廣南地帶擁有非常充裕的資源，足以讓他建立一個新國家，那就是歐洲人所謂的「交趾支那」，越南人則稱之「內路／塘中」。

近期的學術研究強調，阮潢建國絕不是無中生有的創舉。整個十六世紀，在這段關鍵的階段之中，來自東京各地的越人軍士或難民、占族倖存者和外國商人，繼續在通往中國的路線上保持互動交流。至公元一六〇八年為止，行船的日本人依然持續使用「占婆」一詞，可能是用來指秋盆河（Thu Bon River）水域的占人舊港兼心臟地帶。至一六二〇年代，這個港口逐漸成為越南人所稱的會安，外國人則稱其為費福，或有人認為，此時的會安已逐漸由阮氏所把持。日後，一位北部的觀察者敏銳地記錄道，此地「自古便是船舶匯聚之所。阮氏握有此地以後，得自船運貿易的稅收大增。」（Le Quy Don, 1776/1993, 26）會安迅速成為日本商人（禁止直接進入中國）及中國商人進行交易時優先選擇的中心。阮氏的力量雖然有部分是來自於更北方的廣南及順化（Thuan Hoa）的越式三角洲農業，但他們大部分的財富與軍事物資乃是得自於會安港口，正類似於東南亞島嶼區的「內格里」。

至公元一六〇〇年之際，阮潢顯然已放棄爭取中央權力的野心，並自居類似於日本幕府大將軍的地位，人稱「僭主」（Chua Tien），實際上形成另一個中央；僭主雖在名義上效忠後黎朝皇帝，但由於後黎朝皇帝淪為鄭氏的人質兼傀儡，這名義上的效忠其實甚無意義。不過，一直要到一六二四年，阮潢之子兼繼承人才正式拒絕鄭氏對稅收的要求，由此，一六二七至一六七二年間，兩個越人國家之間爆發了七次慘烈的戰爭。雖然東京的軍隊數量有壓倒性優勢，但南方人卻靠著較精良的武器（許多武

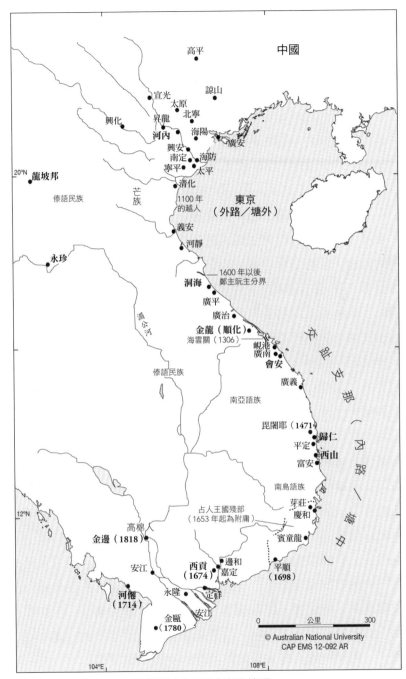

地圖 9-1　越人南進擴張

器得自葡萄牙人處）、組織乃至於意志，而能夠挺住。後來，雙方力量耗盡而陷入僵局，此等局勢化為一道永久的邊牆，就位在義安的南方（地圖9-1）。接下來的一百年是段相對和平的時代，交趾支那得以向南從事更多擴張行動。公元一七○二年，交趾支那君主請求中國認可他是大越國王，但中國的回覆是，它已承認黎氏為大越國主。實際上，阮氏確實已是獨立的國君，有能力以創新的儒家學說證明自身的德性；阮福濶（Nguyen Phuc Khoat，1738-1765年在位）尤其如此，他不僅自稱為王，而且還自居為「太傅」（Grand Mentor），效法兩千年前孔子所推崇的諸小邦之一。

「南進」運動真的讓東南亞大陸區之發展，轉變為華化或儒家化路線嗎？「南進」運動真的改變了越人控制地區內人民的生活型態嗎？關於這些問題的辯論，恐怕還會持續下去。就識字精英群的層面來說——他們的紀錄也是我們主要的憑藉，中國唐宋士人堅持的德行理念成為他們的準則，據此，東南亞人以右手抓取食物、嚼檳榔、簡單圍紗籠的習俗實在是不成樣子。其中，更核心的是中國婦女的地位問題，中國女人得裹小腳，此外，從父親的控制轉移成丈夫其及家族的控制過程中，中國女性是沒有任何權力的；這種女性地位，與我們先前所描述過的東南亞型態，簡直就是背道而馳。至十九世紀新儒家理學（Neo-Confucianism）的反動高峰時期，阮朝法典確實頒布了中國明清法典的翻版。但讓民族主義派人士鬆一口氣的事情是，較古老的後黎朝法律對於女性繼承等等事務，採取比較公平的規定；後黎朝法典根據的是較古老的中國模式，更早於排除女性繼承權之新儒家對中國傳統的調整。後黎朝與阮朝的法典，都可能鼓勵知識分子的家庭以更儒家化的方式對待婦女；可是，在婚姻或繼承問題上，實際社會風俗與那些標準規範之間的落差極大。十九世紀去過南方及西部山區的訪客，依然發現商業交易全是由女性在從事。本書第十五章將會更仔細地檢視歐洲式、中國式、伊斯蘭或「現代」式的性別關係，它們都是傾向從上到下對女性角色施予限制，這是階級體制當中不幸的一面，特別有利於外國人。然而，越人與南方民族的互動交流和環境習俗的力量，使得那種理想化的儒家模式，非常難以落實在社會現實面上。

交趾支那的多元南方邊疆

　　十七世紀時，有好幾萬東京地區出生的越人農民，來到人口較少的南方，他們可能是阮氏的士兵，或是來自鄭氏軍隊的俘虜或逃兵，或是逃離北方連年戰事的難民，又或者只是尋求更多土地的人。在十七世紀中葉，光是富安（Phu Yen）一地，就有兩萬多名的戰俘在此定居，富安的位置就在靠近占人賓童龍（今日藩朗）政權殘部的北方邊界地帶。公元一六九三年，占人最後一系列的反叛也遭越人擊潰，賓童龍的權力被削減到與一個省區無異，至此時，連上述的邊界障礙都移除了。凡是越人移民定居之處，越人會適應當地占族務農方式，同時加上東京地區行之長久的三角洲農業技術，諸如興建堤壩和水渠。越人的到來未必排擠占族農人，因為後者的農業型態比較分散。十八世紀時，那些越人移民先鋒反而是前去開墾極為肥沃的湄公河三角洲，不過，他們在那裏遇到更艱鉅的挑戰，因為那裡的土地在洪水季到來時，會完全淹沒在水中。要如何在洪水季讓家族和重要的水牛存活，需要特別的技巧，而那是高棉人經歷長久時間所發展出來的。

　　整個十七世紀，交趾支那儼然已是湄公河流域的大角色，固然湄公河流域的占人、馬來人、華人先驅者人數原本多過越人，但在那個混亂世紀的諸多衝突當中，阮氏的艦隊始終擁有軍事上的先進優勢。公元一六一六年，交趾支那將一位公主，嫁給正在勉力鞏固湄公河下游秩序的柬埔寨國王，這個聯盟因此幫助柬埔寨擊退泰人一六一九年的干預行動，柬埔寨首都金邊可能還駐守了越人軍力。至一六五八年時，交趾支那再度進行干涉，幫助叛軍同盟推翻柬埔寨的穆斯林國王，此後，繼任的柬埔寨佛教徒國王則得向交趾支那進貢才行。交趾支那與東京的戰鬥在一六七〇年代停止以後，交趾支那變得更有餘地去南方邊疆尋求擴張，往後，每逢柬埔寨王位繼承出現爭議，交趾支那必定會介入其中。未來發展的雛型最早出現在一六七四年，交趾支那支持了柬埔寨的第二任高棉人統治者即位，政權地點接近今日的西貢（Saigon）；然而，相對於位在金邊的政治對手，這

位柬埔寨的高棉國王其實比較像是一個越人的客戶。

與中國難民、移民的特殊關係，是交趾支那最終在湄公河三角洲地區成功的關鍵。南方阮主統治者可以自由地接納中國叛軍和難民，反觀東京政權因為與中國相鄰而有一條險惡的邊界，所以東京必須假借黎氏傀儡統治者之名，精心維護著對中國的朝貢關係。公元一六四四年，滿洲人征服中國心臟地帶，並希望控制棘手的臨海省分福建和廣東，以及這些省分複雜的海外關係。到這個時候，上述的差異變得相當重要。以福建、台灣為基地的鄭氏號稱繼續效忠明室，實際上已是個擁有數百艘船舶的獨立海上帝國。為了對抗鄭氏，滿洲人下令禁止海上貿易，並企圖撤走沿岸的貿易中心，中國海商往往別無選擇，除了加入對立陣營的鄭氏，不然只好到海外尋找其他機會。最終，鄭氏政權在一六八四年被滿清擊垮。至此，交趾支那以及湄公河三角洲和泰國灣的「水上邊疆」（water frontier），自然成為前往海外尋找機會的中國人的目的地；據估計，至一七〇〇年時，這類明代遺民大約有三萬人來到了交趾支那，後來，「明鄉人」（Minh Huong）一詞也變成對長久定居華人的標準稱呼。

一支由這類華人難民組成的武裝船隊，導致湄公河三角洲的勢力均衡情況在一六七九年時傾斜。由台灣鄭氏殘兵敗將所組成的五十艘船舶、三千名漢人士兵抵達會安，阮主統治者接納了這群人，並將他們視為文明教化的「漢人」同伴，但也同時很機靈地派他們到湄公河三角洲北緣的西貢地區定居。彼此爭吵的柬埔寨統治者手邊並沒有這類的資源，於是，湄公河重要海洋出入口的控制權，實際上落入了這群華人的手中。一直要到一七三二年的時候，邊和（Bien Hoa）的越人政府才終結西貢河（Saigon River）上這些華人商業中心的自治地位，但湄公河三角洲本身依然維持在無人管轄的邊疆狀態。明代遺民成為高棉領土上華人與越人移民的軍事先鋒，他們將西貢地區建設成一個重要的商業中心，拓展了「漢」文明的邊疆。一位越南編年史家曾記載，這些移民「進入周遭地帶之後，西貢便愈來愈受到『漢人』習俗的影響。」（引用自 Choi, 2004, 39）另一方面，在這片「陽盛陰衰」（Trinh, 1820，引用自 Dutton et al. 2012, 269）

的邊疆地帶，族群關係尤其緊繃。公元一七三〇至一七三一年、一七五〇至一七五一年、一七六九年間，成千上萬的高棉與越人平民之間爆發恐怖的暴力衝突，天主教傳教士方面的紀錄是這些事件最完整的史料來源。一七八二年時，西山政權（Tay Son）則特別鎖定華人為目標（見下文）。作為一塊邊疆地帶，移民男性與土著女性通婚的情況、文化與宗教的混合現象以及商業交流等等，在湄公河三角洲都相當盛行。但由於此地缺乏有共識的政治準則存在，湄公河三角洲擁有的邊疆流動性（frontier fluidity）也使衝突之爆發無法受到遏制。

鄭玖（Mac Cuu）是一位充滿雄心的海南人，公元一六七〇年，仍是青年的鄭玖離開廣東原鄉，在柬埔寨臨泰國灣沿海的邊疆地區，號召了一群包括同鄉海南人、廣東人、潮州人的追隨者。大約在一七〇〇年之際，鄭玖從柬埔寨國王那邊壟斷了歐洲人稱之為「甘掃」（Cancao）的小港河僊（Ha Tien）之博弈事業稅收，漸漸地，鄭玖將河僊打造為一個自主的港口國家。鄭玖與他中越混血的兒子兼繼承人，鑄造自身的錢幣、興建廟宇、建造堡壘，堅持使用已亡國的明代朝廷服飾與禮儀。河僊港埠的成功，引起暹羅多次進犯，這使得鄭氏逐漸尋求更多交趾支那的庇護；不過，在整個十八世紀期間，河僊基本上是維持著邊疆市鎮的模樣，利用沒有大國勢力壓境的空間牟利。河僊成為了第二個「漢」文化擴展的區域，也是第二個由華人主宰的多民族商業邊疆地區。「漢」文化拓展的第三個地區則是巴薩河／後江（Bassac River），這裡是湄公河水域當中最南端的可通航出海口，所以，這裡也是交趾支那控制力的最遠端。

公元一七六〇年代，當時是中國航運在東南亞的擴張階段，而這三個中心之間的地帶，成為了中國船運的主要樞紐，一舉取代會安與暹羅的阿瑜陀耶，並且超越巴達維亞與馬尼拉。此刻，遭緬甸入侵的暹羅匍匐不能起，來自暹羅、柬埔寨、半島區、蘇門答臘的錫、蘇木、胡椒等等「海峽產品」（Straits produce），都是經由這些邊疆轉口港埠出口到中國。十九世紀西山政權的動盪，以及後續更強大東南亞大陸國家的興起，再加上新加坡的崛起，使得前述的這個階段畫下終點，並創造出其他吸引中國

人前去的地點。即便有此變局，華人依然是那片地區的經濟要角，他們或者從事商貿，或者成為胡椒與蔗糖種植者。

阮朝的大越南

一個從中國邊界延伸至泰國灣的單一越南國家，其實它獨立的歷史頗為短暫，僅從公元一八〇二年開始，維持到法國奪取西貢與湄公河三角洲為止，也就是一八五九至六一年。統一這片罕見漫長海岸地帶的偉大成就，事實上並不是——甚至可以說從來就不是史上東京大越政權持續「南進」的果實；這番統一的成就，反而是由紛亂的、多文化的南方地區，在十八世紀末北伐的結果。越南的統一，其實是戰爭延綿時代的產物，而且是由一個軍事上較強盛的政權殲滅另一政權之成果。沒有人能夠肯定，這個如今自稱為「越南」的統一國家，如果沒有後來法國的干預與侵略，究竟能夠維繫多久？不過，我們在第八章探討過的文化成就，已經奠下了基礎，使所有能夠閱讀喃字或欣賞越南表演文學的人們，得以形成一種共同情感。

阮朝對南方邊疆經濟擴張的駕馭成效卓著，它的成功終結了已存在近兩個世紀的兩國模式。至一七七〇年時，阮主的搖錢樹會安已然失去生機，此時的商業貿易中心轉移到湄公河三角洲，然而阮主政權的勢力仍不足以剝削該地。交趾支那首都與其軍隊仰賴的剩餘稻米，如今都出自商業興盛的南方地域，交趾支那被迫針對比較弱小的省分徵稅，將稅收用來購買稻米；於是，最沉重的負擔，實際上是由中部高地區經濟作物種植者承受，由此，這些人迅速成為新的挑戰。公元一七七三年，一位名叫阮岳（Nguyen Nhac）的小官吏兼檳榔貿易商，召集了一群訓練有素的不滿分子，從中部高地直下攻陷省會歸仁，這股行動是以參與者的家鄉「西山」為名且逐漸聞名。西山寨人輕鬆獲得勝利之後，迅速向南、北方向擴張，他們採納了當地占族的流行象徵與高地人的身分認同，農民則樂見他們起而對抗橫征暴斂的交趾支那攝主、攻擊交趾支那的鉅富，因此送給西山寨

人「義賊」的綽號。

　　隨著西山勢力逐漸進逼交趾支那的心臟地帶，東京政權遂於一七七四年趁機自北向南發動攻勢。南北兩面夾攻的壓力，迫使阮氏放棄首都逃往海上，前往富裕但混沌的南方重建基地。接著，北方軍力進攻西山勢力，西山領袖阮岳聰明地俯首於東京，雙方達成共識，西山會繼續進攻南方的阮主政權，北方人則是占有富春（Phu Xuan）和中部。於是，阮主政權與西山朝之間的戰爭又持續了十年，雙方爭奪繁榮商業中心嘉定（Gia Dinh）及西貢的控制權，此間嘉定及西貢數度易主，西山朝於一七八五年獲得最終的勝利。戰爭期間，西山軍在一七七七年時殲滅了阮主政權的多數軍力，並且將阮氏皇室成員屠殺殆盡，倖存者唯有年僅十五歲的王子阮（福）映（Nguyen Anh）。西山朝的崛起，本有賴於華人武裝會黨的幫助，但雙方關係卻日漸惡化，並在一七八二年的排華屠殺事件達到極度惡劣的地步；西山朝取得西貢之後，屠殺了所有被他們找到的華商，此次事件的死者估計有四千至兩萬人。

　　戰爭到此一階段，阮福映的最後一搏其實是暹羅的進攻；這位宣稱有權繼承大統的阮氏王子逃到了曼谷，說服善戰的達信王鄭昭支持他重奪權力。暹羅人與越南人的首度直接對戰，是以越南這方全面勝利作結，公元一七八五年一月，西山軍在湄公河支流上，埋伏並摧毀為數三百艘戰艦的暹羅海軍。至此地步，西山朝已有餘裕將注意力轉向北方。阮岳雖然已於一七七八年稱帝，但是他所設置的象徵性首都乃是從前的占族中心，並不是已被北方人占據的富春。趁著東京政權出現王位繼承危機，阮岳派遣自己的兄弟率軍北伐，並在一七八六年六月奪得富春，伴隨著鄭主政權的瓦解，一個月之後，西山軍又攻下河內昇龍（Thang Long）。阮岳與他兩位兄弟共三人，將打下來的廣大江山瓜分為三塊，只是北部的那個政權依然是用復辟的後黎朝皇帝為名義，阮岳的一位兄弟則是娶了後黎朝皇帝之女。然而，在北部戰事的第二回合結束之後，後黎朝皇帝卻呼籲中國介入，於是滿清大軍壓境，並在沒有遭遇抵抗的情形下占領河內；但在短短數月之後，西山軍卻在春節期間半夜突擊清軍，將其逐出河內。同樣令人

印象深刻的，是西山三兄弟老二阮惠的外交技巧，居然讓中國認可他是越南全境的合法國王；但至一七九二年阮惠過世後，他的光中王朝（Quang Trung Dynasty）也開始分崩離析。雖然西山朝是短壽、非常態、刀光血影的暴發戶，但是精力十足的；也被許多民族主義者與馬克思主義者歌頌為解放運動、農民起義、國家一統的力量、對抗外力入侵的守護者。西山政權破壞舊體制的作用，顯然高過於建立新體制的功勞；不過西山朝確實開啟了一場重要的實驗：將中國經典翻譯為越南喃字，使得科舉考試從此可以用方言來進行。

阮福映建立的新王朝，統治疆域史所未見的大越南，而這個廣大政權帶來的豐厚成果，也是由阮福映所接收。阮福映的大越南政權，是以獨特的、多元的南方型態所達成，造成了民族主義敘事的困擾。阮福映急於尋找盟友，奪回多元的南方區域，他與混血的南方人士交涉——今日的我們可能把這些人歸類為暹羅人、馬來人、華人、高棉人——同時也和荷蘭人、葡萄牙人、法國人接觸。阮福映曾企圖與暹羅結盟，暹羅正因與柬埔寨的衝突而衰弱；他也希望和法國等歐洲國家結盟，卻因法國大革命的爆發而中斷。阮福映最長期的支持者，是法國教士百多祿（Pigneau de Behaine），一七七七年這位阮主政權繼承者拼命逃亡的時候，百多祿與他交上了朋友，還和他一同在泰國灣的島嶼上逃亡。百多祿曾代表阮福映前往本地治里（Pondicherry）和法國，他歸返時，雖沒有帶回原先承諾的法國王室支持，但確實帶回了一批軍火、四艘船艦，以及他以阮氏復國為號召所募集來的約四十位歐洲傭兵。阮福映其它的盟友協助他在一七八八年重奪西貢，接下來，百多祿募來的人手加入，這無疑有助於阮福映後續的戰略推進。公元一七九九年，阮福映終於打下西山朝要地歸仁，並且快速進軍至其他的中心，包括在一八〇二年征服昇龍（河內）。一位英國訪客曾評價，阮王機智地布署他為數不多的歐洲傭兵，創造出南亞地區「古往今來最穩定而有效的軍事強權」。（Crawfurd, 1828/1967, 509）阮福映征服昇龍之後，常備軍的人數從十五萬裁減至五萬人，即便如此，這支軍隊依然有兩百艘六十樂砲艦，每艘最高可乘載二十二座火砲，還有六百

艘小型戰鬥艦艇。

　　新生的阮氏王朝是越南史上的最後一個王朝，也是最有雄心大志的一個王朝。阮朝統合整片 S 形疆域的經世大業於焉開始，它的根基穩固於南方，它的軍事力量根基於身經百戰的南方戰士。嘉隆帝阮福映（Gia Long，1802-1820 年在位）以新首都順化（Hue）為統治中心，地點接近阮氏先人的首都富春。阮福映要求他在南方派任的總督必須寬容對待華人、基督徒、占人、高棉人的多元分歧狀態，因為他們是阮福映終能登基的憑恃。唯至阮福映之子明命帝（Minh Mang，1820-1841 年在位）繼位之後，明命帝堅決採取嚴苛的同化政策，激起一八三三年慘痛的高棉人叛亂事件，叛亂引發明命帝更加嚴厲的鎮壓，族群之間的敵意由此鑄下。

　　在越南北方，新的政府統治必須仰賴文人菁英，此時的越南菁英正處在他們創造力最旺盛的階段。在大越國日漸瓦解的期間，已有一些最偉大的文人創作問世；但這個新興王朝的挑戰，是如何規畫百廢待舉的空白狀態。實際上，阮朝採取新儒家思想來對國家進行重新定義，作法是從東京地區開始，在此地，除了支持他的知識分子之外，阮氏幾乎沒有其它正統合法性可言。這些學者菁英教育了阮朝第二任統治者，也就是明命帝阮福晈，於是，當明命帝面對國家受到的多方挑戰時，他所尋求的解決之道乃是儒家德行。當明命帝進軍經略「漢」文明邊疆地區、侵略柬埔寨的時候，他將實施儒家正統思想，視為能解決一切問題的萬靈丹。明命帝的新傳統改革（neo-traditional reform）與後續同樣短壽的法國政權，竟有類似的臨時性質；它們各自以激進的新理念、新原則教育未來的官僚，但這些新原則卻又趕不上時代變化的速度。本書第十一章將會把阮朝對於重新定義的嘗試，放到更廣大的脈絡中評估檢視。

「中國人世紀」的商業擴張：一七四〇至一八四〇年

　　在漫長的中國移民史上，十七世紀的明代遺民表現尤其突出。這些明亡之後的中國難民來到帝國控制以外的地區，靠著自身力量建立中國式的

政權。新興的滿清政府在一六八〇年代擊潰海上對手之後，中國再度開港通商，於是，常態的經濟因素又回來了。中國官方對於離開中國的海外僑民依然懷有敵意，但只有像巴達維亞陳怡老這樣引人矚目的富商大賈，才會在返回中國的時候遭受懲罰。一七四九年陳怡老所受的懲處與流放屬於殺雞儆猴性質，這是此類案例當中的最後一例；五年之後，一道容許中國男性離開祖國，之後帶著財富歸國（女性仍完全不許）的朝廷上諭，實際上逆轉了前述這項判決。一七〇〇年時，滿清帝國總人口數為一億五千萬，至一八五〇年已增加到四億人，然而一八五〇年時的東南亞，人口數尚不足五千萬，人滿為患的中國與人煙稀疏的東南亞之間，對比顯然愈來愈鮮明，南方廣大的邊疆地區正在揮手招喚。為了矯正歐洲中心論的歷史學，公元一七四〇至一八四〇年的東南亞如今被標誌為「中國人世紀／華人世紀」（Chinese century），因為此期間的中國南方商人、礦工、工匠、造船匠、農人，積極有力地開拓東南亞的經濟邊疆。

　　歐洲人對於東南亞漫長十六世紀的商業時代貢獻厥偉，但是到接下來的時代，荷蘭人與英國人的壟斷卻造成退化的效果，降低人們參與世界經濟的誘因。十八世紀後期的新商業動力，顯然是由重商主義（mercantilism）體制諸國以外的角色帶來。其他亞洲貿易商，或是以亞洲為基地的商人——包含擁有亞洲船員與母港的英、法「鄉村商人」（country trader）在內——還有一七七六年之後從波士頓（Boston）與塞勒姆（Salem）來的美國人，都是其中的重要角色；不過，中國人或華人才是這股趨勢的台柱。如果紐博德（Newbold, 1839/1971 I, 9）的說法正確，至一八三〇年東南亞華人人口總數已增加到「將近一百萬」，此時華人占全東亞人口的百分之二至百分之三，比例甚至高於後來的時代、高於惡名昭彰的「苦力貿易」時期。這段時期的顯著特徵在於，華人刻意在國家強力控制以外的邊疆地區發展事業，例如前文剛討論過的湄公河三角洲地帶。

　　西屬馬尼拉及荷屬巴達維亞在發展為亞洲貿易樞紐的早期擴張階段，是對中國貿易商與工匠吸引力最大的地區；但是，隨著當地歐洲人認為自

己輕鬆的壟斷事業受到更有動力、更為飢渴的華人威脅時，那段蜜月期就此變質。排華屠殺事件大力標誌著時代氣氛的改變，雖然經濟方面的變遷才是真正的決定因素。公元一七四〇年，一群從甘蔗種植園失業而銜恨在心的華人，攻擊了巴達維亞近郊，激起荷蘭人等居民的恐慌與偏執潮。結果，巴達維亞城內大約有六千至一萬華人遭到屠殺，他們的物資也被奪走，巴達維亞的經濟命脈因此遭受災難性的打擊。荷蘭東印度公司對此等暴行怒不可遏，將主事的巴達維亞總督下獄，並且去信中國朝廷致歉。然而北京當局的反應反而頗為平淡，因為排華屠殺的受害者都是本不該離鄉背國的不忠子民，其詞曰：「爪哇王（指巴達維亞總督）既知懺悔，有意革新……准許南洋諸蠻可繼續與我照常通商。」（引用自 Blussé, 2008, 42）馬尼拉在十七世紀時便曾發生排華屠殺事件，但長期下來，貿易並不因此停滯，不過至一七五五年時，西班牙人倒是一舉將沒有皈依天主教的華人全數逐出菲律賓。在接下來的一個世紀間，特殊海外華人認同所造成的吸引力，在荷蘭人據點內大幅降低，在西班牙人據點內則是喪失殆盡。原本已身在菲律賓的華人，他們的第二代子孫變成信仰天主教的「麥士蒂索人」，並且在經濟方面日益占據主導地位，直到十九世紀中期，華人後代與菲律賓菁英通婚，成為了菲律賓的土地貴族階層。至於身在爪哇島上的華人，則是傾向皈依伊斯蘭教，從而融入爪哇的土著國家。另一方面，以中國為基地的貿易商與新移民，將重心轉移到亞洲人統治的港口，這些港口於是成為中國人在「南洋」的貿易新樞紐。

　　乾隆皇帝在位時間很長（1736-1795 年），這也是中國進入現代衰退期之前，最後一段相對有秩序而繁榮的時期。乾隆時期的中國，甚至再度執行十五世紀以來便不曾出現過的政策，那就是干涉南方鄰國的王位繼承危機。乾隆曾經由陸路派軍，分別在一七六六年侵略緬甸、一七八八年進攻越南西山朝，但是兩者都為期短暫且沒有成功。遭緬甸征服後復興暹羅政權的達信王，原先是被北京朝廷視為一個「篡位者」；北京朝廷與達信王鄭信本應是自然而然的盟友才對，但雙方顯然出現了嫌隙。不過，在經歷這些危機之後，緬甸與中國的關係變得格外親近，似乎各方在面對來自

西方的巨大威脅時，都認知到統一團結的重要性。從一七八八年至一八三〇年之間，越南和暹羅幾乎年年遣使至中國，頻率高於一四六〇年以來的任何時期。即使是從事擄人為奴事業的蘇祿島「內格里」，都急於在高壓的西班牙勢力之外尋求商業關係，它在一七二七至一七六六年間，七度遣使經廈門前去「朝貢」，東南亞群島區的國家已有兩百年沒出現過這種作為了。

　　對這段時期的暹羅與馬來世界諸多獨立的「內格里」而言，中國商人與中國移民實在是相當重要的資源，華人繳交的貨物出口稅、鴉片與博弈壟斷費，使他們獲得寶貴的稅收。十七世紀武裝強盛的明代遺民在政治方面相當分裂，而他們的雄心壯志則直接進入且影響了泰國灣與湄公河三角洲那片混沌的邊疆世界。河僊的廣東人協助越南阮氏崛起，對應於此，河僊廣東人的對手——莊他武里（Chantaburi，又譯尖竹汶）的潮州人，則為半華人血統的達信王鄭昭提供初期的軍力，幫助暹羅在同樣一塊紛爭之地上奠定權威。對比可知，後來十八世紀的中國商人與移民，對於東南亞統治者少有危害，「中國人（戎克船商）處事和平、無甚野心、身段柔軟，土著政府則相信中國人專門牟取商業利益，這些因素化解了一切的妒忌，使中國人成為到處都受歡迎的客人。」（Crawfurd, 1820 III, 185）

　　到於一八二〇年代的一百年間，曼谷的戎克船貿易似乎成長了十倍有餘，其中大多數的貿易成長，出現在一七八二年開始的卻克里（Chakri）王朝統治期間。公元一八二〇年代約翰·克勞佛進行調查之際，曼谷是中國船運在東南亞最主要的轉口貿易港，大約有八十艘海運戎客船是以曼谷為基地，另外每年還有六十艘來自中國的戎克船會造訪當地（Crawfurd, 1828/1967, 410-16）。阮朝政權穩固之後，西貢等位在湄公河三角洲的港埠也出現大幅成長，雖然當地大多數的戎克船，其實規避了越南官方的控制與稅徵。於是，曼谷和湄公河三角洲諸港，成為中國造船業的重要中心，因為此地的造船成本大約僅需福建地區的一半而已。阮氏越南那種受歐風影響的混合式船舶，在一八一九年新加坡港建立之後，迅速成為來往當地最頻繁的船隻，它們也是歐洲觀察者最稱讚的船。雖然越南編年史書

很少記載這些海上的動力，但這些漂亮的「交趾支那」船舶是一八二〇至一八五〇年新加坡崛起時期的要角。

東南亞群島區及半島區的情況也是一樣，中國人對於熱帶產品與稻米、棉花等主要產品的需求，在十八世紀後期、十九世紀初劇烈增長。帝國朝廷原本抱持著中國不需外物的傳統態度，但這種態度卻隨著人口增長與作物歉收現象而被打破，如今，中國需求來自昭披耶河與湄公河三角洲的廉價進口稻米。最早在一七二二年時，帝國朝廷便下詔自暹羅進口一萬八千噸的稻米且不從中徵稅，以便救濟糧食短缺的情況。十八世紀後期，出口稻米至中國南部一事，也成為了越南南部與呂宋島的要務（見本書第十一章）。雖然使中國官方態度改變的是稻米貿易，但對海商船家來說，比較有利可圖的是胡椒、蔗糖、黃金、錫、珍珠、海參、魚翅、燕窩、龜殼等高價貿易品。相比之下，在「中國人世紀」中，位在歐洲人網絡之外的港口，更為積極地滿足上述需求；民答那峨與婆羅洲中間小島上的蘇祿蘇丹國，便是此一現象的例子，蘇祿蘇丹國收集海洋產品並運往中國，同時利用貿易得來的財富，資助其擄人為奴的事業及銷售體制。其他因為中國的需求、中國戎克船到來而獲利的港口，還包括半島區的登嘉樓和吉蘭丹（Kelantan）、新加坡南邊的廖內—林加（Lingga）群島、婆羅洲的汶萊及坤甸（Pontianak）。

經過冗長的停滯時期，東南亞在十八世紀後期終於再度出現出口成長，貿易與船運的資料清楚顯示，這並不是歐洲造成的刺激，而是亞洲尤其是中國的需求所造成。即便是荷屬麻六甲這樣的歐洲人港口，中國船與馬來船的數量也在一七六一至一七八〇年間增加一倍有餘，成為麻六甲港口最主要的運輸工具，與此同時，荷蘭船運衰退，只有興盛的英國船運成長至能與中國船及馬來船匹敵的程度。克勞佛所編纂的資料顯示，前往東南亞地區進行貿易的中國船舶，其中僅有八分之一會造訪歐洲人港埠，與一個世紀前的情況形成極為強烈的對比，在過去，光是馬尼拉和巴達維亞兩地，便吸引了一半以上前來東南亞的中國船隻。

南方經濟邊疆上的華人

十八世紀中國經濟的成長，加上中外交通禁令的解除，刺激出中國對礦物及熱帶產品的大量需求，驅使中國經濟活動的邊疆向南拓展。中國礦工前往大越與緬甸北方的附庸國地區，以及婆羅洲西部、普吉島、吉蘭丹、邦加島等地建立殖民聚落。華人種植者在汶萊、柬埔寨、莊他武里建立新的胡椒出口產業，在廖內與柔佛建立新的阿仙藥出口業，還在暹羅與交趾支那建立新的蔗糖輸出業。

十八世紀的雲南是中國的礦產大寶庫，至十八世紀末，雲南已吸引了五十萬礦工。然而人們對白銀、銅、鉛、鐵、錫的渴望，是不會受到國界阻撓的。中國礦工願意跟任何號稱享有利潤分額的勢力協商。中國經濟擴張持續需求白銀，中國礦工於是循著礦層一路南下，穿越中國與東南亞之間無國家管轄的高地區。緬甸北方附庸撣邦的包德溫（Bawdwin）及貿林（Mawling）礦區，是亞洲白銀與鉛礦藏最豐富的區域之一，根據明代中國的記載，自公元一四一二年以來，中國礦工就被吸引到這裡來，但由於地形崎嶇與瘧疾肆虐，此地得以倖免於中華帝國的控制。十八世紀時，此地的產量更加提高，以因應中國的需求，且有數萬中國礦工在此工作。阿瓦的國王曾經在一七六〇年代，四度擊敗中國對該地區的入侵。到了一八二〇年代，緬甸國王已從此地的中國礦工徵收到豐厚的稅收，據報他們每年可收到一百六十公斤的白銀，或說一千兩百磅的標準銀。

越南東京地區的北部邊境，也就是今日的太原省（Thai-Nguyen Province），在十八世紀也出現銅礦與銀礦開採的擴張。雖然大越曾企圖限制這些活動，但至十八世紀中葉時，光是宋星（Tong-tinh）礦區一處便有兩萬以上的廣東人。最晚於一七六〇年代，此地區應是當時東南亞最大的銅礦業所在，每年可以產出五百噸的銅，為東京朝廷提供了半數的稅收。

最晚自十五世紀開始，東南亞半島區便出口錫礦至印度。荷蘭東印度公司以及暹羅、亞齊的統治者曾試圖控制並壟斷這項買賣，錫貿易因此被

迫轉移至新的地區，例如普吉島——即「均克錫蘭」（Junk Ceylon）。因此，在某些時期，錫貿易的進行變得稍微自由。華人首度參與開採半島區的豐富礦藏，應該是在十八世紀初期的普吉島。不過，十八世紀中葉中國礦工引入邦加島之後，為了滿足中國人對錫作為製作祭祖使用的錫箔金紙日益增長的需求，系統性開採錫礦因此出現。

邦加島的錫礦是大約到一七一〇年左右，才被熟稔半島區礦藏的穆斯林華人—馬來人所發覺。一七二二年時，荷蘭東印度公司曾與巨港蘇丹協定簽約，企圖藉此壟斷邦加錫的生產。此地本是以傳統東南亞方法開採錫礦，每年大約可生產幾百公噸，直到一七五〇年，一位當地華人開始制度性地輸入來自廣東的契約華工，而華工的洗礦技術較為精緻，錫產量於是開始竄升，至一七六〇年代，荷蘭東印度公司每年平均能獲得一千五百六十二公噸的錫。荷蘭公司的壟斷並未見效，十八世紀後期時，此地最大比例的錫是由英國、中國等貿易商，經由廖內、登嘉樓、河僊等地的獨立港埠出口。至一七七〇年代，每年約有五千公噸的東南亞錫出口到中國，其中大多是產自邦加島，當年邦加島曾是全世界領銜的錫產中心。

此時，邦加島上大約有六千人以上的華人礦工，他們泰半是來自廣東梅縣的客家人。華工會組織成大約三十人的利潤分配「公司」（kongsi／gongsi），而因為巨港華—馬來貿易商經常為華工提供前往邦加的旅費，所以他們通常是華工的債權人。這種團隊合作的方式，讓整體的生產規模變得更大。華工透過龍骨水車將錫礦從地底十公尺深處抽取出來，然後用較先進的熔爐與風箱將礦石融化，由此，「邦加錫」的純度在世界各地獲得無與倫比的聲譽。十八世紀末年的動盪，導致錫生產一度衰退，然而一八一六年時荷蘭人決定直接統治邦加島，甚至親自監督華人的引入，此後，錫產量又再度提升。一八三〇年代，由於歐洲的馬口鐵（鍍錫鐵）製造業迅速發展，造成龐大的需求，邦加錫又再度回升到一年三千公噸的產量。最晚於一八五〇年代，歐洲的錫已有大半是由東南亞供應。

邦加島上華人礦業帶來的轉變，也逐漸在東南亞半島豐富的錫礦區

發生同樣的故事，雖然半島礦業起初因為治安不佳、礦工械鬥、排華屠殺等問題而遭遇許多挫折。華人礦工砍伐森林並開挖錫礦坑，創造出一片地表荒蕪的邊疆地帶，並吸引其他人來此供應華工生活所需。霹靂蘇丹曾經根據邦加島的模式進行實驗，在一七七〇年代引入華人礦工，雪蘭莪蘇丹也於一八一五年時有樣學樣。據說雙溪烏絨（Sungei Ujung）——也就是今日的芙蓉地區（Seremban）——在一八二八年時，已有一千名華人於此工作，但當年爆發的一場屠殺，卻使這次實驗終結。但凡有暴力事件爆發之處，只要再經過幾年，就會又有新的礦工再度進駐。據估計，至公元一八三五年，整個東南亞半島每年已能生產兩千零五十噸的錫，其中最主要的產地是霹靂、雙溪烏絨與登嘉樓。十九世紀中葉，包含檳城（Penang）、麻六甲、新加坡在內的英國海峽殖民地（Straits Settlements），每年可以輸出三千七百五十噸錫，儼然可以趕上邦加錫的產量。馬來西亞與印度的現代錫產業，實是「中國人世紀」的創作，而不是殖民時代的產物。

最早吸引中國礦工前往東南亞的礦物應該是黃金，根據一些當地採礦傳統顯示，半島區吉蘭丹河上游布賴（Pulai）的金礦業，可以追溯至明代中國。不過，確切的證據是出現在十八世紀，此時，老練的客家人「公司」取代先前的個人行動，進行大規模的洗礦開採。自十七世紀以下，合作的華人團體——當中有一些會執行明遺民的祕密儀式，在婆羅洲西部金礦區表現最傑出，他們在此組成了小型「共和國—公司」。這些有儀式規矩的會社，會以定好的比例來分配資本與勞力，建立礦廠、付錢引入勞工的出資者，當然享有最大的股分；那些還欠債的勞工自然沒有；資深的礦工確實能參與決策的行列，而且常能輪流擔任工頭。「公司」的社會凝聚力是以守護神為中心、類似廟宇的公司會館，初來乍到的中國新移民在此接受入會的儀式。在婆羅洲，這些公司會館建築通常設有強力的防禦設施，以維護華人經常受到挑戰的政治性角色。

長久以來，婆羅洲以黃金與鑽石礦藏之地聞名於世。婆羅洲西部海岸線上的河港馬來「內格里」，會用鹽、米、鴉片等物品交換河流上游地區

達雅族（Dayak，又譯達雅克族）淘金者找到的資源，由此獲利不少。大約在一七四〇或一七五〇年時，三發（Sambas）和喃吧哇（Mempawah）的統治者得知華人（主要為客家人）具備更有系統的採礦技術，因此邀請華人前來採礦。起初也許是由客家大商人資助，有一些客家「公司」開始在達雅族先前淘金的地帶，以龍骨水車的技術進行採礦工作。漸漸地，華人公司的自主性愈來愈強，它們跟內陸的達雅族建立關係，並開墾周遭土地，還透過羅閣沒能控制的管道進行黃金走私。華人在婆羅洲叢林中從事建設與制度，延續了中國農村以寺廟為中心的社群生活；雖然如此，由於這些華人社群能夠徵收稅金、控制土地、開戰締和，它們依然被讚揚為亞洲的第一批共和國。比較有錢的中國人因應當地的買婚習俗，可以「買來」達雅族新娘，教育他們的下一代子孫學習中文。雖然初期暴力事件不斷，但華人與達雅族社會最終達到某種程度的整合，將達雅族起源歸諸於婆羅洲古代中國移民的故事也於焉流傳。

公元一七七六至一七七七年，有兩個強大的「公司」聯盟成立，形成婆羅洲西部最有力量、類似國家的政治實體。這兩個公司聯盟遭遇的衝突，其實主要是兩者的互鬥，因為「蘭芳公司」的羅伯努力當上打嘮鹿（Montrado）地區的老大，甚至希望將蘭芳公司變作中國的另一「外藩」。「安撫蠻夷，掃除盜匪，費時三年。兩度開闢新地，邊疆於是穩固。」（Luo Fangbo, 1780，引用自 Yuan, 2000, 54）荷蘭自一八一八年開始試圖控制這些華人並向其徵稅，但是成效低微；後來到一八五〇年代時，荷蘭的侵略政策終於攻破華人的武裝反抗勢力。隨著金礦日益枯竭，加上愈來愈多有成就的華—達雅家庭轉向投入農業，至一八八四年，蘭芳公司已是此地最後一個解散的公司。

公元一八一一年，一位來到坤甸的英國訪客，得知打嘮鹿公司擁有約三萬客家礦工，以及與礦業相隨的農民與工匠；此外，這位英國人列出，其它河谷地區大約還散布著約五千名華人。打嘮鹿的市鎮本身擁有一萬華人，是此地最大且最具生產力的群體。當時已有許多華人迎娶土著妻子成家立業，為區域經濟從事農業、漁業、各類行業或手工業。一八二〇年左

右約翰・克勞佛進行的中國船運調查報告中，認定西婆羅洲是華人船運最繁忙的南方樞紐，每年大約會有七艘五百噸的戎克船造訪黃金礦區的三處港口——坤甸、喃吧哇、三發，帶來人員與補給品，以交易黃金與熱帶產品（Crawfurd, 1820 III, 183）。

十八世紀期間，除礦業以外，商業性農業也吸引了成千上萬的中國人來到東南亞人口較少的邊疆地帶。某些華人農業的目的是為了滿足此地商業、礦業社群對蔬菜水果的立即需求；然而此地大多數的華人農業，是受到中國需求成長刺激，要供應蔗糖、胡椒、阿仙藥等熱帶作物輸入中國。華人企業便是從輸出這些物產到中國或日本的貿易開始發展，繼而延伸到生產，在合適運輸至中國的地區生產物資，最終甚至是為世界市場進行生產。

胡椒也許是最早吸引中國種植者投入新領域、新技術的經濟作物。華人胡椒種植事業最初似乎是從婆羅洲的汶萊開始，一七六〇年代時，已有數千位華人種植者參與其中，直到汶萊地區的動盪導致華人被驅逐為止。十八世紀中葉，廖內地區已經有華人在種植胡椒與阿仙藥，半島區東岸登嘉樓等地也有更小型的華人種植者聚落。泰國灣東部的邊疆地帶，則為種植胡椒與蔗糖的華人提供另一處基地。種植生產的成功，導致中國的潮州農民在十八世紀後期開始進行系統性移民，他們將胡椒種植事業拓展到今日泰國與柬埔寨之間的沿海邊境地帶，大約是莊他武里地區。全職種植經濟作物的華人，發展出更加勞力密集的胡椒栽種方法，他們大量施肥、清除雜草，而且使用支撐樁架住胡椒樹，而不是像蘇門答臘地區那樣使用活的達達杜里樹支撐。約翰・克勞佛（Crawfurd, 1828/1967, 17-18）曾經稱讚一七八六年後在檳城英國人屬地種植胡椒的華人先鋒，他們每公頃所能種植出的胡椒量，比英國人資助且壟斷但已瀕臨失敗的明古魯胡椒種植還高出六倍：「在整個東方世界的胡椒文化當中，絕無任何地方能像檳城這般種出如此完美的成品。」這些華人的種植方法，最終激發出更加集約的現代胡椒產業，其重鎮位在婆羅洲砂拉越和邦加島。

阿仙藥是一種從蘇門答臘原生灌木兒茶鉤藤（Uncaria gambir ／ terra

Japonica）樹膠提取的收斂劑。長久以來，爪哇人會從野生植物中提煉阿仙藥，作為嚼檳榔之外的另一項選擇。十八世紀後期，阿仙藥的需求與供給都大為提升，因為中國的皮革匠發現阿仙藥可作為鞣革的收斂劑，而爪哇的蠟染匠則發現阿仙藥具有染料的價值。一七三〇年代後期，廖內群島的武吉士統治者會與中國商人簽約，讓華商以常見的賒借辦法運送華工，來此種植阿仙藥和胡椒。一八一九年新加坡作為英國殖民地的基礎奠定後，中國種植者便開始遷徙至此以及鄰近的柔佛。柔佛之所以可以崛起成為一個現代國家，其實主要是靠柔佛與華人簽訂契約所促成——將土地提供給阿仙藥和胡椒的華人種植者進行開發。一八三〇年代，作為一種鞣質，阿仙藥也被引入日漸蓬勃的英國皮革產業，此後，英國成為了阿仙藥最大宗的需求者，光是一八三九這一年，英國便從新加坡進口五百萬公噸的阿仙藥。新加坡以北、以南沿岸地區茂密的叢林和紅樹林，都被華人種植者給清除，土地用來栽種阿仙藥和胡椒，木材則成為阿仙藥提煉鍋的燃料。

二十世紀時，「中國人／華人」（Chinese）將會被重新定義為東南亞最出類拔萃、最有企業經營能力的少數族群，然而華人與主流民族主義之間的關係卻充滿怨懟與誤解（見本書第十五章）。但是，回到民族主義之前的時代，我們必須用非常不同的方式去了解中國人／華人，那時他們是東南亞技術勞力的主要來源，是東南亞人口稀少的「空白中心」（empty center）經濟邊疆的先驅。根據華人的口語，他們還可以再細分成福建人、廣東人、客家人、潮州人、海南人，不過其領導人物使用的書寫文字，與中國、大越國菁英使用的文字一模一樣。正如同來自印度次大陸、中東、歐洲的冒險者，華人找到許多東南亞尚未被殖民的開放邊疆地帶，並且為東南亞諸多具有創造性的混合體，貢獻了他們的一份心力。

第十章

成為熱帶種植場：
一七八〇至一九〇〇年

　　公元一七六〇年之前的一百年，東南亞經濟頗為停滯，荷蘭東印度公司充分達成壟斷重要貿易地帶的目標，並以此收入支付保護貿易的要塞與駐防所需的龐大經費。法國人在一七七一年、英國人在一七八四年分別打破了荷蘭人香料的壟斷事業，但其實早在此之前，壟斷的情況已撲滅了所有進行革新的誘因。班達群島上由奴隸種植的肉豆蔻樹，在一七七八年的大海嘯中一半被毀，此後再也無法回復到原先狀態。馬古魯香料在整個荷蘭東印度公司的貿易體制中已淪為一小部分，於運往荷蘭方向的貨物中，占有的比例尚不足百分之五；馬古魯香料在整個亞洲貿易乃至於世界貿易中，已淪為一個不起眼的角色。十八世紀世界長途貿易的成長，主要在於印度紡織品、中國茶葉及瓷器、西印度蔗糖、美洲菸草與棉花等產品。東南亞地區再度成為一個十字路口，而不是世界貿易的主要受益者。

　　僅透過比較能衡量的長途貿易來加以判斷，東南亞經濟自一七六〇年代起再度興盛，至一七八〇年代則動力十足。大部分的經濟成長，主要是供應中國市場擴張的華人事業所造成，本書第九章對此已有敘述。戎克船貿易商及以亞洲為基地的歐洲「鄉村商人」都發現，就交易中國茶葉與製品而出現的產品新需求而言，亞洲人所統治的東南亞港口比較具有吸引力。

歐洲與美洲地區的革命動盪，撼動了東南亞歐洲人飛地沉悶的壟斷體制，並強硬造成某些為時太遲的改變。英國人在一七六二至一七六四年占領馬尼拉，明白顯示新類型的亞洲區域貿易，必然會取代馬尼拉大帆船通往墨西哥的生命線。法國大革命戰事與拿破崙戰爭的爆發，讓英國得以趁機占據荷屬麻六甲和巴東（1795年）、摩鹿加（1796年；1810年二度占領），以及爪哇本島（1811-1816年）。英國人在群島區的行動，為亞洲統治者帶來擺脫荷蘭人、西班牙人壟斷事業的機會，創造出較為自由的進出口市場。位於壓迫性壟斷體制以外的東南亞地區，擺脫英國東印度公司壟斷而獨立的美國船運商，成為了胡椒與咖啡的主要買主。東南亞人重新發掘他們為世界市場進行生產的事業企圖心，不過此時的投入者身分較多為個人、而不是國家。

胡椒和咖啡

　　華人種植者的出現幫助胡椒市場再度燃起競爭力，其中更加關鍵的因素是美國人與善於經營的亞齊人之合作。蘇門答臘西岸地帶是一片原生林，土地相當適合種植胡椒，蘇門答臘西岸之所以還保持在原生林狀態，可能是因為過去這裡每幾百年就會遭遇猛烈的大海嘯襲擊。將森林砍伐焚燒並利用粗放的蘇門答臘式種植法，在數十年間，胡椒木都可以欣欣向榮地生長，不過隨著地力逐漸耗竭，生產效率也會日益降低。受荷蘭與英國公司強迫的胡椒運輸業於一七八七年衰退，當年，英屬明古魯有些官員決定自組私人公司，與更北邊的獨立種植者簽約；他們和一個小河港的亞齊人統治者——精力充沛的勒貝達帕（Leube Dapa）立下協定，於是不出幾年，這片位於今日亞齊南端的區域，搖身變成了胡椒種植的新邊疆。主事者從亞齊北岸種稻定居聚落區招募人力，開闢新河港的企業領袖會先預付款項給勞工。運氣不錯的是，積極發展事業的美國船長，在一七九三年時發現這個供應胡椒的新來源。一八一八年時，已有三十五艘來自波士頓與塞勒姆的船舶出現在亞齊西岸，並且運走了四千五百噸收成當中的大部分

胡椒。法國及英國的鄉村商人隨即加入這場爭奪，有些商人會先將第一趟貨物載到檳城，然後再回頭去載第二趟。整個一八二〇與一八三〇年代，這片相對缺乏法度的亞齊邊疆，每年可以生產六千至一萬公噸的胡椒，大約全世界胡椒供給量的一半。

在蘇門答臘這片地形暴露的海岸地帶，每個小河港都有各自的地方酋長，競爭相當激烈，幾無法律規章可循。亞齊蘇丹國沒有能力統治此地，而除了那些相互競爭的胡椒羅闍獻上的貢品，亞齊蘇丹也沒有辦法由此獲得什麼大的利益。公元一八一九年，亞齊王位繼承出現爭議，英國企圖介入以便與亞齊蘇丹建立聯盟；同時期，美國和法國曾以當地衝突導致國人被殺為由，派遣砲艦轟毀一座岸邊的村莊作為懲罰。不過，前述這些策略都能沒改變蘇門答臘西岸的動力與運作。雖然有伴隨而來的風險，但胡椒的買家與賣家都喜歡與對方直接交易，而不是支持此地區的國家當局。人們將胡椒貿易帶來的獲利，大多花費在麥加朝聖、珠寶、鴉片，或是用來在種植者的亞齊家鄉蓋起房屋。惟至一八三八年，因荷蘭人進逼亞齊領土的南方邊界，亞齊蘇丹背後方才集結起一股新力量（見本書第十一章）。與早期胡椒發展史相反的是，十九世紀大多時間內，胡椒仍某種程度繼續維持著自外於國家控制的「自由」作物地位。

另外一項經濟作物則是咖啡。咖啡相當適合由私人企業栽種，生長於高地森林或先前從事游耕的高地區域。咖啡樹原生於衣索比亞，在十五、十六世紀時傳播到伊斯蘭中心地帶。一六六九年，土耳其派往巴黎的大使，使咖啡以藥用飲品的型態推廣流行，一六八〇年代時，咖啡館已如雨後春筍般出現在法國、英格蘭、日耳曼、義大利等地。荷蘭公司開始購買摩卡（Mocha）的咖啡豆，但收購價格高得嚇人，有鑑於此，一六九六年荷蘭公司便在巴達維亞郊外實驗種植咖啡豆。不過，在低地種植咖啡的成效不彰，而後續經驗證明，種植阿拉比卡咖啡的最佳海拔高度是在一千至一千七百公尺之間。幸運的是，荷蘭東印度公司自十七世紀末開始探勘西爪哇人煙罕至的勃良安（Priangan）高地，大約在現代的萬隆（Bandung）地區——荷蘭人與馬打蘭簽訂的一六七七年條約，讓荷蘭人獲得勃良安的

領土主權。一七〇七年，荷蘭東印度公司總督范霍恩（van Hoorn）廣發咖啡苗給勃良安的酋長，咖啡在此的種植成效卓著，至一七二〇年代時，西爪哇已經超越摩卡，成為需求量快速增長的歐洲最主要的咖啡供應地，在一七二五至一七三九年間，每年平均有一千八百五十噸的爪哇咖啡運到歐洲。由此，「爪哇」變成了咖啡的同義詞。然而在此之後，歐洲繼續成長的需求，漸漸改為由西印度群島奴隸生產的咖啡在滿足。

到法國大革命與拿破崙戰爭爆發後，歐洲地區的大西洋供給線中斷且咖啡價格飆升，這才刺激出東南亞咖啡更進一步擴張種植。一七九〇年代，那些在蘇門答臘收購胡椒的美國船隻，也開始前往巴達維亞和巴東購買咖啡。所謂的「勃良安體制」，乃是荷蘭人透過他們指定的異他人酋長，強制實施的固定價格咖啡配額制度；自由農民把握住此刻咖啡需求大漲的時機，其表現尚優於勃良安體制，米南佳保人與爪哇人的小規模種植者，會在他們河谷稻田上方的山坡地栽種咖啡，這些小農生產的咖啡，大約占歐洲戰爭時期東南亞咖啡產量的半數。一八二四年以後，荷蘭當局的回歸與其控制之企圖，抑制了蘇門答臘島咖啡種植的擴張；即便如此，全印尼咖啡輸出總量依然迅速上升，一直持續到一八四〇年代為止。在一八四〇年代，印尼地區所輸出的咖啡一年可達六萬公噸，占全世界供給量的三分之一以上。透過比較可知，隨後的殖民盛期（high colonial period）是一段停滯的時期，印尼作為全球咖啡供應領銜者的地位，也由此讓賢給巴西等其他地區。

主要作物的商業化

十八世紀後期、十九世紀初期的貿易擴張有史可稽，資料顯示出這個時代有一些深刻的變遷，若非有這些史料存在，這些變化將難以查明。此時期的農業再度出現商業化現象，範圍甚至包括河谷農業的主要作物如稻米、棉花、蔗糖。其中，有三項要素似乎是最為普遍的：人口增加，尤其是新邊疆定居農業區的人口增長；華人等企業家投入農業領域；市場行銷

方面具有更高的自由與效率。

雖然十八世紀後期東南亞大陸區受到政治動盪影響，但根據十九世紀初期新政權的記載，當地人口似乎是持續成長。導致中國南部人口激增的氣候因素，或許也對於更南方的地區造成類似效果。伊洛瓦底江與湄公河三角洲兩地人口增長尤其劇烈，同時，渴求土地的農人離開僧多粥少的北方米倉地區，前去開闢新近平定的南方邊疆。越南戶口紀錄顯示，一八四七年的人口居然比一八〇三年多出三倍；即便我們將早期戶口隱匿問題納入考量，這依然是顯著的提升。這些新邊疆地區的土地所有者擁有的土地面積大，相對容易產生剩餘作物。爪哇的戰事終究以荷蘭人的勝利作結，那便是一七五五年簽定的《吉揚提條約》（Treaty of Giyanti），後續的八十年之間，爪哇人口以每年上升約百分之一的速度增加；菲律賓同樣受益於這段「殖民和平」（colonial peace）時期，當地人口數也以類似的速率提升。東南亞島嶼區的情況一如大陸區，增長的人口將集約灌溉稻米農業帶進三角洲等產量相對高的新區域。

新邊疆的稻米產出大多進入長途貿易市場，或者往北運輸到緬甸首都阿瓦、越南首都順化或中國南部。公元一七五五年前往阿瓦的沈美士（Michael Symes）使團報告道，有數千艘河船載運稻米自伊洛瓦底江三角洲航向緬甸首都。蔗糖與棉花生產很自然會出現商業化現象，因為大多數作物都是出口到中國。華人企業家、華人勞工與消費的出現，激發出新的生產活動來供給市場，無論這些產品是供給城市地區、採礦社群，或者是位於中國南方的長途貿易市場。自一七七〇年代以來，中國商人也進入了上緬甸地區，根據記載，光是阿瓦一地在一八二六年時便有三千名華商。許多華商投入乾燥地區的棉花生產事業，他們會預付款項給村莊的長老或農民，以說服對方種植棉花。菲律賓的狀況也相當雷同，一八〇九年的紀錄顯示，麥士蒂索華人（mestizo Chinese）會預先付錢給農民，確保自己能夠獲得稻米與甘蔗的收成。在所有以集約農業著稱的人口核心區內，我們都能透過對現金繳稅制度的觀察，看出顯著的經濟貨幣化現象。

歐洲的革命騷亂導致這段時期的貿易相對自由，這當然是東南亞人再

度投入於世界市場的主要外部因素之一。美國自由貿易商人的成功，有助於確定英國與荷蘭公司的壟斷作法會在這段戰爭時期瓦解，也有助於確定十九世紀的英國「第二帝國」（second empire）會以自由貿易、鴉片（見下文）、製造業出口為基礎而建立。檳城與新加坡成為自由貿易轉口港，強烈吸引生產者進入市場，尤其是新加坡。檳城主要貿易品是亞齊的胡椒與檳榔，一八五八年時它的貿易總值超過了三百萬美元。新加坡很快便成為東南亞商人能夠獲得所有貿易品需求的所在，他們會將稻米、錫、咖啡、胡椒等物品運來此地進行交易。信奉新儒家的越南官員雖然傾心於農業自給自足，越南明命帝仍於一八二五年派遣使團前往新加坡，從此打開一扇貿易大門，以絲綢、茶葉、蔗糖、稻米交易棉布、火器、鴉片的生意大為興盛。一八四〇年代是這門貿易的巔峰期，當時每年大約有一百五十艘歐越混合風格的百噸船舶會前往新加坡港 —— 這種船在新加坡被稱為「托普」（tope），貿易總價值達六十萬西班牙銀元。暹羅與新加坡的貿易也遵以類似型態進行，同時，群島區一帶的武吉士與華人船商，迅速使新加坡成為優先選擇的區域轉口貿易港。依然處於獨立狀態的峇里島與龍目島人，為求避開荷蘭人的壓力，他們會將生產的稻米運到新加坡交易火器，這門生意在一八四三至一八四四年達於極盛，價值有二十四萬美元。整體而言，新加坡暹羅、越南、亞齊、亞沙漢（Asahan）、錫國、登嘉樓及峇里島等獨立諸國的貿易，在公元一八二五至一八四五年都增加了兩倍或三倍；然而，新加坡與歐洲人控制區爪哇、菲律賓之間的貿易，卻僅有小幅度的提升。

十八世紀至十九世紀初，全球成長最多的商品是蔗糖和茶葉。英國人很快就迷上了喝茶與蔗糖，一八〇〇年時，光是英格蘭就輸入約十五萬噸的蔗糖，當時全球產量也不過二十八萬噸左右而已。由於蔗糖生產是高度勞力集約的工作，所以蔗糖主要是由西印度群島的奴隸所製造。東南亞在一八〇〇年時僅出口約八千噸的蔗糖，但後來隨著其他地區的奴隸生產陷入停滯，東南亞的蔗糖出口於是大漲。至一八三〇年代，東南亞每年可出口四萬四千噸蔗糖，至一八四〇年代，每年則可出口十萬噸，時至此刻，

按價值來算，蔗糖已經成為東南亞最主要的出口產品了。

　　東南亞商業性甘蔗種植業的早期歷史，主要是華人開啟的事業。十七世紀華人為了中國的市場需求，率先在爪哇北部、暹羅中部、交趾支那的廣南地區種植甘蔗。一般來講，中國企業家會找自己的華人勞工製作蔗糖，而與當地統治者簽約獲得種植甘蔗的土地與勞力。十八世紀時，爪哇的荷蘭東印度公司及呂宋的西班牙當局，都曾企圖控制蔗糖產業，並將部分成品運到歐洲，當中發展最成功的當屬一七二〇至一七三〇年代的爪哇。十八世紀末，中國的蔗糖需求又有增長，再加上加勒比海輸往歐洲的供應中斷，這些因素刺激了各個種蔗邊疆地區。呂宋中部谷地的邦板牙，長久以來就是菲律賓的稻米之鄉，自一七九〇年代開始，邦板牙開始出口蔗糖到中國，甚至在一八二〇年代時曾短暫成為亞洲最大的蔗糖輸出地。大約在一八一〇年時，暹羅的潮州華人種植者，在昭披耶河谷海拔較高的地帶，開闢出第三個主要的蔗糖輸出邊疆區，後來他們更將此區域擴大至暹羅東南部。在一八三〇與一八四〇年代，蔗糖成為暹羅最大宗的出口品，但其出口量在十九世紀後期卻有所衰減，因為暹羅國內消耗了多數生產的蔗糖，而且興旺的稻米貿易為出口者提供更有利可圖的機會。

　　簡言之，公元一七八〇至一八五〇年間，商業化與世界市場再度回歸，成為東南亞人生活的一大要素；這件事並不是一八七〇年後新殖民主義或殖民主義盛期的產物，而是百年之前貿易條件自由化的結果。

新壟斷事業：鴉片與菸草

　　在這段新擴張時期，以印度為基地的英國商人相對獲得成功，他們的成就與鴉片脫離不了干係。英國東印度公司在一七七三年順利壟斷印度的鴉片供給，但將鴉片銷售至東方的這項貿易，依然屬於法律灰色地帶的事業，最好是留給私營商進行；英國人另外一項廣受需求的產品是軍火，不過軍火交易也是被既有政權視為非法的生意。鴉片與軍火這種介於法律邊緣的性質，使相關貿易頗為危險但利潤奇高，專門鎖定那些本不受權威

所控制的市場。龐大的利益收入，尤其是壟斷鴉片生產帶來的利潤，造就英國及其在東南亞支持的國家體制於十九世紀的崛起。

　　罌粟花可以生長的地點不少，咀嚼罌粟花種子製成的鴉片習俗則起源自西亞地區。雖然關於鴉片的記載早就存在，但鴉片是到十五世紀時才成為歐洲與中國的一大藥材。菸草與鴉片都是新興舶來品，將鴉片與菸草混合起來吸食的方法，則以東亞地區為濫觴，這種混合菸在一六八九年的巴達維亞已頗為著名。下一個階段，就是全然摒棄菸草，改為加熱一小滴生鴉片加水的糖漿狀混合物「禪杜」（chandu）後吸食，雖然「禪杜」這個詞是馬來語，但據說此法是中國人的傑作。這種鴉片煙吸食法能夠更迅速帶來快感，而且比先前吸鴉片的做法要更安全。十八世紀時，鴉片開始形成它的現代身分，即作為娛樂性的上癮藥物，以及成為做苦工、艱苦旅行、上戰場的人們的慰藉。東亞與東南亞地區消耗鴉片卻不生產，於是掌控東亞與東南亞的鴉片供給，成為新的亞洲貿易競賽。

　　荷蘭東印度公司的行動更早於英國人，他們針對所有簽下不平等條約的國家，壟斷鴉片的供給，獲得極高的利潤。與馬打蘭簽訂的一六七七年條約，已使荷蘭東印度公司獲得鴉片供給的壟斷權，而當時馬打蘭統治的區域號稱涵蓋爪哇島東部及中部的爪哇語地區。十八世紀時，荷蘭東印度公司每年平均載運五十六噸鴉片到爪哇，爪哇島於是成為全東南亞的鴉片市場中，唯一一個鴉片吸食者主要為原住民而非華人的地方。十八世紀的來臨為英國人帶來兩項關鍵優勢：第一，自一七一六年以來，英國能藉由廣州更進一步觸及中國市場；第二，一七五七年普拉西戰役（Battle of Plassey）之後，英國在孟加拉 —— 當時仍包含比哈爾（Bihar）—— 取得主宰地位。一七七三年時，印度總督華倫・黑斯廷斯（Warren Hastings）將鴉片收購定為東印度公司的壟斷事業，他用來合理化的理由是，鴉片的危害太高，不應容許境內使用，而應當控管僅供出口。中國朝廷與部分東南亞政府也抱持類似的看法，它們禁止栽種罌粟花，確保進口鴉片價格居高不下。緬甸、暹羅、越南這些東南亞大陸區新崛起的王朝，全部都試圖禁絕鴉片，並與歐洲商人保持距離；但圍繞鴉片問題引發的鬥爭，造成大

陸區王朝的崩解，唯有暹羅倖免，因為暹羅很快就接納了英國人的模式，也就是利用鴉片壟斷來向華人抽稅。

十九世紀時，雖然嚴格的穆斯林與道德家會譴責吸食鴉片的行徑，但仍然有神祕主義者、唯美分子與浪蕩子對抽鴉片帶來的效果大為讚賞。爪哇貴族在重要的節慶與儀式中，經常會與他人共抽鴉片煙。雖然荷蘭人的鴉片來源也是購自英國人，但荷蘭人在他們自己的爪哇地盤上保持著這項利潤豐厚的壟斷事業。至一九〇四年，荷蘭輸入爪哇的鴉片量已提高到兩百零八噸，但後來因為控管漸趨嚴格，導致鴉片輸入量減少。不過，時至一九二九年時，爪哇有造冊登記的鴉片吸食者，依然有十萬人以上。

在爪哇以外的東南亞島嶼區，「內格里」菁英會抽鴉片，邊疆地區處境艱困的華人礦工、勞工也會抽鴉片；然而此地鴉片的消費量頗為有限，箇中原因不是政府禁令，而是因為人們沒錢。英國鄉村商人與美國人在法國大革命與拿破崙戰爭期間宰制了此地的鴉片貿易，雖然在十九世紀期間，他們的生意逐漸被以麻六甲海峽為基地的華人船舶侵吞。鴉片讓英國鄉村商人與美國商人得以購買東南亞的錫、胡椒、熱帶產品，然後再用這些產品——在廣州的價格很好——去交易中國茶葉。即便中國朝廷屢頒禁令，中國本身仍然在十九世紀初年成為鴉片最大的市場。歐洲人白銀「外流」至亞洲早就是長久的現象，如今情況卻反了過來，白銀從中國與東南亞「外流」，用途為購買鴉片及槍枝。公元一八三四年，英國東印度公司喪失貿易壟斷權之後，鴉片的進口量上升至前所未有的地步。一八二〇年印度出口的鴉片少於一萬箱，至一八七〇與一八八〇年代，印度每年竟可出口九萬箱以上的鴉片，這是印度最有賺頭、淨利率最高的出口品。可是，到那個時候，鴉片也已在中國大量生產，中國成為了世界第一的鴉片製造國兼消費國，然而鴉片在貿易體系中的重要性卻迅速衰退。在東南亞北部山地族群之間，本地種植的鴉片僅是一個微小因素。為了鞏固利潤豐厚的鴉片進口壟斷事業，殖民勢力無所不用其極地避免此地的競爭；唯有到動盪的一九四〇年代，印度鴉片供給和專賣事業盡皆崩潰，此時，與中國接壤的「金三角」邊境才變成鴉片的重要產地。

作為替國家賺進稅收的工具，鴉片在十九世紀達到鼎盛，當時國家的一項重大收入來源，就是將鴉片稅的徵收承包給一位華人老大。若非如此，恐怕當時暹羅、柔佛、英屬新加坡都會有生存危機。英國人成功廢除貿易方面的限制性稅賦，卻透過鴉片專賣向吸食者抽稅——大多為華人，這種作法形成馬來諸國、暹羅與其他殖民政權紛紛採納的模式。十九世紀後期，透過華人包稅商體制，成功的東南亞港口統治者有四分之一到一半、荷屬印度則有六分之一的稅收都是來自於鴉片。

包稅制在世界各地幾乎都存在，然而，東南亞的包稅制卻透過華商、荷蘭公司、土著統治者之間的互動，形成一種獨特的形式。從一開始，荷蘭東印度公司就發現，華人領袖擁有的商業精神、階層體制及無威脅性的外來者身分，是不可或缺的利器。華人領袖為荷蘭公司收稅，徵收內容包括各商業交易行為如秤重、銷售、河運等，以及傳統「惡習」如酒、鴉片和賭博。一七五五年《吉揚提條約》締和之後，爪哇的統治者也採取了包稅制度，曼谷的華—泰政權亦於一七八二年後採納此法。包稅制使得資本大量集中在少數富有華人手上，這些人成為了國家權力與華人社群之間的重要媒介。包稅制的重要性於十九世紀變得如此之高，導致包稅制的荷蘭文「贌」（pacht），成為現代印尼文（pajak）與泰文（phaasi）「稅賦」一詞的源頭。半島區、婆羅洲新興邊疆地區礦業與栽培業控制權的爭奪戰，往往是涉及哪個華人包稅商代表著哪方統治者。

十九世紀多數時間內，新加坡因其自由貿易的地位而無法向商業徵稅，然而光是鴉片包稅制度的收入，便是新加坡政府的四成稅收。鴉片包稅權每三年重新競標，一旦有新來的有力人士強行截胡，激烈鬥爭便要爆發，搶輸的派系則企圖走私廉價鴉片以求打垮這個新勢力；例如在公元一八七九年，便有一位新人物於新加坡總督的支持下，標走了鴉片包稅權。實施包稅制的風險頗高，因為成功的包稅商可以控制住許多其他的產業線。鴉片包稅商會被授予泰人、馬來人或爪哇人的頭銜，以及在荷蘭與英國殖民地議會中的職位，獲得合法正當的地位。新加坡的鴉片包稅商，往往也能夠控制鄰近柔佛地區、荷蘭人控制的廖內群島內的華人經濟，至

於檳城的華人，則是被包含在蘇門答臘與半島區的專賣制度內。最令人嘆為觀止的大亨是於一八七〇年代在亞齊當過荷蘭軍方供應商的張弼士（張肇燮），此之後他承包了亞齊鴉片與酒類的專賣權，又投入蘇門答臘東部的橡膠與咖啡種植業，並擁有三艘輪船來往麻六甲海峽地帶，後又包下檳城（1889年）及諸多蘇門答臘中心的鴉片與酒類稅權。張弼士是出生於中國的客家人，他曾於一八九〇年代當上中國駐檳城副領事和駐新加坡總領事，最終則成為中國現代化的重要贊助者。

菲律賓缺乏取得印度鴉片的直接管道，因此沒有將鴉片事業開發為政府主要收入來源之一；但另一種麻醉劑——也就是菸草，提供了另外的豐厚稅收，取代已消失的美洲白銀與中國絲綢交易帶來的稅收。菸草事業的成就在菲律賓地區最為巨大，根據一位西班牙官員的說法，十八世紀的菲律賓人「還沒學會思考就學會抽菸」。另外一位西班牙人官員則宣稱：「在菲律賓群島全境，人們將菸草當成了飲食的本身……菸草是治癒一切缺憾的最佳解藥。」（引用自 de Jesus, 1980, 29, 128）西班牙政府已從墨西哥得知，菸草專賣事業的獲利極高，於是促使馬尼拉也發展類似的計畫，希望緩解西班牙常年的財政危機。公元一七八一年，菲律賓總督荷西‧巴斯克（José Basco）宣布，所有菸草貿易、製作以及馬尼拉周圍省分的菸草種植事業，一概為政府的專利。一七八五年，政府壟斷菸草種植的範圍擴大到呂宋北部蠻荒且聚落稀少的卡加延河谷，後續更順利將種植事業拓展到呂宋全島。雖然初期的局勢騷亂不安，但這片肥沃的河谷地終究在十九世紀成為強制種植菸草的核心地區，依羅戈斯及邦板牙的種植者紛紛湧入此地（地圖10-1）。

相較於墨西哥，雪茄、香菸、鼻菸的製作在菲律賓比較容易壟斷，因為菲律賓的狀況近乎是一片空白。公元一七九〇年，菲律賓政府成功強制馬尼拉所有的菸草商將菸草賣給皇家承包商，承包商則集中於馬尼拉製作香菸。馬尼拉於一七八二年設立一間菸草工廠，不出兩年時間，工廠便雇有五千菲律賓女工捲雪茄，在後來的百年，雪茄成了馬尼拉的商標。雖然在專賣制度實施的前幾十年，菸草純粹是供給內部需求，然而因銷售量

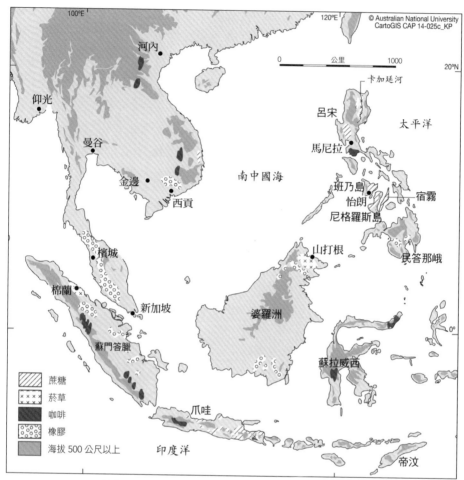

地圖 10-1：出口導向的種植園農業，一九二〇年代

頗高，於是至一七九〇年代時，菸草已成為菲律賓政府的主要收入來源，每年平均的利潤是三十三萬八千披索（墨西哥銀元）。以卡加延菸草為原料製作的馬尼拉雪茄，在後續一個世紀風靡全球。一八〇〇年，雪茄販賣的淨利已超過五十萬披索，到一八四〇年時有一百萬披索，直到一八七〇年代為止，都是菲律賓政府的主要收入來源。隨著各地都出現反對政府壟斷的風潮，官員貪腐問題更使專賣事業臭名昭彰，蔗糖則崛起成為更有利潤的出口品，至此地步，菸草專賣制度終於在一八八二年被廢止了。

爪哇的殖民壓迫農業

因為當初荷蘭東印度公司意外地以爪哇島作為總部，導致爪哇被人貼上「殖民主義搖籃」的標籤；但事實上，「殖民主義搖籃」一詞更適合用來形容十九世紀早熟的爪哇經濟轉型。就在十八世紀的最後一日，荷蘭東印度公司解散了，此時的巴達維亞依然是個衰落中的歐洲人—華人飛地，處境與東南亞的宮廷幾無差別，得透過通婚網絡、國家儀式劇場來維繫，且需與西邊的萬丹蘇丹、東邊的井里汶蘇丹、日惹及梭羅的馬打蘭王朝繼承者，維持領主間的個人關係——但相較來講巴達維亞與馬打蘭繼承者的關係更為淡薄。私人財產高度集中在有錢人手上，這些富人大多是握有鄰近巴達維亞或其它由荷蘭人控制的港口的歐洲人或華人，通常是混血的後裔。然而，在不到五十年的歲月間，爪哇島居然成為東南亞國家控制體制最嚴格的地區，被改造為一個以熱帶農業謀取市場利益的所在。原本，爪哇的流動人口還可以依賴多樣的農業與森林資源，而且各方政權向人民徵稅的情況相當不均；然至此時，一套村莊系統取代了原來的情況，各村莊須透過被指定的領袖服從中央化的控制。促成這番變革的動力，是來自歐洲的革命性新思想、是一場毀滅性的戰爭、是一個回應荷蘭商業地位極度削弱而出現的重商主義新階段。

當上尼德蘭國王的拿破崙兄弟路易‧波拿巴（Louis Bonaparte），於一八〇七年派遣革命派將軍赫爾曼‧威廉‧丹德爾斯（Herman Willem Daendels）前來治理爪哇，並使爪哇擺脫英國的影響。丹德爾斯瞧不起那些浮華爪哇國王的矯飾造作，於是開始打破舊秩序的行動，首先在一八〇八廢黜萬丹蘇丹政權（井里汶蘇丹國於一八一三年被英國人廢掉）。丹德爾斯決意要將爪哇變成一座強力的軍事基地，他下令爪哇刑徒與農奴沿著爪哇島北岸興建郵務馳道，並在巴達維亞進行大型公共工程。這些建設導致數千人死去，爪哇各統治者對此十分驚嚇，於是熱切支持英國人對抗丹德爾斯的企圖。不過當英國人奪得爪哇（1811-1815 年），英國總督湯瑪斯‧史丹佛‧萊佛士（Thomas Stamford Raffles）同樣也是一位激進的改

革者。萊佛士企圖廢除強迫栽種制與奴隸制，並實施土地稅制來增加政府收入；但到頭來，這些作法必須以村莊單位為基礎來推行，這反而需要更高程度的壓迫。萊佛士的主張相當激進，認定所有土地終極來講都屬於國家，由此，他將大量土地當作私有財產一般出售，進一步提高政府收入。此外，他還裁減了爪哇菁英的人數與特權。就正面看來，萊佛士開始實施天花疫苗接種體制，造成後續爪哇人口的迅速增加。

公元一八二五年，爪哇島心臟地帶爆發了全面的戰事，結果讓荷蘭人首度取得爪哇全島的控制權，剩餘的爪哇國王無論是名義或實際上都向荷蘭人俯首稱臣。丹德爾斯和稍後萊佛士推動的革新，再加上優柔寡斷的荷蘭政權於一八一六年回歸，導致日惹和梭羅的國王極為擔心王室的尊嚴與資源受到威脅，甚至可能危及他們的生存。深具魅力的日惹王子狄波尼哥羅（Dipanegara）登高一呼發動叛亂，對荷蘭部隊形成包圍之勢，昔日的爪哇菁英紛紛響應，以擺脫蠻人與異教徒、重建純淨王國的目標團結起來。五年的戰爭中，荷蘭殖民軍隊有八千人喪生，它的爪哇盟友有七千人喪生，同時據估計，爪哇人口約有二十萬人傷亡，是戰爭波及地區人口的百分之十。到這場「爪哇戰爭」（Java War）走入尾聲，荷蘭人資源雖然耗盡，但爪哇亦已精疲力竭，無力再對抗新殖民政權。當時，工業化程度較高的尼德蘭南部剛剛脫離後拿破崙時代的大尼德蘭，獨立成為比利時，因此，荷蘭非常急於在爪哇島上建立一套可以恢復家鄉財富的體制。

公元一八一六年之後，尼德蘭人回到了他們的東南亞殖民據點，但跟荷蘭東印度公司當年攫取的情況比較起來，這些地方大為弱勢。如今的海洋霸主是英國，英國紡織品與英國人控制的鴉片成為最主要的進口品，用來交易東南亞的熱帶產品。英國靠自由貿易可以獲得不少利益，而還迫使荷蘭在一八二四年簽訂《倫敦條約》（London Treaty），規定荷蘭對英國船及其進口品所徵的稅，不能超過荷蘭本身稅率的兩倍。雖然如此，荷蘭仍有充分的誘因回到重商主義的極端型態，實現這一目標的巧妙方法是透過尼德蘭貿易公司（Netherlands Trading Company, NHM），在東印度它又以「小公司」（Kompeni kecil）之名著稱，因為尼德蘭貿易公司實

際上就像是從前壟斷作風的荷蘭東印度公司一般。荷蘭多次堂而皇之違反《倫敦條約》，與英國衝突不斷，稍後在一八三五年時，荷蘭首度對爪哇島的進口產品課徵百分之十二點五的關稅，因為這樣一來就能對英國人徵收百分二十五的關稅。後來，這百分之十二點五的關稅收入交給了尼德蘭貿易公司，助其在荷蘭建立和資助有潛力的紡織產業。約翰內斯·范登博斯（Johannes van den Bosch）擔任殖民總督任內（1830-1833年），荷蘭人在爪哇發展出一套出口作物的「強迫耕種制度」（cultuurstelsel），主要出口作物為甘蔗、咖啡與靛青，必須以設定的固定低廉價格繳交給尼德蘭貿易公司。范登博斯認為，將爪哇五分之一的土地與勞力分配給「耕種制」稅制，與先前爪哇統治者的徵稅方法相差無幾。這套耕種制很快就為尼德蘭帶來超出預期的利潤，在一八三〇年代每年平均帶來九百三十萬荷蘭盾收入，到一八四〇年代達到每年平均一千四百萬荷蘭盾，大大加快了尼德蘭的恢復速度。耕種制實施的前十年，以爪哇為主的「荷屬東印度」（Netherlands Indies）地區出口值，從一千三百萬荷蘭盾增加到七千四百萬荷蘭盾，其中有三分之二都流入尼德蘭貿易公司手中。

耕種制對爪哇島造成的影響，一直是備受爭議的課題。在這段收益豐厚的殖民時期，爪哇島可說是最為可觀的範例，它也是近期所謂「抽乾理論」（drain theory）與克利弗德·紀爾茲（Geertz, 1963）「農業內捲化」（agricultural involution）理論的一個好例子。「抽乾理論」所指的，是一個中心對於邊陲地帶的利用和剝削；「農業內捲化」則主張，內捲化使農戶人口大增，但農民的財富卻沒有增加。這個用來徵收作物的政治安排，普及程度是史所未見的，但實際層面上，它涵蓋的土地面積僅僅占所有可耕地中的一小部分。耕種制要求最好的灌溉稻田「撒瓦」（sawah）要種甘蔗與製作靛藍的木藍，將這些作物與稻米輪種，大概占了土地使用時段的三分之一，以及農民勞動時間的一半。咖啡始終是在高地區種植，在一八七五年時，咖啡種植所占的面積達到爪哇全島可耕地的百分之五。到一八七六年時，爪哇蔗糖產量增加了五十倍，來到二十三萬三千公噸之多，咖啡產量則增長十八倍，來到九萬一千噸；而在同一時期，稻米產量

只增加三倍，來到兩百四十萬公噸。在「荷蘭和平」（pax neerlandica）穩定而階級化的環境之下（見本書第十三章），爪哇人口大量成長，但是增長的人口大多擠在農村地區，於是農村人民土地匱乏的情況惡化，平均持有土地面積下降，每戶家庭付出的勞動力數量大為提升。彼得・布姆加德（Peter Boomgaard, 1989, 97-9）的研究顯示，在「耕種制」實施下，雖然單位人力生產量確實增加，但是從一八一五到一八四〇年間，每人收入與每人消費額卻下降了超過三分之一，到一八八〇年時，這兩項數據仍然低於一八一五年的數字。公元一八八〇年，「耕種制」體制已遭遇許多批評和抨擊，開始有崩解之勢。關鍵問題在於，農人被迫將他們的土地栽種只能獲得低比例市場價值的作物（以蔗糖為例，農民只能獲得市場價值百分之二十四的收入）；在此之前，農民至少還有某些自由，可以在糧食作物與市場之間移動。十七世紀的統治者與荷蘭東印度公司，將爪哇人排擠出貿易與產業圈，當時，爪哇社會的階級性質已經很顯著了，到這個時候又變得更加嚴峻。由此，爪哇「二元經濟」（dual economy）浮現，其中，現代經濟一概是歐洲人與華人的地盤，爪哇人則拘囿於農業內，毫無出現中產階級的可能。

　　一八四〇年代後期爪哇爆發嚴重飢荒，導致海牙（The Hague）當局對於「耕種制」感到良心不安；有一套新法規從一八七〇年開始實施，自此開啟一段「自由的」時期──雖然這個形容其實給得有些慷慨。即便如此，上述的情況卻幾乎沒有改變。就理論來講，這些法規意味著強迫勞力制得取消，可是，歐洲私人企業家有能力獲得土地所有權，所以就結果而論，情況還是跟從前差不多。製糖與運輸業成為了區域資本主義化的關鍵動力，同時，尼德蘭貿易公司的身分從作物壟斷的買主轉變為與其他銀行競爭以促進產業發展的金融機構。「自由主義」（Liberalism）絕不會降臨於爪哇農人，他們還是得繼續種植甘蔗，換取不合算的報酬，這種情形甚至到一九四五年國家獨立後仍延續存在。

種植園與大莊園

十九世紀後期歐洲與北美地區迅速工業化，創造出前所未有的龐大原物料需求。美洲奴隸制度廢除、定期輪船航線再加上蘇伊士運河開通（1869年），消除了東南亞供應原物料的大半缺點和不利條件。十九世紀各項壟斷事業獲得的資本，被用來投資開闢茶葉、咖啡、菸草、甘蔗、肉豆蔻、木藍的種植園，其成功又進一步帶動國外大量資金湧入。隨著殖民勢力的擴張，邊緣地帶獲得開墾，不過主要的限制因素在於人力。十九世紀後期，土地匱乏與貧困的問題，只有在爪哇及東京部分地區才很嚴重，也唯有在這些地區的東南亞人，才會願意在歐洲人嚴格編制的地產上工作。一八七〇年以來種植園經濟的快速擴張，若不是從其它地區或印度、中國引進勞力——某種帶有懲罰性質的契約工，根本就不可能會成功。

對比十九世紀爪哇的蔗糖生產為政府強行實施，菲律賓的麥士蒂索華人則是當地蔗糖產業的主要企業家。十八世紀時，有許多華人從馬尼拉搬遷到米沙鄢群島之班乃島上的怡朗（Iloilo）華人「八連」，他們接受基督教、採納混合西班牙式的姓名與生活方式，融入且成為當地的麥士蒂索商業階級。這些麥士蒂索華人在怡朗投資，一度造就菲律賓最好的紡織產業，後來卻因為工業化布料產品的壓力而沒落；在此過程中，怡朗港口於一八五五年開放國際貿易，華人趕緊抓住這個新興的機會。於是，這些麥士蒂索華人企業家開始在與怡朗只隔著一條海峽的尼格羅斯島買地種甘蔗。但是此島人口稀少，一八五〇年的定居人口尚不滿三萬六千。其中，史冊記載最多的人物乃是歐亨尼奧・洛佩茲（Eugenio López，1837-1906年），洛佩茲用家族從貿易與紡織業得來的財富，大量購置尼格羅斯島的土地，從一八六四年至一八九二年，他總共買下了高達四千公頃的土地，大多是購自歐洲人或教會手中，後兩者從殖民政府處得來頭銜或職位，所以他們當初只需付出極小的代價便可取得這些土地，但他們卻沒有實力去開發。一如其他的麥士蒂索企業家，洛佩茲與家族兄弟企圖遊說人口壓力

極大的怡朗與宿霧的人們前往甘蔗園工作，通常是收割甘蔗的季節性移工。靠著這番事業，菲律賓最大的地主家族之一由此奠下基礎，並於接下來的百年成為支配菲律賓政界的大家族。尼格羅斯島人口到一八七九年時增加到十萬四千，到一八八七年時增加到三十七萬二千人，這催動了菲律賓的蔗糖生產，於一八七〇年產量達到七萬五千噸，一八八五年時達二十萬噸（達到爪哇產量的一半；見地圖 10-1，頁 306）。菲律賓的產業，是由這種以本土人士構成的種植園主階級主宰，就長久眼光看來，這種特殊情況意味菲律賓的發展將與其他亞洲熱帶地區不同，菲律賓的種植園主人不但沒有被二十世紀的民族主義攻訐及邊緣化，他們反而成為了世襲的上層階級，對於菲律賓民族主義之塑造以及現代菲律賓政府保守派階級的成形，有巨大的影響。

　　對比之下，在印尼與馬來西亞的開放邊疆地帶，同時期的華人種植事業卻愈來愈與本土土地所有權疏離。那些地方的歐洲人資本更加充裕，而且事實證明，華人企業若一方面與擴張中的殖民政府合作，另一方面與有野心、願意租讓廣大林地的港口羅闍合作，實是財源廣進之道。在馬來亞（如陳嘉庚）或蘇門答臘（如張鴻南／張阿輝）投資種植園的當地華人，傾向採取既有的歐洲人營運模式來運作。這種殖民盛期的型態，是以歐洲人掌管的地產加上移民勞工的大規模經營方式，最初這是由荷蘭人率先試驗性地在爪哇高地開闢菸草、茶葉與咖啡種植園，還有英國人曾在半島區檳城及鄰近地區進行過一些不太順利的實驗行動。然而，這項事業的大躍進則是出現在多巴火山湖以東沿岸平原，這裡肥沃的火山土壤僅有少部分被卡羅巴塔克（Karo Batak）和多巴巴塔克族用來種植胡椒、菸草，或開墾山丘地種稻。荷蘭當局與當地蘇丹建立關係之後，一位荷蘭菸草貿易商雅各布斯・尼恩赫斯（Jacobus Nienhuys）隨即到達此地，最初他只是來這裡購買菸草；日里（Deli）的蘇丹對於土地讓渡相當大方，於是，尼恩赫斯從新加坡簽下一些華工，從一八六三年開始在此栽種作物，結果證明這個地方非常適合種植事業。「日里葉」（Deli leaf）很快便成為全世界雪茄產業愛用的外包葉首選，蘇門答臘東部的叢林被大肆砍伐、焚燒，開

關成上等的菸田。至公元一八八九年時，此地生產的菸草價值可達到四千萬荷蘭盾，激發其它熱帶地區爭相複製這種類型的出口栽培業。僅有在伐林清地後的第一年，地力肥沃度才足以種出著名的日里葉，之後這塊地就會休耕長達六年；到後來，隨著人口壓力增加與制度的改善，在菸草收成後、休耕開始前的一年之間，蘇丹的土著子民可以分配到這類田地來種植糧食作物。

種植園勞力來自中國南方，最初是經由新加坡而來，一八八八年以後則是直接從廣東省東部的汕頭前來。一般認為，中國人（尤其是來自汕頭的潮州農民）對於種植高級菸葉的利益誘因比較有反應。蘇門答臘和馬來亞的華人種植者及錫礦業者，採取一套利於自身的辦法來掌控華工的招聘；但是主流的歐式種植模式則需要與殖民政府協調合作，以確保能有安全而順服的勞力供應。在家父長主義作風的荷蘭殖民勢力贊助下，蘇門答臘東部開始引進爪哇勞工，至一九〇〇年之際，爪哇人已經成為當地主要的勞工來源，尤其是非菸草類的作物如茶葉、橡膠、油棕。甚至，在一八九〇至一九一四年間，大約有三萬名爪哇人被送到了南美洲的荷屬圭亞那（Dutch Guyana）——也就是後來的蘇利南（Surinam），還有印尼諸多經濟邊疆地區的種植園裡工作。在荷蘭勢力範圍以外的地區，爪哇勞力的供應便難以成功，僅有少數爪哇勞工出現在馬來亞、北婆羅洲、法屬新喀里多尼亞（New Caledonia），甚至在白澳政策施行之前的澳洲昆士蘭（Queensland）。根據一八八〇年的立法，英屬馬來亞開始從印度南部泰米爾地區引進勞工，於一九一〇年代達到極盛，此時每年約有五萬至八萬泰米爾人進入此地，從事種植橡膠樹與割膠的工作，而橡膠業是二十世紀初期馬來亞經濟成長的重要動能。無論是在蘇門答臘、馬來亞或其它地區，這種移民工人往往封閉在家父長作風的種植園勞工宿舍內，難以和他人接觸，與別的移民相比，他們的後代更加無法爬上社會地位階梯。馬來亞有好幾百萬泰米爾移民，蘇門答臘東部也有好幾百萬爪哇人，而在整個二十世紀期間，他們始終維持在相對弱勢、貧困的不利處境中。

大陸區三角洲的稻米單一作物經濟

栽培業對於環境的影響十分劇烈，熱帶叢林會被改造為中央化管理的廣大種植園；與此同時，稻米貿易則吸引農民為全球各地進行商業化生產，直接影響數百萬東南亞人的生活。許多地區的稻米商業化，是因為要供應內部市場而出現，然而伊洛瓦底江三角洲、昭披耶河三角洲、湄公河三角洲的廣泛商業性擴張，則使東南亞成為國際稻米貿易的中心，在一九三〇年之前，全世界已有百分之七十的出口稻米來自東南亞。上述這三處三角洲，在一八五〇年前都還保持人口相對稀少的狀態，這些地方沼澤遍布、瘧疾肆虐，對於從事混合農業的小農來說缺乏吸引力，而且在此前的一百年間，這些地區都曾受到戰爭的摧殘。然而，當穩定政治環境、政府激勵和基礎建設的條件出現時，這三處三角洲便大肆開發，有能力供應來自歐洲及亞洲缺米地區如馬來亞、蘇門答臘東部、日本的稻米需求。在此過程中，形成了小農生產加上單一作物依賴的突出組合。

暹羅的轉型可以說是最「自然的」，當中沒有任何多餘的殖民者侵擾。英國與暹羅於一八五五年簽訂《寶寧條約》（Bowring Treaty），由此，暹羅開放國際貿易，此後稻米出口貿易理論上已屬可行，實際上的華人壟斷事業就此告終。歐洲人在暹羅的投資規模雖遠小於他們在緬甸與越南的投資，不過歐洲人投資確實於一八五八年催生出曼谷第一間蒸氣碾米廠，主導了碾米與稻米出口事業。在暹羅，政府投資或外國投資者的角色，重要性都不如那些被殖民者的案例。促進昭披耶河三角洲交通的運河挖掘工作，是由華人勞工完成，這是暹羅王室或貴族發起的工程，用來為他們的親戚或附庸提供更多交通方便的土地。碾米與稻米出口事業，一開始是由歐洲人主導，打破昔日宰制中國導向舊經濟的潮汕華人豪商如「一座大山」（jao sua）般的主導地位；然而到一八九〇年時，新一代的華人移民又再度取得稻米收購與碾米事業的掌握權。與鄰國相比，暹羅的稻米出口貿易規模並不算大，但在一八六〇至一九三〇年之間，它還是成長了二十五倍之多。跟被殖民者的案例相比，暹羅的情況是人們持有的土

地面積通常較小、負債或土地匱乏的情況較不突顯、社會衝突較不嚴重。因此，暹羅／泰國在一九三〇年代的經濟大恐慌比較沒有受到影響，並在那些年超越了法屬印度支那，成為全世界第二大稻米出口地。

伊洛瓦底江三角洲的表現十分亮眼。公元一八五二年第二次英緬戰爭過後，英國併吞緬甸；而在碾米與稻米出口的基礎建設建立之後，相關產業的成長速度相當驚人。在一八八五年至一九〇六年間，伊洛瓦底江三角洲的稻田面積增加了八倍，緬甸的稻米出口量增加十二倍，至一九一〇年時，緬甸已是全球第一的稻米出口地，一年出口量超過兩百萬公噸。這片開放邊疆土地具有的良好條件，吸引上緬甸、印度東部缺乏土地的人們遷移至此，他們夢想能夠在這裡成為獨立的土地擁有者，擁有安穩的居所與可支配的所得。與馬來亞地區那些受到控制的莊園勞工與職員不同，印度人是自願前往伊洛瓦底江三角洲，因為那邊各個經濟部門的收入都更高。十九世紀後期，下緬甸人口整整成長了四倍，其中增加最多的族群是緬人，然而在一九三七年前，已經有大約兩百六十萬印度人進入此地。一九〇一年時，仰光人口有百分五十一是印度人。印度移民之中最富裕的，當屬從事借貸生意的柴提亞族人，到一九三〇年時，伊洛瓦底江三角洲的農業信貸有百分之六十一是由他們提供。於是，緬甸成為東南亞「多元社會」（plural society）中，唯一一個最大少數族群不是華人、而是印度人的地方，印度人在緬甸的經濟角色，最終也使他們淪為主流民族主義最大的目標。信貸造成的衝突加上都市就業的競爭，日後在危機重重的一九三〇年代釀成種族衝突，至一九四〇年代則演變為種族驅逐行動（見本書第十七章）。一旦那些曾經開放的邊疆土地在二十世紀初期被關閉，窮苦的農民因此喪失議價的能力，再受到市場脆弱性的影響，於是失去土地和地主權威之間的矛盾惡化為嚴峻的問題。

經歷一八六二年至一八六七年的法國併吞之後，湄公河三角洲成為另一處引人注目的成功案例。一如下緬甸地區的英國工程師，開闢農業新邊疆的功勞應當歸諸於建設運河與堤壩的法國工程師。一八七〇至一九〇〇這三十年，湄公河三角洲的稻田面積增長四倍，稻米出口量增加十倍。相

較於越南其它地區，湄公河三角洲的商業化程度本來就比較高，在法國人的控制下，他們將大量土地拍賣售予願意和新政權合作的法國人或越南投資者，使商業化程度更加提高，但也惡化了地主與佃農之間的社會衝突。三大種稻邊疆地帶之中，湄公河三角洲成為最極端的地方，有四分之一的農民沒有土地，但地主當中最富有的前百分之二點五的人卻控制著近一半稻田總面積的土地。十九世紀的爪哇，是以日益官僚化的階級體系向村莊汲取盈餘，將公有地與「共有貧窮」（Shared poverty）推向最大化；但是，越南南部的情況卻遠不類此，它是一個快速商業化、大地主制、階級關係嚴重緊張等問題的一個相對原始案例。

前殖民與殖民時代成長之比較

公元一八七〇至一九三〇的「殖民盛期」之間，歐洲殖民資本投注於東南亞基礎建設，造就出令人驚歎的轉型，此課題長期吸引著經濟史家。此時期鐵路、道路、港埠、港口城市遽增，經常被視為新經濟動能的結果，並用來對比於先前靜態的、混亂的、蒙昧難知的環境條件。然而，一七八〇年至一八五〇年間的資料雖難以取得，但至今的研究工作已相當充足，其成果顯示，事實上，這段時期連出口收益的增加率都高過殖民主義盛期，每人平均出口額以及實際收入也是前者比較高。一九七〇年以來東南亞的出口成長又變得更高，更映襯出一九七〇年之前的那一百年就像是一段插曲，其間出口成長相對遲緩、每人平均收入停滯乃至於減少，但人口卻快速地增加。

整體看來，可以完全肯定的是，經過先前百年的凝聚與鞏固之後，十八世紀後期至十九世紀初的東南亞經歷了顯著的擴張。雖然其中有些是在菲律賓、爪哇這種半殖民條件下發展出的菸草、咖啡、甘蔗種植；但是，在歐洲人有效控制以外的東南亞多數區域，擴張相較而言是更快速的。十八世紀中葉以來，華人礦業者與種植業者會傾向避開歐洲人殖民地，偏好選擇其他地區的開放邊疆或較弱的政權所在地。十七世紀的生產壟斷體

制喪失控制權之後，世界經濟又再次對東南亞經濟造成刺激作用。可是，這段時期中相對的自由經濟與動力，也有對應的負面存在，例如動盪或海盜問題，東南亞島嶼世界的伊拉農族（Iranun／Illanun）與巴蘭艮吉族（Balangingi）掠奪者，或是東京灣的中國海盜，在這段時期尤其惡名昭彰。貿易、礦業、經濟作物帶來的利益，通常沒有累積在基礎建設或生產的有形投資上，而是用在個人消費、政治鬥爭、僑匯等方面，最多也不過是投注於最終失敗的建國行動。相對來說，殖民主義的商業動力固然較低落，但它卻提供了更高的穩定性、更多的基礎建設，以及快速增加的人口。

第十一章

亞洲自主性的最後一搏：
一八二〇至一九一〇年

公元十九世紀見證了獨特的東南亞社會在面對現代性的挑戰時，自主抉擇如何因應的最後一個階段。至一九〇〇年左右，由蒸汽船、鐵路、銀行、電報代表的世界體系，透過武力、經濟壓力或文化競爭的滲透，變得令人無所逃於天地之間。在這個日益單調的世界中，最後一批自外於世界體系的社會與政權，尤其值得我們特別關注，但直到最近，它們獲得的都是負面報導。殖民時代的作家譴責它們選擇了獨立與反抗的錯誤道路；馬克思主義者批評它們不合時宜、窮途末路的封建主義；民族主義者責備它們的讓步妥協及體弱多病。它們面對歐洲力量擴張之下爆發的最終對抗及衝突，對後代的民族主義者來說，啟發性竟還不如被重新發掘的古代王國，或者如日本與土耳其這類的異國模式。不過，它們希望以不喪失自身所珍重的精神素質為前提，努力獲得現代科技的奧祕，如此的希望著實耐人尋味；要定義那樣的本質精神，常常會造成一種激進的新傳統主義（radical neo-traditionalism），而這樣的新傳統主義，其實是在針對外來意識型態進行一種更純粹的形式想像。在面對歐洲威脅進逼之際，這種徹底激進的革新訴求，採納了儒家、上座部佛教、伊斯蘭教的形式，當中的每一種形式都超越了近期的歷史，意圖在暴風雨當中成為更穩固的精神支柱。

在很早之前，歐洲便已完成科學、技術、國家建構、資本累積方面的重大創新，但只有在公元一八一五年至一九一四年的一百年之間，爭執不斷的歐洲列國才算真正接受了多元的「勢力均衡」（balance of power）政治體制，得以把它們的重心放在如何瓜分剩餘的地球。在這精采的一百年，少數歐洲民族國家，再加上後來加入的美國和日本，成功地在世界畫下勢力界線，在這些邊界範圍之內，列強在理論上擁有絕對的主權（見本書第十二章）。這些國家才剛剛吸收法國大革命、美國革命的民主人權理想，成為民主化的民族國家，便隨即自相矛盾地自詡為「帝國」，將羅馬與亞洲的帝國觀念與自身辛苦得來的民族國家概念調和起來。為了規範這個日益調合的體制，國際性標準開始發展與成形，而它所使用的虛構主張是，唯有「文明的」國家才可以宣稱自身擁有被這個體制認可的平等主權。這一章的主題，是東南亞人與他們極為歧異的政治體制在面對與回應這些革命性的變化時，所作出的抉擇。我們會先從暹羅開始，因為暹羅可說是成功的黃金典範，它創造出一個內部有充分專制主義、外部具有包容性的國家，並通過歐洲定義的「文明」地位考驗。暹羅諸王平衡了英、法，或說讓英、法彼此制衡，此事當然不無運氣的成分，而他們將自身地位重塑為「開明的」專制統治者，就結果來說可算是利大於弊。

暹羅：「文明的」倖存者

暹羅的成功，某種程度上要歸因於它遭到的全面毀滅，經歷這場徹底的毀滅之後，暹羅重生了，經歷一百五十年的相對和平與凝聚時期。緬甸於公元一七六七年征服暹羅，然而史所未見的是，這次緬甸堅定地要打擊暹羅，要讓暹羅永遠無法再成為緬甸在東南亞大半島上的敵手。任何有價值的、可以搬運的東西都被帶走了，甚至包括藝術家、文人、工匠，還有兩千人左右的暹羅王室成員；阿瑜陀耶幾乎灰飛煙滅，其人民若非死傷、就是流亡。緬甸針對北方泰「勐」的攻勢一直持續到一七八七年，清邁、彭世洛（Phitsanulok）等歷史重鎮近乎淪為杳無人煙的廢墟。當中有幸殘

存下來的，是華商熟悉的重要港口，以及第八章敘述過的宗教及表演文化。

阿瑜陀耶被掠劫之後，在短短幾個月間，有位新來的無名之輩開始將這些舊秩序的殘餘事物再度整頓起來，這位擁有軍事才幹的華—泰混血兒便是鄭昭。鄭昭得利於第十章已有陳述的中國商業繁榮，他將暹羅東南部種植胡椒與甘蔗的潮州人及在泰國灣找尋一處新商業中心的中國商人動員起來，在比老阿瑜陀耶更加接近昭披耶河河口處的吞武里（Thonburi），建設起一處港口要塞。鄭昭擊敗前來攻擊他的緬甸軍隊，並且將暹羅難民迅速集結成一支可觀的軍隊。如同先前或往後的泰國諸王，鄭昭自然的結盟對象是中國，因為中國是鄭昭兩大競爭對手——緬甸與越南的巨大威脅。雖然鄭昭缺乏王朝的正統性，河僊的廣東人敵手也曾向北京朝廷表示異議，但中國為了可受其控制的朝貢貿易，最終認可達信王鄭昭的新港口作為暹羅政統的延續。長期以來，當中國要對付緬甸和越南那兩個麻煩的鄰國時，暹羅一直都是個有用的盟友。要應付它的對手，新生暹羅在後續五十年間所擁有的最大資產，就是它給予中國商人無可比擬的「門戶政策」（gateway strategy），敞開大門歡迎。下文將會對此有更進一步的闡述。在吞武里以及一七八二年後承繼其地位、位在河對岸的曼谷——重新命名為天使之城「恭貼」（Krungthep）——地帶，華人的數量皆遠高於泰人；即使如此，華—泰菁英「洛真」（lukjin）依然很願意吸收泰人貴族的精華，同時也保持足夠的「華人性」（Chinese-ness），以掌控湧入的華工與華人企業。達信王與他同樣善戰的繼承者，將成千上萬的孟人、高棉人、寮人、馬來人俘虜帶到這片人居不多的暹羅核心區，不過，華人移民才是最重要、最有活力的經濟資產。最晚於一八二〇年代時，曼谷再次成為當時東南亞大陸區最主要的港口，且每年約有七千名華人移民來到此地。

達信王鄭昭驍勇善戰的領導風格，與舊菁英的宮廷禮教形成鮮明的對比；舊菁英最終宣稱達信王發了瘋，在一七八二年將他推翻並處決。通鑾（Thongduang，又譯鄭華／質知）是一位倖存的舊菁英孟族門閥子弟，

但他的母親是位華人，通鑾先前加入達信王的軍隊，成為一位頗受信任的將軍；後來，通鑾被擁護登基為新王，此即為約特發（Yotfa）或拉瑪一世（Rama I，1782-1809 年在位）。拉瑪一世建立的卻克里王朝企圖疏遠與達信的關係，於是將首都遷往河對岸，並盡最大力量恢復古老的阿瑜陀耶傳統。即使如此，政府的軍事統治風格以及首都的華人國際圈仍繼續存在。在血統上，比起泰人，拉瑪一世個人更接近華人與孟人，但是他的大家族根源則是在阿瑜陀耶。拉瑪一世的軍隊力量十足，再次征服了擁有長期獨特歷史且地位重要的「勐」與內格里；在這之前，它們至多不過是偶爾向阿瑜陀耶進貢的藩屬而已。透過對抗緬甸，使拉瑪一世的行動得到正當化，其中被征服的對象還包括已倒向緬甸超過一百年的清邁，以及那空是貪瑪叻等半島區的內格里——先前這裡的泰人、華人甚至某些馬來人由於緬甸造成的破壞而較為歡迎達信王。

在「泰國性」（Thai-ness）的界線之外，達信王與通鑾的目標似乎是要攻擊古老但脆弱的鄰居，來彌補從前喪失給緬甸人的部分，這裡所指的不只是人口，還有技能與佛教政權的象徵。公元一七七九年，達信王派遣通鑾率兵進攻湄公河中游古老的寮國永珍。通鑾將大量寮人菁英帶回曼谷（其中一些人成為了新王室的配偶），此外帶回的還有工匠及寮人最珍貴的「玉佛」（Emerald Buddha），日後，這尊玉佛變成了卻克里王朝的鎮國之寶。當時被俘虜的一位寮國王侯昭阿努（Chou Anuvong），後來於一八〇五年被釋放回永珍，並成為曼谷政權的藩屬。然而，昭阿努在英國人與越人聯繫與煽動之下，認定自己可能會得到支援，於是企圖重建獨立的寮國。這一次，曼谷軍隊的摧毀是全面性的，永珍被夷為平地，當地人口被遷徙到湄公河對岸以便控制；此番破壞程度極為徹底，以至於一八九〇年代法國人決定將永珍作為他們重新打造的寮國首都時，那裡幾乎是一片空白。很自然地，昭阿努成為後代寮國民族主義的英雄人物，也成為寮國持續對抗泰國的精神象徵。

越人由於西山朝政權的插曲而無暇他顧，達信王與通鑾都利用了此時機的優勢，進而奪得關鍵的高棉人力資源。暹羅分別於一七八二年、

一七八四年、一七九四年進攻柬埔寨，包括具有重要象徵意義的吳哥窟在內，柬埔寨西方諸省落入了泰國人的直接統治。金邊的柬埔寨諸王持續利用泰國與越南對霸權的爭奪來維持平衡，這種情況一直維持到一八三〇年代，至那時泰、越兩強得出一項結論，即他們不如乾脆把高棉徹底消滅。一八三三年時，曼谷向柬埔寨出兵，並指示道：「遷徙高棉家族至泰國領土內定居，靡有遺漏。我們宜以昔日永珍的作法處置柬埔寨。」（引用自Baker and Phongpaichit, 2009, 28-9）實際上，自一八四〇年代以來，越南也採取了類似的策略，而且效果較泰國更為成功。

　　早期曼谷政權的強硬態度在南方地區也很明顯。派往半島區殲滅緬甸軍隊的曼谷軍隊，於一七八五年時包圍馬來人統治的北大年「內格里」，它先前一直遲遲沒接受泰國新政權作為其合法的宗主國。北大年內格里經過一年的抵抗之後，城市失守淪陷、大量居民受戕、年輕女性則被擄回曼谷。一七九一年時，曼谷將先前的北大年內格里畫分成七塊區域，由北大年北方的宋卡（Songkhla）華—泰統治者管轄。但是，後來卻有大量人口再度回歸北大年，導致泰國軍隊於一八三二年再度來攻，此番破壞更加殘暴，約有五千人被擄至曼谷為奴。就在這兩次對北大年的懲罰行動之間，吉打於一八二一年時淪為暹羅的目標。吉打是一個重要的錫出口「內格里」，它在一七八六年時將自身的離岸島嶼檳城割讓給英國。吉打相當精明地向曼谷進貢，甚至還曾代表曼谷政權懲戒霹靂；可是當泰國招喚吉打蘇丹親身前去曼谷時，吉打蘇丹卻退縮了。於是，暹羅軍隊出征吉打，摧毀之餘還分裂了這個國家，有數千人被俘虜到曼谷。英國人雖然讓吉打蘇丹到檳城避難，但卻沒有其他嚇阻暹羅軍隊的作為。

　　曼谷政權的能力尚未達到足以統治這片擴張領土的地步，但是它要永久消滅任何可能敵手的決心卻是新猷。起初，曼谷除了武力之外，別無其他形式的利器，可是到形勢底定的一八二〇年代時，曼谷朝廷的菁英已認知到，這是一個歷經變遷的民族競爭世界。一八二二年，首次出使暹羅的英國官方使團，對於暹羅大臣知曉英國實力的程度，感到相當意外；一位暹羅大臣甚至針對英國使節提出尖銳的問題：倘若英國真的如其宣稱一般

致力於和平，那為什麼還要維持如此龐大的海軍呢？暹羅人亟欲確保他的敵手沒有能力或條件邀請那些強大的外國人前來助拳。反過來說，英國人倒是對暹羅自視甚高而頗感驚詫，即便如此，曼谷的國際主義確實正醞釀出一個充分理解社會與文化差異的社會，而當時的寺廟壁畫十分寫實地呈現此情。當時，曼谷人已相當依賴中國的進口品與華人企業，所以，接受歐洲人的存在對他們來說並不算是什麼大變局。呼籲及支持國家對西方人開放的是聚集在蒙固親王（Prince Mongkut）周遭的人士；此前，蒙固親王為避開當上泰王但合法性較低的哥哥拉瑪三世（Rama III，1824-1851年在位），於是出家為僧。

蒙固十分善用出家為僧的時光，一位身為天主教主教的朋友這麼敘述道：「（蒙固）耐心而專注地研讀梵文、巴利文、歷史、宗教、地理、物理、化學、天文學以及英文。」（Pallegoix, 1854/1969 I, 101）在兄長過世之後，蒙固登基為拉瑪四世（Rama IV，1851-1868年在位）的事宜，便是由他身邊的那群改革者和平安排，暹羅的轉型於焉展開。雖然先前的國主將大量心力與資源放在與中國的關係上，但蒙固派往中國告知他即位消息的使團，居然成為暹羅的末代遣華使節。這些暹羅使者親眼目睹中國受到太平天國動亂的打擊，以及在鴉片戰爭中遭英國人折辱。中華帝國官員告訴暹羅使者，他們不能像歐洲人使節那般進入皇宮，因為「你們是小國來使……只有如英、法大國使節才有資格進宮覲見」。暹羅使節回報，在返國途中，香港總督約翰・寶寧（John Bowring）曾向他們解說主權平等的新原則，告知暹羅的地位「與英國、法國、美國是一樣的，你們不應該再向中國進貢稱臣了。」（引用自Masuda, 2004, 37）蒙固對此事印象深刻，他甚至邀請寶寧前來曼谷，以探討暹羅在此新秩序當中的定位。稍後，蒙固便宣布廢止向中國遣使進貢的「可恥」作法，不過，泰國與中國之間的正式平等外交關係，要等到一九七五年的時候才真正確立。

公元一八五五年的《寶寧條約》（Bowring Treaty），將皇家專賣事業的終結、平等對待歐洲人及華人船舶、鴉片等包稅制變為政府稅收來源、歐洲居民——包含頗具影響力的英國領事在內——的治外法權等事

宜正規化，這是蒙固派改革黨人的一場勝利。主權領土之間相互商定邊界的歐洲理念，原則上為暹羅所接受，暹羅也同意它的主權範圍，往西終止於下緬甸的英國領土，往南則結束於檳城與霹靂。公元一八五七年，蒙固派遣二十七人前往英國學習科技與制度，這些人學成歸國之後，蒙固又隨即雇用西方人擔任技術部門的顧問。蒙固有一項著名的事蹟，便是邀請安娜·李奧諾文斯（Anna Leonowens）以英語教育他的兒子。但是，就國家內部而言，蒙固則是回歸到較古老的阿瑜陀耶型態，藉由佛教僧伽的支持、與世襲統治者及貴族的個人關係、比早期曼谷政權的戰士國王更注重地位階層的包容性，著力控制他那極其分歧的領土。

在這段危機重重的時期，暹羅相對於鄰國的一大優勢，便是有才幹的王子與相對平順的王位繼承。曾經出家為僧的蒙固，直到四十多歲時方有子嗣，但他仍然擁八十二個小孩，而孩子們的母親共有三十五位。王子的年齡相對年輕，要根據新興的西方及泰國兩種文化塑造他們，相對來說比較容易。日後，這些王子將導引著暹羅，經歷關鍵的現代化階段。朱拉隆功（Chulalongkorn）王子，也就是統治暹羅四十二年之久的拉瑪五世（Rama V，1868-1910 年在位），還有朱拉隆功王子同父異母的兄弟暨重要的改革派大臣丹龍親王（Prince Damrong），他對內靈活地控制著專制主義的過渡，同時對外制衡彼此爭吵的歐洲人。做為一個年僅十五歲、懂得英語的暹羅國王，朱拉隆功的異國初體驗，是英國人安排他去新加坡、爪哇、印度的殖民地環境，而不是前往歐洲。然而隨著英國與法國愈加進逼暹羅國界，朱拉隆功便意識到親近普魯士、俄羅斯王權的需要。比起英、法這兩個殖民強國，普魯士和俄國比較同情老派的階級制度，更願意平等地對待暹羅國王。公元一八九一年，朱拉隆功派遣丹龍前往新加坡迎接俄羅斯皇太子前來曼谷，並進行盛大款待，隔年，朱拉隆功派丹龍去聖彼得繼續堡鞏固兩國關係。當這位俄國皇太子登基成為沙皇尼古拉二世（Nicholas II，1894-1917 年在位）之後，他很樂意接納朱拉隆功為一位「兄弟國王」（brother king），並且在一八九七年時，相當熱切接待前來聖彼得堡的朱拉隆功。

就緬甸與亞齊的案例，它們制衡歐洲列強的企圖最終導致致命的失敗，此情形反映出朱拉隆功縱橫捭闔的技巧，也突顯暹羅處在英法勢力之間緩衝位置的重要性。不過，暹羅內部革命的影響——即首次建立泰國史上現代國家對人口的掌控，其實更加根本。年輕的朱拉隆功首先削弱各省菁英的權力，在一八七四年時廢除奴隸制度，然後，他針對首都的豪強世家下手，將支撐豪族實力的包稅制收回，由他一位同父異母的兄弟直接控制。此中，清邁首當其衝，朱拉隆功利用與擁有特許權的外國包商的良好關係，掌控木材、礦業的重大稅收，並派遣同父異母的兄弟前去地位關鍵的「勐」擔任皇家專員。隨著當前的世襲菁英逐漸老去或死亡，朱拉隆功的人馬效仿印度、緬甸或馬來亞的英國模式派出殖民官員，逐漸控制地方豪族的經濟命脈。這些官員一開始是由朱拉隆功的同父異母兄弟擔任，後來則是由他受過西方教育的兒子擔任，或者是曾受首都貴族西式學校教育的人員擔當。丹龍親王於一八九三年成立新生的內政部，在全國各地設置受薪的官僚體系。最晚於公元一九〇〇年，暹羅已雇用了一百多位歐洲「顧問」，其中半數是英國人，他們的工作是負責化解西方人的批評，並且提供現代性模式。地方既得利益者因反對這些政策起而作亂，叛亂者時常以宗教或千禧年信仰的名義起事，不過，這些亂事全部都被歐洲人訓練、王室直領的職業新軍所平定。

以上所有的革命性變革，都以「文明教化」（cizilized）之名而得到正當化，此即「西維來」（siwilai），一個被直接納入泰語當中的英文字。強大威武的西方人帶來一套新標準，取代了衡量等級政體合法性的亞洲準則，而泰國王室菁英必須讓自身合乎那套新標準。為了能夠成功融入，泰人菁英即使是在曼谷的主要社交圈，也必須停止嚼檳榔、染黑牙齒、梳成刷子狀髮髻，並採納部分的歐式服裝，更遑論他們身處新加坡、倫敦或聖彼得堡社交圈的時候了。原本，泰國臣民在晉見泰王時，必須行跪拜大禮，且眼光不可直視；然而有鑑於如今常需與歐洲人打交道，而歐洲人拒絕行此儀式，謹慎的泰王乾脆將這些禮儀一應廢止。朱拉隆功將王權重新詮釋為一種公開的壯觀景象，他會開著汽車在曼谷路上轉悠，並模仿凡爾

賽宮的路易十四（Louis XIV，1643-1715 年在位），將自己的形象呈現為騎馬像。要達到「西維來」的文明地位，奴隸制、徭役苦力、一夫多妻制是更大的障礙，但隨著時光流逝，這些事情也逐漸受到摒棄，到下一位泰國國王統治期間則消失殆盡。

不過，「西式借用」（western borrowing）仍有相當明顯的界線存在。暹羅與其諸多鄰居的相異之處在於，暹羅斷然拒絕「西維來」與基督教有關的傳教思想。一旦受外國教育的菁英將佛教當中的民間法術成分淨化之後，他們便深信佛教是一個更為理性的宗教。朱拉隆功也堅決排除「西維來」處方當中的所有民主元素，他向年輕的改革派王室成員們表示，「據悉，國王擁有絕對的權力」，而且人民「相信唯有國王能夠貫徹正義、愛護子民」（Rama, V 1888，引用自 Murashima, 1988, 85-6），所以暹羅沒有憲法。暹羅的情況也證明了，就短期而言，歐洲人比較願意面對一個穩定的階級式政權、而不是動盪的政權。

貢榜緬甸：注定失敗的現代化

當我們把目光從昭披耶河流域，轉到同樣信仰上座部佛教的伊洛瓦底江河谷，就會立即發現，伊洛瓦底江上游與三角洲之間的不平衡情況。如同本書第八章所示，十七世紀時，緬族國王將他們的首都從種族複雜、商業暢通但比較脆弱難守的三角洲，遷徙到上緬甸文化認同比較一致的重要穀倉地帶，我們或可以將此稱之為「心臟地帶」（heartland）政策。以上緬甸的首都為基地，此處政權每逢一段時間便會出兵征服或破壞惹事生非的沿岸地帶。暹羅擁有一項優勢，是能夠與對它沒有威脅的中國維持商業關係，所以，它不但能夠控制昭披耶河與海洋的交通，最終還藉此壯大到踏足昭披耶河上游傣語世界諸「勐」的境地。昭披耶河流域的地理形勢，容許暹羅實行另外一種眾多馬來內格里也採用的「門戶」政策，這使得它們得以讓主要的外部夥伴從中國人轉變為歐洲人。對比之下，緬人國王就像是越人或爪哇統治者，是靠「心臟地帶」政策所獲得的文化一致性增加

自身優勢，但卻也因此讓大半商業、國際化的沿岸區域，遭到歐洲人蠶食鯨吞。

公元一七四〇年代緬族王權之崩潰，是十八世紀東南亞大陸區的首度危機，而緬甸以軍國主義重建，也是其三次現代轉型的第一次。在經歷孟人、撣人、曼尼普爾（Manipur）軍隊的入侵之後，貢榜王朝創建者雍笈牙（Alaungpaya，1752-1760 年在位），還有他的兒子與兄弟——包括締造了王朝盛世的波道帕耶王，振興並重組了緬族心臟地帶，並利用此地人口的優勢殘酷地打擊孟人。到一七五七年，貢榜王朝已掌控住伊洛瓦底江三角洲諸港，並且訂定制度要求所有來訪的船舶繳交武器，直到約六成的緬甸軍士都擁有燧發槍為止。緬甸根據新軍事基礎重建社會，由此，貢榜軍隊的實力足以重創暹羅，也有能力殲滅其他反抗者，其分布地區包含下緬甸的孟族國家、阿拉干、今日印度境內的曼尼普爾，以及撣族「勐」、寮國、北方及東方的克欽人領地，甚至是現代中國的雲南省地區。緬甸與當時崛起的軍事強權——即清代中國、英屬印度爆發衝突是無可避免。在一七六〇年代，緬甸軍隊曾四次擊敗了規模愈來愈大的中國軍隊進攻。多山的邊疆地帶情勢持續緊張，直到一七九〇年邊疆當局同時讓阿瓦政府及北京朝廷誤信它們各自的要求都獲得滿足，雙方的外交關係才終於恢復。事實證明，英屬印度的問題更嚴重，自一八一三年緬王以恢復佛教原鄉的目的為由，下令入侵印度以來，事態尤其如此。公元一八一七年，緬軍受命進入了阿薩姆的布拉馬普特拉河河谷區。

緬甸透過軍事手段，將成千上萬俘虜的奴隸人力輸送到中央區域，並且威嚇住那些有意反抗的人們，讓這一片廣袤區域之內的控制與文化整合程度，達到前所未見的高度。約翰．克勞佛推崇由學者編纂，但卻鮮少被提及的緬甸法典，也肯定出身寒微的緬人竟能升為行政與軍事幹才。環繞著緬王的政府體制極為專制，然而一旦出了首都，緬王的諭令卻常常被藐視。孟人、阿拉干人、曼尼普爾人的叛亂接踵而來，他們不只讓緬甸軍隊疲於奔命，還去請求加爾各答（Calcutta）當局介入。雙方的挫敗感，導致公元一八二四年三月爆發英國殖民戰爭當中最苦澀的一戰。不服輸的

緬甸軍隊奮力作戰長達兩年之久，令英國有一萬五千人陣亡，緬甸軍隊死亡數更多。唯有到令人生畏的緬甸指揮官班都拉（Bandula）戰死之後，英軍才得以挺進伊洛瓦底江流域，而光榮驕傲的緬甸水上艦隊，則遭到史上第一批用於作戰的蒸汽船之一「黛安娜號」（Diana）催毀。終於，緬甸人於一八二六年求和，在後續簽訂的條約中，緬甸同意讓渡它對曼尼普爾、阿薩姆，以及沿岸附庸阿拉干、丹那沙林的控制權，英國則同意在緬甸償付賠款之後撤出仰光與伊洛瓦底江三角洲。

英、緬簽訂條約之後的緬甸，變成了一個更容易管理的王國。相較於泰王統治的人民，緬甸阿瓦朝廷直接控制的區域更加人丁興旺、同質性更高，人民更具有身為緬人的驕傲自覺。緬甸學者也漸漸習得歐洲知識，其中少數人則學會英文，如波道帕耶之子密伽耶王子（Prince Mekkaya），並將地理等領域的文獻翻譯為緬甸文。

然而，要將緬甸重新發揚為一個緊密統治的現代民族國家，還需等待另一次的挫敗以及新興世代重新掌權之後，才會真正出現。第二次英緬戰爭期間，緬甸雖在一八五二年英軍攻勢之下丟失仰光等港口，但仍未有乞和意圖，直到敏東（Mindon，又譯曼同）親王從同父異母的兄弟那邊奪得首都控制權為止。敏東自一八五三年統治緬甸直到一八七八年逝世為止，期間他積極地將國家轉化為強大而「文明」的專制君主制，正如後來朱拉隆功在暹羅的作為。相較於暹羅國王，身為緬王的敏東更加親英，並且決心避免戰爭。第一次英國遣緬使團曾廣泛地與敏東接洽，並宣稱他是近代緬甸史上國王的第一名：

> 性格正直而溫和，易於親近……衷心希望子民不要受到壓迫……論及敏東王的德性，人們一致、坦誠地表示他們從來沒擁有過這樣一位公正而仁慈的國王。（Yule, 1858/1968, 193-4）

敏東王將緬甸首都遷移到附近的曼德勒，以象徵一個全新的開始（圖片 11-1）。為了尋求西方的知識，敏東王派出大約七十位菁英家庭

的幼童至外國留學，地點包括法國──尤其是聖西爾軍事學院（St Cyr military academy）──和英國、印度，並且自一八七〇年起，資助傳教士約翰‧馬爾克斯（John Marks）在曼德勒的英語學校。敏東王讓自己的弟弟、知己兼繼承人加囊親王（Prince Kanaung）負責軍事現代化持續直至一八六六年，當年加囊親王被敏東王兩個無法繼承王位而銜恨的親生兒子所暗殺。加囊親王主事的第一階段頗為樂觀，他贊助建立許多現代工廠，製造來福槍、彈藥、錢幣、漆、蔗糖、棉布等產品，雖然此事的象徵性價值高於實際的經濟價值。加囊引入法國、義大利軍官協助重新組織軍隊，還組成一支蒸汽船艦隊巡弋伊洛瓦底江。更為關鍵的事情是，加囊企圖不只是實際而非名義上統領國內紛歧的地方勢力。敏東王穩健地擴充受薪司法機構的權力以抗衡那些地方豪強，並以受薪的軍官或文官取代封祿領主，還採納英屬下緬甸地區的市鎮長官制度「謬甌」（myo-ok），讓市

圖片 11-1：敏東王的首都阿摩羅補羅，一八五五年亨利‧尤爾（Henry Yule）英國使團成員所繪。圖為王宮一隅與一頭受崇敬的白象。

鎮長官成為受薪的皇家直屬官員。敏東王企圖將賦稅制度系統化，根據財富等級在各個村莊徵收某種財產稅，以取代地方豪強「謬杜基」（myo-thugyi，村社頭領）的上貢。

然而，跟朱拉隆功稍晚的改革相比，即便是在接近伊洛瓦底江的緬人區域，這些改革的成功情形依然相當片面。兩者的關鍵差異在於，敏東王的緬甸朝廷長年缺錢，這導致他沒有什麼條件能與地方豪強周旋。此時，敏東王已無法從伊洛瓦底江三角洲擴張中的邊疆地區獲取剩餘稻米，所以剩餘稻米必須從市場上購買。敏東王不太對自己轄下剩餘的農民強徵暴斂，這不僅是他的個性溫和使然，也是因為英國在緬甸南方統治的開放邊疆，會將心懷不滿或土地匱乏的農民吸引過去。由於沿岸地區落入英國手中，敏東王的港口稅收遭到剝奪；因為與英國人訂定條約，敏東王失去了主要的國家壟斷事業；由於這個伊洛瓦底江的佛教王權性質相當不同，敏東王也只能放棄向華人徵收豐厚的「惡習稅」。這個緬甸佛教王權極度憎惡鴉片、賭博、酒類，就連特許事業都不願許可。唯有棉花、柚木、寶石的出口量增長，才為敏東政權帶來比較易得的稅收。

在文化方面，曼德勒政權也企圖以新傳統主義自我定義，成為一個不僅是緬甸佛教徒而且是全世界佛教徒的有德性的典範中心。這座新首都的興建包含許多寺廟與僧院，曼德勒政權甚至將大量經費花在雪德宮大金塔的裝飾上，但如今雪德宮大金塔所在地仰光是英國人的領土。敏東王有將近一半的諭旨與宮廷或大貴族的儀式有關，公共儀式活動占用了他大部分的時間及資源。其中，最有抱負的一項活動是一八七一年召開的第五次佛教結集，就理論而言這是個世界性的事件，重振了兩千年前佛教結集唱頌與淨化佛教典籍的工作；就實際層面來說，它針對的對象是那些受到緬甸式上座部佛教影響所及的人們，因為這些人民的分布範圍，此時已大大超出了緬王的管轄地區。在曼德勒的某間寺廟內，有一整套巴利文大藏經（Tipitaka）的石刻。高度的基本教義精神，明顯反映於緬甸僧伽的戒律更加嚴格、禁止宰殺動物、廣設嚴禁補獵或殺害動物的國家公園等事情上。敏東王和他的緬甸臣民們一樣，尋求更加純淨的佛教立場，以面對這

個時代紛亂的挑戰；但是，相較於暹羅國王，要努力將這種道德純淨的版本加諸於各種選項之上而有所成就，敏東王的處境實在是更為困難。

在伊洛瓦底江緬族區域之外，撣族、克欽族、克倫族對於王權的效忠頗為不同。由於書寫文學與表演文學的斐然成果（見本書第八章），再加上與英國人的衝突，使得緬人的身分認同大為強化；但是對於其他種族或語族來講，這兩項因素都沒有意義，他們只會在緬王的力量足以要求、或者自己與緬甸首都有貿易需要的時候，才會有每年進貢的習慣。緬甸為了爭奪邊境地區的柚木等資源，是最終與英國人爆發戰爭主要原因之一，然而在這些邊境地區，仰光商業社群或緬甸宮廷的那些觀念根本就是陌生且遙遠的事物。撣族「勐」的世襲統治者「索巴」（sawbwa），重視自身與緬王之間的私人關係，他們會將自己的女兒送給緬王作妃子；但是到後來，敏東的繼承者錫袍（Thibaw，1878-1885 年在位）卻拋棄這項習俗，因而導致了「索巴」的疏離、乃至於叛變。

公元一八七八年敏東王的逝世，揭起戲曲的第一幕，這簡直像是十年前年輕的朱拉隆功登基暹羅王位的翻版。首席大臣慶文敏季（Kinwun Mingyi）因為一八七一年的遊歐經驗而成為堅持改革的西化派人士，在他的領導之下，緬甸改革派確保讓年輕且可塑性高的王子繼位。為了後續的改革，慶文敏季於是安排這位二十歲的錫袍王前往歐洲遊歷。改革黨人架空皇室與貴族的舊勢力，將權力集中到改革派大臣而不是國王的手上。一八七九年二月上演的戲曲第二幕是一齣情節劇，其劇情是要讓仰光、曼谷、加爾各答和倫敦的那些重要觀眾知道，東方式專制依然頑強著生存著。野心勃勃的年輕王后蘇帕雅萊（Supayalat）與其母親發動一場宮廷政變，將可能對她與錫袍王造成威脅的王室成員全數處決。敏東王一百一十個孩子當中的四十位，還有敏東王許多妻妾與家臣，在兩天的流血殘殺之中喪命。權力轉移到這對年輕國王王后，還有與他們結盟的保王派軍方人士掌握中。謠言盛傳印度軍隊將會前來，將一位更加「文明」的流亡王子弄上王位，英國駐員（British Resident）與大量歐洲人社群都在這種氣氛中撤離了。

錫袍王從來沒有修復這起事故造成的形象問題，而英軍的攻勢要到一八八五年的時候才真正發動。此時，錫袍的統治是虔誠國王與招搖王后之間一種持續的折衷體，兩人都決心要享有皇家的尊榮特權；但是，改革派的大臣則焦慮地企圖仿效暹羅的範例。相較於敏東王時代，此刻的緬甸政府無疑更加無能、更不受愛戴，我們甚至可以說，此刻它已比暹羅政府弱小太多，此情恐怕是回天乏術。漸漸地，錫袍政權的經濟愈來愈和南方英屬緬甸掛勾，與中國的貿易則因為雲南和撣邦前後發生的變亂而受擾。這件事情意味著，圖謀不軌的英國人現在可以正當光明地表示，緬甸王室動盪本身就是經濟跟蹌的最大亂源，每次危機事件都造成人民與資本的出走或流失。緬甸政府債務日增，再加上盜匪出沒與撣人叛亂，很快地，亂事在更接近政權中心的地方，也就是首都河對岸的實皆山（Sagaing hills）爆發了。講到底，貢榜王朝的滅亡，與其說是它的東方式專制釀成，不如說是它缺乏實質的統治威權所造就。然而，這個善戰民族的尊嚴與驕傲，依然使英屬印度吞併緬甸一事頗不容易下嚥。

曼德勒政權迫切找尋盟友抗衡英國，反使得英國更加肯定了吞併之舉。一八八五年初派往巴黎的緬甸使團，與法國簽訂了友好條約，讓法屬印度支那的領土可以新擴張到緬甸在湄公河的邊界處。據說，緬甸使團也和法國人談判商業利益問題，同意興設一條河內至曼德勒的鐵路與一家法緬銀行。英國對此感到震驚不安，於是在一八八五年末，派遣一支報復性的軍力沿伊洛瓦底江而上，力求占領曼德勒並推翻錫袍的王位。英軍推進途中爆發了兩次戰役，最終，在英軍艦隊抵達首都之際，緬甸政府宣布投降。錫袍和他的王后隨即遭流放至印度。

首席大臣慶文敏季利用這次機會，將緬甸變成一個英國保護之下的君主立憲政體，如此，像慶文敏季本人這樣的大臣，便可以在諮詢英國駐員的情況下統治整個國家。當時，有許多英國決策者支持這樣的安排，但是反對者卻指出，政府體制的權威會因此而崩潰。後者的意見最後勝出。英國人發現，由眾多「索巴」間接統治的撣邦處於相對和平的狀態，但準備與他們合作的曼德勒菁英其實在緬族心臟地帶並沒有真正的影響力。

改革世代破壞了傳統支持者的陣營或恩賜任官制，但卻沒有創造出現代化的官僚體制。為進行直接統治，英國人必須派遣大約四萬大軍來鎮壓鄉間的動亂，比原先攻緬的軍力還更多。作亂者或為愛國者、或為盜匪。這項任務花費了兩年的時間，並造就出一個性質非常不同的新緬甸，其中央政權設在仰光。緬王贊助僧伽並提供輝煌表演中心典範的象徵性角色，至此終究畫下休止符。

阮朝越南：儒家基本教義盛期

我們在本書第九章已經看到，公元一八〇二年統一越南的嘉隆帝阮福映，是全東南亞大陸區最有成就的征服者，他吸收了拿破崙時代的先進戰爭器物，打造出現代化的軍事機器。阮福映成功地將一個飽受戰爭摧殘、看來前途黯淡的政權凝聚起來，並利用他的軍事力量鞏固。在阮福映的首都順化地區，阮氏世系依然舉足輕重，但是這個新政權的人口核心區是在東京，而東京是一個慘遭征服的地帶，對於新統治者缺乏好感。在東京爭取正統地位的努力，讓嘉隆帝訴諸東京的士人領袖，後者於是把握良機，嘗試創造出一個真正符合儒家精神的仁政國度，純粹性更勝於那條被滿洲征服者所染指的北方巨龍。阮朝士人追溯中國明代的服裝形式與朝儀（圖片 11-2），不只如此，他們甚至回溯至早於佛教時期的漢代及先秦尋求典範。成書早於公元前三世紀的儒家經典《大學》，於一八〇九年時在河內重印，並成為此後所有任官考試的定本。之後，潘輝注（Phan Huy Chu）耗費十年光陰，編纂出四十九卷的《歷朝憲章類誌》，這可能是全東南亞最偉大的、最合理的治國要術巨著，其中定出了所有國家皆應受其評斷的原則。這一套世界觀，與基督教或佛教那種分別世俗世界及宇宙世界的二元論截然有別，著重的是修持個體的道德，根據道德原則修身、齊家、治國，最後平天下。

潘輝注將這部不朽鉅作，獻給了阮福映之子明命帝。明命帝阮福晈便是在順化新朝廷士人的精心教育中成長，他明哲聰慧、飽讀經典，但卻沒

有父親那樣實際的沙場軍事謀略。明命帝在位期間，是儒家基本教義的巔峰盛世，他根據明代北京的典範在順化建設新首都，也曾移駕至河內，接受中華帝國使者的宣封，並且將國家重新命名為「大南」（Dai Nam），凸顯其德政超越種族或領土藩籬的雄圖。然而，透過儒家倫理追求正當性的作法，卻使得明命帝的朝廷與分歧多樣的黎民疏遠，尤其是南方的百姓。與其他東南亞統治者的鮮明對比之處在於，宗教在明命帝的統一國家大計之中幾無角色可言。約翰‧克勞佛（Crawfurd, 1828/1967, 500）

圖片 11-2：阮朝的明命帝（1820-1841 年在位），一八二七年英國約翰‧克勞佛使團成員所繪。

對於明命帝國土中「沒有得到政府力量支持」，處於邊緣狀態的佛教，感到十分訝異，他也很驚訝此國人民除敬拜祖先以外，頗缺乏宗教虔誠。雖然這個時期的越南擁有東南亞地區最精密複雜的民政與軍政官僚系統，但是，越南卻欠缺將東南亞人與其宗教菁英、世俗菁英聯繫起來的宗教情懷，此情導致越南或許是東南亞大陸區三大政權當中，最易碎的一個。

明命帝對於基督教的敵意特別高張，因為基督教看來就是由歐洲人所支持的、對他的新政權秩序構成巨大威脅的存在。公元一八二五及一八二六年間，明命帝頒下兩道諭令，禁止傳教士在越南傳教，命令已身處越南的傳教士前來順化進行歐洲書籍的翻譯工作。一八三三年，傳教士的保護者黎文悅（Le Van Duyet）過世，明命帝隨即下令摧毀所有的教堂，強迫基督徒要踐踏十字架並放棄信仰，否則論罪處死。一八三七至一八四一年間，明命帝將南方的變亂與基督徒牽連上，由此，用暴力迫害基督徒的行徑層出不窮。明命帝對先前的措施與成果仍不滿意，於是又宣布道：

> 先前，吾等已飭令嚴禁（基督教）；吾等焚其書、毀其所、逐其民，使其信眾不再聚集……冥頑不靈者處死，悔悟者釋放……此令，曩日未棄其教者，一概至省會如實招供，並須往復踐踏十字架。（Minh Mang in Dutton et al. 2012, 327-8）

在嘉隆帝阮福映擊潰西山朝的過程中，黎文悅是他最得力的大將，並因功封為南方總督（嘉定總鎮）。雖然黎文悅反對阮福晈登基為帝，但新即位的明命帝阮福晈仍須與他繼續合作，以便掌握南土。黎文悅對於歐洲人協助阮氏獲勝一事頗為感激，他持續與外國商人、基督徒、中國人和當地人合作，以求統治這片多元的三角洲世界。同時，黎文悅也負責以軍事力量推進金邊附近高棉心臟地帶的事業，並將軍隊駐守於當地，以便宰制柬埔寨國王。然而，一八三二年黎文悅去世之後，明命帝卻立刻逆轉黎氏的政策，強調唯有「漢人」的習俗、服裝、禮儀才是正統。明命帝企圖直

接統治柬埔寨，在一八三五年時派遣十位教化官員前往高棉地區教導所謂「漢」之道。明命帝敕令曰：「須強迫高棉子弟前往負責教化的官吏之處……學習中國文字，並不許他們前去高棉僧侶之處學習。舉凡學習中國文字者，將可被任命為村莊領袖。」（引用自 Choi, 2004, 138）此外，他還要求越人聚落遷徙到高棉地區作為模範。明命帝表示，「偏遠地區與山地的蠻人」也應該獲得正確的教導，因為「他們也是吾之子民，所以，吾人必須教導他們一切，包括耕耘、修養、語文、服裝等等事宜。讓他們漸漸忘卻夷俗，得到『漢』道之薰陶！」（引用自 Choi, 2004, 142）

　　湄公河三角洲地區的叛亂於公元一八三三年爆發，造成此地區陷入混亂達兩年之久。叛亂主事者是黎文悅的養子，因為明命帝下令褻瀆黎文悅的墳墓而憤恨不已。由於黎文悅的政策遭到扭轉，眾多不滿的華人、基督徒與其他南方人紛紛支持這場叛亂。日後，黎文悅仍將繼續作為爭議的核心人物，南方人普遍將他歌頌為英雄，並且在西貢重建陵墓，共產黨人則忽略或是譴責他。至於柬埔寨，則沒有上述矛盾與緊張。一八四〇年越南將柬埔寨的年輕女王、也就是高棉自主權的最後象徵人物給廢黜，隨即爆發了叛亂。在嚴重的種族衝突之下，明命帝的繼承者紹治帝阮福暶（Thieu Tri，1841-1847 年在位）撤回駐守在金邊的越軍。後來，在這場異族統治高棉人的競爭中，越南雖然於各戰役多次獲勝，但卻沒有帶來和平，原因在於東南亞最大的文化鴻溝──也就是儒家思想與上座部佛教思想之間的差距。雙方的衝突一直持續到一八四七年，此時抱持改革立場的柬埔寨安東王（Ang Duang，1848-1860 年在位），設法維持泰國宗主與已精疲力竭但仍頗具威脅的越南之間的微妙平衡，讓柬埔寨得以享有它最後一次的自主時期。至安東王之子諾羅敦（Norodom，1860-1904 年在位）統治時，柬埔寨已別無選擇地淪為法國保護地。

　　從十八世紀法國人輸掉與英國在印度的競賽之後，野心依舊的法國政府便夢想能夠在亞洲找到替代的基地。法國傳教士百多祿協助嘉隆帝，加上後續明命帝迫害法國傳教士之事，讓拿破崙三世（Napoleon III）注意到了越南。公元一八五八年，法軍向越南首都附近發動一次非決定性的攻

勢，隔年占領了防禦薄弱而躁動不安的西貢地區。至一八六七年時，法國占領區已經擴張成一片重新命名為「交趾支那」的殖民地，與一塊掙扎徒勞的柬埔寨王國的保護地。一八四七年越南發生繼承危機，最終嗣德帝阮福時（Tu Duc，1847-1883年在位）即位，他也是一位深信儒家的學者，因此也在面對更多亂事，包括他兄長的叛亂時，不但沒有像其他四面楚歌的國王那樣，訴諸其它歐洲勢力施援對抗法國人；反之，他竟然繼續迫害基督徒，更加疏遠所有的歐洲人。嗣德帝的選擇是向匪徒集團黑旗軍求助，還有向他承認的宗主國中國乞援。一八八二至一八八五年由嗣德帝邀來的中國干涉行動（清法戰爭），其實也是大清帝國崩解時絕望的最後一搏──企圖將它搖搖欲墜的「朝貢」體制轉變為現代主權。

嗣德帝逝世之後，越南朝廷陷入一片世仇內鬥與災禍，結果，它居然是被法國保護地所挽救而倖存，但倖存的部分也是大幅縮小，只剩下越南全國最貧困的中部地區，從一八八五年起，這個政權被重新命名為「安南」。最頑強抵抗的力量，來自忠於文化體制的北方士大夫，然而這套文化體制居然要求他們得繼續效忠放棄一切士人鍾愛事物的越南皇帝。許多士人寧願自殺，也不願向蠻夷屈服。河內堡壘的指揮官，寫下了高雅而有尊嚴的絕筆訣別：

> 堡壘失陷，光復無望，責在吾身，領導無方，愚行該死，罪死難贖……唯一可行，追效唐將，張巡高節，自盡性命，以顯厥任。（Hoang Du, 1882，引用自 Dutton et al. 2012, 339）

「受保護」的內格里

在蘇門答臘、半島區、婆羅洲各個重要河港興盛起來的馬來語「內格里」，它們的本質菁華在於多元性與中介性。一個內格里可能透過硬實力或軟實力，成功要求他人或其它內格里歸順或進貢，但它絕對不會將他們直接併吞。每個內格里都在追求自身的「門戶」政策，作為上游農民、

覓食者與海洋貿易廣大世界之間的中介者。對內格里這樣的政權而言，接待國際貿易商不只是一種必須，甚至可說是它存在的根本理由。在此，印度人、阿拉伯人、武吉士人會被共同推舉為港口官員或伊斯蘭官吏，不僅如此，他們甚至可能被推舉為統治者。過去，歐洲人、華人、高地人被阻隔在這條交通路線以外，除非他們願意信仰伊斯蘭教；可是，十九世紀的內格里需要這些社群，其中的最大需求就是要延續它的中介角色。為了回報商人所獻上的稅捐與禮物，內格里為他們提供合法性，以及接觸語言分歧、文化多樣的混沌內陸世界之管道。

　　爭吵不休的歐洲公司與它們的後繼者，最大的願望莫過於排除競爭者。相較於從前的荷蘭東印度公司，如今處在英國貿易與華人貿易主導世界中的尼德蘭印度政府（Netherlands Indian government），擁有的軍事與經濟力量當然比不上前輩荷蘭東印度公司，因此它迫使內格里簽署獨占條約事宜的進度緩慢。大多數的內格里羅闍在面對荷蘭砲艦的時候，會乖乖地簽下條約，可一旦砲艦離開，他們又依舊與英國、美國、華人船舶貿易。不管荷蘭人再怎麼努力，麻六甲海峽地區通常至少有一個以上的內格里，會吸引到大部分的貿易。新加坡南方民丹島（Bintan）上的廖內內格里，就是這樣的角色，直到一七八四年受到荷蘭東印度公司懲戒為止；隨後的商業繁榮時期中，蘇門答臘的錫國和巨港、半島區的登嘉樓和吉打，也都有它們各自的風光時刻。

　　十八世紀的巨港控制著邦加島錫礦以及重要的河域腹地，發展出燦爛的伊斯蘭文化。然而，一七六〇年後荷蘭東印度公司海軍霸權的衰弱，導致巨港首先暴露在伊拉農海盜的威脅下，後來又受害於英、荷的衝突。巨港內部分裂成支持英、荷的陣營，經歷了一場十年之久的內戰，事後，荷蘭人又於一八二一年派軍奪取此地，而後續衝突最終造成荷蘭人在一八二五年將巨港蘇丹政權全面廢除。一八六〇年，類似的情況也發生在婆羅洲唯一擁有伊斯蘭化腹地的內格里馬辰，荷蘭人企圖重新在那裡取得立足點，並罷黜馬辰羅闍象徵性的中介角色，此事引發了四年的嚴重抗荷行動（1859-1863）。如同巨港的情況，為了對抗異教徒的干預，蘇菲派

兄弟會「塔里卡」（tarekat）的力量變得更強化。事實證明，馬辰「塔里卡」更能夠激發穆斯林的實力與擴充穆斯林人口；不過，在鞏固穆斯林邊境以對抗非穆斯林的高地人這件事上，他們卻又更加地分裂。

婆羅洲、蘇門答臘東部、半島區的其他河口羅闍則沒有這樣的伊斯蘭化農業人口可以依賴，他們成為荷蘭與英國政府擴張海軍與商業力量時的理想夥伴。最成功的案例當屬柔佛，當英國人於一八一九年於新加坡建立基地之後，柔佛便重塑成為一個馬來內格里。起初，史丹佛・萊佛士不顧荷蘭人的反對拿下新加坡島，並與廖內的地方附庸達成協定，企圖為自己的收穫取得合法性。這位廖內的地方附庸，便是與荷蘭人結盟的廖內蘇丹之兄弟、柔佛的「天猛公」（Temenggung），萊佛士不但給予對方津貼，還願意承認他為柔佛蘇丹。英、荷之間的「現實政治」（realpolitik）結果，確定新加坡繼續為英國擁有，但所有馬來政權的合法性卻變得備受挑戰。天猛公陣營更加積極接納華人與英國人盟友，英國人則在一八五五年時承認它為柔佛的統治者。

天猛公阿布峇卡（Abu Bakar，1862-1895 年在位）持續茁壯的首都，距離新加坡只不過是一條堤道的距離。阿布峇卡使出的外交手段相當幹練，竟讓英國總督宣稱阿布峇卡「的舉止與品味……算得上是一位英國紳士……他也是唯一一位根據文明國家的標準進行統治的羅闍。」（Ord, 1973，引用自 Trocki, 2007, 155）

阿布峇卡將土地租讓給華人種植園主，收入頗豐，他擺出奢華的歐式生活風格，扮演馬來宮廷、英國勢力、華人企業三者之間的重要中介。阿布峇卡曾經五度遊歐，並且讓自己拜訪英國維多利亞女王的次數，與拜訪伊斯坦堡鄂圖曼蘇丹的次數保持平衡，向這兩個現代的君主政權各自尋求「文明」的合法性及伊斯蘭的正統性。最後，英國與鄂圖曼都認可阿布峇卡為蘇丹，維多利亞女王還封了他騎士頭銜。阿布峇卡派訪其它歐洲宮廷的事蹟，實可與朱拉隆功相媲美。阿布峇卡的婚姻甚至更具有國際性質，他的妻子包括一位馬來貴族、一位華人、一位歐亞混血兒──峇里島梅斯・蘭恩（Mads Lange）的女兒──還有一位鄂圖曼切爾克斯人

（Circassian）。在過世之前，阿布峇卡頒行一部具歐洲風格、但為專制主義的憲法，以及一套效法鄂圖曼而成的伊斯蘭法典，期望能藉此在自己過世之後保護柔佛的自主地位。儘管他順從英國人的需求、大量地雇用歐洲人，阿布峇卡其實是唯一一位能夠長期避免受英國、荷蘭或暹羅駐員監督的馬來統治者。

事實證明，對於東南亞半島區的「內格里」與湄公河流域的「勐」而言，實情「保護」（protection）要比歐洲直接的統治更有效。英國主要專注的是印度以及可通往中國的麻六甲海峽，這使得檳城、麻六甲、新加坡的海峽殖民地變得相當重要且活躍，至於利益相關的鄰近內格里，如果花費或成本夠低的話，重要性則是次等的。半島區紛歧的統治者被形塑為九個「馬來國家」（Malay states）的現代型態，這些蘇丹的收入愈來愈多、地位愈來愈穩固，但他們卻受到英國駐員的限制，只能將重心放在伊斯蘭教與陸地上的問題，這些馬來國家也在這個歷程中同質化了。法國人著重的則是越南、暹羅，以及通往中國的替代路線，法國人最初探索湄公河諸勐的部分原因，就是為了找尋另一條抵達中國的交通路線。柬埔寨的諾羅敦王在一八六三年和一八八四年與法國簽訂條約，此事雖使柬埔寨倖免於暹羅的併吞，然而柬埔寨實際控制權卻因此淪為法國官員與其越南人部屬掌握。在眾多的寮勐之中，唯有龍坡邦的首都位於湄公河東岸，並且在一八九三年後被併入法國勢力。一八八〇年代，在暹羅日益崛起的壓力之下，龍坡邦的溫坎王（Unkham）的存活可能愈來愈低，於是溫坎最終也成為法國人保護下的國王，溫坎王的領土因此大為拓展，地位與收入得到保障，但龍坡邦的實際經濟控制權也落到外國人手裡。最具有同情心的英國官員和法國官員，對於這些多采多姿的王廷和他們可愛的農村百姓懷抱著由衷的情感，但他們並沒有將這些王權想像為潛在的民族國家。漸漸地，「保護」的觀念不再是要對抗暹羅、或是對抗某個外國勢力，而是要對抗積極的商業少數族群——華人、印度人、越南人——所代表的某種現代性；這種現代性形成的威脅已被查覺到，如此才能確保君主制在過渡時期繼續保有重要的地位，並最後實現獨立。（見本書第十七章）

蘇門答臘穆斯林的另類選擇

在東南亞群島區，反對「內格里」接納歐式標準的人們，在伊斯蘭世界當中找到許多替代選項。一七八〇年之後的經濟擴張期，帶來旅行的新機會、也帶來新的宗教教派，以及針對傳統地域主義與綜合體的更多質疑。昔日的火藥帝國已經無力再推行官方信仰的折衷主張，改革派的「塔里卡」和從麥加歸來的朝聖者對於這種官方信仰的挑戰日益強烈。其中，衝突最嚴重的地區莫過於蘇門答臘中部的米南加保高地區，這裡的國王僅僅具有象徵性地位，而母系繼承制度則被因商致富、自朝聖歸來的男性哈吉（haji）視為辱教的作法。公元一八〇三年，瓦哈比派（Wahhabis）征服麥加，並且搗毀許多被他們視為褻瀆的聖人陵墓與聖人骸骨；有三位男哈吉身處阿拉伯時，被瓦哈比派暴力而堅決的基本教義主張所說服。接下來數年，這些被稱為「帕德里」（Padri）的信徒穿起瓦哈比派的服裝，創立特立獨行的社群，並貫徹他們純粹版本的《可蘭經》倫理。帕德里派的力量日益增長，他們發起激烈的暴力行動，反對飲酒、鬥雞與傳統節慶，嚴斥母系制度與女性自主權，並對抗捍衛舊制度的菁英人士。殺戮行徑源自財產繼承問題的爭論，帕德里派領袖端古‧納仁齊（Tuanku nan Renceh）竟然殺死了自己母系的姨媽，此情演變到至為慘烈的地步，化為一八一五年發生在巴葛魯容的米南加保名義統治者的被屠殺事件。

經歷英國人造成的空窗期，荷蘭人於一八二一年回到巴東，於是米南加保傳統派人士敦請荷蘭人的援助。於一八三〇年撲滅爪哇穆斯林叛軍狄波尼哥羅的勢力之後，更具實力的荷蘭軍隊占據上風，並於一八三三年時在全米南加保地區建立一套要塞體制。後來局勢出現重大轉變，帕德里領袖端古‧伊瑪目邦卓（Tuanku Imam Bonjol）似乎與傳統派講和，雙方同意伊斯蘭真諦與米南加保的風俗習慣可以共存，伊瑪目邦卓甚至歸還了部分先前掠奪的財產。伊瑪目邦卓那群暴戾的人馬，如今則被重新引導到北方非穆斯林的巴塔克人區域，在此強用武力向作為穆斯林的「南巴塔克人」——他們偏好稱其為「曼代靈」（Mandailing）——推行新教義。

這番對巴塔克人的掠奪行動，為米南加保心臟地帶的帕德里派據點帶來充足的資源，在此地，戰爭已演變成對抗荷蘭人之侵略，形成較為保守的反抗勢力與游擊戰。伊瑪目邦卓的大轉彎，或許是識時務者為俊傑的「現實政治」考量，但是面對他自己以及虔誠信眾，他有一套合乎原則的解釋，內容便收錄在他日後的回憶錄中。公元一八三二年，敗象已現的伊瑪目邦卓派遣四人前往麥加，學習更多「阿拉的真法」，但這四人歸來的時候，卻帶回瓦哈比派在聖地已經全面失勢的消息。瓦哈比派對朝聖地的掠奪，造成一八一二年土耳其—埃及軍隊的強烈反攻，於是，麥加及麥地那又再度回到土耳其掌握。至此，帕德里派以宗教純粹性之名掠奪而來的財產，已無法正當化。習俗「阿達特」（adat）與宗教「阿加瑪」（agama）之間的緊張關係，將會延續至殖民時期的米南加保，此外透過教育，對這兩者的質疑將會為印尼最為成功的現代化奠下根基。

　　荷蘭人挺進米南加保地區一事，引發亞齊的極大關切。亞齊是全印度尼西亞最強大的蘇丹國，也是在十九世紀唯一維持全然獨立地位的蘇丹國。若將亞齊的「最後一搏」與大陸區的政權進行比較，其事頗耐人尋味。亞齊和馬來內格里一樣仰賴貿易，但亞齊又和越南一樣，擁有一條易攻難守的海岸線，沿線有許多富有潛力的港口。所以，無論是「門戶」策略還是「心臟地帶」政策，對亞齊來說都是行不通的。共通的亞齊文化是在十八世紀時發展起來，但是它與港埠地區的國際主義之間始終具有緊張性。一七九〇年以來胡椒種植的大規模擴張，強化了小羅闍——後來被稱作「烏勒巴朗」（uleebalang）對抗亞齊蘇丹的能力。在一八五〇年之後，最繁榮的區域是亞齊東部種植胡椒的新邊疆地帶，此地可與檳城商人互通有無。亞齊蘇丹企圖利用歐洲人與歐亞混血人士精進他的海軍，以求在沿岸地區力行關稅制度，但此事始終效果不彰；至十九世紀中葉時，亞齊蘇丹似乎更像是一種象徵暨裁判者，享受蓬勃發展的烏勒巴朗所獻上的貢稅，並且與最富裕的烏勒巴朗維繫個人關係，以便對其他的烏勒巴朗施威。由此，亞齊蘇丹在一八五四年時組成一支兩百艘的艦隊，對蘇門答臘東部馬來統治者宣揚亞齊國威，此為兩百年以來的第一遭。

公元一八三〇年代，荷蘭人進逼亞齊西岸，稍後至一八六〇年代，荷蘭人又在亞齊東岸推進。在此處境之下，亞齊的出路究竟在哪裡呢？法國商人與義大利商人分別推薦他們的母國，然而態度消極的鄂圖曼土耳其卻對亞齊具有高度的吸引力。大約在一八三八年左右，活躍的亞齊新蘇丹亞拉丁・滿速沙（Ala'ad-din Mansur Shah，1838-1870 年在位）面臨亞齊最南端區域被荷蘭人所占，於是有意再續十六世紀與土耳其蘇丹結盟之前緣。雖然十九世紀土耳其頹勢已成，但是土耳其的吸引力在於它掌管著漢志的聖地，而且它可以宣揚自身普世哈里發之地位，喚起穆斯林的力量。東南亞成長中的阿拉伯少數族群，可以宣稱土耳其哈里發便是他們的「文明」憑證，據此便可與歐洲人平起平坐。古代亞齊「麥加廊道」之身分，於十九世紀中葉隨著輪船航行而再度復興，有許多來自東南亞群島的朝聖者會利用這個啟程點迴避荷蘭人的控制與收費。最後一點是，任何非穆斯林的潛在「保護者」，都會引起亞齊發自內心深處的敵意，這件事情可以追溯至十六世紀亞齊的反葡萄牙淵源；反過來說，在亞齊人的記憶之中，「羅姆」（Rum）──即伊斯坦堡──則是保護者，它當初送來的大砲仍保存依舊。亞齊菁英的態度一如越南菁英，企圖在自己熟稔的文明之中找尋記憶裡的理想典範，無論這個熟悉的文明如今是如何腐敗，終究還是比那些霸道的外國文明更好。

一八四九年二月，亞齊派遣使節攜著國書出發，往見法國總統與鄂圖曼蘇丹邁吉德一世（Mejid I）。此前不久，亞齊才收到法國總統華麗但內容空洞的來信。遠人來使致敬，無論是法國總統與鄂圖曼蘇丹都覺得很有面子，他們各自贈予亞齊使節後續資費，讓他從開羅前往巴黎與伊斯坦堡。亞齊使節確信土耳其是最佳且最有可能的對象，於是僅指派一位部屬前去巴黎，這位部屬抵達巴黎之後受到款待，但卻沒有獲得任何實際的承諾。亞齊與土耳其的關係則更加密切，亞齊國書當中堅持，亞齊在十六世紀接受土耳其的宗主國地位（見本書第五章），此事至今依然有效，因此，亞齊人「確實自古至今皆是生而為（鄂圖曼）陛下的奴僕」。一八五二年二月，鄂圖曼蘇丹贊助亞齊使節歸國的花費，此外還派遣一位鄂圖曼官員

隨行，以便回報情況，然而這件事似乎沒有下文。

即使如此，亞齊的易卜拉辛蘇丹（Sultan Ibrahim）已經得到足夠的鼓舞，在一八五三年克里米亞戰爭時，他曾贈送十萬西班牙銀元資助土耳其，並因此獲贈鄂圖曼寶劍一把、勳章一枚。一八五五年接待荷蘭使節之際，易卜拉辛便特意將寶劍和勳章配戴起來。下一位訴諸這段古老關係的人，乃是一位有才幹的哈德拉毛「賽義德」（sayyid）：阿布都拉赫曼．亞茲查希爾（Habib Abd'ur-rahman az-Zahir），阿布都拉赫曼擔任由他重建的亞齊大清真寺伊瑪目達四年之久，期間表現出色並逐漸累積影響力，但之後他卻與易卜拉辛蘇丹鬧翻。一八六八年時，阿布都拉赫曼帶著向土耳其求助的消息出發，一路到達了麥加。讓亞齊成為普世鄂圖曼保護地的想法，對於瀕危的穆斯林來說相當振奮，但對於無能的伊斯坦堡朝廷來說卻極為尷尬。蘇門答臘南部占碑的年輕蘇丹塔哈（Taha）已於一八五五年時，拒絕對荷蘭政府宣示效忠，並企圖宣布占碑屬於土耳其領土，塔哈蘇丹的叛亂共持續十年之久。土耳其先是以甜言蜜語回應塔哈，後又如法炮製回應阿布都拉赫曼與亞齊人；可是，土耳其卻又同時告訴荷蘭人，占碑跟亞齊的請求都被拒絕了。

荷蘭人透過一八七一年的英、荷《蘇門答臘條約》（Sumatra Treaty）（見本書第十二章）移除了英國對亞齊獨立的保證，戰爭的烏雲愈聚愈密。此時亞齊新蘇丹馬穆沙（Mahmud，1870-1874 年在位）已然即位，而阿布都拉赫曼成為新蘇丹的監護人暨首相，他在一八七三年初再度起程向土耳其求助。阿布都拉赫曼不在國內時，沒有外交手腕的亞齊依然焦急地尋找外國保護者，竟試圖與美國簽訂條約，反而激起荷蘭人的入侵。荷蘭人採取非比尋常的作法，向亞齊正式宣戰，以便排除第三方勢力，然後在一八七三年四月向亞齊首都發動倉促而慘烈的海上攻擊。荷蘭人此役失敗，交戰雙方在後續七個月之間瘋狂地進行作戰準備與外交行動。阿布都拉赫曼成功說服土耳其政府介入調停，由此獲得純粹象徵性的捷報。但對於荷蘭這一方來說，上次的恥辱必須要用新的勝利來沖洗，他們組織規模前所未見的萬人大艦隊，在一八七三年十一月再度進擊。經過三個月

謹慎的攻勢，加上霍亂爆發殺死年輕蘇丹在內的數千人，荷蘭指揮官終於在一八七四年一月奪下因瘟疫而遭遺棄的亞齊堡壘。荷蘭指揮官宣布廢除蘇丹國，並將亞齊變成荷屬印度的一部分，此舉讓亞齊成為「受保護」內格里的渺茫機會至此完全喪失。往後四十年間，亞齊人繼續從事游擊戰，他們為了對抗荷蘭人而團結一致的程度，甚至超越往昔支持蘇丹的團結程度。亞齊反抗軍的領導者，隨著情勢愈加無望而變得愈來愈伊斯蘭化。一直要到一九二〇年代的時候，亞齊才出現比較正常的殖民政府，支持領土內的烏勒巴朗貴族對抗反抗軍，高度離間亞齊人自身，然而這麼做的代價卻是待到荷蘭政權終結之際，遺留下來的竟是彼此極端對立的省分。

峇里島的末日啟示錄

在各種案例中，峇里島和鄰近龍目島的最後一搏，或許是最劇烈且慘痛的。自十六世紀以來，峇里島人曾經大力抵抗過穆斯林與歐洲人，也發展出一個以印度—爪哇源頭而自豪的文化，並建立起一套有效的軍事組織，實力足以征服並控制爪哇島突出的東端，且自一七五〇年以後握有龍目島。但是，軍事告捷從來沒有改變過峇里島古老的、反對國家的多元主義。峇里島的羅闍數量雖多，然而他們之間的地位競爭方式，並不是要在軍事上併吞彼此，而是以舉辦由數千人力參與的盛大宗教儀式來勝過對方。他們要達成的精耕稻米梯田灌溉這個共同目標，並不是靠「亞洲式」專制，而是各逕流區內經由儀式而組成的灌溉組織「蘇巴克」在執行。峇里島是藉由複雜的經濟體制、禮儀體制、親緣體制所統合的，而這股由多元性造就的力量將會挺過整個十九世紀。

十九世紀才開始不久，倒楣事便發生了，一八一五年松巴哇島坦博拉火山爆發，造成峇里島與龍目島的天空轉黑，並在兩座島的稻田積上一層厚厚的火山灰。接下來四年的時間，有數萬人因為農作歉收而餓死。雪上加霜的是一八一五年的大地震，造成潘吉里甘火山（Mount Pangilingan）的火口湖潰決，摧毀峇里島北部的十七座村莊，估計有一萬人因此喪生。

距離這些慘事十五年之後，大自然的詛咒居然變成祝福，土壤因吸收火山灰的營養而極為肥沃。公元一八三○至一八五○年是峇里島與龍目島的大豐收時代，期間它們每年大約各自出口兩萬公噸的稻米，主要輸往爪哇和新加坡。峇里島人本身很少參與貿易，但彼此競爭的羅闍會將收稅權利租讓出去，讓非峇里島人的港埠官員「班打爾」（bandar）——可能為華人、歐洲人或武吉士人——來運營他們的港口。起初，從事貿易的是武吉士小船，後來，與新加坡貿易的蓬勃吸引了歐洲人的興趣，例如到峇里島南部庫塔（Kuta）地區的丹麥人梅斯·蘭恩，以及到龍目島西部安佩南（Ampenan）的英國人喬治·波考克·金恩（George Pocock King）。蘭恩與金恩這兩個人，都是精通峇里島語的成功仲介，他們也是後世康拉德（Joseph Conrad）《吉姆爺》（Lord Jim）的人物原型。蘭恩的一件著名逸事是，他會拉小提琴與丹麥親戚進行四重奏來取悅訪客。此外，蘭恩還造出峇里島上第一條現代道路，並將港口管理地井井有條。

　　十九世紀中葉輪船世代來臨所造成的科技差距，是這種低水準經濟活動所無法彌補的。荷蘭人入侵了峇里島北部，並且在一八四六至一八五○年間逐漸將布勒冷（Buleleng）和卡朗阿森（Karangasem）的羅闍納入轄內。峇里島北岸的新加拉惹（Singaraja），被荷蘭人開發成為輪船航線的港口。由於貿易崩潰，峇里島南部原先溫和的現代化進程戛然而止，但當地卻保持著克利弗德·紀爾茲（Geertz, 1980, 16）所謂：

> 　　一個特技團的「眾王國」金字塔，其中有各種層級的實質自治體與勢力……主要是奠基於儀式、典禮與威權、威望……它們在現實政治宰制與屈服之下處境愈加脆弱單薄，就愈要在這個金字塔裡向上抬升。

　　在人民的認知之中，羅闍的地位建立在他們如神明一般的屬性上，所以，戰敗或受辱所象徵的是形上學層面的危機，只能靠自殺來解套。每當衝突發展到極限的地步，這便是峇里島人已經預期到會發生的事情，但對

圖片 11-3：一九〇六年的巴東「浦浦壇」，出於巴黎《小日報》（Le Petit Journal）的戲劇化描繪。

於荷蘭軍隊來講，這簡直是無法理解的行為。公元一八九四年第一個倒台的羅闍，也就是統治全龍目島的峇里島王廷，竟是唯一有實力嚴正反抗的政權。它是用極端階級化、殖民化方式統治以穆斯林為主體的龍目島。到了一九〇六至〇八年時，輪到巴東（Badung）[10]、塔巴南（Tabanan）、克隆孔（Klungkung）這些峇里島南方的羅闍垮台了。當大限來時，各個

王室主要成員會身穿白裳，以近乎出神恍惚的狀態緩緩步出，要求荷蘭軍隊將他們殺死；如果要求無法如願，他們就會用儀式般的自殺行為將彼此刺死。

這種「浦浦壇」（puputan）自裁行為是舊秩序戲劇性地最後一搏，並堅信新秩序必然出於神聖天授，這件事甚至曾經登上了歐洲頭條新聞（圖片 11-3）。不出十年光景，峇里島竟從一個野蠻而傲慢的傳統反抗地區，被轉化為一處和平且充滿藝術氣息的旅遊勝地——反觀爪哇，這樣的轉型得花上三百年時光。

東方群島的行動「大哥大」

婆羅洲、民答那峨島與新幾內亞之間，坐落著一片擁有數千島嶼的海洋世界，其中多有活火山。這個海洋世界容納著諸多隱匿祕境，但天然大港或河口的數量卻極為稀少。十八世紀後期香料貿易衰頹之後，這片區域的邊緣性質使它充滿奇異的流動性。丁香及肉豆蔻貿易的重要，將葡萄牙人和荷蘭人帶到這個地方，最晚晚於公元一六七〇年，望加錫（最大的單一港）、德那第、安汶、班達群島已被荷蘭東印度公司牢牢掌控。其它政權如汶萊、蘇祿、馬京達瑙、蒂多雷，則企圖利用伊斯蘭教與反伊比利人的訴求，來克服或超越密集的地方多元主義以及作為過往整合基礎的互惠關係。這些自封的蘇丹國，現實上其實只是多元的地方勢力聯盟，除此之外，還有數十個權力中心隨著貿易與戰爭的跌宕而興衰起伏。西班牙人與荷蘭人與各式各樣的統治者締結條約，偶爾則企圖強硬執行條約，但其效力自一七六〇年代以後愈見衰微。英國成為了這片區域最強大的海上霸權，華人與武吉士人則分享著此地大部分的英國貿易。此區域的官僚力量低落至極，具有號召力的「大哥大」（big men）才能夠以行動聚起武裝追隨者，而這些行動在聚落社會看來便是指強盜、海盜與奴隸貿易。

10　譯注：峇里島巴東（Badung），非蘇門答臘巴東（Padang）。

不過，除了襲擊對手之外，這些群體也會保護資助他們的港口貿易。因一場糾紛而於一八一六年逃離波恩的武吉士人阿龍巴功（Arung Bakung），率領他的手下，利用自己的結盟人脈或實際暴力，先後在穆納島（Muna）肯達里（Kendari）保護著貿易商及漁民，直到一八四二年。一旦這些港口變得相當繁榮，招致其他掠奪者的攻擊，例如蘇拉威西東部的邦蓋（Banggai），以及坦布庫（Tembuku）、肯達里、托利托利（Toli-Toli）等地的情況，那些武裝集團就會移動到別的地方去。

民答那峨和婆羅洲之間的蘇祿群島，尤其受益於中國貿易的擴張，華商利用蘇祿群島這個歐洲人控制最淺的地區作為基地，收購海參、珍珠母、龜殼、燕窩等等海洋與叢林產物，以供應成長的中國市場。隨著蘇祿群島貿易擴張，蘇祿菁英對奴隸與戰俘的渴求也同時增加，因為這些人力可用來彰顯他們的財富，及用來採集與加工所需的貿易產品。早在一六〇〇年之前，蘇祿便形成一種資助伊拉農族與巴蘭艮吉族人掠奪沿岸定居社群人們為奴的模式。根據記載，在一六三五年之前，已有兩萬五千名菲律賓基督徒慘遭擄走；禍害到一七七〇年後更加惡劣，或有估計，菲律賓沿岸乃至於蘇門答臘一帶，每年高達兩千至三千人被強擄至蘇祿出售，或最終被送到望加錫和巴達維亞的荷蘭人殖民地出售。受到掠奪行徑密集的影響，米沙鄢群島等地的沿岸人口分布因而改變，有愈來愈多人前往有能力保護他們的西班牙殖民區避難。一五七〇至一六〇〇年之間的宗教兩極化，似乎對此一掠奪模式提供了最初的動力，但之後這件事更多是受到利益驅使。菲律賓人對於穆斯林掠奪者的恐懼記憶猶新，這結合上西班牙人對於更久遠戰鬥的歷史記憶，創造出表演與詩歌當中「摩羅」（Moro，惡魔）敵人的誇張形象。

面對這股威脅，西班牙人一直要到一八四八年獲得蒸汽船之後，才終於占到上風，攻占或摧毀巴蘭艮吉人的主要據點。西班牙人越來越警覺且擔心，其他的帝國強權會將蘇祿地區視為獨立狀態。有一群法國人在一八四五年時與蘇祿簽訂條約，獲得巴西蘭島（Basilan Island）；一八六五年時美國人的作法如出一轍，使他們在北婆羅洲取得的地區獲得

合法化。最終，西班牙輪船艦隊在一八七六年發動猛烈攻勢，征服蘇祿首都霍洛（Jolo）。然而此處的情況如同亞齊，這樣一個高度去中心化而心懷憤恨的政體，實在是非常難剿撫，此外，伊斯蘭殉教精神驅使個人進行自殺攻擊，其事不時出現並延綿至一八九八年西班牙政權終結。

民答那峨島面積廣大，大到它的主要河流普朗依河可以支持位於河口的「門戶」民答那峨蘇丹國——此即後來的哥打巴托（Cotabatu），以及位於西班牙輪船無法到達的上游河流交界處的布阿揚（Buayan）政權。民答那峨蘇丹國在商業時代相當繁榮，且頗受益於荷蘭人與穆斯林的協助以對抗西班牙人，然而到了十八世紀，它已經需要依賴西班牙人的支持。一八六〇年代的布阿揚有能力執行「心臟地帶」政策，成為全菲律賓最後一個獨立的蘇丹國。布阿揚王子達圖烏托（Datu Utto）並沒有正式繼承父親成為蘇丹，反而是讓他的叔父占有這個需與西班牙人接觸的脆弱交界點。即便如此，透過婚姻結盟的策略，加上控制另一條通往沿岸的陸路，沿線可以用奴隸與叢林產品交易「走私的」軍火，達圖烏托仍攢聚出超越所有先人的力量。如同亞齊一樣，在這個從根本上支離破碎的區域，唯有藉由伊斯蘭聖戰——阿拉伯文「吉哈德」、馬來文「佩朗沙比」（perang sabil）——而團結起來，對抗西班牙人的控制。

在這個流動變化世界的眾多「大哥大」當中，曾達到短暫輝煌成就的佼佼者，是蒂多雷的努酷（Nuku）。長期以來，蒂多雷一直是鄰近的火山島和丁香之都——德那第的競爭對手兼替代選擇。公元一七八〇年，努酷為了抗議荷蘭人對蘇丹國的控制緊縮而離開蒂多雷，並以一貫的個人魅力、結盟與掠奪手段，在摩鹿加、巴布亞（Papua）等外圍島嶼招募支持者。努酷維持此地位需要的資源，由於一七九五年英國商人開始與努酷貿易而更加充裕，英商為他的網絡提供槍枝與布料以交換丁香與肉豆蔻，努酷則有能力從崩潰中的荷蘭壟斷事業弄來這些產品。兩年之後，努酷已有實力控制住他的家鄉蒂多雷，至一八〇一年時，努酷與一支英軍結盟，合力攻下德那第的荷蘭要塞。英國人不但承認努酷為蒂多雷蘇丹，還將他視為盟友、而不是附庸。努酷的夢想是締造一個摩鹿加的新傳統主義政權，

能夠某種程度恢復古代島嶼四大群體之間的平衡，並且抗衡德那第與歐洲人的新興霸權。近來，努酷被人重新發掘並化身為印尼民族英雄，但對於他的追隨者與繼承者來說，努酷更合宜的稱號實是天佑之君「端貝卡特」（Tuan Berkat），也就是靠著時運而躍起的大人物。

　　與大島嶼高地區的情形雷同，這些東方小島繼續抗拒著國家的控制。一旦國家稅徵與規範逐漸進逼釀成困擾，行動自如的海洋民族總是可以找到另一個島嶼避難。直到今日，這些地方仍然有這類免於所有稅捐的中心存在。公元一八七五年，進化論先驅阿爾弗雷德・羅素・華勒斯（Alfred Russell Wallace），曾經在阿魯群島的一座小島港口多波（Dobo）度過多采多姿的幾個月，並對此地擁有極其多樣的居民感到驚嘆：

> 住在這裡沒有政府的陰影，沒有警察、沒有法庭、沒有律師，然而人民並不會自相殘殺或彼此掠奪，也沒有陷入「無政府」可能導致的混亂狀態。要讓這一切保持和平，將所有不協因素團結成一個素行優良的社群，關鍵魔法正在於貿易。（Wallace, 1869, 215-6）。

最後一批躲避國家之人

　　高地人向來亟欲保持自身的自主狀態，因為那是他們的選擇。體驗過掠奪成性的國家以及將此舉正當化的全球宗教之後，高地人對此二者一概拒絕，他們偏好更自由、更有流動性的生活方式。更廣泛的整合現象一如既往地存在著，整合會透過貿易、王權、儀式、表演等方式進行，但並沒有透過書寫歷史或書寫文學而正規化。低地區的定居人口應該能夠口說甚至閱讀與經典宗教相連結的廣泛語文的某種變體，諸如緬語、泰語、越南語、爪哇語或馬來語；但是，在未遭併吞或統合的高地區，語言的多樣性依然非常深厚。高地村莊的語言可能是獨特的，但高地人也可以在更廣大的貿易、移民、戰事、宴會上說鄰居的語言或者通用語。高地人選擇迴避政治整合，他們唯有在軍事威脅迫近之際才會團結起來，此刻通常會有一

位深具號召力的千禧傳說人物作為領導。

在自由的山或山谷中擁有穩定生活方式的人們，從某個語言群體移動到另一個群體，或者是在更大的社會語言單位之間移動，都是相當常見的事情。甚至有許多情況，還會出現掠奪奴隸行為造成的非自願統合現象。艾德蒙・李區（Edmund Leach）在上緬甸地區觀察到，「作為撣人鄰居的山丘民族，在文化上的複雜多樣令人嘖嘖稱奇；而撣人則是令人詫異地一致。」李區結論道，撣人透過河流灌溉的經濟小環境（economic niche），還有與其他「勐」所共有的書寫文化、宗教文化，保持著一種穩定的型態，同時持續納入各類山地前來的難民（Leach, 1959, 40）。在政治或環境比較友善的時期，低地區人口會因此快速增長；但若有農業歉收、饑饉與疾病肆虐的危機出現時，高地人則比較有辦法生活下去。

伊斯蘭教、基督教以及某種程度包含上座部佛教、儒家與漢人認同等等全球性正統宗教的來臨，確認並反映出宗教將會是高地人特殊性的一部分。本書第五章已說明，繼續存在高地區的「東南亞宗教」萬靈信仰是地域性、高度多樣性、實驗性的，所謂實驗性的意思是指，每種儀式跟每位施行者都持續受到儀式執行成果的評判。到了十九世紀，這些地區已能漸漸感受到工業革命的驚人新威力，此時，以千禧年救主之姿崛起的人物此起彼落。克倫族盼望能有一位「克倫王」降世，恢復克倫人凌駕低地鄰居的局勢，並開創出快樂與平等的時代；十九世紀中葉美國浸信會傳教士曾來到此地，根據他們記載，克倫人這種期望的情緒極為高昂。可能將這股新力量帶給高地人的歐洲冒險家，或許會在短期之內被當作「陌生人國王」（stranger-king）。羅馬旅行者埃利奧・莫迪利亞尼（Elio Modigliani），於一八九〇年在蘇門答臘鄰近多巴火山湖的獨立巴塔克族地盤遊訪時，曾一度被譽為來自西方的偉大統治者「羅姆羅閣」（Raja Rum）；而他的造訪，居然成為了當地千禧傳說「帕爾瑪林」（Parmalim）運動之濫觴，此運動是將基督教與伊斯蘭教的某些元素，融合到傳統的巴塔克宗教當中。一八八八年時，退伍軍人馬里查爾・德邁勒納（Marie-Charles de Mayréna）曾利用法國駐員的書信，以及天主教傳教士蓋拉赫

神父（Fr Guerlach）在巴拿族（Bahnar）當中的影響力，短暫地建立起一個鬧劇般的「色當王國」（kingdom of the Sedangs），旗幟、印信、頭銜一應俱全。對於位在今日崑嵩（Kon Tum）附近的巴拿人等占民族來說，德邁勒納似乎為他們提供了一條不用成為越南人、也能夠直達現代自主權的道路。

在少數的例子裡，高地人逐漸加重的身分認同危機，居然幫助了基督教的傳教士，這裡所指的主要是新近受單一世界形成所驅使的新教福音派傳教士。緬甸與越人地區的天主教傳教活動歷時頗久，於十九世紀中葉的時候前往高地區，其中有部分原因是為了躲避低地區的迫害。然而，德國與美國的新教徒，因接受語言為民族認同之精髓的赫德派（Herderian）思想，帶著較少的低地區包袱而與高地人接觸。這些新教徒的新獻奇策，便是獻上山地人認為他們被低地鄰居奪去的古老典籍。新教傳教士將高地區的語言羅馬拼音化，並且首度將其印刷，由此，廣泛的方言變體得到確立與標準化。一八六〇年至一九一〇年之間的兩項大成就，同時也是新教傳教史上的兩次大成功，分別是由位在緬甸、暹羅邊疆克倫人區域的美國浸信會，還有蘇門答臘多巴巴塔克人地區的德國路德派萊茵傳教會（Rheinische Mission）達成。在這兩個範例當中，傳教士的國籍都不同於威脅高地人的殖民國，而且，他們是在殖民控制擴張之前便已開始傳教事業。高地人深信他們身分認同的確定，是建立在不被併吞到低地宗教或低地人認同的前提上，這件事情頗有助於傳教士的業務。起初，傳教士投入大量心力將《聖經》翻譯為方言，方言也由此獲得標準化。傳教士於一八五三年刊印出一部斯高克倫語（Sgaw Karen）《聖經》，又於一九一一年印出克欽語《新約聖經》；另外，多巴巴塔克語（Toba Batak）《新約聖經》最早是在一八七六年時，以源自印度文字的巴塔克文字出版，後又於一八八五年以羅馬拼音方式印行。曾投射到某些傳教士身上的千禧年期望，很快又落空了。除卻某些舊秩序陷入危機的案例之外，已婚歐洲傳教士的嚴重文化隔閡（無論個人如何嚴斥，但畢竟會涉入某種殖民階級體制內），是他們在高地進一步拓展的巨大障礙。一群人數

稀少但皆受過良好教育的高地基督徒少數族群因此出現，而在各地通往獨立的民族主義過渡期之中，這些人扮演的重要性可說是不成比例地高昂；不過，在高地區與小島上，基督教最大力擴張的時期，是國家獨立與地方教會領導之後的事情。

在一八九〇年以來短暫的殖民盛期中，大多數決心躲避國家之人終究喪失了自主權。對於殖民盛期的國家來說，合併與統合是可能的、也是必須的，本書第十二章探討他們持有的激進新思想，也就是主權必須一致，主權範圍終結於國際共識認定的邊界。有些不幸的高地人，發現自家的土地居然被河口「門戶」內格里租借給歐洲人；蘇門答臘東部卡羅巴塔克人的土地，就是這麼被日里蘇丹與冷吉（Langkat）蘇丹給出賣，卡羅巴塔克人忽然發現，他們竟然要保衛自己的領地、對抗歐洲人所領導的軍隊，此即公元一八七二年的「巴塔克戰爭」（Batak War）。一八八〇年之後數年間，為了讓千禧傳說領袖例如卡羅巴塔克祭司—國王新加曼加拉加十二世（Singamangaradja XII）屈服，數個軍團挺進了高地區，國王最終於一九〇七年遭到殺害。不過，除卻已然伊斯蘭化的高地，如亞齊內陸的賈猶（Gayo）高原以外，其實高地區鮮少發生這種腥風血雨的戰役。多數的狀況是，高地人相當歡迎殖民政府作為裁判者兼和平促進者，而殖民政府在消滅戰事、掠劫、獵首行為方面成效卓著。奴隸制度被淘汰的速度則緩慢許多，而且它是被另類的主從關係形式取代。不過，把高地區全面而有效地併入新政權、新經濟、新意識型態當中，實非殖民政府的首要急務，這件事情的進行其實相當緩慢，但是若有教會學校的促進則屬例外。就某些文化層面來說，被低地文化同化的趨勢扭轉了過來，至此時，事態已愈來愈清楚明白：還有其他通往現代性與富裕的道路存在著。新興的殖民霸主經常被高地人視為保護者暨裁判者，而相較於以往，高地人更加不認為有接納低地定居生活方式的必要。

第十二章

國家的塑造：
一八二四至一九四〇年

歐洲民族主義與畫界封疆

公元一八一〇年的東南亞，依然是一個充滿宗教—文化典範中心的流動區域，除了區分大越國與中國的疆界之外，沒有其他的固定邊界存在。統治者爭相宣稱自己在超自然力量領域的崇高地位，然而實際上他們控制情勢或剝削人民的力量，一旦離開宮廷便會迅速遞減。這樣的統治者比較偏好於服從而非平等的關係，他們擁有相當靈活的外交技巧，會向強者獻上榮譽象徵物來避免以強凌弱的情事發生，同時又不用貶損自己在本地的自主權。

然而經過一百年之後，東南亞的地圖卻已被分成七彩的區塊，被固定的國際邊界瓜分。東南亞被併入了一個世界體系，其中主權國家之間就理論而言是平等的。就本質來說，這個世界體系是歐洲民族主義競爭之下的產物，這些歐洲民族主義國家彼此激烈鬥爭直到一八一五年，此後，它們則傾向將競爭的心思引導至海外擴張。這些歐洲內部衝突所帶來的教訓，就是所謂的「西發里亞體系」（Westphalia system），此體系要求主權實體彼此間要互相承認基本的平等性。由此，建立各主權實體之間的邊界成為了一件必須的任務。由於我們目前所生存的這個世界，便是一個西發里

亞體系創造出來的世界，所以我們很難意識到，這個概念在亞洲具有多麼大的革命性。

西班牙和葡萄牙在還沒經海路抵達亞洲之前，便已簽下了一四九四年的《托爾德西里亞斯條約》（Treaty of Tordesillas），將它們各自在歐洲之外的野心以一條大西洋上的經線筆直地畫出來。後來，或有主張此條約暗示著，太平洋上對應的那條一百八十度經線，使大部分的亞洲歸屬於葡萄牙。然而，公元一六〇〇年以後的荷蘭東印度公司對這些主張一概拒絕，不過它與伊比利人一樣，懷抱著排除其他歐洲人的想法。荷蘭人與英國及西班牙不時交戰締和，且於一六六七年使英國同意撤出生產香料的馬魯古地區，同時，荷蘭得放棄在新阿姆斯特丹（New Amsterdam）——即後來的紐約（New York），與新英格蘭（New England）的所有權利。每一次重大戰爭之後，亞洲的界線便會重畫，主旨在於排除其他歐洲人，但這並不表示誰統治了亞洲人民。與亞洲統治者訂定條約的最大功用，也是要防止他們與其他歐洲人貿易，但這麼做通常效果不彰。

至十九世紀時，情勢已變得大不相同，對於主權與固定邊界的現代理解，已經擴展到整幅亞洲地圖上。英國人併吞阿拉干、丹那沙林後，與暹羅變成了鄰居，隨後英使亨利・伯尼（Henry Burney）便於一八二六年向泰國朝廷解釋道：

> 盡快在暹羅領地與我們所征服的丹那沙林沿岸地區之間畫分正規邊界，是一件好事……我又補充道，英國殷切期望能夠好好與暹羅共處，成為好鄰居、好朋友，希望暹羅不要像以前那樣子不安定、不友好；出於這個原因，我們很希望能確定各方的邊界與權利，由此避免出錯的可能、預防我們手下官員之間出現摩擦或糾紛。（Burney, 1971 I, 85-6）

確立邊界一事，雖遠遠早於歐洲人可能在東南亞建立國家的想法，但是此事的長期意涵是十分強烈的。

「努山達拉」：從多個政權到二個政權

　　東南亞半島區南部，以及從蘇門答臘延伸至帝汶及摩鹿加的群島區，曾經涵蓋著全東南亞政治上較為分裂、文化上較為一致的那一半。爪哇海形成了自然交流互動的「地中海」世界，同時，麻六甲海峽和新加坡海峽由於在世界貿易的重要角色，也都是自然的樞紐區域。馬來文作為商業的語言、伊斯蘭教作為商業的宗教，被使用的範疇從海峽地帶一直延伸到爪哇海諸港，為這片地區賦予某種連貫性，而這片地區即是歐洲人所謂的「東方群島」或「（東）印度群島」，或是英國人後來所謂的「馬來世界」。「努山達拉」（Nusantara）原意是「中間諸島／群島」，這個詞有時被當作必需的本土詞彙而為人所使用。摩鹿加的香料確保了持續的海洋交流圈，會擴張到那片東方邊疆地帶，但又不會超出此限。那個世界是一個政權與民族的聚寶盆，而到二十世紀時，它終於區分成為兩個國家，也就是馬來西亞與印度尼西亞；但馬來西亞與印度尼西亞這兩個詞彙，最初其實都是人為對整塊區域進行的學術性抽象命名。

　　十九世紀時，這裡的邊界是由英國人和荷蘭人協商出來的，此時英國已晉升為區域霸權，而此刻的荷蘭則是虛弱許多的英國盟友。過去，荷蘭東印度公司曾與許多努山達拉地區「門戶」統治者簽訂排外條約，而事實證明，承繼所有這類條約的尼德蘭印度政府是個善妒的傢伙。拿破崙戰爭讓荷蘭商業霸權的崩潰成為定局，導致英國人暫時占據某些荷蘭據點，而且還有些人想要讓英國長久地占領。年少志高的英國爪哇總督史丹佛‧萊佛士深信英國在此地區擁有天命，他宣稱荷蘭東印度公司的壟斷專賣只帶來悲慘與痛苦。可是，拿破論戰爭之後的英國外交決策，是歐洲必須有一個強大且擴大、包含比利時在內的尼德蘭存在，以作為針對法國的緩衝國。於是，公元一八一四年的《英荷條約》（Anglo-Dutch Treaty），讓荷蘭在東南亞地區的資產全數得以恢復。失望的萊佛士被任命為明古魯總督，明古魯位在蘇門答臘地震頻繁的西南岸地區，是英國委靡不振的胡椒事業據點；即便如此，萊佛士依然傾盡全力讓英國的影響力能夠延續下

去，尤其是在活躍的麻六甲與新加坡海峽地帶。

積極學習馬來文的萊佛士深諳海峽北端亞齊的重要性地位。一八一九年時，萊佛士與他認定為正統的亞齊王位競爭者——蘇丹柔佛阿朗（Sultan Johor al-Alam），簽署了頗有展望的互相支持條約。萊佛士也知道，被他稱為《馬來紀年》（Malay Annals）的麻六甲編年史裡面，曾講述古代新加坡身為某海洋政權首都的故事，這個海洋政權連結了麻六甲馬來世系與古老許多的三佛齊（巨港）。萊佛士或許並不知曉，新加坡南邊錯綜複雜的淺灘與島嶼，導致要通過這個世界貿易最重要的咽喉點，最靠近新加坡島的海路其實是最安全的航運通道。萊佛士與新加坡一帶馬來諸酋長簽訂的條約（見本書第十一章）其實頗有可質疑之處，且此舉激怒了荷蘭人，因為荷蘭人已重獲在麻六甲的據點，並且認為新加坡屬於「他們的」部分地盤。可是，荷蘭人卻錯失掃除英國人據點的契機，結果英國據點的成長十分迅速，很快便證明此地的價值之高不容英國人輕易放棄。在雙方激烈的你來我往之下，無可避免地導致另一波的殖民畫界。

英、荷雙方的殖民畫界是以一八二四年《倫敦條約》（Anglo-Dutch London Treaty）達成共識，這份條約也是最終馬來西亞、印尼兩個國家成形的基礎章程。英、荷《倫敦條約》決定，麻六甲與新加坡海峽的這條幹道也會化作一條邊界。荷屬麻六甲與英屬明古魯互相交換主人，英國同意不會進一步在蘇門答臘展開殖民活動，也不再跟「任何土王、土酋或土邦」締結條約；反之，荷蘭也同意不會在半島區有同樣的行動。英國對新加坡、檳城、麻六甲附近前荷屬領地等島嶼的所有權，由此得到確定，之後，這些地方集結起來變成了「海峽殖民地」。一八一九年萊佛士與亞齊訂定的條約，與一八二四年《倫敦條約》並不相容，於是，經過機密訊息往來之後，英國承諾會將前者調整到無實質意義的地步，荷蘭則試圖讓亞齊「在不喪失任何獨立性」的情況下，成為一個更穩固安全的貿易區域。結果，英荷雙方的承諾其實都沒有執行，而各方勢力最終都意識到，亞齊實處在勢力交界處，亞齊的首要貿易夥伴——英屬海峽殖民地，以及亞齊最大的軍事威脅，都因為條約限制而無法對它出手干預。

荷蘭的領導人希望一八二四年條約可以為他們在東南亞群島區的逐步擴張，帶來更多英方支持，但是，雙方的爭議幾乎打從第一天開始就沒有停過。荷蘭決心要推動工業化，並且將亞洲領地變成處境掙扎的荷蘭紡織工廠的輸出市場。荷屬印度對英國紡織品等製品採取差別待遇，而每當荷蘭人要延伸控制範疇，海峽地區的商人便會抗議，表示此舉會危及他們在蘇門答臘、婆羅洲等地的自然市場。海峽商人的抗議延緩了十九世紀中葉荷蘭的推進，並促使荷蘭人在蘇門答臘運作一套比荷屬爪哇更加開放的經濟。

麻六甲海峽一帶的商業競爭愈來愈劇烈，英國在權衡之下判斷荷屬蘇門答臘是最佳的選項，於是在一八七一年時簽訂了補充一八二四年條約的英、荷《蘇門答臘條約》（Sumatra Treaty），此約容許荷蘭在蘇門答臘能為所欲為地統治，但交換條件是它必須對自由貿易有更多保障。歷經十八個月之後，荷蘭倉促而慘烈地對亞齊用兵；此時，英國則在今日西非迦納（Ghana）埃爾米納（Elmina）的荷蘭堡壘處發動阿散蒂戰爭（Ashanti War），作為亞齊事宜對英國的某種（未經承認的）補償。「現實政治」的果實真是相當苦澀。

起初，英國重視東南亞半島的價值，只是因為此地具有戰略性的港口；然而，到一八七〇年代時，海峽殖民地的商界遊說、錫貿易的吸引力、馬來及華人政權的分裂等等因素結合起來，促使英國前去「保護」馬來內格里，保護了一個接著一個。最初四個接受英國駐員的馬來內格里，是霹靂、森美蘭（Negri Sembilan）、雪蘭莪以及彭亨，它們必須遵循英國駐員關於「除馬來宗教及馬來習俗事宜以外的一切事務」之建議。對於英國人的安排，多數的內格里統治者（隨後成為蘇丹）都因為慷慨的年度津貼而算是甘心接受。而用區域性標準來看，這裡僅僅需要英方提供少量軍力就可以折服那些不滿的對手或敵人。雖然就某種層面看來，這些內格里仍然是主權實體，但是它們在一八九六年時被英國進行「聯邦化」，納入一個近似於國家的政治實體，稱為「馬來聯邦」（Federated Malay States），首都則定在吉隆坡（Kuala Lumpur）。在一九〇九年受到英國

「保護」之前，吉打、玻璃市（Perlis）、吉蘭丹、登嘉樓這幾個北方的內格里，已經在暹羅的支持下開始進行現代化；它們聰明地仿效柔佛的前例，退出這個聯邦，增加了五個主權不確定的「非聯邦國家」（unfederated states）。

在一八二四年邊界的荷蘭勢力這方，荷蘭人最大的憂慮莫過於歐洲冒險家或是急於尋求外國盟友的當地羅闍，會將第三方歐洲勢力帶進東南亞群島。十九世紀時，這種歐洲人冒險家與地方羅闍數量還真不少，但其中唯一一位成功建立自己事業王朝的歐洲冒險家，是詹姆斯・布魯克（James Brooke），他重要的資產是他挑選的婆羅洲北岸地帶，這裡位於爪哇海的「荷蘭湖」（Dutch lake）核心之外；布魯克另外一項重要的資產，則是英國對他的放任與縱容。布魯克的武裝僅有一艘砲艦，這是他用三萬英鎊遺產買來的，但就光憑著這艘砲艦，布魯克就有能力在砂拉越河流域的當地衝突中扮演影響局勢的關鍵角色，讓自己在一八四一年時被任命為汶萊蘇丹的代表。布魯克擔任了河流上游達雅族人、沿岸馬來貿易商、華人礦工之間的裁判人物，他的技巧靈活嫻熟而得以持續掌控住局勢，並且以門戶內格里的風格自封為「砂拉越羅闍」（Raja Sarawak）。布魯克算是走運，因為一八四〇年代的倫敦當局正對於荷蘭的排他政策頗感挫折。一八四四年時，英國政府任命布魯克擔任英國派至汶萊蘇丹國的專員，並偶爾在對抗海盜的前提下對布魯克提供軍事援助；此外，英國還在一八六三年時，以派遣領事的作法正式承認了布魯克的砂拉越「王國」（raj），甚至在一八八八年時將砂拉越王國變成英國的保護地。布魯克的外甥羅闍查理（Raja Charles，1868-1917 年在位）將砂拉越發展成現代模樣，成為一個「文明」但同時具有異國情調的國家。羅闍查理扮演的角色，一部分是個孜孜不倦的官員，另一部分是個既有魅力又華麗的蘇丹，就像柔佛的馬來蘇丹那樣。於是，砂拉越王國將英、荷的「界線」再往東邊延伸，並且開闢出它的第一片陸地邊疆。

婆羅洲北部人口更稀少、更處於無國家狀態，所以冒險者必須向汶萊或蘇祿的蘇丹申請體面的藉口，來為自己的侵略遮羞。汶萊內格里在本身

的現代化以及與強勢的英國人結盟以求擴大影響力的進展緩慢，結果它變成婆羅洲三個政權之中最小的那一個，且最終於一八八八年被英國人所「保護」。

北婆羅洲特許公司（North Borneo Chartered Company）將「文明」帶到了那塊區域，並獲得英國的認可；相較於砂拉越，它的浪漫色彩更低、商業性更高。德國的崛起加上它急於強化邊界的企圖，導至一八八五年的《馬德里協定》（Madrid Protocol），該協議認可了西班牙握有麻煩的蘇祿群島，相對的，西班牙則將在婆羅洲可能的領地全數讓給英國。如此一來，英國邊線一側的整片區域，在鬆散的英國勢力網內充滿著不一致的差異個體（asymmetric anomolies），它們之間的共同處在於，這些差異個體都以馬來語和英語作為通用語、用海峽殖民地貨幣作為通貨、以新加坡作為國際樞紐、擁有多樣的華人社群作為經濟主力。有一群基督徒福州農民，建起了砂拉越的第二大城詩巫（Sibu），同時，處境艱困的北婆羅洲菸草種植園，則招募客家人前來務工。盛期殖民主義並沒有讓這片馬賽克拼圖的模樣，變得比較像是一個單一國家。

相較之下，雖然荷蘭人的資源相當困窘，但他們的作為具有許多強烈的目的。布魯克與其仿效者迫使荷蘭將重點放在婆羅洲剩餘地區的河口，荷蘭人企圖將此地各個內格里集結成一套條約體制，並且探索可能的流域，以防範追尋礦產財富的歐洲投機者捷足先登。至一八八九年，荷蘭人已經準備好要透過一個訂界委員會，畫分出一道具體而有效的英、荷邊界，此番畫界的成果，最終成為日後印尼與馬來西亞兩國的邊境。落在東南亞半島與婆羅洲之間的納土納（Natuna）群島和阿南巴斯（Anambas）群島，雖然位於「新加坡海峽以北」——「新加坡海峽以北」這項條款，也曾被用來論證砂拉越不處於荷蘭勢力內的事實——但是，由於投機者與冒險家會經過這些地帶，於是納入荷蘭的地盤，理由是它們與昔日廖內蘇丹國的微弱關聯性。在隨後正式的一八九一年《英荷條約》當中，長達兩千公里的陸地邊界獲得雙方同意，這條邊界是循著兩大水系的分水嶺而畫出，這兩個水系的河口則分別為英、荷雙方所控制。然而，這條邊界真正

被調查探勘，其實是二十年後的事情，至於當地大多數居民要得知自己是位於英、荷哪家的地盤上，那更是很久很久以後的事。

十九與二十世紀之交東南亞群島世界的轉變，劇烈程度遠大於其他地區，此時的荷屬印度實際上已成為一個國家，即未來的印度尼西亞。荷蘭人長時間從事亞齊戰事帶來的消耗，讓荷蘭決策者決定唯有直接訴諸優勢武力才能讓這些島民願意合作。而透過羅闍所進行的間接控制，既不足以發展經濟、也不能夠達成「教化使命」（mission civilisatrice）。使用殘酷武力一舉終結亞齊戰爭的人物，是范赫茨（J. B. van Heutsz）將軍與伊斯蘭專家克里斯欽‧赫格羅涅（Christiaan Snouck Hurgronje），後來，兩人於一九〇四年分別被任命為總督與伊斯蘭教顧問，再度用同樣的手段對付剩餘的荷屬印度地區。機動的軍團兵員多是印尼人，他們在這片廣大的荷蘭地盤內擊潰反抗勢力。亞齊境內的所有「烏勒巴朗」和其它地區絕大多數的「內格里」，被迫簽署一份「簡短宣言」（Short Declaration）：他們的領土會構成荷屬印度一部分，且他們必須遵從荷屬印度政府的指示。至此，訓練有素的荷蘭殖民「內部行政官」（Binnenlandse Bestuur）得以任意設置於群島區各處，構築如鋼鐵般的專業人員網絡，統治著當時依舊極為多樣的民族與體制。

遠及婆羅洲與峇里島的巽他古陸（Sundaland）、包含澳洲與新幾內亞的岡瓦納古陸（Gondwanaland），從兩個板塊之間的深海槽「華勒西亞」（Wallacia）往東走，創造「努山達拉」內部文化共同性的那些要素就會迅速減損。香料貿易在摩鹿加群島造就出一些非常多元的內格里，其中德那第與蒂多雷的均衡局勢尤其著名；不過從摩鹿加再向東行，那片區域甚至沒有任何類似國家的階級雛形，可供來到此地的外來者交涉。因此，印尼那些最棘手的邊疆地帶，是在毫不熟悉當地狀況、未諮詢當地人期望的情況下，由帝國在未知領土上畫定出邊界。顯而易見，當地人最大的期望是被丟在一旁。數百年來，當地人成功地抗拒了國家式的組織，而他們還會繼續這麼做下去。

荷蘭人與葡萄牙人之間的那條邊界，處理起來比較沒有那麼麻煩。荷

蘭東印度公司在十七世紀時奪下所有重要的葡萄牙人據點，並且壓制那些地區的天主教信仰。然而，在群島區的東南隅，一群被他人稱為「黑葡人」或「托帕茲」（Topass）的混血天主教族群依然存在著，「托帕茲」源自馬來語帽子「托庇」（topi），因為這群人自豪於穿戴歐洲風格的帽子。托帕茲人從佛洛勒斯島東部的主要根據地拉蘭杜卡出發，在整片帝汶地區組成強大的聯盟，並於兩百年間主導著當地的檀香木輸出業。荷蘭東印度公司於一六五三年在帝汶西部的古邦（Kupang）建立堡壘，葡萄牙澳門當局則在一七六九年在帝汶東部的帝利（Dili）設置堡壘。但無論是荷蘭人還是葡萄牙人，即便表面上承認托帕茲人的「葡萄牙性」，但其實他們都沒有辦法控制住托帕茲人。可以預期的是，歐洲政府漸漸察覺到進行邊界畫定談判的需要跟權力。一八五〇年代，除卻帝汶中部與東部的主要盟友，葡萄牙人放棄了此外所有的領地所有權，不過談判依然在進行當中，直到一九一四年國際常設仲裁法庭（Permanent Court of Arbitration）最終判定一條將帝汶一分為二的現代邊界，將東帝汶與帝汶西北部的歐庫西（Oecussi）飛地歸屬於葡萄牙。雖然一九七五年至一九九九年間曾爆發意圖消除這條邊界的流血衝突，這條邊界至今依然是現代國家印度尼西亞與東帝汶（Timor Leste）之間的國界。

新幾內亞的瓜分，遠遠早於瓜分者了解這片區域和當地族群的時間。同樣地，英國與荷蘭又是主要的競爭對手，只是這輪沒有像西部邊疆的新加坡一樣的高額賭注，英荷雙方這次是在為「想像的帝國」進行假想拳擊賽。自公元一六六〇年以來，荷蘭東印度公司便宣稱擁有在自身領地排除其他歐洲人的權利，此領地範圍延伸到新幾內亞，其根據是蒂多雷在當地掠奪奴隸與極樂鳥貿易之型態。不過，一直要到一八二四年「努山達拉」的瓜分熱潮出現，加上對「努山達拉」東延範圍的不確定性，參與爭奪的各方旗幟方才出現於這塊區域。英國人在一八二四至一八二九年間，曾三度企圖在澳洲北部建立第二個新加坡，然而三次行動皆以失敗告終；為回應英國人的舉措，荷蘭人則於一八二八至一八三五年間，在新幾內亞南岸設下據點。事實證明，兩國的冒險行動都是弊多於利且缺乏經濟效益，然

後也不受當地那些迴避國家的人民歡迎。這其實是事先就能預期的情況。然而，英、荷的作為其實符合了它們各自的主要目的，英國企圖藉此強化對澳洲的所有權，荷蘭希望由此強化對新幾內亞島及其延伸至一百四十一度經線範圍內的所有權——在早期荷蘭文獻中，蒂多雷維可知的商業範圍極限。

所以，這種狀況就繼續保持著，直到一八八〇年代德國快速崛起，參與了對這最後一片無國家淨土之競奪。俾斯麥（Bismarck）的政策是支持與保護特許公司，當中一間便是「德意志新幾內亞公司」（Deutsche Neuguinea-Compagnie）。於是，公元一八八四年時，德國國旗已飄揚在荷蘭勢力最遠經線的東北端，德國將這裡的島嶼命名為俾斯麥群島（Bismarck Archipelago），對面的大陸則命名為威廉皇帝領地（Kaiser Wilhelmsland）。英國母國對這件事情的關切程度，尚不如身在澳洲的英國殖民者。昆士蘭（Queensland）企圖先發制衡德國人，於一八八三年併吞新幾內亞南岸，此舉在一八八五年獲得英國的支持。至此，新幾內亞已遭到三方瓜分，各方勢力大致同意，以東經一百四十一度作為荷屬印度的東界。其中，唯有新來的德國人野心勃勃地在此進行殖民事業，鼓勵傳教並強迫島民在沿岸土地上工作。但是，在一九一四年世界大戰的一場前期小衝突當中，德國人把這片領土輸給澳洲，新幾內亞的內陸也就因此被放任不管，直到二次世界大戰期間淪為戰場為止。長久下來，這條被獨斷畫定的邊界，不只是成為印尼與公元一九七五年獨立的巴布亞紐幾內亞（Papua New Guinea）之間的國界，而且化作亞洲與大洋洲的界線。直到一九六〇年代，新幾內亞西側的居民才碰見開始在群島其他地區建立國家的勢力，對此，他們擁有非常充裕的理由可以拒絕。與本書下文的案例類似，帝國主義者這種獅子大開口、先發制人的占地盤行徑，對於企圖在此建立起民族國家的人們來說，遺留下不少問題。

最大的緬甸，苟全的暹羅

　　東南亞大陸區十九世紀的畫界分疆問題，挾帶新來的歐洲主權觀念，衝擊著世界秩序觀念極為不同的暹羅與中國。從前文所述亨利・伯尼的初次嘗試開始，英國就持續向暹羅當局施壓，要商討出一道具體的陸上邊界，但暹羅方面卻對此不能理解。暹羅政權的存在，是一個中心加上它的附庸與藩屬，而政權中心並不清楚後者確切的地理狀況。此外，如同某位暹羅大臣所指出：「暹羅人與緬甸人之間的邊界，是由山地與森林所構成……這不能說是專屬任一民族所有。」（引用自 Winichakul, 1994, 64）當暹羅人需要英國善意相待的時候，他們會請英國人自行去畫出邊界，然後再知會曼谷即可。曾有兩次是暹羅給予的居然比英國人索要的還要更多，以此顯示前者的慷慨大度。唯有到一八五一年蒙固登基為拉瑪四世之後，暹羅國王本人才了解到為何英國人狂熱於在山區界定出確切的邊線，並且企圖教育暹羅官員瞭解此事。到一八八一年時，蒙固之子朱拉隆功終於感覺有必須雇用英國測量員，培養泰國人繪製地圖的能力。英國人所畫出的邊界，整體來說是沿著區分注入泰國灣與孟加拉灣的河流分水嶺而定出；而在此之前，暹羅人從來沒有認真看待英國人實際是如何在山區畫界的。

　　英國人所定下的邊線，割裂了居住在山地邊界地帶、無國家且多樣的克倫族人，將其分屬於英國主權與暹羅主權之下。構成克倫人身分認同的少數共同特徵之一，就是反抗緬人的壓迫，尤其是對於雍笈牙王摧殘下緬甸地區後一七五○年代「雍笈牙飢荒」（Alaungphaya hunger）的歷史記憶。因此，英國人對抗緬甸的戰爭，獲得眾多克倫人的支持，尤其是最晚於一八八六年之前透過基督教學校與傳教士開發出的斯高克倫語文學，而產生獨特且一致族群意識的那些克倫人。因此，這種在克倫人內部、或克倫人與緬人之間擔任仲裁者的新類型（英國人）國家頗受到歡迎，這是過去同化取向的低地區文明從沒達到過的境地。雖然他們被低地緬人風格的佛教所同化的情況依然存在，但是克倫族群的不同命運，已經被某英國

作者的小冊《忠誠的緬甸克倫人》（The Loyal Karens of Burma, Smeaton, 1887）所塑造的典型確立了。

英國人是在公元一八八六年征服曼德勒之後，才開始面對緬甸北部山地的族群。他們宣稱自己統轄著這片廣大的高地，並承繼了從前緬甸的宗藩關係，由此，英國人起初是透過緬甸人的觀點去與高地人接觸，並且以緬甸人的方式稱呼後者，例如撣族、欽族、克欽族等。偶爾會向曼德勒進貢的傣語「勐」，以及其他位在昭披耶河上游與湄公河的傣語族群，全部都自稱為傣人。這些傣語族群的世襲領袖有曖昧的雙重角色，對稱呼他們為「索巴」（sawbwa）的緬甸國王來說，這些人是藩屬，然而對於稱呼他們為「詔法」（saopha）傣族村民來說，這些領袖是對外代表他們的人。此外，英國人也需要將「緬甸撣人」與暹羅及中國的傣語族群區分開來，並且培養與「索巴」的關係，以此作為進入他們社會的切入點。上座部佛教和灌溉稻米農業，是撣人願意與低地緬人合作的因素；可是語言與歷史記憶的差異，依然使撣人與低地緬人之間的差別大到足以受英國人承認的地步，而英國人則逐漸自我定位為涵蓋各族群的保護傘以及仲裁者。另一方面，英國人在北方山地所遇上的情形與克倫族雷同。欽人和克欽人也是沒有國家且多樣的族群，他們的共同身分認同主要起源於他們對低地宗教與國家統合的抵抗。欽人及克欽人願意接受一個遙遠的帝國政府把他們放到與緬人同等的地位，即便這個帝國同時限制他們的某些暴力行為，並獨斷地將他們與新邊界彼端的貿易夥伴拆散。自一八九○年始，事實顯示，欽人及克欽人有接受基督教的傾向，也願意被招募為士兵或警察，甚至在第一次世界大戰期間有傑出的表現。

英國人在印度、中國以及經定義後縮小許多的暹羅之間的這片廣大的空間，宣示自身（現代意義的）絕對主權，將緬甸締造為東南亞第二大的國家。英國人循著分水嶺來制定邊界，由此將國家空間擴展到遙遠的山地，超出過往所有東南亞王權所能覬覦的程度。位在山地另一側的，乃是印度以及中國，印度同樣也被英國測量員所輕易處置，中國則有它自己一套對國家與國界的獨特理解，此事見於後文。

十九世紀東南亞大陸區地圖畫定背後的戰鼓聲響，源於英、法的競爭。英國人將印度視為他們的堡壘，這處堡壘雖有喜馬拉雅山屏障，但保護並不充分。英國的政策始終是讓弱小或友好的勢力占有印度邊界以外的區域，並積極避免競爭對手的染指，特別是法國、俄國以及後來的德國。緬甸錫袍王之所以必須打垮的原因，是他一直在招引法國人的興趣。法國人也下定決心要彌補他們先前喪失的印度領地，獲取有力據點以確保與中國的往來，並且竭力在亞洲達到能與英國分庭抗禮的態勢。法國人在越南找到了這個有力據點，這裡離印度夠遠，英國的反對至多不過是虛文，競賽於焉展開。英、法雙方以排除對方為目的，將自己想像的邊界擴展到最大限度——除了一個位於中間的倖存緩衝國以外。

藉由我們在第十一章提及的那些技巧，暹羅成為了那個英、法勢力中間的緩衝國，它放棄以往擴張的壯志，以換取核心區域的安全與安定。在十九世紀大半時間裡，暹羅對於英國消滅緬甸威脅並鞏固西部邊疆一事頗懷感激。法國人的情況就不同了，法國人不僅在柬埔寨重振越人的雄圖，還將湄公河視為法國人通往中國的大道。高棉王諾羅敦也許曾希望維持曼谷與西貢微妙關係的平衡，卻在一八六三年時無奈地成為法國保護地，因此最終切斷與泰國的關係。反過來，一八六七年的《法暹條約》（Franco-Siamese Treaty）說服暹羅接受法國此舉，這份條約使暹羅將馬德望（Battambang）和暹粒（Siemreap）納入主權，包含擁有重要象徵意義的吳哥窟。柬埔寨王室倖存下來，繼續作為家長式主義的一部分，這件事強化了高棉的階級體制，至於現代經濟問題，則得另待他人發展。

一八六六年至一八六八年的湄公河路線探勘任務，有詳盡的文獻記載。探險隊必須用拖曳的方式吃力地讓船隻渡過對上游地區自主性構成障礙的孔恩（Khone）急流。湄公河路線雖不利於航運，但如今湄公河下游已落入法國人掌握，成為他們與英國人全面競爭的一手好牌。此外，法國人必須控制住湄公河東側的「勐」，以免這些地方成為反對法國的越人避難所。湄公河上游的傣語諸勐在必要的時候，會向曼德勒、河內、龍坡邦、曼谷、雲南中國官府遣使進貢以示順從，小心翼翼地保衛著他們的自主地

位以及這些低地區之間的商業媒介角色。一七七九年與一八二八年的暹羅征伐行動，讓永珍幾乎淪為廢墟，暹羅也藉此強力地宣示其握有湄公河上游。朱拉隆功王在一八八五年時曾宣布：「泰人、寮人、撣人全都認為他們屬於同一個種族／民族『查特』（chat），他們全數遵奉朕為至高無上的君主、是他們福祉的保護者。」（引用自 Winichakul, 1994, 101-2）這段話所表達的思想伏筆，將會在下個世紀化為錦簇盛開的種族意識型態。朱拉隆功堅信，寮人在面對法國這個更大的異邦時，終會忘卻他們過去敵視泰人的傳統。為了預防法國利用河內的宗藩關係，曼谷於一八八○年代曾兩度派遣軍隊前往湄公河上游，以模仿現代主權的方式集中從事當地的地圖繪製與行政改革。不過，此一情勢最終仍是靠純粹武力底定。

暹羅在此爭議地區增兵帶來的小幅優勢，最先被法國更強大的海軍壓倒。緊張氣氛在一八九三年達到最高點，雙方針對湄公河上游一塊無人居住的沙洲爆發衝突，法國砲艦駛入昭披耶河，迫使朱拉隆功同意進一步割讓。一直以來，英國在印度的官方看法，是要盡量讓中國與暹羅所宣稱的領土空間達到最大，為英國與法國邊界中間安排緩衝區。但是，倫敦方面卻拒絕了暹羅訴求英國保證其領土完整以抵抗法國的請託，還警告暹羅最好接受法國在湄公河地區的要求。於此，英國再度將一條水路認定為便利的「自然」邊界。在英國支持暹羅最基本的生存以將它當作緩衝國，然而卻不願因此與法國產生邊境衝突的關鍵時刻，故事發生了轉機，在探險者奧古斯特·帕維（August Pavie）的支持之下，一個重生的寮國出現，以作為涵蓋其境內多個國王與其隸屬農民的另類「保護地」形式；可是，永珍雖然獲得重建而成為寮國首都，但大多數寮人如今居住在湄公河西側，並受到強烈導引而漸成為東北「依善」泰人。

事實呈現為法國的自負反而變成暹羅的福音，因為法國人的獨斷，刺激暹羅掙扎地發展為一個新而密實的現代民族國家。英國人在半島區的怯懦，反而導致了更重大的問題。暹羅的南部邊疆吞併從前馬來與穆斯林附庸國地區，但這些地方的人不可能像上座部佛教徒一樣被同化。目前的泰國與馬來西亞邊界，是在公元一九○九年的時候確立，這是英、法坦

承了他們在爭議地區的野心而雙方關係改善稍後的事情。一九〇二年時，英國針對依舊是暹羅藩屬的馬來諸國進行比較務實的協商，至此，只要當地能夠派遣英國駐員來指導蘇丹，暹羅在此的主權可以獲得確認。雖然北大年與新加坡懷抱著期望，但由於此時北大年已不再有蘇丹，所以它並沒被包含在這項混合的安排之內。到這裡，我們應該把開始「北大年」拼成Pattani，以表示北大年最終確定被暹羅／泰國吞併一情，然而北大年對此懷恨在心。

這項混合安排在一九〇九年時結案，吉蘭丹、登嘉樓、吉打、玻璃市成為受英國保護的蘇丹國。與此同時，由於放棄湄公河上游與昔日的治外法權，法國人為柬埔寨取得馬德望和暹粒作為補償；於是，法國學者立即採取行動，以家長式作風扛起修復吳哥「失落文明」廟宇的任務。

西發里亞體制與中國

在無國界高地人民的另一極端處，中國的普世帝國（world-empire）也受到平等主權兼絕對主權的新觀念衝擊。對於東南亞人來講，中國在十九世紀開放貿易之後，「朝貢」體制所剩無幾的部分也喪失了經濟方面的必要性。正如我們在第十一章所見，最後一個不與中國毗鄰而遣使朝貢的國家，是一八五二年的暹羅，那次暹羅遣華使節的目的是為宣布蒙固登基的消息。清代末期最後幾十年間，中國進行了外交現代化，以求與歐洲國家在平等基礎上交涉，但中國在面對昔日藩屬的時候並不能有同樣的表現。一八九〇年代時，英國曾考慮將中國納入能保證暹羅獨立性的列國行列，但因為中暹關係處在曖昧的狀態，之後依然停滯於此狀態，所以英國無法辦成這件事。在列強當中，英國最有興致支持滿清政權，將它作為對抗俄國等勢力的進一步緩衝，所以，英國對於中國西南部眾多的穆斯林與抗清叛黨沒有給予任何支持。公元一八八五年征服曼德勒一事，為英國帶來極其複雜的邊界問題。

一七六〇年代中國對緬甸慘痛用兵過後，上緬甸與雲南之間的跨陸貿

易重要性，驅使商人尋找恢復中緬關係的方法。一七六九年開始協商締和事宜，然而其結果是炮製出內容相距甚大的文件，以滿足各個自負的朝廷主事者。中國史料明確記載緬甸要來使進貢，但緬甸國王其實僅僅同意每十年派遣一次「親善使節」。後來，清廷發現緬甸竟然沒有遣使來華，於是將邊界關閉，直到一七八七年，急切恢復商業的雲南貿易商組成一支極為尊敬的冒牌「中國」使節前往緬甸首都，邊界方才重新打開。由於中國貌似願意踏出雙方平等關係的第一步，緬甸覺得可以根據自己所認知的平等基礎恢復派遣雲南的使團。緬甸最後幾次遣使中國，分別是在一八四三年、一八五三年以及一八七四年。

中緬之間溝通不良的狀況，在一八八五年英國征服曼德勒期間再次上演。中國外務大臣根據朝貢關係的基礎，拍電報向倫敦宣示中國對緬甸的主權，並且威脅要出手介入。緬甸與印度的英國當局檢選出緬甸方面的文獻，宣稱緬甸遣使是基於中、緬的平等關係，然而中國方面與英國的漢學家引用的中國文獻內容卻恰好相反。倫敦決定妥協，並於一八八六年與北京當局簽署條約，作為中國承認英國在緬主權的回報，倫敦當局接受：「緬甸有十年遣使中國獻上土產的習俗，據此，英國同意緬甸當局應當每十年派遣使節至中國，而使團成員必須是緬甸人。」（引用自 Myoe, unpublished, 3）事實上，隨著清帝國開始崩解，緬甸之後再也沒有向中國派過使節。即便中國情況是穩定的，要在那片緬甸與中國皆沒有進行有效統治的無國家高地區進行畫定邊界，也是極其費力的事情。唯有到抗日戰爭期間，英國與中國的重慶國民政府雙方，才根據一九四一年國際聯盟委任邊界委員會安排獲得共識。

現代化的暹羅及緬甸宮廷認為「朝貢」體制已經不合時宜，但越南的嗣德帝阮福時卻決定兩害相權取其輕，尋求重振中、越關係以對抗法國人。嗣德帝首先請求中國協助鎮壓從邊境山地竄入的中國叛軍，這件事使清政府得以在一八八〇年告知法國，中國是越南的宗主國，而且達成了對藩屬應盡的責任。即使如此，法國仍於一八八二年出征東京，無視中國方面的抗議。北京當局的回應強硬，從雲南派遣軍隊跨越邊界進入越南，

並與法國軍隊數度爆發衝突，並於一八八五年升級為清法戰爭。一八八五年六月簽訂的《天津條約》結束了這場戰爭，中國同意從越南撤回軍隊，並且尊重法國與越南統治者（包含法屬保護地）簽訂的一切條約。「中國」（天下正中的國度）將它抱持的不對等觀點，用優雅而詭異的文字表達出來：「往後涉及中國與越南關係之事宜，其性質不應有悖於中華帝國之尊嚴。」實在諷刺的是，隨著「中華天下秩序」理論的消亡，唯一一個支持北京政府觀點的東南亞政權，竟然是越南這個為自主與平等地位與中國頑強奮鬥達千年之久的國度。

打造國家基礎建設

歐洲對東南亞的帝國主義統治其實為時頗短，大約是從公元一八八〇到一九四〇年。經濟上，這是一段令人沮喪的停滯時期（見本書第十三章），民族主義的歷史書寫企圖將這段時期講得很不重要或是醜化。然而這段時期造成的影響十分深遠，原因在於它將東南亞帶進理論上主權平等及絕對主權的新世界秩序中，而日後的東南亞民族主義者也全心全意地擁抱了這套秩序。這裡的轉型，是靠歐洲帝國屬國那種全球化的民族主義（globalized nationalism）所驅使，而這種民族主義確保了東南亞的多數資源，會被用來進行國家基礎建設，由此將這套新秩序帶入被西方武斷畫定的東南亞地圖的每一個角落。

十九世紀最積極的帝國擴張主義者中，有一群人追求的是獲得保障來進行電報線與鐵路等等基礎建設。電報的出現造成全球通訊前所未見的迅速便捷，使得盛期帝國主義及全球新秩序得以實現。東南亞第一條電報電纜出現在一八五六年，連結了巴達維亞（雅加達）與茂物（Buitenzorg/Bogor），後來暹羅與緬甸也架設起當地的電報線。距離全球第一條跨大西洋電纜設置才剛經過七年時光，一八七二年年初已出現連接檳城、新加坡、西貢與印度、日本、歐洲的電報線。一八六九年蘇伊士運河開通，從歐洲到東南亞的輪船旅程距離頓時減半，每個歐洲海權國家都在發展自身

的航運線。一八七八年時，新發明的電報在新加坡現身，最晚在一八八四年時，爪哇島上也有三個城市已有電報營運。相較於十九世紀初期，這些電報連結使得駐地的殖民菁英得以「更加英國、更加荷蘭、更加法國」。

當科技革命遇上殖民盛期，結果便是讓東南亞被瓜分成為英國、法國、西班牙／美國的勢力範圍。十九世紀末德國後來居上之前，作為航運與製造業霸權的英國頗受益於低關稅制度。在英國低關稅措施的助力之下，新加坡成為東南亞地區航運的自然樞紐；法國與荷蘭的利益所在正好相反，它們利用人口稠密的東方殖民地作為其製造業產品的專屬市場。一八七七年法國紡織製造業者成功讓印度支那併入法國的關稅體制內，而自一八九二年以來，這種保護主義的關稅體制甚至更加提高。在一八六〇年代以前，越南與柬埔寨進口的製造產品絕大多數來自中國、新加坡和曼谷，但是到一九一〇年代時，印度支那的進口品已有百分之三十來自法國，這項比例到一九二〇年代達到百分之四十，至一九三〇年代則提升到百分之五十。相較於從鄰國進口，印度支那的消費者購買衣料等產品大概得多付出百分之十五以上的金額，法國對印度支那的大量出口順差挽救了它嚴重的收支赤字。荷蘭也決意利用殖民地作為專屬市場，將自己相對弱勢的本國紡織業產品輸出到那裡去（見本書第十章）。一九〇九年《潘恩—奧爾德奇關稅法案》（Payne-Aldrich law）規定菲律賓與美國之間不徵收關稅以後，菲律賓與美國巨大的市場緊密地連結起來，至一九二〇年時，菲律賓已有百分之六十二的進口品來自美國、百分之七十的出口品輸出至美國。

新加坡和檳城成為東南亞群島航運的佼佼者，而這對於企圖在島嶼區建立國家的荷蘭人構成特殊的問題，日後這將會繼續成為印尼的問題。英國與其他的國際航線使新加坡成為海峽地帶的關鍵轉口貿易站——而不是荷蘭東印度公司時代的巴達維亞，同時，當地的航線則被較小的華人輪船所支配。要等到公元一八八八年，荷蘭皇家包裹公司（Royal Packet Company, KPM）才在荷蘭政府與企業的充分支持下成立，並且成為國家整合的有力工具。一八九一年時，皇家包裹公司利用民族主義論點，從

英國人擁有的荷蘭東印度鐵路公司（NISM）那裡奪走郵務契約。隨著荷蘭對群島區的控制愈來愈強，海峽華人與當地統治者關係親密的優勢，被荷蘭政府與荷蘭人資產提供的舒適供應條件取而代之。皇家包裹公司到一九〇〇年時已有效地排擠了英國的競爭，後來則於第一次世界大戰期間被徵收，從而避免德國艦隊日益進逼的挑戰與威脅。荷蘭國會撥予皇家包裹公司高額補助，並且讓它壟斷所有的政府郵件與商務，以此確保泛群島網絡的中心最終是落在爪哇、而不是新加坡。荷蘭最難屈服的對手，就是由華人所有小輪船所組成的「蚊子船隊」（mosquito fleet），華人船隻多是自新加坡營運，它們的成本結構低廉，以盡量避開荷蘭人的方式造訪小港口。荷蘭皇家包裹公司難以掃除華人船舶，於是採取一個化敵人為手下的策略，購買以新加坡為基地的華人輪船，鼓勵以東印度為基地的華人企業去掌管，將此化為輔助皇家包裹公司的支線。一九二九年時，荷蘭皇家包裹公司旗下有一百三十七艘船，固定的客運與貨運行程涵蓋了整個東印度群島。透過政府對基礎建設的大規模投資，大型輪船可以直接在許多新建的港口區卸貨，諸如一八八六年起巴達維亞的丹戎不碌港（Tanjung Priok，1886 年）、泗水港（1917 年）、作為東部樞紐的望加錫港（1917 年）、還有供應棉蘭種植園地區的勿拉灣港（Belawan，1920 年）。皇家包裹公司致力進行垂直整合，還在婆羅洲東部開發出殖民地最大煤礦區，用來供應所需的燃料。就經濟層面來說，荷蘭皇家包裹公司其實就是個典型的殖民壟斷事業，它在一個靜止的階級體制內部塑造出技術的現代性，而這一體制對於本土企業而言是壓抑而非激勵的力量；雖然如此，荷蘭皇家包裹公司竟然造就出締建國家的奇蹟。

公元一九〇〇年左右，香港之於菲律賓類似於新加坡之於東印度群島的角色，以定期的輪船航線將各島嶼連結了起來。一九〇〇年以來的美國當局，引導巨額投資興建馬尼拉的深水港，如此一來，主要的航運線就可以直接駛入馬尼拉裝卸貨物。群島區變得愈緊密，那些事業就能夠愈成功，至一九三〇年時，馬尼拉已經是具有主宰地位的樞紐，占全菲律賓關稅收入的百分之八十。菲律賓中部及南部的沿岸貿易，則是由宿霧和班乃

島的怡朗主導，在民答那峨及蘇祿地區發展出一套輪船航線網，並載運米沙鄢的工人，擴張了定居農業及被國家併入的基督徒邊疆地帶，推進到先前大半尚未被併入、擁有多樣穆斯林與泛靈論文化的人口稀少地帶。昔日南端穆斯林中心對於穆斯林群島區的商業主導性，至此已實際上告終。

　　爪哇島和呂宋島在兩個殖民地裡扮演的角色某種程度上雷同，它們都發展出綜合的基礎建設，成為依舊高度多元的群島區的核心。赫爾曼・威廉・丹德爾斯在爪哇島上鋪設從巴達維亞通往泗水的郵務道路，於一八三〇年時已能在五天之內達成全程八百公里的快遞，這在十九世紀東南亞是一個特異的現象。徭役勞力也被廣泛用於建造與保養此幹道沿線的支線道路，這些支線將爪哇的重要城市全部連結起來，這些貨運道路足以應付各種天氣條件──此刻正值鐵路革命前夕。鐵路革命自一八六〇年代展開，此時建起了從幾個內陸中心通往巴達維亞、三寶瓏和泗水的三條鐵路；至一八九〇年代，又有兩條東西向鐵路連結上前述的路線，讓爪哇成為全群島區最有效率的整合經濟體。呂宋島的進度大約落後爪哇二十年，它在一八三〇年代建起一條郵務道路，另外還有一條「皇家大道」（Camino Real）從馬尼拉穿越北部伊羅戈斯沿岸，連結到肥沃的卡加延河谷。西班牙人在一八九二年開闢出一條從馬尼拉經過中央谷地抵達達古潘（Dapugan）的鐵路，這條鐵路在一八九六至一九〇二的動亂時期受害頗為嚴重，但它終究在美國人的主持之下延伸至比科爾半島（Bikul Peninsula）。如同爪哇的情況，河運因為森林砍伐與泥沙淤積而阻塞，此時鐵路可以取而代之；但是，與河運不同之處在於，鐵路運輸是國家營運的階層壟斷事業，此等情況與荷蘭皇家包裹公司並無二致。

　　在東南亞大陸區，相較於過去河運可能帶來的交通整合，鐵路帶來的整合有很大的不同。英屬緬甸不僅涵蓋大陸區最能夠通航的河流，還擁有伊洛瓦底船隊公司（Irrawaddy Flotilla Company）的兩百七十艘蒸汽船，至一九二〇年代時，據說它已成為全世界最大的內河航運船隊，就速度與效率而言差可比擬鐵路，然而也如同鐵路組織一樣是以英國人為尊的階級體制。不過，位於中心航道以外的非緬族區域，得等到一八七〇年代開

始打造的宏偉鐵路系統出現以後，才有接觸以仰光為中心的現代經濟的機會。很快地，仰光不僅在一八八九年時與新征服的曼德勒產生連結，日後又於一八九九年與克欽邦的密支那（Myitkina）、一九〇三年與撣人地區的臘戌（Lashio）、一九二九年與孟人與克倫人的中心─摩棉（Moulmein）相連。

相較之下，暹羅的運輸型態更加驚人，暹羅中部昭披耶河的繁忙交通，並沒有將東北方的寮國併入，因為寮國的天然幹道是湄公河，而如今湄公河的老大哥是法國人。出於戰略理由，暹羅最初修建的鐵路為一八九六年通往位於東北部湄公河分水嶺的那空叻差是瑪（Nakhon Ratchasima，呵叻），並於一九三七年延伸到孔敬（Khon Kaeng），以及一九〇七朝向暹羅當時還未失去的高棉省分差春騷（Chachoengsao）。一九〇九年通往程逸（Uttaradit）和一九二一年通往清邁的北部鐵路，當初也是因為軍事目的而興建，起初的收入遠遠不敷成本。南部鐵路則順沿半島區而下，於一九一五年通到素叻他尼（Surat Thani），三年之後鐵路已抵達邊界地帶，其目標是讓南方貿易能直接通往曼谷而遠離英國港口。暹羅鐵路是國家的重要利器並委任予德國技師執掌，因為德國人所涉及的政治利益低於英國或法國。此外，鐵路受到國家保護，免於因民主可能性而受到道路開發競爭的影響。總之，一九三〇年代暹羅人的平均鐵路使用率稍微高於鄰國，但是暹羅的鐵路覆蓋率卻只有緬甸和印度支那的六分之一。

印度支那的交通運輸整合，在一八九〇年就被大膽地規畫出未來前景，然而，這是一項艱難到令人驚嚇的任務，光是要將兩大人口中心連結起來，就必須穿越有無數氾濫危機的河流。全長一千八百公里的「跨印度支那大鐵路」（Transindochinois）是分段興建，其中投入龐大的政府補助並徵用越南勞力施工，終於在一九三六年將河內與西貢兩大人口中心聯繫起來。雖然這條鐵路的興建費用如同天價，而且鐵路貨運的成效始終比不上水路航運，但越南人倒是十分流行搭火車，百分之九十的鐵路乘客都是越南本地人。這條鐵路雖沒有開通到柬埔寨與寮國，但它卻實際上統合

了越南人，無疑有助於民族空間、而非帝國空間的概念性統一，也促進民族空間內部學生、記者、行動分子、革命分子的活動。

公元一九二〇年代，除了暹羅與爪哇以外，鐵路整合經濟的效率已經輸給了道路，因為山地、河流、叢林的物流運輸實在太過困難。菲律賓的美國人於一九二〇年代率先完成成效卓著的全國公路網，然而，建造全亞洲首屈一指公路系統的當屬法國人。法國人鋪設的道路功用在一九三〇年代時已超越鐵路，三萬八千公里長的公路連結起印度支那的五個行政區，其中少數道路使用瀝青、大多數則鋪石頭。有三條東西向的通道，將湄公河上游與海岸相連，並且在二十世紀初期使寮國與越南的關係更緊密，更勝寮國的天然夥伴暹羅。在爪哇與呂宋以外的群島區，唯有蘇門答臘擁有可觀的鐵路建設，蘇門答臘有三套分開的鐵路網分別將勿拉灣港、巴東港、巨港與它們的腹地聯繫起來。終於，至一九三〇年代時，道路系統整合了蘇門答臘與民答那峨這般廣大而多樣的島嶼，此外，道路開闢也使得愈來愈多的峇里島遊客得以從北邊的新加拉惹前往島嶼南部。

財政基礎建設的重要性也不遑多讓。自十六世紀以來，東南亞便屬於白銀流通區，至十九世紀時，西班牙和墨西哥銀元在東南亞各處仍然可以使用，再輔以各地區以銅、鋅為基礎原料製成的各式各樣錢幣。新興的國家一開始還沒強盛到足以拋棄舊幣模式，但它們也開始製造自身版本的西班牙銀元，那便是半島區的海峽殖民地銀元、後來逐漸被荷蘭盾取代的東印度「荷蘭銀元」（rijksdaalder）、印度支那的「皮亞斯特」（piastre）、菲律賓的披索、暹羅的銖。經常帶有民族特性的紙鈔，最早是在二十世紀初期引進東南亞，而且，各國紛紛將紙鈔轉換為金本位制，與具有國際主義性格的國家掛勾，並以紙鈔繳稅的方式強行在許多地區推行。新穎的銀行體制與稅制也被引進東南亞，這些措施的結果是讓各個經濟體彼此更緊密地結合，或者讓它們與國際主義國家關係更為密切、而與鄰國關係更加疏遠。

最後，在新設立的邊界內，不同的語言連結了不同區域的菁英分子。葡萄牙語、馬來語、阿拉伯語、英語、華語（尤其是客家方言）是通行東

南亞內外不同群體的通用語言，但是到二十世紀時，英語區、法語區、西班牙語區（在菲律賓倖存至二戰為止）、泰語區、荷蘭語區之間卻出現斷層線。這些語言也會在水準比較高的教育、行政、司法、商業領域使用。就範圍較廣的溝通來說，馬來語依然是「努山達拉」（包含英屬和荷屬）非常重要的通用語。印度支那的越南語以及緬甸的緬語同樣也獲得標準化，供初級教育與行政使用。源自阿拉伯文的馬來文、源於中文的越南文都經歷了羅馬拼音化，早期頗有助於商人、傳教士與後來的殖民官員彼此交流。到二十世紀時，這些經歷羅馬拼音化的語文已廣泛地在初級學校中教授成為知識分子和民族主義們的有力工具，用來把各種現代性的形式引介到他們的民族語言體系裡。

印度支那要有幾個國家？

在相互競爭的歐洲民族主義之間畫下的邊界，很快就被東南亞民族主義者當作自己命中注定的空間而擁護。現代國家地位的基礎建設保證了現代民族國家將會擁有與殖民國家建構計畫完全一模一樣的邊界；唯有法屬印度支那日後沒有成為單一國家，而是變成三個國家。法國人與反法的民族主義者都對他們要在這個新空間建設什麼搖擺不定，此事取決於他們認定主要敵人是誰。雖然法帝國的空間被區分成五個體制不同的單位（東京、安南、交趾支那、柬埔寨、寮國）與三個受保護的王權，然而此空間是作為一個絕對主權的新區域，受到法國官員的中央集權控制。一位法國人官員曾針對馬里查爾·德邁勒納詭異的「色當王國」堅持回應道：「印度支那的政治地圖上沒有空白處……沒有任何獨立部落存在的餘地。」（高級駐員 Rheinart, 1888，引用自 Salemink, 2003, 52）這個政治實體的官僚階級，是法國人在上、越南人在下；它的基礎建設則以河內—海防（Haiphong）與西貢的樞紐區為中心；它的學校建設以「印度支那」河內大學為最高成就，並透過法語的媒介將殖民地內各處人民聚到一起。換句話說，造就最大緬甸與最大印尼的那些要素，絕大多數也適用於印度

支那。

　　有感於朱拉隆功用力促成更廣大的泰人統合，某些焦慮的法國官員則企圖培養出廣大的越人身分認同（殖民時期稱為「安南人」），將阮朝遺緒發揮最大的地步。受到廣泛越人認同觀念教育的越南民族主義者，經常視自身的使命是將全印度支那從法國人手中解放出來；生活在永珍的一萬越南人（人數超過當地寮人）以及生活在柬埔寨的十四萬越南人，特別抱持著這樣的想法。印度支那共產黨（Indochinese Communist Party, ICP）於一九三〇年成立，日後它將成為這場革命的先鋒。

　　就情感面而言，整體風潮被成立於一九二七年、持種族民族主義（ethno-nationalism）立場、熱情澎湃的越南國民黨（Viet Nam Quoc Dan Dang）扭轉了。越南國民黨企圖讓十九世紀初以來便少有使用的「越南」一詞普及流行，用來取代「安南」，因為安南這個詞彙被法國人用作中部保護地的名稱、此前被中國用來表示臣服而愈來愈沒有價值。越南國民黨領袖阮太學（Nguyen Thai Hoc）要求愛國分子要能夠為了「越南」之名激烈奮鬥、慷慨赴義，他本人在一九三〇年被公開處決之際，仍高聲吶喊「越南萬歲」（Viet Nam van tue）！這種更具有種族性質的民族主義事件，雖然影響了包括年輕胡志明（Ho Chi Minh, 1890-1969）在內的青年共產黨人，但他們依然在蘇聯與法國共產黨的支持下，繼續追求印度支那的願景直到一九五〇年代。然而從根本上來說，印度支那共產黨本身一直都充滿濃厚的越南氣息，實在難以推廣給寮國與高棉的菁英，因為後者的民族主義傾向含有不少反越人的族群情緒。

新主權空間內的民族建構

　　主權空間具有的革命性概念將會在二十世紀改變亞洲。就理論來講，主權空間內的所有人都得遵循同樣的一套法律。低地區的菲律賓人與爪哇人除外，大多數東南亞人遇見現代國家觀念的時間，相對而言已是在現代國家觀念發展的晚期，十九世紀後期的現代國家早就已經放棄「舊制度」

（ancien régime）時代自然的階級體制與個人魅力。傳播這種新國家觀念的歐洲殖民官員，對於他們將亞洲人從貿易與產業的傳統束縛中解放的計畫，以及他們在科技與理性上的優越性有著無比的自信。雖然歐洲殖民官員似乎也在順應當地的本土習俗、宗教與階層，但他們之間的共通處仍然遠遠高於他們與被統治者的相似性，由此，歐洲殖民官員創造出一套高度集中化且統一的運作模式，隱藏於尊重本土傳統的表面底下。

　　這場革命對於無國家與高地區的人民所造成的變革，也許是古往今來最大的；在這之前，這些人們所知道的國家是港口門戶與定期的掠奪者，必要時可向國家進貢以調解關係、如果有利的話就被同化，除此之外便盡量迴避。如我們先前所見，無國家與高地區的民族極為多元、具有行動力、語言多樣，而且能夠接受任何他們所處的地方身分認同。殖民者的大傘，將這些人們明確歸屬於「沒有空白處」的新興絕對邊界內，但同時也為他們提供了一個機會，可以與低地被統合的人民擁有平等政治地位，甚至在某些條件下比低地人更具有特權。這些條件包含培養有教育水準的菁英分子，並且將他們和他們的語言定義為單位，規模大到足以讓殖民國家甚至外部世界能夠認識。行政單位、教育語言、教科書、人口調查、地圖繪製等等國家工具，逐漸造就出某種「民族創生」（ethnogenesis），於此，每個殖民空間都會承認幾個數量上可以掌握的標準化民族。

　　雖然這個時期的暹羅經常被人認為是按照它被殖民的鄰國形象而重新發明，但就這點來說，暹羅確實是獨特的。泰國皇室菁英的泰人佛教身分認同，很顯然是為現代化國家而設的規範，而其他人應當要能夠融入這個規範，僅有少數人（穆斯林）除外。因為通往菁英地位的唯一途徑是接受泰文，所以即便是人數與中部泰人一樣多的寮人／依善人，都必須學習第二身分認同，亦即單純作為泰人。二十世紀初期民族主義的到來，最初是來自暹羅皇室的推動，此民族主義的口號是「民族、宗教、王室」（chat, sasana, pramakakasat），而此三者所指的全都是泰族與佛教徒。雖然殖民競爭所導致的少數民族問題在暹羅最輕微，但是泰國對於少數民族問題的讓步也最少。

在緬甸與印度支那的人口與歷史上，緬族與越族各自占有主要地位，然而，殖民國家也確保了少數族群會被記錄、被分類，甚至被某種程度同質化，以成為不同於低地主流族群的民族。緬甸那種豐富多樣的情況，居然被簡化成八個「大族」，也就是緬族、孟族、撣族、克倫族、克耶族（Kayah）、克欽族、欽族，還有阿拉干的若開族（Rakhine）；即使如此，殖民地人口調查也承認，光是欽族底下便有多達四十個方言次級群體存在。公元一九八八年的緬甸軍政府，企圖否定一百年來的凝聚情況，宣布「緬甸一百三十五個民族」的統一，然而為時已晚。雖然英方地圖繪製與人口調查人員對每個族群內部的多樣性感到眼花撩亂，但英國計畫者很清楚低地區佛教徒與「特別區」（excluded area）之間的界線。低地區佛教徒包括緬族以及大部分的孟族和若開族，英國人宣稱這些人民都已經被併入緬甸王國；至於特別區，則是在一九二二年、一九三五年憲法規定下納入英國直接統治（地圖 12-1）。這些「特別區」或「規畫區」（scheduled area）占全緬甸百分之四十七的面積與百分之十六的人口，並且成為人類學者與傳教士的實驗場。在書寫文學成就斐然的助長之下，這些地區逐漸培養出自許為「大族」發聲的菁英分子。於是，政治上的國家建構必然變成一個聯邦的型態，以承認並容納這些不同的身分認同。

　　無論是分隔或是重塑為更大區塊，法屬印度支那都要比緬甸還更發達。早期的法國政策高度受到低地區既有想法的影響，天主教傳教士與越人群眾進入高地區，認定高地人是需要教導的野蠻人，需經過調教之後才有可能達到越人的水準。在一開始，今日的「中央高地」（Central Highland）東部是安南的華人所管理，華人會將森林產品運送到市場；中央高地的西部，則是被認定為寮國的一部分。保羅・杜默（Paul Doumer）大力推動印度支那行政中央集權化，於一九〇七年時設立三個新的高地省分，也就是波來古（Pleiku）、多樂（Darlac）和上全狔（Haut-Donnai），範圍包含了從前的寮國高地，儘管在名義上屬於安南保護國，但實際則是法國人在控制。在一九一三至一九二七年之間，管理多樂——即邦美蜀（Ban Me Thuot）的利奧波德・薩巴奇（Léopold

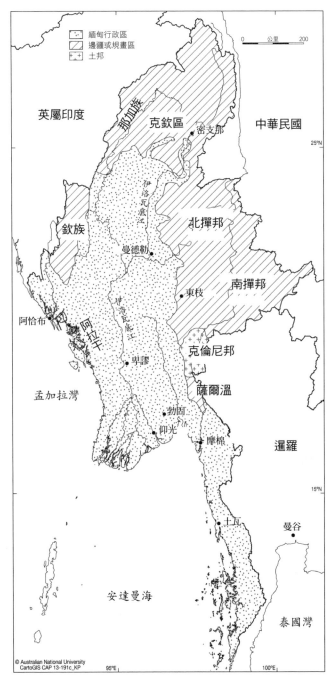

地圖 12-1：兩個緬甸：民族主義區與「規畫區」，一九三〇年代

Sabatier），以家長主義作風支持多樂地區的高地民族「蒙塔格納德」（Montagnard）形成獨立的身分認同，此外，薩巴奇也鼓吹以羅馬拼音的拉地（Rhadé）語言而非越南文進行教育。薩巴奇雖然奮力抵制法國人橡膠利益與越南人殖民者進入高地區，但隨著他的離去，高地區終於還是淪陷了。在法國人眼中，沒有被統合的高地人依然全部是「蒙塔格納德」，這大約是越人對「蠻人」（Moi）印象的小小推展；不過，學術界倒是把高地人分成五花八門的類別。公元一九八〇年代時，越南人口有百分之十三被官方認定為「少數民族」，而這些少數民族又被細分為四十八個族群，其中即使是規模最大的族群也少於全國人口的百分之二，無力對國家所下的定義做出反駁。

島嶼區國家被建設為兩個貿易帝國，其中巴達維亞和馬尼拉起初是不依賴任何特定內陸腹地的商業樞紐。即便是在十八、十九世紀，荷蘭人與西班牙人分別在爪哇與呂宋打造替代的經濟基地時，也沒有任何一個種族或語族擁有任何特殊的地位。所有的原住民都是「印度人」（荷蘭人稱之為 Indiërs，西班牙人則稱 Indios），或就是被稱為土著。對於殖民者來說，一邊是這些土著人民，另一邊則是歐洲人或華人商賈，是最重要的差別。因此，在殖民的傘狀組織之下，位於金字塔底部的不同族群之間具備固有的平等性。這種法律上的平等性預設了未來的社群想像，這種社群想像在東印度地區是由馬來文和荷蘭文所表述，在菲律賓則是由西班牙文及後來的英文所表達。種族民族主義的出現相當自然，爪哇人和他加祿人尤其是如此；但是，這卻完全比不上反抗帝國的民族主義（anti-imperial nationalism）更具有普遍性（見本書第十五章）。那種反抗帝國的民族主義，必須以中立客觀的方式命名，一旦人們對於「印度人」的稱呼感到不滿，那麼「印尼人」和「菲律賓人」就被人為設定成替代選項。

在菲律賓，沒有被合併的高地人以及南部的穆斯林，是處於民族身分認同的協商之外。然而在東印度地區，十六、十七世紀抗拒被併入伊斯蘭火藥帝國的高地人，卻發現二十世紀的他們可以進入這個新傘狀國家；而一旦他們的自我定義足夠廣泛而被國家所辨識，他們便能達到與昔日敵

人平起平坐的地位。蘇門答臘的米南佳保和曼代靈的穆斯林，還有蘇拉威西的米納哈沙族（Minahassan）基督徒，都有頗先進的教育，他們因此在公務員、教師、民族主義知識分子等新興受教育階級當中，占有過高的比例。時間較晚的峇里島人、蘇門答臘北部的巴塔克人、蘇拉威西的托拉查人、婆羅洲的達雅人最終也找出自己的方式，達到與爪哇人同等的地位，在荷蘭人口調查當中得以成為一個官方不精確地翻譯為種族的「隆達德」（landaard），印尼語的稱法則是「蘇庫」（suku），其意義為「群體的」。

「努山達拉」的英屬地區，依然是混沌多樣的情況。在砂拉越和北婆羅洲地帶，殖民體制將各個關鍵的宗教─語言群族，視為一個未開發政權內同樣必要的部分。東南亞半島區處於複雜的馬賽克狀態，其中包含三大國際主義殖民地，此處的亞洲「土著」在法律之下大約是平等的；另外還有九個受保護的蘇丹國，而它們的自我定義愈來愈「馬來」。這堆複雜紛歧的十二塊拼圖，從來就沒有被認定為一個單一國家，但它們擁有充足的共同處──即以英語和馬來語為通用語、英國制度、受承認的多元主義，雖然各自情況又有不同，但仍足以讓它們最終於一九六三年形成單一國家。較具大陸區風格的種族首要地位、與較具島嶼風格的國際主義之間的緊張關係，造就一股令人不安的動能，而這最終催生出東南亞最繁榮且最有秩序的兩個國家，即馬來西亞與新加坡。

國家，但不是民族

這段非比尋常的國家建構爆發期，集中在一八九〇至一九四〇年僅僅五十年間，之所以可能出現，正是因為建構國家的那些歐洲人員非比尋常的自信心，他們相信這些事是必須的、合理的、進步的。歐洲人引入的變革所造就的新結構，頗有效率但卻不被擁有、頗為熟悉但不受愛戴、能被了解卻不被同情。歐洲人有能力在象徵性的多元外衣下，於實際層面建立高度中央集權的國家，箇中原因正在於歐洲官僚與當地社會實情及文化規範是脫節的。要在各個結構內創造某種能夠引發同感的民族，這件事要

到二十世紀中期才會由民族主義者達成（見本書第十五章、第十九章）。從一個外來、被憎恨、人為的結構，轉變成為使人深感熱情的民族，此轉型歷程需要我所謂的高級「煉金術」（Reid, 2010）。事實證明且令人吃驚的是，造就此事的革命分子，比起從前的殖民者，在面對更巨大的困難與代價時，充滿了自我期許，竟然表現地更加自信。

第十三章

人口、小農化與貧窮問題：
一八三〇至一九四〇年

人愈來愈多

　　東南亞有溫和的氣候、豐沛的雨量、適合的土壤，然而一直到十九世紀初，用全球的標準去看，東南亞依然是人口極為稀少的地區。十九世紀初年的東南亞人口大約是三千兩百萬，大約只略高於全世界人口的百分之三；不過，這項比例到一九〇〇年的時候已經超過百分之五，至二〇一二年時則達到百分之八點三。公元二〇〇〇年左右，東南亞的人口數量超過了歐洲，並且逐漸縮小與中國、印度的差距；對比之下，一八〇〇年時，東南亞人口僅有歐洲的六分之一而已。讓人口史學者感到困惑的事情在於，東南亞人口飆升的情況在一八三〇年代便已然出現，且超出了十九世紀的歐洲人口成長速度，而當時歐洲被認為是發展成熟社會的「人口轉型」領銜者。一般認為，窮苦且傳統的社會的出生率和死亡率都很高；在社會漸漸變得富裕的過程中，因為營養提升（首要因素）、衛生改善、環境和平、疾病管控等因素而死亡率下降，至於出生率則需要再過一段時間才會有反應，下降到與死亡率達到某種平衡的狀態。因此，在這段轉型期間，人口會快速增加。十九世紀歐洲人口急速成長可以用這種方式解釋，但這卻沒有辦法解釋東南亞更加快速的人口增加現象。直到一九七〇年代

以前，大多數東南亞人的收入與福利幾乎沒有什麼提升。科學化的疾病控管在二十世紀時對人口存活率有很大的影響，這個情況無論在東南亞或東南亞以外的地區皆是如此；可是，在十九世紀的時候就很難有這樣的效果了。

爪哇也許是十九世紀人口成長率最高的地方，根據彼得‧布姆加德（Boomgaard, 1989, 166, 202）的計算，那個世紀爪哇每年的人口成長率有百分之一點四，但它在十九世紀前幾十年時比例低很多，到一八四〇至一八八〇年間，成長率則達到全球居首的百分之二點二一。幸運的是，爪哇同時也是紀錄最詳盡、分析研究最多的案例，雖然學者對於此事出現的原因持續有爭議。其中，經歷兩段戰爭破壞時期之後——第一段戰事終結於一七五五年《吉揚提條約》、第二段爪哇戰爭終止於一八三〇年——某種「殖民和平」（colonial peace）的奠定，確實是不容忽視的人口成長因素之一。爪哇的專制主義政權比其他地區還要更早確立，這個專制政權致力於安定、秩序以及確保國家對暴力的壟斷，雖然大幅減少了個人能動性與流動力的機會，但它也確實創造出某種形式的穩定，頗能提升出生率與減少死亡率。十九世紀初年，天花仍是致死的一大因素，但疫苗接種行動大幅降低它的致死率，最晚在一八八〇年，天花的致死率已趨近於零。我們現在或許還可以加上第三項因素，那就是一八三〇至一八八〇年間自然災害相對緩和的條件。公元一八一五年坦博拉火山的恐怖噴發，導致周遭地區人口減少（見本書第十一章），而一八二〇年代爪哇島其它的火山爆發以及爪哇戰爭則繼續摧殘著農業。然而就長時間的角度來看，從一八三〇年至二〇〇〇年，氣溫逐漸轉暖，再加上除了一八八三年喀拉喀托火山爆發以外沒有超級噴發，使得這整段時期的爪哇島環境相對溫和。如前所示，這個結論暗示爪哇從前也出現過其它的人口快速增長時期，只是被地殼活動事件造成的人口銳減所打斷。

十九世紀還有另外三個成長率超過百分之一的人口快速增加區域。菲律賓是其中之一，而我們可以用類似於爪哇的原因來解釋，菲律賓人口在十九世紀增長達四倍之多（爪哇人口在此世紀增加近六倍），到一八九八

年時總人口幾乎達到八百萬，只是一八九八年開始的五年卻經歷了戰爭、疾病與人口喪亡。日後成為馬來亞的半島區南部以及湄公河三角洲，是另外兩個人口迅速成長的區域，關於這個現象，我們可以用龐大的移民數量來解釋。十九世紀的緬甸、暹羅與越南人口都增加兩倍有餘，其中最主要的人口成長區域是南邊的三角洲地帶。相對穩定的政治情勢似乎是十九世紀人口增長的最明顯解釋，此事相對十八世紀的戰亂與破壞尤其顯著。

雖然我們對無國家的山地人民的了解並不多，但他們似乎完全不在此人口提升趨勢的範疇內。二十世紀殖民人口調查之下，被新近和部分納入國家的山地人民，依然擁有極低的出生率，這些地區包括呂宋、蘇門答臘、婆羅洲、蘇拉威西和松巴島的高地，還有半島區的叢林地帶。那些透過基督教或伊斯蘭教的統合且轉變成定居生活方式的山地人，通常出生率會變高許多。關於前基督教時代菲律賓女人的最早紀錄顯示，她們「不喜歡生育很多小孩……她們說如果生太多，那簡直像是豬一樣」，因此還會用使多方法去墮胎（Dasmariñas, 1590/1958, 413）。相對而言，基督教化的菲律賓女性至十八世紀時已有相當高的生育率。公元一九三〇年代，蘇門答臘和蘇拉威西新近基督教化的高地人口，已擁有規模非常龐大的家族，據說每位婦女大約會生七、八個小孩。由於覓食或游耕工作相當辛苦且擁有極高的流動性，所以高地女性的生育力始終都是低落的，當人們暴露在被襲擊或獵首的危險時，情況特別會是如此。維多利亞時代傳教士教導的基督教，以及阿拉伯語印度導師所理解的伊斯蘭教，兩者都傾向讓已婚女性擔任家族內部家管的角色，這類思想經常會強化國家統合支持的社會變革。總而言之，十九和二十世紀低地區人口急速增長，導致剩餘的泛靈論與游耕人口更加邊緣化，因為低地區不僅在統合這些人、也在與他們進行通婚。

二十世紀全東南亞的死亡率都在下降當中，生育率則是到一九七〇年代才開始降低，由此，東南亞各地的人口成長率都達到巔峰，而在一九四二至一九八〇年的政治災難期間，這一趨勢只有減緩、但並沒有扭轉。十九世紀後期，東南亞人的平均壽命已經提升到稍低於歐洲水準

（四十至五十歲）的地步，然而兩者之間的差距在東南亞貧困的二十世紀前期再次拉開，至一九七〇年之後又再度拉近。隨著東南亞的兒童存活率提高，家庭規模因此增加而人口遽增，直到一九七〇年代出生率急速下降為止（見本書第十八章）。如表格 13-1 所示，東南亞人口在二十世紀前期增加兩倍有餘，在二十世紀後期則又增長近乎三倍。緬甸始終是東南亞人口成長率最低的地方，營養不良與局勢不穩都是肇因，再加上緬甸女性擁有高度的經濟自主與個人自主性，造成當地不婚女性比例高於亞洲其它地區。菲律賓出生率降低的速度，比其他地區還要緩慢，此情導致菲律賓在二〇〇〇年之後，迅速躍升為東南亞人口第二大國。

表格 13-1：一九〇〇年至二〇〇〇年東南亞人口估算，單位百萬[11]。

國家	1900	1950	年度成長百分比（1900-1950）	2000	年度成長百分比（1950-2000）
緬甸	10.5	18.5	1.1	43.5	1.7
泰國	7.3	19.1	1.9	61.2	2.4
寮國	0.7	1.8	1.9	5.6	2.3
柬埔寨	1.5	4.5	2.2	10.6	1.7
越南	13.5	28.7	1.5	78.8	2.0
馬來西亞	3.2	6.3	1.4	22.3	2.6
新加坡	0.2	1.0	3.3	4.0	2.8
汶萊	0.02	0.05	1.8	0.3	3.6
印尼	40.2	83.4	1.5	205.1	1.8
菲律賓	7.6	20.3	2.0	76.1	2.7
總計	84.7	183.7	1.56	507.5	2.06

11　原注：一九八三年以後，緬甸下一次人口調查是在二〇一四年，結果獲知的人口數比預期的少了幾百萬，導致估計的二〇〇〇年緬甸人口數必須下修。

內捲化與小農化

　　關於在人口迅速增長階段內，東南亞經濟體與更為成功的經濟體之間的差異，簡單的解釋就是後者將自身額外勞動力吸收到工業與都市主義（urbanism）部門，而東南亞卻是讓所有額外的人力投入農業。在東南亞多數地區，將額外人力投入農業一事，就是指灌溉農業區域的擴充，大陸區南方三大三角洲尤其是重點，已於第十章探討。其它粗放火耕農業的地區，則是在政府大肆鼓勵之下，被轉化為密集的「撒瓦」，也就是會氾濫的築堤稻田「帕迪」。於是，每公頃平均產量增加，但是每人平均產量依然沒什麼變化，最糟的情況甚至是下跌。克利弗德・紀爾茲（Geertz, 1963, 70）把這種將所有增加人口綁在土地上的過程，稱為「農業內捲化」，即荷蘭人財富增加、爪哇人則數量增加。

　　東京、上緬甸、峇里島等米倉之地也有這樣的「農業內捲化」現象，但爪哇卻因為荷蘭人推行「耕種制」，讓一八三〇至一八七〇年間所有可用的剩餘人口投入出口作物的生產，成為一個極端的例子。因為爪哇被當作一個可以結合利潤與和諧發展的模型，它也同時成為了殖民地典範。爪哇人口集中在精心經營的灌溉甘蔗產地，無論是生產壟斷出口事業的蔗糖還是維持生活的稻米，這些地方的農業集約程度都非常高。十九世紀的爪哇也是受人研究最多、辯論最多的區域，爪哇的饑荒與「福祉衰亡」（declining welfare），迫使荷蘭人於一八四〇年代和一九〇〇年兩度出手介入。根據充分的證據得出的結論是，一八八〇年爪哇每人平均擁有的「撒瓦」面積，竟然遠少於一八一五年；在飢餓驅使之下，爪哇人被迫在缺乏灌溉的邊緣土地，種植他們比較不喜愛的玉米及木薯，所以拿一八八〇年與一八一五年相比，每人平均的旱地作物種植面積大約相同。所有生產力提升的部分都落在出口作物，而且利潤都是流向他處。一八八〇年爪哇農民的平均勞力投入所得，居然低於一八一五年，甚至每人消耗的卡路里都降低了，同時，由於愈來愈依賴木薯的關係，人們的飲食品質因而惡化許多。

這種要求集約生產某種經濟作物並以低價壟斷收購，因此迫使農民變成小農（peasant）的爪哇模式，被推廣到其他地區施行，包括先前人口稀少的爪哇西部與蘇門答臘西部在內。一八八〇年代，人民土地匱乏的情況導致爪哇與東京地區出現剩餘勞力，但這些剩餘勞力資源並沒有為工業界所納，而是被山坡地帶歐洲人種植菸草、茶葉的地產所吸收，後來又被橡膠園與棕櫚園所吸收。在一八八〇、一八九〇年代東南亞大陸區的三角洲地帶，開放邊疆為種稻農民提供了相對友善的條件，但是隨著邊疆封閉，土地匱乏與集約化的類似情況也在此地出現。有開放邊疆與健全經濟的英屬馬來亞，吸引泰國南部、蘇門答臘、婆羅洲南部的創意移民前來，但是移民最初成為商業化農民的企圖卻遭遇挫折。公元一九一三年的《馬來人保留地法令》（Malay Reservations Enactment），禁止將土地給予「非馬來人」，藉此吸收穆斯林新移民成為與商業化隔絕的、受保護的小農。有鑑於華人和印度人移民在商業部門相對成功，各地移民政府的直覺是要禁止農業商業化，以避免商業化農業與人民負債導致的土地匱乏問題，催生一個政治上具有危險性的階級。然而土地除了趨於破碎化（fragmentation）之外，幾乎沒有什麼其它選項可言，支持小孩繼承權相對平等的東南亞雙系親緣體制，也促進了土地破碎化的現象。至二十世紀初期，東南亞的農民已「真實而深刻地『小農化』。」（Elson, 1997, 120）至於自由農民的商業事業，已然被純粹求生的掙扎所取代。

人口急遽增加的同時，都市化的缺乏也證明了這種內捲化的停滯特徵。十六與十七世紀的東南亞，是全世界都市化程度較高的地區，因為商業繁榮吸引當地人與遠方移民進入重要的轉口貿易點；然而之後主宰長途貿易的歐—華城市，規模上卻遠比亞洲城市前輩要小得多。在漫長十八世紀的「本土化」（見本書第八章）期間，東南亞本土政權的首都規模依然很大：一九〇九年曼谷有全暹羅百分之十的人口；一八〇二年阿摩羅補羅占全緬甸本部百分之十三的人口。但是，歐—華港口城市起初很少仰賴內地，後來它們即使變成要依靠腹地，依然以嚴格的土地控制與鮮明的異國性格，妨礙鄉間人口移民至城市。那時的城市內部少有非正式部門或

貧民窟存在，而待到日後國家獨立的時候，非正式部門與貧民窟立即充斥各個城市。爪哇是最早顯示這個趨勢的例子，一八九〇年時爪哇島上城鎮數量超過兩萬個，但都市人口卻還不到總人口的百分之三，相比之下，一八一五年爪哇島的都市人口比例卻占總人口的百分之六點七。作為緬甸最後一座獨立首都的曼德勒，以絕對人口數量來講也是在減少當中，從一八九一年的十七萬人降低至一九三一年的十三萬五千人，與此同時，緬甸都市人口占總人口的比例也從百分之十二點四降到十點四。

公元一九一〇年，在十一座人口超過十萬的東南亞城市裡，有七座是殖民勢力建立的港口中心，這些港口中心受到歐洲人指導，擁有華商與華人勞工階級（仰光的例子則是印度人），其中土著居民的戲分則微乎其微。曼德勒、河內和爪哇的梭羅是舊時代的皇家首都，它們的中心性正在衰弱當中，唯有曼谷同時扮演著「門戶」與文化首都的兩種角色。昔日的皇家首都仍然保有某些少許現代化的傳統製造業，例如爪哇的蠟染與河內的漆器，但是這些地方幾乎完全沒有吸收勞力的現代工業，直到一九三〇年代為了反制日本人帶來的挑戰才有一些端倪浮現。殖民盛期的東南亞，成為世界上都市化程度最低的區域之一。數百年來的逆都市化（de-urbanization）現象，一直要到一九二〇年代才扭轉。一九三〇年代最大的東南亞城市，是殖民時期的港口首都，巴達維亞／雅加達、馬尼拉、新加坡、仰光、曼谷——此序列根據排名——的人口全都成長達到四十萬至五十五萬，政府、交通、建設、服務皆有擴充，預兆著它們在二戰之後的「首要」超級城市地位。

東南亞核心人口區域的「小農化」，不只是導致生產規模非常小、掙扎求生的內捲化問題，還造成階級化的停滯社會秩序。二十世紀的殖民政權是在保護、不是在改變那些願意合作的人們，人們認定階級本身屬於傳統的一部分，干擾階級秩序等於是在悖離殖民者的命令。歐洲菁英之間雖也存在激進的現代化人士，但他們當中許多人熱愛自己所遇見的那個文化，對它抱持著高度保護的態度。「我們不要去破壞任何宏偉的古代亞洲成就……如此一來，百年之間，法國就不需要去承受，以無情中央集權摧

毀遙遠國度文化根源的罵名……就讓這座花園，維持在我們最初發現它的狀況……讓我們保有安南美好的詩篇吧。」（Pierre Pasquier, 1907，引用自 Brocheux and Hémery, 2009, 109）至於菲律賓和緬甸，由於它們的殖民性質，任何有機的社會階層會更加被徹底排除，然而間接統治則始終帶有一種保守的偏見。隨著殖民體制的崩潰，其中一位最敏銳的觀察者評論道：「一個有機的、自主的社會靠著它本有的活力在維護秩序；但某種和先前一樣的主從關係，如今則是依靠人工呼吸而維持生命。」（Furnivall, 1948, 8）至此，貴族與農民的本土階級秩序，已經不是靠它自身的力量在維持、而是靠歐洲人生鏽的鋼鐵結構在支撐。

二元經濟與中產階級的缺席

與小農化歷程相對應的，是東南亞缺乏本土的中產階級，這使得東南亞的現代性轉變與常態有別，尤其與南亞與東亞的狀況相異。必須強調的是，外來者占據商業性角色的型態，遠早於殖民盛期便已經形成，外國商人和旅人一直都是東南亞十字路口的一大特徵。若說商業時代孕育出能融入外來者的火藥港口國家，那麼漫長十八世紀的本土化社會則是再度強調內部一致性而抵制外國人。自從公元一五六七年中國海外貿易合法化之後，各個海洋城市當中都有座中國城，稱為「唐人村」（kampung Cina）或「八連」，這些唐人街在經濟與文化上皆是自給自足，也同時扮演供應廣大社會的重要角色。如本書第九章所述，商業擴張的「華人世紀」，比歐洲人的前進運動還要更早出現，而且在這個世紀中，馬來人與傣人門戶國家的本土港口統治者，與從事經濟活動的華人之間，已建立起互相依存的關係。

本書第六章已解釋過，最早期的西班牙及荷蘭飛地，也是得依賴於華人的經濟活動，不過它們是以不同的方式將華人分開。早期西班牙人類似於亞洲統治者，只要華人願意接受身分認同的關鍵標誌，便能夠加入統治階層，就西班牙人的例子來說，那指的是基督教、西班牙語和西班牙服

裝，從而創造出媒介性質的「麥士蒂索華人」階層，這種麥士蒂索華人最終將與當地菁英融合，成為十九世紀全東南亞最具有影響力的中產階級。但是，荷蘭人和英國人並不承認土生的「峇峇娘惹」華人的這種媒介地位，反而在法律上只將峇峇娘惹分類為華人，唯有伊斯蘭化的華人例外，他們可以自行選擇土著的地位。十九世紀的荷蘭法律在三種身分類型之間，立下絕對無法逾越的界線：歐洲人、以華人為主的「異國東方人」（Foreign Oriental）、「土著」。其中每種人都有各自的法庭與行政規安排，要到一九二〇年時，個人才有可能申請身分的變更，以求跨越這些界線；可是，一九二〇、一九三〇年代企圖消弭這些差異的改革者，沒有一位是成功的。在東南亞各地皆可見到以下現象，只是荷屬印度以法律規範這件事而已，那就是土著居民與土地有關係，而外國人與貿易、金融、現代經濟有關係。殖民後期支配經濟的「華人」，在文化上其實與他人一樣是「印尼人」，但在法律與人口調查方面，他們與新訪客的身分類別是相同的。這些「華人」講的是印尼話（馬來語）和荷蘭語，但卻不會講本土語言或華語，他們生在殖民地族群混雜的城市當中，認同的是作為一個整體的荷屬東印度、而不是本土的種族民族主義，此等情形與歐洲商業領導者那種強烈的荷蘭或德國／日耳曼母國傾向，形成了鮮明的對比。如同菲律賓和泰國的同類華人菁英，華—印尼商業菁英更願意融入主流群體，他們在印尼投資很多、但在中國投資很少。

　　中國華人勞力湧入東南亞在一八七〇至一九二五年間達到高峰，每年移民人數高達數十萬人。在東南亞奠基已久的菁英人士主要是來自福建的客家人，而這波新移民潮的最大群體則是廣東人，香港與新加坡之間的水上航線是促成的一大因素。跟從前的移民比起來，此時要返鄉容易得多了，再加上女性華人移民在一九二〇年代之前人數稀少，這些因素導致定居東南亞的華人人口數增加緩慢，甚至暹羅、爪哇、菲律賓的華人占總人口的比例還減少。而當時人口稀少的新加坡周遭地區，華人人口急速增長，包含新加坡在內的馬來亞，於一八六〇年時華人人口僅有十萬餘，然而到了一九三〇年時已高達兩百一十萬。此時「新客」（totok）華人

相對具有主導性，再加上中華民族主義的潮流，還有對一九一一年新成立的中華民國之擁護，造就出「再華化」（resinification）的潮流，四處建起了華人學校。然而，華人學校教導新一代子弟的標準中文，竟是學生父母親從未知曉的語文。這些事態發生的時局，正是華商少數族群剛剛擺脫舊時「保護」通行證與壟斷包稅制的限制，進入二十世紀國家體制並成為潛在中產階級的時刻。

殖民盛期的社會階級秩序與「地位鴻溝」（status gap）理論有相符之處，地位鴻溝理論解釋了身為少數族群的「外來」猶太人企業家，如何在東歐地區成為彌合貴族與農民之間社會鴻溝的必要角色。可以想見，在殖民環境當中，這樣的社會鴻溝會更加險峻，這使得華人的角色愈加突出和不可或缺；除華人之外，這樣的角色在緬甸與馬來亞還有印度人補充，在寮國與柬埔寨還有越南人補充。二十世紀的情況使得這些人離開聚居區，投入碾米、製糖、分銷、製造業等等生產事業，並與實力較弱的土著企業家出現更多競爭，結果，華人不但沒有成為本地人的領袖，反而成為本土運動所憎恨的「他者」（other）。大約從一九一〇年開始，排華運動在暹羅、印度支那、菲律賓、印尼出現，其中最惡劣的暴力事件，發生在緬甸抵抗印度控制現代經濟與政府的運動期間。

至一九三〇年代，小農群眾普遍的貧困狀態與現代經濟之間的鴻溝，已變得極端顯著。二十世紀初年持自由放任立場的資本主義，促使雇主利用移民勞力，因為這麼做比較便宜。自一九〇〇年以後，政府著重於採取任何有利於原住民人口的保護與福利的政策，並容許移民主導部門內的市場力量使其利潤極大化，甚至還高過於歐洲人混合體制的時期。荷蘭經濟學家柏葛（J. H. Boeke, 1953）對比了現代經濟與原住民經濟，他相信原住民經濟無法回應同樣的經濟刺激，因為道義經濟（moral economy）將村莊中的成員都綁在共有貧窮之中。約翰·富尼瓦爾（J.S. Furnivall）比較傾向歸咎於殖民政策本身——尤其是爪哇，造就出一個無法有效回應資本主義的鄉村社會。「（荷蘭）政府使用了『溫和壓力』（perintah halus）來保護村莊共同體避免瓦解、促進福祉；可是，『溫和壓力』也

許是令人衰弱的力量而不是興奮劑，令生病的人變得更難以自保自強。」（Furnivall, 1948, 271）

　　柏葛的二分法後來形成荷蘭學派的「二元經濟」理論，其他地方也有與此相似的理論存在。富尼瓦爾則推廣頗具影響力的「多元社會」（plural society）觀點，這個多元社會乃是由無情的資本主義所創造，當中沒有任何一個族群有夠強的社會意志或約束力，而他們僅有在市場內才會集體相遇。一九三〇年代的印度支那經歷了「小農政策」（politique du paysannat）的實行，官方承認必須做些什麼事來改善「小農群體的處境，他們的人數最多，同時也最貧困……這件事是最優先的急務。」（Governor Brevié, 1930，引用自 Brocheux and Hémery, 2009, 277）殖民晚期的貧困國家對於自由經濟理論的反動，再加上強勁的馬克思主義思想與戰爭經驗，為一九五〇年代更強烈的政府干預奠下知識方面的基礎，本書第十九章會將此事視作「高度現代主義」並探討；然而，在一九三〇年代的多方危機中，這些想法在對抗殖民者本能要保存那些瀕臨威脅的、被認為是傳統的村莊之和諧狀態時，幾乎沒有取得進展。

屈服女性

　　爪哇貴族女兒卡蒂妮（Kartini）從荷蘭筆友那邊學得解放觀念，而教導暹羅蒙固王兒女的「英國女家庭教師」安娜・李奧諾文斯，努力捍衛公主抵抗殘酷的壓迫，這兩個人的形象都廣經宣傳，由此，「女性解放」是現代西方舶來品的論述開始成形。進入二十世紀，持保守立場的東南亞男性當然是採用這項觀點，企圖能控制女性並抵制新潮流；然而，殖民盛期的實際狀況，卻幾乎是相反的情形。一直到十九世紀時，比起歐洲、中國或印度女性，絕大多數的東南亞女性擁有更多的自由與代理權，她們扮演的經濟角色雖與男性不同、但地位可謂同等。唯有在皇室或貴族家庭裡面，男性才會嚴格控制女性的生育力或者執行一夫多妻制。不過，劇場或儀式確實賦予男性典範很崇高的地位——無論是國王與宗教聖賢，並且創

建出一種節制的、優雅的言行風範，是這種崇高地位的人物必須實踐的。爪哇的男性乃至於女性，會准予男人得到較高的地位，並期望他能有合宜的言行，男人說話必須低沉而平穩，並要避免矛盾、討價還價與憤怒。女性也可以運用這樣的風格形象並居於高等地位，然相對男性而言，女性能夠相當自由地選擇各種言語和行為，來達成她們（或家族）的目標。因此，很自然地，東南亞的女性能夠掌管她們自己的錢與家族財產，並投入營銷與買賣的商業界中。

我們並不能知道，假設現代專制主義國家（modern absolutist state）不是經由歐洲人之手所強加，會不會出現一種不同的、陽剛氣比較低的現代性形式。當然，源自外國的父權行為模式，早在殖民盛期使它變得無法避免之前，便已在東南亞深具影響力。經典宗教在神聖語言當中，將宗教領導權與知識能力單獨給予男性。不過，古老的作法在「本土化」階段中倖存下來，非菁英階層的性關係與性別關係，都沒有發生什麼改變，這包括了商場或其他產業領域中的女性主導與自主性，甚至女性作家擁有更加傑出的表現。對比之下，自十九世紀後期開始發展的國家結構，以及與國家相連的現代經濟，卻是專屬於男性的地盤，無論這是指行政方面的歐洲殖民官員，或者是經濟方面的華人、印度人、阿拉伯人男性，抑或是暹羅的泰人皇室菁英。

直到十九世紀初期，歐洲人的資料一致顯示，他們認為東南亞女性在務實處理事務與金錢方面，比男人要更能幹。歐洲人與華人男性發現，他們在東南亞的性伴侶對於事業與家庭都極有幫助。我們可以舉交趾支那為例，約翰・克勞佛發現那裡的女性能夠執行許多在歐洲或印度是男人做的工作，此等情況也許是因為在越南新興的阮朝軍事化秩序之下，當地男性必須為統治者效勞。「她們得耕田、耙地、負重，她們是店主、捐客、貨幣兌換商。大多數的例子裡，她們不僅被評價為比男性更專業、更聰明，更令人感到不可思議而且我自其他國家從沒聽說的是，這裡男、女的勞力（薪資）價值基本上是同等的。」（Crawfurd, 1828/1967, 522-3）萊佛士在爪哇曾記錄道：「丈夫將財物全部交由妻子掌管是很常見的事情，女人

獨自去參與市場，進行所有的買賣業務。大家都知道，就金錢方面來講爪哇男人是傻瓜。」（Raffles, 1817/1978 I, 353）

一八七〇年以來，隨著交通的進步，歐洲女性與華人女性也跟著男性前往東南亞，僑民生活的社團與習慣逐漸成形。歐洲人與華人男性菁英與當地女性失去了接觸，他們指望由男性擔任現代國家新結構當中的職員，政府職位相當具有權威與階級性，即便是當地社會也將其視為男人的事業，可是，這樣的轉變卻強化了人們對於傳統社會無法面對現代經濟的想法。即便是在暹羅，朱拉隆功和丹龍親王的改革已建立起西方式的官僚制度，這些官吏全都是由出身良好的男性擔當，這是國內軍事先例和歐洲模式兩者主導之下的作法。由於企業經營從來就不是這類男性培養的技能，他們於是將現代商業部門留予華人從事，只將家中經濟交給妻子處理。

東南亞最早出現的大規模製造業，事實上動員的是東南亞女性生產傳統，例如第十章談到的菲律賓菸草工業，以及十九世紀爪哇的菸草與蠟染工廠。女人完全不應該離家工作的歐洲式理念於英國與荷蘭尤其普遍，一九二〇年代時，清一色為男性的東印度人民議會（Volksraad）曾經對此進行辯論，反映這種歐洲觀念與東南亞型態確實有交流互動。公元一九二二年，荷蘭簽署了最早的一份企圖規範全球勞工的國際勞工組織公約（ILO Convention），其中禁止「弱勢性別」在夜晚領薪工作。東印度地區雇主反對這種不切實際的改革，此事導致一系列的調查，結果顯示爪哇島農業的勞力活，主要仍是女性在從事。西方人營運的甘蔗等種植園，固定會徵求男性員工與主管，但種植園的勞力工作大約有三分之一都是由女性完成。一九三〇年代的人口調查雖忽略「無償」的農業勞力，但此調查依然發現，爪哇支薪勞力當中有百分之四十三點五都是女性，在荷蘭這項比例則是百分之二十二點五（Locher-Scholten, 2000, 52-60）。許多男性改革者追求的現代性，是如同歐洲那樣將已婚婦女限制在家中，就某種程度來說他們算是成功了。一九三〇年與一九六一年人口調查相較之下，爪哇成年女性的就業率從百分之三十六點六減少到三十點七，女性從事製造業的比例則由百分之二十七點七降低至八點七（Booth, 1998, 68）。

從一七六〇至一八六〇年之間，班乃島怡朗發展出成功的菲律賓紡織業，這是透過麥士蒂索華人男性與他們的菲律賓女性伴侶合作經營的成果，而不是由國家造就。一八五〇年代為怡朗紡織業的巔峰時期，怡朗港埠與周圍腹地大約共有六萬名女性於此就業，她們使用簡單的竹製織布機，紡織當地棉花及鳳梨纖維，還有來自比科爾的蕉麻線和來自中國的絲。這些產品不只為菲律賓人口供應大部分布料，一八六〇年代初期，由於美國南北戰爭導致棉花短缺，箝制了曼徹斯特（Manchester）的競爭力，菲律賓紡織業還為國家帶來超過一百萬墨西哥銀元的進口收入。然而，到了一八七〇年代，原先欣欣向榮的菲律賓紡織業卻幾乎全軍覆沒，因為仿效菲律賓流行形式的英國機器製造布料更為便宜。至此，出口經濟已是男性營運的蔗糖業為大宗，女性如果還要工作，便得在家庭式的環境裡工作。「女性織工的地位，從獨立生產者淪落為家庭內的無酬工人，或者是無法控制收益、也無權主導生產程序的支薪勞工。如此一來，女性的經濟地位無論就絕對標準、或相對於男性來說，都是一落千丈。」（Eviota, 1992, 59）

類似故事到處都在發生，但比起怡朗企業為了與進口品競爭所進行的現代化與商業化，這些案例通常更加消極。到一八七〇年代，進口布料已經打遍各地無敵手，並隨著十九世紀末殖民控制使交通愈加方便之際，更進一步滲透高地與島嶼。包括陶瓷、編籃、草藥在內等由東南亞女性製作的其他產品，也同樣被舶來品取代。馬來亞森美蘭的稻田主要是由女性負責，當地男性因而對改良農業興趣欠缺，英國官員對這個現象頗為沮喪，於是將咖啡田委任男性，企圖扭轉此等局勢。小農化的情況將婦女從製造專業吸引到農業部門去，為了生存，女性也開始承受與男性一樣的負擔，也就是在外國人控制之下生產出口作物。菲律賓的人口調查顯示，一九三八年時菲律賓女性有百分之七十一從事農業，但在一九〇二年的時候，這項比例僅有百分之五十一。當女性加入歐洲人管理的現代經濟之後，她們就如同歐洲模式那樣薪資低於男性，女性薪資在農業方面平均僅有男性的六成，在工廠或辦公室甚至低於四成。這個現象與舊秩序形成了

強烈對比，在（暹羅北部）舊秩序之中，女性奴隸的價格遠比男奴更高，因為前者是水準更高的工人。

社會層面上，東南亞的都市風尚是在殖民盛期由歐洲人設定。率先採納十九世紀歐洲中產階級習慣的人，是東南亞的男性菁英。傳統主義者對於使用這些禮儀來限制女性，找到了正當化的理由，那就是東南亞劇場中理想公主的端莊風範；宗教改革者則是從異國伊斯蘭、基督教、儒家理想的新傳統淨化主義（puritanism）裡面，尋找到這樣的理由。東南亞現代生活方式具有的向上流動性，甚至高過維多利亞時代的英國與荷蘭，人們認為這種向上流動性意味著女人必須退出公共和商業領域，並扮演一種高雅的角色，這個角色包含不切實際的端雅服裝、等級森嚴的大家族、手工藝和家政，以作為想像的純粹「民族」菁華之持有者。一八八〇年代的菲律賓開明人士「伊盧斯特拉多」（ilustrados）身為東南亞男性現代性先驅，他們越享受巴黎與馬德里女士的花花世界（demi-monde），他們就越會為他們在菲律賓的姊妹採用上層中產階級（haut bourgeois）的理想型。民族主義英雄荷西・黎剎（José Rizal）在編輯整理安東尼奧・莫伽（Antonio de Morga）對前西班牙時代菲律賓的記述時，他捍衛菲律賓女性的忠誠與美德，掩蓋莫伽對女性欲望和女性自由的一切記載。黎剎寫信回家，告訴他的姊妹要看齊德國女性的榜樣，德國女人「愛家，勤於練習烹飪，且同樣熱衷學習音樂與繪畫。」（Rizal, 1886，引用自 Reyes, 2008, 239）一位女菲律賓分析師曾斷言，這些壓力持續擴大，直到「將菲律賓女人活潑的性自主性，轉變成更加拘謹小心的女性形象。」（Eviota, 1992, 60）在此過程中，歐洲人對東南亞女性形象的看法也有轉變，十九世紀初年在歐洲人眼中，東南亞女性是勤奮的經濟要角，一百年之後，這個形象竟變作柔順的異國小女人。

一些關於姓名、婚姻、繼承的現代化立法，顯然需要轉換為父權體制，尤其是在那些亞洲男性本有優勢推展這些立法的地方，也就是日本與暹羅。明治日本於一八七五年規定所有男性都要有姓氏，而他們的妻子與小孩也必須分別冠夫姓與父姓，並且將繼承權限縮到男性世系。一九一三

年時，暹羅的拉瑪六世瓦棲拉兀王（Rama VI，Vajiravudh，1910-1925 年在位）也實施了姓氏制度，他表示此法可以令泰人「文明教化」，並有助於維護「家族傳統……以作為眾人捍衛個人榮譽暨家族榮譽的動力。」（King Vajiravudh, 1914，引用自 Reid, 2009, 31）在東南亞其他沒有姓氏制度的區域裡（除了採取中國模式的越南人），唯一要求改為男性繼承姓氏制度的殖民政府是一八四九年的菲律賓，此舉目的顯然是要強化家族對於成員的控制。暹羅和菲律賓隨著世代更迭，成功地創造出強而有力的父權家族，姓氏制度的引入與富有的麥士蒂索華人家族融入當地菁英一事恰好同時發生，這些麥士蒂索華人採用當地的名字，進而成為泰國及菲律賓的企業「大族」，這個情況是過去從未出現的。

十九世紀時，永久一夫一妻制的歐洲思想改變了東南亞的整體婚姻模式，主要的改變在於這種一夫一妻制反對離婚，尤其反對女性主動提議離婚，此外它還要將女性馴化為順服的妻子。歐洲人不願將亞洲社會視為「文明」，以及歐洲人在亞洲社會要求治外法權的理由之一，就是因為亞洲社會是一夫多妻制，然而就事論事，真正執行一夫多妻制的人其實僅限於極少數的王室成員，還有富裕的華人及阿拉伯人。東南亞的國王會從不同的族群中娶妻，以凝聚聯盟的關係。不過，暹羅卻克里王朝諸王卻著迷於妻妾成群、多子多孫，因為這代表著皇室的力量，也可以由此使王室成員壟斷所有高官職位，促進王室與歐洲人、華人之合作。卻克里王朝最初五位國王，總共透過一百七十六個妻妾生下三百二十四個孩子，名列前茅的是蒙固和朱拉隆功這兩位改革者，分別擁有六十及一百五十三位妻子。卻克里王朝前五位國王都根據歐洲王室的世系標準，明確指定繼承人，以避免以往的近親篡弒慘劇，但國王也重用兄弟與兒子充當內閣、外交、軍隊的一切重要職位。這種皇室獨占「現代性」計畫的獨特現象，至第六位國王瓦棲拉兀之時戛然而止，人們認為他是一個同性戀，瓦棲拉兀到他在位晚期的時候，才娶來僅僅四位妻子，主要目的只是為繁衍男性子嗣而已。即便如此，在一九三五年專制君主制被廢除之前，暹羅並不能立法禁止一夫多妻制，而其付出之代價則是暹羅的「文明」地位。

共有貧窮與健康危機

　　克利弗德‧紀爾茲非常貼切地以「共有貧窮」一詞，來描述殖民盛期東南亞低地區多數人民的處境。人口之所以急遽成長，是因為現代運輸網絡、通訊改善、些許的福利，舒緩了那些多災多難的年歲，而且同時期的自然災害比較不嚴峻。比起飢荒或死亡，歉收更可能導致人們欠債與依附的現象出現。另一方面，加入有活力的經濟領域以求擺脫貧困的機會逐漸在減少，隨著農業邊疆封閉，農民討價還價的力量變得愈來愈低落。爪哇村莊的社會斑駁化（social variegation），變成位於「庫庫潘」（cukupan，勉強算夠），和「格庫朗甘」（kekurangan，不太夠）之間的情況。面對稍稍高出求生水平一點的處境，人們的表現是欠缺冒險心，並且透過贊助節日慶典的方式來與鄰居分享好東西，這其實算是理性的群體反應。高出生率一直持續到經濟開始提升的一九七〇年代，原因包括年紀漸長的人們，除兒孫養老之外別無其他安全網可言。

　　根據記載，在這段人口增長兼基礎建設成長的時代以前，天花以及霍亂等等經水傳播的疾病，每過一段時間就會造成都市人口大量減少，如本書第七章所述。偏遠的高地社群，更是受到初次暴露於天花的摧殘，但詳情我們已永遠不會得知。至十九世紀時，因為疫苗接種的關係，天花的威力已沒有那麼駭人，從流行病減緩為地方病。在這個世紀，霍亂取代了天花成為首要禍端。第一波霍亂於一八二〇至一八二一年肆虐全東南亞，據估計爪哇島便有十二萬五千以上的死亡人數，曼谷、西貢、順化等城市各有約三萬人喪生。根據官方統計，越南因霍亂死亡的總人數高達二十萬以上，然而實際數字可能有兩倍之眾。下一次的霍亂大流行發生於十九世紀中期，當時包括俄羅斯在內的全球大部分地區都遭到襲擊。爪哇在一八五〇年代遭受疾病與饑饉多方交侵的重創，總計有六十萬以上的人死亡。越南皇家編年史記載的數字最為恐怖，據稱一八四九至一八五〇年在王國中部順化一帶，有六十萬人因霍亂喪生，這幾乎是總人口數的四分之一。

　　霍亂也是十九世紀戰爭可怕的伴隨產物，疾病起初通常爆發在軍營或

被圍攻的堡壘，因為那些地方的衛生條件很差。接下來，受戰爭折磨的虛弱人民，會使得霍亂迅速傳播。據官方記載，緬甸首度爆發霍亂，發生於一八二四至一八二六年英軍攻打卑謬（Prome）的戰事期間，此城市因而遭遇浩劫。爪哇戰爭（1825-1830年）二十萬餘的死難者，大多是疾病所致。一八七三年十一月，倉促出動的荷蘭軍隊進襲亞齊，結果至一八七四年四月之際，荷蘭人已有一千三百人死於霍亂，比作戰死亡人數還要多上十倍。霍亂隨即傳染給亞齊守軍，釀成嚴重的疫情。一八七三至一八七八年的軍事活動，導致亞齊中央和谷地的人口大幅減少，亞齊人患病死亡人數可能超過十萬。另外，一八八五年第三次英緬戰爭時期，霍亂也在其中作孽，從公元一八七六至一八九一年間，緬甸有記錄的死亡人數當中，有百分之七到九的死因為霍亂。

最後一波霍亂危機發生在菲律賓，即自一八九六年開始的英勇革命與戰爭時期。一八九〇年代時，全球蔗糖價格下跌與作物歉收，已經令菲律賓處境維艱。博尼法西奧（Bonifacio）和阿奎納多（Aguinaldo）於一八九六年起義反抗西班牙人，兩年之後，美國人進攻菲律賓並驅逐西班牙人，然後在接下來四年之間，美國人殘酷地鎮壓菲律賓民族主義革命分子，這些事件——特別是最後一件，使菲律賓遭遇疾病的危機，呂宋島南部尤其遭殃。一八九八年與一九〇三年的人口調查顯示，雖然菲律賓每年百分之一點五的人口成長率頗高，理當可以增加六十萬以上的人口，但實際上的總人口卻在這段期間減少了二十萬人。光是一九〇二至一九〇三年，因霍亂死去的菲律賓人數便估計有十一萬。於是，耕地面積大量減少，相對於戰爭之前，稻米收成曾下降到僅有四分之一產量的最低點。

在舊秩序時代，這種人口危機的類型是普遍的，但是隨著殖民時代共有貧窮那種穩定而停滯的狀況普及於東南亞，這類危機的情況減少了。十九世紀流行病與災難等危機之死亡人數，可能占總死亡人數的百分之十；到二十世紀的時候，即便有一九一八年流感大流行的疫情，這項比例仍然降得愈來愈低。由於基礎建設進步，處理嚴重飢荒或疾病的情況也有所改善，但是密集農業人口每下愈況和沒有能力購買糧食的慘況，又

將那項進展給抵消了。對疾病的控管雖然大有進步，但死亡率卻幾乎沒有下降。至一九三〇年代，爪哇與東京地區已受到營養危機的威脅，雖然當地人絞盡腦汁利用他們比較不喜愛的邊緣作物（marginal crop），但食物總是不夠多。公元一九二八年跟接下來的十年比起來，還算是一段比較快樂的時光，然而一九二八年的研究顯示，印度支那每年每人平均可得兩百一十九公斤的稻米，而東京僅有兩百一十一公斤，但是，每年每人最少需求量為兩百二十至兩百七十公斤（Brocheux and Hémery, 2009, 265-6）。一九三〇年代後期的一項家庭研究，顯示小農的處境與臨界點是何等接近，貧困的大多數農民將收入花在食物的比例，在交趾支那和呂宋伊羅戈斯為百分之六十以上，在爪哇為百分之七十一至七十三，在東京為百分之七十九（Booth, 2007, 136）。在經濟悽慘的一九三〇年代與政局多難的一九四〇年代，這種情況必然是更加惡化。一九六〇年代初期，超過六成的爪哇鄉村人口，生活在低於當時每年兩百四十公斤稻米的貧窮門檻以下。平均而言，跟一兩個世紀之前比起來，一九三〇年代東南亞的嬰兒存活情況比較好，但是營養方面卻比較糟糕。一八七〇至一九一〇年時，爪哇人的平均身高掉到最低值，比一八五〇年左右低兩公分，比二〇〇〇年矮上六公分之多（Baten et al. 2013）。

我們必須說，在某些土地比較充裕的邊疆地帶，事業與機會兩者都不欠缺。尤其是一九二〇年代的橡膠業大為興盛，為半島區、蘇門答臘、婆羅洲、蘇拉威西等地約八十萬小農帶來相對的繁榮。相較於西方人擁有的地產，土著小農擁有的橡膠園占地面積比例，在荷屬印度為百分之五十七，在英屬馬來亞為百分之四十，在砂拉越則有百分之九十六。此時東南亞穆斯林「爪夷」能夠負擔得起麥加朝聖旅程的人數是前所未見地多。一九二三至一九三〇年間，光是透過荷屬東印度官方管道前往麥加朝聖的人數，便達到每年平均三萬兩千八百人，占這段時期全世界至麥加朝聖人數的三分之一以上。一旦通往蘇門答臘涼爽而肥沃的高地區道路開通之後，卡羅巴塔克族農人便轉而種植蔬菜，以供應報酬豐厚的棉蘭與新加坡市場。當時最成功的東南亞經濟體，是由新加坡領銜的馬來亞以及菲律

賓，在一九二〇年代，兩者的平均每人國內生產毛額，與許多東歐和拉丁美洲國家接近，而且是中國及印度的兩倍。

東南亞華人被公認為具有企業精神的中產階級，是未來發展的潛在領袖，這個時代也出現了許多可觀的個人成功故事。三寶瓏出生的黃仲涵（Oei Tiong Ham，1866-1924年）在過世之前，應當已經是全東南亞最富有的人物，他的遺產共有兩億荷蘭盾；黃仲涵的生意包括蔗糖等熱帶產品出口、暴利的鴉片進口，還有銀行與輪船事業。仰光出生的胡文虎（Aw Boon Haw，1882-1954年），將他的專利藥物老虎油發展成世界性企業，並且將營利所得投入設置東南亞與香港的中文報社。曼谷出生的陳弼臣（Tan Piak Chin，1910-1988年）在日本占領時期，將自身事業擴大，彌補西方人機構遺留下來的空缺，他在一九四四年建立極為成功的曼谷銀行，後來又涉足農業企業。事實上，這類例子多不勝數。但是，二元社會思維的致命性分歧，卻在殖民末期被東南亞人充分內部化，造就出一道看似不可能跨越的鴻溝。共有貧窮的意識型態，讓大多數的民族主義者鎖定這類大亨為目標，將他們視為資本主義「階級─種族」（class-race）敵人的一部分，而這些大亨本身，也確實是將愛國心放在中國而不是他們自身所屬的國家。

*　　*　　*

總體看來，殖民盛期雖然為東南亞十個國家奠下了基礎建設，也打造出口農業的複雜體制；但是這個歐洲人統治階段卻阻礙勞力密集工業、強化種族間的經濟界線、壟斷國營企業；由此，它造成了停滯的經濟，讓多數鄉村土著人口困在一種貧窮的文化當中。

第十四章

消費的現代性：
一八五〇至二〇〇〇年

脆弱環境下的房舍

溫暖潮濕的環境，為東南亞帶來一些普遍的飲食與生活風格特徵，即便後來東南亞接納異地傳來的新可能性，這些特徵依然足以讓它與其他區域有區別。東南亞多數地域的溫和氣候和豐富水、木、竹、油棕等資源，相對適合容易建造與拆毀的輕型建築。水患頻仍、叢林野生動物出沒、蚊蟲等問題，使得多數家居建築都建在高腳柱之上，廢棄物可以往下丟，使上方家居空間維持為一個不穿鞋的乾淨空間。即便是規模宏偉的宮殿建築，建材絕大多數也是木、竹、茅。唯有印度教與佛教寺廟，因為興建廟宇的功德可以歸諸於建造者與重建者，才會無視多數地區有地震危害的問題，根據印度範式以石材、磚頭、沙漿興建；另一方面，為人們而非神明所建造的清真寺或修道院，則是以木與茅草所蓋。

至十六世紀時，東京、爪哇和峇里島地區脫離東南亞模式，改在地面上建築房屋，有些還使用了磚頭或石造地基。這些人口稠密區首先遭遇的問題就是木材短缺，因為森林邊疆逐漸萎縮，而燒窯、冶金、烹飪對木頭燃料的需要愈來愈高。華商與歐洲商人始終對於把布料等貿易品存放在容易著火的木造建築內感到憂心，他們所在的城市於是推動更密集的磚造或

石造建築。馬尼拉華人在當地的燒磚製瓦事業，早自一五八〇年代便開始，稍後其他歐—華城市也急起直追。有些統治者決定仿效，最早在十七世紀便開始雇用歐洲建築師，興建堅固的建築物作為異國風展示品或者軍火庫。這麼做確實在防火與防禦方面獲得安全，然而代價卻是地震破壞以及不健康的高溫與擁擠問題。人們依舊在一六四五年馬尼拉、一六九九年巴達維亞遭遇可怕的地震破壞之後，在混合建築風格的城市中進行了更多的實驗。

這樣的歷程在十八、十九世紀時擴展到所有的都市中心與主要灌溉米倉地區。在緬人、泰人、米南加保人、他加祿人密集定居的河谷地區，干欄式建築的支撐高腳變得越來越短。菲律賓則發展出一種雙層的混合風格，下層房屋是石造，上層為輕型的木造。十九世紀後期混凝土的使用，促使人們將浴室與廚房建在地面上，即便房子本身是為架高木造。公元一八六三年與一八八〇年的馬尼拉地震，連極厚的下層房屋都毀損，導致菲律賓城市發展出使用木結構支撐上層房舍，只將磚頭用於外牆部分的準則。

直到十九世紀，對於大多數的鄉村農民來說，住宅依然是一種難以長久的事物，房子很容易蓋，經歷火災、戰爭或自然災害之後，房子也很容易重蓋。人們偏好使用竹片做牆，鋸木板這項苦差事，大多是為了打造船隻或精美宮殿。可是，森林在人口壓力之下日漸縮減，使得上述型態到十九世紀後期、二十世紀時愈來愈難以為繼。在古早時期，多數地區的人口分散，除了鄰居的善意幫忙砍伐、搬運木材以供房子使用外，木材算是一種沒有成本的東西。至十九世紀，灌溉稻業或種蔗的密集聚落大肆擴展，同時游耕者變得更加頻繁砍伐次生林，於是，好木材要花錢才能買得到。最遲於一九〇〇年，呂宋島中央谷地、班乃島、尼格羅斯島的森林已經因為甘蔗與菸草種植的關係而砍伐殆盡，因此，窮人蓋的房子愈來愈貼近地面，並使用生長較快、較薄的材料如竹子，以及新出現的鐵製或鋅製波浪板屋頂。

東南亞島嶼區在二十世紀爆發史上第一波鼠疫，疫情主要流行於

一九一三年至一九一四年的東爪哇，之後又有數次來襲。導致荷蘭政府推動徹底的重建計畫，強迫人們以堅固材料與瓦片屋頂取代容易孳生鼠患的竹、茅房舍。至一九四〇年代，東印度地區建造的現代化房舍已超過兩百萬間，讓爪哇地區的村莊擁有了今日整齊的樣貌。新模式的房舍本身不生火，另蓋獨立廚房，然而不幸的是，這麼做的結果是帶有瘧疾的病媒蚊得以入侵家中，導致整體人口死亡率升高。此外，在這個世紀，比較富裕的村民房舍，逐漸轉變為混凝土與鋅材興建。

一九四〇年代以來的快速都市化，導致建築規格的惡化，因為廉價的木材與竹子減少，馬尼拉、雅加達、曼谷、西貢等超級大城市出現了壅擠的克難貧民窟。對大舉移入都市的窮人來說，都市的教育機會、非正式就業部門、現代魅力，重要性都遠遠超過居住的不適。窮人所有財產在國家財富中占的比例極低，這些在河流沿岸倉促建造的複合城市（conurbation），在洪水、颱風、地震、海嘯侵襲下不堪一擊，老祖宗的教訓彷彿都被遺忘。自二十一世紀至今，災難發生的頻率與規模都是史上新高（見本書第十八章）。二十一世紀的人們急於發展新城市和新國家，對於環境的脆弱以及抵禦地震與洪水的傳統建築法，都少有留意。

食物的演化

在太平洋地區，「哥倫布大交換」（Columbian exchange）一詞應該被稱為「麥哲倫大交換」（Magellan exchange）才對，因為重要的美洲新作物如玉米、菸草、辣椒、木瓜，是經由西班牙人所開闢的墨西哥與馬尼拉航路流傳。當時，灌溉稻米複合業已能生產充足的剩餘作物，供應給貿易大城市與香料出口的區域；當十七世紀危機迫使它們轉為更高程度的自給自足時，新世界作物恰好幫上了大忙。最遲於十七世紀中葉，東南亞許多山地或乾燥區域已經開始種植玉米，作為稻米的補充品或取代品。在群島區東部，尤其是當時仰賴進口稻米或西谷米的地方，玉米於十八世紀成為了當地的主食。爪哇日益貧窮的一項指標，就是人們投入種植玉米的土

地面積增加，從一八一五年占非灌溉農田的百分之十八，增加至一八八〇年的百分之三十六，再到一九一〇年的百分之五十。雖然人們一直對稻米情有獨鍾，但是玉米（就像木薯）可以讓人活下去，每公頃稻田與每公頃玉米田的作物熱量大約相同，但後者所需的勞力遠遠較少，而且沒有灌溉的需求。

來自溫帶地區的訪客，大多十分中意東南亞豐富的水果，芒果、榴槤、山竹、紅毛丹長期享有盛名，柑橘類水果也不乏選擇，對於外來訪客來說是一大驚喜。十七世紀木瓜、鳳梨和山刺番荔枝等新作物，自美洲傳入東南亞，其中木瓜因為耐性與種子易於種植，最快成為東南亞人主食。椰子與油棕果實隨處可見，提供東南亞人重要的額外卡路里與營養，豐富了當地的菜色；島嶼區東部有少數地方，椰子與油棕成為主要的食物來源。基本上，水果是家庭栽種的備用品，在二十世紀之前並沒有商業化大規模種植情況。

自古以來，蔬菜在東南亞就沒有什麼發展，直到華人來此定居，才將蔬菜種植的範疇擴大，蕹菜（空心菜）和波菜因此進入當地菜餚。大豆也於十六世紀時從中國引進，以豆漿與豆腐的形式在眾多東南亞人的飲食中占有一席之地。最有趣的改造發生在十八世紀的爪哇，當地人以發酵方式將大豆做成嚼起來很有口感的小糕點「天貝／丹貝」（tempe），可以某種程度充當肉類在食物與蛋白質的功效。

十九世紀後期以來，大陸區三角洲的稻米生產開始商業化，由此供應種植園部門，以及城市居民、軍事人員和礦工的生活。稻米是一種可以長時間保存的完整食物（complete food），因此非常適合儲藏。馬來亞、曼谷、東蘇門答臘的種植園、礦區，與城市一同變成商業化稻米的大宗進口者。然而，機械碾米事業的貿易擴張，居然在這些區域造成腳氣病大流行，據估計，光是一九〇〇這一年，馬來亞就有三萬人死於腳氣病。克里斯蒂安・艾克曼（Christiaan Eijkman）首先於一八九〇年代，在爪哇研究這項問題，結果發現沒有脫殼的稻米可以預防腳氣病，人們是因為愈來愈依賴白米和精米而暴露於得病的危險中；之後馬來亞與菲律賓地區在

一九三〇年代又有更進一步的研究，得知化學物硫胺素（維他命 B1）就是其中主要的防疫成分。腳氣病逐漸獲得防治，而這些發現後續推展的出維他命理論，讓艾克曼榮獲一九二九年的諾貝爾獎。

　　大陸區三角洲稻米生產與出口的商業化，導致與布料等消費產品相比，稻米的相對價格降低。土地充裕的地方，農民可能會改為從事橡膠或咖啡種植，豐年時節收入可以很好。然而，在爪哇、越南、緬甸的低地米倉區，作物的利潤愈來愈少，人民欠債的問題變得相當嚴重。到一九三〇年代時，人民為求生存而改種比較不愛好的糧食，如木薯、芋頭、西米等，其現象已頗為顯著。一九四二至一九四五年日本占領時期，是二十世紀中期危機的最低點（見本書第十六章）。關於東南亞飲食辛辣這件事情，早期的觀察者並沒有提及，吃辣現象似乎是作為這波貧窮危機的反應而出現。肉、魚、蛋、蔬菜漸漸變成奢侈品，唯有辣味的醃製醬汁，才能讓必要的澱粉變得比較可口。

魚、鹽、肉

　　本書第一章已有解釋，佛教與伊斯蘭教改變了東南亞人吃肉的習慣。雖然東南亞的豬在幾千年前就被馴化，可能也是那時最重要的肉來源，但隨著伊斯蘭與上座部佛教規範愈來愈盛行，豬肉也就愈來愈不流行。只有在越南和菲律賓，豬肉依然是全國熱愛的美食，近年東南亞的豬隻數量大約有六千萬，而這兩地占了其中六成之多。在其他地方，吃豬肉的還包括華人、峇里島人以及抗拒經典宗教的山地人。另一方面，雞與鴨成為東南亞多數地區的主要肉食來源。村莊家庭走地雞到處跑的現象從前非常普遍，至今依然很常見；到了二十世紀後期，層架式養雞場盛行，二〇〇二年全東南亞十五億隻雞多數都在這種養雞場裡面，其中有半數以上位在印尼。

　　直到東南亞近期雞隻數量大增以及一九七〇年代重回繁榮之前，除了菁英人士以外，肉類在人們飲食營養當中幾乎是微不足道的部分。人們飲

食的主要蛋白質來源就是米本身，飲食中的動物性蛋白質，大多來自於東南亞近乎無所不在的水域，這包括——尤其是大陸區——內陸的淡水河流與池塘，還有沿岸與島嶼的海域及河口。巽他陸棚的淺海範圍從峇里島一路延伸到東京灣，形成全世界最豐富的漁場之一；包含資源豐沛的洞里薩湖水系在內，大陸區的大河水系使得捕魚成為當地人民的普遍技能。約翰·克勞佛（Crawfurd, 1820 I, 195）深信：「他們沒有一門技藝能夠做到如此（捕魚）完美。」

　　新鮮的魚被捕獲的人食用，但因為在熱帶地區的腐爛速度太快，以至於它是消費的次要因素。大多數魚立即在陽光下曬乾，盡可能加鹽，或者在鹽中醃製，直到產生辛辣的發酵糊狀物。醃製的蝦、魷魚或魚醬被馬來人稱為「belacan」，被緬人稱為「ngapi」，被越人稱為「nuoc mam」，是東南亞飲食的一個關鍵特徵，即使沒有其他食物，大米或其他澱粉也很美味。然而，市場上最大的交換物品是乾魚，因為它可以儲存並帶入內陸。

　　捕魚作為一門產業，會受到有沒有鹽可用的限制。在有顯著乾季、地形平坦的海洋沿岸地區製鹽是最便宜的，可以將海水導入比鄰海洋的不透水土地上形成鹽田。最符合上述條件的地區，就是東爪哇和馬都拉島的北岸、泰國灣及馬達班的南岸、呂宋的班詩蘭（Pangasinan）、蘇拉威西南岸，以及今日越南（昔日占人）中部沿岸區。最重要的漁場位在麻六甲海峽與洞里薩湖，當地必須從東爪哇或泰國灣進口鹽。對政府來說，鹽是一種極有吸引力的稅徵品項，十九世紀的荷蘭人在爪哇壟斷了鹽業，對其造成重大傷害，甚至因此抑制了爪哇本身的漁業。海峽地帶主要是從暹羅進口鹽，後來甚至從紅海進口鹽。

　　殖民盛期的小農化時代（見本書第十三章），無法直接與海洋交通的廣大農村人民，每人消耗的魚肉量可能降得更低。人口大幅增加的同時，內陸水域因為森林砍伐與汙染問題而變得更加貧困，某些地區甚至被錫礦業或製糖廠的有毒廢棄物汙染。如約翰·布切爾（John Butcher, 2004, 70）斷言，在一八七〇至一九三〇年代之間，假如整體人均消耗的水產

有緩慢提高，那些成長的部分應該是來自比較富有的歐－華城市，因為它們比較有能力負擔商業化漁產的價格。在某些關鍵地區，華人引領的商業化確實拓展了魚乾甚至冷凍魚產的生產，同時新交通網絡則促進了運輸分銷。不過，整體的捕魚方法沒有什麼變化，人們依然在使用經過時間考驗的傳統魚網與捉魚陷阱。

自公元一八五〇年代開始，華人漁民在麻六甲海峽的兩側開發出商業性捕魚業，在峇眼亞比（Bagan Siapiapi）、瓜拉古樓（Kuala Kurau）、邦咯島（Pangkor）、吉膽島（Pulau Ketam）等地的村落中，出現了密集的水上人家。新加坡和檳城成為商業樞紐，魚乾會從兩地批發至其他的城鎮。在一九〇四年達到巔峰的漁業繁榮時期，位於蘇門答臘羅幹河（Rokan River）水產豐富河口處的峇眼亞比，在當年共出口兩萬六千公噸的魚乾，以及兩千七百噸的蝦醬「峇拉煎」（belacan）。由於鹽供應不足造成限制，此處漁獲大多製成比較不需要鹽的峇拉煎，出口量在一九〇九年高達一萬公噸。鹽產比較充足的暹羅，則是另外一個沿岸漁場商業化的區域，商業化的程度高到可以將漁獲供應馬來亞與新加坡等地。另一方面，洞里薩湖等淡水漁場的規模，則是在傳統捕魚方法之下持續擴大，為成長的大陸區人口提供最低限度的漁產。

在這段期間當中，絕大多數的漁民幾乎沒有任何技術改良，結果是殖民盛期的緬甸漁獲量實際上減少了。在一九三〇年代之前，東南亞是漁產的淨進口者，各地主要進口美國的沙丁魚罐頭，另外還有進口到緬甸的印度漁獲。殖民時代人們雖然進行拖網實驗，但是他們既不認真且成本太高；不過，從一九〇〇年左右起，日本漁民倒是成功地在菲律賓水域以拖網捕魚。至一九三一年之際，已有七十艘日本燃油拖網漁船在菲律賓當局註冊，並且為菲律賓市場提供相當高比例的漁產。擅長捕撈深水烏尾鮗科（Caesionidae）魚類的沖繩人，也在一九二〇年代進入東南亞，他們會派潛水員布置大型魚網，並且將魚群趕至羅網中。至一九三〇年代，這些以東南亞為基地的機動化漁民團隊捕撈的商業漁產為新加坡供應量的三分之一、巴達維亞的四分之一。

簡言之，東南亞豐富的漁場，在殖民盛期經歷了機械化或規畫方面的慘澹失敗，部分原因是因為貧窮使得魚價過低，難以吸引投資。這段時期當中，鄉村人口平均消耗的漁產量可能更低，尤其是時局混亂的一九四〇年代。一九六一年時，那些自然條件優良的國家如印尼、泰國、柬埔寨，每人的平均漁產量竟然還不到十公斤；其中，鄉村的窮人消耗的比例又非常微小，所吃的主要僅是少少的蝦醬配料而已。

二戰之後，東南亞漁船紛紛改為能攜帶合成漁網與冰塊——後來則是冷凍技術——的機動拖網漁船。首先出現在一九五〇年代的菲律賓，泰國則是在一九六〇年代加緊腳步，東南亞其它地區則是在更後來改良。從一九六〇年到一九八〇年，東南亞漁獲量成長超過三倍，達到六百萬公噸，領銜者為泰國，東南亞全境則成為輸出漁產至日本、香港等地的主要淨出口者。在一九六〇至一九九六年間，印尼人均消費魚產量大約增加近兩倍，漲幅比泰國還要高。不過，一九八〇年代以後，魚類資源匱乏的壓力變大，更高的投資已經沒辦法造成相應的增產。反過來，一九七七至一九八〇年間，東南亞各國一一宣布設置沿岸兩百海里的經濟專屬區。在印尼和緬甸的海域上，因為它們本身的漁船勢力最弱，導致兩國無論是要排除外國拖網漁船或授予執照，都執行地異常艱辛。隨著多種魚類的數量驟降，人們大舉轉為從事水產養殖業，尤其是養蝦。整體上，消費水平會隨著經濟繁榮而提升；可是，對於在東南亞沿海討生活的獨立小漁戶來說，生活卻變得愈來愈艱辛且危險，因為他們被迫要航行到更遠的海域尋找難以捉摸的魚群。

興奮劑和飲料

現代以前，東南亞人的主要飲料就是水，人們會使用竹筒引導高地溪流的水源。低地與城市地區的運氣比較不好，人們從泉水或井水取得什麼樣的水源，就得用什麼水，或是得將河水靜置數周等待雜質沉澱。像這類的水，人們還會再加上檸檬或香料增添風味。如果無法取得乾淨水源，例

如人們身在船上，或者遇到洪水之類的危機時，幼椰可以成為水分的重要來源。緬甸北部和越南有種茶及飲茶的古老傳統，廣為流傳的中國飲茶習慣是以滾水泡茶，大大減少城市稠密人口飲用髒水的危險性。據說在十七世紀的緬甸首都還有十九世紀初年的爪哇，上層階級習得燒開水這件事，不論他們有沒有要泡茶。他們也建議歐洲人，如果想避免生病，最好跟著這麼做。十七世紀的歐洲人，在東南亞首度得知健康的中國飲茶習慣，多數語言直接採用了「茶」的馬來名字「teh」，這個字音其實來自華商的福建方言（閩南語）。商業化種茶首先於十九世紀初期爪哇的丘陵地展開，以供應當時需茶孔急的歐洲市場，後來，越南、緬甸、馬來亞的高地森林也紛紛被開闢為茶園。至二十世紀初年，淡綠茶已逐漸取代清水，成為東南亞最普及的飲料。

在經典宗教時代之前，或在經典宗教範圍之外，酒一直都是節日慶典不可或缺的東西，但酒並不是日常的飲料。東南亞最普遍的酒類型態是棕櫚酒，是眾多棕櫚樹品種之一的果汁發酵而成。新興宗教禁止透過通宵的祭典、飲酒、跳舞與死者告別的習俗，因此，至十九世紀的時候，這項放縱的習俗只有在尚未被統合的高地區才可能親眼目睹。與歐洲人相較，甚至與開設都市酒館販售亞力酒（蒸餾酒類）的華人相比，東南亞人的酒量或酒品算是出名地好；在十九、二十世紀東南亞的公共劇場裡頭，醉醺醺的歐洲人是一類被嘲諷的標準角色。

東南亞最大的社交促進物兼放鬆劑不是酒，而是包好的、可嚼用的檳榔。包檳榔有三種基本原料能夠產生活性的生物鹼，第一種原料是蔞葉或檳榔葉（Piper betle）這是東南亞人普遍栽種的植物，能直接新鮮採摘食用。第二種原料是檳榔（Areca catechu）樹的嫩果或種子，經乾燥之後，可以從沿岸生長地區貿易至遠方；自十九世紀至二十世紀初，亞齊曾大規模出口檳榔至印度。第三種原料是石灰，這種原料取自沿海地區的貝殼或高地的石灰岩露頭。由此，最遲於十六世紀，東南亞多數地區的人已養成這種混合原料包檳榔的習慣，把它當作一種帶來快樂的興奮劑，人們時常嚼檳榔，檳榔也是標準的待客之道。儲存與處理檳榔的工具，是家家戶戶

的必備用品，在菁英儀式或社交活動中，這套工具也是僕人必備的東西。在求愛的儀式之中，「加熱」檳榔子以及「冷卻」檳榔葉的互補性含有情慾暗示，女性為男性細心地包檳榔，代表著訂婚或相愛的前奏。

　　菸草是東南亞最早接受的美洲作物，它是由墨西哥引進馬尼拉，或是經由歐洲傳入。有些東南亞人會像歐洲人那般用菸斗抽菸，但十七世紀時更多人是以燻製平頭雪茄（cheroot）的方式抽菸，那是用當地菸草捲在玉米葉或棕櫚葉內做成。大越博物學家黎貴惇譴責抽菸，因為對比文明飲茶，抽菸是一種蠻夷傳入的邪惡之物。但是他也感慨道，即使大越朝廷已下令禁止，「官員、百姓、妻子、未婚女性」居然連餓肚子都拼命要抽菸（引用自 Woodside, 1997, 258）。菸草似乎和檳榔一樣具有放鬆的作用，但功效又比後者更強。自十七世紀開始，人們會加入少量菸草當成包檳榔的原料，作為一種能得到強勁效果卻又比較便宜的方法。

　　如果說檳榔是促進男女關係的好東西，那麼二十世紀的香菸成為現代性別界線的關鍵標誌之一。現代風尚日益增長的力量，也導致嚼檳榔的舉動愈來愈不為人們接受。最晚於一八〇〇年，身在亞洲的歐洲男性已放棄嚼檳榔的習慣，改而青睞馬尼拉生產的雪茄。一九〇〇年時的歐洲人，對於人們在公共場所吐檳榔汁，將其視為東方土著骯髒習慣的縮影，此外，新出的細菌學理論更加強化歐洲人的歧視。與歐洲人廣泛打交道的亞洲菁英，很快就感覺到這股鄙夷，於是也紛紛改採把弄馬尼拉雪茄的歐式風尚。跟進歐式新風潮的結果是，馬尼拉雪茄成為一八五〇年代東南亞菁英的時尚，因為價格還算可以，新興的都市人也開始出現抽雪茄的習慣。現代的學校體制，大規模地教導學生不要嚼檳榔。泰國民族主義獨裁者鑾披汶·頌堪（Phibun Songkhram，又譯吳別）甚至強行推動「文明的」現代性，於一九四〇年將嚼檳榔訂為違法。

　　除了馬尼拉以出口為目的所設計的精緻雪茄和香菸以外，也有許多地方家庭製作的土產雪茄存在，然而其形象與檳榔一樣老土。土產香菸的馬來語「邦克斯」（bungkus）意思就是「捆捲」，因為各種香味或甜味的添加物，都可以跟菸草一起被包在玉米葉裡面，與包檳榔神似。土產雪茄

從一八八〇年代開始商業化，古突士（Kudus）的華一爪哇企業家開設小工廠，並雇用當地女性利用捲菸器手工製作。這種為市場製作的土雪茄，配方除了菸草以外主要是丁香，點火抽菸時，這種雪茄會龜裂發出霹靂啪啦的聲音，因此得名「咯勒特咖」（kretek）。這種土雪茄既便宜又流行，然起初抽這種雪茄被人們認為不夠摩登。要等到一九二四年英美菸草公司（British American Tobacco, BAT）在井里汶開設菸廠，古突士製造商才開始將他們的產品現代化，以求提升競爭力。古突士廠商製作出造型比較俐落的香菸，並且廣告宣傳抽這種菸很摩登，結果在一九二〇年代時產量翻了十倍。一九三九年，咯勒特咖產業儼然是一樁爪哇製造業傑出故事，每年可製作約一百億隻香菸，並且雇有八萬捲菸女工；至一九七〇年之際，咯勒特咖產業更加擴大並且工業化，至二〇〇〇年時，印尼當年已可生產兩千億隻咯勒特咖，另有兩百五十億隻「白牌」或國際風格的香菸。菸商遊說團與稅收來源的重要性，有助於解釋為什麼印尼至今仍是沒有簽署世界衛生組織菸類限制公約的少數國家之一。

英美菸草公司在一九二〇與一九三〇年代，將現代香菸製造業帶到東南亞多數地區。泰國民族主義政府在一九三九年設立稅捐豐厚的菸草專賣事業，最初是與英美菸草公司合夥。二戰之後，越南和緬甸國家壟斷的菸草公賣事業，也成為稅收的重要來源。

東南亞男性自一九五〇年代、女性在一九八〇年代開始，就愈來愈不再食用檳榔。檳榔在求愛、婚姻、生育、死亡儀式當中的角色固然繼續存在，但只空餘象徵的形式。在許多儀式當中，香菸取代檳榔成為送給客人的禮物或獻給神明的祭品。這項改變，算是東南亞男女關係當中的一項革命。東南亞男性抽菸的比例躍升為全球首位，高者有印尼的百分之六十一，低者也有緬甸的百分之四十。不過，東南亞女性吸菸者的比例卻是全球最低，印尼為百分之五、泰國有百分之三、越南僅有百分之一點五；菲律賓的百分之十和緬甸的百分之八除外，因為這兩地女性吸菸已頗有歷史。長久以來，人們嚼檳榔有助於抵抗許多細菌和寄生蟲，相對來說，抽菸對身體健康的危害非常則巨大，咯勒特咖菸尤其如此。在外，抽菸者

絕大多數是男性，根據一九七〇與一九八〇年代的調查顯示，抽菸這項花費占印尼家庭支出的百分之五左右，比醫療與教育兩項費用合起來還要更高。

二十世紀的時候，喝咖啡的習慣也遍及全東南亞，成為另一項代替嚼檳榔的食品，消費者主要為男性。咖啡店幾乎無所不在，每座村莊都有咖啡店，提供男性小聚、抽菸，不時吃吃點心，喝喝咖啡、美祿（milo）或更刺激的飲品。在馬來西亞和新加坡，族群混雜的顧客群造就出混合詞彙「咖啡店」（kopitiam），「kopi」是馬來語的「咖啡」，「tiam」則是中國福建話的「店」。在二戰之前，瓶裝飲料（包括瓶裝茶）很少出現在咖啡店菜單上，然而自一九六〇年代開始，咖啡店兼賣瓶裝飲料已經是很普遍的事情了。

布料與衣物

我們在第六章曾經談到，以美麗印度布料所製成的裹巾紗籠、頭巾、掛飾，成為商業時代典型的炫耀性消費品。公元一六二〇至一六五〇間，東南亞進口的印度布料達到巔峰的一百七十萬「件」，每件平均約十一平方公尺大。然而，接下來的凝聚時期，對印度布料的需求卻急遽減少，東南亞人再度尋找自身的資源，有一些供應市場的大規模生產中心，改編了熱門的印度樣式。爪哇蠟染與南蘇拉威西的方格樣式產品，被交易到遠方如暹羅、柬埔寨與下緬甸，因為當地製品在價格上比較沒競爭力。

隨著英國東印度公司壟斷的減弱，以印度為基地的私營商人，包括泰米爾穆斯林朱利亞人和歐洲人，繼續為東南亞西側港口供應價格合算的印度棉布，諸如亞齊、普吉島、丹老（Mergui），以及一七八六年後的英屬檳城。自一七九〇年代開始，英國的機器製布傳入，但貿易商和東南亞消費者改用的情況緩慢；不過，一八一一年至一八一六年英國占領荷屬地區，接著新加坡於一八一九年奠基，於是在英國人掌控的地區內，英製布料確實取代了印度進口品。即便是爪哇的蠟染產業，也改用機器製造的白

布來繪製水蠟樣式。新加坡成為主要的布料分銷點，有一大群華人、武吉士人、馬來人、越南人小船舶，會來此裝載工廠製造的歐洲布料。其銷售額從一八二八至一八二九年的二十四萬五千西班牙銀元，提高到一八六五至一八六六年的四百萬元。在一八四〇年之後，印度布料已不再是重要貿易品，至一八六五年時，印度布僅占東南亞進口比例的百分二點五而已。因為有扶持荷蘭產業的保護性關稅存在，英製布料幾乎沒有銷售至爪哇等地的荷屬港口，暹羅和越南則是透過新加坡，成為英製布料的東南亞最大宗輸入者。

至十九世紀中期，廉價的歐洲機器布料不只是取代進口的印度布，也取代了東南亞土產布料。二十世紀前期，歐洲進口布料在東南亞服飾當中的主宰程度變得更高，並且再度成為主要的進口物品。布料進口方面的波動，被學者當作衡量東南亞人福祉的方法，一九三〇年代大蕭條時期的進口量確實遠少於一九二〇年代（就緬甸的案例而言是減半），這件事被解釋為人民福祉的驟降。一九四〇年代的狀況更加嚴重，因為布料嚴重不足，許多人穿的是老舊破布、暴露較多或麻布袋做的衣物。此時的東南亞又再度出現一次逆轉，人們轉而使用土產布料與種植棉花。某些地區在一九三〇年代時有些許規模的工廠製布，其他地方則是重拾古代的紡織之道。

經過商業時代的狂野實驗潮之後（見本書第六章），服裝風格至十八世紀時更加根據族群區別而定調。外國男性與當地女性的廣泛結合，創造出雙方共同能接受的服裝，男女在家中都是圍著類似紗籠的長裏巾，不過男人在辦公室或市場的時候可能會穿褲子。在比較正式的場合中，裏著紗籠的東南亞男性經常會搭配深色外套，以及根據民族而不同的頭飾；在日常生活，男性則是穿著沒有領子的襯衫。

在西方人眼中，二十世紀之前，東南亞地區穿著最體面的是越南人及菲律賓人，他們衣服使用的原料為當地生產的絲綢與棉布。兩個越南政權都維持蓄長髮與穿著古老中國明代服飾的風俗，這使得他們和滿清政權下薙髮留辮的中國人有所區別。越南男女都會穿著寬鬆且長及腳踝的褲子，

或者是更加寬鬆且長及膝蓋的袍子。上層階級的服裝原料多是絲綢，窮人衣服則是棉製。一直要到一九二○年代，貼身的全身長襖「奧黛」（ao dai）才變成越南全國女性的服飾。自十七世紀開始，菲律賓低地區的人們也融合西班牙風尚，至十八世紀則形成更有特色的混合風格。男性襯衫演變成為不紮起來的繡花現代國服「巴隆他加祿」（barong Tagalog），起初那種服裝是沒有領子的。菲律賓女裙國服「特爾諾」（terno）變得更加飽滿，女衫「卡米薩」（camisa）的袖子變得更短更挺，最終變化為獨樹一幟的蝴蝶裝；同時，圍巾「帕諾拉」（panuela）變得非常挺拔，裝飾變得更華麗。

內衣是在十九世紀後期引進東南亞，時髦的緬甸與群島區女性最初是穿著輕薄的外衣，底下會露出內衣。紗籠搭配可峇雅的穿著，成為東南亞普遍的國際主義都市服裝，因為在熱帶地區，這麼穿要比歐式或華人女性風尚的穿法更加舒適；甚至自一八七○年代開始大量前來東南亞的歐洲女性，也會被指導如何購買與穿搭紗籠與可峇雅。然而，大約在一九○○年左右，愈來愈多在歐洲或中國出生的女性──後者稱為「新客」──不願穿著這種「土著」服飾，反而是去接受全球風尚。至於紗籠配可峇雅的組合，此時則改成限於早晨的穿著，或者是接待女性友人時可以穿，然而最晚於一九二○年，這種服裝已經被歐洲女性、或者是想要模仿歐風的女人揚棄。華人女性的選擇倒是比較多，她們可以從當地、中國、歐洲風格之中任選，與此同時，巴黎和上海已經越來越醞釀出現代女性的風格為何。歐亞混血後裔和基督徒是最早採納更加歐式服裝的人群，受過西式教育的年輕男女也隨之跟進。

現代服飾與身分認同

二十世紀時裝風尚的全球化，是本書第十一章探討的亞洲自主性階段末期，最醒目的一項標誌。在一九○○年之前，穿著像歐洲人的亞洲菁英是少數異類；然而至一九六○年時，在都市裡穿民族裝束的人卻顯得與眾

不同，當事人反而需要解釋自己為何要這麼穿著。若要解釋模仿歐洲人現代地位的渴望與抗拒歐洲異國傲慢之間的天人交戰，服裝就是具體而微的最好呈現。顛覆傳統或者重申新傳統的戲劇性衝突雖然時刻發生，但整體大趨勢仍是朝向全球化現代性的方向前去，無法阻擋。

在各個地方，階級秩序都會反映於服裝的差異上，但是這對身在東南亞的歐洲人似乎是不怎麼重要的事情；對他們來說，令人感到困擾的反而是東南亞男女的服裝和髮型看起來都很像，無論是泰族女性「男子氣概」的短髮，還是緬族、爪哇或越人男性「像女人般」的長髮。隨著東南亞王廷愈來愈陷入被動守勢，宮廷的禁奢令與階級秩序愈來愈嚴明，但這些規定並不像是歐洲那樣推行至整個社會。隨著種族階級秩序的觀念確立，身在亞洲的歐洲人對於服飾規範變得相當執著。從一九〇〇年開始定型的歐洲人，不願再接受實驗性或混合的風格，所以，男性的穿著應當比照歐洲，女性服裝也漸漸受到這樣的限制。駐印度的英國官員無論去到哪裡，都習慣穿著鞋子以標誌身分，當他們身在緬甸時，就連是去宮殿或佛塔等地也不願意脫鞋，即便這麼做可能有激起叛亂的危險。

殖民背景下「受保護的」東南亞皇室，傾向於堅持特色服飾風格，因為他們的臣民將此認知為傳統，這種穿著要求有相應的特殊走路、蹲伏、說話模式，然而在其他地區，這種模式已經遭受抨擊。不過，在強大的歐洲人眼中，暹羅連續幾個統治者倒是抱持著達到「文明」地位的決心，鮮明而有秩序地推行西化運動。蒙固王要求宮廷之人必須穿著襯衫，並同時開始穿著軍服，以模仿最強大的歐洲來客的習慣。蒙固王的繼任者朱拉隆功，在一八九〇年代的旅行過程中，穿著純白色的歐洲服飾（圖片14-1），同時，他在國內雕像或肖像裡的公共形象，是身穿軍禮服的姿態。極為渴求現代性的暹羅政府官員，則穿起白色的制服。有一種類似紗籠的混合風格服裝，紮起來的方式像是長度及膝的褲子，它首先流行於知識分子、趕流行的都市人、華人和泰人之間，並持續至二十世紀，但後來其地位又逐漸被西褲所取代。就公眾層面來談，一八九九年暹羅曾頒布詔令，於普魯士海因里希親王（Prince Heinrich）造訪曼谷期間，女人若無遮掩

圖片 14-1：暹羅朱拉隆功王與他三十三個兒子當中的十一位合影，攝於英國伊頓中學（Eton College），一九〇七年。

胸部、男人穿著紗籠未及膝蓋者將處以罰鍰。

　　全球現代性的推展，在一九三二年暹羅專制君主制度被推翻之後達到高峰期，尤其是鑾披汶・頌堪元帥的戰時獨裁時代。公元一九四一年的政府命令，要求泰國人在公共場合必須穿著得體，以維護國家的文明地位；這件事情意謂著，人們必須穿著歐式服裝或者政府許可的混合式民族服飾，女性也不例外。同時，官方鼓勵舉辦「泰國小姐」的選拔比賽，自一九四一年的選美比賽開始，參賽者只能穿著歐式衣服，搭配上手套、帽子與高跟鞋。泰國似乎早於東南亞其他地區，率先做出了選擇。

　　亟欲獲得歐洲菁英現代、文明、自由地位的渴望，深深影響著殖民地區域種族化的地位階級秩序。穿著和言行都仿效歐洲人的東南亞男性，比較會受到尊重，並且可以獲得與主子是平等的感受，由此，民族主義者成為了西化的急先鋒。在印尼，讓激進而年輕的蘇瓦迪・索亞寧加拉特（Soewardi Soerjaningrat, 1914, 267）感到驚訝的事情是，「透過服裝的改變……奴性的態度和言行、乃至於觀念，竟然可以改變為自由且不受拘束的形態。」一九二〇年代菲律賓政治人物必須與美國人打交道之

後，便放棄西班牙與本土風格的服裝，改穿一種被稱為「亞美利加納」（americana）的深色外套。參與革命的東南亞人士，無論是一八九〇年代的菲律賓人或一九四〇年代其它地區的人，特別急於採用歐式的軍服或平民裝束。

事實證明，緬甸是這股西化模式的例外，最初的原因可能是，一九三五年以前緬甸被併於英屬印度的行政範圍內，並受到甘地（Gandhi）思想的影響。一九二〇年代佛教青年協會（YMBA）第一代受英語教育的民族主義者，確實採納了西式服裝作為平等的標誌；但是，一九三〇年代更加激進的後繼者，則用原本對歐洲人的尊稱「德欽」（Thakin，主人的意思），作為平等性的自我標舉，他們愛穿緬甸風格的外套「比尼」（pinni），以及正面有開口且類似紗籠的裹巾「籠基」（longyi）。二戰之後的緬甸政治人物，心繫緬甸的獨特性，於是比東南亞其它地區更加在意服飾的統一性。吳努（U Nu，1907-1995 年）便已經開始強調，民族服裝是「一個種族或民族文化的骨幹。」（引用自Edwards, 2007, 133）一九六二年的緬甸軍方政權帶來服儀規範的新階段，規定要求穿著「籠基」，此舉之目的可能是有意讓男性現代性的自信象徵——穿著褲子，成為軍方統治者的特權。

在服裝方面擁護現代性的東南亞男性民族主義者，往往喜愛女性傳統服飾的精緻與順從意涵；在這點上，出現了另外一種平等與身分認同之間的心理交戰，但戰線卻有所不同。東南亞第一批獲得高等教育或高級政治職位的女性，穿戴西方服飾，例如巽他族律師瑪麗婭・烏爾法・桑托索（Maria Ulfah Santoso，1911-1988 年），還有第一位（意外）就學哈佛醫學院（Harvard Medical School）的菲律賓兒科醫師菲德蒙朵（Fe del Mundo，1911-2011 年）。政界領袖的妻子無論已多麼現代化，仍可能穿著特色亞洲風格服裝露面。等到革命運動告一段落的一九六〇與一九七〇年代，各個新興國家紛紛確立「民族／國家」的女性服飾風格。此時的男性也一樣，實驗將「民族／國家」的元素加入本質為「現代／普遍」的服裝，當中首先出現變化者便是印尼的頭飾。爪哇人可能穿戴蠟染布料所做

的「布蘭貢」（Blangkon）搭配歐式服裝，蘇卡諾（Sukarno）則將黑色毯帽「披奇」（pici）推廣為所有印尼男性的團結象徵。

　　將民族主義服飾現代化的對立面，就是那些因為殖民主義而新近被併入世界體系的不穿衣服的人民。對於二十世紀初東南亞低地區的人們來講，只纏一件腰布或紗籠但上半身赤裸的模樣，已經變成野蠻或邊緣地位的象徵。隨著教育——尤其是經由傳教士所辦的教育——推廣到高地區，機器製作的廉價襯衫被高地人接受，以此作為被更廣大社會接納的代價。不過，後期殖民主義的文化保守力量，卻容許這種不穿衣服的習俗繼續存在，著名例子包括峇里島的「文化博物館」，以及羅闍布魯克的砂拉越王國。民族主義對於自身的文明教化使命更加自負，於是這些習俗倖存的地帶在一九四五年後迅速消失。但是，呂宋島科迪勒拉山區至少還有證據遺存，證明高地人了解赤身裸體的意義，且以此作為反對吞併的武器之一，他們甚至曾經在一九七〇年代用這種方式來抵抗馬可仕總統（President Marcos）。

　　東南亞的服飾就像是東南亞政治一般，在一九三〇至一九七〇年代時斷然加入新國際模式的陣營；不過，成功爭取到平等和尊嚴後，而多樣性的地方服裝形式也瀕臨消失，當地菁英又於一九七〇與一九八〇年代再度擁抱本土的色彩。在印尼與馬來西亞，蠟染襯衫成為正式場合的普遍穿著，巴隆他加祿繡花襯衫在菲律賓的情況也是如此。革命戰爭期間的北越人避免穿長襖「奧黛」，但在戰爭結束之後，優雅的長襖再次大行其道，與旅遊貿易同時盛行。婚禮場所尤其是傳統服飾加上現代修改的實驗室和亮相之地，在被人們接受的民族、國家、國際尺度內競爭性地展現出族群的尊嚴。這種裁縫功力的服裝展示，成為東南亞境內諸多國際高峰會的一項特色，各主辦國都感覺有責任製作出自身的「國家」服飾。

表演：從節日到影劇

　　如同我們在先前章節所見，公共表演是東南亞社會活動的典型，在宮

殿、寺廟、村莊當中扮演著凝聚的角色，中國與部分歐洲文獻對此多有記載。二十世紀之前，印刷術對於東南亞群眾文化的影響極小，所以我們應該要看的是那個透過劇場、背誦、遊行、展示，傳播共享知識與價值的世界。贊助這樣的精彩活動是東南亞宮廷的重點關懷，直到他們自己在十九世紀退場為止，或他們退守到比較沒有中心地位的「文化首都」如順化、龍坡邦、日惹和梭羅為止。在鄉村地區，節慶、朝聖地和大型婚宴與喪禮場合，支持著巡迴的全職表演者，以及在收成後乾季期間從事藝術創作的村民；即便小農化與貧窮問題減少了這類贊助的規模，劇場、舞蹈、偶戲、唱誦的傳統仍然存在並持續發展。

與此同時，在語言多樣的沿岸城市中發展出不一樣的文化空間，由於那些地方的文化交流與科技革新，有許多新形式因而孕育成形。十九、二十世紀之交，是這些城市創造出本土或混血的群眾之關鍵時代，這些城市群眾不只是消費者，同時也是新表演形式的贊助者與創作者。長期以來，公共都市空間是華人在重要節日或婚禮上表演中國戲曲的地方。十八與十九世紀期間，中國戲曲有時候是以馬來語或泰語演唱，演出者包含在地出生的女歌手，當中許多人根本就不是華人。不過，無論觀眾組成是多麼混血且複雜，中國戲曲就形式與內容來說都沒什麼改變。如同歐式戲劇的變化，中國戲曲在十九世紀後期變得更加「新客」、更加中華，因為隨著大量華人廣布流散，輪船也將想試試運氣的中國南方劇團載到了東南亞。中國戲曲的越南變體「嗩劇」（Hat tuong／hat boi），在十九世紀時轉型為某種世俗性的國劇，因為嗣德帝阮福時在他最能控制的中央區域內，興建數座嗩劇戲院。

對比東南亞表演的公開露天風格，歐式劇院在十九世紀港口首都的發展，是付錢的觀眾到封閉式劇場內觀賞，也就是新興的中產階級模式。英國及法國殖民當局在劇場方面投資不少，他們將戲院作為強化殖民菁英凝聚力的場所，同時也將其當作「教化使命」（mission civilisatrice）的象徵。萊佛士在巴達維亞擔任總督時，已在當地建造一間劇院，新加坡也很早就有自己的劇院。新加坡古典式的市政廳建於一八五〇年代，其中可以

進行表演，至一九○一年時，表演活動則移師至維多利亞劇院（Victoria Theatre）舉辦。西貢（1901 年）和河內（1910 年）的歌劇院，當時是（且至今依然是）兩座城市中最耀眼的建築，分別可以容納一千八百位與九百位觀眾。相較而言，在荷蘭與西班牙殖民地，私人性活動是比較重要的。一八二一年，巴達維亞蓋好美麗的新古典式劇院（schouwburg），並以當地製作的莎士比亞戲劇《奧賽羅》（Othello）演出開幕；另外，泗水也於一八五四年建起一間新古典式劇院。在馬尼拉，有一間外觀類似馬戲團的木造建築，經過升級改造後於一八九○年成為國家劇院（Teatro Naciona），至一九○二年時又經美國之人手改為馬尼拉大歌劇院（Manila Grand Opera House），並立即邀得義大利巡迴歌劇團來訪出演。

隨著固定輪船航運路線的出現，國際旅遊公司和表演者變得比以往更常見。其中有些人只是隨著輪船，在前往澳洲途中於仰光、新加坡、巴達維亞暫停，或者是在前往香港及日本的中途暫停新加坡與西貢。另外有人是在省會大城之間巡迴，在某個地區待上幾周甚至幾個月，然後再前往下個地方。也許是因為巡迴的法國表演者非常受到歡迎，以至於室內付費劇院的法文「康梅狄」（comédie）直接成為馬來語彙。巴達維亞等中心的劇院逐漸被人們稱為「捷敦恭梅狄」（gedung komedi），而恭梅狄的營帳與劇場便在群島區各地興起，當中可以進行各式各樣的演出。歌劇也許是各種表演中最尊貴的一種，但是在都市社會這種語文多樣且品味各異的地方，俄國馬戲、印度魔術、美式娛樂（vaudeville）、中國雜耍、日本特技更加流行。

十九至二十世紀之交，東南亞的都市空間裡出現各種令人眼花撩亂的表演形式，這為都市多元的人口提供了瞠目結舌與哄堂大笑的機會。「『恭梅狄』劇院文化是跨區域的、是花俏無禮的，它對於轉瞬即逝的新穎事物絕不害臊。它是（都市）大眾的文化，對於群眾的品味與意見相當迎合而敏銳。」（Cohen, 2006, 21）同時，恭梅狄文化也對較古老、純粹的戲劇傳統造成深遠的影響。由真人表演者演出的舞蹈劇，最能迎合多語言的都市區觀眾，尤其是小丑角色擴大而提供幕間的滑稽鬧劇，使用不同

的語言搞笑。緬族的「札普威」（zat pwe），高棉的「洛坤寇」（lakhon khol）、泰人的「洛坤內」（lakhon nai）、越南嗵劇、東爪哇的「盧德魯克」（ludruk），以及爪哇中部宮廷淵源的「哇揚翁」（wayang wong），全部都是為了回應都市觀眾的要求而出現，例如更可觀的效果與服裝、男女演員兼舞者、跨文化的幕間喜劇，還有買票坐在室內劇院而非宮廷或節慶廟會的喧鬧觀眾。最成功的案例當屬二十世紀前期誕生的商業性新愛情浪漫劇，它使用的是創新的混合主題，例如大多從嗵劇演變而來的越南「改良劇」（cai luong），還有泰國的流行宮廷戲劇「梨伽」（likay），以及混合舞蹈、爪哇口語、西方樂器與甘美朗（gamelan）音樂的爪哇「科托普拉」（ketoprak）。至一九二〇年代，越南和暹羅境內各自有數百個專業的劇團，爪哇則有約五百個。在提供資金和商業訣竅以幫助本土演員和導演進行創新這部分，當地東南亞華人的中介角色是非常重要的。

在這段期間，混合戲劇類型的興起，比較是受到外國範例與地方觀眾要求的影響，而不是受到傳統遺緒的薰陶。已經在印度發展出混合流行風格的帕西（Parsi）劇團，在一八七〇與一八八〇年代的東南亞城市也是蔚為風潮。檳城當地的印度及阿拉伯企業家，以馬來語複製帕西劇團的模式，並且加入女演員，而不是如原本那樣全是男性演員。公元一八八五年成立的一個領銜劇團，名為「印德拉邦撒萬」（Indra Bangsawan），命名根據是劇團演出之中最受歡迎的馬來故事，「邦撒萬」一詞也因此成為這類戲劇的名稱。邦撒萬發展出新穎的專業與舞台技術，在英屬馬來亞及荷屬印度的城市巡迴出演，他們有龐大的劇團、印度風格的樂師、華麗的戲服以及舞台道具。對比邦撒萬的上層馬來語及印度靈感，最初在泗水用下層馬來語發展出的「恭梅狄斯淡泊」（komedi stambul），則擁有語言更加多樣的觀眾，以及歐洲風格的樂師及舞台造景。最初，恭梅狄斯淡泊戲目取材自巴格達的阿拉伯《一千零一夜》故事，這就可以解釋為何它有著如此異國風味的土耳其式名字。一八九一年時，有間直接以「恭梅狄斯淡泊」命名的公司成立了，起初它的演員主要是歐亞混血，不過資本與管理則是由華人投入。當中最重要的人物是受過高中教育的演員、導演暨才華

出眾的編曲家奧古斯特·馬厄（Auguste Mahieu，1865-1903 年），還有擅長多種語言的經理人葉源泰（Yap Gwan Thay）。馬厄後續又指導過好幾間公司，巡迴於爪哇、蘇門答臘及馬來亞等地，並帶來各式各樣的音樂浪漫愛情故事。這類戲劇在隨後三十年有眾多模仿者出現，提前為電影的問世培養出語言多樣的觀眾群。恭梅狄斯淡泊完全可以代表那種跨越種族、性別、階級界線的興奮感與醜聞，但是在同時，這種跨越界線的事情，也變得愈來愈遭遇困難且備受爭議。

　　菲律賓是歐洲戲劇在東南亞影響力最大的地區，在菲律賓，基督教節日的重點活動就是演出流行的本土劇，其中包括也被稱為「恭梅狄亞」（komedya）的「摩羅摩羅」（Moro-Moro）羅曼史，當中最精彩的戲目為基督徒與穆斯林之間的戰役，還有在復活節前聖周（Holy Week）演出的耶穌受難記（pasyon／sinakulo）。世俗性的愛情輕歌劇「查瑞拉」（zarzuela）流行於一八五〇年代的西班牙，稍後迅速流傳至馬尼拉。在熱愛音樂的菲律賓人之間，查瑞拉輕歌劇頓時風靡，各個省分成立好多間歌劇公司。公元一九〇〇年前後是深具創造力的時刻，此時菲律賓出現其他的流行舞台劇種，查瑞拉輕歌劇也在此時本土化，成為愛情音樂劇「薩瑞拉」（sarsuela），薩瑞拉音樂劇甚至實驗將當代課題如反西班牙革命等納入其中。一九〇二年時，賽維利諾·雷耶斯（Severino Reyes，1861-1942 年）成立了菲律賓最成功的專業公司「查瑞拉他加祿大公司」（Gran Compania de Zarzuela Tagal），並於二十世紀繼續蓬勃發展，《未受傷》（Walang Sugat）是此公司最初的戲目之一，內容是游擊隊英豪與其愛情故事。

　　上述這些通俗化的新戲劇形式，盛行於二十世紀頭幾十年，但卻在一九三〇年代電影來勢洶洶之前退流行。現場演出的戲劇固然逐漸敗退，但鄉村地區依然繼續上演。待到一九六〇年代，詹姆斯·布蘭登（James Brandon, 1967, 172-3）依然可以記錄東南亞一千一百多個劇團，就劇團數量與人口之間的比例來說，比美國高出二十倍。這些劇團的演出全都是結合音樂、舞蹈、演員或戲偶的對話，但是種類卻多到令人目眩神迷。

在這個轉變至商業現代性的過渡期之間，表演的重要性高過書寫文字，並繼續創造人們的共同意義與共同價值。

自一八九五年盧米埃兄弟（Lumière Brothers）在巴黎展示第一批商業性電影，短短數年之內，最早期的實驗電影便迅速沿著亞洲輪船航線流傳開來。馬尼拉、新加坡、巴達維亞與曼谷等地，最早於一八九七年便曾播放過紀錄短片，電影也快速地鑽進「恭梅狄」群眾娛樂的市場。包含在地拍攝在內的初期短片，最早是於一八九八年在馬尼拉放映，通常是豐富雜耍歌舞表演之中的一部分。東南亞最早的專門電影院，首先開設於菲律賓的馬尼拉（1900 年）及宿霧（1902 年），稍後又加上新加坡和曼谷（1904 年），初期主要播放的是法國作品。日本是最快接受這種新媒體的亞洲社會，二十世紀初日本電影企業家訴說本國現代性與戰勝俄國的影片，讓東南亞觀眾們感到振奮不已。

因為自身富裕及其與好萊塢的關係，本土製片的事業是由馬尼拉領銜。迎娶查瑞拉歌劇明星迪姐‧莫琳娜（Titar Molina）為妻的美國人愛德華‧格羅斯（Edward Gross），於一九一二年製作出以民族英雄荷西‧黎剎為題的當地第一部電影。格羅斯的企業後續又製成幾部以民族主義為宗旨的電影，並且改編拍攝流行的查瑞拉歌劇，該企業的設備後於一九一七年出售給菲律賓的第一批製片商，也就是奈波穆塞諾（Nepomuceno）兄弟。即便還在默片時代，奈波穆塞諾兄弟仍企圖將他加祿語「薩瑞拉」搬上銀幕，再以放映現場的歌手來搭配銀幕上的動作。一九三二年時，馬尼拉的各製片公司總共製作出二十三部上述類型的他加祿語默片，片中經常配上英文或西班牙文的間幕文字，此外，宿霧地區的公司也製作出幾部宿霧語的片子。配上緬文、泰文、馬來文（印尼文）間幕文字的電影，最初分別以《愛情與烈酒》（Myitta Ne Thuya, 1920）、《天堂小姐》（Nangsao Suwan, 1923）、《黑猴》（Loetoeng Kasaroeng, 1926）這幾部影片大獲成功。要做到這些事情，不僅需要國際性的資源，同時也需要觀眾，但由於影片上映成效極為轟動，地方的製片事業因此雨後春筍般誕生。

默片時代標誌影片這種新媒體的第一個本土化階段，也因為如此，影片的吸引力大為提升。東南亞的每座市鎮裡都有電影院，所有者通常是華─東南亞企業家。電影院的規模，通常比從前專業現場劇院還要更大，此外，電影院也為其他公共活動如民族主義政治運動提供了場地。電影院跨越種族、階級和性別，混合昂貴的座椅與廉價的板凳，後者足以讓都市的窮人有些逃脫喘息的空間。據說在曼谷，電影院還是調情與召妓的所在。雖然本土影片也很受歡迎，但觀眾買票觀賞的主要還是印度、中國、尤其是好萊塢愛情戲。由於好萊塢電影故事內容對於殖民階級有很大的破壞性，荷屬印度於是從一九二六年、菲律賓從一九二九年開始引進並實施外國影片審查制度。倫敦《泰晤士報》（Times）上曾經刊登一篇文章，其中抱怨好萊塢電影已經深入東南亞群眾之間，片中「犯罪與墮落的場景……是白人在本國一般生活的真實呈現。談情說愛的橋段……則讓觀眾得到一種道德敗壞的印象。」（引用自 Sen, 1994, 14）確實，這是人類史上第一次，全球各地的觀眾都在消費相同的大眾文化，這種大眾文化源自於一個新奇的世界，在這個世界中，愛情屬於所有人，地位則是由外貌、才華、金錢，而不是出身或教育決定。

一九三○年代有聲電影問世之後，好萊塢的主導力量變得更強了。拍片所需的科技與資本，已經超出地方製片公司的能力，大多數地方公司都因此在蕭條的一九三○年代倒閉或被併購。進入有聲電影時代，最早的緬甸電影是在印度孟買拍攝，最早的越南電影則是在香港製作。有聲電影時代的領銜者又是馬尼拉，馬尼拉有資本較為龐大的地方影業，在一九三○年代拍攝出幾十部本土電影，電影當中使用的語言，是未來將會成為國家語言的都市地區通用語。默片時代的間幕文字可以同時使用數種文字，講方言的觀眾能各自理解，但有聲電影則需要演員講最能帶來商業利益的通用語言，這些通用語的傳播範圍也因此更加擴大。都市區馬來語隨著電影（與報紙）更加流傳且標準化，與印尼的民族主義運動亦步亦趨，他加祿語在菲律賓的情況亦是如此。銀幕上的明星偶像在說話，年輕的觀眾也在說話。由此，有聲電影和民族主義連成一氣，減少大眾文化的國際性，

也減少大眾文化的地域性，增加了大眾文化的國家性與民族性。

長期以來，供應網絡都是華人企業的天下。其中最成功的企業，是一九二四年成立於新加坡的「邵氏兄弟」（Shaw Brothers）公司，邵氏兄弟創立後，開始在半島區、曼谷、西貢、巴達維亞等地收購或建造戲院。最晚於一九四〇年，光是在英屬馬來亞，邵氏兄弟便擁有或營運六十九家戲院，此外還有七座有各式各樣現場表演的遊樂園，包括「邦撒萬」劇團。起初，邵氏兄弟的主業是為語言多樣的觀眾們供應上海拍攝的中國默片，當然，他們也會放映好萊塢與印度電影。一九三二年時，邵氏兄弟轉向發展製作有聲電影，拍攝穿著西式服裝的現代粵語歌劇電影《白金龍》，大受馬來亞地區廣東觀眾的歡迎。此番成就使得邵氏兄弟在接下來十年之間，又拍出一百多部粵語電影。一九三九年時，邵氏兄弟在新加坡成立馬來電影公司（Malay Film Productions），在二戰爆發之前，此公司已根據「邦撒萬」傳統製作出八部馬來語的有聲電影。二戰的結束，迎來邵氏影業的全盛期以及馬來影業的全盛期，光是一九五二年便有十八部馬來語電影推出；之中有好幾部電影，是由檳城出生的亞齊人暨萬人迷大明星比南利（P. Ramlee）所主演，並且採用印度出生的導演及當地華人攝影師。此後，包括衝突在內的局勢發展，導致電影業逐漸衰落，使得馬來電影、華語電影（愈來愈講普通話）、英語電影走上不同的發展道路。

一九三〇年代印尼語有聲電影的萌芽，最初也是國際性的；「王氏兄弟」（Wong Brothers）部分根據地方戲劇傳統，製作出第一部根基於雅加達的動作電影。由華人管理的地方影業蓬勃發展，於一九四一年時拍攝出四十一部有聲電影。在這陣繁榮當中，有個小角色是政府的一個小單位，那便是「全荷屬東印度影片公司」（ANIF），這個單位播下重要的種子，尤其是熱門電影《月光曲》（Terang Bulan）。一九四二至一九四五年的日本軍事占領當局，將這個單位擴充為強大的宣傳工具，並壓制所有的獨立影業。這個單位排除荷蘭人與華人，為印尼人介紹民族主義者的英勇形象，並同時廣泛培養出人民對民族主義的喜好，為獨立的印尼提供了有助於其政府的組織。不過，一九五〇年代商業電影的大幅成

長，依然回到由華—印尼影業主導。

　　至一九五〇年代末期，在東南亞擴張的各個城市中，電影是流行文化的霸主，菲律賓地區登記註冊的電影院有六百七十六家，印尼有六百五十五家，泰國有兩百六十四家（Brandon, 1967, 305）。在菲律賓與馬來西亞，電影的獨霸代表著現場通俗表演的窮途末路，但是在其他地區，現場表演依然是鄉村地區的一項要素，有助於保持許多方言與地方傳統的存續。但是，普及學校教育的中央化體制，再加上後續一九八〇年代電視滲透鄉村地區，終於使得現場通俗戲劇的寶庫凋零，或者淪為博物館的陳列品；同時，新興的民族文化或國家文化於焉誕生，或者說得更貼近現實一些，全球文化的國家版本誕生了。

第十五章

進步與現代性：
一九〇〇至一九四〇年

　　對比第五章及第八章探討的早期現代性，東南亞的全面現代性（full modernity）算是姍姍來遲，大約在一九〇〇年前後，新穎要素才來勢洶洶地進入這片區域。二十世紀是亞洲的「現代性」世紀，高潮發生在一九四五至一九八〇年，期間亞洲令人驚訝且深具革命意義地擁抱了我於第十九章會論及的「高度現代性」（high modernity）。在作為二十世紀開端的公元一九〇〇年，人們對於舊秩序衰敗的絕望轉變為對新秩序潛力的希望，對於進步的信念乃至於信仰是這股新希望的重要成分。這種進步觀伴隨現代式教育傳遍東南亞，率先投入現代式教育的地方是十九世紀後期的菲律賓。工業革命的成果如電報、火車、蒸汽船、電力、罐頭食品與報紙等，傳遞著比政治宣傳更加有力的訊息——即新時代已經鳴槍開跑了。全面現代性或高度現代性包含著一項信念：如果政府或機構可以根據理性、科學而有目標地組織起來，那麼快速進步是可以達到的。

　　與此同時，這些科技成就卻進一步加劇歐洲人與亞洲人之間的鴻溝。科技上的成就使歐洲人深信他們的文明是唯一人道的和進步的文明，因此，歐洲文明乃是現代國家唯一的啟示來源。從一八七〇年到一九一四年這段時期，歐洲人的自信堪比天高，這種自信使歐洲人認為帝國結構實際上就是國家，而國家必須為子民承擔責任。一般來說，二十世紀的殖民統

治結構，要比歐美國家本身更加理性、更加世俗化、更加中央集權、更加專業化，也不用像歐美本國那樣受到歷史異狀與民主因素的限制。由於間接統治的關係，多采多姿而有教養的東南亞王室得以存活並繁榮，但是，這些王室卻被排除在現代技術官僚的權力結構之外（暹羅／泰國除外），因為現代官僚結構將王室視為惱人的因素，尤其是當王室想要有所作為的時候，特別會被貶作不合時宜的裝飾品。而民族主義者也認為，王室的存在缺乏能站得住腳的理由。大多數的鄉村人民，可能會繼續將國家當成一個避之唯恐不及的對象，或者是用某種想像的宗教或王政史跡來看待。然而，活躍且在成長當中的少數受教育人士，很快便感覺到這種新興中央集權國家的優勢，並開始期望能從傲慢的異國統治者處搶回這個國家，但是，他們並沒有要回復舊秩序的意思。

從絕望到希望

對於許多東南亞菁英來說，十九世紀後期是一段黑暗時代，因為他們深信且遵循的價值被擊潰、貶低、摒棄。他們節節敗退，所珍視的文明似乎無法應付前所未見的西潮衝擊，其中有許多人因此緊抓住新傳統主義乃至於千禧年主義（millenarianism）。此時，鄉村的亂事相當常見，某個先知登高一呼，宣稱自己找到獲取西方人力量的鎖鑰，且不需因此放棄古老的價值體系。亞齊、蘇祿等地的穆斯林出現自殺的狂熱行徑，以作為一種攻擊新秩序的殉道表現。最終，導致這種陰鬱氣氛為之轉變的緣由，並不是依靠軍事力量，而是新一代人期待現代性將會歸屬於自己的希望。

在菲律賓，高度西化的那一代人大約是在一八七〇與一八八〇年代時長大，他們早熟地接受西班牙式教育，並接納了那種類型的現代性。當中有些人是在馬尼拉接受神職人員教育，同時，地主菁英的孩子也可以付費接受道明會或耶穌會大學的古典學教育。經過一八六八年西班牙革命之後，一位自由派的總督被任命至菲律賓，他保證要推行教會職位與國家職位方面的種族平等——但當然沒要推展性別平等——菲律賓菁英因此歡

欣鼓舞。熱切擁戴這位菲律賓總督的支持者當中，有群人是當地出生的教區教士，例如接受過良好教育的布爾戈斯（José Burgos），他非常憎恨西班牙修士的豪奢、虛偽及蓄意為之的傲慢。之後西班牙發生保守派反動，導致後來的菲律賓總督又採取高壓，將前述的變革再度逆轉。這位嚴屬的總督殘酷地鎖定那些大膽敢言的教區教士，由此，布爾戈斯神父與兩位同事於一八七二年時遭到羅織罪名並公開處決，使得一整個世代的受教育青年變得愈來愈激進。荷西‧黎剎曾表示，他原本應該會成為一名耶穌會士，因為這起維護西班牙人與修士特權的殘暴事件，他因此走上寫作批判修士的政治自由主義之路。有錢人家的子弟若能負擔得起，他們會前往歐洲接受進階教育並展開政治動員，在那邊的自由派、共濟會、學術圈中積極尋找盟友。流亡的開明派人士「伊盧斯特拉多[12]」（Ilustrado），為首次的包容性東南亞民族主義奠下基礎，他們的表達是透過西班牙文，而目標是讓殖民地成為擁有歐式自由主義憲法的獨立共和國。伊盧斯特拉多本無意發動革命，但卻在一八九六年美西戰爭期間被逼上革命之路，革命發軔者為安德烈‧博尼法西奧（Andrés Bonifacio）主導的工人階級團體「卡蒂普南」（Katipunan），此團體的他加祿與千禧信仰氣息變得更加強烈。博尼法西奧塑造出伊盧斯特拉多支持他起義的證據，刺激危急之下的西班牙政權將黎剎處死。此事件迫使受教育的菁英人士接管博尼法西奧的起義，將它導引成為一八九九至一九〇一年間自由主義的、共濟會式的、講西班牙語的馬洛洛斯共和國（Malolos Republic）之行動。後來，美國人採取剿撫兼施的干預行動，將馬洛洛斯共和國給摧毀了。

　　這些菲律賓先驅者的西化程度相當高，但是對於東南亞其他地區而言，其模範性還不如一九〇四至一九〇五年以驚人海軍力量在對馬海峽與旅順戰勝俄國的日本。在亞洲其它地區一片軍事敗象之中，日本的勝利似

12　編注：伊盧斯特拉多（Ilustrado），字面意思為博學的或開明的人。是菲律賓在十九世紀後期、西班牙殖民時期，接受過教育的階層。Ilustrado由土生土長的知識分子組成，他們是菲律賓的中產階級，其中許多人在西班牙接受教育，並接觸到西班牙自由主義和歐洲民族主義思想。在西班牙的監督下，想透過更公平的政治和經濟權力安排尋求改革。

乎顯示只要接受現代科技與國家組織，亞洲人的尊嚴便可恢復並可反制歐洲勢力。熟知中國經典且才華出眾的越南士人潘佩珠（Phan Boi Chau，1867-1940 年），起初回應法國征服的態度與同儕文人相似，也就是企圖恢復王政與新儒家思想。但潘佩珠日後於一九一四年在獄中回憶道：

> （日本的勝利）對我們造成劇烈的衝擊。這件事情就像是開闢了一個新奇的世界……十九世紀時，即便整個宇宙已然被美風歐雨所撼動，但我國依舊處在熟睡不醒的狀態中……即便是上層階級的名士，包含我本人在內，其實都和井底之蛙無異……若不是旅順的砲聲將我們驚醒，也許我們到現在都不會知道，除了中國和法國以外居然還有其他外國存在。（Phan, 1914, 10）

潘佩珠因此前往日本尋找啟示與現代武器，並使用書寫中文（漢字）與日本及中國改革派分子、泛亞洲主義者交流。陷入困境的阿奎納多菲律賓共和國（Filipino Republic of Aguinaldo），曾派遣彭西（Mariano Ponce，1863-1918 年）擔任遣日代表，但彭西除了要到一船軍火之外，並沒有獲得什麼支援。

二十世紀初年的先驅者，是最早體會到進步與現代性魅力所在的人，他們一致同意欲達成進步與現代性，關鍵在於教育的改變。如果教育依然侷限於千百年前的中文、阿拉伯文、巴利文經典，一個人要怎麼駕馭新興的壯觀科技呢？公元一九〇六年時，大約還有二十萬越南學子在接受中文教育，其中六千人將會通過科舉考試成為官吏；但是，這種教育對於現代職位來說沒什麼功用，於是在一九一九年時，越南的科舉考試被廢除了。自一九〇六年起，在政府成立的新式學校當中，教導的是羅馬拼音化的越南文「國語」（quoc ngu），學習中文字很快就變得不合時宜。在東南亞島嶼區，羅馬拼音化的馬來文獲得人們接納，被視為通往現代性的鑰匙，這也讓人們更有基礎可以接觸到歐洲語文和印刷品。自十七世紀以來，基督教徒便會使用羅馬拼音文字印刷馬來文與越南文，但這件事情對非基督

徒一直缺乏吸引力，直到十九世紀後期報紙流傳之下情況才改觀。用羅馬拼音印刷的馬來文報紙，首先於一八六〇年代爪哇和馬來亞的城市開始發行，編輯者多是歐亞混血兒，而報社所有者則通常是東南亞華人。至十九世紀末，人數愈來愈多的華—印尼混血後裔「峇峇娘惹」，愈來愈涉入馬來語媒體界，成為編輯、作家、所有人或訂閱者。大約在一九〇五年左右，米南佳保人阿卜杜・里瓦（Abdul Rivai，1871-1937 年）與爪哇貴族蒂爾托・阿迪・索耶（Tirto Adhi Soerjo，1880-1918 年）使用羅馬拼音的馬來文，成為原住民社群的新聞業先鋒，為一九一八年左右開始變得喧嘩繁榮的印尼媒體業奠下基礎。

印尼語中的「進步」被稱為「科瑪朱瓦」（kemajuan），最早是在一八八〇年代的報紙上出現，進入二十世紀以後，此課題成為日益茁壯的本土讀者顧客群的重大議題。「進步」意謂追求教育、追求科技、追求「文明」的文化配備，正如歐洲菁英呈現的典範。漸漸地，華人、爪哇人、異他人、馬來人愈來愈自我認知，他們是在參與一場透過現代化求生存的競爭。現代化人士自視為青年派「卡烏幕達」（kaum muda），而卡烏幕達這個詞彙在新世紀的頭十年之間，傳遍所有族群的馬來文讀者；即便在受過教育的宗教界人士、偏好閱讀自身的「爪夷文」報紙（即以阿拉伯文書寫的馬來文）的人群之間，卡烏幕達一詞也成為強而有力的象徵，象徵著現代化的重要性與必要性。

在努山達拉地區的穆斯林之間，青年派「卡烏幕達」籌辦起新型的宗教學校，將西式教學法和世俗性學科融入其中，此外他們傾向於拒絕聖人崇拜或神秘儀式的傾向，並且改採埃及現代化人士如穆罕默德・阿布都（Muhammad Abduh）的作法，主張一種歸本於史料的理性態度。公元一九一二年，阿赫瑪・達蘭（Ahmad Dahlan，1868-1923 年）在日惹為這類改革者發起一場運動，「穆罕馬迪亞」（Muhammadiyah）因此迅速成為印尼地區最具有影響力的本土組織，在整個穆斯林世界沒有另一個組織可以與它相提並論。達蘭曾指出，日惹的清真寺並沒有正確地指向麥加，他因為此事聲名大噪，達蘭後來繼續批判說，有許多地區對伊斯蘭的運用

失當，導致它難以面對競爭激烈的現代。不算進政府的話，穆罕馬迪亞是新式學校最大且唯一的設立者，但它也是造成爪哇社會兩極化的因素。穆罕馬迪亞質疑蘇丹阿貢的根本性妥協立場。在人們所鍾愛的哇揚皮影戲當中，印度神話的地位因此不再穩固。在蘇門答臘高地區（米南佳保和曼代靈），穆罕馬迪亞受到人們熱情接納，因為這些地區擁有的伊斯蘭現代主義和西式教育經驗都比較長久。達蘭過世之後，穆罕馬迪亞主要由蘇門答臘人以及受過西式教育的都市人領導，而他們對於爪哇「神祕性綜合體」的寬容度就變得更低了。

本土化時期的宗教綜合主義是地域性、階級性的，對應而言，現代宗教改革主義則具有本質的普遍性。穆罕馬迪亞對於宗教現狀的批判標準，似乎是將那些所有能閱讀《可蘭經》和《聖訓》（Hadith）的人們平等化，並以通用的羅馬拼音馬來文表達他們的思想。現代東南亞最早且最深遠的兩極化現象，並不是出現在民族主義者與其對手之間，而是出現在新興宗教普世主義與許多地方宗教風俗之間，前者在許多關鍵層面接受了現代性，並以通用語言自我表達，後者則是在先前的時代當中凝結且鞏固起來。針對穆罕馬迪亞這類組織出現的鄉村與本土性的反動現象，理所當然地是使用爪哇語作為他們最強烈的表達方式。奇亞伊・哈世津・阿思嘉里（Kiai Hasjim Asjari，1871-1947 年）來自東爪哇宗班（Jombang）領導某間傳統宗教學校的烏理瑪陣營，與達蘭一樣但時間稍晚一些，阿思嘉里在十九世紀後期前往麥加，師從一位相同的蘇門答臘導師學習。但是，阿思嘉里所提倡的改革主義在性質上依然是爪哇的、神祕的，它保持對「哇揚」神靈世界的尊重，並且尊崇在聖人墓地朝聖和冥想等等虔誠儀式。一九二六年時，阿思嘉里協辦起一個烏理瑪的組織，以捍衛歷史悠久的爪哇伊斯蘭教儀式及莎菲懿律法學派對抗穆罕馬迪亞的批判。至一九四〇年時，「烏理瑪覺醒會」（Nahdlatul Ulama, NU）已經變成全印尼乃至於整個穆斯林世界當中最大的一股宗教運動，由此，烏理瑪覺醒會和穆罕馬迪亞成為印尼伊斯蘭教之中，兩個持久不衰的二元對立組織。

在沒有經歷過西式教育的大多數鄉村人民之間，興起了各式各樣的

千禧年信仰，提供人們超脫危機之道；這類刀槍不入、施法顯靈的人物大量出現，領導他們的同胞進入一個富足的新時代，其中包括東南亞大陸區救世主式的彌勒佛信仰，還有島嶼區的伊斯蘭先知導師「馬赫迪」（Mahdi）。十九世紀後期，英國人、泰人、越人以及後來的法國人擴張，已顛覆古老的世系與神聖傳統，尤其威脅到高地人悠久的自主地位。一八六〇至一八八〇年代，在湄公河三角洲地區，有一位面對法國人逼迫不願投降的越南軍人，與高棉聖人寶康柏托（Pou Komboto）共同號召起事，使得邊界地區持續處在動盪的狀態。一八八〇年代時，反叛的僧侶如烏帕勒瑪（U Parama）、烏奧塔瑪（U Ottama）、烏格拉沙（U Kelatha）聚眾千萬，在上緬甸地區抵抗政府軍隊。一九〇一至一九〇二年間，在翁凱歐（Ong Kaeo）帶領下，大半寮國南部高地區起而反抗泰國與法國的政權。在努山達拉地區，卡迪里耶（Qadiriyya）與納格沙班迪亞（Naqshabandiyya）蘇菲派修會，驅使農民懷抱希望而深信千禧年預言，此中發生於一八八八年萬丹地區的「芝勒貢變亂」（Cilegon rebellion），造成殖民當局最多擔憂與麻煩。如雷納爾多・伊萊托（Reynaldo Ileto, 1979）所示，一八九六年菲律賓自由派伊盧斯特拉多革命的成功，箇中原因包括以基督教為基礎的宗教渴望、將黎剎的處決等同於耶穌的受難、鄉村地區大量出現施展奇蹟的聖人。這個時代刺激出人們的危機意識，也激發出渴求根本改變的希望，但這決不是協調一致的革命規畫。

　　猛烈顛覆政治秩序的那種現代概念，逐漸流傳於社會系譜相反的另一端，也就是最都市化、最多西式教育、最國際化的人們之間。公元一九〇五年孫中山建立的中國同盟會，宗旨是要推翻全世界最古老、最龐大的君主體制並建立中華民國，海外華人透過同盟會，成為東南亞首先得知革命概念的人群。一九〇五至一九〇九年之間，孫中山頻繁往返他在東京的主要基地以及富有的東南亞華人社群之間，為他所辦的報紙與行動籌措資金。大部分的東南亞華人，比較青睞康有為與新加坡人林文慶（1869-1957年）較為溫和的改革主張，但最終孫中山於一九一一年成功推翻滿清王朝並宣布民國建立，在海外華人之間掀起振奮的熱潮，甚至有許多在文化

上接近東南亞超過中國的土生峇峇娘惹都受到吸引，重新定義自己是「現代的」中華民國人。正值東南亞本土民族主義誕生之際，東南亞華人卻被大力地拉往另一個方向去，他們的訴求或關懷是要與歐洲人平等、而不是與「土著」平等。

一九一七至一九一九年的歐洲革命潮，對於東南亞人造成深遠的衝擊，尤其是在爪哇和越南。第一次世界大戰不只是以俄羅斯帝國、德意志帝國與奧匈帝國的倒台而告終，它也是歐洲左派看待殖民主義的轉捩點。自從馬克思做出預言以來，溫和派社會主義者面對資本主義出乎預料的強大力量與民主改革主張，改變成支持議會政治並且支持國家的殖民計畫；至於由列寧（Lenin）領導的激進派社會主義者，則發展出一套理論，主張資本主義之所以能生存如此長久，正是因為它極力吞併殖民地並加以剝削。對於新生的蘇聯與其贊助的共產國際來說，亞洲是一個付諸實行的重要所在，而殖民主義的瓦解將會成為邁向終極社會主義勝利的重要一步。根據這一信念，荷蘭的激進社會主義者接納吉普托·曼戈科尼索莫（Tjipto Mangunkusumo，1886-1943 年），以及後來稱為基哈查爾·德宛達拉（Ki Hadjar Dewantoro）的蘇瓦迪·索亞寧加拉特（1889-1959 年），兩人在一九一三年時因為在爪哇的政治活動而被流放到荷蘭；此外，年輕的胡志明與法國的激進派社會主義者懷抱共同的理想，他加入後者的行列，於一九二〇年時組成法國共產黨。一九二〇年代的共產國際，史無前例地成為亞洲革命理念的發揚推動者。

東南亞的第一批社會主義革命家其實是歐洲人，在精神上，他們甚至比華人革命分子更遠離群眾的期望。亨德立克斯·斯內夫利特（Hendricus Sneevliet）是位充滿熱情、具有理想性格的社會主義者，一九一二年時，斯內夫利特的激進思想使他丟掉了荷蘭鐵路工會組織者的工作，之後他搬到荷屬印度，很快便成為社會民主運動與工會運動（成員主要為荷蘭人）激進分子的領袖。斯內夫利特堅信社會主義必須在地生根，於是他在一九一七年協助創立第一個「土著的」（成員主要為爪哇人）組織分部，並且創辦第一間印尼語言社會主義報紙，一九一八年創辦的《人民之聲》

（Suara Rakyat），日後將會持續扮演印尼社會主義理論刊物的角色。斯內夫利特的追隨者當中最有魅力的人，是第二代的鐵路公司雇員司馬溫（Semaun，1899-1971 年），司馬溫成為第一階段印尼共產主義的領導者兼青年煽動家，受到斯內夫利特的鼓舞，司馬溫的關鍵策略是滲透當時最大的群眾組織，並且將它往激進的、革命的方向推進，此舉後來也影響共產國際的「內部集團」（bloc within）策略。

　　「伊斯蘭聯盟」（Sarekat Islam）一九一一至一九一二年建立於爪哇皇家中心之一的日惹，是當時最大的群眾組織。起初，伊斯蘭聯盟是個商業協會，成立目的是要抵抗華人的革命熱潮，以及處理印尼華人及爪哇穆斯林之間對當地蠟染紡織產業的競爭問題。在經濟頗為艱困的戰爭時期，伊斯蘭聯盟成為各種變革的靈感泉源，涵蓋的層面包括爪哇宗教儀式現代化，對抗荷蘭人、華人與貴族的傲慢，地方的苦難與不滿，乃至於對千禧年的寄望。一九一六至一九二○年間的伊斯蘭聯盟巔峰時期，組織成員據稱有好幾百萬，其中有些人冀望小貴族兼記者和改革派穆斯林出身的伊斯蘭聯盟領導人喬克羅米諾托（H. O. S. Tjokroaminoto，1882-1934 年），認為他就是爪哇救世主預言的正義之王「拉圖阿迪爾」（ratu adil）。事實證明，身處伊斯蘭聯盟內部的司馬溫，是很有說服力的角色，他所持的主張是，伊斯蘭聯盟要維繫龐大的追隨群眾，唯一作法就是去強調農民百姓的貧窮，並且提出激進的改革之道。在這股熱情高張的時期，「伊斯蘭社會主義」（Islamic socialism）似乎沒有內在矛盾牴觸，例如哈吉‧米斯巴赫（Haji Misbach）在內的伊斯蘭教領袖也抱持著最激進的革命論調。其中有位伊斯蘭領袖宣稱：「先知穆罕默德是一位掃除性別不平等、消除統治者與臣民之間的歧異、消滅階級與地位差異的人物……穆罕默德是位模範社會主義者。」（Hasan Ali Surati, 1916，引用自 McVey, 1965, 364-5）一九一八、一九一九年的高潮期間，伊斯蘭聯盟的激進分子在城市發動罷工活動，在鄉間針對政府的勞力與稻米徵用行徑進行暴力對抗；要等到這段高潮期過去之後，伊斯蘭保守派才對此有反應，將宗教與社會主義兩者區分開來。至此，伊斯蘭聯盟將革命派成員驅逐，與此同時，

它也迅速流失廣大的鄉村群眾。

　　公元一九一七年十一月的俄國大革命，以及隔年席捲德國與奧地利的革命浪潮，推進前述一九一八至一九一九年高潮的到來。如今，蘇聯——某種程度還加上中國——已儼然取代日本，成為東南亞人靈感的來源，甚至偶爾提供革命方面的協助。亞洲最早的共產黨、一度也是亞洲最大的共產黨，便是組成於一九二〇年四月的印尼共產黨（PKI），負責動員那些誓言革命和聽命於蘇聯共產國際的社會主義者。PKI 的縮寫起先代表「東印度共產主義者協會」（Perserikatan Kommunist di India），現代的「印尼共產黨」（Partai Komunis Indonesia）則是一九二四年以後的事情。司馬溫擔任印尼共產黨黨主席，小貴族出身而受過更多教育的拉登・達索諾・諾托蘇迪喬（Raden Darsono Notosudirdjo，1893-1976 年）則為副主席，在司馬溫前往歐洲之後，達索諾繼而成為領導人。歐洲的早期共產主義者，曾會晤過東南亞的同志如未來的胡志明，也在辯論國際主義和民族主義之優劣、中產階級革命或無產階級革命之高下。這些亞洲共產主義先驅有高度的國際性，司馬溫、斯內夫利特、達索諾、受荷蘭教育的陳馬六甲（Tan Malaka，1897-1949 年）、胡志明等人，全部都待過莫斯科，並且在共產國際當中擔綱要角。

　　幾年之間，印尼共產黨鼓勵並推動各式各樣的活動，這讓許多人因此夢想可以迅速推翻殖民政府。在知識分子出走流亡期間，那些更有大眾傾向的領袖人物發現，他們已處在言出必行的壓力之下。陳馬六甲曾經警告道，這些人在玩弄自己控制不住的火，「在這麼一個資本集中、組織完善而受到保護的地方……一個人民依然處在全然迷信的地方。」（引用自McVey, 1965, 318）西元公元一九二五年的聖誕節，這群領袖在普蘭巴南開會決議革命起義，災禍也隨即降臨。其中比較嚴重的暴力事件，只有伊斯蘭大本營萬丹與米南加保地區所爆發的反荷亂事，起事者是懷抱千禧信仰期望的鄉下穆斯林。由此，政府下令查禁印尼共產黨，該黨的活動分子因此在一九二六與一九二七年間遭到圍捕、收押或流放。

　　有些流亡人士前往鄰近的馬來亞，但他們在馬來穆斯林農民之間的活

動，結果卻令人沮喪。馬來亞共產主義的構成主力其實是華人，成立於一九二一年的中國共產黨（CCP）曾經派出幹部來此地提供支持與資金，一九二八年時，他們成立了隸屬於中國共產黨的「南洋共產黨臨時委員會」，也接觸到一些受印尼革命人士啟發的當地爪哇人及馬來人。在共產國際特派員胡志明大力支持之下，懷抱著宏遠理念的「馬來亞共產黨」（而非中國或華人）於一九三〇年四月成立了。即便馬來亞共產黨領導人多數講的是中國方言，而且被迫得祕密活動，但此黨卻是第一個要實現單一馬來亞政權理念的政黨。同年成立的，還有菲律賓共產黨及印度支那共產黨，它們之所以能創立，都是源於共產國際放棄「集團內部合作」策略，改採另立共產黨領導權的作法。就如同「馬來亞」，「印度支那」一詞是共產國際比較能接受的用詞，以此對抗危險的「越南」種族民族主義，後者本為胡志明想要採納的名稱。

革命夢想的第一階段大約終結於一九二七年。唯有在印尼，共產主義者因為組織起步得早，所以在這個世界變得更加新穎的時候，它還足以把握住現代性稚嫩的吸引力。在一九〇五至一九二六年這段期間，激進主義思想的七彩光譜之所以有其魅力，是因為當時很少人接受過適當的現代教育，本土的中產階級人數尤其稀薄。打先鋒的馬克思主義知識分子認為，東南亞殖民地不需要經過工業化的歷程，就可以直接邁向社會主義革命，因為資本主義在東南亞的外來、殖民性質，程度高過俄羅斯、印度與中國，所以其實不需要花很大工夫去說服，爪哇人或緬甸人便會相信資本主義是邪惡的。一九一七年召開的伊斯蘭聯盟大會，透過譴責「罪惡的資本主義」，與強大的馬克思主義集團妥協，只不過這裡罪惡的資本主義所指的，是歐洲人與華人的資本，而不是——伊斯蘭聯盟運動的主要贊助來源——奮鬥穆斯林企業家的資本。此外，殖民政府本身已深受改革主義甚至革命潮流衝擊，此時馬克思主義、宗教和民族主義之間的嚴格界線還沒有畫定。馬克思主義的獨到吸引力在於，它對於變革的希望以及脫離貧窮、屈辱的渴望，賦予了一種可觀的知識性實質力量。

教育和新菁英

　　十九世紀的歐洲政府將本國式教育推展到殖民地，主要是為了教育歐洲人子弟。後來在中高級教育方面，無論是西班牙式、荷式、法式、英式學校，其規模更擴大，只是為了因應比例愈來愈高的亞洲學生。這樣的教育模式與更古老且純粹為宗教的教育之間，有著無法逾越的鴻溝，後者或為教導穆斯林的阿拉伯文教育、或為教導佛教徒的巴利文教育、或為少數越南人及海外華人的書寫中文教育。西式學校孕育出一群嶄新的菁英階級，由於這些人能夠接觸進步、現代性與工作機會，他們因此對於老式教育帶著不解與藐視的態度。

　　東南亞基督徒擁有一項優勢，那就是他們的老式宗教教育與現代世俗教育之間的隔閡比較小。確實，十九世紀菲律賓提供的教育機會，並不會落後西班牙多少。據稱在一八七六年時，菲律賓已經有三十八萬五千名男孩和女孩在上初等學校，而且在一八六五年之後，菲律賓還獲得授權興辦高等教育，在道明會聖多瑪斯大學（Santo Tomas University）監督之下，設立一百八十五間中學教導西班牙文與拉丁文。在一八六一至一八九八年之間，共有來自各種族的四萬多名學生，曾經上過這所道明會的聖多瑪斯大學，它也是三百年來東南亞的第一間大學。大多數學生研讀的是世俗學科，諸如法學、醫學與哲學；即便是從大學輟學或退學的人，都能夠在私立學校找到教職。這套體制為菲律賓中產階級的形成墊下基礎，這群中產階級的組成包括伊盧斯特拉多菁英，還有一九〇〇年對抗美國接管菲律賓的獨立共和國（Independent Republic）領導階層。這項出類拔萃的遺緒，導致美國當局也得在教育方面大量投入資金，並且於一九〇八年設立講英語的世俗性的菲律賓大學（University of the Philippines）。這些建設延續了菲律賓在現代教育方面的領先地位，一九三八年時菲律賓的大學生人數已有十萬多人，對比當時河內大學（University of Hanoi）只有八百名學生，而印尼的大學生僅有一百二十八人。東南亞另外一間聲望很高的教育重鎮，是一九二〇年吸收浸信會傑德森學院（Judson College）

之後成立的仰光大學（Rangoon University）。另外，曼谷朱拉隆功大學（Chulalongkorn University）所擁有的皇室淵源與基礎，使得這所大學是一九四五年之前，全東南亞唯一一所有教授本土語言的大學。

　　從後見之明來看，殖民時代的政府在提供教育這件事上，遠遠不如二十世紀成功國家的標準，只有菲律賓除外。當然，無論是在歐洲還是亞洲，那些殖民政府根本沒有懷抱著民族主義政府的目標，也就是利用社會化的大眾教育進行，將人民納入國家的規範當中。要到二十世紀初期，殖民政府才開始接受自身是屬於現代國家的政府，因此有為當地人民提供普及教育的某種責任。但是，殖民政府內部依然有許多不安存在，有人疑慮這類教育的異國性質太強，會造成不相容、學習的不適等問題及產生新的不滿；另外，此刻大多為農民的當地人民，應該要知足地生活在土地上就好。受保護的馬來、高棉、寮國君主的子民，尤其可能受到鼓勵進入講方言的本土宗教學校，例如柬埔寨和寮國境內數以百計的「改革派佛學院」（Reformed Pagoda School），但就讀那種學校其實根本沒有前途。一九一九年時，有位馬來聯邦的英國資深官員表示：「如果我們的本土語言教育，只會將所有年輕人從鄉村吸引到城鎮，這件事情不僅是場災難，而且違背了馬來民族的精神與傳統。」（Roff, 1967, 138）起初，有許多穆斯林與佛教社群抗拒西方式教育，他們擔心自己的子弟們會因此被基督教化，或者因此與父母和社群的關係變得疏離。

　　從一八九〇年代至二十世紀初，有少數幸運的個人卻能夠克服前述的壓力，他們憑藉豐厚的財力、歐洲人的資助甚至獎學金，在亞洲地區就讀最高等級的歐洲教育機構，甚至前往歐洲讀大學。然而事實卻證明，這些人難以適應或進入後期殖民社會嚴格的種族階層秩序。經過二十世紀初期的少數實驗之後，已接受過正當大學教育的東南亞人，卻被勸阻或禁止進入菁英歐洲人的行政部門，也就是英屬印度或馬來亞的公務員體系，或者是荷蘭人的行政單位，他們反而被引進平行的本地人部門中，空有地位卻沒有實權。當中有些人例如爪哇的吉普托·曼戈科尼索莫，還有越南的阮文永（Nguyen Van Vinh，1882-1936年），成為以全面西化淘汰舊文明

與舊語文的大力提倡者。至於其他人，像是吉普托最初的夥伴基哈查爾．德宛達拉，或是新加坡的林文慶，他們則是使用高度選擇性的現代形式，去發掘失落的祖宗遺產，對兩人來說這分別是爪哇語和中文。至一九二〇年之際，菁英分子整體而言已接受現代性作為靈感泉源，再加上某些受教育者迅速成功的模範角色，於是人們原先的無奈與抗拒，轉變為一九二〇與一九三〇年代對於現代教育的渴望。

　　史實顯示，東南亞華人是現代式教育早期的熱心人士，他們除了繼承中國文明傳統對於知識的敬重之外，也同時擁有財富、社群組織以及都市位置，因此能在教育方面有所作為。獨立在殖民當局或泰國當局之外，華人在全東南亞各地興辦華人中文學校，來確保自己的子孫無論所操之母語方言為何，都能夠認得中文。中國的革命加上後續海外華人的中國民族主義浪潮，使得這些華人學校變成更加現代、但以中國為導向的學校體制，直接從中華民國處進口教科書。最晚於一九三八年前，馬來亞地區這類中文華校的學生人數已有九萬一千五百人，遠高於就讀政府公辦或英語學校的兩萬七千名華人。就現代華校使東南亞華人社群「再華化」一事而言，馬來亞是個極為突出的例子；然而到一九三〇年代時，東南亞其它地方雖為少數族群，但人數也不算少的華人，也都接受現代的、中國民族主義式教育。一九〇〇這年，印尼地區成立了復興儒家的「中華會館」，該組織想要重新發掘對中國的知識與尊嚴感，到一九三六年時，九萬八千名在學的印尼華人當中，有將近半數是在接受中華會館的教育。為了回應此事，荷蘭人從一九〇八年開始設立「荷—華學校」，是各個政府之中唯一一個提供這項特殊服務者。在東南亞其它地區，對於歐洲語文教育的龐大需求，主要是由教會學校所提供，例如天主教會以及馬來亞、砂拉越、北蘇門答臘的衛理公會（Methodist），還有暹羅的美國長老教會（Presbyterian）、緬甸的浸信會等團體所建立起之網絡，都興辦得有聲有色。經由上述各類途徑，這些華人成為東南亞教育水準最高的社群，僅次於歐洲人，但是他們之間卻因為所受教育的語文不同——或為中文、或為那些有具有權威性的語文如英語、荷語、法文、泰文——而出現嚴重分歧。

對於東南亞各個主流社群來說，華人的例子是一種額外的刺激；緬甸境內在教育上一枝獨秀的印度人，以及柬埔寨境內的越南人也造成類似的情況。東南亞各地的本土人物，大聲疾呼要求更多且更好的教育，並且仿效華人在政府體制之外創辦自己的學校。令保守分子擔憂的是，那些從學校畢業但沒有進入官僚體系的人們，經常成為這套體制的批判者。這些人可能成為數量大增的「野學校」或國立學校中，薪水少得可憐的教師，又或者成為民族主義報紙的撰稿人。面對人們對於現代教育的呼籲，傳統的可蘭經院與佛學院都有所回應，許多新建的學校是宗教學校。印尼的穆罕馬迪亞建立起當地最有效率的學校網絡之一，許多不那麼激進的伊斯蘭改革者也群起仿效，後者為了讓學生能在城市裡找到工作，因此在學校內教授荷蘭文、羅馬拼音的馬來文及其他現代學科。將自己重新取名為基哈查爾・德宛達拉的蘇瓦迪・索亞寧加拉特，懷抱著使人們擁有「自由的身體與靈魂」（merdeka lahir batin）的理想精神，不欲淪為西式教育與階級的盲從者，故於一九二二年在日惹創建獨立的學校體系，稱為「學子園地」（Taman Siswa）。一九二〇年時，緬甸出現聲勢浩大的大學罷課運動（見下文），運動宗旨就是為了掙脫政府的掌控，建設一套從初等教育至大學的完整教育體系。

公元一九四〇年正值殖民時期的終結，然而根據世界標準以及東亞標準，此刻的東南亞人教育程度依然相當低落，只有菲律賓人、泰人和東南亞華人是例外。菲律賓與泰國總人口當中曾註冊入學人數所占的比例，分別是令人印象深刻的百分之十一點五與十點七，但緬甸卻只有百分之五點四，印尼只有百分之四，印度支那僅僅百分之二點五（Booth, 2007, 138）。與殖民時代之前的體制相比，現代學校也沒有讓人們的識字率提高很多，而是透過教育創造出一群焦慮不安的新興菁英，這些人因此和殖民現代性產生特殊關係。這些新興菁英往往會與傳統文化脫節，他們飢渴而急切地辯論要如何創造出新的民族文化。這些辯論主要是在報紙上進行，起初多是以殖民者的語文表達，但後來逐漸改為使用本土的國族語言，後者至一九二〇年代時已是報業主流。根據紀錄，緬語報紙在

一九二一年的發行量已有七萬份,至一九三〇年代時又增加數倍。羅馬拼音的做法讓菲律賓、越南、印尼地區的人更容易接觸並閱讀報紙,在一九三〇年代時,上述地區民族主義立場的報紙各有數十萬讀者。

　　雖然殖民盛期的教育呈現出歐洲語文、中文、東南亞國族語文之間嚴重的抉擇困境,但是對於殖民地或民族國家範圍內的人來說,這些教育大大也限縮了競爭的範圍。數以百計的東南亞方言幾乎沒有發展出什麼新式教育,也就是說,現代性似乎只給出幾種選擇,不是法文、中文或越南「國語」(quoc-ngu);就是荷蘭文、阿拉伯文或羅馬拼音的馬來文;還有英文、巴利文或緬文;又或是英文或他加祿文。那些堅定不改其方言土語的人們,則是分布在語言多樣的東南亞島嶼區。爪哇語和宿霧語(或米沙鄢語)的重要性足以在初等教育內教授,同時,傳教士在蘇門答臘教導羅馬拼音的多巴巴塔克語、在婆羅洲教導卡達山語(杜順語),以強調有別於具有穆斯林色彩的馬來文。傳教士為多樣紛歧的克倫人選擇了斯高克倫語,作為基督徒的通用語,另一方面,他們利用源自緬文的字母來拚出斯高克倫語。在不被視為「國族」語言者當中,只有宿霧語跟爪哇語在一九二〇及一九三〇年代,曾經達到可用以印行報紙的地步,並反過來促成宿霧語及爪哇語現代文學的問世。歐洲語文教育是人們找到工作的最佳憑藉,發展中的國族語言也是進入新聞或政治領域者的最佳工具。地區方言的現代化程度太過低落,難以抵擋一九四〇和一九五〇年代民族主義的龐大攻勢。目前最古老、最豐富、使用人數最多的爪哇語,居然沒有辦法達到國族語文的地位,由於爪哇語受到語文等級的階級體制所拖累,較為激進的知識分子因此認為,這和他們所追尋的現代性之間實在無法相容。經過一九四〇年代的創傷之後,在印尼、越南、泰國、緬甸、柬埔寨、寮國,都各僅剩下一種語文可以用作表達國族現代性的印刷文字。此後,以文字表達的新興媒體和教育,漸漸地統一了人們怎麼說國族語文的方式。由此,一個根據帝國邊界而形成的民族主義終於奠定了下來。

一九三〇年代國族觀念的勝利

公元一九一〇年代，受教育人數逐漸增長的都市地區，形成容納各種衝突思想的溫室，此中人們唯一的共同主張是，為了在現代性的比賽當中好好表現，改變是必須且可能的。直到一九一八年，迅速開展的時勢經常證明改革的希望能夠成真，新興組織與出版物大量出現，政府也在試驗實施代議制度。此時東南亞最為先進的菲律賓，因為一九一六年《鍾斯法案》（Jones Act）而得到了承諾，擁有了選舉產生的兩院立法機構、獨立的司法單位，以及未來菲律賓可以獨立的承諾。緬甸因為身處印度憲政體系之內而隨之水漲船高，一九二三年時緬甸實施了「雙頭政治」（dyarchy）體制，由緬甸立法會議（Legislative Council）選出的兩位成員擔任部長職位，負責掌管教育、農業、衛生等領域。在印尼，自一九〇三年以來實施的市議會選舉實驗，推展成為全國性的層級，也就是由多族群人士所構成的「人民議會」，不過議會成員是從極少數的菁英之中選舉而來。在革命的希望氣氛中，印尼人民議會首次於一九一八年召開，人們期望它能夠快速掌握且擴大權力。在印度支那地區，一九一二至一九一九年擔任總督的阿爾貝・薩羅（Albert Sarraut），也有意探討當地自治與解放的課題。

在殖民地廣泛宣傳政治進步與社會進步的早期社團組織，訴諸的對象是受到殖民者語文薰陶的菁英，他們是接受過比較優良的教育的少數群體，代表數量不成比例。這個時候，印尼地區擁有全東南亞人數最多的歐洲人社群以及歐亞混血後裔社群，有一位人物曾在一九一二年呼籲道，「應當要有一個屬於我們、屬於『定居者』（blijvers，對比於短期移民）、『印多人』（Indos，歐亞混血）、以及擁有原始出生權利的印尼人的『東印度』（Indië）。」（Douwes Dekke，引用自 Furnivall, 1939, 244）如同共產主義的情況，沿用殖民時期邊界的民族主義者，其實是源自於那些與殖民思想關係最接近的人。最具有英雄氣概的民族主義新形象，也是一個涵蓋全荷屬殖民地的國族概念，起源自歐亞混血兒道維斯・戴克爾（E. F.

E. Douwes Dekker，1879-1950 年），他和爪哇知識分子一同於一九一二年創建「東印度黨」（Indische Party），即蘇瓦迪・索亞寧加拉特和吉普托・曼戈科尼索莫。吉普托（使用荷蘭文）宣布此黨的宗旨理念，就是要建立單一的東印度國族，這需要「東印度群島的所有人民……放下他們各自的特殊性，就像是弗里斯蘭人（Friesian）為了成為荷蘭統一政體的一部分所做的那般。」（引用自 Elson, 2008, 16）在流亡期間，他們加入了身在荷蘭的學生團體，推廣「印度尼西亞」（意思為印度群島）這個新詞彙，此詞先前只有在歐洲語言學界當中使用而已。至一九二〇年之際，身處歐洲的行動分子已經愈來愈接受「印度尼西亞」一詞，取代過去意思模糊的「（東）印度人」（Indiër）。作為一種必要的推展，雖然「印尼」這個詞有其語言學領域的淵源，而且可能暗示著某種倒退，也就是不將華人及歐洲「定居者」涵蓋於想像的共同體（imagined community）之中。菲律賓（Filipinas or Philippines）與菲律賓人（Filipino）的稱呼擁有更強的歐洲淵源，也就是源自西班牙王菲利浦二世（King Philip II）之名號，但在一八九〇年代時人們已形成共識，這兩個詞彙可與國族之稱呼相同——此為東南亞各國族認同當中最早出且最穩定者。

對比之下，東南亞大陸區昔日各王國的名號與歷史記憶，似能構成當地主流社群身分認同的「自然」基礎；但對於少數族群來說，這些名號卻具有極大的威脅性。於是，根據殖民邊界確立的世俗性認同，形成的情況更加緩慢。至二十世紀前期，越南和緬甸境內最轟轟烈烈的反殖民運動，依然是受到前述的歷史記憶所啟發。在東南亞大陸區，對種族持中立態度且以殖民地為根據的身分認同，出現的時間比島嶼區還要更晚；它是成形於多族群的高中與大學之內，成形於馬克思主義者與其他國際主義者之間，有時也成形於殖民時期的立法制度當中。

那些想要動員更廣大當地人民的人，必須得從宗教的基礎下手才行，伊斯蘭聯盟內部的馬克思主義便是一例。一旦努山達拉地區的人們開始視自己有別於異國的殖民統治者，他們便自我認知為穆斯林——亦即爪哇語的「翁斯蘭」（wong slam）——無論他們的宗教儀式是多麼空具名義。

緬甸的狀況也類似,僧侶（pongyi）是緬甸鄉村地區地位崇高的社會領袖,此外再加上緬甸人對印度移民的競爭與厭惡,以及在寺廟穿鞋的爆炸性事件,在在都確定佛教將會成為動員緬甸人的指標。一九〇六年時,幾位受過高等教育的緬人,以基督教青年協會（YMCA）為模型創立佛教青年協會（YMBA）,並致力於以受過良好教育俗人為領導的佛教社會改革。緬甸民間運動爭取要與印度立法享有相同的政治進展,並且禁止歐洲人穿鞋進入寺廟,在聲勢浩大的活動啟發之下,佛教青年學會遂於一九一九年併為一個更加有群眾氣息的「佛教協會總會」（General Council of Buddhist Associations, GCBA）。佛協總會的領袖人物訴求緬甸在行政上應當和印度分離,同時,他們對緬甸落後於一九一九年印度相對進步的民主改革,也感到相當痛恨。一九二〇年為抵制緬甸首間大學的侷限性而發起的大學罷課運動,受過教育的青年基督徒說服佛協總會將組織名稱的「佛教」（Buddist）改為「緬甸」（Burmese）而變成「緬甸協會總會」。儘管如此,領導緬甸最民粹主義、最廣泛的起事活動的主事者依然是僧侶。緬甸一九二〇年代的一波早期動亂,就是受到遊歷四方的阿拉干僧人烏奧塔瑪影響,烏奧塔瑪於加爾各答求學,曾經加入印度國民大會黨（Indian National Congress）,還曾代表出席一九二五年孫中山的葬禮。雖然烏奧塔瑪本人提倡非暴力運動,但他直言不諱地呼籲英國人離開緬甸一事,導致政治局勢升溫,也使得他數度身陷囹圄。然而對英國人來講,威脅性更大的乃是一九三〇至一九三一年間由薩耶山（Hsaya San）所發動,堅持千禧信仰暨民族主義的叛亂,下文會再探討薩耶山此人。

隨著革命暴力行動引發政府鎮壓,且殖民當局對於群眾的要求愈來愈疑懼,充滿各種可能性的樂觀階段因此於一九二〇年代告終。蘇聯對革命運動的贊助也宣告破局,因為史達林（Stalin）愈加在乎的是他個人與蘇聯本身的生存,共產國際竟從此淪為他玩世不恭的外交政策工具。印尼共產黨於一九二六至一九二七年起事之後,支持革命的印尼共產黨人也成為最先遭到政府鎮壓而受重創的對象,大約有一萬三千名支持者遭到逮捕,一千三百人被判刑流放至巴布亞東南部的沼澤地帶波文迪古（Boven

Digul）。一九三〇年時，同樣的命運降臨在越南共產黨人身上。印度支那共產黨組成後，隨即就陷入罷工與農民抗爭的革命浪潮之中而難以自拔，缺乏實際控制事態的力量。印度支那共產黨在越南中部義安（Nghe An）／河靜（Ha Tinh）一帶組織農民蘇維埃的成就雖然有限，但已足以讓法國人認定它極為危險，而法國人鎮壓所採取的刑罰與監禁手段甚為嚴厲。

自從二十世紀初年潘佩珠等保皇黨人的抵抗活動以來，越人的種族民族主義傳統便有訴諸暴力之傾向。一九二七年時，阮太學借鏡中國國民黨，創立持共和主義與民族主義立場的越南國民黨，開始連串的動員與起事，目標是要終結法國人的統治。一九二九年，越南國民黨重要領導人遭捕，剩餘成員情急之下倉促在東京的越南軍營起義。一九三〇年二月爆發一場兵變，幾位法國官員與越南要人被殺，起事者短暫控制住安沛（Yen Bay）駐軍，但稍後其他軍隊又恢復了秩序。對此，法國人的反應非常嚴厲凶暴，刑事法庭判處八十人死刑、一百零二人終身苦力、兩百四十人驅逐出境；不過，由於法國本國境內對於此等嚴厲處罰出現激烈抗議活動，最終只有包含越南國民黨領導人在內的十三人遭到處決。

與越南類似，緬甸同樣承載著王政受辱的慘痛記憶。另外，土地匱乏和商業化使得人民生活水準下降而承受巨大壓力的同時，卻有很高比例的稻米收成竟是供給出口。薩耶山之亂是一九三〇至一九三一年革命暴力浪潮當中的高潮階段，因為不是由革命黨策動，所以更加難以追捕。一九二〇年代時，緬甸協會總會愈來愈堅持最重大的問題就是殖民枷鎖本身，還有隨之而來的稅徵及種族羞辱等壓力。緬甸協會總會反對與英國官方機構合作，並且成功發展自身在鄉間的民族主義組織「玟達努」（wun-tha-nú），強調鄉村地區遭受的苦難如賦稅與強制勞役。來自摩棉地區的薩耶山，是一位具有群眾魅力的僧人，他透過上述組織迅速崛起，被任命為全國會議的代表，並且在一九二八年主持緬甸協會總會全國性的農村稅賦調查。農村動員活動所燃起的任何希望，身在仰光的緬甸協會總會領導中心都無法落實；反之，人們對千禧傳說的想望匯集到薩耶山一人身上，他

被視為能夠施展奇蹟的上人「威克撒」（weik-za）兼未來王。此運動之濫觴起於一九三○年十二月，最初的目標是村長，因為那些人被視為造成當地稅賦苦難來源的眼中釘，到隔年，有將近三百位村長遭到亂黨攻擊，其中有三十八人被殺害。對此，英國人的報復甚至比前述法國人的懲處更加猛烈，有一千三百名亂黨在英國人的行動中被殺，薩耶山等一百二十六人受審後吊死，另有一千三百八十九人銀鐺入獄或被驅逐流放。

暴力狂潮所帶來的教訓，將會主導表面上風平浪靜的一九三○年代。殖民政府當局的判斷是，公開疾呼革命者就是潛在的革命分子，必須以精心設計的安全機制予以壓制。想要獲得安定，重點就在於讓受過教育的都市人與廣大農村百姓彼此隔絕，並切斷一切理性的現代化組織與鄉村人民改革訴求之間的可能聯繫。對於那些夢想有朝一日得以獨立的人們來說，他們越來越意識到，不借助教育、嚴謹的政治訓練與外國協助，這個夢想是不會實現的。一九二○年代的暴力事件顯示出，反帝國主義的民族主義確實可以成為人們為統一團結奮鬥的基礎，這是宗教運動或以階級為訴求的運動所辦不到的事情。

放眼全球，二十世紀最惡名昭彰的民族主義，是排外的種族民族主義變體，特別是它們與國家民族主義（state nationalism）結合起來時尤為惡劣，正如同一九三○、一九四○以及一九九○年代的歐洲。亞洲人當然也受到種族民族主義的吸引，但是在一九三○與一九四○年代的環境下，盛行於印尼和菲律賓者屬於世俗性、反帝國的民族主義，盛行於東南亞大陸區的民族主義，則又多摻入種族民族主義。它的主要特徵，就是採納了多族群帝國的邊界來作為自己神聖不可侵犯的空間，同時在這個空間之內顛覆帝國時代的種族階級秩序。被帝國主義羞辱而一概被置於此階級秩序底層的「土著」，卻可以因為這樣而被想像成單一的整體。這個想像的共同體堅決將歐洲人排除在外，另外，那些經營企業且居於中間階層的階級，例如緬甸的印度人、柬埔寨的越南人，還有東南亞各地的華人，則必須面對民間廣泛的憎恨情緒，努力獲得能夠被包容的待遇。反帝國主義的民族主義，也擁有一套激進的現代化課題，其重心在於為這個想像的超級共同

體（mega-community）提供國族語文以及教育體制，終結傳統的君主制與各方的特殊性，並切斷對工業化帝國強權的經濟依賴。

就接納這樣的反帝國民族主義而言，菲律賓人遙遙領先其它東南亞鄰居。一八九〇年代，在菲律賓人奮鬥建立並維護獨立的菲律賓共和國之際，民族主義已經在人們的思想中占據主要地位。那次革命造成的象徵性成就，包括將帝國時代邊界化為神聖領土、將荷西·黎剎奉為民族英雄，還有打造現代民族國家以取代殖民結構的共識，這些事情到一九三〇年代時已化為現實，這些象徵性成就有很快地被轉化為學校與教科書以及國家的儀禮中的官方民族主義。菲律賓政治人物競爭三年一度的選舉，以追求更徹底、更快速的獨立，但為了喚醒群眾的熱情，他們也在經濟大餅的分配課題上挑逗仇視華人的情緒。當代菲律賓的家族政治與恩主政治（patronage politics）問題，此時已具體地浮現。這場遊戲的箇中好手，是西班牙後裔但成為革命派的律師曼紐·奎松（Manuel Quezón，1878-1944年），以及蔗糖大亨宿霧麥士蒂索華人塞爾吉奧·奧斯米納（Sergio Osmeña，1878-1961年），兩人雖然競爭激烈但最終及時和解，奎松於一九三五年與奧斯米納搭檔競選，前者成為菲律賓自由邦（Philippine Commonwealth）第一任民選總統，後者則當上副總統。這對搭檔在菲律賓國民黨（Nacionalista Party）的票倉擁護之下大獲全勝，一九三五年的得票率有百分之六十八，一九四一年則得票將近八成。他們承諾於一九四六年獨立的規畫之中，納入將他加祿語訂為國語一事，於是在官方編完辭典與文法之後，自一九四一年起學校便規定必須要教他加祿語。

菲律賓憲政體制屬於世俗性質，採取了美國式政教分離的作法，但這麼做並不足以確保散落南方的穆斯林願意接受主流信仰為基督教的低地人主張的民族主義。雖然其中有些人參與了立憲大會與選舉政治，但也有很多人因為奎松提倡主流基督徒人口南進遷移而疏離。奎松宣稱：「所謂的『摩洛』問題已成為過去。時機降臨了，我們應該系統性地進行民答那峨的移民開墾與經濟開發。」（Quezón, 1936）穆斯林並沒有參與一八九六至一九〇〇年間菲律賓關鍵的民族主義運動，而且穆斯林的歷史

記憶版本顯然不同，面對美國一九〇二至一九一三年的入侵，他們記得的是犧牲慘重的「聖戰」。因反對被合併到一個獨立的菲律賓之內，民答那峨島在一九三〇年代爆發抗議衝突，為未來埋下問題與麻煩。

在印度尼西亞，具有決定性的民族主義運動於一九四〇年代來臨，然而，其基礎是由一九三〇年代的都市與學生政治運動所奠下。第一個印尼民族主義色彩顯著的政黨，是一九二七年於爪哇創建的印尼民族黨（Partai Nasional Indonesia, PNI），創立者是曾於萬隆受訓的爪哇—峇里島建築師蘇卡諾。蘇卡諾有過好幾段婚姻，他的第一段婚姻是在十九歲時娶了伊斯蘭聯盟領導人喬克羅米諾托的女兒，蘇卡諾和對方在一起的時候是泗水的寄宿學生。蘇卡諾與他的岳父一樣，相信散發群眾魅力的口才可以使人們團結起來，並且孜孜不倦地宣揚「這裡」（sini）之團結以對抗「那裡」（sana）。至一九二七年，殖民當局對於激進左派分子的鎮壓以及反動的逆轉局勢，讓許多人因此相信，殖民紐帶（colonial bond）是終極的問題所在。蘇卡諾加入民族主義潮流，在缺乏實權的荷蘭代表議會中進行不合作運動，並且尋找一個可以讓穆斯林、馬克思主義者與其他人團結合作的基礎。另一方面，企圖跨越種族分歧並涵蓋歐亞混血兒、華人、印尼人族群而推行改革的政黨，最終在一九三一年的人民議會大選中一敗塗地。裂痕愈來愈深，已達到無法跨越或修補的地步。都市政治菁英煽動群眾的能力遭到剝奪之後，他們對於古老的文化象徵已少有興致或需求，他們開始追隨菁英學校當中的學生領導者，而後者團結起來對抗「那裡」的重要性，超越了分歧的語言傳統。一九二八年由學生主導的「青年大會」（Youth Congress）成立，大會代表來自先前如「青年爪哇」、「青年蘇門答臘」、「青年巴塔克」等區域運動。青年大會宣布，所有代表都只有「一個祖國印度尼西亞……只有一個『班薩』（bangsa，種族或民族），那就是印尼班薩……只有一種語言，那就是印尼語文。」這份出奇樂觀的「青年誓言」日後將會被神聖化，成為反抗帝國的民族主義憲章，並且使此前的種族民族主義失去合法性。

蘇卡諾創建他的印尼民族黨之後，隨後便開始籌組一個涵蓋所有以國

家為基礎的政黨所組成的聯盟。一九二九年時，蘇卡諾遭到逮捕，但他那廣為流行的一九三〇年「印度尼西亞控訴」辯護演講詞，讓他的聲勢更加高漲，因此在一九三一年底得以提早出獄。此時，遭取締的印尼民族黨已被印尼黨（Partindo）所取代，而蘇卡諾被釋放之際便已取得印尼黨的領導地位；另外，取代印尼民族黨的還有「新印尼民族黨」，由曾受荷蘭教育的米南加保知識分子穆罕默德・哈達（Mohammad Hatta，1902-1980年）和蘇丹・夏赫里爾（Sutan Sjahrir，1909-1966年）所領導，他們相信唯有訓練有素的幹部組織才能撐過荷蘭人的壓制。至一九三四年之際，這些重要的不合作運動領袖，已全數被判刑流放至印尼東部。至此，想要觸及廣大群眾，似乎僅剩下合作一途，受蘇聯影響的左派分子也在鼓吹合作。一九三五年，一位以莫斯科馬首是瞻的爪哇共產主義者慕梭（Musso，1897-1948年），將蘇聯的新路線，也就是對抗法西斯主義的共同戰線帶到了印尼。在鬆散的共產黨地下組織當中，慕梭最傑出的追隨者為精明能幹的阿米爾・謝里夫丁（Amir Sjarifuddin，1907-1948年），他是棉蘭出生的巴塔克律師兼基督教信徒，日後他在言詞犀利方面竟成為最能與蘇卡諾分庭抗禮的人物。自一九三七年起，謝里夫丁便領導著受馬克思主義影響，但選擇合作立場的印尼人民運動（Gerindo）黨派。最晚於一九四〇年，所有的政治黨派在精神取向上皆已屬於印度尼西亞。此外印尼文報紙的讀者數量之多，又遠遠超出政黨黨員，他們因為殖民者的傲慢與保守立場而疏離，對於變革已顯得迫不及待。

一九三〇年代的內部民族主義革命，使得暹羅變成了泰國，它企圖定義種族／民族「查特」，而非泰王作為人民效忠的對象。上述概念之發展，可對比於卻克里王朝三位國王的皇家民族主義（royal nationalism）。朱拉隆功締造一個專制主義的現代國家，但他卻期望自己那位受英式教育的同性戀兒子能夠採納憲法與議會制度。但是，拉瑪六世瓦棲拉兀卻為了對抗並箝制愈來愈高張的批評聲浪，而運用民族主義的符號——使用紅、白、藍的旗幟來代表他的口號：國族（「鮮血」）、佛教與國王——並且利用歐洲思潮來打擊華人，將其斥為「東方的猶太人」。根據瓦棲拉兀的

兄弟兼繼承者拉瑪七世巴差提朴（Rama VII，Prajadhipok，1925-1935年在位）所言：「人們打從心底厭惡王室，至瓦樓拉兀在位晚期，王室已瀕臨遭人恥笑的地步。」（Prajadhipok, 1926，引用自 Handley, 2006, 41）然而，壟斷暹羅內閣的王侯卻企圖對巴差提朴王遲來的憲政改革從中作梗，導致最終要讓這個政權跟上時代的方法，除卻訴諸武力外別無他途。一九二七年，幾位受歐式教育的暹羅知識分子與青年軍官，在巴黎創建了人民黨（People's Party）；一九三二年六月二十四日，這個小小的人民黨居然在兵不血刃的情況下，逮捕暹羅皇室的重要成員，並以「人民」之名宣布專制王政就此終結。此事件在暹羅首都廣受歡迎，但是保皇派的軍官卻調動國王堂兄弟鮑瓦拉德親王（Prince Boworadet）麾下的軍隊，在一九三三年十月發動政變。結果政變失敗，三個月之後泰王出走前往歐洲，後續的十二年間泰王不在本國，君主制名存實亡。

接下來，由人民黨組成的泰國政府推動的民主選舉改革程度，竟然低於大多數東南亞的殖民政權。實權依舊掌握在人民黨的兩翼勢力手上，也就是受法式教育的政治經濟學家比里·帕儂榮（Pridi Banomyong，1900-1983年）領導的平民派，還有砲兵出身、受法式教育的鑾披汶·頌堪領導的軍人派。兩派人士都企圖利用民族主義打造出一個強大的、現代化的國家，只是兩派人側重的部分有差異。比里提倡由國家領導經濟、廢除與歐洲列強的不平等條約、擴充教育規模——其代表為比里一九三四年所創建、先進的法政大學（Thammasat University）——以及將新憲法取代國王成為人民效忠中心。自一九三四年起擔任國防部長的鑾披汶屢次攻破保皇黨人謀畫，實力愈來愈強大，鑾披汶堅持要擴充軍力，並在四年之內使軍隊規模擴大一倍。鑾披汶使才華出眾的作家兼宣傳家鑾威集·瓦他幹（Luang Wichit Wathakan，又譯金良）成為自己的喉舌，以推廣種族民族主義，並愈來愈受到一九三〇年代日本、義大利、德國法西斯主義模式的吸引。鑾威集推崇古代光榮成就與泰國「種族」的英豪，降低百姓對王室的關注，這種作法隨著世界局勢的緊張增加而變得愈來愈極端，在一九三八年鑾披汶當上泰國總理以後情況尤其嚴重。日本在一九三七年

入侵中國北方的行動，導致華人店家杯葛日本貨物，然而此舉卻刺激出反對華人學校、報紙、企業的囂張行徑。鑾威集貶斥華人甚至比歐洲的猶太人還要糟糕，因為華人會將賺得之利潤寄回中國故鄉。自一九三九年起，一場從殖民者處收復「失土」的公眾運動於焉展開，鑾披汶於一九三九年六月將國家名稱改為「泰國」以強調它的民族性格，並且下令語言、服飾、飲食、文化都必須經歷現代化而成為單一「文明」的身分認同。穆斯林、華人、基督教學校或強遭關閉，或被當局強迫要採納國族語文和課程，馬來人、寮人、華人等少數族群必須被重新定義為泰人。由此，南部穆斯林的抵抗行動相當激烈，聲勢洶洶。

在東南亞大陸區的其它地帶，反帝國的民族主義與種族民族主義相互競爭，不時又彼此融合。在緬甸，民選政府的迅速發展，無形中造成種族關係的緊張，因為各個政治人物若想要當選，他就要訴諸根據自身族群而形成的選民區。與印度分離之後的一九三五年緬甸憲法，規定一個要向議會負責的內閣，議員總共來自一百三十二個選區，其中有九十二個「一般」選區，實際上為緬人的地盤，另外有十二個選區屬於克倫人、八個屬於印度人，這兩個族群相對受教育程度較高且分散於低地區。緬甸北部與東部高地被定為「規畫區」，當地人民被認定為尚未就緒、沒有意願加入緬人主導的政權。在一位總督的直接管轄之下，眾撣族「索巴」、一個高地克倫族的小邦，還有克欽族、欽族、那加族（Naga）及更小的族群，仍高度保持著他們傳統的自主地位（見地圖 12-1，頁 383）。領銜的緬族政治人物都緊緊守著英國統治緬甸時期的邊界，同時又譴責英國統治與印度移民，以此奪得政治聲望而超越競爭對手，但是，他們卻沒有什麼誘因去處理與少數族群之間的共同語文、宗教或政治基礎。

持激進立場的仰光大學年輕學子，發動了一九三六年的罷課運動，他們的傾向更加世俗、更加社會主義，並對於民選政治人物的妥協態度十分不滿。他們抨擊「帝國主義式」的大學管理，由此形成某種跨越種族邊界的吸引力；但實際上他們和少數族群交涉的政治和解經驗，要比老一輩的人來得更少。二戰後的緬甸總理翁山（Aung San，1915-1947 年）和吳

努兩人，都是在一九三六年擔任罷課運動領導者並因放言高論而被大學開除，從此一舉成名。他們那一代的緬族學生，不願對實際的政治問題妥協，並以自封的「德欽」（意思是「主人」）之名團結起來，成為國家堂堂正正的主人翁。雖然緬甸邁向民選自治政府之路相對迅速，但結果證明這群緬甸學生卻是當時最為疏離的東南亞學生菁英。包括二戰領導人翁山和尼溫（Ne Win，1910-2002 年）在內有三十位德欽，在一九四〇年時離開緬甸並接受日本軍事訓練，期望能夠以此對付英國人。

要在法屬印度支那提倡反帝國的民族主義，可說是一項最艱難的目標，因為越南人、高棉人、寮人所受的教育甚不平均，而且這三個民族各有各的光榮王國歷史記憶，但這些記憶又是彼此衝突的。法屬印度支那的唯一一間大學位在河內，這間大學在被日本人勒令關閉前的最後一年（1944 年），只有十八個柬埔寨學生、十二個寮人學生，而越南人與法國人學生各有八百三十七與三百四十六人。包含法國官僚體制和印度支那共產黨在內的印度支那組織，只有象徵性的高棉和寮人成員，與遍地開花的越南人網絡形成強烈對比。另一方面，法國知識界與人們的浪漫想像，更關注的是「受保護的」柬埔寨人和寮人，而不是「難搞的」越南人。法國遠東學院（Ecole Française d'Extrême-Orient, EFEO）的重點計畫，是要修復吳哥窟宏偉燦爛的古蹟，後來他們又修復了昔日永珍的中心象徵，也就是塔鑾寺和玉佛寺。這些新近嶄露的古蹟所孕育出的驕傲，再加上佛教信仰，構成一九三〇年代高棉與寮人民族主義動力的基礎。這兩種民族主義都是屬於種族民族主義的類型，在群眾層面上它們被引導為對抗越南人優勢的程度，竟更高於對抗法國人。一九三四年印度支那共產黨的寮族委員會成立之際，竟然只找到一位非越南人的本地人參與其中。

關於印度支那政治解放問題的辯論，是在一九三〇年代形成，實際上進行辯論的雙方是越南人和法國人。支配城市地區的越民族，以及遍及印度支那的法式中等教育，讓合作的憲政主義者與馬克思主義者能夠更輕鬆地將越南的過往與印度支那的未來結合起來，如阮愛國（Nguyen Ai Quoc，即日後的胡志明）所宣稱，他的追求其實源自於「古代安南帝

國、今日法屬印度支那的人民。」（Nguyen, 1919，引用自 Goscha, 1995, 47）這件事情引發出越人與印度支那身分認同之間的辯論，此辯論與當代爪哇人和印尼人之間的辯論類同，但問題最終卻是以相反的方式解決。最有可能將身分認同安置在世俗性未來、而非王政過往的人，乃是馬克思主義者，支持莫斯科的印度支那共產黨及其對手托洛斯基派（Trotskyist），都擁護著這個印度支那的概念一路進入一九四〇年代。托洛斯基派在東南亞最堅強的基地，就位於法國殖民地交趾支那，在此，托洛斯基派贏得一九三九年交趾支那殖民議會大選，此外，托洛斯基派於一九三〇年譴責印度支那共產黨人與鄉村千禧信仰糾纏不清、與中產階級民族主義的妥協、對莫斯科的變遷走向的機械模仿。一九三六年法國人民陣線（Popular Front）組成政府，任命一位社會主義派的殖民部長，此事再加上莫斯科方面反法西斯主義的轉向，促使印度支那的馬克思主義者加入憲政派，擁護一九三六至一九三七年的印度支那議會（Indochina Congress），以推動法屬殖民地邁向完全的國家地位；此一階段或可與一九三六年上呈給東印度人民議會的「蘇塔佐請願」（Soetardjo petition）相比擬，前者也是以相對溫和的請願，訴求將殖民地化為自治政府，由此統合各股意識型態派系。這兩個運動各自為法國政府與荷蘭政府否決，此情更加鞏固了反帝國的民族主義，使其成為各方共同立場的顯著基礎。

對於高棉人和寮人來說，種族民族主義的說服力依然遠勝其它選項，在動盪的一九四〇年代，他們大多反對由越南人主導統一印度支那的目標。馬來亞共產黨人對於殖民領地也懷有類似的理念，他們積極吸收馬來人與原住民（orang asli）成員，這些成員可以作為共產黨值得信賴的證明，也是共產黨從都市起源地轉向鄉村「解放區」的策略。但是，馬來諸王治下的人民就像是高棉人和寮人一樣，已被調教成感覺自己需要「保護」，以維持自身的生活方式而抵禦猖獗的移民。這三個區域之內殖民發展與「保護」政策的牴觸，創造出上述多元社會的不平衡狀態，這件事將會導致馬來與高棉的種族民族主義，繼續困擾著那些以領土為基礎而具包容性的民族主義政權。

現代性的男子氣概

　　至此，在「現代」東南亞人懷有自覺企圖重塑社會的道路上，女性少有露面的機會。如本書第十三章所示，獨有男性與父權（歐式、華式、阿拉伯式）服飾帶來了現代性，此事竟與當初被稱為是「吾人所知世界上唯一一個，以男女雷同、性別相似體制為特色的區域」（King and Wilder, 2003, 265）高度重疊，而讓人感到失望的是，女性對此幾乎沒有任何明白的反抗。男人已經穩穩掌握住的，不只是僅限男性擔任的政府職位，還包括新聞業、政治組織等現代領域；女性似乎承認或接受包括公共議題、社會地位和階級秩序在內的這些事物屬於男性的地盤。正式的意識型態，尤其是以男性中心的經典宗教相關的意識型態，本身就屬於男性的領域，女性因此傾向迴避這些意識型態，而不是挺身挑戰。我們不能說女性在經濟層面的角色是被現代性所奪走——然而紡織業與農業方面的生產活動也開始機械化之後，事情亦迅速改觀——不如說是工業化、官僚化、異國思想以史所未見的規模擴展「男性」的生活領域。宗教（是最先也是最重要的）、衛生與醫學、生產活動、知識學術組織甚至是商業的異國模式，都愈來愈類似於充斥著階級地位的男性政治世界。

　　在一九二〇、一九三〇年代那種向上社會流動的家庭形象當中，妻子與母親已根本不再充當勞動力。由男性撰寫的家庭舉止規範，例如《丈夫與妻子》（Soeami-Isteri），這本書在一九二一至一九四一年間，由東印度政府出版局八次再版印刷（Hadler, 2008, 79-81），強調的是女孩應當如歐洲模式那般接受教育，但是只能接受離家不遠的基礎小學教育，使女孩能為家務生活做好準備，維持家中的整潔與規矩。大衛·馬爾（David Marr, 1981, 206-14）曾提及一九二〇年代這類以越南國語撰寫的書籍二十五種，這些著作將儒家思想女子未嫁從父、出嫁從夫、夫死從長子的「三從」主張，放入「現代」核心家庭的脈絡當中。都市現代性要求家庭根本轉型一事，為清教式的（puritanical）宗教改革者提供大好良機，得以強調女子理該婚前守貞、順服、具備家政能力，好像這些事一直以來便

是準則。歐洲的情況也是如此，十九世紀工業化和都市化，激發出清教式與父權制的宗教復興運動。如今，得救取決於個人道德表現，而這些德行落實於節儉、勤奮，以及對父親養家糊口的核心家庭之推崇。東南亞女性若要受人肯定，如今只能在服飾、儀態、家務能力方面表現，這是史上未曾出現過的情況。

有少數東南亞少女堅持在進入青春期後繼續受教育，結果就是她們必須離家生活，進入以男性為主且男女、種族混合的學校。這種青年男女混合學校的情況，跟農村市場或節慶時期的男女混雜狀況並不相同，雖然前者的實際狀況更加受到控制。這種「現代」年輕人可以自由混同的新穎形象，很高程度是受到好萊塢電影的刺激，然而此等新形象卻導致進步派與保守派人士心中形成一種現代自由對應傳統限制的錯誤二分法。因此，當放言高論的菁英開始談起「女性」課題的時候，他們所支持的便是一九二〇、一九三〇年代「解放女性」的西化主張。東南亞本土女性文學將誘人的歐洲人或華人女性「他者」（other）情慾化，簡直像是歐洲文學去幻想東方女性的情況。在新出現的辯論中，新傳統立場的男性透過佛教、伊斯蘭、儒家、基督教經文擁護男尊女卑以及女性顧家、依賴、順從的新概念；與此相對的是以西方中產階級觀點看待女性解放問題的西化男女。

殖民時代的婦女運動，尤其是在後續民族主義官方敘事中被重塑的婦女運動，似乎是一場令人失望的、由男性主導的女僕活動。現代政治組織的範疇已被讓給男性，作為傳統男性在社會地位與公共議題上的角色延伸。東南亞規模最大的婦女運動，來自宗教組織例如穆罕馬迪亞、伊斯蘭聯盟、佛教青年協會當中的女性單位。它們的主張呈現「強烈的西方中產階級的女性觀念……但是在多數印尼女性的生活中，這種觀念幾乎毫無基礎可言。」（Blackburn, 2004, 19）一九二〇年代時，這類婦女運動通常向民族主義潮流靠攏，乃至於不再特別提倡女性的進步。禁止一夫多妻制是歐洲人改革者與婦女組織有共識的事情，革命分子最終在暹羅／泰國達成此目標，作為反對王政的一個環節。在印尼，雖然只有極少處的穆斯林菁英會有一夫多妻的作法，但一九三七年時婦女運動者依然沒有把握機會

去支持立法禁止一夫多妻制，其理由是荷蘭人主導的政府不應干涉印尼婚姻習俗。來自父權程度較低的遙遠時代的傳說女戰士，只不過是被人重新運用來呈現女人也可以為國犧牲的典範而已，這種例子有越南的徵氏姐妹故事、爪哇哇揚傳統中性別不明的斯里坎迪（Srikandi），還有鑾威集‧瓦他幹歷史劇當中的浪漫女英豪。

論及在政治領域確實為女性帶來更多平等，此功勞應當歸屬於歐洲或亞洲的男性自由主義者，而不是本土的婦女運動。印度的二元政治體制在一九二三年推廣至緬甸，有鑑於緬甸男女較為平等的傳統，此體制還另外加上平等的女性投票權。在有財產限制的資格下，女人可以投票，但是不可以參選。緬甸立法會議的男性對於此事是否要更進一步推展，出現激烈的辯論。新傳統主義者疾呼，佛教信仰主張女性比男性低等，且平等是一種西方觀念。民選的菲律賓男性政治人物，也對於女性投票權進行如火如荼的辯論。奎松最終堅持，要讓女性以公民投票的方式決定這件事，一九三七年時，共有五十萬女性參與此次投票，結果以十比一的票數比例，決議讓女性獲得投票權。一九二五年，印尼人民議會的男性以些微差距否決了政府對婦女平等票權的提案，投票結果是九比八反對成立，但最終人民議會仍在一九三七年通過此案。一九四〇和一九五〇年代東南亞邁向民族國家轉變期間，激進的現代化人士趁機短暫獲得權力，但此時期對於女性是否能獲得與男性同等政治權利一事，卻沒有更進一步的爭議。

上述現象可以被解讀為，東南亞歷史上的性別平衡現象，在擁抱一九一四年之前西方現代性形象及其高度父權性的熱潮當中，居然被人們遺忘。因此，若要在現代都市的環境中再次回復更高程度的性別平等，就必須得跟上西方的「後現代」（post-modern）進步。新傳統主義的宗教改革者，有時還加上二戰後的極權政府，都大力譴責性解放並斥之為可惡的西方舶來品。東南亞地區史上相對的性別平衡與彈性現象是份了不起的遺產，這些現象是否暗示著某種父權程度較低的現代性模式呢？此問題的答案必然是肯定的，雖然善意的改革者甚至更有影響力的宗教界新傳統主義者，都沒有意願要去讚揚此事。

首先，雖然經歷一百年西方式的固定兩性觀念指導，但新興的性別人類學卻發現，東南亞地區廣泛倖存下來彈性且異質的性別認同，與舊時的西方標準大異其趣。殖民政權雖可將同性戀行為入罪，卻無法強制土著社會推行此法，而土著社會則持續接納躲避嚴屬體制的歐洲人與華人。瓦齊爾・賈罕・卡里姆（Wazir Jahan Karim, 1995, 35-7）堅持，在日常社會關係當中，東南亞的雙系繼嗣依然包含著一種對根據年紀，而非性別的親緣術語之偏愛。男性及女性都可以自由地探索或開發自己的另一性別，另可以透過「性別邊界的流動性」以及接納「第三維度的雙性行為」來跨越這道界線。性別理論家描述，東南亞女性願意將較優越的地位讓給男性，尤其是正式的宗教和政治領域，而從地位束縛中解放出來，使女性在日常事務中得以擁有更高的自由度。此外，日常生活中的風俗（馬來文 adat）彈性與民間泛靈論，「持續提供給女性『平衡』或『調節』的能力，以對抗新傳統主義宗教與規範性的意識型態。」（Karim, 1995, 44）

再者，如本書第十三章所論，雖然殖民資本主義堅持讓女性薪資遠低於男性，但是相較於歐洲女性或東南亞男性，東南亞女性更有意願、更成功地轉型為工業雇傭勞力。殖民時代東南亞最「本土的」製造業，即菸業和紡織業，幾乎清一色雇用女性，即便是歐洲人所營運的企業，僱用女性的規模仍遠高於歐洲本地。東南亞較為古老的男性勞力體制，是根基於主從關係或主僕關係的上下紐帶所建立。華人與印度移民除外，東南亞的男性雇傭自由勞力其實很晚才出現，甚至到一九二〇年代，僱主依然在抱怨已形成刻板印象的「懶散土著」（馬來文 makan gaji），並埋怨欠債還錢的要求竟然才能成為人們工作的誘因。一直到一九七〇年代，為外國老闆或不講人情的雇主工作「吃頭路」（馬來文 makan gaji），對於東南亞男性來講依然是極度沒面子的不得已之途。在這類社會地位的約束層面上，女性一向都比較自由，而且女性願意為了養家活口做任何她們能做的事。一九七〇年代，供應世界市場的大規模製造業再度成為東南亞經濟的主要特徵，此時電子業、紡織業、製鞋業、食品業的勞工大半都是女性擔任，情況就像是從前的紡織與菸業那般。

相較於其他的工業化案例，東南亞的性別型態也使得女性擁有更高的勞力流動性，但這件事情主要集中在非正式部門，政府通常無法得知情況。十九世紀中期，遷往馬尼拉的菲律賓移民絕大多數是女性，以雇用女工為主力的雪茄工廠顯然是主要的吸引力。一八九〇年代與二十世紀初期的革命時代中，移民的主要性別為男子；一九二〇、一九三〇年代時，移民的男、女比例回復到比較均衡的狀態；二戰以後，移民的性別模式又再次變成以女性為主。位於馬尼拉北邊的伊羅戈斯沿岸，在十九世紀時便是一處出名的地方，這邊的女人晚婚甚至不結婚，並前往都市追求經濟自主或者幫助自己的家庭。暹羅在一九〇五年廢除奴隸制度，比東南亞其它地區還要更晚，也使得某種女性都市移民型態從此終結，卻也開啟都市服務業更加自由、更加商業化的僱傭行為。

遷往城市的華人、印度人、歐洲人移民，男女比例差距極大，導致性服務或家事服務方面的需求，需求範圍涵蓋娼妓乃至穩定的婚姻。商業化的娼妓業在各地蓬勃發展，滿足都市人口性別不均的狀況，曼谷和仰光是其中特別著名的隨心所欲之地。窮苦的鄉村泰族、緬族女人，可以趁年經的時候看看有沒有賺錢的希望，但她們得付出的代價，就是回到村子之後無法過有尊嚴的家庭生活。據說在一九二〇年代時，曼谷地區已有兩萬名妓女，二〇〇〇年時增至二十萬，顧客群主要就是當地居民（Barmé 2002, 82）。東南亞女性廣泛積極參與商業性都市經濟的活動，而上述事情屬於其中風險較高的部分。自一九七〇年代以來，此類經濟活動擴展成為大規模跨國女性移工活動，這些女性來自菲律賓（世界第一）、泰國、印尼、緬甸等地，為亞洲地區乃至於全世界，提供家務、衛生、旅遊、娛樂業部門方面的人力。東南亞的性別靈活性（gender flexibility）似乎使得婦女比較容易將小孩留給待在家的男性負責，而男性也可以擔起養育的角色而不會覺得丟臉。

在政治層面上，一九四〇年代發生的革命，為變革提供了前所未有的契機。越南共產黨人類似中國共產黨那般扭轉儒家秩序，招募女性投入革命暴力行動、作戰、領導的行列。早期階段革命團體中的英豪也包

括女子，像是第二與第三屆印尼革命政府內閣中的瑪麗婭・鳥爾法・桑托索和特里穆爾蒂（S. K. Trimurti），另外還有自一九六九年起擔任南越臨時共產黨政府外交部長的阮氏萍（Nguyen Thi Binh），阮氏萍也是一九七三年巴黎和平協約的重要人物。此後的極權階段之中，女性角色退化為樣板，但是法律和政治上的平等原則已經不會再走回頭路。柯拉蓉・艾奎諾（Cory Aquino）在一九八六年、葛洛麗亞・艾羅育（Gloria Macapagal-Arroyo）在二〇〇四年分別當選菲律賓總統；梅嘉娃蒂・蘇卡諾普特麗（Megawati Sukarnoputri）於二〇〇一年當選印尼總統；緬甸翁山蘇姬（Aung San Syu Kyi）於一九九〇年、泰國盈拉・欽那瓦（Yingluck Shinawatra，又譯丘英樂）於二〇一一年分別帶領反對黨選舉獲勝，上述事件固然是因為這些人的有力男性親屬失勢而造就契機，但是某種能吸引東南亞選民的女性獨特群眾魅力風格，也絕對是箇中因素。

　　整體看來，相較於十九世紀歐洲或者二十世紀亞洲其它可比較的案例，東南亞人在面對農村貧窮狀態轉型至都市現代性的過程，比較沒有針對女性就業與經濟自主方面的限制。公元二〇一三年經濟、政治、教育、健康狀況的性別平等排名調查顯示，菲律賓在一百三十六個國家內名列第四，只落後於斯堪地那維亞諸國，列於非常富有的國家或古巴這個處於高度變革的國家才能獲得的名次（World Economic Forum 2013）。無論如何，英格蘭、法國、荷蘭都市變遷所出現的自負男性意識型態，擁有清教徒式的虔誠、理性，以及對於家庭以外女性的懷疑（但在 1914 年以後消滅），而這種意識型態依然是迅速都市化的東南亞地區現代性的某種層面（事見本書第十九章）。泰國、寮國、越南女性在勞動力方面的高參與率，似乎在一九九〇至二〇一〇年這些國家繁榮發展期間有所降低。新傳統主義的伊斯蘭教，對於那些社會地位向上流動的都市女性，施加某種清教徒式服飾與行為規範，作為其人是否值得尊重肯定的標準；就某些層面來說，這與維多利亞時代的英格蘭情況雷同，然而同時代東南亞女性所達到的境地，遠較英格蘭的狀況更令人滿意，她們在教育、職業、商業方面與男性近乎平等，此外，她們也是養家糊口的一家之主。

第十六章

二十世紀中期的危機：
一九三〇至一九五四年

　　對於整個亞洲，尤其是東南亞而言，二十世紀中葉是一段關於危機與轉型的驚人時期。幾乎在任何情況下，亞洲的經濟成長與政治影響力都會出現，但如果沒有二十世紀中葉的毀滅性破壞，那些發展理當會更加快速。然而，將多民族帝國轉型為群眾主義民族國家的政治變革，則因大平洋戰爭而一起發生。在一九四一至一九四二年的短短三個月時間，歐洲列強的帝國戲劇性地被日本人終結；不僅如此，二戰於一九四五年八月戛然而止，此情釀成人們意料之外的革命契機，導致國家的轉變既激進又暴力，標誌著與戰前模式的撕裂與斷絕。

　　新興的世界秩序自此番危機之中誕生，這套秩序在理論上支持實際或有潛力的民族國家之間主權平等。南亞地區（包括東南亞的馬來西亞和菲律賓）獲得獨立，所透過的是談判協商及折衷妥協，以及對少數族群利益的承認——雖然也有殘殺分裂的情況出現；至於東亞地區，日本閃電般的征服與日後瞬間的投降，為革命活動提供了機會。武裝的、被動員的、受創的人民願意奮力一搏，而勝利者往往不願與失敗者妥協，一九四〇年代於是成為鑄造新認同與新理念的熔爐。

經濟危機

　　二十世紀中葉的數十年不只屬於政治革命，這段時期也是東南亞多數人掙扎求生的悲慘危境。東南亞本是一片為歐洲與美國市場進行生產的熱帶農業邊疆地帶，境內的領薪勞工多是自中國與印度輸入的勞力，然而在此期間，東南亞卻轉變成一塊貧窮卻盼望未來的是非之地，充滿千禧年信仰與民族主義希望。馬來亞和菲律賓很快就從一九四〇年代戰爭與占領釀成的災害當中恢復，但是東南亞其它的新國家或重建的國家，則是在經濟民族主義與動盪局勢惡化的貧困環境中，著手它們建構民族的革命進程。

　　畸形而扭曲的殖民經濟在一九二〇年代達到巔峰，它以優惠的關稅經由各殖民地的大城市大量出口蔗糖、橡膠、油、錫、米及熱帶特產。一九二九至一九三四的世界經濟大蕭條期間，東南亞出口貨物價格暴跌，為這段扭曲的經濟畫下句點。印尼蔗糖是荷蘭殖民政權的主力產品，在一九二〇年代占全球蔗糖出口量的五分之一，每年出口量逾兩百萬公噸；但至一九三〇年代時，這項數字跌了百分六十，到一九四〇年代更只剩百分之十。一九三〇年代，地方蔗糖產業說服印尼人食用精製白糖，企圖彌補出口方面的損失，這項作法極為成功，結果到一九六〇年代，印尼竟已成為全球蔗糖主要進口國。橡膠、棕櫚油、咖啡、菸草方面的歐式種植園經濟，因為這些商品的國際價格崩潰而遭受重創，於是地方上的小農地主紛起取得種植園被迫放棄的土地。小農通常在山坡地種植多年生經濟作物，做為他們維生所需的灌溉谷地糧食作物的額外補給，他們只會等到價格合理的時候才去採收經濟作物，所以幾乎沒有虧損可言。一九三〇年代後期，努山達拉地區大約有一百萬小農在獨立地種植橡膠，經濟大蕭條迫使經濟自給自足的程度必須提高，他們反而因此獲利。但是，這樣的情況，卻是某種——將東南亞與遙遠歐洲市場及供應商綁在一起——扭曲經濟型態的「結束的起點」。一九三〇年代時，日本生產的紡織品價格遠低於歐洲，雖然仍有差別關稅的問題存在，但日本已開始恢復一套更自然的亞洲內部貿易模式。

公元一八六〇至一九二九年間，每年都有幾十萬的華工與印度勞工湧入東南亞，一九二〇年代則為高峰期。新加坡與馬來亞是極端的案例代表，根據一九二一年的人口調查顯示，它們的人口比例各自有百分之七十二與四十四是在外國出生，泰國南部與緬甸三角洲地區的這項比例則緊接在後。經濟大恐慌標誌著大量移民階段的終結，此後也出現部分的逆流現象，回到中國與印度的移民比前來東南亞的移民數量更多。一九三二年後泰國民族主義者的政策目標之一是終止華人移民，同時殖民政權面對麻煩叢生的情況，也決定對移民遷入事宜實施新限制。地方人口的狀況趨於穩定、性別比例愈見平衡。但因華人的平均出生率較高，所以華人人口的增長速度依然比總人口成長速度要略快一些。一九三一年時，馬來西亞／新加坡、印尼、泰國幾個地方加起來，大約有三百八十萬人被歸類為華人，時至一九六〇年，這項數字已成長到九百一十萬人。

一九三〇年代，印度與中國民族主義對於移民社群的吸引力愈來愈大，這使得印度與華人移民愈來愈被東南亞本土民族主義者厭惡，他們也對當地政府造成更多麻煩。一九三一年五月，仰光港口的印度工人發動罷工以抗議甘地被捕，雇主因此改而雇用緬族勞工，結果爆發暴動事件，導致

表格16-1：一九一三至一九八〇年各國的人均國內生產毛額（GDP per capita），以一九九〇年國際元（Geary-Khamis dollar）計算。

		1913	1938	1950	1970	1980
China	中國	552	562	448	783	1067
India	印度	673	668	619	868	938
Indonesia	印尼	892	1175	840	1194	1870
Philippines	菲律賓	1015	1522	1070	1764	2376
Thailand	泰國	841	826	817	1694	2554
Burma	緬甸	685	740	396	642	823
Malaysia	馬來西亞	920	1361	1559	2079	3657
Singapore	新加坡	1367	2070	2219	4439	9058

資料來源：Maddison 2006，一九一三年數字來自二〇一四年查詢麥迪遜計畫資料庫，http://www.ggdc.net/maddison/maddison-project/home.htm.

一百二十人死亡，死者多為印度人。薩耶山叛亂事件也釀成嚴重的反印度、反華暴力事件，主事者經常是持極端立場的僧侶。日本自一九四一年末開始入侵英屬緬甸，當地印度人擔心緬甸民間的怨恨，紛紛嚷著要離開當地。對於身在緬甸的多數印度人來說，要離開的唯一方式就是用雙腳走路，最終，大約有五十萬人跨越邊界，但也有數千人因為艱辛困乏而死於途中。

表格 16-1 顯示，在日本廉價日用品的幫助之下，一九三○年代後期東南亞經濟有所恢復，二戰尚未爆發前的狀況還比一戰時期稍微好一些。儘管與一九七○年代後的成長相比，整個殖民盛期的發展看起來十分緩慢，但東南亞的經濟型態依然優於印度及中國。但是，一九四○年代的經濟破壞對於東南亞的創傷，仍高於亞洲平均所受的傷害，由於戰爭、一九四二至一九四五年日本的占領、革命事件的影響，導致東南亞多數國家在一九四七至一九五四年間宣告獨立的時刻，實際上是陷入史上最糟的慘況之中。根據表格 16-1 安格斯・麥迪遜（Angus Maddison）的資料，一九五○年的印尼、泰國、緬甸（像中國及印度一樣）和它們一九一三年的時候相比，前者的處境竟更為惡劣。殖民晚期的緩慢成長，已被一九四○年代的災難給一掃而空。

東南亞的出口導向經濟被日本占領摧毀殆盡。首先遭殃的是一九四○年名義上為法國維琪（Vichy）政府統治的印度支那，日本人禁止印度支那與自由中國（free China）的貿易，並且沒收從事上述貿易的華人公司。日本人壟斷重要的補給物資，將其供應給日本與日軍。一九四一年日本入侵之後，便以船隊運輸征服區的石油、煤、橡膠、稻米；不過，到一九四三年時，由於日本船隊深受盟軍的攻擊，上述物資已無法再輸入日本。在一九四四至一九四五年間，日本軍政府在各「區」（shu）實施最高程度的自給自足政策，以低廉價格大量收購物資來供應軍方與都市的需求。至一九四四年，由於乾旱的關係，糧食供應情況變得相當吃緊，此外，越南遭遇強烈颱風侵襲，導致分配不均的問題更加惡化。雖然統計數字經常不可靠或有政治宣傳之嫌，但在這段慘澹嚴酷的歲月之中，越南和爪哇的死亡人數較以往分別多出一百五十萬與兩百四十五萬。死去的爪

哇人口當中，有一部分是被強迫派去建築鐵路和機場的勞工，這些人在極為可怕的環境裡做苦工，日後他們卻被蘇卡諾宣傳表揚為反同盟國的志願「勞務者」（romusha）。由於軍事行動本身喪生的東南亞人，其實還不如因飢荒而死去的人數多；不過緬甸和菲律賓因為成為盟軍反攻的激烈戰場，導致前者因戰爭被殺害的人數逾二十五萬，後者則超過一百萬。光是一九四五年二月的馬尼拉之役，就有十萬生靈在美軍轟炸之下消失於人間（圖片 16-1）。

最晚於一九四九年，菲律賓和泰國的稻米總產量已回到二戰前的水

圖片 16-1：一九四五年二月，美國收復行動之下滿目瘡痍的馬尼拉。

準，越南南部與爪哇則是在一九六〇年前達成此事，至於緬甸則從來沒有回復到它過去作為主要稻米輸出者的地位。由於二戰後人口急遽增長，直到一九七〇年代的綠色革命以前，養活東南亞的人口成為了一項嚴重的問題。戰爭、動亂和社會衝突、人口成長、經濟民族主義以及資本出逃等問題，讓一九六〇年代的印尼、越南、柬埔寨、緬甸變得更加貧困。只有那些既無「解放」、又無革命的亞洲國家，才能夠表現地不錯，例如造就亞洲第一經濟奇蹟的日本。與東南亞民族主義者的希望相違背的是，在殖民經濟體系崩潰之後，突飛猛進的竟然是歐洲、而不是亞洲。至一九七〇年時，富裕的西方以及獨立卻貧困的亞洲國家之間，差距居然比過去還要更加嚴重。

日本占領時期

作為第一個掌握國家主導工業成長要訣的亞洲經濟體，日本率先終結了面對民族主義和共產主義已逐漸採取守勢的殖民秩序。日本循著歐洲模式，欲以廉價的工業產品交換東南亞的原物料，但是卻被殖民國的壟斷與關稅阻擋在外，不得染指獲利頗豐的東南亞貿易。公元一九四〇年，為了回應日本在印度支那的動作，美國、英國、荷蘭決定禁止戰略物資出口至日本，其中包括在一九四一年切斷對日本而言相當重要的石油供給。這些作為顯然導致日本軍方認定，若要搶在石油用盡之前達成他們對南方的目標，僅剩的機會已經不多，由此，日本決定孤注一擲攻擊珍珠港（Pearl Harbor）。珍珠港事件將美國捲入戰爭之中，並以美國在亞洲建立軍事霸權作結。日本軍方初期進攻東南亞連連告捷，這些勝利出乎意料地輕鬆而且受到歡迎，於是，日本軍方完全無視他們在當地協商出來的撤出策略。日本對東南亞全境的統治，一概是以供應日本全面戰爭為導向，某些地區如印尼東部和新加坡，甚至被日本視為要永久控制的地區。

日本的侵略擴張實際從公元一九三一年入侵中國東北的滿洲開始，後續則自一九三七年起與中國全面作戰。對華戰事導致日軍在一九四〇年

前進東南亞，對於從河內穿越邊界進入中國的法國鐵路進行干預行動。一九四〇年五、六月期間荷蘭與法國遭德國攻陷之後，歐洲勢力在東南亞的脆弱已是暴露無疑。印度支那的法國殖民政權，名義上是由親德的法國維琪政府統領，印度支那政權與日軍在中越邊境爆發衝突，前者被迫同意日軍在一九四〇至一九四一年間進駐境內，人數起初為六千，後來增至四萬，最後印度支那境內共駐有十四萬日軍。法國當局依然持續控制著印度支那，後來因日方擔心維琪政府垮台和盟軍威脅，日軍遂於一九四五年三月九日突然奪權接管此地。至此刻，日本僅剩下五個月的時間，可以去策動當地的反西方民族主義。

　　日本在東南亞勢力鼎盛期間，看待印度支那的方式與它看待泰國一樣，只要這兩個附庸國能夠服膺日本的戰略及經濟目標，就允許它們自治。一九四〇年十二月，積極的泰國民族主義派總理鑾披汶・頌堪趁著法國淪陷之際，進攻法屬印度支那以擴張領地，期能彌補自身在海上的嚴重損失。日本的立場於此刻顯露出來，它出手干預並促成雙方締和，法方被迫交出湄公河西岸以西的領土。身在曼谷的鑾披汶元帥對內大力宣傳，將此事銘刻於一座重要的「勝利紀念碑」上。在日本征服緬甸和馬來亞，以及泰國於一九四二年一月二十五日向英、美宣戰之後，鑾披汶獲得進一步的獎賞；日本首相東條英機在一九四三年訪問曼谷，宣布將先前遵奉泰人政權為宗主的四個北部馬來國家轉移至泰國轄下，另將緬甸最東部的撣邦送給泰國（地圖16-1）。至此，「大泰國」的民族主義夢想似已近在咫尺。

　　當日本加入軸心國行列，於一九四一年十二月八日（亞洲為十二月九日）轟炸珍珠港之後，英國、荷蘭、美國的殖民資產隨即遭到攻擊。兩天之內，象徵英國海軍在東南亞力量的兩艘戰艦遭到日軍擊沉，日軍又癱瘓馬尼拉的美國空軍武力，並且逼使泰軍投降、與泰國結盟合作，另奪得馬來亞東北的哥打巴魯（Kota Bahru）。一九四二年一月二日，日軍毫無損傷地進入馬尼拉；二月十五日，日軍取得英國重要據點新加坡；三月十二日，爪哇和東印度陷入日本人掌握；三月期間，日軍自南至北征服緬甸；三月八日，菲律賓巴丹（Bataan）的殘餘美軍終於投降。麥克阿瑟

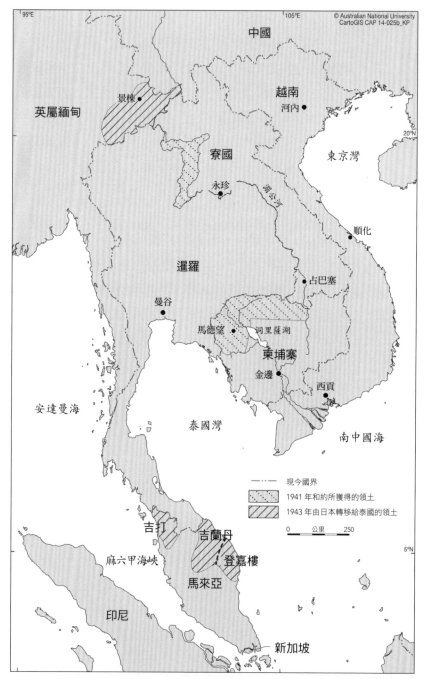

95°E

105°E

中國

越南

英屬緬甸

景棟

河內

東京灣

寮國

永珍

順化

暹羅

占巴塞

曼谷

馬德望

洞里薩湖

柬埔寨

金邊

西貢

安達曼海

泰國灣

南中國海

現今國界

1941 年和約所獲得的領土

1943 年由日本轉移給泰國的領土

0   公里   250

吉打

吉蘭丹

麻六甲海峽

登嘉樓

馬來亞

印尼

新加坡

20°N

5°N

地圖 16-1：泰國在二戰期間之擴張

（MacArthur）將軍在美軍投降前夕離開巴丹，另於澳洲設立總部，此處日後成為西南太平洋戰區總司令部（Southwest Pacific Command），麥克阿瑟將會從此發動反擊攻勢，並在一九四四年十月返回菲律賓。英國人大約也在同時反攻，企圖從印度回到緬甸；但是，美國涉入太平洋戰爭一事，造就二戰之後東亞地區的軍事霸主變成了美國。

到這個時候為止，面對日軍在一九四一至一九四二年的凌厲攻勢，東南亞人的歡迎實多於反抗。起初，東南亞人的千禧信念相當高昂，有位參與者曾如此回憶道：「緬甸最終會得到自由……日本人是以朋友的身分前來……他們願意為緬甸犧牲生命……有位緬甸王子還加入了日軍的先鋒部隊。」（Nu, 1975, 102）少數東南亞人積極地協助日軍，緬甸翁山的「德欽」行動、湄公河三角洲地區的高臺教（Cao Dai）運動、亞齊伊斯蘭教的「亞齊宗教學者聯合會」（PUSA）運動，都是著名的例證；然而，日軍的殘酷與傲慢，很快就使得這些人的想像破滅。積極反抗日軍的人數雖然不多卻相當重要，其中包括將日軍視作法西斯的共產黨人、社會主義者，還有少數自由派的菁英。另有早已被動員支持中國國民黨抵抗日本侵略的中華民族主義者，還有受過教育的菲律賓人——已獲得承諾可於一九四六年獨立成為菲律賓自由邦。上述團體支持游擊隊抵抗日軍，活動的地點包括菲律賓、馬來亞以及越南北部，馬來亞與北越的游擊隊主要是共產黨人組成。菲律賓和緬甸是日軍形勢最暴露的前線地區，這兩處同時也是民主化程度最高的地方，面對難以接受日軍獲勝的當地居民，日本人被迫做出更多的讓步。

殖民政府被日本軍事當局取代，標誌著東南亞歷史的重大轉捩點。歐式政府在東南亞塑造的法律、風俗，因為歐洲人在戰場上的失利而突然崩解。日本人激烈地公開移除殖民者的紀念碑、街道、城市名稱與象徵物，這項消息深植於人心，例如位於巴達維亞中心的揚‧彼得斯佐恩‧科恩紀念碑便遭到拆除，此外巴達維亞也被重新命名為雅加達。另一種現代性模式來到了東南亞，它對於民主制度甚至連口惠都沒有，所強調的是紀律、民族主義精神以及統治者與被統治者的團結。原先擁有重要經濟地位的歐

洲人及華人政府關係企業，迅速遭到日本人解體，以優待日本人的政府關係企業。不過，由於戰時經濟受到控管，此情況因此也為華人與土著的新興事業提供了新機會，這些飢渴的行業甘冒風險，以賄賂與地下活動的方式走私重要物資。由於東南亞本土人口大量湧入「歐—華」城市，擔任政府、商業與宣傳工作的職位，且人數比離去的歐洲人高出許多，歐—華城市因此經歷了民族化進程。日本政府削弱了歐洲語言的權威性，並且推行日文以及新興的現代化民族語言。尤其是荷蘭文，遭到日本人完全的壓制，禁止人們公開使用荷蘭文；但因為日文也無法取代荷蘭文的地位，印尼文（羅馬拼音化和現代化的馬來文）於是在政府、教育、大眾文化等領域迅速崛起。

老大突然之間換人做，導致政治賭注的風險大增。游擊隊對「通敵者」採取暗殺行動，而日本人則處決所謂的親同盟國人士，導致正常的菁英競爭過程窒礙難行。東南亞的主流社群整體上歡迎日本人到來，少數族群對此則是感到憂懼忡忡，族群關係因此更加緊張。日本在新加坡進行「肅清」大屠殺，他們將所有華人男性聚集起來，把告密者所指認的「抗日」分子處決，死者約有一萬人。在西婆羅洲，日本人也搜捕了數百位領導人物，包括統治階級的蘇丹、華人等等，並在一九四三年時，以陰謀抗日的罪名將這些人處死。蘇門答臘北部的活動分子反抗受荷蘭人「保護」的當地統治者，並向日本人告發這些人，結果，原本應該要被打擊的地方統治者卻反過來指控活動分子，導致許多人因此入獄或被處死。在菲律賓，政治暗殺的行動其實是延續戰前的派系鬥爭，用來合理化這些暗殺行為的通敵或抗日說法，其實並不是真相。

不過，整體看來，缺乏經驗的日本掌權者的粗暴武斷態度，竟然對於建立土著社群一事造成精神上統合的效果，其作用遠遠超過日本人最初行動造成的分裂。傳統的王室、受歐式訓練的官僚、熱切的民族主義者、宗教領袖等人，成為喜怒難測的日本人與受苦百姓之間的媒介，由此找到苟活之道。這些人全部遭到羞辱，被迫配合日本的政治宣傳，就某種層面來說，這些人都是共犯，在老百姓受苦的時候，險惡地享有菁英的特權。

終於，到一九四五年，歐洲人回來了，戰俘營裡的或出逃的歐洲人帶著截然不同的課題回來了，面對此一變局，東南亞菁英的團結程度高於他們之間彼此清算的動機。在日本投降後造成的權力真空狀態裡，社群經常變得極端分化，馬來亞與緬甸的種族陣營、蘇門答臘的階級陣營都有這種極端化現象，期間發生最糟糕的事情便是殺戮。歐洲人與其最親密的合作者或者逃亡、或者被囚禁，因此被排除在一九四二至一九四五年的一系列激烈事件之外，他們還成為民族主義宣傳針對的目標，由此在戰後，歐洲人以及與歐洲人合作者也被排除在人們經由想像而形成的國族共同體之外。

起初，人們希望日本能夠支持東南亞人的獨立，但這種希望在一九四二年時迅速遭受摧殘。然而，隨著日本的戰爭處境愈加惡化，日本必須做出某些妥協，至少在程度上必須不亞於殖民列強的有限讓步與承諾。在菲律賓，有一個籌備委員會選擇以一八九八年革命共和國的象徵，來取代奎松的菲律賓自由邦，並安排年邁的阿奎納多再度揚起那道旗幟。耶魯大學博士暨前任內政部長、最高法院法官何塞・勞雷爾（José P. Laurel，1891-1959 年），是一位反美親日人士，勞雷爾於一九四三年十月擔任名義上獨立的「菲律賓第二共和國」總統。菲律賓第二共和國是個單一政黨的國家，建國口號為「一面國旗、一個國家、一種語文（他加祿語）」。與其他地方的狀況一樣，先前與美國人一起撤退的政治人物，在後續的選舉當中，得票狀況不如那些選擇與日本合作的政客。曾於勞雷爾政府任職的傑出律師兼立法者曼努埃爾・羅哈斯（Manuel Roxas，1892-1948 年），在一九四六年總統大選中擊敗塞爾吉奧・歐斯米納（Sergio Osmena）；至於勞雷爾本人，則是在一九四九年一場作弊非常嚴重的選舉之中，僅以些微差距落敗。

加入日軍侵略隊伍並組建緬甸獨立軍（Burma Independence Army, BIA）的緬甸「三十志士」，起初被賦予組織民政政府的責任。結果證明，這些青年活動分子實在過於分裂，結果在一九四二年時被實力堅強的政治菁英取代。信仰天主教的緬人巴莫（Ba Maw，1893-1977 年），不但是研究佛教的法國博士，還是個律師，因替煽動亂事的僧人薩耶山辯護

而聲名大噪。巴莫在一九三七至一九三九年間擔任英屬緬甸的首任總理，而他在緬甸邁向獨立的過渡時期，是一位極富爭議的重要人物。雖然巴莫當時是聲勢最高的緬族政治人物，但他卻在日本侵略期間，因為反對英國和緬甸參與太平洋戰爭而入獄。日本人釋放了巴莫，並於一九四二年八月讓他擔任首長（Chief Administrator），負責主持緬甸制憲議會。巴莫後於一九四三年八月成為緬甸總理，並冠上從前的皇家頭銜「阿蒂帕帝」（Adipadi）。時年二十八歲的「德欽」暨緬甸獨立軍領袖翁山，當上巴莫政府的國防部長，當時擁有五萬軍力的獨立軍也變成緬甸國民軍或國防軍（BNA or Bama Tatmadaw），並接受廣泛的日式訓練。這個名義上獨立的「緬甸國」（Bama），其實也是個被日本操控的單一政黨國家，情況類同先前英國贊助的緬甸自治政府。緬甸國統治範圍只包含緬人與佛教徒所在的低地和沿海地區，准許撣族統治者與克倫邦承襲英治時期的自主性。緬甸獨立軍成員絕大多數為緬人，但克倫人等少數族群的軍隊則是由英國人訓練，結果克倫人頑強抵抗緬甸獨立軍，導致雙方互相燒毀對方的村落、進行族群間的殘殺，遺留下長久的苦難與仇恨。

巴莫、菲律賓總統勞雷爾、泰國代表（由鑾披汶指定）在一九四三年飛到東京，再加上日本在中國、滿洲國的傀儡人物，以及印度國民軍領導人蘇巴斯‧錢德拉‧鮑斯（Subhas Chandra Bose），象徵著以日本作為「核心」的大東亞共榮圈內的獨立國家（圖片 16-2）。即便這算是政治宣傳方面的失敗，日本陸軍高層卻不願意在與會者行列中加入印尼及馬來亞的象徵性代表，並於當年五月悄悄地將印尼及馬來亞併入大日本帝國。強硬派的軍方高層與民政及海軍領袖之間，為了日本在東南亞島嶼區的長久地位，進行了過程相當糾纏的協商，最後決定邀請蘇卡諾、穆罕默德‧哈達以及穆斯林領袖基巴格斯‧哈迪古蘇莫（Ki Bagus Hadikusumo），來日本遊歷兩個禮拜。哈達深信，可怕的日本情報單位憲兵隊（Kenpeitai）因不滿他呼籲印尼團結與獨立，會陰謀殺害他或使他滯留於日本，然而，來自日本天皇的賞賜保護了哈達的安全。不過，對於與日本合作的印尼民族主義者而言，接下來的這一年卻是極為黯淡的時光，日本對於他們的受辱

圖片16-2：一九四三年十一月五日至六日於東京舉辦的大東亞共榮圈領袖會議，與會者包括（由左至右）：緬甸的巴莫博士、滿洲國的張景惠、中國的汪精衛、日本的東條英機、泰國的旺懷他耶功親王（Wan Waithayakon）、菲律賓的何塞・勞雷爾、印度的蘇巴斯・錢德拉・鮑斯。

與印尼百姓的苦難竟沒有任何表示。一直要到一九四四年九月，愈來愈陷入絕望的日本政府方才表示，願意承諾「東印度」地區「未來可以獨立」，而其涵蓋範圍至少會包括爪哇和蘇門答臘。

　　蘇卡諾澎湃激昂地高喊反抗西方與團結，再加上他對於日本人的戰爭目標罕有批判，因此日本人相當重視他的價值與用處。被判流放到明古魯的蘇卡諾被釋放之後，前前後後倡導過數個組織，宗旨都是根據日本人的號召來統合爪哇。蘇卡諾合理化自己所做的各種妥協，將自己塑造為眾望所歸的領袖以及統一的象徵。「我曾於一場會議對五萬人講話，在另一場會議對十萬人講話。不只是蘇卡諾的名字，甚至連蘇卡諾的面容，都逐漸在群島內流傳。對此我必須感謝日本人。」（Sukarno, 1965, 179）事實上，直到一九四五年四月日本海軍（並非蘇門答臘的日本軍團）容許他探訪東部的三座城市之前，只有爪哇島人民才可能看見蘇卡諾的尊容。印

度尼西亞被日本三個軍管區所割裂，分別是駐於蘇門答臘的日軍第二十五軍團（起初蘇門答臘加入馬來亞，並由成為日本「核心區域」的新加坡所管理）、駐於爪哇的第十六軍團、以及駐在印尼東部的日本海軍。其中，只有爪哇島被認定為印尼政治參與實施之地，因為其他島嶼和馬來亞才是日本人的真正殖民目標。爪哇以外的地區幾乎沒有出現任何政治權利讓渡，同時，日本人也禁止島嶼之間的旅行。讓人感到相當矛盾的是，這兩件事情居然導致在印尼邁向獨立的過程中，爪哇除了擁有相對自由的環境條件，更擁有了更重要的中心地位。位於蘇門答臘的日本第二十五軍團，完全不允許島上有任何高於居住區層級（Residency，類似今日的省分）之上的政治宣傳實體存在，直到一九四五年三月，東京當局才下令軍團進行籌備獨立的事宜；然而第二十五軍團確實自一九四四年十一月起，容許蘇門答臘地區使用印尼未來的重大象徵，也就是紅白旗幟以及歌曲《大印度尼西亞》（Indonesia Raya），雖然他們依然禁止蘇門答臘與爪哇之間的接觸來往。

由日本所贊助的印尼「獨立」籌備工作，幾乎全部都是在爪哇島上進行，而這些籌備工作後來也在日本投降之際，成為印尼共和國建立的基礎。一九四五年五月二十八日至七月十七日，印尼獨立準備調查會於雅加達召開，預期要出席的蘇門答臘代表竟然不被允許參加，由獨立準備調查會擬出的《一九四五年憲法》，也因此不太受到少數族群利益的問題困擾。會議當中只有兩位代表不是爪哇出生，而根據紀錄，這兩位代表也傾向於支持聯邦體制，而非蘇卡諾的統一願景。《一九四五年憲法》是由法學教授蘇波莫（Soepomo）根據法西斯主義的「整合主義」（integralist）原則所草擬，其中賦予總統廣大的行政權力，總統能夠任命或開除部長，並且能否決定位不明的人民代表會議提出的立法。面對批評者批判此憲法內容模糊籠統，蘇卡諾的回覆是：「體現人民主權的是總統，不是人民代表會議。」（Yamin, 1954 I, 263）會議背後的日本軍事力量，打壓了自由主義與社會主義者的理念，此外，蘇卡諾的地位又有更進一步的提升，因為代表們認為蘇卡諾承擔巨大的風險，在日本人與日益仇日的民眾之間

犯險周旋。

　　一直要到長崎遭到原子彈轟炸之後的最終危急階段，日本人才派飛機載著蘇門答臘的三位代表、望加錫的兩位代表，前去參與印尼獨立準備委員會。獨立準備委員會於八月十六日首次開會，此時已是日本天皇廣播宣布日本投降的隔一日。蘇卡諾、哈達以及萊登大學畢業的律師阿瑪德‧蘇巴爾佐（Achmad Soebardjo），是日本駐雅加達的海軍代表前田精少將的重要聯絡人，這三人計畫要及時獲得日方批准印尼獨立宣言，以將獨立宣言呈給獨立準備委員會。可是，蘇卡諾和哈達當時卻被激憤的革命分子綁架，革命分子堅決要根據他們自己的條件宣布獨立，不想讓獨立變成日本人的贈禮。前田精少將和幾位與民族主義派關係親近的手下，協助化解了這場危機，前田精將蘇卡諾、哈達，以及綁架這些人的年輕人一同帶回自己在雅加達的住處，也就是前英國領事館，在前田精的保護之下，眾人在此商量出一份獨立宣言。「通敵」民族主義者與革命派民族主義者之間的激辯，再加上日本陸軍與海軍的大人物在場，終於在八月十七號清晨敲定所需的妥協結果，最後的這份印尼獨立宣言既無英雄氣概、亦無理想遠見。蘇卡諾和哈達宣讀了簡潔的兩句話：「吾等印尼人民，於此宣布印度尼西亞的獨立。關於權力轉移等等事宜，將會以有秩序的方式並於最短時間之內進行。」

　　與日本人合作的東南亞民族主義者中，只有蘇卡諾和哈達順利地延續領導地位，成為戰後印尼共和國的總統與副總統，蘇巴爾佐則當上首任外交部長。他們所擁有的優勢，在於當地缺乏「反法西斯」的替代選項，也缺乏有效的游擊隊抗日運動。包括柬埔寨和寮國在內的東南亞各王室，大多撐過了動盪時期，它們自三月以來紛紛在日本人轄下獲得「獨立」（事見第十七章）。對比之下，東南亞那些「獨立的」首相及總理，例如何塞‧勞雷爾和巴莫，則是在自身權力遭到當地游擊隊與盟軍反攻威脅之下，分別於一九四五年四月、八月逃亡到日本。在馬來亞，馬來激進分子易卜拉欣‧雅各布（Ibrahim Yaacob，1911-1979年）被日本人選為政治宣傳與軍事動員的領導人，但由於日本將馬來亞北部四州交給泰國的關係，使得

雅各布無法自居為民族領袖。被日本統治的剩餘「馬來」（Malai）地區當中，華人人數占總人口的百分之四十七點七，是最大的族群，東京當局甚至曾經在一九四五年考慮將「馬來」合併到日本的中國傀儡政權之內。不過，到一九四五年八月的危急時刻，對於那些曾與日本合作的人們來說，與印尼合併似乎是唯一可行之道，尤其是因為爪哇的獨立準備委員會曾經投票決議，欲建立一個包含努山達拉地區英屬與葡屬部分的「大印度尼西亞」。雅各布在馬來亞擁護這項併入大印尼的方案，日本投降之後他逃亡到雅加達，受到蘇卡諾的庇護並成為印尼議會的一員。

　　日本統治東南亞與先前東南亞政權之間最顯著的差異，就在於日本政權具有臨時兼緊急的性質，由此，為了最終鬥爭進行的動員，優先於其他殖民政權追求的穩定與秩序。一九三〇年代歐洲殖民政府的當務之急，就是剝奪民族主義領袖的群眾基礎，並且強制宗教領袖不要涉入政治。相反地，日本人喜歡利用群眾集結和公開儀式，並且極力運用媒體來進行反西親日的宣傳。日本人自一九四三年開始訓練東南亞當地的軍隊，在印尼與緬甸，這些受日式訓練的本土軍人成為日後國民軍的職業軍隊基礎。日本軍事訓練嚴格要求紀律，並且強調「精神」（seishin，與印尼文 semagat 相呼應）是亞洲能夠勝過西方的關鍵，爪哇約有四萬、蘇門答臘約有三萬軍人接受這樣的訓練。日後成為軍事獨裁者的幾位人物，如印尼的蘇卡諾和緬甸的尼溫，其實就是那一代受日式訓練的年輕軍官出身，他們雖在技術層面上不如受歐式訓練的東南亞軍官——後者通常是基督徒或少數族群——但是他們倒是學會日本人那套管用的伎倆，也就是張揚的公開儀式以及對異議者的殘酷控管。此外，日本人也以更高的「精神」要求與較少的紀律規範，訓練出與上述人數差不多的準軍事輔助人員，以對付預期的盟軍反攻。

　　爪哇島上的穆斯林領袖則偏好以最高級的軍營指揮官「達安喬」（daid-ancho）職位自居。其中，有位穆罕馬迪亞的學校教師蘇迪曼（Sudirman, 1912-1950 年），在一九四五年十一月時被同儕選為陸軍總司令。穆罕馬迪亞、烏理瑪覺醒會等等伊斯蘭組織，以「馬斯友美」

（Masjumi）之名被迫加入單一的穆斯林宣傳組織。爪哇島還組建起準軍事組織「真主之軍」（Hizbullah），在二戰結束前已有五萬之眾，形成日後盟軍占領時期最狂熱的反對勢力，並於一九五〇年代後期構成雅加達政府的麻煩。日本人在湄公河三角洲地區，還協助反法的高台教，將宗教運動軍事化，成為一股潛在的反同盟國武力。

　　民族動員運動的日本軍事模式，在東南亞各地都引起一些共鳴，但是最受它影響的地方是印尼與緬甸，印尼與緬甸最受日本軍事模式影響的人物，依然待在政府內部並組建新的國民軍隊。日本將戰爭時期的鄰里制度「鄰組」（tonari gumi，後於印尼稱為 rukun tetangga）推行到東南亞全境，作為社會控制的重要辦法。「鄰組」的一個基本單位大約由十戶至二十戶人家構成，進行資源配給、人力動員、作物徵收，並推動政治宣傳、民防與犯罪控制。獨立之後，印尼和緬甸的軍政府都繼續執行這套體制，為公共建設強制徵用人力——儘管軍政府將此制度美化為和諧互助的民族傳統（印尼文 gotong royong）。雖然賦予女性的權力不多，但也同樣被動員起來。日本占領當局鎮壓所有女性（及其他的）組織，並強制性發起唯一的女性運動「婦人會」（Fujinkai），由高級政府官員的妻子領銜在各個地區推展。日後威權政府企圖控制並馴化國內女性的作為——印尼透過「婦女之法」（Dharma Wanita）、馬來西亞透過「馬來民族統一機構婦女團」（Kaum Ibu UMNO）等組織進行——也受到前述事情的一定影響。

　　在全東南亞境內，太平洋戰爭終結前的最後幾個月是一段瘋狂的動員時期，期間貧困且受剝削的人民，絕望感日益增長。準軍事團體與宗教團體吸收了反西方的政治宣傳，然而它們也愈來愈傾向將這股狂熱，用來反對日本人或者那些通敵替日本人強徵勞力與稻米的本土菁英。抗日行動如火如荼地展開，不只是發生在日本人從未完全控制的高地區，甚至發生在受日本人青睞、受過最嚴格日式訓練的軍事人員之間。受到日本人最高度動員訓練的年輕一代人，愈來愈不能苟同老一輩人的妥協讓步，並大聲疾呼領導者必須有所作為。

一九四五年革命時分

　　日本的投降出乎眾人意料，八月十五日日本天皇的投降廣播，為一九四五年的危險革命局勢開啟了一場競賽。在爪哇、蘇門答臘、印度支那、馬來亞的城市當中，幾乎沒什麼盟軍反攻的徵兆浮現，日本突然的投降使得那些曾經與日本人合作、當過日本人手下的人遭到妖魔化，抗日人士也對此情況措手不及。當時，馬尼拉、仰光、婆羅洲的巴里巴板（Balikpapan）和打拉根（Tarakan），都遭到嚴重攻擊破壞之後落入盟軍手中，日本人在菲律賓與緬甸的建設已然崩潰，一場爭奪新秩序領導權的鬥爭於焉展開（地圖 16-2）。此時，有兩份獨立宣言，預兆著未來的不

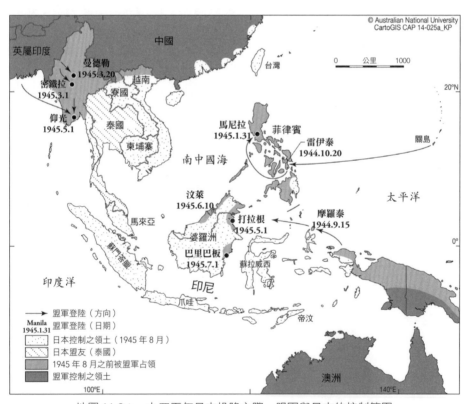

地圖 16-2：一九四五年日本投降之際，盟軍與日本的控制範圍

祥，其一是（如前述）八月十七日雅加達發布的印尼獨立宣言，其二是九月二日河內發布的越南（「不是」印度支那）獨立宣言（圖片 16-3）。同盟國軍隊對於日本投降沒有心理準備，事後才從敗戰的日本人那邊搶奪控制權。被派到印度支那北部的一部分中國國民黨軍隊，於九月九日抵達河內；英軍則是在九月十二日到達西貢，於九月三十日到達雅加達，在十月十日之後才到達蘇門答臘的棉蘭與巴東，至十月二十五日到達泗水與巨港。法國人在十月時企圖再度控制住柬埔寨的「獨立」王室，並且逮捕曾與日本人合作的高棉民族主義者，即越南出生、於巴黎受教育、自八月初開始擔任諾羅敦・施亞努王（King Norodom Sihanouk）御下總理的山玉成（Son Ngoc Thanh，1908-1977 年）。仍在東南亞的日軍比較可能同情當地人的獨立主張、而不是回歸殖民統治，而此期間的東南亞出現了長短不一的權力真空狀態。

領導一九四五年革命的候選者當中，共產黨人顯然有一席之地，雖然實際上這麼做的只有胡志明的印度支那共產黨。與莫斯科同一陣線的共產黨人，擁有悠久的革命組織歷史，他們是反抗日本占領最持久、最有成果的戰士，而且，蘇聯、中國等戰勝的同盟國朋友，似乎願意支持。共產黨人的國際連結關係，固然是他們的力量來源，卻也是他們的弱點所在。莫斯科方面意識到，納粹德國與軍國日本其實比殖民列強更危險，因此於一九三五年執行對抗法西斯主義的共同陣線，由此，亞洲的共產黨態度變得比較溫和，卻因而喪失民族主義鬥士的支持。東南亞華人組成的共產黨，在協助中國抗日期間提升了實力；但是，某些當初極力擁護馬克思主義作為革命捷徑的人們，卻改為支持反莫斯科當局的托洛斯基派，或者擁護民族主義立場的共產黨人如陳馬六甲。一九三九年的《德蘇互不侵犯條約》再度使莫斯科的立場扭轉，這件事情使得擁有歐洲經驗的東南亞民主義者——例如哈達和巴莫——對莫斯科產生長久的不信任。最後，一九四一年六月德國入侵俄國，莫斯科的立場因此再度轉變，並鼓吹各地的共產主義者加入反法西斯聯合戰線。

在最後幾個月，東南亞的英國、荷蘭、美國當權者將共產黨人和其他

圖片 16-3：一九四五年的獨立宣言：（a）一九四五年八月十七日，蘇卡諾（宣讀者）和哈達在雅加達前田精少將宅舍宣布印尼獨立。

圖片 16-3：一九四五年的獨立宣言：（b）一九四五年九月二日，胡志明於河內宣布越南獨立，一旁有武裝衛隊防備騷動。隨著這些獨立宣言在後續年歲當中被捧為神話，這兩幕場景也因此為人大量使用與竄改。

堅定的反法西斯主義者哈達、蘇丹・夏赫里爾，從監獄中釋放，並且與這些人商議抗日的策略。在泗水，律師、社會主義者（日後承認自己是潛伏的共產黨員）暨改信基督教的阿米爾・謝里夫丁，獲得荷蘭情報單位的託付，以兩萬五千荷蘭盾為資金組織地下反抗活動。謝里夫丁在一九四三年遭到日本憲兵隊逮捕，若非有蘇卡諾的介入，他應該會馬上被處決。日本投降之後的謝里夫丁堅守「反法西斯」的立場，並因此接受同盟國勢力遣返印尼。在馬來亞，二戰導致華人與馬來人的左派分子從英國人最頭痛的威脅變成英國人最有希望的盟友。為了捍衛馬來亞，共產黨和中國國民黨都獲得合法化並且可以動員人力，同時，親日的易卜拉欣・雅各布支持者則遭到當局逮捕。英國情報部門為共產黨幹部提供一些軍事訓練、武器、無線電，讓他們得以在戰爭時期，在馬來亞人民抗日軍（Malayan People's Anti-Japanese Army, MPAJA）的組織之下，於茂盛的馬來亞叢林中從事抗日游擊。

這支主要由華人組成的武力，在一九四四至一九四五年間接受英國空投補給，並且（根據日本人計算）至少殺死日軍六百人與兩千名以馬來人為主的警察。日本投降之際，這群華人武力控制住大城市以外的所有中心地帶，並以通敵罪名處決不少馬來官員與警察。這些事件導致華人與馬來人之間的種族關係緊張，並造成馬來亞人民抗日軍與馬來菁英接洽的障礙，而這個緊張的族群關係，也是導致馬來亞共產黨（Malayan Communist Party, MCP）於一九四五年無法宣布馬來亞地區獨立的因素之一。

權力真空狀態的那幾個月相當關鍵，此時，馬共依然將英國人視為他們的盟友，並將馬來人機構視為法西斯敵人的一部分，馬共成員甚至曾在倫敦參加勝利遊行、在新加坡獲頒英國勳章。最後，馬共領導者萊特（Lai Teck，1901-1947年）被人發現似乎是個三面間諜，相當精明地同時為英國情報單位與日本情報工作；一九四七年，萊特身分暴露且遭到馬共處決，他的地位由陳平（本名王文華，1924-2013年）接替，陳平執掌馬共總書記一職直到過世為止。馬共的目標是國家獨立，這與馬來亞聯合邦

（Federation of Malaya）的憲政規畫恰好相反，由此，馬共發起罷工運動潮，與英國的關係持續惡化。一九四八年三月至六月間，馬來亞共產黨決定轉變路線為武裝抗爭，此舉肯定蘇聯新的「兩大陣營」（two-camp）主張，亦即共產黨必須領導進步的力量與資本主義及帝國主義正面衝突。馬來亞共產黨藏身於馬來亞叢林與華人村落的基地，進行持久的抗爭與戰事，但是時機已經太遲，他們沒能把握住混亂的民族主義運動。英國人與其馬來貴族夥伴已經在政府中穩住根基，也得到充足的富有華人支持，得以繼續維持這個多元的社會。英國人相當重視馬來亞蓬勃的橡膠業與錫業，不能輕易就放手，於是，馬來亞成為冷戰時期的激烈前線之一；不過，等到一九五七年政權轉移給獨立的馬來亞聯合邦時，共產黨的威脅已減少到只剩區區幾百名叢林游擊隊員而已。

　　東南亞其它地區的狀況類似，已於大戰期間形成氣候的共產黨人抱持的反法西斯立場比反殖民立場更為堅定，結果他們沒能像越南或中國的情況一樣，把握機會善用自身抗日獲得的聲譽去領導更廣大的民族主義武裝鬥爭。在菲律賓地區，走共產主義路線的抗日人民軍「虎克黨」（Hukbalahap），是抗日行動的領導勢力，然而當美國人回來之後，虎克黨卻加入了民主政治。路易斯‧塔魯克（Luis Taruc）和何塞‧拉瓦（Jesus Lava）這兩位共產黨領袖，選上一九四六年的首屆全國議會。在當權派以站不住腳的理由否決這兩人的當選事實之後，這兩人開始從呂宋中部的根據地，煽動邦板牙農民並準備武裝叛亂。菲律賓地區極端不平均的土地、財產、權力情況，讓起事者獲得缺乏土地的廣大民眾支持。至一九四八年時這兩人遭當局通緝時，復興的虎克黨人民軍已聚眾數千，由共產黨主導的「全國農民聯盟」（National Peasants' Union）則坐擁數十萬成員。拉蒙‧麥格塞塞（Ramon Magsaysay，1907-1957 年）也是一位成功的抗日游擊隊領袖，對於農民叛亂背後的不滿有所體察，他在一九五一年當上菲律賓國防部長，於一九五三年十二月當上總統，在他的堅決態度之下，叛亂逐漸受到撲滅。

　　由德欽梭（Thakin Soe，1906-1989 年）領導的緬甸共產黨，也在二

戰期間因為反法西斯立場而實力大增。起初歡迎日本人到來的青年德欽們，逐漸感到幻滅乃至轉為反日，共產黨人的立場足以帶領共同的抗日陣線。當時在緬甸親日政府中擔任國防部長的翁山，於一九四三年底開始謀畫叛變，派遣心腹前往印度與英國人接洽。一九四四年時，翁山曾短暫加入共產黨，但稍後又與德欽梭鬧翻，翁山集結自己的政治追隨者，組成一個以共產黨人主導的「反法西斯人民自由同盟」（Anti-Fascist People's Freedom League, AFPFL）。翁山的緬甸國民軍是反法西斯人民自由同盟的最強戰力，一九四五年五月三日英軍攻占仰光之後，也承認緬甸國民軍為友軍；雖然如此，日本人逐漸撤退乃至於最終投降的時期當中，著手接管緬甸政府者，是反法西斯人民自由同盟這個組織。

一九四六年三月，德欽梭與自印度歸來的溫和派共產黨人撕破臉，當時處於中心地位的共產黨人由此自亂陣腳，德欽梭則轉而另組武裝暴動的「紅旗」共產黨。主流緬甸共產黨人依然服膺蘇聯的共同戰線，即便他們在一九四六年被逐出反法西斯人民自由同盟，依然支持著緬甸政府。隨著蘇聯的方針改變，緬甸共產黨終於在一九四八年三月改採武裝鬥爭，譴責反法西斯人民自由同盟是「資產階級民族主義者」，批判他們達成的是一場「假獨立」。當年陷入苦惱的緬甸總理認為：「共產主義者由於信仰史達林（和兩大陣營的信念），在下次大選中丟掉……原本幾乎穩贏、可以從反法西斯人民自由同盟處奪回權力的機會。」（Nu, 1975, 193）反法西斯人民自由同盟內部剩下的親馬克思主義者，企圖維持一致的立場，讓即將到來的獨立國家置身於大英國協之外，以使英國人不得不接受翁山的要求，亦即一九四六年行政會議（Executive Council）明顯的多數立場。一九四七年七月十八日，翁山與幾位同事在某次內閣會議間遭到暗殺，緬甸因此喪失最能夠象徵它統一的人物（圖片 16-4）。即使如此，英國人仍在一九四八年一月，迅速將政權移交給翁山在反法西斯人民自由聯盟的副手（德欽）吳努。

泰國已在一九三二年與它的過往進行革命性的告別，至二戰日本投降的時候，東南亞唯一一個沒有瀰漫革命氣息的地方就是泰國。即便在鑾披

圖片 16-4：翁山與他的家庭，攝於一九四七年翁山遭暗殺前不久。一九八九年翁山遺孀杜慶芝（Daw Khin Kyi，照片左方）患病過世，使得女兒蘇姬（照片中央的兩歲孩子）從牛津大學返回仰光，從此開啟蘇姬始料未及的亮眼政治生涯。

汶政府內，左派知識分子比里·帕儂榮仍自一九四四年初便與英國人接觸，這使得比里日後得以成為接替的親同盟國泰國政府首腦。一九四四年，鑾披汶被泰國議會趕下台，議會改選鑾披汶政府的一位部長，也就是平民出身的寬·阿派旺（Khuang Aphaiwong）上台擔任總理，在泰王缺席的情況下，比里成為泰國唯一的攝政者。日本投降之際，寬·阿派旺也隨之請辭，比里因此邀請戰前泰國駐美大使兼美國的「自由泰人」運動領導者社尼·巴莫（Seni Pramoj，1905-1997 年），擔任泰國總理。自九月九日以來，位在曼谷的同盟國代表是英國空軍，然而社尼·巴莫與美國的關係，對於英國人的賠償要求——尤其要求泰國出口稻米養活馬來亞、婆羅洲、仰光等地飢餓的大英帝國子民——造成重要的緩和作用。此外，社尼還同意歸還泰國從日本處獲得的英國領土。社尼廢止鑾披汶過於威權

且惡劣的措施，特別是對穆斯林、基督徒、華人少數族群的壓迫，另外，社尼還順從蘇聯的意思，讓實力微弱的泰國共產黨可以合法化。一九四六年十二月，曼谷當局相當不情願地接受法國的占領，泰國國會（National Assembly）則要等到兩年之後，才正式宣布接受此等不堪的安排。雖然比里本人對於印度支那等地的革命呼聲感到同情，但泰國殘餘的共產主義幾乎全部是華人在參與，且共產黨人尋求指引的對象是中共、而非蘇聯。

全東南亞唯有印度支那一地，是由共產黨領銜宣布獨立與捍衛獨立，無視當時抑制其他共產黨的蘇聯立場。前法屬領土的革命分子擁有特殊的邊界優勢，也就是有同情自己的中國、短期內同情自己的泰國（1945-1947 年）當鄰居；但是他們也有屈居劣勢之處，那就是殖民強國未肯適應二戰之後民族國家紛紛獨立的世界。在歐洲顏面喪盡的法國宣示，有意在法蘭西聯盟（French Union）內重建一個印度支那聯邦（Indochinese Federation）。然而至一九四五年九月，當英軍與法軍逐漸駛達之際，胡志明已於九月二日向歡欣鼓舞的百姓宣布越南獨立，胡志明的「越南獨立同盟會／越盟」（Vietminh）也控制住大半東京地帶，網絡遍布全印度支那境內。在聚集戰力方面，胡志明表現出極高的行動力，並在這當中掩飾好紀律嚴明的印度支那共產黨角色。印度支那共產黨本身甚至在一九四五年十一月解散，改為一個馬克思主義研究團體；不過，軍隊仍然牢牢掌控於共產主義知識分子武元甲（Vo Nguyen Giap，1911-2013 年）麾下。

越南獨立同盟會是胡志明於一九四一年在中國南方建立，後來成為了越南獨立的先鋒，但是在一九四四年後期之前，它在越南境內罕有成就。一九四四年後半，武元甲率領約四十人跨越國界開闢解放區，並從法國地盤那邊搶得武器與人員。一九四五年三月日本人直接接管法國屬地之後，越盟的實力變得愈來愈強，美國軍方也為越盟提供抗日所需的補給與訓練。中國廣西省的國民黨當局，雖然同情的其實是非共產黨的民族主義者，但仍允許胡志明建立一個多黨派組成的越南臨時政府，以求進一步削弱日本勢力。胡志明在武元甲的游擊隊戰區內，持續籌組聯盟的工作。日本投降之際，胡志明加快了行動腳步，搶在中國當局之前設立政府。僅僅

數百人組成的武元甲軍隊在八月二十八日抵達河內，讓胡志明得以於九月二日宣布越南民主共和國（Democratic Republic of Viet Nam, DRV）獨立。接著，越南政府大量發布政令、進行動員，目的是要讓這個擁有廣大號召力的嶄新共和國能夠名實相符。日本屬下的「獨立」越南皇帝保大帝（Bao Dai），同意將政權轉交給胡志明的臨時政府，交換條件是讓保大帝擔任最高顧問（Supreme Advisor）的角色。越南政府還組成內閣，同時任命幾位非共產黨的部長。由此，胡志明把握住當時狂喜氛圍造就的契機。

等到中國部隊到達越南北部時，問題浮現了，等到英國軍隊抵達西貢並將權力轉交給法國代表時，問題又變得更嚴重。中國軍隊占據重要建築物、掠奪諸多資源，趁機扶持民族主義團體，但它又同時允許越南民主共和國繼續運作，也容許越盟組建軍力。場景換到混亂的越南南部，越盟的處境與地位比不上其他由法國人或由日本人訓練的激進武力團體，而相較於北方的共產黨人，南部的越盟也比較不願意與同盟國妥協。英國格萊西將軍（General Gracey）拒絕承認西貢的越南民主共和國委員會，反之，他讓曾受日本人監禁的法軍重新武裝，武裝後的法軍希望恢復昔日法國政權而積極搶占重要建築物，從而點燃仇恨情緒。秩序失控的越南人憤而反擊，在九月二十四的恐怖時期殺害百位法國平民。此一事件讓巴黎、倫敦、西貢的質疑者深信，同盟國必須要利用日本士兵，以武力重奪城市的控制權。

後續幾個月之間，法國人逐步掌控從前交趾支那殖民地的戰略要地。相較於從事鬥爭的南方民族主義者，北方的越南民主共和國似乎比較負責任、溫和。越南民主共和國於三月六日與法國達成協議，同意讓法軍回到海防、河內以取代中國人，與此同時，法國須承認越南民主共和國「是一個自由的國度……是印度支那聯邦和法蘭西聯盟的一部分」。可是，胡志明的謀略手段，也不足以處置層出不窮的戰事與衝突。一九四六年十一月，經歷海防和河內的激烈戰鬥之後，越盟勢力從城市地區撤出，開始執行游擊隊戰略。與法國人的戰鬥一直延續到一九五四年，當年日內瓦舉辦多方會談，中國居間調停，最終法國同意撤出越南北部、越盟則同意撤出

南部。各方形成的共識是，以普遍選舉的辦法作為國家再度統一的途徑，但這場大選從未舉行。最終，獨立後的越南竟是由兩個對立的國度所組成，以北緯十七度線為準，以北為共產黨領導的越南民主共和國，以南則是反共的越南共和國（Republic of Viet Nam）。一九四五至一九四六年發生的這些事件，是胡志明與其越南民主共和國，得以成為越南民族主義最佳化身的箇中關鍵。

雖然馬克思主義思想在印尼相當普遍，但一九二六至一九二七年的鎮壓卻導致印尼的共產黨結構變得很薄弱。其中，最著名的「反法西斯」政治人物是阿米爾‧謝里夫丁，一九四五年九月四日時，他被提名為印尼共和國首屆內閣的情報部長，然而他本人此刻尚身處日本人囹圄之中，他之所以被提名，是因為主事者想要平衡首屆內閣人員當中曾與日本人合作的菁英偏多之問題。在印尼首都，動員起來的年輕人已迫不及待，對他們最具有吸引力的領導者，是兩位對比鮮明的米南佳保人。哈達戰前的社會主義同志蘇丹‧夏赫里爾，贊成哈達的立場，在日據時期不願與日本人合作，並與異議分子保持聯繫；八月的時候，夏赫里爾因為調解革命派青年與曾為日本黨羽的老一輩人之間關係，一躍成為重要人物。民族共產主義者陳馬六甲發展出最為成熟的革命策略，他曾以荷蘭文寫下〈邁向印度尼西亞共和〉（Towards the Indonesian Republic）、以印尼文寫就〈群眾行動〉（Mass Action），且在流亡期間建立印尼共和黨（Partai Republik Indonesia, PARI）。陳馬六甲在俄國、（尤其是）中國、菲律賓的經歷，堪可與胡志明媲美，陳馬六甲於一九四二年回到印尼籌備革命，但繼續過著藏匿的日子直到日本投降為止。陳馬六甲原本應該是最有希望的「革命總統」，但是他缺乏了胡志明那種面對同盟國來臨時的務實態度。到關鍵時刻，蘇卡諾於八月、九月時顯示自己是個不可或缺的角色，他是多樣分歧的人群、危急絕望的百姓能認得的人物，是唯一一位能夠控制住人民被喚醒之激情的人物。

在荷蘭要求將蘇卡諾以戰爭罪審判的呼聲當中，印尼共和國企圖內部轉型，組成一個能夠被九月三十日登陸雅加達的英國人承認的政府。接下

來幾周，蘇卡諾退居次位，讓副總統哈達宣布系列政令，建立一套議會體制，其中轉型的政府實權大多掌握在成員由夏赫里爾、謝里夫丁親點的「工作委員會」（working committee）手中。十一月十四日，夏赫里爾當上印尼總理兼外交部長，向議會而非總統負責，謝里夫丁則擔任重要的國防部長與內政部長。多黨派體制取代蘇卡諾想要建立（陳馬六甲也贊成）單一國家政黨的企圖，這麼做主要是為了疏導親日及抗日的民族主義者、穆斯林、共產黨等武裝團體的能量而採取的務實作法。謝里夫丁和夏赫里爾多樣紛歧的支持者團結起來組成支持政府的印尼社會黨，再加上流亡分子歸來領導的共產黨，兩派人形成後續兩年之間政府最堅實的擁護力量。謝里夫丁是印尼政府中最有說服力、最受到群眾歡迎的寶貴資產，他企圖組建一支聽命於政府的國民軍。印尼政府致力於壓抑武裝團體對於「主權在民」（kedaulatan rakyat）的猛烈要求，卻因此讓所有可能被指控為偏袒荷蘭人的掌權者、傳統統治者、村莊領導、華人淪為犧牲品。由於蘇迪曼將軍和受日本人訓練的軍隊主力，非常憎恨謝里夫丁所謂法西斯走狗的指控，因此，最可靠的親政府軍方領袖，是謝里夫丁受過荷蘭人訓練的巴塔克同胞上校：當上參謀長的西馬杜邦（T. B. Simatupang），以及西爪哇西利旺師（Siliwangi Division）精銳指揮官納蘇蒂安（A. H. Nasution）。

　　與胡志明和法國人的談判同時，夏赫里爾—謝里夫丁內閣正好也在和荷蘭進行談判，談判雙方在英、美的某些壓力之下同意印尼的聯邦結構，其中的單一共和國範圍將會涵蓋大部分的爪哇及蘇門答臘。一九四七年七月，荷蘭人進攻爪哇及蘇門答臘兩座島嶼上利益最豐沃的地方，引發澳洲工黨政府將此事告上聯合國，美國則透過聯合國扮演要角，最終促成一九四九年的妥協結果。然而印尼政府的這項外交政策在國內愈來愈不受歡迎，陳馬六甲等持反對立場的社會主義者訴求「百分之百的自由」。在甚至連左派分子亦不再支持的情況下，夏赫里爾被迫去職，一九四七年接替其職的阿米爾·謝里夫丁，也於一九四八年受迫下台。這場危機讓蘇卡諾在立場更保守的印尼穆斯林聯合會「馬斯友美」的支持下，得以任命

一個「總統內閣」，由哈達擔任總理，馬克思主義者則逐漸轉變成激進的反對黨。執政者動員農民和工人，將一場政治革命轉變成社會經濟革命，罷工潮日益頻繁，大量土地被分配給窮苦農民。此情況將爪哇社會危險地撕裂，推向兩極化發展，這道裂痕將會是未來二十年的歷史動力，讓抱持綜合爪哇信仰的貧窮農民與有伊斯蘭網絡關係的地主彼此傾軋。一九四八年八月自莫斯科歸返的慕梭，帶回蘇聯認可的新路線指示：「工人階級的單一政黨」必須由下層開始領導革命，並與「資產階級」民族主義者畫清界線。謝里夫丁等社會黨與工黨的傑出領袖人物，在反對者群起攻之下活力盡失並因此激進化，加入了印尼共產黨的陣營。這時，印尼共產黨的主事者為慕梭，慕梭邀請其他黨派加入由共產黨人領導的民族陣線，此民族陣線是公開仿效去年二月捷克共產黨掌權模式而成。對此，哈達、穆斯林與接受日本訓練的軍官甚感不快。

軍事對峙刺激出各方攤牌一搏的局勢，由西利旺師指揮官納蘇蒂安領導的政府軍，與忠於謝里夫丁的軍隊彼此搜捕殘殺、譴咎責難。西利旺師控制住混亂的梭羅之後，親印尼共產黨的軍隊在一九四八年九月十八日掌握東爪哇的茉莉芬，並宣布「民族陣線」（National Front）的政府就此成立。在一場激烈的攻勢期間，蘇卡諾將此事化成犀利的議題，要求印尼人民在他和慕梭之間選邊站。慕梭不得不在隔天，公開譴責蘇卡諾和哈達乃是「日本和美國的奴才」，是出賣「勞務者」生命的奸人及賣國賊。強硬的蘇聯路線，實源自對印尼實際狀況一點都不了解的共產主義者，而這樣的路線也註定印尼共產黨氣數將盡，甚至有很多印共自身的士兵都不願意公然對抗蘇卡諾與哈達。西利旺師與其盟友，懷抱連對付荷蘭人都未曾有過的戰意推進，總共有三萬五千名共產黨支持者遭捕，共產黨領袖或被處決、或被追殺，謝里夫丁和慕梭的下場竟是如斯。穆斯林與爪哇信仰者（Javanist）之間的裂痕、富人與貧民之間的分歧，都隨著爪哇村落的血腥暴力行徑而更加惡化。印尼共產黨雖於蘇門答臘和荷蘭占領地區倖存，但在爪哇心臟地帶卻有好幾年時間都消沉不振；然而到一九五〇年代，印尼共產黨再度崛起，成為印尼最大、最有紀律的政黨，由從前慕梭提拔

的年輕人狄帕‧艾地（D. N. Aidit）、尼約托（Njoto）、盧克曼（M. H. Lukman）所領導。

一九四八年後期，荷蘭人正在謀畫對印尼共和國進行最後進攻，他們預期看到一個陷入內部衝突與混亂，有利於共產黨得勢的印尼。但是，當一九四八年十二月荷蘭向印尼共和國發動二度攻勢的時候，他們似乎是在攻擊全亞洲反共最力的當權者。蘇卡諾、哈達與其內閣寧願選擇被荷蘭人逮捕，而不是繼續在英勇但內鬨的共和國勢力裡苟活碰運氣，至於剩餘的共和國勢力，則繼續在爪哇與蘇門答臘部分地區從事有效的游擊戰略。美國政府有鑑於共產黨人在中國、印度支那、馬來亞得勢，對於蘇卡諾與哈達之成功印象深刻，於是對荷蘭施壓要求其回復原狀，讓印尼共和國的領導者返回首都日惹。此番透過聯合國所達成的外交勝利，確保最終印尼政府領導者的反共立場，而荷蘭人也在一九五〇年一月一號時將主權移交給印尼政府。這段迂迴跟蹌的革命歷程，起初是左傾，後來又變右傾。

是革命造就獨立，抑或協商促成獨立？

印度尼西亞與越南擁有的革命性政治領導者，浮現於風起雲湧的一九四〇年代，他們不但明目張膽地與過往歷史決裂，甚至不惜為此一戰。蘇卡諾和哈達當上印尼共和國總統與副總統，而胡志明成為越南民主共和國領導人，他們的合法性不是基於與過去歷史的連結，而是基於成功地為新的開始而奮鬥。由緬甸青年德欽團體轉化而成的反法西斯人民自由同盟，是由翁山、吳努、尼溫所引領，它並沒有自行宣布獨立，而是到一九四八年英國歸還主權之後宣告獨立。雖然如此，反法西斯人民自由同盟曾於一九四一至一九四二年與英國人作戰，後於一九四四至一九四五年對抗日本人。之後，他們同樣與來自過往歷史的正統性、合法性一刀兩斷。上述三地的當權者都聲稱自身是在代表「人民」，其實他們是將籌碼壓在受歡迎程度的群眾魅力上，以求控制住武裝且躁動不安的人民。他們的領導權力大約都是在臨時性選舉中確定（爪哇─蘇門答臘共和國、越南

是在一九四五至一九四六年確立，緬甸則是一九四七年），並透過對未來眾人團結的強烈期望來鞏固強化，也順便合理化了其鬥爭所帶來的人民之犧牲。上述三個地方的情況，與馬來亞、英屬婆羅洲、菲律賓形成劇烈的對比，二戰之後，後三者有效地重建起戰前的秩序，受日本人動員的軍事單位解除武裝或威信掃地，且各方勢力也協商出國家獨立的結構。泰國的狀況也是一樣，自一九三〇年代建立起的憲政結構，雖然有所解體但並不是被顛覆，所以它可以快速恢復至穩定狀態。等到全球經濟繁榮的一九五〇年代，投資者便將馬來西亞、菲律賓、泰國這三個國家視為重點，三國的經濟也迅速地超越戰前水準（見表格 16-1，頁 469）。

當然，殖民列強沒有意願將自身在印度支那、印尼、緬甸建立的豐饒地盤拱手讓給在革命過程崛起的勝利者。殖民列強企圖將權力轉移至聯邦，在此結構中，少數族群與投資者可以受到詳盡的憲政條款保護。我們注意到，在印度支那，法國人企圖將越盟主導的革命越南政權，限制在一個法蘭西聯盟裡的印度支那聯邦之內。面對語言與種族高度分歧的問題，荷蘭戰略家凡慕克（H. J. van Mook，1894-1965 年）發展出一套更加複雜的計畫，意在將權力下放給屬於蘇門答臘、婆羅洲、「大東部地區」（Great East）的龐大聯邦單位（一九三八年已有前兆），以求平衡乃至於限制爪哇這個印尼共和國的大本營。事實上，即使蘇門答臘人的革命一直是他們內部自主的事情，蘇門答臘人也幾乎同樣致力於與日惹團結統一的理念。一九四七年荷蘭軍隊征服棉蘭周圍富裕的種植園地區，並設立東蘇門答臘州（State of East Sumatra, NST）；唯有在東蘇門答臘州，由於一九四六年曾爆發激烈對抗蘇丹的暴力「社會革命」，當地受難者因此對共和國懷抱普遍的支持。婆羅洲與蘇拉威西大半地區，支持共和國的情緒在主流穆斯林人口之間極為高昂，殖民軍隊必須訴諸極端的暴力，才好不容易壓制南蘇拉威西人的情緒。唯一一個有效運作的州，為一九四六年十二月設立於大東部的州，州議會由七十位代表組成，代表則是地區議會（通常為貴族議會）選舉或荷蘭人指定，基於自下而上的社會壓力，此州命名為「東印度尼西亞州」（State of East Indonesia），並採用印尼

語文與《大印度尼西亞》之歌，且於一九四八年與日惹政府互派使節。一九四八年十二月，為抗議荷蘭對付印尼共和國的軍事行動，東印尼州政府集體請辭，此外，荷蘭人於西爪哇勢力區設置的聯邦州——為了激發占爪哇島三分之一的異他語族之尊嚴而命名此州為巴巽丹（Pasundan）——政府也因為此事而請辭。

　　一九四九年十二月二十七日，主權移轉給有民主兼聯邦憲法的「聯邦印度尼西亞共和國」（Federal Indonesian Republic, RIS），在談判協商過程中，六州、各聯邦與荷蘭控制的「新地」（neo-land）在在顯示出它們對於印度尼西亞概念的強烈信念（地圖 16-3），它們接受印尼共和國的國旗、國歌和語文，於主權尚未移轉之前，它們亦已接受蘇卡諾為聯邦共和國非行政層面的總統，擁有任命總理的權利（蘇卡諾任命的總理為哈達）。甚至，它們共同成功反對一項容許各州擁有脫離權利的憲法條款；它們還曾爭取讓荷屬新幾內亞納入聯邦印尼共和國，但沒有如願。然而，聯邦地區的政治當權者，堅決要求憲法所保證的鬆散聯邦，這樣的鬆散

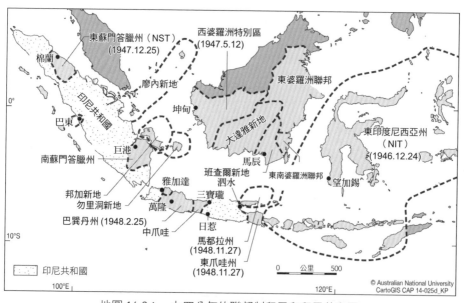

地圖 16-3：一九四八年的聯邦制印尼和印尼共和國

聯邦擁有一個上議院，讓各州都有平等的代表權。結果在最初的六個月之間，它們的願望便破滅了，聯邦州一個接著一個崩解。曾經身為荷蘭人「傀儡」（無論這種說法有多麼不公平）的汙點，讓它們沒有力量抵抗總體認同的叫囂與蘇卡諾、哈達的統一共和立場。軍事上，聯邦各州也無力自保，難以抵抗那些身披統一派或伊斯蘭外衣的武裝團體，它們只得求助於從前殖民政權的士兵，或曾經為獨立而戰而擁有較高精神地位的軍事單位。聯邦各州企圖利用殖民政權軍隊的作法，很快就引火自焚，被人指控為叛國行徑。一月後半，以坤甸蘇丹哈米德二世（Hamid II）為元首的西爪哇巴巽丹州和西加里曼丹州（West Kalimantan），被萬隆的軍事政變征服。代表遙遠島嶼的東印度尼西亞州，是統一立場之下受害最大的地區；一九五〇年四月，前殖民地士兵企圖組織日惹軍隊來此，後果適得其反，東印度尼西亞州於是成為印尼全境最後一個淪陷的地方。此事令統一派人士歡欣鼓舞、士氣大振，東印尼州至此瓦解，該州領導者基督徒兼保守派安汶人索烏莫基爾（Dr Soumokil）帶著前殖民地軍隊逃到安汶，宣布建立南摩鹿加共和國（Republic of South Maluku, RMS）。至一九四五年八月十七日印尼獨立宣言的第五周年慶時，所有的聯邦單位都解散，併入統一立場的印尼共和國當中，由此確認，那一刻——而非一九四九年的談判——才是民族國家建立的神話基礎。將數百個族群、語族結合於統一政府之內，這場全世界最有雄心壯志的實驗就此正式展開。

面對這項挑戰，印尼（和菲律賓）有一項勝過大陸區三大國的優勢，那就是它（們）沒有「核心」種族存在，比較不會導致核心種族的認同及利益與多元民族國家的認同及利益相互糾纏、混淆。爪哇人口還不到全印尼人口的一半，而爪哇的名字與語言並沒有成為國家的名稱和語文。相較之下，緬族不只占了緬甸人口的三分之二，緬甸民族主義運動的主要分子還是以德欽、緬甸獨立軍、反法西斯人民自由同盟為代表的緬人，是他們成功地迫使英國人移交政權。起初，緬甸北部和東部的撣族、欽族、克欽族「規畫區」，似乎能夠像從前順服英屬仰光那般歸順仰光民族主義政權，維繫自身的傳統自治局面。一九五〇年代，緬甸總理職位曾由好幾

個種族的人擔任過,最初三位緬甸總理分別是撣人、緬人、克倫人。在緬甸最初獨立的混亂年歲中,情勢顯示政府權力似乎會落到共產主義者和克倫異議分子手中,此刻,吳努將政府的存亡繫於撣邦、欽邦、克欽邦、克耶邦與其軍力的持續支持。緬族地區在人口和象徵意義方面的霸權地位,意味事態不可能變成真正的聯邦主義,而且小小的克倫尼邦(Karenni state),也不可能讓焦慮的克倫人感到安心。克倫村莊大多散落在下緬甸地區,其中有許多克倫人在一九四二年時,曾淪為緬族民族主義暴行的受害者。事實上,一九四八年一月英國人在轉移主權的時候,並沒有達成克倫人的要求,英國人反而是組成一個委員會,負責確定位於泰人邊界地帶的克倫邦大小與其地位,並確認丹那沙林是否可能建立一個克倫—孟邦。有位英國歷史學家將英國人的離去,說成一場「背叛、無能、恥辱」的故事,雖然他承認,由於反法西斯人民自由同盟迫不及待,一方面擔憂共產黨襲擊、一方面要求立即獨立,這也導致英國人其實沒什麼別的選項(Christie, 1996, 79)。英國人退出之後,克倫人最有力的一張王牌,是他們在新生的緬甸國民軍中占有中心角色,然而因一九四八年時,持分離主義的克倫民族聯盟(Karen National Union)及各方緬族武力的關係持續緊張,國民軍中的克倫士兵於是開始退出。一九四九年一月克倫叛亂爆發,這將成為緬甸各種麻煩問題之中,最棘手難治的一項。

結果,緬甸繼承了兩個世界最糟糕的部分。反英和抗日的革命不只破壞「舊制度」的威信及正統性,且以各式各樣的目標將躁動的人民武裝動員起來;然而,翁山卻遭到暗殺,一位與過往歷史成功告別、承繼超自然力量群眾魅力的人物就此離世。緬甸的政治結構雖屬於聯邦,但是參與反英活動的非緬族人數相當稀少,這讓克倫人及撣人擔憂,他們永遠無法在國家內獲得與緬人——無論是象徵或實質——平等之地位。名列「三十德欽」之一的尼溫曾經旅日,他自一九四九年開始領導軍隊,將軍隊重建為以緬人為主的體制,使軍方肅清克倫軍官且效忠於國家大一統的信念。

越南、印尼、緬甸革命時分帶來的狂喜之情,尤其感染年輕一代。「四處都有年輕人積極行動,他們大膽直言、無視禁忌、不顧個人安危、自信

滿滿。年輕人除了破除偶像（iconoclasm）與自恃逞能之外，還有一種追尋新秩序的渴望……對秩序的渴求加上年輕人的英雄氣概造成參軍入伍的潮流，在軍隊裡頭，創意才幹和勇氣自信要比社會出身、教育或財富更加重要。」（Marr, 2013, 2-3）自傲的歐洲人以科技優勢自居，日本人則以精神優越自詡，但這兩者似乎都被東南亞人的能力推翻了，這些事情東南亞人可以自己幹，無論做得有多麼即興克難。「一九四五年世代」經歷了這些事，他們永遠不會忘卻那種心情，也不願將它用來交換馬來西亞或菲律賓年輕人的平庸快樂，而馬來西亞或菲律賓年輕人卻反過來羨慕他們擁有「真正的」革命。長久下來，革命造成的徹底毀滅性，加上成者為王，勝利者有權決定學校教導單一觀點的英勇民族歷史，從而創造出定義最明確的民族精神共同體（national moral community）（事見第十八章）。

馬來亞／馬來西亞和新加坡這種非革命控制的案例，恢復了戰前的秩序，其獨立的樣貌則是在殖民者與各方勢力漸進協商中成形。除了有失敗的共產黨人作亂之外，整個獨立談判的過程，和平到缺乏英雄氣概的地步，這讓許多馬來西亞人感覺，自己的國格或民族氣節有種欠缺。此外，長期而言，情況不同的各州（婆羅洲的情況尤其特異）與中央之間，還有馬來人、華人、印度人、土生婆羅洲人之間的精心妥協，並不能產生一個單一國族的概念。蘇卡諾鍥而不捨地強調：「沒有加里曼丹『班薩』（意為種族或民族），沒有米南加保『班薩』，沒有爪哇、峇里島、龍目、蘇拉威西等等『班薩』，我們全部都是印度尼西亞『班薩』。」（Sukarno, 1949，引用自 Omar, 1993, 209）雖然華人、歐亞混血、巴布亞後裔等族群對此相當不滿，但蘇卡諾的堅持最後終於成功。馬哈迪（Dr Mahathir）在一九九一年推動的實驗與計畫，宗旨本是要邁向單一的「馬來西亞『班薩』」，但這個計畫顯然失敗了。如同法國的情況——與英國相比之下——革命的果實並沒有那麼自由、那麼平等、那麼博愛，革命成就的是統一的國族意識。

不過，在革命的帳本裡，借債的那方倒是拖欠得很久很久。經濟上，馬來西亞及新加坡是在一九四五年之後才與印尼分道揚鑣，邁向第一世界

成員或至少中等收入的地位；印尼則繼續深陷貧窮的泥沼，直到一九八〇年代才脫困，緬甸和和印度支那脫貧的時間又更晚。印尼和緬甸的基礎建設持續惡化的同時，新加坡和檳城則成為發達更甚以往的轉口貿易站，而印尼卻連國內的海洋交通控制權都喪失了。馬來西亞及新加坡繼續保有法治、有能力的官僚體制、對議會負責的穩定公民政府；反觀經歷過革命的國家，軍事統治、貪汙腐敗、獨裁專政是司空見慣的現象。更嚴重的是，革命時期養成的政治暴力惡習，無法輕易擺脫，對於經歷革命後的東南亞國家，這種政治暴力不只展現在對抗殖民者干預或冷戰干預的對外抗爭中，最嚴重的是內部的權力鬥爭，導致一九四五年至一九八〇年之間有數十萬人死傷。單一國家的革命口號不但沒有終結鬥爭，卻因為它暗示最終只會有一個滿意的結果，反而益加強化鬥爭的激烈程度。

第十七章

軍方、君主制與馬克思：
一九五〇至一九九八年的威權主義走向

　　對第一代東南亞革命民族主義者來說，要占據殖民國家的法律—官僚空間，比要魅力十足地抓住人民的心還要更困難。東南亞第一批具有象徵意義的領袖人物，在動盪年代當中光榮地促成國家獨立與國家自信，他們分別是翁山、胡志明、施亞努、蘇卡諾、鑾披汶、東姑·阿布都拉曼（Tunku Abdul Rahman），由於這些人幾乎可以和種族／民族解放畫上等號，他們因而得到不可思議的超自然光環——雖然他們的手下為達此目標不惜以大量殺戮流血為犧牲。這些人的後繼者毫無例外地加強鐵腕作風，而革命之後的東南亞政權因為強行規定單一定義的革命果實，尤其鐵腕高壓。一九六〇年代的東南亞轉向軍人政治，人們經常以日本軍國遺風來合理化，日本軍國的教訓是：民主本質脆弱、紛歧且不適用於亞洲，對抗外患威脅的統一團結才是最高目標。東南亞王室若有能捲土重來的，有時候會被視為瀕臨滅絕的身分認同的重振，有時候則被視為比軍人政治更溫和的方法，可以維護脆弱新興國家的正統性與號召力。冷戰結束之後，即便民主政治再度降臨，但泰國與汶萊的王室、越南和寮國的共產黨，仍為那些擔憂民主崛起的人們提供了出奇堅固而持久的壁壘。

短暫的民主春天

　　為一九四〇年代後期革命潮灌注能量的年輕理想分子，對於主權在民與民主政治毫無懷疑，認定這正是他們希望創立的新興民族國家追求的目標或預定的命運。單一政黨整合主義的法西斯思想，在稍早之前曾風行一時，但隨著日本與軸心國戰敗，這些思想也同樣遭到摒棄。即便是在新國家初建遭遇嚴重質疑的頭幾個月，在這種歡欣鼓舞卻同時危機四伏的存亡時刻，印尼共和國、越南、緬甸都舉辦過臨時選舉。大衛・馬爾（Marr, 2013, 52）指出，固然缺陷不少，但當年越盟的努力「是到目前為止，越南民主共和國／越南社會主義共和國（DRV/SRV）最公正的一場選舉。」

　　在經歷革命的緬甸和印尼，五花八門的武裝團體和百花齊放的目標——有宗教的、馬克思主義的、種族的，使得民主政治成為必需品，卻又讓民主政治無法運作。正如企圖處理問題的哈達所言：「對主張所有變革都必須由革命促成的人來說，國族革命激發或接受的那些要素，手段與目的無法分開，現實與理想不能二分。」（Hatta, 1954 IV, 171）人們認為，要將各種矛盾衝突的目標融入單一國家之內，民主是不二法門，也唯有這麼做才能建立選舉的力量。但是，要說服武裝團體靜待選舉結果出爐並且願意服從，實在是件很困難的事情。事實是，從離開的殖民者那裡接過行政權力的人，不願輕易將權力吐出來，交由選票決定。越盟絕不許任何對它革命領導地位的質疑或挑戰；甚至，更加多元且具議會水準的緬甸反法西斯人民自由同盟，也是靠著軍事力量精心安排票數，才得以在一九五六年選舉中大勝。

　　養成遇到國會重選便隨之改組政府慣例的國家，東南亞之中唯有印尼一個。印尼於一九五〇年協商出的憲法，繼續維持革命時期以來的現狀，讓總統（蘇卡諾及哈達）和擁有行政權、對國會負責的內閣分離。印尼總理與其內閣的更迭實在太過頻繁，在一九四五至一九四九年艱難的共和國時期，就有五任總理與十屆內閣，後續至一九五九年為止的國會民主政治期，又有九位總理與十屆內閣。蘇卡諾（爪哇—峇里島人）、哈達（米

南佳保人）始終都是國家的象徵乃至化身，直到哈達一九五六年絕望地辭職為止，因此，雖然有上述的內閣異動，整個國家似乎是在茁壯、而不是分裂。一九五五年印尼第一次（也是二十世紀的最後一次）全民普選，吸引了三千九百萬熱情人民前來投票，投票率高達百分之九十二。民族主義派的印尼民族黨（得票 22%），和伊斯蘭改革派的馬斯友美黨（21%）表現之佳如同預期，但是社會主義等黨派卻一敗塗地，同時，爪哇鄉村的票源讓兩個新出頭的派系，即烏理瑪覺醒會傳統主義穆斯林（18%）、印尼共產黨（16%），躋身而形成「四大巨頭」黨派的局面。人們曾經寄望，那次選舉能夠將國家獨立帶來的高昂但有內在衝突的各種期望化為現實；但事實發展卻似乎恰恰相反，這導致政治菁英對於非菁英屬性的烏理瑪覺醒會、印尼共產黨之崛起深感失望，受到總統縱容、日益囂張的印尼共產黨，與馬斯友美黨及軍方等反共勢力之間的兩極分化也愈來愈嚴重。

異議武裝團體迫不及待的想試試自身力量在選舉中表現如何。共產黨與克倫叛軍簡直快把緬甸反法西斯人民自由同盟組成的政府整垮，而他們也沒有參與一九五〇年、一九五六年、一九六〇年的大選。在印尼，一九四八年的共產黨災難事件過後，印尼共產黨人改採合法路線與議會政治途徑，但是那些仍堅信革命奮鬥目標實是伊斯蘭國家或鬆散聯邦的人，拒絕去除武裝並服從世俗性的中央當局。南摩鹿加共和國的安汶分離主義很快就於一九五〇年被血腥鎮壓，但相對來說，伊斯蘭叛軍則頑強許多，因為過去在荷蘭占領區的游擊活動已使那些武裝分子日益堅忍不拔。卡爾托蘇維約（S. M. Kartosuwirjo，1905-1962 年）於一九四八年在西爪哇建立「伊斯蘭之家」（Darul Islam, DI）游擊隊，後又於一九四九年宣布另立「印尼伊斯蘭國」（Negara Islam Indonesia）。一九五二年一月，深具群眾魅力的南蘇拉威西游擊隊領袖卡哈爾・穆札卡爾（Kahar Muzakar，1921-1965 年）加入印尼伊斯蘭國；至一九五三年時，此時已滿腹怨氣、一九四五至一九四九年間亞齊抗荷的代表人物多德・布魯厄（Mohammad Daud Beureu'eh，1899-1987 年）也加入其中。幸好，印尼沒有如緬甸那般漫長廣大的邊界地區滋養叛黨，議會政府以其日漸強大的軍隊，採取談

判與圍剿兼施的辦法，成功地將這些叛亂活動各個擊破。

透過殖民母國支持的選舉，馬來亞（1955 年）和新加坡（1955 年、1959 年）產生的領導人，承接了獨立帶來的群眾擁戴，吉打王子東姑・阿布都拉曼（1903-1990 年）領導馬來亞／馬來西亞直到一九七〇年，曾就讀劍橋大學（Cambridge）的李光耀（1923-2015 年）則領導新加坡直到一九九〇年。雖然這兩個國家都透過媒體控制、操弄選舉規則、招募敵手或以司法打擊對手的手段避免政府變動，但它們並沒有廢除議會選舉與常規選舉。一九五〇年代中期，泰國曾經短暫實驗民主政治、媒體自由，並且在一九五七年舉辦大選，但是，另一場軍事政變很快又將局面給扭轉。即便是紛紛擾擾的印度支那，一九五〇年代都是一段充滿民主樂觀精神的時間。公元一九五四年的日內瓦協議（Geneva agreements），特別指名兩個越南國家（共同）、柬埔寨、寮國要舉辦選舉，讓選舉結果來決定所有爭議的課題。南越拒絕舉辦共同選舉，但仍於一九五五年舉辦自身的議會選舉，但並沒有任何一個政黨脫穎而出。一九四六至一九四七年和一九五一年，寮國與柬埔寨曾在法國人監督下舉辦大選，追求盡速獨立的民族主義者透過這些選舉獲得支持，以中立立場面對越南共產主義的路線也得到強化。在寮國，曾於巴黎受教育、持中立立場的梭發那・富馬親王（Souvanna Phouma，1901-1984 年），已於一九五一年贏得大選，後又於一九五五年再度就任總理。在柬埔寨，施亞努王的地位愈見穩固（詳見下文），他將民族主義者、左派分子如日據時期總理山玉成等人，視為君主制的反對者並對其敵視。一九五〇年代初期，這些人大多選擇或被迫逃到越南或邊境地帶，施亞努王則利用地位使自己據有民主憲政本應擁有的位置。

一九五〇年代東南亞的民主實驗，只有菲律賓人做足了準備，與過去相較、或者從行動規模上衡量，他們算是做得有聲有色。菲律賓人努力保護這個前途不被看好、相當脆弱的新生國家，他們迅速贏得國際的支持及法律地位上的認可，並圍繞新定義的國族認同發展出徹頭徹尾的新興教育體制，甚至締造長足的經濟進步。然而，他們做出的承諾雖遠多於遭受唾

罵的殖民體制,可是他們在國家穩定和人身安全方面達到的成果,卻又遠不如殖民體制。對比革命過渡時期那種讓人心沸騰的領導風格,選舉結果已淪為乏味單調、墮落腐化、偏狹排外。只剩下共產黨似乎有能力說服廣大群眾投票支持一致的政治立場,而共產黨人的成功也使宗教界與經濟菁英驚惶不安。那些被選舉邊緣化的人們,再度大聲疾呼自由民主制度不適合本地風土民情的觀念,某些認為自己有資格統治的人物,則對這些怨氣不滿抱持歡迎態度並伺機而動。

承繼革命的槍桿子

對內紀律嚴謹、對外冷酷無情,追求將自身理念化為國家願景,力量又足以壓倒對手,這樣的勢力是革命最佳的繼承者。軍方跟共產黨並非一直都是競爭最激烈的雙方,但是冷戰的出現,竟使得其它擁有更多元、更豐富願景的角色難以生存。在此背景脈絡中,令人感到驚訝的是,共產黨人(越南、寮國、柬埔寨)或軍方是耗費多少時間才達到主宰的地位。民主政治存續了十年之久,這並不是因為民主是全球性的黃金標準,而是因為東南亞各國內部的高度多元性,無法用任何其它標準涵蓋。

不過,民主能夠存在十年的另一項因素,就是共產黨人或軍方本來都沒準備好要接管一整個國家。與中國共產黨的情況不同,東南亞的共產黨自一九二六年以來就遭到殖民者或日本人擊潰,他們再次組織起來的時間至多也只有短短數年。那些拿到槍枝軍火的人本身就極為分歧,他們大多只有二十來歲,毫無戰略或技術上的訓練可言。東南亞當中唯有泰國擁有長久的國軍傳統,此為承繼一九三二年革命成果而來,也就是威權獨裁的鑾披汶·頌堪元帥於一九三八年成為總理的那段時期。前一章已有提及,在一九四五年必然的反法西斯氣氛當中,鑾披汶遭到排擠,但是他後來又透過一九四七年十一月的一場軍事政變重回總理職位。介於中間的比里·帕儂榮得勢時期,是泰國史上最自由的一段時間,全然以選舉產生的立法機構終於建立,也通過了反對軍方介入政局的法律。比里甚至與保王黨人和解,邀請泰王拉

瑪八世阿南塔‧瑪希敦（Rama VIII，Ananda Mahidol，1935-1946 年在位）回國慶祝二十歲生日。然而，當泰王神祕地遭人殺害之後，保皇黨與軍方找到一個聯合支持政變的藉口，假造出比里必須為弒君案負責的謠言。

當時，東南亞之內唯一中央集權化且擁有足夠科技競爭力，足以成為國家政府骨幹的軍隊，就是泰國的軍隊。由此，泰國為後進者建立起一種模式，也就是在與共產主義衝突日益高漲的冷戰期間，讓軍事統治變得令人尊敬、甚至令人民渴望。美國政府雖不願認可一九四七年泰國政變後的鑾披汶地位，但仍於共產黨在中國大陸獲勝之後開始資助泰國，欲使其成為戰略上的亞洲盟友。一九五〇年韓戰爆發，結果鑾披汶的泰國政府竟是最先為美國提供軍事支持的亞洲國家，泰國也因此得到美國獎賞，獲得更多軍事援助。由此，膽子愈來愈大的泰國軍方，在一九五一年發動政變，拋棄了保王黨盟友並逕自接管政府。泰國軍方將泰國公共領域的自由派與左派分子擊潰，藉此與華盛頓當局建立牢固的關係。對鑾披汶來說，與美國結盟的目的其實不是要對抗實力微不足道的共產黨，而是追求在國家內部的合法性，強化自身對抗傳統敵手越南及緬甸的籌碼。可是，美方對泰國軍方的軍事贊助，還有美國中央情報局（CIA）對泰國警察的支持，使得這兩個對立的裙帶網絡更加茁壯，達到可能損害鑾披汶控制力的地步。於是，鑾披汶又推動另一波的自由化運動來回擊，並利用一九五七年一場有瑕疵的選舉確保自己的盟友可以獲勝。那時領導軍隊的沙立‧他那叻（Sarit Thannarat，1908-1963 年）元帥和他儂‧吉滴卡宗（Thanom Kittikachorn，1911-2004 年）將軍，轉向更加明目張膽的軍事獨裁，發動一九五七與一九五八年的兩次政變。沙立以泰國總理之姿統治全國，直到他過世為止，此後他儂續任總理，掌權持續到一九七三年的民主運動才告終。這些將軍接受的全是泰式訓練，他們理直氣壯地宣稱民主並不適合泰國，傾向支持一種想像的、古老王室治下的和諧秩序。美國參與印度支那戰事期間，泰國成為美軍轟炸行動、物資補給的重要基地，也是美軍的休憩和娛樂中心，此外，越南和寮國皆有泰國軍隊布署。軍方支持下的「發展」，被吹捧為排除共產主義之下唯一可行的成長型態。

冷戰期間的緬甸堅守中立政策，但這種立場也無法防止緬甸在一九六二年成為東南亞的第二個軍事獨裁政權。情況類似印尼，緬甸的武裝勢力國防軍「塔瑪都」（Tatmadaw）相信自己是抗日、抗英革命的繼承人，是國家存亡的救星。國防軍單位慣於透過合法與非法事業尋租（rent-seeking），而不願意被文官或民間人物金援幕後操控。至一九五六年，塔瑪都國防軍三大軍種已經擁有統一的指揮權，居於翁山和吳努的德欽夥伴尼溫將軍麾下。相比之下，自從翁山一九四七年遭到暗殺以後，文官政界持續陷在混亂狀態中，居於統治地位的反法西斯人民自由同盟則愈加失能腐敗，最終於一九五八年分裂。在尼溫的施壓之下，緬甸總理吳努同意將權力交給尼溫與塔瑪都軍方領導的臨時政府半年時間，以求處置當時的危機。尼溫將這段授權臨時政府的時間延展到一九六○年的大選，同時，他展現一種堅決淨化仰光、打擊共產黨、控制物價、剷除不良政客、替換撣族與克倫族傳統酋長的形象。

有翁山和吳努的光環加持，還有讓佛教成為國教的承諾，再加上軍方的強力後援，反法西斯人民自由同盟的吳努派系輕易贏得一九六○年的緬甸大選。然而吳努的最後一任政府，卻比以往更加混亂無能，他將大部分的心力放在如何推行一個以佛教為國教的緬甸，但此舉其實可能導致國家分裂。以中央領導革命為目標的塔瑪都國防軍，尤其對於吳努企圖接納撣族索巴感到不滿；撣族索巴提出威脅，緬甸政府若不願改採聯邦主義，他們就要脫離統一的緬甸。尼溫掌權的第一階段，正是要將撣族索巴掃除。一九六二年三月二日，尼溫發動軍事政變，逮捕內閣成員並解散國會。國防軍宣布議會制民主並不合適國家，並提出「通往社會主義的緬甸之道」，也就是單一國家政黨、重要經濟部門全數國有化、土地國有化，號稱這條道路比馬列主義更能夠代表緬甸整體社會、而非僅僅代表工人與農民。起初尼溫政權大力扭轉吳努的佛教、媒體、少數族群關係等政策，隨後進一步全盤壟斷媒體、打壓一切反對聲音。尼溫極力宣稱自身代表革命正統，然而，一九六二年五月時，軍隊卻進入仰光大學鎮壓政治活動，後續混亂中有百多位學生遭到殺害，做為一九三○年代民族主義運動聖地

的學生會建築被炸毀，至此，尼溫的革命之子光環已然淪喪。塔瑪都國防軍建立東南亞最持久、最頑固的軍事獨裁，自一九六二年起以「革命委員會」（Revolutionary Council）為名，自一九七一年起逐步改以國家政黨「緬甸社會主義計畫黨」（Burma Socialist Program Party, BSPP）之名，一九八八年經歷短暫民主實驗後又以「國家法律暨秩序恢復委員會」（State Law and Order Restoration Council, SLORC）為名。緬甸的這幾任政府以中立態度面對冷戰，急遽降低外國的影響、訓練和協助，並且鞏固他們與中國之間漫長而危險的邊界，小心避免與北京當局滋生嫌隙。

與緬甸的情形相近，印尼武裝部隊（ABRI）也延續了革命時期的習慣，干涉國家的政治與經濟領域，但他們並沒有搞孤立主義的意圖或機會。一九五〇年時，印尼武裝部隊缺乏可與緬甸尼溫相提並論的政治領袖人物；曾經受過日式訓練的蘇迪曼將軍本是可能的人選，但他卻在當年過世。雅加達政府將組織有紀律的現代軍隊的任務交給受過荷蘭訓練的年輕上校納蘇蒂安和西馬杜邦；然而一九五二年十月，印尼軍方為避免政界干涉軍務，竟企圖廢除國會不果，納蘇蒂安和西馬杜邦因此事件而淪為犧牲品。後來，一系列的危機使得軍方又日益支持納蘇蒂安，他於是在一九五五年後期再度登上檯面，擔任印尼武裝部隊的參謀長。指揮爪哇以外富庶地區的軍方上校厭惡軍事中央化、經濟中央化帶來的壓力，因為這會危及他們與新加坡、馬來亞、菲律賓之間遊走法律邊緣的「非正式」貿易，對他們的軍隊生計造成威脅，而雅加達政府竟沒有駕馭這些指揮官的能力。此外，經過一九五五年選舉之後，上校也不信任以爪哇為基地、勢力坐大的印尼共產黨，且對蘇卡諾容納共產黨人進入政府的主張深感質疑。印尼副總統哈達是蘇門答臘人、是一個反共的務實人士，哈達於一九五六年十二月辭職卸任，兩極化對立的情況由此惡化，將心懷異議的上校推往公然造反之路。

面對此等區域威脅，再加上民族主義者與共產主義者催促沒收荷蘭資產的壓力，印尼政府於一九五七年宣布進入緊急狀況，使各地軍方的力量得以擴張且合法化。印尼武裝部隊迅速接管荷蘭種植園與荷蘭企業，

並且透過軍事力量防止印尼共產黨分一杯羹。軍方獲得的荷蘭資產，讓他們能夠有條件獨立於文官政府之外，緊急狀況的持續實施是軍方重大利益所在，因為這可以用來合理化軍隊的特權地位。有些持有異議的上校，決定與馬斯友美黨、社會黨政治人物合作，在一九五八年宣布建立另一政府，此即「印尼革命政府」（Revolutionary Government of Indonesia, PRRI），蘇卡諾和納蘇蒂安則立即下令動用爪哇軍隊，將蘇門答臘和北蘇拉威西的叛軍擊潰。對叛軍的菁英軍官和政治人物的處置頗為溫和，他們至多只被解職或流放，並沒有遭到處決，但是雙方共有三萬五千人死在戰鬥中。印尼軍方拓展它在政治與經濟事務上的角色，尤其是在如今由爪哇軍隊占領的前叛軍所在地，也就是蘇門答臘與蘇拉威西的省分。軍隊中央化程度的增加，隨時可以對內動武，同時軍方的爪哇成分也有所提升，一九七〇年時的頂級軍官約有八成是爪哇人，來自蘇門答臘和蘇拉威西的軍官或者去職、或者地位邊緣化。

從一九五七年宣布戒嚴到一九五九年重新實施威權性的《一九四五年憲法》，透過期間爆發的危機，印尼軍方力量在中央及地方皆穩步提升。蘇卡諾的權勢也隨著各波危機而愈來愈壯大，他宣揚革命的團結並批判議會民主制度的分裂。印尼制憲議會否決了蘇卡諾重新實施一九四五年緊急憲法的議案，蘇卡諾隨後解散制憲議會，憑藉自己的權威實施該憲法，讓內閣只對他一人負責。蘇卡諾之所以要攻訐議會體制，旨在號召武裝部隊以及共產黨人。「國家權力的工具，必須全然擺脫自由主義，如今它們已身處《一九四五年憲法》的旗幟之下。現在，它們必須再度成為革命的利器。」（Sukarno, 1959，引用自 Feith and Castles, 1970, 107）印尼武裝部隊在蘇卡諾推行的「指導式民主」（Guided Democracy）體制之中占有中心地位，此情反映於內閣成員竟有三分之一來自軍方，其中納蘇蒂安擔任國防部長，另外有許多州長也是由軍界人物任職。

透過延續國家緊急狀態，軍方力量得以繼續凌駕憲法，並且以積極逼迫荷蘭將西新幾內亞交與印尼的行動，來合理化緊急狀態的延長。後來西新幾內亞歸屬印尼，並且重新命名為西伊里安（West Irian）、伊里安查

亞（Irian Jaya）與西巴布亞（West Papua）。這番作為使得印尼與荷蘭的關係全數斷絕，最終還演變為軍事滲透行動。在美國的鼓勵之下，荷蘭考量自身利益並在一九六二年決定，與其對抗印尼的施壓、不如放棄巴布亞，且同意在聯合國的監督之下轉交權力給印尼。印尼軍方、蘇卡諾和印尼共產黨，都大大獲益於這番作為，而且他們又找到另一個維持緊急狀態政府的理由，也就是「對抗」一九六三年馬來西亞的組成（見下文）。

可是，英國政府和馬來西亞政府，不太可能像荷蘭人那樣讓步。國際輿論普遍譴責印尼的「打垮馬來西亞」政策，此情導致蘇卡諾於一九六五年一月讓印尼退出聯合國，並且愈來愈向中華人民共和國靠攏。打垮馬來西亞運動最囂張的擁護者便是印尼共產黨，印共動員群眾示威以支持蘇卡諾、抵抗馬來西亞和英國人（圖片 17-1）。為了這場鬥爭，印共幫助「志願者」進行武裝與訓練，不受軍方的控制。直率的國防部長納蘇蒂安，和身段比較柔軟、接替納蘇蒂安成為印尼武裝部隊參謀長的爪哇將軍艾哈邁德·雅尼（Achmad Yani），兩人雖然是競爭對手，但再度一致將印尼共產黨視為主要敵人，並暗中與美國和馬來西亞保持聯繫。兩極化現象再次盛行於印尼鄉間，共產黨動員無土地的農民，力求落實印尼國會已答應要進行的土地改革，乃至於自行占據富有農人、地主的土地；以烏理瑪覺醒會為主的穆斯林青年，則紛紛動員起來對抗印共的作為，一九六五年於是成為流血衝突此起彼落的一年。

公元一九六五年，印尼經濟崩潰，革命口號甚囂塵上，而八月四日蘇卡諾突然患病，之後政變的謠言四起，在這樣的氣氛之下，九月三十日晚間確實爆發了一場反抗陸軍軍方領導權的政變。艾哈邁德·雅尼和五位參謀被抓並隨後遭處死，納蘇蒂安翻過鄰居圍牆才驚險避禍。卡諾宮殿衛隊軍官翁東（Untung）中校領導的革命委員會，是這場政變的主事者。根據翁東最初的宣言，政變目標似乎是要獲取空軍、海軍、警方還有不滿的低階軍人的支持，以對抗「痴迷權力，忽視軍隊福祉，讓部隊受苦自己卻過著奢華生活」以及與美國中情局串通的「將軍大會」（Council of Generals）。顯然，翁東是一位蘇卡諾派分子，他或許認定蘇卡諾想找辦

圖片 17-1：一九六三年雅加達的反馬來西亞示威運動，抗議者們將英國大使的車推出使館區，並且站到車頂上。

法解決掉那些「不忠的」將軍們。這場政變背後似乎有空軍指揮官奧馬爾達尼（Omar Dhani）、印共領袖狄帕‧艾地暗中支持，政變者在哈林機場（Halim airport）集結起來的時候，兩人當時都在場，隔天兩人還發布聲明，針對政變表達整體上的支持，但又表示自身沒有涉入其中。甚至連蘇卡諾本人都曾經前往哈林機場，顯然他認為這場行動是要保護他的，然而蘇卡諾卻避免公開表示支持政變，當那些計算失誤的謀殺與軍方恢復實力的消息出現之後，蘇卡諾的做法看來實為不智。

　　令人訝異的是，翁東政變鎖定的目標居然漏掉蘇哈托（Suharto，1921-2008 年）少將，蘇哈托是陸軍戰略司令部（KOSTRAD）的司令

官，基地位在雅加達，蘇哈托經常為雅尼辦事。為什麼政變主事者會以為蘇哈托是忠誠的蘇卡諾派且不反對總統的左傾路線呢？理由有以下數個：一九四八年時，蘇迪曼將軍派遣蘇哈托去與涉入茉莉芬叛亂事件的共產黨人協調（而非對抗）；蘇哈托對納蘇蒂安銜恨在心，因為後者曾於一九五九年拔除前者在中爪哇的指揮權，所持理由是蘇哈托有用不法手段募得資金之嫌；蘇哈托在中爪哇的時候曾經提拔翁東，後來又指揮「解放」新幾內亞行動，甚至曾參加翁東的婚禮；蘇哈托與政變關鍵謀事者拉蒂夫（Latief）上校關係密切，政變當天下午，拉蒂夫還曾經到醫院探訪蘇哈托之子（拉蒂夫從來沒有因為他參與政變而遭受審判，因為這有拖累蘇哈托的危險）；蘇哈托是個保守的爪哇人，不曾有公開張揚的言論。不過，政變人士若期望蘇哈托是站在他們這邊，他們可真是錯得厲害。蘇哈托很快就在十月一日採取行動，調動陸軍戰略司令部並自政變團體處奪回無線電台和中央獨立廣場（Merdeka square），到下午的時候，蘇哈托便透過廣播宣布自己取得陸軍指揮權，有了陸軍再加上海軍、空軍的力量，軍方決定殲滅「九月三十日運動」並保證蘇卡諾不受其事牽連。

隔天，蘇哈托的軍隊奪得政變派於哈林機場的大本營，也找到那些被謀害的將軍們的遺體。在總統號稱要「恢復秩序」的合法掩護之下，蘇哈托隨即發兵摧毀印尼共產黨。陸軍特工鼓勵厭惡印共最力的青年穆斯林和天主教團體，組成反對政變的「行動陣線」（Action Front）。反共人士得知軍方站在他們這邊的消息之後，隨即發動示威抗爭，雅加達的印共總部於十月八日被燒毀，其他地區也出現類似情形。雖然蘇卡諾持續呼籲進行政治協商，但軍方仍然在搜捕共產黨領袖且就地處決，狄帕‧艾地和內閣成員尼約托在十一月遭到殺害。包含翁東在內，只有幾位印共領袖苟活，之所以如此是為了讓這些人接受後續的公開軍事審判。沒有印尼共產黨作為擁護群眾的代表，光憑蘇卡諾一人的群眾魅力，並不足以與軍方抗衡。蘇卡諾立即設法保護印共，同時維繫一個效忠於他的內閣，雖然如此，一九六六年三月十一日時，民間反對總統的聲浪已達到前所未有的程度，軍方部隊於此日趁內閣會議期間包圍宮殿，蘇卡諾終於投降。蘇卡諾

簽署一封信件，指示蘇哈托「採取一切必須手段保證政府與革命的安全、安定、安穩」。

至此，蘇哈托得以運用總統權威的保護傘，下令禁止（勢力已經被摧毀的）共產黨，逮捕內閣的左派或蘇卡諾派分子，並且重新安排軍方職位以鞏固反共立場。蘇哈托小心翼翼地避免任何對蘇卡諾的直接批判，直到隔年才取代後者而擔任「代理總統」，抵制諸多以他參與一九六五年政變為由的強烈彈劾聲浪。這真是一場步步為營、精心掩飾的軍事政變。

這場軍事政變遠遠不僅於此，它還是一場終結了具有內在緊張性的革命夢想的流血大屠殺，並由此建立起一個冷酷鐵腕的國家。不只是印共成員遭到追殺，連印共支持者的家族都受到株連。這場屠殺起始於十月的亞齊，亞齊的印共一直是當地強烈反對雅加達世俗主義、中央集權政策的代表。在印尼共產黨勢力最強盛的中爪哇地區，極力反共的穆斯林薩爾沃‧埃迪（Sarwo Edhie）上校迅速訓練出反共穆斯林武裝團體，追捕並殺害印共成員。這套模式在東爪哇地區如法炮製，烏理瑪覺醒會的安梭爾（Ansor）青年團體殺戮印共最多。在峇里島，即便此地沒有穆斯林的因素，但由於印尼共產黨挑戰村莊階層秩序而引發極大緊張，支持民族主義的年輕人因此覺得自己有資格殲滅敵人，數千人因此被殺。反對印尼軍方最廣為人知且日後強制執行的解釋，就是印尼共產黨必須為九月三十日政變負責；可是，最佳的反證在於，當時的印共對於武裝鬥爭完全缺乏準備。印尼共產黨與軍事政變者之間的關係，只有透過一個疑似雙面諜的人物夏姆（Sjam）進行，而且罕有印共領袖知悉此事，即便是那少數幾位領袖人物，也對翁東等人沒有控制力。無論如何，印度尼西亞政界的整個左翼勢力，原本看似情勢大好、扶搖直上，至此刻卻被粉碎殆盡。確切死亡人數不得而知，各省皆有受害者，但一般認為有五十萬人喪生，這當中有一半以上的人死於東爪哇，死亡人數與總人口比例最高的地區也許是峇里島。許多人遭到監禁、審訊、刑求，即便是被釋放之後，他們依然不得進入政府機關工作、也沒有投票權。大約有一萬兩千人遭到流放，被遣送到摩鹿加未開發的布魯島（Buru Island）上，直到一九七九年流放地（penal colony）關閉為止。

蘇哈托繼續掌權到公元一九九八年，他的控制愈來愈轉為法律與官僚手段，恐怖的氣氛有所減少。蘇哈托政權扭轉經濟，讓國家經濟能夠以前所未有的速度發展；並創造出從前蘇卡諾夢想的「一加」（one plus）政黨體制，由一個優越的政府政黨「戈爾卡黨／專業集團黨」（Golkar）穩穩占據國會多數，且恢復自一九四二年以後遭到破壞的官僚體制。印尼很快就與馬來西亞、新加坡和解，並且重新加入聯合國，成為各國際組織的可靠成員。在國內，印尼政府實施了單一、中央化的教育體制與課程大綱，將革命的成果定義成為單一的統一國家，其國界正好與前荷屬東印度契合。與蘇卡諾的指導式民主相仿之處在於，蘇哈托依然譴責自由主義式的議會民主制度與聯邦主義；蘇卡諾僅能讓那些競爭的思想處在不穩定的平衡狀態，但蘇哈托卻有能力確保那些思想不得流傳。以上變革相伴而來的是個人生命與自由方面的慘痛犧牲，但這些變革卻能塑造出一個團結統一的民族國家。

越南、柬埔寨、寮國從來就不是民主政治的典範，它們是槍桿子出政權的軍事政變、軍事統治時代的重要角色。楊文明（Duong Van Minh）將軍於一九六三年十一月發動政變，奪得越南南部的政權，這場政變至少有得到美國人的縱容與庇蔭。堅持不屈的吳廷琰（Ngo Dinh Diem，1901-1963 年）總統遭到殺害，導致這場政變自始便聲名狼藉，後來的軍事政府除了武力和美援之外毫無維繫政權的資產，軍政府的更迭此起彼落，直到一九七五年落入共產黨的越南民主共和國為止。柬埔寨的軍隊指揮官龍諾（Lon Nol），抱怨施亞努王的中立政策太過縱容北越軍隊於柬埔寨東部的活動，於是他趁著施亞努王人在巴黎時成功奪取政權。龍諾以總統之姿統治柬埔寨，直到五年以後共產黨軍隊奪得國家為止。寮國皇家陸軍相比於它的敵人「巴特寮」（Pathet Lao），前者更加輕視一九六〇年代富馬親王的文官政府。寮國各地的軍事指揮官，變成實際上的土皇帝，一方面控制包含毒品交易在內的地方經濟，另一方面逕自接受美國的軍事援助。

公元一九六〇年代東南亞的軍事統治現象為什麼這麼普遍呢？這個問題的膚淺答案是冷戰：此時正值共產黨的成功巔峰，而美國想要找尋可靠的反共盟友。可是，上述各國案例顯示，在這股政治動力之中，美國的角色是邊緣性的，美國人通常只限於默許，也就是默認倘使軍方取得政權也不會撤回美援。根本上，是革命歷程喚醒了人們對於國家主權的激情，而這種熱情與現存的政治群體實在難以相容。要滿足這種國家奮鬥的目標，所需要的是不可以小於帝國主義獨斷決定的地理空間，而唯有武力——甚至連武力都沒有辦法——才能控制住那個空間之內被激起的各種要求。當時某些重要的政治學者甚至更進一步主張，在那種新興國家的環境條件下，只有軍方擁有組織結構、精神權威為後盾的「強力領導權」，能夠擔任有效建構國家與進行現代化的角色（Pauker, 1959, 343；亦見 Johnson, 1962）。然而在整體上，軍方在政府中的紀錄卻是劣跡斑斑，遠比文官政府更糟糕，只有印尼的軍政府案例可以勉強算是功大於過。

菲律賓獨裁風格

即便是議會民主體制最健全的東南亞國家，在一九七〇年代都曾經有它威權統治的時期。自一八七〇年代以來，菲律賓社會便擁有受教育的中產階級，一八九〇年代的菲律賓有自我定義的革命時刻，一九二〇年代開始又有新聞自由與美式民主選舉制度；這樣子的菲律賓，在各大富有家族的競爭傳統之下，當權者經常得換人做做看。菲律賓憲法規定總統只能做兩任，但是在一九六五年費迪南德·馬可仕（Ferdinand Marcos，1917-1989 年）當上總統之前，從沒有人能夠做上兩任。馬可仕與選美冠軍的妻子伊美黛（Imelda），在民間造成無人可及的偶像崇拜熱潮，他宣稱要繞過國會，改革老舊的菁英家族政治，並借款推動重大公共建設與擴張軍隊。冷戰時期對軍事獨裁者的縱容，是馬可仕得以崛起的因素之一，一九六六年時他在爭議之中，堅持派遣菲律賓軍事工程師到越南協助美軍作戰，由此贏得華盛頓當局的認可。恰巧的是，一九六九年馬可仕花費鉅

資競選成功之後，隨即便有共產黨威脅出現，也就是受毛澤東啟發而重組的菲律賓共產黨。一九七二年，以穆斯林為主的菲律賓南部，則爆發摩洛民族解放陣線（Moro National Liberation Front）的叛亂。

在這種激烈的氣氛之中，馬可仕於一九七二年順理成章地宣布戒嚴。馬可仕宣稱，如今正是需要超越「吾人熟悉而平庸的歷史」之契機，於是他雷厲風行地執行專制，監禁反對人士如議員貝尼格諾・「尼諾」・艾奎諾（Benigno "Ninoy" Aquino，1932-1983 年）、沒收許多舊菁英的資產、凍結國會，還安插軍人、專家與親信擔任重要官職。馬可仕甚至說服憲法會議制定新憲法，讓他能夠在一九七三年總統任滿後繼續掌權。一九七二至一九七六年間，馬可仕將軍方的預算與人員編制增加三倍，並且進行指揮結構的中央集權化，確保軍隊會站在他這邊。美國給予菲律賓的軍事援助非常慷慨，有許多菲律賓知識分子因而開始覺得，共產黨人之所以指控政府與「新殖民」的美國結盟一事，的確有其道理，此事也確實是個隱患。

馬可仕的「新社會」（New Society）在言論、選舉、法律壓迫以及忽視司法的殺戮方面，模仿了蘇哈托的「新秩序」（New Order）；但是，馬可仕的成績卻無法像印尼那樣，達到每年百分之七的經濟成長率。實際上，菲律賓在進入戒嚴時期後，便開始它二十世紀後期經濟低迷且停滯的模式。馬可仕攻擊寡頭統治階級，由此贏得大眾的支持，但隨著他不斷增加的債務負擔，以及讓他自己的家人和親信暴富的貪汙腐敗（於一九八〇年代逐漸揭露），這些醜聞的曝光使得群眾的擁戴大為耗損。在羅馬教皇首次訪問亞洲天主教國家前夕，菲律賓解除戒嚴，然而一九七八年國會選舉、一九八一年總統選舉卻又遭到馬可仕操控，反對黨對此加以抵制。患病的馬可仕貌似將權力逐漸轉交他亮眼華麗的妻子伊美黛以及軍方心腹，此時，作為馬可仕最大政敵兼批評者的尼諾・艾奎諾，竟然在一九八三年結束在美流亡歸國時，於馬尼拉機場的公開場合遭人暗殺。這起駭人聽聞的糟糕事件，讓菲律賓人乃至於全世界群起反對馬可仕。馬可仕企圖壓抑抗議熱潮，於一九八六年二月提前舉行選舉，為人謙遜的艾奎諾遺孀柯拉

蓉・「柯莉」（Corazon "Cory"，1933-2009年）在此次選舉中領導著反對勢力。一如往常，官方宣布選舉結果是馬可仕勝利，但是怒火中燒的馬尼拉人民、天主教教會、菲律賓警察部隊指揮官菲德爾・羅慕斯（Fidel Ramos）全都相信這是馬可仕搞鬼的結果，他們堅持馬可仕必須下台。兩個星期之後，「人民力量」（People Power）迫使馬可仕夫婦流亡夏威夷，柯拉蓉・艾奎諾則入主馬拉坎南宮（Malacañang Palace），成為東南亞第一位女性國家元首暨政府首長。柯拉蓉於這場重大起義運動當中的關鍵盟友羅慕斯，後來在一九九二年繼柯拉蓉之後上台。兩人在執政期間重建民主式憲法、減少政府貪汙、增進公民自由、恢復經濟成長；這兩人也使得菲律賓政局回到以往的常態，政界大家族迅速回復先前緊握立法權的型態。

重塑「被保護的」君主制

我們在第十一章曾經談到，最接近現代化國家的東南亞王政體制——緬甸、越南、亞齊和峇里島羅闍——也是十九世紀歐洲帝國擴張過程中最難處置的對象，而它們終究遭到殘酷的征服。在過去，馬來、泰人、高棉等王室習慣向外國企業家徵稅，他們也會視情勢向更強大的貿易夥伴遣使進貢以表恭順，這幾處王政轉變為殖民統治的歷程比較溫和、也比較沒有破壞。這些王室在法律—官僚層面上的弱點，居然正好是他們的力量所在。至一九四五年時，這些王室依然緊抱著岌岌可危的王座而處境堪憂，一方面是因為他們先前曾與日本人合作，另一方面則是馬克思主義者疾呼「封建主義」必須消滅的壓力。馬來世界、泰國、柬埔寨倖存下來的王室，其實是二十世紀中葉危機之中的一件驚奇。這件事情很高程度源自於保守主義者的要求，以樹立能在未來抵擋大眾主義和馬克思主義危險之壁壘；然而此事應當有更高程度只是因為，欲將多種族、國際化的帝國空間轉變為單一民族國家，實在是個龐大無比的艱鉅挑戰。在缺乏政治社群的狀況下，擁有群眾號召力是一項非常珍貴的資產。

日本占領東南亞（見本書第十六章）對於羅闍與其反對者來說，都是一枚震撼彈。原則上，日本人無暇處置分裂或限定的國家主權，他們所宣揚的是明治維新口號「版籍奉還」（hanseki hokan）——所有版圖歸屬於唯一主權；實際上，日本人自然會跟親日的有力人士合作，其中當然包含許多東南亞羅闍。然而一九四二年與一九四五年兩度突然而劇烈的政權變動，鼓舞了所有反對現狀的人，由此，人們的競爭與衝突化作生死攸關的抉擇。日本人在東蘇門答臘的冷吉，面臨當地終結王政的呼聲。東南亞王室家族本身常因繼承爭議而四分五裂，日本人的到來提供了一個換掉當權者的機會，但日本人的離去可能又會造成局勢扭轉與更多的苦難。在寮國，有位王侯已準備好接納窮途末路的法國維琪政權，但他的敵手卻決定接納直接統治不滿一年的日本人，這等局勢導致後續的王家宮廷政治形象每況愈下。在馬來亞的雪蘭莪，日本人撤換原本的蘇丹而讓他的兄弟即位，但一九四五年時英國人卻反過來將這位新蘇丹逮捕並流放。日本軍官對於東南亞國王的名義與地位甚為輕蔑，而且迫使王室和厭惡王室的民族主義政治家一同搞政治宣傳，甚至要求王室公開示範如何為日本「志願效勞」，此情導致各地王室的號召力都一落千丈。其中僅有少數受過西方教育的年輕統治者，著名者如柬埔寨的諾羅敦・施亞努王、日惹的蘇丹哈孟古布沃諾九世（Sultan Hamengkubuwono IX，1922-1988 年），才有能力適應日本人期望的公眾形象，這對於他們日後面對民族主義試煉一事也頗有助益。

　　公元一九四五年日本突然投降在東南亞造成更多危機，尤其是那些殖民政權難以重建的地區。有幾位統治者很快就出面，公開急切表示復辟舊政權的渴望，但他們卻太遲於尋求民族主義者的庇護。在蘇門答臘東部，一個由馬克思主義者、民族主義者、種族敵手所組成的激進聯盟，藉著主權在民的「社會革命」之名，於一九四六年三月進攻昔日富有馬來羅闍的宮殿，期間殺害數百位貴族並捉捕倖存者。對比之下，日惹的哈孟古布沃諾九世則是精明地邀請共和國政府遷都到日惹，遠離受荷蘭人控制的雅加達，由此，哈孟古布沃諾九世與民族主義者建立堅實的聯盟。相反地，

在梭羅，哈孟古布沃諾九世長年以來的王室競爭者，卻成為一眾激進分子敵視的共同目標，於一九四六年七月的另一場「社會革命」之中受害。印尼共和國對於殘餘王室採取堅決反對的立場，其中唯一的例外便是日惹。印尼共和國從荷蘭人那裡接收全印尼群島及其眾多統治者，並於一九五〇年代在沒有訴諸嚴重暴力的情況下解除了後者的權力。最有權勢的統治者位在蘇拉威西與其他東部島嶼，他們移交權力的方式是搖身變為共和國第一批地方官「布帕提」（bupati）。情況如同印度支那，印度尼西亞各地充斥著將「封建主義」視為殖民主義同夥的言論，象徵著那個已經消逝的惡劣時代。

一九四五年八月回到東南亞半島的英國人，懷抱著一項新計畫，要將他們已占有超過一百六十年之久、由各殖民地與受保護蘇丹國組成的大雜燴，變成一個潛在的國家單位「馬來亞聯邦」（Malayan Union）[13]，當地所有種族一律擁有平等的公民權益，不過新加坡則會另外分開成為中、英商業樞紐與軍事基地。這個新穎的「馬來亞」認同若要達成，蘇丹們就必須放棄他們名義上的主權，而由於蘇丹曾經與日本敵人合作，這項昔日通敵的弱點遂使此事辦起來容易許多。哈羅德・麥克米歇爾爵士（Sir Harold MacMichael）扭轉了大戰之前英國人與馬來菁英的合作情況，以表彰華人在戰爭時期的犧牲。砂拉越地區也有類似強制性的主權讓渡，布魯克家族統治者被迫將主權割讓給英國王室，此舉釀成日益暴力的反割讓運動，當中最嚴重的事件便是第二任殖民總督在一九四九年遭到謀殺。馬來亞的情況也是一樣，至今都保持沉默的馬來人口，面對馬來主權的喪失逐漸燃起憤怒的情緒，但他們的情緒主要是在反對華人也被視為平等公民，因為後者人數眾多且精力十足。

九個馬來州之中受過良好教育的貴族，在史無前例的一系列國家等級會議中紛紛動員起來，最終於一九四六年組成「馬來民族統一機構／巫來由人統一組織」（United Malays National Organization, UMNO）。馬來

13　譯注：有別於馬來聯邦（Federated Malay States）、馬來亞聯合邦（Federation of Malaya）。

民族統一機構（簡稱「巫統」）致力反對馬來亞聯邦，亟欲恢復戰前的馬來主權與特權，雖然如此，巫統的出現就已經表示事情全部都變得不一樣了。巫統成員起而面對蘇丹，迫使蘇丹們杯葛四月馬來亞聯邦首任總督的任職典禮，這也是從來沒發生過的事；巫統將其保護與效忠的對象從蘇丹轉變為種族，也就是「巫來由班薩」（bangsa Melayu）——馬來種族或民族之意。這麼做的用意顯然是在反對多民族的公民權，以及反對最終的「馬來亞班薩」（bangsa Malayan），巫統領導者抨擊馬來亞班薩一詞表裡不一，是唯有非馬來人才會支持的英國發明。由此，東南亞最持久的種族民族主義誕生了，其維護者則是東南亞最持久的執政黨——即馬來民族統一機構。

　　英國人覺得他們必須讓步，因為反對馬來亞聯邦的馬來人顯然非常團結，然而馬來亞聯邦的潛在支持者卻相當分裂，後者包括實力強大但日漸仇英的共產黨人、受到「大印度尼西亞」思想吸引而反對自立門戶的馬來人、華人民族主義者、印度民族主義者，還有反對檳城與新加坡分離、受過英式教育的「海峽華人」（Straits Chinese）。如今，馬來民族統一機構與統治者訴求的是一個專屬「馬來人」的聯邦，非馬來人可以獲得容忍、但不能擁有政治權利。於是，英國人與馬來人進行協商以求達成新結論，馬來人代表堅持要保持「馬來」為唯一有效的國格與國族，他們「強烈反對被稱為『馬來亞人』。」（Report of Constitutional Working Committee, 1946，引用自 Omar, 1993, 107）西元公元一九四八年成立的那個新國家，英文名字雖然是馬來亞聯合邦，但馬來文名稱其實是「巫來由人領土聯邦」（Persekutuan Tanah Melayu）。這個新國家將名義上的主權歸還給九位蘇丹，但如今這幾位立憲君主必須接受聯邦與國家的立法。

　　對於一個想要存活下去的獨立國家而言，這種作法可不是好的解決方法，在此過程中，英國人被迫與馬來亞共產黨叛亂分子互鬥。英國人依靠馬來民族統一機構領袖兼柔佛首長拿督翁嘉化（Dato Onn bin Jaafa，1895-1962 年），想要達成華人與印度人領袖也能同意的共識，並使翁嘉化成為獨立馬來亞的領導人。翁嘉化最終同意給予非馬來人聯邦公民

權，企圖將巫統變成一個能夠兼融並蓄各種族的政黨，但他卻遭到黨內同志的反對。一九五一年，翁嘉化離開巫統，另外組成多種族的馬來亞獨立黨（Independence of Malaya Party），雖然有英國人的加持，該黨卻在一九五五年首次大選中慘敗。獨立建國過渡時期的領導權，反而是落入由三個排外的民族政黨共同組成的聯盟黨（Alliance Party）手中，那三個黨派分別是巫統、馬來亞華人公會（Malayan Chinese Association）、馬來亞印度國大黨（Malayan Indian Congress）。

公元一九五七年八月，馬來亞聯合邦為獨立所協商出來的憲法，是個獨一無二的混和體。蘇丹的主權在馬來種族民族主義中占有中心地位，因此，聯合邦憲法規定必須「保證各州蘇丹的主權」。然而，由於多數事務屬於聯合邦憲法的管轄，蘇丹所擁有的只是土地，地方政府、伊斯蘭教必須遵循地方首長意見，地方首長則是對國會負責。馬來亞聯合邦的國家元首是由九位蘇丹投票選出其中的一位擔任，任期五年，頭銜為「最高元首」（Yang di Pertuan Agung），意思是「被推舉為君主的人物」，就像是森美蘭長久以來「九州」的君主推舉制度那般。

馬來亞聯合邦的英文名稱和馬來文名稱彼此牴觸，這件事情最後終於用學術界新詞「馬來西亞」（Malaysia）化解，「馬來西亞」一詞可以涵蓋包括砂拉越、沙巴（Sabah，舊稱北婆羅洲）在內的廣大聯合邦。由於親共人士在新加坡透過選舉獲得權力而造成威脅，馬來西亞於是在一九六二至一九六三年間急就章地建立。李光耀原先是靠華人左派分子得權，英國人雖然將有力的左翼華人監禁起來，然而李光耀卻獲得英國人的協助，企圖將馬來西亞的概念推廣為唯一可行的獨立道路。砂拉越和沙巴之所以願意加入，是因為該地重要族群領袖獲得木材合約的分配、兩地在馬來西亞國會中的代表人數不成比例地高、兩地可以控制自身的移民，還有英語可定為官方語言至少十年的保證。如同檳城與馬六甲，砂拉越和沙巴的首長是由馬來西亞最高元首任命，當地對州首長人選沒有置喙的權利。原先的馬來亞憲法雖然因此修改，但只不過是增添納入這些新州的國會法案而已，馬來式聯邦主義的獨特特徵依然保留。李光耀積極宣揚一個

眾人擁有平等權利的「馬來西亞人的馬來西亞」（Malaysian Malaysia），但是很快就激起馬來民族主義的反制，導致一九六五年八月九日新加坡遭馬來西亞驅逐，新加坡因此立刻於同日宣布獨立。

婆羅洲領地內有許多人逐漸感覺到，他們太急於和已有建制的馬來亞合併，這使得他們會陷入永遠難以自行現代化的不利處境。許多英國官員和受印尼影響的穆斯林政治人物開始青睞另一項計畫，也就是讓兩塊殖民地與受英國保護的汶萊蘇丹國，一同先行成立保有各自憲政的聯邦，然後再基於與馬來亞平等的基礎，協商合併的事宜。但是這個主張並沒有獲得阿扎哈里（A. M. Azahari，1928-2002 年）的支持，而在汶萊蘇丹奧瑪·阿里·賽義夫丁（Omar Ali Saifuddin，1914-1986 年，1950-1967 年在位）眼中看來更不值一提。此前，阿扎哈里曾被日本人派去爪哇接受訓練，他於一九五二年時回到汶萊，三年之後創建汶萊人民黨（Brunei People's Party, PRB），這是英屬婆羅洲的第一個政黨。汶萊人民黨在汶萊與倫敦進行活動，爭取君主立憲與完整的民選立法機構，同時攻訐英國人、稍後也攻擊馬來亞人的傲慢，由此廣受歡迎。等到英國人與迄今法理上擁有專制權力的蘇丹，終於同意制憲並建立部分民選的立法機構後，阿扎哈里的汶萊人民黨在一九六二年九月當選全數十六個席位。

快速將三塊婆羅洲領地併入馬來西亞的舉動，遭到阿扎哈里的抨擊，他稱之為維護英國勢力的新殖民主義陰謀；同時，汶萊蘇丹擔心自身與其他非馬來人主導、保護王室傾向較低的他州結合，實在太過匆促。此時，汶萊人民黨的力量已經不容忽視，沒想到一九六二年的一場叛亂，卻導致它搬石頭砸自己的腳。那場亂事爆發於砂拉越，且獲得共產黨中的印尼人及華人的支持，當時的汶萊並沒有軍隊，叛軍於是成功占領一大半警局，還抓住幾十個歐洲人，起事者也許是希望藉由武力與外交政策之結合，可以像阿扎哈里仿效的印尼範例那樣，一舉消滅殖民勢力。然而，英國卻從新加坡、砂拉越與附近的納閩島（Labuan）調動充裕的軍力，在三天之內便奪回控制權。汶萊蘇丹發表廣播聲明，對此事件進行了譴責。此刻，阿扎哈里本人安然無恙地待在馬尼拉，最後又逃到雅加達避難，至於阿扎

哈里的眾多支持者，則轉為青睞馬來西亞。

　　本次叛亂增加了根據安全理由接受馬來西亞的說服力，然而因為民選代表都逃走或被抓走，汶萊蘇丹竟然成為汶萊唯一的主事者。汶萊蘇丹頑固地抵制加入馬來西亞的壓力，並且急切地想要確保石油稅收，因為石油收入使得他統治的汶萊，從最貧困的馬來國家搖身一變成為最富有的地方。此外，或許蘇丹還想要抵制馬來西亞的民主選舉制度。蘇丹偏好處在英國保護之下的現狀，而因為汶萊如今實力大增，英國也於一九五九年時同意讓它自治，但由於憲政層面的問題，這場討論卻以失敗告終。實際上，汶萊的賽義夫丁蘇丹已經等同於政府，他既頑固又幹練地抵制英國人要求恢復憲政道路的施壓，他於一九六七年遜位後，支持兒子包奇亞蘇丹（Sultan Bolkiah）繼任，但同時繼續下指導棋，導致包奇亞對於為印尼、馬來西亞同情者開路的選舉制度抱持懷疑態度。遭受馬來西亞排擠的困窘新加坡，居然成為汶萊的重要支持者，新加坡贊成汶萊抵抗背後有馬來西亞撐腰的民主化運動，並為汶萊提供基礎建設和貨幣制。面對汶萊作為石油、天然氣輸出者所具有的價值，英國的民主決心其實有所退卻，而且到一九七〇年代的時候，國際社會的敵對氣氛也比較減輕。英國人急於擺脫殖民時代的糾葛，由此容許、實際上甚至是堅持一九八四年汶萊的獨立，獨立後的汶萊成為東南亞最小、也是最富有的國家，同時也是唯一的專制君主國。

　　捍衛者將馬來君主制度讚譽為「馬來性」（Malayness）不可或缺的菁華，馬來王政似乎也完整經歷過光譜上的各種可能性。汶萊對自身特殊性的自豪，在於它是一個全然以宮廷為中心的政體，石油收入源源不絕使得汶萊臣民生活舒適，還可以引進馬來西亞華人和菲律賓人來做工。汶萊的意識型態是「馬來、伊斯蘭、君王」（Melayu, Islam, Beraja），本為仿效泰國模式而來。對比之下，印尼在一九四〇與一九五〇年代的革命時期，各王政已消滅殆盡，即便日惹蘇丹哈孟古布沃諾九世是個例外，蘇丹本人也已宣示他的王國會隨著他的去世而一起消逝。不過，他的話語居然沒有成真，因為蘇哈托執政之下的環境氣氛已然大大不同，蘇丹先是

擔任蘇哈托首任經濟部長，稍後還於一九七三到一九七八年擔任副總統，強化了蘇哈托的正統性。即便在那個日益民主化的時代裡，哈孟古布沃諾九世的繼承人依然當上非民選的日惹統治者。在全東南亞群島區內，統治者們的後嗣先是善用蘇哈托的階級威權主義，後來又利用一九九八年以來權力下放地方之趨勢，捲土重來成為政治暨文化領袖。

經歷獨立與民主時代，馬來西亞統治者們的特權雖貌似不合時宜、卻又繼續存在著。唯有到一九八一至二〇〇三年，懷抱強烈使命感的馬哈迪擔任馬來西亞首相，矢志要削弱這些特權，他於一九八三年推動修憲，規定任何聯合邦議會或國會通過的法案，統治者們都必須署名同意；一九九三年時再度修憲，取消了他們的司法豁免權等等優待。馬哈迪對媒體的掌控，使他得以在適當時機揭露大量王室醜聞，逼迫羞恥的王室屈從聽話。可是，由於馬來民族主義的正統性，有很高程度來自於歷史上馬來政權與「被保護」的君主特權之概念，所以，蘇丹們經常有所反彈。馬來西亞反對黨領袖卡巴星（Karpal Singh）於二〇一四年因為質疑霹靂州蘇丹，在未經前任反對黨的不信任投票，就爭議性地任命一位巫統的首長，而被判煽動罪。菲律賓（發生較早）、印尼、越南的革命神化了國族、民族英雄與象徵，使其成為新形式的正當性且具有群眾號召力；但其它東南亞國家卻發現，如果沒有君主的話，情勢實在很難處理。

印度支那諸王的晚暮

雖然印度支那諸王在歷史上的統治疆域，更符合民族主義期望中的國界，但他們最終的結局更加悲慘。在日本人支持之下，保大帝（1913-1997年）於一九四五年終於得償夙願，也就是統一了東京、安南、交趾支那三塊法屬領地，成立名義上獨立的越南王國。到一九四五年九月，胡志明願意承認保大擁有象徵性的力量，將他納為越盟政府的「顧問」。隔年，保大逃難到香港，並且漸漸成為反共民族主義者的希望所在，而共產主義者則是有計畫地醜化他。一九四九年四月，法國人提出類似從前日本人

給的條件，引誘保大返國，讓他擔任名義上獨立、統一越南的國家元首。保大的政府取得許多不容易的權力讓渡，但是戰後有太多法國官員關心自己的面子與尊嚴，不願令保大成為勝利的主要象徵，從而獲得足夠的領袖魅力與胡志明一爭長短。一九五四年日內瓦協議之後，保大繼續擔任南越國家元首僅僅一年時間，他那位嚴厲的總理吳廷琰就不願自己的權力遭分割，於是操控一場公民投票，讓自己當上了總統。昔日強盛的阮氏王朝，末代子嗣最終竟然是隱沒在摩納哥過著閒散的生活。

寮人諸「勐」於十九世紀經歷被瓜分為暹羅領土和法國領土的命運，其中唯有龍坡邦擁有連續不間斷的歷史。受到法國保護的龍坡邦統治者，是體弱多病的西薩旺馮王（Sisavong Vong，1885 年生，1904-1959 年在位），他跟保大遇到的情況類似，先在一九四五年四月被日本人召喚、隔年又被法國人召喚，成為代表新民族國家的國王。不過，西薩旺馮堅決支持法國，對於寮人在日本投降之後追求獨立的追求毫無興趣。受過法式教育的民族主義者，大多來自龍坡邦第二大家族，也就是「烏帕里」（uparit）或總督的家族。烏帕里家族裡十分強勢的佩差拉親王（Prince Phetsarath，1890-1959 年），在法屬時期便是寮人領袖，後來擔任日據時期的總理，又為民族主義運動「自由寮國」（Lao Issarak）的領導者；佩差拉於一九四五年九月宣布寮國要繼續維持獨立地位，因法國人保護本國不力，所有與法國簽訂的條約一概失效。西薩旺馮王否決上述作為並企圖解除佩差拉職務，但佩差拉親王卻反過來召集議會推翻國王。理論上代表同盟國的中國國民黨軍隊，與親越盟的都市越南人口之間維持著微妙的軍事平衡，這種情況居然使寮國脆弱的獨立地位得以維持到一九四六年四月。之後，法國人重新占領城市地區，佩差拉與自由寮國政府全員於是逃到泰國，在那邊組織起溫和的反抗勢力。

西薩旺馮再次成為全體寮人的國王，代表法蘭西聯盟中的一個「自治國」，但是由於他之後繼續住在龍坡邦，西薩旺馮從來沒有成為國族統一的有力象徵。國際壓力再加上與越南的衝突，迫使法國人得讓寮國的獨立比較有實質意義。公元一九四九年，自由寮國的領袖回到國內，參與法國

將大半權力移轉給皇家政府的歷程。經過大選之後，一個全然獨立的寮國政府在一九五三年確立了。此後，美國成為寮國最重要的支持者，讓寮國成為全球最大的美援對象，同時，寮國卻也淪為全球最大的美軍轟炸對象，因為美國人要摧毀寮國東部的越盟基地與補給線。寮國的兩大關鍵政治人物，是受過較多法式教育、龍坡邦烏帕里家族的兩位親王，第一位是佩差拉的弟弟，也就是熱愛法國的富馬親王（1901-1984 年），他娶了一位法國妻子，採舉包容的中立立場；第二位則是佩差拉同母異父的兄弟蘇發努馮親王（Souphanouvong，1909-1995 年），蘇發努馮的妻子是越南人，他是自由寮國與越盟之間的聯絡人，也接受後者提供的軍事援助。富馬親王長時間擔任寮國總理，但他只有在短期內曾與寮國低地的「寮龍」（Lao Lum）大家族結成聯盟，這些大家族間的競爭對抗是政治發展的重大障礙。蘇發努馮親王自一九五〇年開始，就主導受越盟影響、不斷製造動亂的「自由寮國陣線」（Free Lao Front），自由寮國陣線所組成的革命政府是以共產黨人為大宗，此革命政府稱為「巴特寮」（Pathet Lao），意涵為「寮人之土」。巴特寮不得不仰賴高地區的少數族群，因為他們的總人數超過低地的寮龍，於是，巴特寮史無前例地接納少數民族加入該組織。高地少數民族的支持，再加上嚴格的列寧主義組織與大量北越援助，讓巴特寮在冷戰悲慘的兩極化情勢中，得以於一九七五年獲得勝利。一九五九年繼承父親王位的西薩旺・瓦達納王（Sisavang Vatthana），以及富馬親王兩人繼續待在寮國國內，在和解與和平的短暫期望中，為共產黨政府提供合法性的外衣。半年過後，巴特寮組織一個更加符合共產主義正統的政府，說服國王遜位。一九七六年三月，西薩旺・瓦達納與其家人被送到接近越南邊境、惡名昭彰的「再教育營」，他們在幾年之後死去，詳情至今晦澀不明。

諾羅敦・施亞努王（1922-2012 年）居然能倖存下來，這簡直就是個奇蹟。效忠王室的柬埔寨，是現代化東南亞「國家劇場」的集大成者，雖然舞台背景不斷更換，但國王始終是這劇場上的明星，舞台上國王的支持者形象可親可愛、國王的批評者則是邪惡奸細。其他的東南亞王室，乃至

於耀眼奪目的獨裁者如蘇哈托、馬可仕，都應該會羨慕柬埔寨國王居然能辦到不受憲法所控制、操控選舉、將豐富而有等級的宮廷文化變成國家精隨，同時又能在冷戰危險中保護自己的國家。施亞努王將王室引入政局中而建立的模式，在他漫長的政治生涯讓高棉人吃盡苦頭的模式，這番苦難即便在二〇一二年他過世後依然持續。施亞努王強調古代高棉種族的特殊性，並宣稱自己擁有能代表高棉「小民」的品德，拒絕所有理性的批判或反對的意見。

　　一九四〇年代，寮國也有與柬埔寨雷同的人物角色。當時，日本人轄下名義獨立的寮國，有著保王立場的國王與民族主義立場的總理，後來兩人又搶著在法國人治下重獲權力。相對於年邁的龍坡邦王，柬埔寨施亞努王處在更中心的角色，至於民族主義立場的山玉成，不但沒好好把握一九五二至一九五三年法國人撤退造成的真空，反而是離開首都從事反法的亂事。結果，一九五三法國人移交剩餘權力——尤其是軍務與外交事務方面——的時候，接收者便是身為國王的施亞努。施亞努王不僅自居為擺脫殖民主義的解放者，甚至做出反殖民的蛋糕並且大快朵頤；他支持萬隆會議的不結盟運動，與中國和北越結為朋友，卻同時繼續讓法國人補助軍事訓練與學校教員，也接受美國慷慨豐厚的援助。當此高潮時刻，施亞努創立了化為國家運動的「人民社會同盟／桑功」（Sangkhum Reastr Niyum），將之化作掃除傳統政治競爭者的國家運動席捲傳統競爭的政局。施亞努辭去國王之位，以領導人民社會同盟，然後發動他以暴戾聞名的支持者，使一九五五年的選舉倒向人民社會同盟這邊。此舉癱瘓了議會體制，讓桑功成員占據國民會議絕大多數席位。雖然此時的施亞努只以親王自居，但他卻在一九六三年時宣布自己成為終身國家元首。

　　越戰期間，施亞努企圖維持平衡的政策，最終無法撐過越盟的進攻和印度支那的兩極化情況。受到越盟支持的游擊反抗軍吸引了別無選擇的民族主義者，但高棉共產黨人才是反抗勢力當中唯一有影響大局能力的組織。施亞努推行國有化，且於一九六三年拒絕美援，結果卻把經濟給搞壞了，拒絕美援一事尤其使軍方感到憤慨。在一九六五年施亞努政府雖然與

中共和北越結盟，並允許越盟在柬埔寨東北部建立基地，可是他的政府仍然遭受共產黨人的破壞。柬埔寨西部亂事蔓延，施亞努鼓勵軍隊採取嚴厲手段鎮壓，結果釀成一九六七年內戰爆發。到後來，連施亞努最信任的支持者、軍隊指揮官龍諾都改弦易轍，國會於是決定撤除施亞努的國家元首頭銜。當時施亞努身在中國，對於國內此等侵犯感到恐懼，他於是接受周恩來的提議，實際上加入內戰的共產黨陣營，以求推翻篡位者。如今柬埔寨國內的軍隊得打一場差距懸殊的仗，試圖將越盟逐出柬埔寨，同時，軍方由於挫敗而尋求報復，竟然容許首都周遭的高棉平民屠殺越盟成員。此時即便有美國人為龍諾撐腰，柬埔寨軍方政權的崩潰已勢如崩石。一九七三年時，施亞努居然願意隻身前往共產黨地盤，跟他畢生的死敵合照，此舉可能改善了高棉共產黨領導人是沙文主義邪惡暴徒的形象。一九七五年，美國勢力崩解，高棉共產黨獲得普遍勝利，柬埔寨從此被拋入慘之又慘的哀運之中。

施亞努晚年過得很痛苦，儘管在一九七五至一九七八年間，他已淪為恐怖紅色高棉（Khmer Rouge）政府實際上的囚徒，儘管後來，已無實權的施亞努成為中國與北韓的訪客，且於一九九三年被親越南的洪森（Hun Sen）政府再度封為國王。二〇〇四年，施亞努在老病交加、權力喪盡的狀況下再度遜位，引退至平壤與北京。不過，此時柬埔寨依然是個王國，施亞努眾多子嗣當中的一位繼承了王位，而掌握專制權力者顯然是洪森政權。

再造泰國法王

二十世紀中葉危機以來泰國君主制度的再造，最終是東南亞境內最為徹底的；弔詭的是，泰國保王派起初是困在近乎絕望的危境中，必須小心翼翼地增進自身的技巧。自一九三二年政變之後，泰王就處在缺乏實權的流亡狀態，爭奪政權的主要是反對王室、受法式教育的兩大強人，也就是鑾披汶元帥和社會主義知識分子比里。泰王阿南塔與蒲美蓬‧阿杜德

（Bhumibol Adulyadej）這對年輕兄弟在一九四六年回到曼谷，結果阿南塔居然遭人發現死在皇宮內，被自己的手槍一發斃命。無論這起事件是自殺、是意外、抑或是王室鬥爭，它引起的災難很有可能會將泰國王政逼上絕路。但是，泰王阿南塔的死因自初就被隱瞞，後來發展則有利於保王黨人，保王派的領袖是影響力頗大的達尼・尼亞特親王（Prince Dhani Nivat），他醞釀出一套離奇的謠傳，內容指稱比里本人涉入謀殺泰王一事。這個手段鞏固了保王派與鑾披汶元帥的結盟，鑾披汶於一九四七年政變中再次奪權，並且以一九四九年憲法恢復一九三二年時剝奪的諸多皇家特權。蒲美蓬於一九二八年出生在美國麻薩諸塞州劍橋市（Cambridge, Massachusets），一九四六年泰王死亡時，時年十八歲的蒲美蓬似乎心神崩潰且隨即返回瑞士，要到一九五一年的時候，他才正式於曼谷加冕為泰王，即拉瑪九世（Rama IX，1946-2016年在位）。

　　鑾披汶只有在需要時才會善用保王派，並且限制年輕的泰王只能於首都執行儀式責任。鑾披汶使泰國王室不再擔任佛教僧伽的贊助者，並將頂級僧伽的職位歸還給「大宗派」（Mahanikai），也就是一九三二年以來革命黨支持的派別，而不再將這類職位授予曾於一九四四年反對鑾披汶時期得勢且支持王室的「法宗派／法相應派」（Thammayut）僧人。鑾披汶一九五七年舉辦佛教誕生兩千五百年紀念大典，但他是以國家、而非王室活動的性質興辦，鑾披汶以此典禮作為與緬甸共和國和解的象徵，並邀請虔誠的緬甸總理吳努前來，與自己共同主持阿瑜陀耶的盛大典禮。據說，削減泰王角色的做法激怒王室，蒲美蓬因此抵制這項重大活動。幾個月之後，從前被視為粗魯貪腐花花公子的沙立・他那叻將軍，在王室的認可之下發動反抗鑾披汶的政變。開啟了新的威權主義階段，它固然不合憲政體制，但卻因為恢復皇家榮譽與王室中心地位而合理化。一九三二年革命的象徵，隨著革命主要捍衛者遭到流放而被掃除，泰國國慶日改訂為泰王生日，佛教僧伽的掌控權再度歸於法宗派。在緊張的冷戰背景裡，美國歡迎泰國君主再度崛起，因為相對於腐敗的泰國軍事獨裁者，泰王是比較令人能夠接受的形象，另外，美國也支持蒲美蓬遊歷鄉間、贊助鄉村發展

計畫。

　　後續十年光景，泰國獨裁政權加上曼谷粗陋的美國化，讓泰國社會陷入兩極化情況並且激起左派祕密活動，但也提高了國王作為「泰國性」（Thainess）、禮儀和臣民之象徵的知名度。一九七三年，因反對軍方將領而爆發要求制憲的大規模學生抗議運動，軍隊卻向群眾開火，殺死七十七人，就在此刻，泰王蒲美蓬以民族救世主之姿現身。泰王要求將該事件的重要將領流亡，並且任命文官出身的總理制訂出一部憲法。此後的三年雖然十分混亂，但也相當刺激。隨著美國放棄在印度支那的戰爭，並削減對泰國軍方的支持，泰國各學校人士紛紛呼籲要重新界定國家。情勢變得愈來愈緊張，一九七六年十月六日，右翼準軍事組織以及與美國中情局、泰國王室有關的邊境巡邏警察（Border Patrol Police），包圍法政大學（Thammasat University）的學生據點，他們殘殺學生的行徑日後成為國家歷史記憶深深的汙點。泰王支持軍方接管政權，並且安排他最寵愛的冷戰反共鬥士——他寧・蓋威遷（Thanin Kraivichien）法官擔任總理。學生的激進主義似乎導致蒲美蓬認定，不可信任大眾民主會是王政的捍衛者。泰王身邊的新一代顧問，通通都是保守分子，他們相信一個由國王居於頂端、由軍隊作為守衛者的道德階級秩序，才可以讓國家獲致和諧。

　　這些深受泰王倚重的顧問之中，最重要的人物當屬為人相對清白且敏銳的炳・廷素拉暖（Prem Tinsulanond，1920-2019 年）將軍，他接連擔任過陸軍指揮官（1978 年）和泰國總理（1980 年），一九八八年走下政治檯面後又成為泰王的樞密院（Privy Council）顯要，一九九八年則當上樞密院院長。廷素拉暖與王室的合作，締造出一部「安全」的憲法，及成員以任命方式構成的參議院，而君王的角色在此又得到擴展。泰王支持鄉村發展，目標為削減共產主義的吸引力，他也是一系列國家劇場慶典與皇家紀念儀式的明星，還是純潔仁德的佛教「法王」（dhammaraja）。隨著舉辦定期選舉與經濟突飛猛進，泰國局勢回復穩定，農工業蓬勃發展的各省區中心也恢復安穩。廷素拉暖以後的泰國政府，更加仰賴曼谷地區以外日益強大的商業利益，並將軍方逐出若干有利可圖的領域，變成政府

利益來源，此作法釀成一九九二年二月的另一波軍事政變，而此番政變又激起一九九二年五月親民主的民間反制行動，泰王此際再度介入，要求軍方與民間領袖停止訴諸暴力，本次挫折似乎表示軍方在泰國政局中的主導地位終於下降。軍方對泰國內閣與政界的控制力崩解，軍隊預算所占比例減少，從一九八五年的百分之二十二，下降至二〇〇六年的百分之六，而且，隨著緬甸和越南成為泰國的商業機會所在而不再是敵人，泰國軍隊存在的理由變得更加薄弱。

事實證明，一九九〇年代泰國權力轉移的贏家，是電信大亨億萬富翁戴克辛・欽納瓦（Thaksin Shinawatra，又譯丘達新，1949-）；戴克辛的政黨執實行真實有益於鄉村廣大人民的政策，但也機巧地利用媒體、金錢政治，並於二〇〇三年發動受人民歡迎但超出法律界限的反毒品作戰，因此分別在二〇〇一年、二〇〇五年、二〇〇七年、二〇一一年以史無前例的優勢贏得選舉。面對這股新型的民粹主義、集權於非軍方勢力的做法，反對者除了泰王的魅力之外已別無依靠。廷素拉暖將軍與其軍方擁護者，憂慮戴克辛企圖控制軍方職位任命權的做法；年邁的泰王也對於戴克辛受歡迎的程度與極端強硬的作風感到憂心忡忡。二〇〇六年，另一場由王室支持的軍事政變，也不足以打擊選舉大獲全勝的戴克辛；當時，戴克辛的反對者穿著黃色（王室用色）的衣服上街鬧事，要求政府採取新的方向以維持階級秩序不受選舉結果的衝擊。「欺君罪」（lèse majesté）的相關法律擴大執行，用意是要避免任何人討論獲得泰王支持的軍事政變當中，泰王的角色為何。一九七六年時這套法律已變得更加嚴厲而傾向右派立場，導致泰國君主制度高度政治化而危險性大增。雖然泰王本人在二〇〇五年表示，他並沒有不准人民批評國王的意思，但是二〇〇六年政變之後的恐怖氛圍中，欺君罪案件數量還是增加了十倍，尤其用於逼迫批評人士噤聲。公元二〇一四年六月，此時軍事政變早不再是全球風尚，但泰國卻於此刻經歷一場極為嚴酷的政變。這一次，軍方似乎站穩根基，而且獲得曼谷中產階級的支持，保證要永遠消滅選舉多數決顛覆軍方主宰力的可能性。泰國君主制曾經是一股穩定與溫和的力量，但是，二十一世紀的泰國

卻走向顛簸乖舛的死胡同，而君主制度居然是其中的關鍵因素。

　　無論如何，王室依然是泰國社會與泰國政治的重要因子，類似於汶萊、馬來西亞、柬埔寨的狀況，雖然作法上有所不同，君主制訴求的領域是超越憲政、超越民主的領袖魅力領域。泰國王室代表的不只是與消逝歷史的連結，而且是少數統治者的權力象徵，這正是一九四〇年代「主權在民」立場要強力打倒的目標。革命的記憶、全球化、教育、冷戰終結之後的民主化，再加上君王在民主政治中地位不明，都導致君主制遠比從前還脆弱。即便是想要找到正當理由拒絕多數決政治的菁英人士，當中也有一些穆斯林發現，全球化的經典基本教義要比君主制度更有說服力（見本書第十九章）。

共產威權主義

　　全東南亞之中，越南民主春天的成果最無可觀之處。雖然一九三〇年代以來的西貢，擁有健全的多元政治形態，但越南北部從來就沒有這類傳統。打從一開始，共產主義單位祕密判決並處置「敵人」的習慣，便暗暗地妨礙司法自主性與政治之取捨。由於共產黨人屈居少數，再加上他們同時需要國內與國外的盟友，以求達成國家獨立和統一的總體目標，這些因素曾導致某種程度對多樣性的容忍。唯有到一九四九年時，因中共在中國取得勝利而西方人支持保大政府，胡志明才開始明顯倒向蘇聯集團。一九五〇年一月，胡志明旅行至北京和莫斯科，得知史達林同意讓中國成為亞洲革命的領導者，他於是開始協商能使中共幫助越南民主共和國擊敗法國人的條件。此事必須付出的代價包括，接受共產黨絕對主宰政府與軍隊的中共路線，及推動暴力的土地改革政策以打垮地主階級。一九四五年宣告解散的印度支那共產黨，正式於一九五一年重建為越南工人黨（Viet Nam Workers' Party），並且於一九五三年發動反地主的恐怖土改行動。關於一九五三至一九五六年間遭到處決的人數，光譜對立之雙方對此頗有爭議，估計人數從八千至五十萬不等，不過這已經足以驚嚇有錢、有條件

的農民於一九五四年時逃向南方。一九五六年有一段短暫的開放時期，越南工人黨承認土地改革期間犯下「重大錯誤」，這場「左翼偏誤」（leftist deviation）的主事者長征（Truong Chinh）遭到公開的譴責。在赫魯雪夫（Khrushchev）批判史達林之後，河內的知識分子仿效毛澤東的「百花齊放」運動，得以出版兩種批評期刊並發行數期，訴求藝術表達的自由，這兩種期刊分別是《文選》（Literary Selections）及《人文》（Humanities）。然而到一九五六年末，這些出版物全部遭禁，強硬派馬列主義者發起批鬥運動，至一九五八年年初，上述批評者全部都遭受羞辱且被迫懺悔。如同前殖民時代為君王粉飾與提供正統性的儒家學者，此時知識分子的角色只能是對國家絕對效忠。

公元一九七五年，共產黨在西貢、金邊、永珍取得勝利之際，三國都出現多元的思想潮流，盼望戰爭的終結與美國人的介入，並且期許能夠進行重建，進入富有誠信的新時代。結果，這些人的期望竟淪為一場最殘酷的騙局。一旦北越的軍隊與黨征服南方，親共產黨而反抗南越政權的南方人就被棄如敝屣。「第三勢力」（Third force）的中立主義者、知識分子與藝術家（再度）遭到監禁，他們的著作也被禁絕。谷底翻身的長征，取得黨內第二號人物的地位，他發動了一套要消弭南、北方差異的計畫，並且指導統一國家新憲法的制定，他宣布：「越南共產黨……擁有馬列主義的盔甲，它是國家與社會的唯一領導力量。」（1979 Constitution，引用自 Jamieson, 1993, 361）兩千萬南越人民中，有超過一百萬人被送到再教育營進行勞動改造，後續二十年之間，大約有兩百萬人乘著小船逃離越南。

巴特寮仰賴越南共產黨之鼻息，它不只倚靠越共指導，還模仿越共再教育營的作法，將舊菁英一萬多人關了十至十五年之久。渡過湄公河前往泰國是比較容易的逃亡辦法，巴特寮殘酷統治的前五年之內，大約有十分之一的寮人，包含寮國多數知識分子，都採取這個方法逃離本國。雖然寮國和越南的共產黨人，都是循著中共消滅「階級敵人」的路子，但寮國與越南並沒有經歷毛澤東主義極端的政治整肅，或者大量犧牲自身農民的性

命。不過，對比於毛澤東，高棉共產黨領導人波布（Pol Pot，1925-1998年）的冷血殘酷卻尤有甚者。

　　一九七五至一九七八年間的柬埔寨政權，是印度支那最弱的共產黨產物，匯集了越共保護者與柬埔寨非高棉貴族菁英的種族仇恨。此時柬埔寨政權原始的毛主義階級戰爭，本是要將城市一掃而空，因為它缺乏控制城市的能力，乾脆一不做二不休，將有特權與財產的人消滅，甚至是將有技能、受教育、有事業的人們一併殲滅。數百年來，僧侶為柬埔寨社會提供主要凝聚力，然而於此時竟有六萬五千名柬埔寨僧侶或遭到殺害、或被強迫還俗、或遭流放、或被迫離開寺院以求活命。在這短短的時間內，大約有十萬柬埔寨菁英遭到蓄意殺害，甚至有好幾十萬的柬埔寨人──大約占全國八百萬人口的五分之一至四分之一──因為暴行、饑饉、疾病、拋棄而死去；另外柬埔寨還有四分之一的人口，淪為逃離國家的難民。這實在是亞洲的共產主義烏托邦實驗之中，最嚴重的一場浩劫。

　　人民主權造成的美麗新世界（brave new world），其實無法實現它所承諾的社會平等。正如漢娜・鄂蘭（Hannah Arendt, 1968, 78）所言，欲掃除傳統對於人們條件不平等的正當化理由，其結果卻是在尋求新秩序基礎的歷程中，釀成二十世紀最殘酷的階級與人民衝突。一九四〇年代的東南亞突然之間擁抱這個層面的現代性，由此開啟一段狂暴的時期，期間能夠好好抓緊槍桿子的人──無論是共產黨人或是反共的軍方──成為了勝利者。雖然君主制度顯然反對平等，但在君主制倖存下來的地區，最糟糕的暴力行徑居然得以延緩（如柬埔寨）或甚至是避免。

　　冷戰的結束，導致軍方統治或共產政權的國際支持與外國靠山也宣告結束，同時，冷戰之終結讓君主制度相形之下更加不合時宜。意識型態之間的差距減少，成為單調無聊的各國共識。民主選舉造成的政府更替絕對平淡無奇，而這件事情也逐漸被東南亞人接受，首先是菲律賓，一九九八年之後是印尼，稍後則是麻煩的泰國。甚至連冥頑不靈的獨裁緬甸軍政府，都在二〇一〇年時有所改變，最終使民主派的對手占得選舉勝場。東南亞其它地區自革命以來的掌權勢力，並無意放鬆權力的韁繩，可是隨著

社會變得富裕、受教育的機會增加，政權競爭者的人數也隨之大增，要求在地方層級、乃至於全國層級上有發聲的機會。自一九四五年起緊繃的政治張力，正在慢慢地緩解當中。

第十八章

商業大崛起：
一九六五年以降

終於到來的經濟成長

　　李光耀將新加坡經濟成功的方式簡化為兩項重點，這是經濟顧問阿爾伯特·魏森梅斯（Albert Winsemius）在一九六一年給他的意見：「第一，消滅阻礙經濟進步的共產黨人；第二，不要撤除史丹佛·萊佛士的塑像。」（Lee, 2000, 66-7）上述這席話，可以說是一九四五年革命熱潮期間蘇丹·夏赫里爾（Sjahrir, 1968, 31）明智格言的粗糙版本：「只要我們所生活的這個世界，依然是被資本所宰制，我們就必須確定自己沒有淪為資本主義的仇敵。」然而一九四〇年代東南亞多數的革命領袖所相信的，與前述卻恰恰相反，他們認為東南亞的貧困源自於外國資本的邪惡控制，欲解放初成立的新興國家，就必須將戰略槓桿（strategic lever）國有化、否認外債、並且進行國家主導的工業化計畫。實際上，前面所談到的兩類方法，東南亞獨立國家的早期政府根本就無法付諸實行，因為他們飽受內憂外患，深受國內衝突、外國干預、經濟租金、資本外逃的打擊。雖然馬來亞和菲律賓是自戰爭摧殘中恢復最快並回復戰前結構的地區，但在它們的革命鄰國眼中都是「新殖民」之屬。整個一九六〇年代，許多共產黨的紀律嚴明，還有中共在動員人民工業化、終結貧困的「成就」，使得社會主義中央計

畫與自給自足一事，對於東南亞等地造成極大的吸引力。蘇卡諾和施亞努王似乎是信了。

然而，一九六五年幾個月之間發生的事，讓阿爾伯特・魏森梅斯的觀點變得更有分量。新加坡將廣受歡迎的左派領袖囚禁，稍後又與馬來西亞分離，印尼則是開始凶暴地對付共產黨人，上述情況使得這兩個差異很大的國家，變成由堅決反共人士所領導，他們擁有足夠理智的務實精神，知道自身存亡攸關經濟成長之需求。受益於對付左派分子的鐵腕手段，新加坡和印尼的領導者掌握極大權力，足以決定國內資源的分配情況，並保持薪資的低廉與競爭力。

李光耀雖然是以反殖民的訴求贏得大選，但他愈來愈堅信，在一片敵意環境當中，新加坡的出路在於「跳過這片區域，就像是以色列人的做法那般」，吸引第一世界的投資，並且盡力避免殖民象徵如萊佛士雕像所代表的安定受到破壞（Lee, 2000, 75）。新加坡的優勢在於，它已擁有全東南亞最完備的基礎建設、最高的收入、最深厚的企業傳統，而新加坡的港埠設施甚至連與之有隙的鄰國都必須仰賴。隨著蘇哈托取消印尼「對抗」（Confrontation）馬來西亞—新加坡之事（見本書第二十章），上述新加坡的角色快速恢復並進一步刺激它的經濟成長。其中的新興要素是新加坡成功吸引跨國大企業——首先是美國企業、後來為日本企業，將此地設為勞力密集製造業與分銷亞洲的基地。與其它發展的案例情況不同，新加坡沒有浪費多餘時間在進口替代，而是積極向出口製造業邁進，尤其是電子與辦公設備等急速成長的領域。不晚於一九八〇年代，新加坡已是全球最大的溫徹斯特式（Winchester）硬碟出口地。一九七〇年代初期，製造業已變成新加坡經濟的最大部門。整體來說，在一九六六至一九八〇年間，新加坡經濟成長率是世界第一的百分之十點三，單單計算一九八〇年代，它的經濟成長率依然是很不錯的百分之七點二。至一九九〇年代，新加坡的每人平均所得已能與南歐媲美，進入二十一世紀時，新加坡的人均收入已位於全球頂尖行列。

當然，這東南亞第一個成功故事，是一九六〇與一九七〇年代全球經

濟重整的環節之一，而全球經濟重振最終也為亞洲較貧困的國家帶來實質成長，並且扭轉它們數百年來相對於歐美的落後情況。從一九五〇年到一九七三年石油危機期間，富裕國家享受著二戰後的經濟蓬勃，加上關稅暨貿易總協定（GATT）積極推動消除貿易壁壘，更加促進經濟的發展。雖然東南亞原物料（石油除外）與熱帶作物價格依然處在相對的長期衰退狀態，但東南亞已逐漸成為新的全球經濟生產中的要角。製造業者開始將生產中心遷往政治與法律條件上有利，以及工資、土地、資源價格低廉的地區。其他東南亞的經濟體則由於全球貿易大肆擴張而受益，它們成長的時間上雖然晚於日本與「亞洲四小龍」南韓、台灣、香港及新加坡，但卻早於中國和印度。

繼新加坡之後，馬來西亞是最能夠利用上述條件的東南亞經濟體，它的基礎建設、法治、人均收入與企業出口導向僅次於新加坡。自一九七〇年開始，馬來西亞政府便積極鼓勵出口導向的製造業投資，造就一九七〇年代出口製造業每年百分之二十五的成長率。一九六〇年時，工業只占馬來西亞經濟的百分之六，然而至一九八〇年時已占百分之二十。一九七〇年代，馬來西亞的實際國內生產毛額每年成長百分之八，之後又以百分之六以上的速度持續發展，直到一九九八年經濟危機為止。由此，馬來西亞愜意地進入中等收入國家行列，人民已罕有貧窮情形。這番擴張是由電氣與電子產品引領，在馬來西亞半島西側交通走廊上的所有城市裡，工廠大量湧現。至一九九〇年，馬來西亞一百三十萬工廠工人當中，絕大多數為年輕馬來女性，她們是自十九世紀農奴化階段以來，重返商業出口經濟的第一個世代。

泰國、印尼和菲律賓擁有廣大且在增長當中的農業人口，這是一項全然不同的挑戰。泰國是三國當中最能幹者，從一九六一年到一九九五年，它的平均每人國內生產毛額從美金一百元提高到兩千七百五十元，每年平均約有百分之七的成長率。泰國某種程度受益於美援，也是日本與美國國外投資的首批目的地之一，尤其是紡織業與農業領域。或許，泰國最大的經濟優勢在於具有企業能力的華人與自給的土著經濟之間並無障礙存在，

而這類障礙深深困擾著它的鄰國。華人男性移民經常娶泰人女性為妻,他們的子孫則會成為能操雙語的華—泰「洛真」,經過一兩代之後,這些後裔則會變成採納泰族姓名與佛教信仰的泰人。就像是一百年前菲律賓的麥士蒂索華人(見本書第十章),洛真成為經營事業的中產階級,在一九六〇年代積極投入製造業、農業與銀行業。自一九二〇年代宰制稻米出口事業的「五大」洛真家族,經過一個世代之後,地位被多樣的綜合企業所取代,例如控制盤谷銀行(Bangkok Bank)與眾多相關企業的陳氏家族(Tan／Sophanpanich family),以及二〇〇一至二〇〇六年任泰國總理的戴克辛・欽納瓦的電信帝國。

　　一九五〇年代的菲律賓自戰爭摧殘中強力復甦,再度成為亞洲最富有的國家之一,而且在教育方面有顯著優勢。不過,相對於傑出且持久的鄰國來說,菲律賓後續的進步就比較不可觀了,一九八〇年代尤是如此。菲律賓的人均收入在一九七〇年代被泰國超越,甚至於一九九〇年代險些被印尼超車。菲律賓是最不能遏止人口成長的國家(見下文),而其健壯的民主體制加上既得利益與民族主義仇恨問題,也使它難以如鄰國那般善用全球勞務分工而獲利。

　　印度尼西亞是改變程度最高的例子。公元一九六五年,印尼的情況是一年通貨膨脹率百分之兩千、外債失控、飢荒蔓延。蘇哈托是鄉村出身、教育程度低、言行舉止安靜但冷酷,與蘇卡諾形成鮮明的對比。蘇哈托急需經濟改良以構成政權正當性,願意為此接納理智的建議。向他提出建議者是一群傑出的經濟學家,其中大多數早先是印尼大學(University of Indonesia)蘇密特羅(Sumitro Djojohadikusumo)教授的學生,蘇密特羅先前因涉入印尼革命政府而遭流放,後於一九六七年恢復原職,後來又到加州大學柏克萊分校(University of California at Berkeley)接受福特基金會(Ford Foundation)的計畫。這些「技術官僚」有時被人稱為「柏克萊幫」,他們說服在參謀學院授課時認識的軍方人士,於一九六六年實施一項野心勃勃的計畫。該計畫將匯率修正到比較務實的程度、刪減補助,並在西方贊助者與國際貨幣基金組織(IMF)協助下控制住通貨膨脹與國

債，將資源投入於擴大的農業與發展進口替代產業。石油與天然氣方面的外國投資相對而言容易達成，在一九七三年石油輸出國組織（OPEC）調漲油價之前，這些外國投資構成印尼政府三分之一的稅收，一九七三年以後的一九七〇年代則占將近半數稅收。印尼將這些收入投入改善農業與交通基礎建設，在一九六六至一九八一年間，印尼每年經濟成長率高達前所未見的百分之七以上。一九六五年時的印尼，仍然是全球最貧困的國家之一，然而到這段快速成長階段結束之際，印尼已進入世界銀行「中低所得」國家的類別中，在印尼人口持續增長的情勢裡，赤貧情形仍從將近百分之六十下降到百分之三十五。

多點稻子，少點孩子

　　一九五〇年代的東南亞領導人主要將心力放在對城市的掌控，並將資源運用至建構城市地區的國家制度與象徵；農業基礎建設反而衰退，對農業部門的忽視使得印尼、馬來西亞、菲律賓甚至越南需以自身貧乏的資源去交換增加中的稻米進口規模。從一九六〇至一九六四年，印尼的稻米產量減少了百分之十三點六，然而印尼人口卻有每年百分之三的成長率。出身寒微的領導人如沙立和蘇哈托將軍，取代了第一代受西方教育的知識分子領導者，他們雖然進行高壓統治，但卻比較願意聽取可以改善他們出身地區——也就是鄉村的計畫。不過，關鍵的變革發生於一九六〇至一九八〇年代各種稻米與作物的科技改良，一般被稱為「綠色革命」。福特基金會和洛克斐勒基金會（Rockefeller Foundation）與菲律賓政府合作，在一九六一年於菲律賓大學洛斯巴諾斯（Los Baños）校區農業學院創立國際稻米研究所（International Rice Research Institute）。自一九六六年以下，產量豐碩的新品種搭配灌溉與施肥的集約農法，使得每公頃作物產量可以增加三至四倍，印尼、菲律賓、泰國與馬來西亞列於全世界最早受益的國家，多虧它們對於美國與世界銀行計畫保持開放性，也多虧它們對成果望眼欲穿的政府。直到一九六〇年代，印尼、菲律賓、泰國、馬來西

亞似乎都是亞洲馬爾薩斯式（Malthusian）危機的一部分：人口增加的速度高於糧食增產的效率，而工業成長是富裕世界才有的事情。然而，這套模式在後續二十年間扭轉了過來。東南亞整體的穀物產量，從一九七〇年的三千三百八十萬噸，提升至一九九五年的七千三百六十萬噸。一九八四年，印尼達成稻米自給自足的目標，菲律賓稻米產量與急速增長的人口之間落差也逐漸減緩。

這股轉變伴隨著，並且在一定程度上也需要：殖民盛期所確立的農奴生產模式之深刻轉型。自給自足的農村曾是東南亞身分認同的基石，然而這套殖民時代的神話已經被艾爾森（Elson, 1997）所謂「農奴制之終結」推翻。商業化與機械化的耕作、收穫、碾米生產模式，加上政府信貸與行銷計畫，讓農業經歷革命性的變化。原本，人們認為水稻是超自然神靈賦予的生命，必須由當地婦女操著小刀「阿尼阿尼」（ani-ani）一莖一莖割下；如今，快速生長的短莖稻種改被視為商業性資源，可以雇用外來的男性簽約勞工以鐮刀收割。道路、電網、電信等建設擴展至農村地區，再加上民眾能夠買得起的日本摩托車大量進口，甚至連從前馬車或牛車無法通行的地區，都發生了交通革命。一九八〇年代，印尼與泰國開始大量使用摩托車，至二〇〇〇年代，廉價的中國摩托車湧入越南、寮國和緬甸。不晚於二〇一〇年，印尼、泰國和越南，已是僅次於中國與印度的全球三大摩托車市場，平均每四至六人就有一輛摩托車。城市地區的教育和工作機會，吸引年輕人紛紛離開農地前往都市，但是在泰國中部、爪哇、呂宋中部平原這些昔日米倉之地，農村也出現各式各樣的就業機會。至一九九〇年代，在非社會主義的東南亞國家內，農業人口已經降到總勞動力的一半以下，即便是在鄉村地區，人們的大半收入時常也不是來自於務農。

一九六〇年代悲觀的東南亞經濟狀況評估出現令人驚訝的扭轉，而人口預測方面也出現類似的情況。起初，二戰後國家獨立似乎使生育率提升，國家養活更多人口的能力遭受威脅。整體來說，一九六五年至一九七〇年的東南亞，總和生育率（TFR）是平均每位婦女有六點零六個孩子，人口增長率則是每年大約百分之二點五。可預期的是，東南亞最富裕國

家——新加坡和馬來西亞——擁有最低的總和生育率。不過矛盾的是，受到戰爭摧殘的越南卻有最高的總和生育率，平均每位婦女生下七點三八個孩子。而隨著嬰兒死亡率下降以及對生存和教育的期望發生變化，從富裕城市開始，一個又一個國家的出生率開始下降。新加坡的總和生育率，在一九七〇年代降到遞補水準（replacement level）二點一以下，後續泰國、越南、緬甸先後出現相同情況。在二〇〇五至二〇一〇年間，新加坡、泰國、越南、緬甸這四個國家，已經浮現總和生育率極低的東北亞模式，分別為一點二五、一點六三、一點八九、二點零八個孩子，東南亞整體則是維持在比較溫和的二點二六個孩子。死亡率下降之後，會經過一段人口激增的時期，然後出生率也接著下降，關於這項典型的人口轉型，婦女受教育之普遍與晚婚則是部分原因。二〇〇五年時，曼谷和新加坡分別有百分之十五與十四的絕經期婦女並沒有結婚或者生孩子，東北亞女性教育與職涯的新增因素，重要性顯然已超過對妻子或媳婦溫順服從的傳統期望。

如本書第十三章（表格 13-1，頁 390）所示，戰後嬰兒潮的持續導致人口激增。二〇〇二年東帝汶獨立之後，它的總和生育率依然是極高的六點五三。菲律賓人與馬來西亞穆斯林的生育率下降速度較其他地區更慢，箇中原因相當複雜，宗教信仰只是其中的一部分。人口較少的寮國以及新近受創的柬埔寨，生育率依然高於平均。各地生育率的差異，某種程度上被從窮國前往富國的大量移民抵銷，這些移民會充當體力工、建築工、家務工與農業先鋒的角色。雖然新加坡的出生率是全東南亞最低，但它卻有最高的人口增長率，新加坡鼓勵馬來西亞（尤其是不滿的華人與印度人）、印度、中國有受過教育的人們前來移民，並且嚴格控制來自泰國、孟加拉、菲律賓和印尼的契約工。泰國歡迎緬甸、寮國和柬埔寨的經濟難民與政治難民前來，至一九九〇年代這些移民的人數已超過一百萬。西馬來西亞和沙巴地區大約有兩百萬印尼人，他們有的是合法契約工，有的是融入當地馬來人口的非法乘船偷渡者。在新加坡、台灣、南韓和日本，教育程度不高且懷有傳統心態的男人很難找到婚姻對象，於是，自一九九〇年代開始出現越南新娘和菲律賓新娘的國際婚姻市場。

開放統制經濟

　　一九七五年，共產主義贏得印度支那戰爭，但是就經濟層面來說，它卻因此決定性的喪失了安定的發展時機。此前，不難證明社會主義計畫經濟可以為非菁英的農民群眾帶來比資本主義鄰國更好的生活，只是數十年的戰事阻礙了成長，而國家所領導的工業化活動，或許可以讓越南成為亞洲軍事強權，就像是一九三〇年代蘇聯在歐洲列強間的崛起。社會主義經濟與一九九〇年代國家收入統計的全球性標準，兩者的計算方法截然不同，所以統計上的比較變成不可能的事情。雖然造就軍事勝利的戰略和決心顯示，共產主義政府確實有可能在工業上壓倒它們的鄰居。可結果在十年之內，東南亞的四個社會主義計畫（包括較為獨特的緬甸），似乎全部都失敗了，對比於經濟蓬勃發展的資本主義鄰國，它們日漸貧困的窘況是無可逃避的事實。後來，這幾個經濟體紛紛推行改革，讓狀況慢慢回到以市場為驅動力的世界。

　　社會主義集團內部衝突之嚴峻，是第一件令人驚訝的事情。柬埔寨波布的超共產主義（hyper-communism）背後動力乃是沙文主義（chauvinism），這股沙文主義在一九七八年激起越南的發動攻勢，扶持親越的共產政權取代這個殺人如麻的政權。由於中共在與蘇聯的鬥爭過程中，認定柬埔寨是一位盟友，於是中共反過來在一九七九年入侵越南邊境。雖然中越戰爭幾乎沒有造成領土方面的變更，但此事卻導致中共對越南的援助全數終止，而中方援助在一九七五年越南統一之前，本是北越之生存、軍事能力乃至於糧食的重要來源。一九七七至一九八〇年，中越戰爭惡化了原本已漸趨停滯的越南經濟，期間越南每人平均所得日漸萎縮。

　　第二點，越南非常不適合實施蘇聯模式的重工業重點經濟。一九五四年的北越工業本就相當貧乏，後來又因美軍轟炸以及城市目標疏散而更加減少，所以到一九七五年時，北越基本上就是個貧苦農民構成的國家。資本、企業、都市勞力長期以來集中於西貢地區，但是北越征服西貢之後的數年間，其實況卻是嚴酷鎮壓並導致人們拼命逃亡、而不是經濟發展。

少數可用的資源，都被浪費在實際沒有市場的工業建設上。越南南部的農業政策則是另外一場災難，它當然不如一九五〇年代北越的集體化政策那麼殘酷，但對生產力的傷害卻是更為嚴重。湄公河三角洲稻米產地，本當是北越人民的救星，但集體化政策卻使農作產量縮減，導致一九七七至一九八〇年代的越南，居然需要從蘇聯地區進口大量糧食。人民陷入赤貧再加上越南南方——寮國更嚴重——農民的頑強抵抗，導致集體化政策自一九七九年開始被徹底拋棄，其中關鍵的一步是自一九八一年起，農民個人能訂定契約而獲得土地分配。鬆綁的趨勢使得農業生產力逐步恢復，飢荒情況逐漸減緩，雖然一直要到一九九〇年代，受益於科技綠色革命帶來的好處，越南才終於回復到戰前它作為稻米主要輸出國的地位。

越南漁農業領域取得的這番規模不大的成就，強化了要求更徹底改革的呼籲，力求「趕上」那些更為成功的鄰國，追趕的對象包括鄧小平改革開放之下的中國。一九八六年越南共產黨第六屆全國代表大會支持所謂的「革新」（doi moi）計畫，在越南以及當時身為從屬國的寮國與柬埔寨，使自由市場變得合法。更關鍵的是，越南於一九八七年通過外國投資的法規，使它得以善用國內極低的薪資吸引出口導向工業，西貢與河內地區於是出現大量紡織與鞋類工廠。結果，從落後泰國、印尼、菲律賓至少二十年的處境出發，越南經濟出現了長足快速的成長，寮國的經濟成長則較為緩慢（見表格 16-1，頁 469）。

社會主義戰爭所帶來的一切苦難，難道就只是場荒謬的悲劇嗎？當政者堅定地表示絕非如此。越南官方既定的信條是，社會主義必須延遲到成功渡過資本主義階段之後才能落實；但隨著這個未來願景愈來愈遙遠且不切實際，更具有影響力的私人信念其實更貼近於新加坡的統治集團，那就是相較於混亂的民主、意識型態鬥爭、猖獗的消費主義，一個團結、用人唯才、威權主義的統治集團，更能夠為大眾帶來福祉。國民教育、健康、壽命方面的社會指標有助於顯示越南的表現其實比它低落的經濟排名還要更好（見下文）。令人訝異的是，從一九七〇年代恐怖煙硝中再度復甦的柬埔寨，其情況也雷同。柬埔寨自一九七八年起成為越南的附屬國，

直到一九九一年聯合國進行干預為止，此後的柬埔寨成為名義上的民主國家，由前共產黨強人洪森高壓統治。在那段期間，柬埔寨相對的成功——與緬甸對比尤其鮮明——並不是源自於連貫的規畫，而是由於它對於國際投資與援助計畫抱持異常開放的態度。

想要從「緬甸的社會主義之道」當中找出正面優點，是件更加困難的事，唯一的優點在於它控制住東南亞與中國最漫長的邊界地帶，而沒有淪為冷戰的戰場。這項優點讓尼溫軍事獨裁時期（1962-1988 年）的意識型態得以正當化，在名義上將佛教的「中道」元素納入對經濟的全面軍事控制中。經濟尋租的緬甸將領掌握住現有的企業，然而進一步的外國投資乃至於外國人旅遊許可，都被限制到極為偏執的程度。一九八八年之前，緬甸的經濟可以說是處在最糟糕的狀態，直到一九八八年尼溫被自身派系將領推翻之後，一個起初較為自由的軍政府——國家法律暨秩序恢復委員會才接管局勢。國家法律暨秩序恢復委員會於一九九〇年舉辦大選，卻意外地輸給魅力十足的翁山蘇姬，也就是國家獨立英雄翁山之女。但是委員會卻藐視選舉結果，嚴厲鎮壓勝選者，由此遭受它國實施貿易禁運與拒絕援助，愈來愈陷入孤立之中。緬甸歷屆政權都小心翼翼地不要與中國發生正面衝突，中國於是成為緬甸軍政府最青睞的支持者與外國投資者，為這個國家更增添仇恨的火種。公元二〇〇〇年之後，緬甸軍政府更加急切地想要找出能夠維持權力卻同時發展經濟的辦法，因此開始容許外國投資，尤其是開發緬甸豐富的石油與森林資源。最後，在二〇一一年之後，登盛（Thein Sein）領導下的軍政府實現了政治解禁，允許翁山蘇姬重回政壇選舉，藉此擺脫國際禁運對國內經濟的壓力。經歷赤貧而失落的半個世紀，緬甸經濟在一九九〇年代後期終於開始改善，但是它與鄰國之間依然存在巨大的經濟差距。

損益得失

總體看來，我們必須獲得這樣的結論，那就是一九七〇年代——印度

支那為一九八〇年代、緬甸為一九九〇年代——以來的時光，是東南亞人民狀況最好的現代時期。如今，最富有的國家與個人得以擁有世界一流的生活方式，東南亞整體人民的生活也較南亞人為佳，雖然東亞人民則是超越東南亞之上（表格 18-1）。東南亞人比從前活得更久、更健康，能獲得更穩定的糧食、更良好的教育、更可靠的資訊。東南亞人對此有自知之明，並且散發出一種對進步的樂觀精神，這種樂觀如今已經很難在那些數百年前便開始發展經濟的富國之內見到了。

　　不過，席捲東南亞的全球化和消費主義，確實帶來不少缺點。伴隨整體富裕而來的是愈來愈嚴重的不平等。新加坡、馬來西亞與泰國這幾個最富有的東南亞國家，不平等的現象就最嚴重，根據吉尼係數（Gini coefficients）衡量，這三國在二〇〇八至二〇一〇年之間，分別為四十八點一、四十六點二、四十[14]。雖然就統計來說，有愈來愈多人脫離貧窮與營養不良狀態，但人們覺得自己處境相對匱乏的感覺，卻因為接觸消費產品與仇富心態，反而可能變得更高。在研究資料充分的國家裡，不平等現象在某些時段與地區更為顯著，超出我們根據相對收入標準所做的推測。令人驚訝的是，蘇哈托時期的印尼居然能讓不平等問題有效維持在輕微的程度，在人民收入急速提高的同時，它的吉尼係數只有三十四左右。底層的百分之四十人口，甚至在一九七六至一九八七年間，占全國總收入的比例從百分之十九點六提高到二十點九（Rigg, 2003, 106）。在亞洲經融危機的背景下，印尼於一九九八年推行健全的民主制度，導致全民收入曾經短暫衰退。二十一世紀的去中心化成長，似乎更加劇不平等問題的嚴重性。民主化推行之下，更高的地方自治權反而讓遠離工業中心與市場的印尼東部，相對貧困問題愈加惡化。雖然如此，印尼的發展依然比它那些受市場驅使的鄰國而言，要來得更公平些。

　　受軍方宰制的泰國是不均衡發展的最壞示範，新生的財富集中於曼谷

14　原注：世界銀行辛勤地記錄不平等問題的資料，但是資料涵蓋並不齊全、甚至欠缺，例如緬甸和寮國；或者神經緊張的政府將資料隱瞞，例如新加坡。因此，看待這些資料的態度必須審慎。吉尼係數值範圍為〇到一百，〇是指絕對平等之狀態。

表格 18-1：一九七〇至二〇一〇年東南亞各國每人平均 GDP（十年平均值）。

	1970-1979	1980-1989	1990-1999	2000-2009
汶萊	7484	18111	14854	24240
新加坡	2280	6998	19883	29114
馬來西亞	839	2026	3711	5506
泰國	353	864	2175	2789
菲律賓	346	635	920	1256
印尼	234	590	918	1425
緬甸	124	154	155	256
越南	90	131	247	654
柬埔寨	85	114	240	473
寮國	63	151	283	514

資料來源：United Nations Database.

地區以及南部的某些商業與旅遊重鎮。泰國的吉尼係數從一九七五年的四十三，提高到一九九二年的五十四，百分之四十底層人口占全國收入之比例，從一九六二年的百分之十六點五，下降至一九九二年的百分之十一。就泰國的案例而言，一九九七至二〇〇六年間較為民主的政局，迫切需要扭轉當時不平等的狀況，或許催生出二〇〇一至二〇〇六年的戴克辛政府，經濟發展與福祉終於漸漸降臨於貧困的泰國東北部與北部。相對於泰國的極端例子，虛弱的菲律賓政府被活躍的行動分子批評為效率不彰與世襲私有，它的經濟成長雖不如泰國，但不平等情況亦不如泰國嚴重，菲律賓的底層百分之四十人口，大約占有全國收入的百分之十二至十五。公元一九六一至二〇〇九年之間，菲律賓的成長固然相對微少，但它最初高昂的吉尼係數，卻從四十九小幅下降至四十五。

　　越南強大的共產黨政府，在面對急起直追的經濟發展時，是否變得比較公正呢？可供比較研究的資料要到一九九〇年代才有，而根據資料顯示，結果正好相反，最初的市場化階段反而使特權部門得利，將不平等問題逼向極端。可以確定的最早資料，是一九九三年的吉尼係數值四十五，

這顯示越南不平等問題的嚴峻程度，居然與富裕十五倍的馬來西亞相等。不過，相對於後共產主義階段的俄羅斯和中國，越南的情況顯然不算嚴重，而且在後續二十年間，越南的不平等問題愈來愈趨於常態標準，符合它的國家收入情況且接近印尼。二〇一二年時，越南人口極度貧困狀況──根據購買力平價（PPP）每日收入低於一點二五美元──已經大幅減少到僅餘一千四百萬人，在比例上並沒有高於更富有的印尼和菲律賓。

然而，如果要為共產主義的效率進行辯護的話，依據主要在於政府有能力推行某些社會福利措施、而不是以相同方式將其貨幣化。強力且自信的政府堅持所有人民都得受教育、都要接種疫苗，並且接受國家推行生育、衛生、女性就業方面的現代化標準。一九九〇至二〇一〇年，不僅是前共產主義的印度支那諸國，甚至還包括緬甸，它們的女性就業率竟然超過世界水準，達到百分之八十以上。在降低嬰兒死亡率、減少兒童營養不良問題、推行避孕措施方面，越南（但不包含寮國）的表現甚至優於印尼和菲律賓。在上述辦法實施之下，姑且不算超級富有的新加坡和汶萊，一九八〇年時越南人的預期壽命已經是全東南亞之冠，而且在「革新」計畫期間繼續維持此等水準（表格 18-2）。

這種類型的國際資料是根據各國基礎進行蒐集，這些資料的比較耐人尋味，所反映的是各政府在刺激成長、促進福利方面的相對效率。然而比各國之間的對比還要更引人注目的事情，在於東南亞全境自一九六〇年代以來的轉型。新興的商業化讓所有東南亞人都被放到消費、休閒、通訊的模式當中，只是這種情形在新加坡、馬來西亞、泰國發生地比較早，緬甸則是晚至二十一世紀才輪到。變化在東南亞各地創造大量機會並導致世代區隔的情況，具有顯著的共通性。人口遷移到城市只是其中的一部分，然而此事讓東南亞從一九六〇年代全世界都市化程度最低的區域之一，轉變為二〇一〇年有將近百分之五十的水準，馬尼拉、曼谷、雅加達、西貢搖身變為人口一千萬以上的全球超級大城。每個家庭都跟城市產生了關係，不是家中有孩子去城市裡念書，就是有遷移到城裡的勞工，又或者是透過電視、廣播、社群媒體所放送的節目。透過廣泛的業務外包網絡，繁榮的

鄉村也參與市場所需的生產工作；在比較蕭條的村莊裡，年輕人紛紛出走去城市裡尋找機會。有空調設備的購物中心，成為了東南亞人的新興休閒場所。

表格 18-2：一九八○至二○一○年東南亞各國女性預期壽命。平均而言，男性預期壽命少於女性五年。

	1980	1990	2000	2010
新加坡	75	78	80	84
汶萊	73	76	78	80
越南	72	75	78	80
馬來西亞	70	73	75	77
泰國	67	74	75	77
菲律賓	65	68	70	72
印尼	60	65	69	72
緬甸	57	61	64	67
寮國	50	55	63	68
柬埔寨	33	57	65	73

資料來源：World Bank 2014.

此外，這波商業化也讓東南亞人與全世界的連繫，達到前所未見的程度。一如往昔，朝聖的東南亞人會旅行到麥加、印度、羅馬、巴勒斯坦，但如今大型客機使得朝聖者的人數較從前大增十倍，每年可達到約一百萬之眾。然而，相較於數百萬前往購物兼娛樂樞紐如新加坡、香港、曼谷、吉隆坡等地的遊客，以及前往澳洲、歐洲、中國、北美留學或度假的人們來說，前者的人數實在相形見絀。進入二十一世紀，每年從新加坡和馬來西亞出遊的旅客數，甚至比兩國的人口數還要多，同時，印尼與泰國每年出境的旅客人數各有約六百萬。

受到美國軍人在曼谷休憩度假的消費刺激，東南亞本身於一九六○年進入國際旅遊市場。隨著大規模旅遊興起，新加坡及曼谷成為了東南亞

兩大轉機處。一九六八年，印尼的第二個國際門戶在峇里島開啟，峇里島快速成為領銜的旅遊勝地。東南亞各地接連發展出異國文化、夜生活、熱帶海灘渡假村等型態，諸如泰國的芭達雅（Pattaya）和普吉島、峇里島的庫塔和沙努爾（Sanur）、馬來西亞的邦咯島和蘭卡威（Langkawi）。觀光排名第一的泰國，始終把握它吸引長途遊客的高超能力，二〇一一年的旅客總數有一千一百六十萬，二〇一三年則有兩千六百七十萬，當中有七成的人是來自於東南亞以外的地區。第二名則是新加坡，新加坡的模式是居於歐洲與澳洲之間的中途短期停留站，同時又是東南亞境內的服務與購物中心。馬來西亞和印尼（主要為峇里島）也透過觀光旅遊賺得可觀的收入，此外，一九九〇年代和平的降臨也終於讓越南和擁有吳哥窟奇觀的柬埔寨，加入賺取觀光收益的行列。公元二〇一一年，全東南亞總共迎來四千三百萬的外來遊客，當年東南亞的境內旅遊人數也超過三百七十萬。一九七〇與一九八〇年代的觀光開放初期，歐洲人、日本人與澳洲人乃是大宗，然而最晚於二〇一二年，中國已經是最大的遊客來源地，占有外來旅客總人數的百分之十。

東南亞性旅遊和娼妓的流行，是這波東南亞商業大崛起與其旅遊觀光面貌最具爭議性的一點。殖民政府為了士兵的福利而對娼妓進行管制，先容許日本娼妓、後容許華人娼妓移民到較大的都市中心提供服務。對比之下，獨立後的東南亞各政府全部都將娼妓賣淫斥為非法，菁英分子也公開表達強烈反對之意，穆斯林國家尤其如此。可是，遊客還是為了追求性服務，而被吸引到曼谷、西貢、馬尼拉，後來還加上金邊，且這類服務也是公然以各種形式展示呈現。

本書第十五章已探討過東南亞女性的經濟自主性與其較低的地位，這一點頗有助於解釋東南亞商業化的性產業之特點。十七世紀暹羅首都的娼妓便頗為知名，但在當時，與港口地區大量男性商人進行性交易的慣例是透過短期婚姻，這對雙方都有好處、也不會造成創傷（見本書第一章、第六章）。待到商業化的二十世紀後期，這種舊模式——也就是離婚相對容易的一夫一妻制——被改造為某種「契約婚姻」（印尼文 kawin kontrak），以迎合簽約遠離家鄉的礦工或是莊園勞工。甚至，在阿拉伯人旅遊邊緣地帶的爪哇島，還出現一種「伊斯蘭娼妓」，利用合法的沙烏地概念「旅人婚姻」（misyar）改造東南亞的舊慣。

不過，理論上一夫一妻制的歐洲男人，需要快速且隱密地進行這些有罪惡嫌疑的性愛，而且東南亞於二十世紀接納的都市現代性，將商業性娼妓亞洲化。隨著高薪且短暫停留的男性如士兵與水手之湧入，再加上當地的卡車司機，娼妓業的收益相當豐厚。長期駐守印度支那與菲律賓時期，人數眾多的美國士兵大力刺激美軍基地周圍及曼谷、馬尼拉等娛樂中心的性產業發展。印度支那美軍基地於一九七五年關閉，另外，一九九二年皮納圖博火山爆發導致蘇比克灣（Subic Bay）美軍基地關閉，此後，觀光性產業仍繼續供應新興的市場，利潤豐厚。近來研究顯示，泰國與菲律賓大多數的性工作者之所以從事這行，是因為這個行業可以為教育程度有限的人帶來高額的報酬。其中聞名的例子有，泰國東北部的村莊將許多女孩子送去曼谷從事性交易，當地由此有錢蓋起現代新住宅與華麗的佛寺。

泰國處置男娼女妓的現實作法，導致它成為愛滋病流行的爐主，但它也是透過較安全方法對抗愛滋病的第一名。從一九八四年首度報導至二〇〇八年之間，有五十八萬以上的泰國人死於愛滋病。最為知名的安全性愛提倡者米猜・威拉瓦亞（Mechai Viravaidya），因為向眾人提供避孕工具的大膽作風而被稱為「保險套先生」，而他曾在一九九一至一九九二年間擔任旅遊觀光與愛滋病預防的長官，幫助泰國成功減少愛滋病的傳染。據報，一九九八年的柬埔寨約有高達百分之二的人口患有愛滋病，其中絕大多數為涉入性交易的女性，此情況也激發起人們起而行動，於二〇〇三年以來有效壓抑住愛滋病情。東南亞其它地區的資料比較不可靠，然而記錄有案的愛滋病死亡人數遠低於前述地區。印尼自一九九四年開始處置愛滋病問題，但二〇〇〇年以後病情反而更加惡化，其中部分原因是因為巴布亞地區的性愛常無保護措施。二〇〇〇年以後，在印度尼西亞、馬來西亞、緬甸與越南的城市裡，人們通常認為愛滋病與靜脈注射毒品有關。

黑暗面的代價：環境破壞與貪汙腐敗

　　商業大崛起深刻且快速地改變東南亞人的心態與思想，東南亞人民也成為消費世界的一員。從前的東南亞，是全世界生物多樣性最高的區域，如今我們必須探問，這種商業擴張，加上伴隨而來的人口激增，是否能夠長久持續、是否應審慎以待？文獻資料裡充斥著悲觀的預測，漁獲、水資源、農業、生物多樣性全都會在短期間面臨崩潰的危機。公元一八七〇年時，全東南亞仍有四分之三的面積為森林覆蓋，至今，森林的減少是最顯而易見的損失。從那時到一九六〇年代，森林喪失的持續不斷，肇因於人口增加與種植熱帶出口作物如咖啡、胡椒、菸草、茶葉——自一九〇〇年起還加上橡膠與油棕——所導致農業邊疆之擴張。

　　公元一九二〇年代之前，東南亞出口的木材僅限於緬甸、暹羅、爪哇珍貴的柚木，自一九二〇年代開始，其他種類的硬木也開始有輸出，產地尤其來自菲律賓。殖民政府厚臉皮地宣稱森林土地屬於國家所有，它們忽視所知的歐洲複雜程序，也藐視更複雜的東南亞狩獵、採集、游耕習俗。殖民政府紛紛設立林業部門，最早的地區為緬甸（1856 年）和經歷短暫早期實驗之後的爪哇（1869 年），他們開始引進並雇用德國「科學」林務員，根據秩序井然的種植園方法將有利可圖的柚木林進行分類與移植。由此，他們創造出重要的先例，也就是設置具有生產力的保育林地。最初這麼做的目的是為了科學研究，但漸漸地此舉目的也包含保護瀕臨滅絕的物種，例如犀牛、紅毛猩猩、大象與老虎。然而，他們最重要的遺產卻是負面的，即宣稱國家有權利將涵蓋廣袤土地上的伐木執照分配給木材公司。

　　一九六〇年代，東南亞古老的龍腦香（一種高聳的硬喬木）森林遭受嚴重摧殘。首先遭殃的是菲律賓地區，最初龍腦香是出口到美國，但二戰之後日本發展造成的龐大需求，成為破壞森林的動力。日本原先鼓勵國內農民種植木材以因應重建的需求，然而日本很快便發現使用東南亞硬木是比較便宜的選擇，也可以藉此保持本國森林的完整。伐木行動很快就從菲

律賓蔓延至新邊疆區域，如泰國、婆羅洲、蘇門答臘，乃至於印尼東部與新幾內亞。在一九六〇至一九九五年之間，印尼本身每年的木材產量便增加十倍有餘，從每年四百萬立方公尺增長為四千多萬。公元一九六〇年，菲律賓與泰國的原始森林覆蓋率分別是百分之四十五與五十五，然而到了二〇〇〇年時，這項比例已經減少百分之二十。一九八〇年代，菲律賓、泰國、印尼等國的木材產量有所衰減，主因是比較容易利用的森林已砍伐殆盡，此外政府也開始設定限制以保護剩餘森林，或者以印尼的案例而言，政府的規範是為了刺激就業，僅容許加工木材如膠合板、紙漿、紙張之出口。因應此情況，伐木業又遷移到緬甸、寮國、柬埔寨、新幾內亞的新邊疆地帶，他們經常無視政府禁令並賄絡當地掌權者。

相關收入推進了東南亞初期階段的經濟成長，然而其中只有少部分變成政府預算的稅收，大部分則是成為掌權者與企業界親信的資金，幫助這些人打造運輸業、加工業及油棕、橡膠、咖啡等取代大片森林土地的種植事業的大企業帝國。二〇一〇年之際，印尼與馬來西亞合計製造了全球百分之八十五的棕櫚油，兩國的油棕種植面積分別為七百七十萬公頃與五百二十萬公頃，且以每年約百分之七面積的速度增加當中。森林破壞的另一項主因是小農農業推進邊疆地區，與此同時，鹹淡水地帶的紅樹林也被商業化的蝦養殖場所取代。目前，森林遭受砍伐的地區，有略高於十分之一的土地獲得重新造林，以追求永續林業的發展。

當然我們可以說，這種東南亞地景的轉變，雖然現今因為對於碳排放有急遽惡化效應而受到全球矚目，但它其實跟近數百年來英格蘭乃至於澳洲溫帶森林遭受砍伐為農地或牧場之經歷，並沒有多大差異。可是，熱帶雨林遭受破壞的速度之快，引起了一些特別的關注與憂慮。首先，地球剩餘的生物多樣性，有極高程度是靠東南亞潮濕熱帶維持，這點也得歸功於那些依賴叢林維持採集狩獵生活方式的人們。在降雨量高的熱帶地區，森林砍伐對於當地氣候與環境的影響，甚至高於全球性影響。過去二十年間，內陸城市如萬隆和清邁的紀錄顯示，當地平均溫度上升了幾度。昔日可以通航的河流逐漸淤積，另外，地表逕流難以吸收導致洪水變得頻繁。

自一九八〇年代以來，蘇門答臘和婆羅洲乾季的焚林整地行為，在赤道地區造成周期性的嚴重空氣汙染，一九九七、二〇〇六、二〇〇九與二〇一三年的汙染高峰期對人體健康釀成危害，受影響地區甚至涵蓋馬來西亞與新加坡。

一九四五年以來東南亞沿岸城市的疾速發展，使得這片全球最危險海域之一，有愈來愈多城市暴露在洪患與暴風雨侵襲的危機中。二〇一三年時，瑞士再保險業巨頭「瑞士再保險公司」（Swiss Re），將雅加達與馬尼拉列為全球風險最多的五大危險城市之二。巽它陸棚西緣及南緣地帶的海岸線，最有可能受到地震引起的海嘯衝擊，菲律賓東部的海岸線則最容易受颱風襲擊，前殖民時代的定居者往往避開這些海岸地區，但如今這些地帶卻有巴東、芝拉扎（Cilacap）、達沃／納卯（Davao）等眾多大城市。由此，二〇〇四年十二月的大海嘯，造成沿岸城市如蘇門答臘的班達亞齊（Banda Aceh）、泰國南部的普吉島等地約二十三萬人喪生，像是這類的災難，已經導致好幾百萬人無家可歸。菲律賓所遭遇的颱風，在二〇〇四、二〇〇六、二〇一一與二〇一二年都各造成一千多人死亡，二〇一三年十一月，強烈颱風海燕（Haiyuan）重創菲律賓中部，造成六千多人喪生。二〇〇八年進襲伊洛瓦底江三角洲的納吉斯（Nargis）氣旋，造成十三萬八千人死亡，數百萬人喪失家園。由於過度建設與超抽地下水，東南亞最大的城市如今正以駭人的速度下沉，這些因素甚至比全球暖化造成的海平面上升問題更加嚴峻。根據估算，自二〇〇〇年起，危機最嚴重的雅加達每年以五公分的速度下沉，曼谷與西貢則是每年下沉兩公分以上。淤積以及地表鋪設瀝青的問題，更加促成每年的洪水惡化為可怕的災患。二〇〇七年和二〇一三年一月的雅加達洪患，造成好幾萬個家庭因此遭殃。二〇一一年淹沒曼谷與印度支那三角洲的洪水，被瑞士再保險公司評估為人類歷史上對人們財產破壞最劇烈的淡水洪患，它釀成四百十七億美元的損失，受災人數超過一千五百萬。

即便政府運作良好，這些因快速發展所帶來的環境成本都不是容易解決的問題，更何況開發商與商業大亨因為與國家或地方掌權者勾結而蔑視

相關法規，造成環境成本遽增。所謂的貪腐，就是濫用中立的法律從而服膺私人利益，而隨著經濟起飛，貪腐帶來的風險也隨之增長。只要此地的民主條件允許人民表達意見，民意調查往往顯示貪腐是人民最憂慮的事情之一。如同本書所強調，前殖民時期的東南亞政權具有個人性與魅力，贊助人與被贊助者之間的象徵關係是他們最珍貴的資產。外國貿易商在各港口學到的教訓是，機靈的贈禮比守法更有助於生意興隆。法律—官僚國家的出現通常相當晚近，而且這類權力總是掌握在外國殖民者的手上，也因為如此，法律—官僚國家內化（internalization）的程度往往受限。當革命推翻殖民時代法律的正當性之後，個人威權與魅力依然在這些地區占有重要地位。蘇哈托時期的印尼、共產國家以及緬甸，習慣於訴諸超出司法的國家恐怖與酷刑，其中，蘇哈托也許是唯一一位承認落實這些策略的領導人，他解釋道，當這些罪犯與國家敵人被獨斷處決之後，他們的屍體將會化為一種「休克療法（shock therapy），人們將由此認識到，犯罪行為依然會受到打擊與追緝。」（Suharto, 1989，引用自 Elson, 2001, 237）東南亞之中唯有新加坡和馬來西亞的殖民時期法律—官僚價值，相對順利地被納入獨立國家內。其它地區的軍方階層與列寧主義黨派，企圖複製從前殖民官員的中央化紀律，然而在面對經濟蓬勃發展之際，唯有新加坡的人民行動黨能夠堅持那種嚴謹的紀律。

獨立造成新興國家的官僚體制大幅膨脹，因為民族主義者想要尋求有聲望的政府職位做為自己的獎賞。漸漸地，薪資低廉且缺乏志向的地方官員，只能靠頒發常規證照與批准來索賄及收賄，以維持自己的地位與生活。事實上，印尼、菲律賓、馬來西亞這幾個地區的企業，大部分都掌握在政治上處於邊緣地位的「華人」手上，這種情況造就出一種歧視、賄賂、藐視法律的惡性循環。印尼的蘇哈托、菲律賓的馬可仕、泰國的沙立等等位於獨裁體制頂端之人，愈來愈親近東南亞人心腹，這群親信可以提供非預算內的額外收入，支持某些私人偏愛的計畫，並讓獨裁者與他們的家族發財。腐敗惡劣的貪汙行徑，將這些人與他們的親戚變成寄生型的億萬富翁，但最終也導致民間輿論起而反對，由此，二十一世紀應該不太可能再

有這類人物飛黃騰達了。

　　貪汙本身是不可能衡量的，自一九九五年以來企圖評估貪腐情況的國際透明組織（Transparency International），只能依據國際商業界的觀感，來判斷貪腐情況阻礙投資的程度。結果在意料之內，東南亞各國的透明度排名反映出各國財富與成熟之水準，新加坡永遠在全球排名的前五名之中，此下則為列於上中層的馬來西亞與與低中層的泰國。一九九五年對四十一個國家的首次調查評估之中，最後一名的印尼是全球貪腐最嚴重的國家，但此後印尼情況逐漸好轉，至二〇一〇年時已進步到倒數三分之一處。在首次調查中，貧窮（前）共產國家的表現，貪腐的情況要比預期稍微好一些，但是到二〇一〇年時，它們的排名卻已低於印尼且近乎墊底，其中緬甸則是倒數第一。無論方法上有多少缺陷，這些排名確實對於各國人民的感受造成矯正作用，當民主化條件足以讓公民社會與媒體揭露貪腐情形時，對於領導者貪腐劣跡最感到憤怒的正是人民本身。對比於此，國際透明組織排名顯示，泰國、印尼甚至緬甸在經歷民主化後，國際社會對它們貪腐程度的認知就下降了。二〇〇六年軍事政變之後，泰國的排名再次下跌，至二〇一三年時它的排名已在菲律賓之後；二〇一〇年時菲律賓排名還不如印尼，但此後它開始有所提升（Transparency International 2014）。

　　新加坡足以自豪於它極佳的商業聲譽，它的排名始終遙遙領先於其他亞洲國家，居於這類排名的頂尖，只有北歐國家堪可與它比肩。新加坡支付給政治、官僚、司法菁英的薪資為全世界最高，相對的也要求這些人為此達到極高的廉潔與忠誠水準，違者將被處以嚴厲的肉刑乃至於極刑。新加坡的辦法運作良好，國家法律的落實因此可靠又可信。權力較為分散的大國難以複製這套辦法，至於有囂張媒體的民主國家，在政治條件上根本不可能給出這麼高的薪資。事實上，新加坡模式對於鄰國的吸引力，還不如對中共、越南這些威權政權高，因為新加坡模式似乎能提供經濟成就、社會穩定、國際尊重，同時又能將權力集中在少數人手裡。民主國家受苦於金錢政治帶來的新型貪汙，政客只能靠賄選或施恩才有可能會當選，

其資金則是來自需要政治人物支持的既得利益者。如同水準低劣的貪汙，這種新型民主式貪汙也有將財富轉移給窮人的某種優點，泰國的戴克辛便是此法的箇中好手。但傷害更嚴重處在於，因為恩庇與貪腐的政治文化充斥，東南亞的「軟政權」（soft state）在落實環境保護、合理計畫、健康安全方面的法律上長期無能。這種情況固然使得東南亞改革者感到憤怒，同時外部觀察者發現到，一九九七年亞洲金融危機後的民主化導致權力逐漸從中心分散，公民社會與社群媒體的批判聲浪愈來愈大，政府的可靠性在此過程中有顯著的成長。

　　大多數東南亞人應該會同意，這段時期的經濟收益超過它的代價。一九七○年代以後東南亞的經濟成長，是自十六世紀以來的首遭，這段時間的東南亞經濟不僅可以趕上全球標準，甚至可以超越，甚至還拉近與北方工業先進國家之間的差距。這波經濟成長證明，殖民時代認定熱帶地區必然陷入貧困與馬爾薩斯式危機的悲觀分析，實在是一場謬誤。民族主義現代化人士懷抱的樂觀精神，終於可以靠著成果證明自己的正確。不出乎意料的是，有大量東南亞人口自鄉村貧困狀態中解脫，並且進入與全球聯繫愈來愈多的城市地區，這件事情也對於宗教與文化的思考型態造成深遠的影響，我們將於第十九章探討此事。

第十九章

塑造國族、塑造少數族群：
一九四五年以降

高度現代主義時期：一九四五至一九八○年

 甩脫帝國時代權力不平等狀態的「解放」時期——也就是自一九四五年獨立宣言到一九七五年越戰終結，是一段非凡的歷史階段，通常人們是透過「冷戰」如何在東南亞的土壤上慘烈進行一數百萬生靈的喪命，還有區域內部的嚴重分裂一來對此時期進行描繪。但事後結果卻顯示，戰爭涉及的課題其實並不是關鍵。就長期來看，這段時期其實應當被視為國族建構的奇蹟，現代民族國家的理念在各地所向披靡，大有斬獲。一九四五年那些充滿英雄氣概的宣言，無法掩飾住政府的脆弱，它們擁有的資源貧乏，卻希望統治多樣、紛歧、不識字、貧窮的人民。東南亞政府的第一階段，無論是考慮到它們所採取的暴力、或遭受的暴力，又或者是它們達成的貧乏經濟成就，實在難以稱之為成功。然而，就文化層面而論，這段時期帶來了真正深刻的轉型，紛歧多樣的人民開始視自己為印尼人、菲律賓人、越南人等等，不僅如此，他們也致力透過教育而進步，向現代性前進。弔詭地是，從歐洲權力結構解脫出來的東南亞解放時期，對於現代歐洲文化與政治標準擁抱的程度卻是史所未見之高；而且，對亞洲傳統文化最戲劇性的偶像破除（iconoclasm），可能超過歷史上任何的時期。

冷戰時的兩大陣營都普遍抱持一種心態，詹姆斯・史考特（Scott, 1998, 4）稱之為「高度現代主義」。高度現代主義是一種現代理性國家計畫的強力且經常是極端的版本，流露出「對於科學與技術進步、生產提升、人類需求日益滿足、掌控自然（包含掌握人性）以及最重要的，認為社會秩序一如能被科學解釋的自然規律，可以理性設計的自信心」。當然，這些思想肇始於歐洲啟蒙運動和法國大革命，然後被共產主義及社會主義運動創造性地普遍化，然而這些思想最極端的表現，乃是出現在這段時間的亞洲。後人對高度現代主義的評價主要是負面的，例如柬埔寨波布時期駭人的社會與文化大破壞，或者是中共毛澤東搞出的大躍進與文化大革命。不過，高度現代主義也顯著存在於反共政權和軍事政權的教育規畫、媒體控制、五年計畫上，這些政權決心要塑造出新生的國人，並達成若干成就。即使是深受儒家影響的越南，都開始讓女孩子普遍接受教育，另外還有李光耀所打造的新加坡建設。一九七〇至一九八〇年代之間，大部分的新加坡人從村莊、店屋、棚戶區，被重新安置到政府所蓋的公寓大樓，且透過強制儲蓄性質且占薪資比例高達百分之二十五的中央公積金（Central Provident Fund），居民獲得了這些公寓的所有權。李光耀大膽堅持，每一個新公寓社區的組成都必須包含各種族，一九八九年所訂下的配額是要有百分之二十五的馬來人與百分之十三的印度人（華人比較有錢故常可私人購屋，於此代表性不足）。新加坡的社會地景與物理地景，經歷了徹底的轉變。國家以低於市場的價格獲取土地，建造現代摩天大樓以容納日益增長的人口，讓這個世界上人口密度居首的國家，竟然可以留有公園乃至於森林的空間存在（圖片 19-1）。

一九四〇年代後期掌權得勢的那一代東南亞民族主義者，大多是傑出接受西式教育的知識菁英。殖民政權為證明自身具有理性現代性而推展西式教育，前述那些人正是在此背景下長大的，然而殖民政權也在體制上羞辱了他們，因為種族階級秩序只讓接受類似西式教育的歐洲人握有真正實權，此舉實與理性相悖。晚期殖民主義假性地順從傀儡貴族，但這些傀儡貴族所受的教育顯然更低劣，或比知識分子更傳統，知識分子因此認定，

圖片 19-1：一九八〇年代的新加坡。新蓋的公寓大樓及辦公大樓在老店屋後方拔地而起。

自身社會那種裝飾性的皇家傳統，是不合時宜的「封建」。這些知識分子的內心懷抱民族主義，但他們又或多或少相信馬克思國際主義。一九二〇與一九三〇年代，東南亞知識分子對馬克思主義求知若渴，馬克思主義提供了一套理性的、現代的論述，說明為什麼帝國主義和資本主義終究要消滅，以及為何未來將會屬於像他們這樣的革命先鋒。

　　一九三〇年代荷蘭殖民政權和法國殖民政權的反動性質，導致許多人相信必須訴諸暴力的革命，方有可能達成國家獨立。雖然在當時，這種想法即便在民族主義知識分子群中，也只能算是少數人的觀點，但一九四五年八月日本人突然投降一事提供了不可思議的革命良機，似乎證明那些抱持暴力革命觀點之人，其實是有理的。若欲描述去殖民化的歷程與國家建構的歷程，革命似乎是一種更理性、乃至於更科學的方式。革命的主張是，邁向現代性的真正進步，必須靠徹底否定現存體制結構，而不是靠協商談判的包容妥協，正如年輕時的胡志明所言，革命的意思就是「破舊、

立新」（Ho, 1926，引用自 Taylor and Whitmore, 1995, 212）。另一方面，革命過程中出現的暴力與衝突固然令人沮喪，但可以合理化並解釋為「革命」在對抗傳統菁英、殖民影響和歷史汙點。

　　一九四五至一九六六年間擔任印尼總統的蘇卡諾，對於這種高度現代主義版本的革命可說是情有獨鍾。和胡志明一樣，蘇卡諾針對印尼的多元包容原本採取了實用主義政治手法。一九五六年，蘇卡諾廣泛地在東、西方世界旅行，其中高潮是他在中國受到精心的款待，從機場通往北京的勝利大道旁匯集起三十萬民眾，高喊著「卡諾兄弟萬歲」（Hidup Bung Karno）。蘇卡諾不只是被中共革命彰顯的成就折服，也被中共「熾熱的心與如火的精神（semangat）」震撼，而他將這兩點都歸功於強大的領導與革命的決心。蘇卡諾回國之後，馬上展開他「埋葬」自由民主政黨的行動，並打造他從中共那裡體認到的社會民主（socio-democracy）或「指導式民主」，使自己成為主導的「印尼革命發言人」（Liu, 2011, 217-26）。即便經濟持續惡化，蘇卡諾論調的千禧信仰氣氛卻愈來愈濃厚，他堅稱「革命就是要『創造明天、拒絕昨日』。」而印尼決非獨行。「在人類的歷史上，從來沒有出現過像我們今日所經歷的革命，如此強大、如此猛烈，如此廣泛、如此普及，這是一場全人類的革命，幾乎在地球的每一個角落同時風生水起、雷霆萬鈞。」（Sukarno, 1960，引自 Feith and Castles, 1970, 111-15.）

　　與前者影響同樣深遠的，便是從歐洲馬克思主義處借用「封建」乃歷史衰敗階段的概念，來貶低亞洲歷史一事。馬克思主義者成功宣傳革命針對的雙重目標正是封建主義與殖民主義，於是土著階級秩序中各式各樣的國王、羅闍、「索巴」、「達圖」（Datu），全部都淪為譴責的對象，保守的態度、體制與結構也都被斥為歷史餘孽。對於大多數左派知識分子來講，前殖民時期的歷史，竟與殖民歷史一樣屬於不可接受的模式，陳馬六甲曾經宣稱：「真正的印尼民族，除了奴役的歷史之外，根本就沒有歷史可言。」（Tan, 1926，引用自 Ali, 1963, 145）由歐洲東方學學者揭開的古典寺廟建築之神祕歷史，之所以似乎比較具有吸引力，其實是因為它

與目前的現實沒有糾葛；甚至柬埔寨將吳哥窟放到了它的國旗上。在東南亞，除了忠於王室的泰人，以及崇拜一八九六年黎剎革命世代的菲律賓人這兩個著名例子之外，人們認定現代歷史的重要性，只是因為它與反殖民主義的英雄有淵源而已。

由於殖民主義將東南亞服飾的迷人特質當作異國風情，而且宮廷、學校、旅館與航線又將現代形式加諸於東南亞服飾，民族主義式的高度現代主義因此接受西方服飾在理論上的正式平等地位（見本書第十四章）。原本，西式服裝只是少數有自覺的現代化人士選擇的東西，然而至民族主義政治時期，卻變成否定過去不可或缺的手段。理論上具有理性現代性的軍隊制服變得特別流行，蘇卡諾、胡志明乃至於施亞努王，都成為此一潮流的引領者。

貧困的高度現代主義階段，出現少數可以建造紀念性建築物的機會，結果，這些機會卻是被拿來建造普遍現代性的象徵，而不是亞洲獨特性的象徵。一九五七年，戰後日本對印尼賠款的三億美元，大部分都被用來建造四座大型現代旅館與其它的現代大樓，意圖在於展示此一新興國家在現代世界之中的平等地位。東南亞最有力的國族象徵展示，當屬河內的胡志明紀念堂或雅加達的國家紀念塔，前者模仿的是列寧陵墓而後者仿效的是華盛頓紀念碑，只不過，蘇卡諾卻是把他的這座國家紀念塔，視為插在陰性「約尼」（yoni）基座上的「林伽」（lingga）[15]。東南亞各國傳統的多元主義，反而更需要強化在中立、普遍基礎上塑造出現代的新身分認同。

塑造東南亞族群的主要力量是宗教，然而這段時期的民族主義與現代性，讓宗教只能退居次要地位。宗教領袖大多相信塑造新國族乃是當務之急，對此事抱持質疑的宗教領袖，則遭受排擠淪為分裂分子。一九七五至一九七八年柬埔寨的紅色高棉政權，無論用哪種標準來看都無疑是極端主義政權，它革除了所有佛教僧侶的職守，還將金邊大教堂夷毀。這段時

15　編注：lingga，譯為「林伽」，是一個印度教的崇拜符號，象徵印度教神祇濕婆，在此處表示傳宗接代的男性性器官；yoni，譯為「約尼」，代表濕婆的妻子雪山神女，形狀象徵女子的陰部。

期東南亞所有的共產黨人，都力圖終結宗教在教育當中的角色、阻撓宗教捐獻、攻訐階級秩序的宗教性理由。高度現代主義者對於「封建迷信」的攻擊造成深刻影響，由此激發宗教界以更理性、更現代的形式回應。現代的、普世的事物，更優於傳統的、區域的事物。冷戰時代的背景條件，鼓勵各種宗教領導者以另類的全球主義，而不是區域的綜合性傳統來對抗共產主義，例如吳廷琰的天主教信仰或穆罕默德‧納席爾（Mohammad Natsir）受沙烏地阿拉伯影響的伊斯蘭改革派。

高度現代主義在一九七○年代失去了信服力，到了一九八○年代，革命之後的下一代掌權者全部都感覺到，他們必須藉由訴諸區域特質與宗教獨特性來支撐自身的正當性。尾隨革命期望而來的是失望與幻滅，然而使失望與幻滅急速增加的原因，是波布的暴虐，還有一九七八年高棉、越南、中國共產主義者之間的戰事。中共外交人員和受到誤導的中國效忠者，認為他們必須貫徹一九六七年文化大革命的愚蠢傲慢，由此甚至疏遠了一向謹慎自處的緬甸政府。

在一九六五年轉而暴力對抗馬克思主義意識型態時，印尼軍方特別需要新的合法性來源。一九七二年由蘇卡諾之妻贊助的雅加達大型主題樂園「迷你印尼」（Mini-Indonesia）開張，代表著各個文化精粹的某種「民俗之戰」（battle of the kitsch）於焉展開。其中，房舍與服飾尤其是重要的必爭之地，各種族的遊說團體紛紛推出自身最簡潔清新且具有象徵意義的成果。一九八○年代，省級博物館和其他公共建築，成為各個族群與區域呈現其精簡成果的競爭場地，奢華的婚禮復興了長期遭人忽視的正式禮服。至此，這類競賽之中已經毫無政治意味，因為它們是對於失落生活方式的正式復興，彰顯著國族慣用語法（national idiom）的勝利。與東南亞國家協會（ASEAN）等區域論壇有關的高峰會（見本書第二十章），將這種溫和的文化象徵主義帶入國際場合，即便是昔日為共產主義的國家，都必須因應蠟染襯衫而推出自身版本的服裝。在這場文化商品化的活動裡頭，旅遊觀光也占有一席之地。一九七五年河內政權征服越南南方的時候，禁止了優雅的女性長襖「奧黛」，但是一九八六年「革新」計畫之後，

它又開始推行奧黛的穿著,首先穿著者為航空業與旅館員工,以及駐外的文化代表。

寮國、越南、柬埔寨解除對佛教與基督教徒社群的限制,讓他們可以恢復並資助寺廟與神壇,他們甚至可以像古代國王那樣,在節慶場合公開贈禮給僧侶以追求正當性。一九九一年時,寮國政權將每份文件上,代表國族象徵中心的共產主義槌子與鐮刀,換成了備受喜愛的古永珍塔鑾寺。一九七五年推翻自身國王的寮國人,卻在一九九〇年代歡迎泰國王室頻繁來訪。在一九九〇年代,緬甸國家法律暨秩序恢復委員會的正當性頗為微弱,委員會裡面的將軍們忽視國家獨立英雄翁山(反對黨領袖翁山蘇姬之父),卻以征服者勃印曩之流的古代國王來自我裝飾,承繼其衣缽。此委員會於二〇〇二年開始營建新首都,將其命名為「奈比多」(Naypyidaw),意思是「太陽皇城」。至此,高度現代主義的時機已然消逝,但它也確實造就根本性的變化。

教育與國族認同

現代主義階段的巨大成功之處在於教育的擴展,隨此而來的,則是國族語文識字程度提高以及國族概念的推展。來自相互競爭的各個意識型態陣營的國族菁英們,一致同意這件事情是新國家的首要任務,冷戰雙方陣營也都渴望協助此事。從前反對殖民時代現代教育的人們,是因為討厭那種基督教與外國的蠻橫氣息,如今,這些人對於教育的推展卻是衷心支持,因為教育是國家建構的新動能。東南亞在女性教育方面領先印度、中國與穆斯林世界,而東南亞革命諸國的識字率與就學率,要比其他同樣貧困的國家還要更高。泰國、菲律賓、越南、新加坡,在一九八〇年之前已經達到百分之八十的成人識字率,至於印尼、馬來西亞和緬甸,則是在一九九〇年之前達到此水準。一九五〇年的印尼,擁有九百五十四間中學與四間大學,十年之後,它已有四千六百所中學與一百三十五所大學。一九五〇至一九七五年這段期間內,東南亞整體人口的在學時間大約增加

了兩倍，到一九八○年代的時候，不識字或沒上過學的只剩下老人。教育是都市化的巨大推動力之一，中學教育使得年輕人離開村莊，而往後他們通常不會再回去務農。

急速拓展的學校教育多是以國族語文為載體。二戰之後，能與國族語文競爭的只有英文，因為菲律賓、馬來西亞、新加坡和緬甸為了全球性目標，在高等教育當中延續殖民者的語文。一九七五年以前，在寮國和柬埔寨的首都裡，法文教育仍倖存於極少數高等教育當中，但在一九七五年之後，法語在共產國家裡面已經沒戲可唱了。東南亞各國做得最絕的，當屬一九四二年全面封殺荷蘭語文的印尼，一九五六年印尼斷絕與荷蘭的關係之後，就連印尼的大學都不准使用荷蘭文。因為不能確定替代方案為何，英語在新加坡和菲律賓的學校體制內，作為教學語言根深蒂固，但馬來西亞和緬甸則是逐步淘汰英文的使用。其中，馬來西亞和緬甸境內最晚淘汰使用英文的是大學，前者於一九六九年改用馬來文，後者於一九六五年改用緬文，不過此後，為挽救國際地位因此喪失，他們也意圖努力恢復使用英語。對比於世界上後殖民時代的其他地區，東南亞的國族語文取得相當快速和徹底的勝利。

以國族語文開創新興現代文學，並為科學、技術、高等教育創造新詞彙，是一九四○至一九六○年代的知識分子嘔心瀝血之處。知識分子不只是從他們受教育時接受的殖民者語文當中汲取靈感，也從梵文、阿拉伯文或者中文（越南的情況）發揮創意，用以開發這些新概念。其中，只有泰文之前就已經在大學等級的教育中使用，並開發了教科書籍。東南亞所有的國族語文，都曾經於一九二○與一九三○年代之間，在報紙與「銅板價小說」（dime novel）中作為大眾文學醞釀成長。但是，現代性追求的是可以在學校中教導的經典作品，以及能夠正式出席冷戰雙方陣營贊助的國際作家會議的文人。對於文人作家來說，高度現代性時期是段令人歡欣鼓舞的時間，但隨著官方意識型態更迭，它也變得相當有風險。自由派領銜文人如穆赫塔爾‧盧比斯（Mochtar Lubis）和一九六三年「普遍人道主義者」（universal humanist）文化宣言的支持者，在一九五八至

一九六五年印尼指導式民主時期，遭到當局查禁與監禁。自由派文人的對手兼反對者，也就是馬克思主義文化組織「人民文化協會」（LEKRA），在蘇哈托時代受到的迫害更加嚴重，沛莫笛亞·阿蘭大·拓爾（Pramoedya Ananta Toer）被流放到布魯島達十四年之久。從前選擇支持越盟的越南文人，居然在一九五六至一九五八年的批鬥鎮壓時期，遭到封殺與譴責（見本書第十七章）；選擇靠攏另一邊的越南文人，在一九七五年之後的遭遇更悲慘，身陷勞改再教育營十年以上的時光。

在這場關於新國族文化的激辯裡，沒有人有心顧及這個過程中確定無疑的輸家，也就是數以百計的原住民語言。在一九三〇年代，東南亞各種方言有哪些可以轉化成現代印刷文化，仍然是個局面未定的開放課題。爪哇文、巽他文、巴塔克文、宿霧文、克倫文還有中文的報紙，都是於一九二〇年代問世，並且促成小說與詩歌印刷書籍和報導文學大行其道。小學教育和學校教科書的製作，最初是以各種語文的型態展開。然而自動盪的一九四〇年代以來，所有可供文化發展的資源，全都被集中用於建構國族語文這項任務。緬甸（1962年後）、泰國、越南與印尼的教育主要是使用各個國族語文，教科書與考試所使用的文字也一概是國族語文——雖然初等教育的老師經常是以方言口語來教學。

廣播相關科技大幅提升這些國族語文的流傳範圍、滲透與流行程度。東南亞革命政權不遺餘力要控制廣播和電視，並運用廣播電視的推廣讓國族語文和政府宣傳進入各個村莊。緬甸（1962年後）、馬來西亞、新加坡政府以及印度支那共產黨政權，最致力於確保廣播媒體只能有一種聲音，並且自高度現代主義階段起壟斷廣播和電視。事實證明，新興電視科技是種很有效、很有力的新工具，也是威權政府起初最容易控制的工具。不過，東南亞內最早善用電視科技的先驅，是資本主義發展不受限制的泰國（1955年）和菲律賓（1953年），菲律賓也是亞洲最早生產電視機的地區之一。泰國和菲律賓兩國，繼續維持私營電視台之間異常自由的競爭狀態。在東南亞其他地區，各威權政府則是從開始便要全盤掌控這種有力的新媒體。印尼、馬來西亞、新加坡於一九六二至一九六三年間

引入電視，越南南部、柬埔寨於一九六六年引入電視，越南北部在古巴協助下於一九七〇年引入，緬甸於一九八〇年引入，無論是當中哪一例，電視自引進之初便是由政府壟斷。公元一九七六年，印尼率先透過衛星將印尼國家電視台的播放範圍推進到最偏遠的島嶼地區。蘇哈托政府進行大力推廣，欲確保每個村長處都有電視訊號接收器以及供給電力的柴油發電機，並將此事視為首要急務。巴布亞地區高地人與偏遠的婆羅洲長屋居民，往往於晚間聚集於電視機旁，被雅加達生活的影像及其播放的——他們可能從未聽過的——國族語言深深吸引。由政府擁有的印尼共和國電視台（TVRI），持續掌握電視壟斷權直到一九八九年；此後，私人電視台的發展有聲有色，但它們依然是以雅加達為中心，且唯一使用的語文是印尼語。只是如今的印尼電台就像是泰國曼谷的私營電台那般，單語主義（monolingualism）的驅動力量已是廣告收益。論及將國族語文牢牢地與進步和現代性連結在一塊，電視造成的影響恐怕比教育還要更高。

革命的印尼與越南，以各種語言形式進行的「否定往昔」行動尤其成功，它們以羅馬拼音化的國族語文，切斷自身與前殖民歷史的聯繫，同時，荷蘭語的崩潰和法語的迅速衰微，更是進一步讓年輕人對殖民時期感到疏離。現代印尼語的基礎是馬來語，而根據一九三〇年的人口調查，只有不到百分之二的印尼人口是以馬來語為母語，若論及書寫語文或通用語的話，使用馬來語文的印尼人口比例則是高得多。但根據一九八〇年人口調查，在家裡使用印尼語的人，全國人口中有百分之十二，城市居民則有百分三十六，年輕人更是絕大多數使用印尼語。隨著印尼語成為現代性、教育、都市生活的語言，東南亞群島區爪哇語、峇里島語、巽他語、武吉士語、望加錫語等豐富的文學文化，消失的速度相當駭人。前殖民時代，東南亞擁有最豐富文學傳統者當屬越南，但後來越南卻放棄它原有的文字表達方式——也就是學者士人使用的書寫中文以及民間方言文學使用的喃字，改採羅馬拼音的越南「國語」。我們可以說，與過去歷史斷絕最徹底的確是越南。不過，印尼與越南兩例的羅馬拼音化作法有助於「打造明天」，能夠掃除文盲，並讓語文的使用更加一致而有平等精神，同時

企圖趕上世界文壇的水準。這兩種語言於知識教育用語與民間流行用語兩方面，成功建構出一套國族習語，其成果十分了得。

在二戰之後的世界裡，英語的功能在非革命政權的菲律賓和馬來西亞／新加坡，造就出另外一番景象。民族主義者當然是民族或國族語文的大力提倡者，但傾向使用別種語言的人們，則躲在繼續使用英語作為通用語的策略背後，這項策略也能將不同語言背景的社群連結到一起。一九四〇年的菲律賓自由邦，決定以馬尼拉地區的語言——他加祿語為基礎發展國族語文。這門國族語文於一九五九年重新命名為菲律賓語，拼成 Pilipino，又於一九七三年改拼作 Filipino；此項作法受到各大語言族群的激烈反對，例如米沙鄢的宿霧語、希利蓋農語（Hiligaynon or Ilonggo），還有呂宋的伊洛卡諾語、邦板牙語等族群，自西班牙統治時代以來，這些語言族群便各自擁有自身的羅馬拼音化文學。妥協出來的一九七三年菲律賓憲法，將英語和菲律賓語同時且平等地定為官方語言，要求政府發展雙語教育政策，在學校教育中必須兩種語言都使用。一九八六年推翻馬可仕且以馬尼拉為根據地的「人民力量」運動，充滿民族主義激情，人民力量運動將菲律賓語單獨定為唯一的國家語文，但這項辯論至今依然持續不斷。進入全球化時代，二〇〇六年時菲律賓通過一項「回歸英語」法案，規定再度將英文當作教學語文使用。

在馬來西亞和新加坡，對於國族語文與身分認同構成主要挑戰的並非方言教育，而是華語中文。東南亞各地的華人社群於二十世紀期間，建構起一套堅實有力的教育體制。到了一九三〇年代，印尼華語學校已有約三萬學子，馬來西亞與泰國華語學校則各有兩萬五千和八千名學生。二十世紀前期數十年間的中國民族主義熱潮，是這波現代學校運動的主要原動力。華語學校的教科書一概採用中華民國政府指定教科書，華語學校的教員也經常是在中國受過教育的民族主義者。新加坡鳳梨兼橡膠大亨陳嘉庚（1874-1961 年），一方面慷慨資助英語教學的學校，同時又企圖使中國成為南洋華語教育的巔峰。陳嘉庚最大的一項捐款，是於一九一九年在自己的出生地福建成立廈門大學，任命首位獲得英國女王獎學金的新加坡華

人林文慶博士擔任第一任大學校長。隨著同情共產黨的氣氛漸長，即便是採自由放任政策的殖民政府，都開始擔憂課程大綱蘊含的中國民族主義；然而，對於建構國族的東南亞民族主義者來說，這件事變成了一項關鍵議題。

公元一九三二年以來的泰國，是首先處置此議題的東南亞國家，泰國自一九三三年開始，命令所有學校教師都必須具備基本泰文能力，中文只能被當成外國語文教導。在激烈攻訐的氣氛之下，華文學校的招生情形急速惡化，但後來達成務實妥協之後，華文學校的情況又有所好轉。一九四五年日本投降，造成中國民族主義情緒大漲，至一九四八年，華文學校的在學人數已經有十七萬五千之多。然而，鑾披汶‧頌堪獨裁政權卻也在一九四八年開始冷酷地遏制華文學校，並且將殘餘的華文學校泰文化。雖然此舉最初遭到抗議，但這番打擊挾著泰文教育擴張，再加上一九四九年中共勝利之後的封閉態勢，實實在在地消滅了中文對於華—泰人民的吸引力。

一九四五年以後，印尼經歷了同樣的中國民族主義教育浪潮，但不同處在於，印尼自一九五〇年開始承認中華人民共和國。此情導致一九五七年印尼轉向威權政治期間，關閉所有同情台灣政權的華文學校行動更加橫行無阻；這個狀況也使得剩下來在學人數超過十萬的華文學校，暴露於一九六五年狂熱反共情緒的危險當中。結果，所有的華文學校都關閉了，在反應過度的極端局勢裡，所有來自中國的印刷品都遭到禁絕。華人受敦促改用印尼名字，一切具有中國特色的公共表現形式，例如商號或節慶全數遭到禁止。蘇哈托的政策，確實使人民經歷文化層面的印尼化，然而不幸的是，該政策也合理化了官僚體制的排華偏見，並將反資本主義者遭遇到的挫折，歸咎於華人並訴諸排華暴行。印度支那的華文學校，也被捲入冷戰的國族建構競賽當中。一九五〇年代，南越仿效泰國的做法，將境內華文學校越南化並強迫人民取越南名字，到一九七五年共產黨全面掌權後，苟延殘喘的華文學校也被迫關閉。越南北部有極少數華文學校得以繼續運作，但這只是作為共產黨兄弟情誼之象徵，當一九七八年兩國關係惡

化且中共進犯之後，這項特權便淪為詛咒，越南大多數華人也離開了這個國家。

　　相對於鄰國的經歷，馬來西亞和新加坡獨立之際，擁有全東南亞最高比例的華語人口，且兩者都擁有發達的教育體系，可以有效地讓土生混血的華人社群再度華化。此一鼎盛時期的代表是新加坡的南洋大學，一九四九年中共建國之後封閉大學入學機會，沮喪的華文學校畢業生出路受阻，華人於是在一九五六年創辦南洋大學，此外再加上民間的熱情襄助，無論百萬富豪、三輪車伕或酒店女侍，都紛紛捐款贊助建立這所位於東南亞心臟地帶的中文驕傲象徵。雖然南洋大學的創辦人主要為新加坡華人，但大學內也會教導印尼文、英文，並且吸引更廣大地區的中文學子前來。南洋大學實是東南亞華語圈身分認同與文學創造力的顛峰之作。但是，由於李光耀政府選擇以英語作為通用語，南洋大學的畢業生依然遭遇困頓。在政府的普遍雙語政策──英語和「母語」（華語、馬來語、泰米爾語）──之下，父母們一面倒選擇有英語教學傳統的學校，以讓小孩接受較佳的英文教育。在公元一九六八年以前，華語教學的學校大約有百分之四十五的在學者為華人，但至一九七八年時，這項比例已經下降到只剩百分之十一。此外，南洋大學因為學生的激進主義，也陷入麻煩之中，一九八〇年時，南洋大學被迫與英語教學的競爭學校合併，成為只能用純英語教學的新加坡國立大學。

　　與新加坡類似，馬來西亞政府堅持無論是教導英文、馬來文、中文或泰米爾文的學校，一概都要實施共同課綱。自一九六一年起，馬來西亞政府要求中學必須使用英文或馬來文進行教學和考試，方有資格獲得政府資助。私人出資的「獨立華校」（Independent Chinese School, ICS）可以營運，但是它們的入學人數卻急速減少，因為高等教育的機會如今只剩下英語一途。歷經一九六九年五月種族暴動造成的苦難，以及此後政府嚴格執行以馬來文作為全國體制唯一用語之規定，自一九七三年起，獨立華校出現顯著的復興現象。華人教師大力動員，自社群之中徵集私人資助，還另外組織獨立的考試體制，能夠使學生升學至海外以中文（台灣地區）與

英文為用語的大學。一九六九年後馬來西亞以馬來文為教學用語的大學，在入學方面對於華人的全面歧視，導致這種教育體制作為統合的工具失敗了，雖然它確實讓全馬來西亞公民都擁有可行的馬來語知識。學子或者因為馬來文考試表現不佳，或者單純認為獨立學校的海外升學機會較佳，決定將獨立華校體制當作一條替代的出路。婆羅洲的非穆斯林土著因為國家體制的穆斯林色彩漸濃而愈感失望，獨立學校對於他們也具有相當的吸引力，由此，在二〇一〇年時，馬來西亞的華文獨立中學（總數六十所）竟有極高比例是位在砂拉越和沙巴當（二十三所）。

到了一九八〇年代，除了英文與中文之外，高度現代主義已成功地使八種國族語文成為各自地區唯一的書寫表達媒介。數以百計的其他語言，若不是變成學術研究的殘存文獻化石，就是漸漸地變成單純的口語。由於這些方言對於國家統一已不再是什麼嚴重的威脅，日後方言也出現了某種復興現象。在新科技的幫助之下，首先復興的領域是音樂。卡帶和光碟以及後來神奇的電子設備，使得私人錄製或複製音樂的成本變得極為便宜，由此撼動了國家電視的主宰地位。至一九九七年時，印尼擁有二百一十七家註冊的廣播電台，當中有許多是以「巴塔克流行音樂」（Pop Batak）、「巽他民謠」（Keroncong Sunda）、「米納哈沙音樂」（Musik Minahasa）為主打。雅加達、曼谷、馬尼拉的小型公車營運商，經常會播放它們喜愛的地方族群曲目——三地分別為巴塔克語、依善語、宿霧語——來取悅乘客。

國族語文教育之普及，也使得國族語文因此被人們視為理所當然，而且變得庸俗化，它已不再是通達現代性的優越途徑。至一九九〇年代，人們認定能夠駕馭英文的能力，才是通往現代性與好工作的門道。有人開始呼籲要復興方言教育，認為方言與已經穩住根基的國族語文之間，未必會有衝突之處。一九九〇年代時，以馬來文教育為主的東馬來西亞地區，砂拉越的伊班語（Iban）、沙巴的卡達山／杜順語這幾種最大的土著語言，雖然在標準化為書寫語文方面有爭議，仍獲得允許列入馬來文、中文、泰米爾文的行列，成為合法的基礎教育媒介語文。二〇〇九年時，菲律賓出

現另一次的語言轉向，立法機構引用全球教育學界的共識，認定識字最好是透過母語學習，於是規定各間小學當中必須引入十二種「母語」之一。然而，探討如何將方言標準化以及準備相關教材和字典的學術會議，無一例外皆是以國族語言或英語進行。神靈崇拜與地方音樂藝術的古老連結遭人遺忘之下，教會經常循著教會本地化（inculturation）和多元文化主義（multiculturalism）的國際趨勢，參與或領銜主導地域習語的復興事宜。

爪哇語是全世界最大的非官方語言，說爪哇語的人數高達七千五百萬，一九八〇年代時，隨著爪哇語流行程度提高，方言出版業也經歷了一次小復興。根據喬治・昆恩（George Quinn, 1992, 39）的估計，當時再度創新的爪哇語周刊與其刊載的流行故事和連載小說，應該還有約十四萬名讀者；但是隨著年齡較大、主要以鄉村為主的讀者之死亡，這個數字只會繼續減少。除了某些就讀宗教學校的人能閱讀源於阿拉伯文的馬來文字，國家獨立那個世代的人們幾乎沒有能力閱讀古老文獻。一九九八年以後，針對蘇哈托極端中央集權政策出現的反動，將印尼的行政自治權歸還給各省與各區，但此事對於復興方言教育的幫助卻微乎其微。地方性的文化熱情僅僅限於重新發現和記錄土語與地域習語，而這些語言早已變成裝飾性、私人性、口語性的無害存在。

清教式全球主義

具有寬容與多樣性的東南亞古老秩序，於高度現代主義時期遭到顛覆，此事往往令外國訪客感到失望沮喪；不過，東南亞人自身對於這件事倒沒什麼抗拒，反而廣泛歡迎這種針對文化的公共淨化行為，以伸張今日的自己與昔日歐洲主人已處於尊嚴平等之地位。這一節要探討的，就是各式各樣的清教式規從（puritan conformity）熱潮，其影響及於亞洲大半地區，發生的時間包括威權時期與威權過後，這些潮流本屬於都市現代化歷程，與對外部性、全球性認可及個人道德責任兩者的需求相繫。

此事的第一階段正是高度現代主義時期，當時，新崛起掌權的革命分

子，大力譴責那些會讓自己在西方人眼光下丟臉的公共現象。女性服裝成為首當其衝的目標，峇里島、婆羅洲與高地社會的女性裸胸習俗，很快就從公眾視線中消失。為了支持現代性，包含神靈治療與巫醫在內的地方宗教習俗（見本書第八章）再次遭到排擠與邊緣化，公共表演、儀式與文學也在淨化的要求下剔除上述習俗作法。冷戰期間，抗拒美國「帝國主義」的那方，包括禁絕好萊塢電影和法國小說等「頹廢」文化的行為。一九四五年之前，屈處地下的共產黨飽嚐苦難，他們必須犧牲個人的家庭生活與性生活，共產黨幹部由此養成某種禁慾苦行的習慣，而且在日後掌權之際，覺得自己有資格將這種清教式的紀律廣為推展。由於富裕的都市菁英很容易就被描繪為異國外來者，故新興統治者，無論是反共的李光耀和吳廷琰、還是共產黨人胡志明與波布都得以輕易地譴責都市菁英的「中產階級墮落」。尼爾・傑米森（Neil Jamieson, 1993）曾運用越南式宇宙觀來為這個階段下定義，代表男性、正統、階級的「陽」暫時位居主宰，將感性、包容的必要平衡要素「陰」推到邊緣。

不過，更為重要的長期性轉折，則是發生於國家喪失進一步現代化或淨化文化的意志或能力之際。一九八〇年代以來清教主義之興起，是由受過教育的新興都市中產階級自下而上所推動，而清教主義一般反對國家普為人知的貪汙腐敗。如第十八章所言，一九七〇年以後都市化與商業化的歷程急遽加速，殖民時代大部分屬於鄉村的土著與穆斯林人口，特別是首當其衝受到波及的對象。一九七〇至二〇一〇年之間占有東南亞區域一半左右的穆斯林地區，竟然與維多利亞時代清教氣息濃厚的英格蘭情況頗為相似，此現象尤其發人深省。

公元一八〇一至一八九一年之間，英格蘭和威爾斯的都市人口從兩百三十萬成長至兩千萬；一八九一年時，英格蘭的都市化程度已經有百分之七十二。對比來看，一九五〇年時，東南亞整體的都市化程度只有百分之十三點六，東南亞土著所在地區的都市化程度甚至在百分之十以下。一九七一年印尼的都市化程度只有百分之十五，至二〇一〇年則提升至五十。一九七〇年馬來西亞的都市化程度為百分之二十八，而都市人口當

中的馬來人比例只稍高於四分之一；至二〇〇〇年時，馬來西亞的都市化程度已有百分之六十二，大幅提升的都市總人數裡面，馬來人幾乎占了半數之多。如同維多利亞時代英格蘭那些向上流動的新興都市清教徒那般，這些新出現的東南亞都市穆斯林，需要一整套新的「現代」宗教心理。這些都市穆斯林已經無法得到鄉村圈宗教節慶、農業儀式、生命周期儀禮與既有階級秩序的服務或約束，如今他們需要一套更抽象、更理性的信仰，這種信仰既能以個人為重點、又能涵蓋國家或世界，可以在城市危險競爭的環境當中，提供意義、紀律、尊嚴，以及上帝之前人格平等的信念。

從西方後現代性（post-modernity）的制高點看來，一九一四年之前一百年間的歐洲現代性，以及此後一百年的東南亞現代性，伴隨著一種特殊的公共虔誠態度，這包括：性倫理方面的禁慾與清教式態度；父權家庭，受人尊敬的已婚婦女應當以家庭為重；工作場所多為男性，且標榜辛勤工作、節儉與紀律；樂觀相信城市、進步、理性與科技；有超出既有宗教階層秩序的期望與訴求，並以訴諸原始經典來作為合理化之依據。

這種現代性的宗教面貌，是要透過與上帝有直接關係來追求個人救贖，這種追求展現於節儉習慣、工作勤奮，還有對核心家庭之提倡。在這樣的核心家庭裡，賺錢養家的父親作主，可敬婦女的職責則限於辛勤養育小孩與熱心教會及慈善活動。維多利亞時代英國的基督教聲勢浩大，其表現有國內的反酗酒、反娼妓、反賭博運動以及海外的傳教活動，傳教者自信滿滿地宣揚現代的、理性的、道德的宗教福音。

伊斯蘭教甚至比基督教更加熟悉這類清教式改革主義浪潮。我們曾經討論過，十六世紀與十九世紀初期時，擁有國際關係的商業化菁英是如何接納激進的清教主義，對於東南亞式的折衷絲毫不能忍受（見本書第五章、第十一章）。即便到了穆斯林社會逐漸農奴化的殖民盛期，前往麥加朝聖的人數仍有成長，新式穆斯林學校體制也蓬勃發展，這樣的發展導致一種嶄新的政治兩極化現象，一邊是穆斯林身分的自覺認同，另一邊是在殖民或民族主義下的世俗化主流。日本的占領將受過穆斯林教育的少數族群政治化，日本人讓他們動員起來，擔任對抗盟軍反攻期間的特殊

角色。印尼與馬來西亞那些受過西式教育的領導人，堅決致力於打造有宗教自由的世俗性國家；然而，受過阿拉伯文教育的少數族群人數頗眾，他們從未放棄用「吉哈德」聖戰建立伊斯蘭教國家的信念。印尼的伊斯蘭民兵在面對盟軍反攻時，經歷過數場極為血腥慘烈的戰役，其中有些人日後繼續進行武裝抵抗，舉著「印尼伊斯蘭國」、「伊斯蘭之家」（合法伊斯蘭統治世界區域的傳統名稱）大旗，反對堅定採世俗立場的印尼政府。不過，大多數烏理瑪則是懷抱著較為有限的選舉目標，傾向組成伊斯蘭政黨。在馬來西亞，烏理瑪組成反對黨「泛馬來亞伊斯蘭黨」（Pan-Malayan Islamic Party），一九七三年起改稱「馬來西亞伊斯蘭黨」（PAS）。此黨在一九五九年馬來亞全國大選中獲得百分之二十的選票，且長期握有農業州吉蘭丹的支持。

等到人口湧入城市熱潮的一九七〇年代，印尼的穆斯林武裝亂事已經遭到鎮壓，世俗國家的少數族群容忍政策似乎鞏固。蘇哈托追求一個能免於政治衝突的有機國家（organic state），此事的高潮乃是一九八五年的立法，該法律要求所有大型組織都只能擁有同一基礎，也就是「潘查希拉」（Pancasila）。潘查希拉的意思是「五大原則」，此乃一九四五年蘇卡諾的綜合性配方，在指導式民主之下，五大原則獲得重申，且蘇哈托的恐怖政權把它當作信條一般推行。潘查希拉將一神信仰當作首要原則，從而避開宗教性問題與麻煩，在一九六五至一九六六年的反共狂潮期間，潘查希拉受到運用，意指所有公民都必須在官方認可的五大宗教當中選擇其一，也就是伊斯蘭教、天主教、基督新教、印度教、佛教。潘查希拉成為對抗軍方兩大敵人的利器，這兩個敵人分別為左派的禁慾修行式共產主義，以及右派的伊斯蘭國家追求者。一九八五年的立法，甚至要求包括伊斯蘭運動在內的人們，必須同意他們的基礎是伊斯蘭教以外的事物，可以想見，此立法當然會遭遇抗議及反對，乃至於爆發針對印尼最偉大古蹟佛教婆羅浮屠的一場炸彈攻擊，此刻可說是穆斯林日漸與印尼政治歷程疏離的頂峰點。對於傑出穆斯林思想家如努柯力斯・馬吉（Nurcholish Majid）和一九九九至二〇〇一年曾任印尼民選總統的阿卜杜拉赫曼・瓦

希德（Abdurrahman Wahid，1940-2009 年）等人來說，伊斯蘭去政治化的情況，正好是擺脫烏托邦伊斯蘭國家徒勞追求的良機。努柯力斯以「要伊斯蘭，不要伊斯蘭黨」（Islam yes; Islamic Party no）為口號，訴求一個接受多元現代世界的伊斯蘭教，強調伊斯蘭信仰本質的超越性與道德性與其對個人之提升。一九九〇年代的印尼，似乎成為了全世界自由派穆斯林的一盞明燈。

可是，東南亞全境潛伏著一股頑強的伊斯蘭政治暗流，這股暗流從與沙烏地阿拉伯、巴基斯坦、埃及穆斯林兄弟會（Muslim Brotherhood in Egypt）的關係中滋養成長。這股伊斯蘭勢力的知識領袖，是受過荷蘭教育兼印尼第一個穆斯林黨「馬斯友美」的清教派領袖、一九五〇至一九五一年的印尼總理穆罕默德‧納席爾（1908-1993 年）。對於印尼領袖沒有支持伊斯蘭律法之執行、印尼人民沒有投票支持穆斯林政黨，納席爾感到相當失望，有鑑於此，他在一九六七年時為了伊斯蘭宣教運動「達瓦」（Dakwah）設立「印尼委員會」（Indonesian Council），認為最高急務便是讓印尼社會得以伊斯蘭化。透過沙烏地資助的穆斯林世界聯盟（Muslim World League），以及此聯盟提供的赴瓦哈比王國求學的諸多獎學金，納席爾很快便成為將沙烏地薩拉菲派（Salafist）思想傳入印尼的主要引介者。納席爾的行動有助於伊斯蘭教道德與律法立場的鞏固，從而能夠免於地域性的妥協，這樣的伊斯蘭教在一九八〇與一九九〇年代時，成為能吸引年輕人反對蘇哈托的有效途徑。可是，穆罕默德‧納席爾抱持的自由主義，卻在一九九二年被自身組織的期刊雜誌妖魔化，它們惡劣地將納席爾視為對抗伊斯蘭的陰謀錫安主義者（Zionist）。「達瓦」研究團體在世俗性大學裡頭愈來愈得勢，他們讚揚一九六六年於開羅遭到處決的賽義德‧庫特布（Sayyid Qutb）——庫特布死後成為穆斯林兄弟會與沙烏地支持的全球各地遜尼派好戰分子之靈感泉源——並宣揚庫特布的「戰鬥—虔敬」（militant-pietist）理念。有許多接受世俗教育的學生初次置身於充滿誘惑力的都市消費主義世界裡，而歡迎或擁戴庫特布的思想，將之當成保持個人道德氣節的憑藉；然而，與印尼兩大主流穆斯林運動烏理

瑪覺醒會及穆罕馬迪亞有關而接受過穆斯林教育的年輕人，對於前述思想倒是不怎麼傾心。

大概只有幾千個東南亞人受到上述思想充分刺激，於一九八〇年代前往阿富汗加入塔利班（Taliban）陣營對抗蘇聯，或者參加後來的亂事，而這之中有許多人本是和更先前的伊斯蘭叛亂運動有關係。更為重要的轉變，則是發生在印尼蘇哈托以及馬來西亞馬哈迪掌權晚期，即主張針對伊斯蘭現代性的獨特理解。在此認知之下，年輕男女可以進入大學、工廠、都市購物中心，同時擁有個人道德的精神盔甲保護，以及作為穆斯林的群體身分認同。這場鬥爭已不再是國族對抗帝國主義，而是全球性伊斯蘭要對抗反伊斯蘭的猶太、基督教或美國陰謀。這場變化之中最廣為流傳的象徵符號，表現於都市年輕女性的服飾，就在二十年之內，年輕都市女性的穿著經歷了徹頭徹尾的改變。向上流動的新興都市化年輕女性，非常流行穿戴頭巾（阿拉伯文 hijab，印尼文 jibab，馬來文 tudung），印尼甚至在一九九一年時被迫廢除政府機關內不得穿戴頭巾的規定。有眾多相關研究的結果顯示，此現象反映多數女性相當自信地面對此一轉變，在她們而言，對伊斯蘭虔誠與對時尚現代性的渴望兩者之間並不牴觸。

僅有極少數的少數群體，會以訴諸暴力的「吉哈德」聖戰，對抗這種伊斯蘭復興願景下所認知的敵人；然而，印尼蘇哈托與馬來西亞馬哈迪威權政權分別在一九九八年與二〇〇三年終結之後，這些人的影響力卻開始變得愈來愈大。一九九八年以後，印尼東部的多元區域的權力下放，穆斯林民兵便為了控制此地區而與基督徒對抗。「伊斯蘭捍衛者陣線」（Islamic Defenders' Front）針對獲利豐厚的夜店和賭場下手並威脅他人，藉此收取保護費。受到二〇〇一年美國世界貿易中心恐怖攻擊事件的刺激鼓舞，附屬於蓋達（al-Qaeda）組織的「伊斯蘭祈禱團」（Jemaah Islamiyah）極端分子，曾多次鎖定外國人為目標犯下炸彈攻擊，其中最嚴重的當屬二〇〇二年十月峇里島夜店的自殺炸彈客襲擊，受攻擊的對象是飲酒作樂的客人，二百零二位死者多為外國人士。對於印尼政府和馬來西亞政府而言，要追捕與判處殺人犯還算比較簡單，要對付釀成極端主義崛起的極端心

理，反而更加艱難。努柯力斯・馬吉和杜拉赫曼・瓦希德過世之後，國內強大的穆斯林勢力，很少願意直接譴責極端主義。結果正好相反，受到印尼官方認可的「烏理瑪理事會」（Council of Ulama），竟在二〇〇五年時抨擊自由主義與多元主義，稱其為伊斯蘭所不容；與此同時，馬來西亞執政黨巫統受黨內的極端主義派牽引，因而對於憲法保證的宗教自由，採取愈來愈強的排斥態度。

在二十一世紀更加開放的競爭政局當中，那些不能接受民主投票制的人們，再度訴諸伊斯蘭教法「沙里亞」作為上帝律法，稱此應當加以貫徹落實。蘇丹包奇亞早先曾經考慮過，要在汶萊頒行已經算是遲來的憲法制度，但是到最後，他依然決定維持專制統治。包奇亞在二〇一三年宣布，要實施一套嚴格的、類似沙烏地版本的沙里亞，不對非穆斯林有絲毫讓步，國內若有對王室決議批評的人，視同叛國罪論處。在馬來西亞，執政聯盟於二〇一三年選舉中失勢，此情使得重新定義伊斯蘭的呼聲愈來愈高，呼籲者認為伊斯蘭理當是國家的中心，毫無妥協餘地可言。印尼一九九八年以來的去中央集權發展，讓亞齊省和幾個地區得以在各地實施不同的伊斯蘭律法體制；然而，一九九八年以後四屆全國與地方選舉結果卻顯示，大力擁護實施沙里亞的政黨逐漸喪失得票數，得票比例到二〇一四年時甚至下降到不滿百分之二十。自一九八〇年代開始，可以公開表達伊斯蘭虔誠信仰的轉變相當深刻，但這項變化並不妨礙女性大力參與工作與公眾領域的傳統。

加入整合但多元的世界

一九九一年冷戰結束以後劇烈而密集的全球化趨勢，加上新通訊科技的傳播，對於東南亞國家與其公民的關係造成多重影響。前文曾經提及，普遍的國族式教育還有全球性意識型態的強大威力，繼續侵蝕著地方性的事物。改革分子對於民族國家運作構成強大壓力，他們要求國家內政必須更有效率且誠實透明、要求對外能更堅強地捍衛國家尊嚴。東南亞最偏遠

的角落地帶，自古至今便因為交通不便而處於封閉狀態，但到今日，新興媒體的觸手已經來到。自給自足的村莊社群和外人從未涉足的部落社群，那些經過時間考驗的悠久事物與觀念，到二十一世紀時竟然變成無用與荒謬。

雖然如此，全球化也以其新穎的方式，將國家與國族的概念多元化，並且為迄今為止沒有發言權的人們，提供了嶄新的工具。相對來講，除了中國文化影響深遠的地區如越南與海外華人離散地以外，東南亞是一塊屬於口語的區域，在印刷文化與閱讀習慣方面的成就較低；然而，新興電子媒體加上人民的熱情投入，縮小了東南亞與東亞文化之間的差距。可是，一旦通訊事宜必須依賴政府對電信體制與電力供應的壟斷，通訊就會持續成為菁英的特權。知識主要是透過被政府掌控的管道——電視、廣播、印刷媒體所流傳。一九九○年代電腦的使用，讓人們得以接觸網際網路，從而大大增加了個人搜尋知識方面的選擇。雖然當時常人買不起電腦，只有富有的菁英才能擁有電腦，不過東南亞小城鎮的網咖到處開張，一般年輕人也能靠租台而初嘗新媒體的滋味。

最初，網際網路接取度（Internet access）的資料，遵循著相對富裕程度的差異。公元二〇〇〇年，新加坡與馬來西亞的網路接取度為全東南亞最高，分別為百分之三十六與二十一，汶萊、泰國、菲律賓的百分比只有個位數，其它地區更是微乎其微。時至二〇一二年，寮國、柬埔寨和孤立且赤貧的緬甸的平均值網路接取度比例低於全亞洲，緬甸甚至只有百分之一點一；不過，除此三國之外的東南亞各國，則是遙遙領先於南亞或全球開發中國家的平均數。二〇一二年，越南的網路接取度已達百分之四十，菲律賓有三十，泰國為二十七，印尼為十五（World Bank 2014）；只有中國的擴張速度比它們更快，中國在二〇一二年的網路接取度已有百分之四十二。馬哈迪執政時的馬來西亞是東南亞的卓越先驅，它在一九九六年時開闢吉隆坡與其機場之間的「多媒體超級走廊」（Multimedia Super Corridor），目標是要變成馬來西亞的矽谷，吸引高科技公司進駐並提供免費且高速的網路，期望本國能一飛衝天躋身第一世界。雖然這些遠大

的抱負因為一九九八年亞洲金融危機與馬哈迪過度的政治行徑而受挫，但這番建設確實讓網路更加快捷，至二〇〇五年時已涵蓋全國人口近一半，至二〇一二年則達到全國人口三分之二，至此僅稍遜於新加坡等已開發國家。馬哈迪承諾網際網路會免於新聞檢查，這與政府掌控的印刷媒體和電視形成強烈對比，由此，馬來西亞發展出活力非常的網路媒體與互動媒體。十年以來，記者對於政府掌控媒體日趨嚴厲感到挫折，也對於媒體控制之下馬哈迪與前副首相安華·伊布拉欣（Anwar Ibrahim）決裂的片面報導感到沮喪，於是，新聞記者創辦線上報紙《當今大馬》（Malaysiakini），為新聞的清廉與開放樹立新標竿。

自二〇〇〇年開始，由於行動電話不可思議的發展，通訊連結急速擴張，到了二〇一二年，約三分之一的東南亞人已能夠使用網路（表格 19-1）。一九九〇年代，手機還只是少數人才能買得起的炫耀品，但到二〇一二年，手機已儼然是全東南亞無處不有的存在。韓國、中國和當地企業紛紛進入市場競爭，它們的價格更低於日本與歐洲的先驅，擁有和使用手機都因此變得愈來愈便宜。手機使用並不依賴於電力網或固定網路，藉此，連偏遠鄉村的生產者都能在不離家的情況下利用手機估價、買貨、賣貨。作為發展與開發的工具，手機具有革命性意義，最終，它甚至扭轉了鄉村人民因其它各種科技落差而形成的某些劣勢。由於東南亞對於國際競爭保持相對的開放態度，因此在這番顯著的變遷之中，東南亞竟遠遠高出了全球標準，甚至超越中國和印度。至二〇一二年時，除了寮國和緬甸之外，東南亞每一個國家的手機數量都超過其人口數量，此現象可反映供應商競爭的激烈程度，以及東南亞人因不同目的而使用不同手機與各家網路的意願。越南和柬埔寨的情況尤其如此，有鑑於兩國的貧窮情況，它們人民擁有的手機數量之多實在驚人；原因之一當歸諸越南軍方所有的「越南軍用電信」（Viettel）在兩國的突出表現，越南軍用電信將信號範圍盡力擴大，並將成本盡量壓低。雖然越南軍用電信的費用相當便宜，但人們覺得它的網路速度不如競爭對手，而且還受制於越南政府對網路異議言論的嚴格控管。

表格 19-1：二〇〇〇至二〇一二年，東南亞地區的行動電話使用情況。每百人當中的行動電話用戶數，列出印度與中國作為參照對象。

	2000	2005	2009	2012
新加坡	70	98	139	152
越南	1	11	111	148
馬來西亞	22	76	108	141
柬埔寨	1	8	44	129
泰國	5	46	100	127
汶萊	29	63	105	114
印尼	2	21	69	114
菲律賓	8	41	82	107
寮國	0	11	52	65
緬甸	0	0	1	10
印度	0	8	44	77
中國	7	30	55	81

資料來源：World Bank 2014.

目前要評估這場行動通訊革命對於社會交流、文化、福利、政治生活的全面影響，實是為時過早。行動通訊革命的出現，縮短的不只是都市與鄉村的距離、全球與地方的距離、富人與窮人的距離，還有教育程度高者與低者的距離、社會地位優者與劣者的距離，甚至可能還縮小了男性與女性的距離。行動通訊革命導致訊息傳播之快速，令政府與家長感到驚慌不安，這些訊息包括色情影像、貪腐爆料、示威動員以及各類訛言謠傳。供東南亞人安置自身與他人地位關係的複雜代詞體系（system of pronoun），已經在學理上受到政治革命的挑戰，但此一體系在簡化的訊息與縮寫需求之下，又於現實上受到進一步的衝擊。使用英語和國族語言的網站與社群媒體上有琳琅滿目的素材與包羅萬象的資源，導致這些語言的使用變得更加活躍，但各個交際網絡又發展出自身的語言混合體，為了簡化或造成效果——而非語文純粹性——將英文、國族語文、方言和都市黑話雜揉並用。

隨著手機的使用愈加普及，建立地區性與全球性訊息網絡的成本降到極低，非政府組織（NGO）因此激增。一九八六年菲律賓、一九九八年印尼、二〇〇九年緬甸與其他地區的民主化歷程，同樣有助於非政府組織的發展，自一九九六至二〇〇〇年，印尼登記在案的非政府組織數量便從一萬增加到七萬個。一九八六年，菲律賓「人民力量」推翻馬可仕總統，菲律賓因此成為非政府組織在民主、和平、環境、發展運動方面的開路者。經聯合國一九九二至一九九三年干預而向世界開放的柬埔寨，人民得仰賴國際非政府組織從事各種的福利活動；至二〇一二年時，這個小小的國家竟然擁有三千五百個有註冊的非政府組織，其每人平均覆蓋率迅速竄升至世界第一。自一九七〇年代以來跨國企業進行全球性擴張，隨之而來的是批評跨國企業的非政府組織的國際化，這些國際化的非政府組織有鑑於國際礦業與油棕公司對環境造成的衝擊、工廠的勞動條件、貧困生產者再度出現，決定發起調查與抵制。

　　西方國家則漸漸學會如何將援助撥給東南亞各國內的非政府組織，從而避免其政府貪汙的弊端。漸漸地，東南亞各政府不再從中作梗，阻礙國際思想與援助注入東南亞，但這件事情也不知後果究竟是好是壞。讓許多當地人感到憤怒的是，非政府組織代表的那個世界所看重的課題，通常就是西方人關心的事情，例如民主、賦予女性權力、人權、環境等等，而不是當地人所關心的事務；當地人同樣感到不滿的是，西方跨國公司受到的攻擊竟然比國內剝削者更猛烈。濫權事件依然時而發生。即便如此，最龐大且最優秀的國際非政府組織，仍為使員工和組織營運本土化煞費苦心，並由此逐漸改變當地公民社會與政府之間的權力平衡。

　　由於中央集權的國家建構者已經完成了他們的工作，到了二十世紀末，將國族概念多元化已經變得可能。民族主義學校教育與全球企業科技的雙重壓力，終於將過去未完成的普世主義大計付諸實現。在殖民晚期，帝國主義者試圖藉助經典宗教推廣正確的信仰與行為，將「文明」推展到現代國家的邊界。詹姆斯・史考特（Scott, 2009, 282）將二十世紀東南亞無國家高地人民的統合，稱為「世界最後一波大圈地（great enclosure）」。數百年來，山丘居民的祖先為了躲避低地區階層化「文明」秩序而奮鬥，如今的山區人民卻將他們的森林作物出賣，並且用國族文字來為自己最愛的歌曲填詞。山區住民獨特的服飾與儀式，在改進之後成為國際旅客與國族圖像製作者特別鍾愛的對象。

國家向山區拓展勢力的型態雖成定局，但卻遭到擁有奇蹟的聖徒引領的千禧信仰叛亂所阻撓，而且，二十世紀中葉的全球鬥爭也全面壓過國家向山區拓展的事情。太平洋戰爭期間，高地與叢林成為抗日游擊隊的戰略基地，一九四八至一九七五年的冷戰期間，高地和叢林則變成共產黨游擊隊與其對手的地盤，也是各類反對新興民族國家的反抗運動根據地。在統合過程當中，同盟國勢力將武裝與權力賦予高地少數族群，例如在呂宋島科迪勒拉山區和婆羅洲砂拉越，前者甚至允許後者恢復獵頭習俗來對付日本人。中國西南地區所謂的苗族，就是印度支那高地區的赫蒙人，這支人數眾多而善戰的少數族群，獲得美國人提供武裝之後，在越南與寮國與共產黨人對抗，此間赫蒙族人性命損失慘重，有約二十萬人流落到美國與泰國，至一九七五年共產黨終於勝利後，赫蒙人再度慘遭報復。然而，這番動員的長期效應，乃是促使政府為高地人在國族建構計畫當中找到某些定位。在馬來亞暴亂時期，共產黨人首先改用「原民」（Orang Asal）一詞稱呼無國家的叢林居民，取代含有貶義的名稱如與奴隸有關的「沙垓」（Sakai）；為了回應，馬來亞政府如法炮製地使用「原住民」（Orang Asli）一稱，並且在一九五四年設立原住民事務部（Department of Orang Asli Affairs），儘管後來出現過多次將這些二〇〇〇年時總數達九萬人的多元族群改變或統併為馬來人的嘗試，但原住民事務部依舊存續下來了。

在漫長的印度支那戰事期間，交戰雙方都在努力地了解並分類少數族群，同時企圖獲得少數族群的支持以便控制山區。越南民主共和國是以「在自治中統一」（unity in autonomy）的策略尋求少數族群支持作戰，同時追求少數族群的長期發展和整合。一九七五年共產黨勝利之後，所追求的是蘇聯「民族」（nationalities）模式的分類系統，由此，一九七九年的分類最終定義出包括京族（越族）主體在內的五十四個民族，理論上

這些民族皆為平等，但它們其實全部受制於被迫加入單一現代公民體這個「科學」進展的壓力。在一九六〇至一九九二年間，低地區有五百萬以上的越人遷徙到高地的「新經濟特區」，同時，在伐木業與農業並進擴張之下，森林覆蓋面積愈來愈少了。反抗行動於是以各種面貌出現，其中一例是高地區基督教在當局反對的情況下大為傳播，其中福音派與天主教皆有，此地成為部分另類的現代性以及反抗國家的場域。一九九〇年代高地的開發，引來國內與當地的旅客，為高地多采多姿的異國情調帶來商業價值與國際連結。位於西北部的沙垻（Sa Pa）和中部的大叻（Dalat），過去曾是法國人的山間度假勝地，後來它們都成為旅遊重鎮，設有少數民族主題公園與博物館。如同印尼、泰國、東馬來西亞等地的長期發展，無國家高地區人民的建築、舞蹈、服飾、儀式，被從湮滅衰頹之中搶救出來，但付出的代價卻是事物的商品化。

原住民運動與各種形態的抗議一同出現，並且在二十世紀後期經歷全球化。聯合國在一九八二年成立「原住民族工作小組」（Working Group on Indigenous Populations），該小組的工作最後以二〇〇七年聯合國大會成員壓倒性支持《聯合國原住民族權利宣言》（UN Declaration on the Rights of Indigenous Peoples）圓滿告終。此外，北歐、北美、紐澳等富裕國家的極地民族與原住民運動，更加促進這場運動的進展，但是此情形卻使東南亞各政府感覺到，若支持此運動將會使自身陷入尷尬的處境。國家權力、國族文化及全球文化、森林砍伐的大肆擴張，引起人們對於國際非政府組織運動的廣泛支持，要幫助那些受到邊緣化或威脅、同時受前述歷程所併吞的人們。非定居生活的森林人民的居地因濫伐與建水壩而遭到摧毀，然而他們也受到人類學家與國際環境保護運動者援助。聯合國與美國等政府開始調查原住民權利受侵害的情況，將此視為人權議題之一，地方的非政府組織則努力確保這類原住民權利，可以獲得國際的資助。

這些受邊緣化最嚴重的族群，由於不被接納、識字率低、健康與福利低劣，因而最有資格表達自身的受壓迫處境與獨特文化條件，在某些案例中，受到壓迫的還包括特殊的語言與容貌。這些邊緣化族群的人

數很少、曾受教育的領導者更少，但它們的原住民正當性（indigenous legitimacy）相當豐富，甚至威脅到自負甚高的主流優勢族群如馬來西亞的馬來人。即便如此，原住民運動開始吸引更多的人，因為這些支持者認為移民與開發正讓他們成為自己國家的弱勢少數族群。馬來西亞婆羅洲有許多卡達山人、杜順人對此深有同感，他們的人數被來自馬來西亞半島、菲律賓南部、印尼的穆斯林移民超越，而且在馬來西亞日趨富足的過程中被拋在後面。卡達山人、杜順人與半島區的原住民事務中心（Centre for Orang Asli Concerns）一起組建「馬來西亞原住民網絡」（Indigenous Peoples' Network of Malaysia），由此加入全球運動的行列（Lasimbang and Nicholas, 2007）。菲律賓也從善如流地順應類似發展趨勢，於一九九七年通過《原住民權利法案》，並據此設立「原住民族國家委員會」（National Commission of Indigenous Peoples），負責保障原住民及其「祖先土地」之調查、許可與保護。一八九八年美國人前來之際沒被統併入天主教或菲律賓國家轄下的高地人，大致上被認定為「原住民」，雖然根據歷史證據或語言證據來講，他們的原民性（indigeneity）根本就沒有比低地人更高。

　　在印尼、越南和緬甸，號稱原民性更高者的問題甚至還要更大。不過，每個地方都出現了一種明顯變化，那就是中心與邊緣區之間的權力與正當性天平有微妙的轉變發生。基礎建設的範疇逐漸包含高地人所在地，也使他們因此獲得教育，高地人透過教育習得關鍵利器，要追討被高度現代主義國家奪走的權利。在泰國與馬來西亞，民主化也加入了這場混沌的行動中，某些長期受到壓迫的少數民族，已不容再受忽視。二〇〇一及二〇〇五年戴克辛・欽納瓦大選獲勝顯示，泰國東北部基本上講寮語、長期處於弱勢的人口，占泰國總人口三分之一多，而他們可以利用教育、提升的經濟力量、選票數量來強化自身的聲勢。日後造成政府危機的「黃衫軍」（yellow-shirt）抗議活動，可以視為曼谷、泰國中部和「上南部」（Upper South）勢力，對於東北部、北部力量提升與其騷動的拼命抵制。

　　此中，最驚人的逆轉事件，當屬一九九九年印尼國會通過激進的地方自治法，對前一年被推翻的蘇哈托的無情集權和獨裁進行了全面反擊。印

尼國會將廣泛的立法權轉交給印尼二十六個省（至二〇〇九年有三十三個）及低一級的兩百六十六區（至二〇〇九年有四百八十四區）的民選地方議會。這些單位的行政與立法機構官員，每隔五年由直接選舉產生，單位所分配到的國家稅收額度也大為提高。此舉的立即結果大多是負面的，因為缺乏經驗的政治人物競相爭奪地方政府的新補助款，而且軍方的懲戒力量愈加鬆弛。於是，貪腐情事明目張膽地以新樣貌出現，穆斯林與基督徒（摩鹿加和蘇拉威西）、移民與原住民（摩鹿加和婆羅洲）之間爆發暴力衝突，亞齊、巴布亞、東帝汶的分離運動則達到鼎盛——東帝汶是印尼唯一一個經由公民投票與聯合國干預而得以於一九九九年獨立的省分。一九九八年至二〇〇二年間，有數千人因此死亡，一百萬人為此流離失所，「失敗國家」（failing state）的說法甚囂塵上。不過，二〇〇四年成功的第二度選舉之後，國家總算重歸安穩，民主化與去中央集權兩者皆有成就，而且與曾經歷同樣過程的南斯拉夫和蘇聯相比，印尼的分裂情況算是輕微許多。由於貪汙猖獗、管理失當、省分與區數量大增，國家有大半經費都虛擲在地方層級上。然而每一次的選舉都造就更多有民粹色彩的政治領袖、更多願意揭發貪腐的記者，以及更多直接滿足窮苦投票人的金錢政治。雖然少數地區企圖實施有分裂味道的伊斯蘭法律與反少數民族政策，但地方選舉競爭的整體效果確實緩和了極端主義，並鼓舞政治人物組成跨族群、跨宗教界線的聯盟。

　　身處這場去中央集權化的環境當中，雅加達因此比較輕易放手，將重大權力下放給最叛逆的邊緣省分。如前所述，在恐怖的軍事暴力與苦難氣氛中，雅加達讓東帝汶獨立了。二〇〇四年大海嘯造成十七萬人死亡之後，亞齊成為赫爾辛基（Helsinki）和談的重要課題，由此，亞齊獲得前所未有的——仍歸屬於印尼——自治政府承諾，昔日的叛軍也經由二〇〇六年選舉而開始負責亞齊省事務。菲律賓南部的穆斯林分離主義叛亂，也經由過程備受爭議的自治處理得到化解；由於民答那峨島人口以基督徒移民占多數，加上菲律賓有強大的民主與憲政傳統，自治的相關安排因而變得更加複雜。一九八九年，在蘇祿群島和民答那峨西部四省投

票支持之下，「民答那峨穆斯林自治區」（Autonomous Region in Muslim Mindanao, ARMM）宣告成立。然而，民答那峨穆斯林自治區的設立，卻無力終結族群分歧之下的紛亂或貧困，至二〇一四年，因為各方叛軍要求「邦薩摩洛」（Bangsamoro）自治，前述自治區在談判之後被撤銷。這些激烈的辯論，促使菲律賓全國採取了聯邦制度。一項由菲律賓總統贊成的二〇〇八年提案，最終將邦薩摩洛變成十二自治聯邦州之一。在另一方面，泰國則是拒絕以這種自治辦法，來解決國內南部穆斯林區暴力動亂問題，因為這麼做將會動搖高度以曼谷為中心的政治體制。

進入新世紀，既有的東南亞華人少數族群，對於民族主義者來講已經不再是個麻煩的「問題」。雖然華人在經濟上活躍強大，但華人的人口數愈來愈無足輕重，而且在文化層面上更加融合。一九八〇年代開始，華人少數族群的出生率一路下降，同時華人也是最有移民傾向的族群，一九四〇、一九五〇年代的華人移民到中國或歐洲，之後華人則傾向移民到新加坡、澳洲和北美。二〇〇〇年人口調查顯示，繁榮的新加坡計有二十五萬來自馬來西亞、兩萬兩千來自印尼的華人。有許多華人在通婚混血之後，就改變了自己的身分，馬來西亞的人口調查顯示，一九七〇年華人人口占全國百分之三十四，至二〇一〇年時卻僅剩二十四點六。二〇〇〇年印尼首度辨別種族的人口普查，結果令眾人跌破眼鏡，因為全國竟然只有百分之一點一的人口自稱為華人。一九七五至一九八〇年越南華人大量出逃，導致少數民族「華族」的人口比例從百分之二點六降到百分之一。華語學校與文化表達遭到壓抑——印尼與緬甸軍政府鎮壓尤烈。加上東南亞國協各國與毛澤東時期的中共關係破裂，導致東南亞華人普遍學習國族語文，華語中文的用處正在減少。後來，中國自一九九〇年代推行開放而經濟崛起，因而穩穩成為東南亞的主要貿易夥伴兼重要投資者。至此，對於東南亞民族主義來說，「中國性／中華性」（Chinese-ness）不再是嚴重的挑戰或威脅，尤其如今重新探索「中國性」的東南亞華人，大多出生於本地、與中共沒有關係。「中國性」也可以成為時髦新國際主義的一環。一九九八年蘇哈托失勢之際，印尼爆發極為駭人的最後一次排華大暴動，

此後，印尼停止其反對華人文化表述的嚴厲手段，轉而允許華文教育。

正如十九世紀後期的情況，新一波中國移民與遊客潮的到來，讓出生於東南亞當地的華人更加感覺自己是東南亞人，雖然其中某些人靠著擔任與中國之間的仲介而獲得新營利契機。中國的崛起及其在邊界問題上的霸道態度，讓東南亞感到焦慮和憎恨，但是這種敵意如今屬於「反中國／中共」，而不是「反華人」。緬甸是一個例外，緬甸與中國之間擁有最長、最易滲透的邊界，一九六七年排華暴動與軍方鎮壓讓華人少數族群人數減少，到一九八三年僅剩下約二十五萬，此後，緬甸漸進的商業自由化吸引了來自雲南的新一波商業移民。據估計，至二○○八年，中國新移民的人數已達到兩百五十萬，他們迅速把持住商業與投資的新機會，尤其在曼德勒和緬甸北部。擁有如此強大的鄰國，緬甸人又對來自此鄰國的移民心懷不滿，此情顯然會引發反彈，並預兆未來的麻煩可能愈來愈大。

* * *

一九五○年代以來驚人的變遷速度，終於成功造就出大約能與一個世紀前殖民政權所塑造的國家相契合的民族國家。到了二十一世紀，甚至地處最偏遠的東南亞人，都與國族語文、教育體制、主流宗教、民族國家政治文化產生密切的關連。而這些事情，又為人們提供通往更廣闊全球性關聯的窗口，諸如消費、文化、宗教方面。這番轉變使得某些人們發現，他們已成為新興民族國家當中的「少數民族」，而這個身分是受自身的宗教、語言、生活方式決定，相較於其他族群，他們與民族國家的關係更為間接而弱勢。對許多人來講，這種少數民族的身分可以舒適地安置在國族及全球性宗教身分認同內；對其他人來說，這件事情則使他們感到緊張、疏離與歧視，特別有這類感受的人們，包括穆斯林主流國家內的非穆斯林與非正統派穆斯林、其它地區的穆斯林少數族群、巴布亞人、高地人，以及其他感覺愈來愈無法掌握自家地盤的人民。

第二十章

東南亞地區
在世界上的定位

　　「東南亞」這個詞彙其實是二十世紀的發明，而其區域性組織「東南亞國協」，自一九九九年以後才真正涵蓋整片地區。這個現象或許暗示著，這塊政治上破碎的地區已經有愈來愈高的一致性，然而就諸多層面來說，事實卻正好相反。歷史學者在書寫東南亞史的時候，處理的時期愈古遠，反而愈能將東南亞以整體論之。在近二百年來的東南亞人生活之中，國家與經典宗教的重要性變得越來越高，而此情形導致了若干破裂分歧。

　　十九世紀伊始，在外人眼中，東南亞依然是個連貫一致的整體。有資格稱作東南亞觀察者的約翰・克勞佛寫道，在印度與中國之間的熱帶區域裡，有各式各樣的族群：

> 他們的身材外型、語言結構、行為、制度與宗教，都與接鄰區域的人們大不相同；但就上述各方面來說，他們彼此之間又有驚人的一致性。據此，我認為他們應該被視為一類特殊且獨特的人類種族。
> （Crawfurd, 1828/1967, 310）

　　一百年之後，情況已不再是如此。帝國主義將這片區域畫分為英國、荷蘭、西班牙／美國、法國的地盤，各有各的教育、現代化術語和語言

學研究，這片地區於是變成世界上語言最為多樣分歧的區域之一，此外，民族主義也開始讓歐洲人、華人、菲律賓人、泰人與其他族群相信，他們有其特殊的民族命運。到二十世紀，冷戰戰場殘酷地撕裂東南亞，全球吉哈德聖戰潮又使紛歧的穆斯林少數族群深信，他們不應該再容忍此區域內的多元性。克勞佛曾經列舉宗教為東南亞地區的共同特性之一，但對於那些已經遠離屬村莊世界之神明、靈媒、巫醫的人們來說，這個說法會讓他們感到很奇怪。都市革命、商業革命和通訊革命，讓東南亞特殊的稻米農業、漁業、物質文化型態都消逝為回憶，至此，東南亞的城市面貌與其它後現代世界的城市也變得越來越相像。

東南亞貧富差距的擴大，對任何共同意識都更具潛在的威脅。李光耀的驕傲，就是他將新加坡化作第一世界的國家，擁有全球頂尖的人均國內生產毛額，此數字於二〇一三年時為寮國和緬甸的三十五倍之多。新加坡人口有四分之三是講華語的華人，而新加坡人接受的是英語及「母語」的雙語式教育。一百年前的新加坡通行馬來語、擁有村莊生活方式；相對於此，二〇一〇年的新加坡在很多方面都變得不像是東南亞了。自殖民時代以來，雅加達和吉隆坡便對這個富裕的共和島國尤其仇視——它們之間的合法及非法貿易大都是透過這座島國進行；然而，這種仇視顯然隨著東南亞國協成立而大幅緩和，商業崛起更使得敵意逐漸化解。在一個經濟日益整合的世界，新加坡自我定位的角色，是東南亞金融、科技、通訊、教育、醫療方面的重要資產。民族主義規畫者對本國對新加坡的走私出口甚感挫敗，但由於東南亞確實亟需一座全球港口，這種挫敗感也逐漸獲得克服。從一九七〇年代開始，貨櫃運輸與其造成的貿易大擴張，讓新加坡成為較以往地位更重大的轉運中心。事實上，環繞新加坡、曼谷兩大樞紐進行的東南亞經濟區域性整合，是世界各地全球性整合的面向之一。

區域的概念

就概念來講，在東南亞與相鄰區域分離的同時，它也變得更加特殊。

長久以來，在相鄰地區人們的眼中，東南亞就是一塊區域，中國人叫它
「南洋」，印度人稱它為黃金之地「蘇瓦納德維帕」（Suwarnadwipa），
阿拉伯人則稱其為「爪哇」（Jawa）。但是，歐洲人長期認為，亞洲所有
的熱帶區域都是「印度」，那也就是最初驅使他們出航的誘因—— 傳說香
料的產地。因為東南亞顯然跟真正的「印度」（Hindu India）相去甚遠，
數百年來，東南亞就被歐洲人稱為「更遠的印度」（Further India）或「超
出恆河的印度」（Ultra-Gangetic India）。於是，東南亞群島變成了「印
度群島」，後來以拉丁文拼成 Insulinde，但日後又逐漸區分出來而稱「荷
屬印度」（相對於「英屬印度」）。最早關於東南亞的英語期刊，是位
於新加坡的《印度群島與東亞期刊》（Journal of the Indian Archipelago
and Eastern Asia, 1847-1862），穆爾（J. H. Moor）於一八三七年、克勞
佛於一八五六年都曾寫就關於「印度群島與鄰近諸國」的調查並刊載於
該期刊。「印度支那」（Indochina）是另外一種定義東南亞區域的方式，
稱呼來自於它強大的鄰居，這個詞彙是在十九世紀初由學者首度提出，但
一八八六年法國人將「印度支那」特別用來指稱他們的殖民地之後，這個
詞的範圍就顯得太過精確了。

　　一八九〇年代，德語學術界開始使用「東南亞」（Südostasien）一詞，
這是一個純粹地理性的描述，不受前述問題困擾。起初，德語學術界只是
將「東南亞」用來指稱東山青銅鼓散布的區域。至一九三〇年代，「東南
亞」的使用變得更加廣泛，以紐約為基地的太平洋國際學會（Institute of
Pacific Relations）開始採用這個詞彙，並曾出版多冊關於東南亞的重要著
作。公元一九四一年日本的入侵，讓「東南亞」一詞出現更為明顯的政治
性，企圖反攻東南亞而聚集於斯里蘭卡的英軍，則被命名為「東南亞司令
部」（SEAC）。關於命名的問題，似乎在二戰後的世界裡解決了，雖然
時至此刻的東南亞，是被當作一個衝突，而非團結的區域。

　　路易斯・蒙巴頓（Lord Louis Mountbatten）轄下的東南亞司令部，
在一九四五年收復東南亞的期間，主要倚靠的是印度軍隊，由此，東南亞
司令部可以被視為印度影響東南亞的最後一次有效行動。尼赫魯（Pandit

Nehru）領導的獨立印度，並沒有延續其千禧信仰的模式；反觀中國，內戰、革命、共產黨的孤立政權都讓它遲遲沒有恢復昔日影響力強盛的地位。最早表現出東南亞要獨自追求團結者，是充滿熱情的左派分子。一九四六年時，緬甸的翁山、印度支那的胡志明，已經有心號召專屬於東南亞的區域組織。他們有意將比里的左派政府視為泰國的領導者，因為比里政府本身就對國族空間具有不容質疑的控制權。從日本投降到冷戰降臨這中間短短數年的歲月，為東南亞人的自我發現提供了一個稀有難得的機會。

隨著印度在一九四七年自信邁向獨立之際，尼赫魯是創建與引領廣大亞洲團結運動的最佳亞洲領導人。一九四七年三月，尼赫魯在新德里（New Delhi）舉辦了一次「亞洲關係會議」（Inter-Asian Conference），他親自邀請胡志明派遣越南民主共和國代表與會，並派出一架飛機到雅加達，迎接夏赫里爾代表紛擾的印尼共和國出席。尼赫魯在會議開幕時合宜地宣布：「亞洲終於再度自我發現……歐洲宰制亞洲造成的重大後果之一，就是導致亞洲各國彼此孤立。」政黨紛爭嚴重的馬來亞，最終派遣十二位代表出席，其中有幾位甚至積極支持印度支那及印尼代表從事反殖民鬥爭的訴求，並非僅僅止於口頭。然而，尼赫魯堅決反對擴大武裝衝突，並直接了當地拒絕越南民主共和國請印度提供武器的要求。這些令人沮喪的情況，以及大國之間的顯著衝突，再加上印度穆斯林聯盟（Muslim League）及中國共產黨對此會的杯葛，造成來自印度支那、緬甸、泰國、馬來亞、印尼、菲律賓的諸多代表認定，他們最好發起自己的聚會，免於霸權的干涉。同年，西貢的共產黨領袖陳文饒（Tran Van Giau）於此會議結束後投書《曼谷郵報》（Bangkok Post），預期東南亞的政治聯盟，是克服各國「巴爾幹化」（balkanization）陷入分裂的唯一辦法，也是「強化我們作為自身土地主人翁權利」的唯一途徑（Goscha, 1999）。

一九四八年馬來亞、菲律賓、印尼等地的共產黨叛亂，導致冷戰殘酷降臨東南亞，扼殺了前述的稚嫩夢想。越南民主共和國在軍事上、經濟上，都需要中共的支持方能生存；與此同時，其他的國族運動則需要遠離

共產主義，以尋求獨立時需要的西方信任。比里對於東南亞革命鬥爭的支持，很不受泰國軍方歡迎，一九四七年十一月，軍方推翻了比里的政府（見十本書第七章）。美國為求防備中共模式的擴散，於一九五四年讓菲律賓、泰國加上東南亞以外地區的六個國家，成立「東南亞條約組織」（Southeast Asia Treaty Organization, SEATO）。然而，東南亞條約組織實在稱不上是一個區域性組織，它合理化組織成員國參與印度支那戰爭的結果，其導致的分裂遠甚於團結。

讓印尼蘇卡諾饒有興致的事情，是超越東南亞區域的意識型態團結，首先，這是透過一九五五年蘇卡諾在萬隆所舉辦、以不結盟運動為基礎的亞非會議（Afro-Asian Conference）來推動。萬隆會議標誌中國再度進入亞洲外交圈，期間周恩來明顯表現出溫和與穩健的態度，鼓勵東南亞華人接受各地主國的國籍，原企圖領導各國的尼赫魯因此被搶盡風頭。可是，蘇卡諾本人卻逐漸愈來愈變成刺激分裂的人物，他親近中共，於一九六三年槓上馬來西亞，又於一九六四年退出聯合國，還以反對聯合國之名建立他所謂的「新興力量」（New Emerging Forces）或「雅加達—金邊—北京—河內—平壤軸心」。

與此同時，東南亞的非共產主義區，逐漸形成區域文化及運動組織的網絡；至於越南民主共和國所參與的，則是蘇聯方面的活動。在一九六三年印尼與馬來西亞對抗之前的寧靜時段中，新加坡的東南亞文化節，吸引印尼、緬甸、非共產國家的表演者紛紛前往。東南亞文化節再度發揚東南亞各國舞蹈與表演形式當中，長期受人忽視的相似性，並且造就更深入的交流。一九五九年首度於曼谷舉行的「東南亞半島運動會」（Southeast Asian Peninsula Games），是一項獨立的運動賽事，由此，泰國、緬甸、柬埔寨、寮國、馬來亞、新加坡、南越每兩年競賽一次，其奪牌希望當然高過四年一度的奧運或亞運。東南亞運動會最受人歡迎的創新，就是將真正的東南亞運動加入項目之中，這指的正是藤球（馬來文 sepak raga；泰文 takraw）。籐球原本只是一項娛樂，玩的人不使用手並盡量使籐球待在空中愈久愈好，後來籐球經歷了現代化改革，變成一種類似於排球

的競技運動，比賽雙方各三人，場中間設網，並為國際化目標而以混合方式重新命名為 sepak takraw。一九七五年共產黨勝利之後，此賽事變成專屬於非共產國家，從而重新命名為「東南亞運動會」（Southeast Asian Games），參與國納入印尼、菲律賓和汶萊，替換掉越南、柬埔寨和寮國。不過，柬埔寨於一九八三年、寮國和越南於一九八九年又再度加入賽事，讓東南亞運動會變成東南亞地區互動中最流行、最受歡迎的節目，各方角逐十足激烈。

馬來西亞和新加坡擁有商業樞紐的悠久傳統，東南亞的貿易和交通都環繞著它們進行。馬來西亞和新加坡的多元性高到不得稱其為民族主義，它們是東南亞概念最持久的推動者——雖然先受到共產黨動亂、後受到印尼對抗的傷害，使它們有尋求英國、澳洲保護的傾向。早在一九五九年，馬來亞首相便說服原本態度冷淡的泰國和菲律賓，加入日後於一九六一年正式成立的「東南亞協會」（Association of South-East Asia, ASA）。一九六三年，為了搶先防範印尼和菲律賓反對馬來西亞，各方協商的結果造就出短命的三方產物「馬菲印」（Maphilindo），由此激發某些菲律賓民族主義者對「馬來」種族一統的舊夢。一九六三至一九六六年印尼對抗馬來西亞期間，各方敵意上升到高峰，最後在泰國調解下所進行的談判協商，醞釀出東南亞國協的點子。此時，蘇哈托的軍事政權，已如鄰國一般擔憂共產黨力量的興起，雖然印尼拒絕外部軍事結盟，印尼因此轉變為區域主義（regionalism）的重要信奉者。原先預想的作法是由東南亞協會的原始三成員國，再加上印尼，然而新近獨立的新加坡也要求加入，五國從而敲定一九六七年八月成立的東南亞國家協會（圖片 20-1）。

起初東南亞國協的運作大約只是召開彼此信任的年度會議，但隨著一九七一年英國撤出新加坡，一九七五年美國撤出印度支那而由共產黨獲勝，東協的重要性也日漸提高。一九七八年越南入侵柬埔寨，並從駭人的波布處奪得政權，此事令新加坡深憂不已，因為這可能是一項以武力殲滅麻煩小國的先例。經過東南亞國協的遊說，柬埔寨的聯合國席位得以保留於希望本來不大的反越南聯盟手中，最終東南亞國協還說動聯合國進行協

圖片 20-1：

（上）一九六七年八月，東南亞國協創始五會員國外交部長於曼谷開會簽訂協議。由左
　　　至右：菲律賓的納西索‧羅慕斯（Narciso Ramos）、印尼的亞當‧馬立克（Adam
　　　Malik）、泰國的他納‧科曼（Thanat Khoman）、馬來西亞的阿布都‧拉扎克
　　　（Abdul Razak）、新加坡的新納帕‧拉惹勒南（Sinnapah Rajaratnam）；

（下）昔日彼此交戰的東南亞各國，終於團聚於東南亞國協，獨缺柬埔寨。地點為
　　　一九九七年吉隆坡高峰會。

調而促成和解及選舉，以及一九八九年的越南撤軍之舉。一九七六年，東南亞國協秘書處設立於雅加達；一九八四年，汶萊加入東協；一九九二年，成員國同意成立「東南亞國協自由貿易區」（ASEAN Free Trade Area），要求會員國對彼此貨物不可徵收超出百分之五的關稅。一九九〇年代，東南亞國協採取與歐盟類似的策略，接納昔日的敵人而擴大組織，只不過它並沒有向歐盟那樣採納入盟民主標準。東南亞國協採取與緬甸軍事獨裁政權交涉的政策，而不願支持西方主導的制裁作法，因為西方制裁的結果只不過是將緬甸趕向中共的懷抱而已。越南進行「革新」經濟開放之後，於一九九五年成為第一個公然以威權國家姿態加入東南亞國協者。循此前例，寮國和緬甸在人權紀錄無甚改善的情況下，依然於一九九七年被允許加入東協。其實在那個時候，柬埔寨本來也是要加入東協的，但因為洪森對民選政府發動挑釁政變，才使得柬埔寨延遲到一九九九年才加入東協。

待到二十世紀末，東南亞整體才終於成為一輛消弭差異、促進整合的動力火車；雖然一九九七至一九九八年的亞洲金融危機，在當時造成憤世嫉俗的情緒多於恭賀。由於東南亞國協沒有能力處置國際危機、成員國的人權侵害問題、邊界爭議，甚至無法對於全球大議題拿出一致立場，這股憤世嫉俗的心情似乎有其理直氣壯之處。不過歐盟標準除外，無論以哪種標準來說，事實證明東南亞國協確實是個成功的區域性組織。東協找出了辦法，讓這些差異頗大的政權，能夠以平等的基礎、漸長的互信來定期聚會，避免武裝衝突，同時在貿易等範疇上的整合程度日益提高。泰國和柬埔寨、馬來西亞和新加坡、新加坡和印尼之間所爆發的國界衝突問題，都能夠提交給國際法庭處置，並且得到令人滿意的結果。

有些內部人士將此番功勞歸諸於非正式歌會、打高爾夫、彩色襯衫的「東協之道」，主要是以形成共識的方式來讓事情好辦。相較於其他的區域性組織，東協有一項更為重要的優點，就是維持成員國之間的平衡，國土較小的新加坡、馬來西亞、汶萊靠著它們的財富與基礎建設實力，彌補了面積上的劣勢。成員國中的巨人印尼，在蘇哈托與其民選繼任者的治下，以務實的態度專注於開發，而不是主導東協，就軍事花費與國內生產

毛額之間比例而言，印尼甚至是全世界最低的國家之一。國土迷你的新加坡，反而是東南亞最大的武器買家。沒有哪個國家可以恃強凌弱，也不得向紛爭的鄰國提供軍事援助。

另外一項助益的因素，就是東南亞國協自始便接受英文作為組織的唯一工作語言，得以倖免於世界其他地區因象徵性難題而起的糾紛。因為印尼、馬來西亞、汶萊、名義上甚至還包括新加坡的國族語文，都是馬來語經由些微不同的現代化而成，馬來語文因此是東南亞境內唯一可能的競爭對手。在東南亞國協成立初期的背景之下，各國開始重新發現彼此，馬來西亞和印尼確實曾企圖將它們的語文標準化，以求在世界上占據更有分量的角色。一九七二年時，馬來西亞及印尼同意引進一套共同的拼音系統，舉例來說，它將英語／馬來西亞語 ch 音和荷語／印尼語 tj 音的寫法，全部都改成字母 c。然而，差異依舊存在乃至於更擴大，因為馬來西亞語較多借鏡於阿拉伯語，而印尼語則較多借用自西方語文或地方語言。英語的優點在於它的中立性，這樣就沒有任何一方必須屈從另一方；英語也幫助東協得以承擔更大的角色，擔任大型亞洲論壇的主辦方。一九九三年度的東南亞國協年會，同意要主辦並贊助東協的區域性論壇，日後這些論壇逐漸成為亞洲地區的重大定期會議，連美國與歐洲各國也會參加。從一九九七年開始，「東協十加三」（ASEAN+3）提供了一個極有價值的論壇，讓易怒的中國、日本和南韓可以在東協主辦的廣泛背景下，處理諸多金融、貿易、安全、環境等課題。

此外，東南亞國協還受益於一些並非它自身創造的趨勢。事實證明，東協搭上後冷戰時代的全球整合模式，以及英語崛起成為全球語文的趨勢，而且還表現地相當不錯。二〇一〇年，緬甸恢復憲政文官政府，翁山蘇姬進入國會，並讓身陷窘境的緬甸成功轉型，足以稱為區域主義的一項成就。最重要的是，中共的強盛和強勢，形成東南亞全境的共通問題，然而更加團結的東南亞諸國也擁有可抵禦壓力的更強動機。中國在二十一世紀發展出強大的海軍實力，並運用海軍伸張中共對於南中國海的主權，此期間，菲律賓和越南都曾經在近海地區，和中國海軍活動爆發過實際衝

突。馬來西亞、印尼、汶萊的專屬經濟海域，也有與中共解釋不清的「九段線」相牴觸之處，但中共宣稱的「九段線」理論上簡直就涵蓋了整片海域。緬甸對中國霸權的擔憂，是緬甸軍事統治者決定向東協與西方敞開胸懷的原因。東南亞國協成員對於要如何面對這個北方巨國的主張嚴重分歧，因為中國同時也是它們的主要貿易夥伴；雖然如此，它們全都看得很清楚，擁有共同陣線能夠帶來何等好處。

全球性比較

公元一九四一年，東南亞開啟了一段為期四十年的時期，在此期間它成為殖民體制如何終結的戰場，因此成為全世界戰略興趣的重點。首先是日本人，再來是共產黨人，他們將東南亞化作針對西方霸主的主要挑戰區，冷戰進行最熱烈的地方正是在東南亞。既然東南亞恢復相對和平狀態與全球性整合，我們該怎麼將東南亞與世界其它地區進行比較呢？東南亞的經濟起飛時間比中國與印度更早，雖然中國在二〇〇〇年超越了東南亞，東南亞依然維持著一種較為平衡的格局，比較不受人口高齡化、信貸、環境危機衝擊。至二〇一〇年時，東南亞多數國家已經爬到全球財富排行榜當中第四分之三的區間內，其中，新加坡與汶萊屬於超級富有的國家，這兩國與馬來西亞、泰國的排名則是排在全球前半。東南亞無疑是人類歷史上不太重視資本積累的熱帶地區當中的一顆明星。

東南亞重獲——更好的說法是維持——它作為十字路口的歷史性角色，對於貿易、移民、思想的傳播保持相對開放的態度。三佛齊、占婆、麻六甲、馬尼拉、巴達維亞／雅加達、曼谷、新加坡，全都當過亞洲海運貿易的龍頭，然而航線與樞紐總是數量眾多且競爭激烈，有許多城市主要就是依靠貿易生存。十九、二十世紀的盛期殖民主義顯然破壞了上述模式，東南亞人口在此期間遭到農奴化，大量區域貿易遭重新導向，專為歐洲提供熱帶商品。後來，各個國族主義在五十年的時光之中，實驗了不同程度的封閉經濟（autarchy），其中甚至包括不惜自我打擊，只為了壓制

乃至於驅逐國內具有生產力的國際性少數族群。如此，新加坡和曼谷這兩座對這類少數族群態度最友善的城市，在商業大崛起時期成為全球性樞紐，所擁有的資本、專業、全球連結度高到不成比例。早期，共產國家和緬甸對於外國資本與外國企業之回歸抵制最烈，然而自一九九○年代開始，它們卻改為盡全力爭取外國資本與企業進入。進入新世紀以後，手機、購物中心、全球消費趨勢的勝利已成定局。

在這個長篇故事裡頭，人們很容易就將東南亞想成全球趨勢的消費者、而不是創造者。讓珍妮特‧阿布盧格霍德（Janet Abu-Lughod, 1989, 296）對於東南亞歷史感到驚訝的是，「一個長久位於世界航運樞紐的地區，對於關於自身的事情，能說的居然那麼少。」此等評論就算拿到這個整合時代來看，依舊是適用的。歐洲在十九世紀的時候，便發現了高棉建築、爪哇音樂、峇里島舞蹈，但是到目前為止，唯有東南亞食物被它的人民推廣到風靡世界的地步。以贏得諾貝爾獎、奧運獎牌、文明地標而獲得認可這方面，東南亞的表現顯然低於其廣大幅員應有的水準。情況之所以如此，長時期的衝突與鎮壓、傑出而有才幹的少數族群大量出逃、語言方面的障礙等等都是箇中因素。不過我們也應當承認，東南亞社會與東北亞形成鮮明對比，重視口語溝通更勝於文字、喜愛表演娛樂更高於文學、看重和諧更多過競爭。

後殖民時代的東南亞教育體制發展迅速，重視數量多過於重視品質和紀律。除了帶有東北亞特質的新加坡和越南教育之外，東南亞其它地區在國際學生能力評量方面的表現令人失望，印尼在國際學生能力評量計畫（PISA）的數學、科學、閱讀領域近乎墊底。東南亞的新書出版數遠低於歐洲或東北亞的水平，大約與南亞地區相當。這種情況在國際學術刊物方面更加嚴重。在二○○二至二○○八年間，新加坡再度榮登第一名寶座，它每年每一百萬人就會有約一千筆刊物；印尼排名又是墊底，菲律賓和越南則是每一百萬人只有不到十筆刊物。即便是在國際上發表有關本國的文章，東南亞的大國就這方面居然也沒什麼能說的，關於印尼和菲律賓研究的期刊文章，竟只有不到五分之一是來自印尼和菲律賓本國（Guggenheim,

2012）。這些領域並不是人們指望東南亞有優秀表現的所在。

在本書作者序裡頭，我提到了三個東南亞與其歷史相當關鍵的因素，那就是環境、性別、低水平狀態三者。二十世紀的劇烈變化，讓這三項因素的重要性依舊。東南亞不可思議的生物多樣性，雖然受到森林砍伐的破壞，但依然是這個世界的寶貴資源。由於全球暖化和超級城市如曼谷、雅加達地表下沉，愈來愈多人因此受到洪水、颱風、海嘯的威脅，東南亞面對環境災難的脆弱程度，比有史以來任何時期都更嚴峻。二〇〇四年大海嘯摧毀亞齊、破壞印度洋沿岸地區，這是我們所知全球最嚴重的海嘯。這次事件反映，這片「火環帶」人口最眾多的地區，擁有極高的地殼運動風險。本次事件也促使全球各地史無前例地援助受災地區復原，對於地球的未來而言，這是一次關鍵的學習經驗。假設哪一天，如兩百年前坦博拉火山爆發規模的事件發生，我們將會需要更多的全球性援助。

如同我在第十五章和第十九章的論述，都市現代性及工業現代性強而有力地影響了東南亞的性別型態，引入男性在外工作、女性在家的都市性二分法。新傳統宗教清教主義企圖讓當代東南亞女性在某些方面表現得比西方女性更加節制拘謹。然而，當今世界進入了重塑性別關係的後工業時代，東南亞這番經歷——從性別關係相對平衡的初始狀態出發的現代都市性轉變——實是一套重要的模式。東南亞婦女經常為了從鄉村到城市工作而離鄉背井，然而這個過程相對來說是順利的。在性別議題上，東南亞人很少出現嚴重的歧異或衝突，這有部分原因在於他們相當重視和諧，以及男女雙方不同卻互補的角色。總之，東南亞女性在現代化的歷程中，仍然積極參與生產勞動，依然能掌控自己的財產甚至家庭的大部分資產。

當然，東南亞人生活水平的低落狀態，導致東南亞在世界舞台上頗為低調。東南亞的新興國家（新加坡始終除外）無論是靠國際協議或國內立法，似乎都無法達成自身原先的承諾。貢納爾·默達爾（Gunnar Myrdal, 1968）曾試圖以他有名的「軟政權」理論解釋這項東南亞問題，癥結在於，所謂的軟政權不願或沒有能力對部分國族精神群體進行討伐。其他人則認為，這項問題的肇因，在於那些屬於東南亞前殖民時代政治體制的「家產

式」、「個人式」、「恩庇式」、「網絡式」特質，又再度出現了。二十世紀歐洲國家讓制度力量、法律規範運作的空間，在東南亞卻是被個人的群眾魅力或是軍方獨斷占據。

在過去，人們之所以企圖解釋這個「問題」，通常是為了回應危機的發生，也就是特定國家撐不過秩序、民主問責度、穩定投資及成長環境等課題的考驗，戲劇性地一敗塗地。一九八○年代以來，東南亞這段相對和平、高成長、有民主復甦跡象的時期，經常被人們理解為，僅是對於西方強大國家的一種追趕而已，因為西方強國已經被默認為標竿。東南亞這種積極與消極元素兼具的特殊政治型態，是承繼其歷史而來，而我們應該問的問題是，東南亞政權的「軟性」，是不是它獨特政治型態的部分表現呢？本書已企圖呈現，為時甚短的殖民時期除外，對史上從無國家專制主義經驗的東南亞社會來講，要適應根據絕對主權與民族國家一致性建立的世界體系，實在是一項艱鉅的挑戰。後來，國族建構之嘗試中帶來的「軟」不確定性，或許還加劇了冷戰時期的恐怖衝突及外國干預。然而，國族依然生存了下來，而且，國家在社會龐大多樣性的上頭，塑造了一層越來越濃厚而穩定的國族性。對比於世界史上其它這類的轉變例子，東南亞其實算是一個成功的案例，它在民族主義階段仍能接納多元主義，這是歐洲和東北亞所沒能辦到的；同時，東南亞還避免了極端的貧窮與壓迫，而這是南亞所做不到的。對比於強大但不甚負責的中國政府，或印度民主卻尚未解放女性及低級種姓的政府，東南亞的轉型可以說是重要的第三條道路。

二十一世紀的全球經濟整合，其實讓所有國家都喪失它們實質或想像的自主性。每個國家對內都得處理日益強烈的文化多元主義，對外則得面對外國的糾纏。即使處於國族主義或民族主義階段，東南亞各個社會的多元主義本性也從來沒有消失過。東南亞社會的情況呈現，即便曾有爆發大屠殺情事的嚴重衝突，它都可以在缺乏懲罰罪行、赦免無辜的有效法律體制之狀況下加以克服。雖然國家法律仍然不彰，而東南亞人對於國家法律的信任度低落，但東南亞人在個人交際與公共生活方面，對於教養與和諧的價值極為重視，還有共同的宗教文化和新國族神話，藉此，社會凝聚力

依然能夠維繫。訴諸共識、而非多數決的作法，雖曾遭到獨裁者的濫用，但在這極為多元的區域裡，仍然不失為一種公共生活的特色。一向以來，民選政治必然會讓協商與結盟模式制度化。在這個需要以嶄新方法結合文化多元主義、人權、政府問責制的世界中，東南亞經驗實在值得我們關注。

參考資料

Abu-Lughod, Janet L. 1989. *Before European Hegemony. The World System A.D. 1250–1350*. New York: OUP.

Acabado, Stephen. 2009. "A Bayesian Approach to Dating Agricultural Terraces: A Case from the Philippines." *Antiquity* 83, 801–14.

Albuquerque, Braz de. 1557/1880. *The Commentaries of the Great Alfonso Dalboquerque*, trans. W. de Gray Birch, Vol. III. London: Hakluyt Society, 1880.

Ali, R. Moh. 1963. *Pengantar Ilmu Sedjarah Indonesia*. Jakarta: Bhatara.

Arendt, Hannah. 1968. *Antisemitism*. San Diego: Harcourt Brace Jovanovich.

Aung-Thwin, Michael. 1985. *Pagan: The Origins of Modern Burma*. Honolulu: University of Hawaii Press.

Aung-Thwin, Michael. 2005. *The Mists of Ramañña: The Legend That Was Lower Burma*. Honolulu: University of Hawaii Press.

Azra, Azyumardi. 2004. *The Origins of Islamic Reformism in Southeast Asia: Networks of Malay-Indonesian and Middle Eastern "Ulama" in the Seventeenth and Eighteenth Centuries*. Sydney: Allen & Unwin.

Baker, Chris and Pasuk Phongpaichit. 2009. *A History of Thailand,* 2nd edn. Cambridge: Cambridge University Press.

Baker, Chris and Pasuk Pongpaichit, eds. 2010. *The Tale of Khun Chang Khun Phaen*. Chiang Mai: Silkworm Books.

Barmé, Scot. 2002. *Woman, Man, Bangkok: Love, Sex, and Popular Culture in Thailand*. Lanham, MD: Rowman & Littlefield.

Baten, Jörg, Mojgan Stegl, and Pierre van der Eng. 2013. "The Biological Standard of Living and Body Height in Colonial and Post-colonial Indonesia, 1770–2000." *Journal of Bioeconomics,* doi

10.1007/s10818-012-9144-2.

Beaulieu, Augustin de. 1622/1996. *Mémoires d'un voyage aux Indes Orientales,* 1619–1622, ed. Denys Lombard, 1996. Paris: EFEO.

Bellwood, Peter. 2005. *First Farmers: The Origins of Agricultural Societies.* Oxford: Blackwell.

Blackburn, Susan. 2004. *Women and the State in Modern Indonesia.* Cambridge: Cambridge University Press.

Blair, E.H. and J.A. Robertson, eds. 1903–9. *The Philippine Islands, 1493–1898,* 55 vols. Cleveland: Arthur H. Clark.

Blussé, Leonard. 2008. *Visible Cities: Canton, Nagasaki and Batavia and the Coming of the Americans.* Cambridge, MA: Harvard University Press.

Blust, Robert. 1995. "The Prehistory of the Austronesian-Speaking Peoples: A View from Language," *Journal of World Prehistory* 9:4, 453–510.

Boomgaard, Peter. 1989. *Children of the Colonial State: Population Growth and Economic Development in Java, 1795–1880.* Amsterdam: Free University Press.

Booth, Anne. 1998. *The Indonesian Economy in the Nineteenth and Twentieth Centuries: A History of Missed Opportunities.* Basingstoke: Macmillan.

Booth, Anne. 2007. *Colonial Legacies: Economic and Social Development in East and Southeast Asia.* Honolulu: University of Hawaii Press.

Braginski, Vladimir. 2004. *The Heritage of Traditional Malay Literature: A Historical Survey of Genres, Writings and Literary Views.* Leiden: KITLV Press.

Brandon, James. 1967. *Theatre in Southeast Asia.* Cambridge, MA: Harvard University Press.

Brocheux, Pierre and Daniel Hémery. 2009. *Indochina: An Ambiguous Colonization, 1858–1954.* Berkeley: University of California Press.

Buckley, Brendan M., et al. 2010. "Climate as a Contributing Factor in the Demise of Angkor, Cambodia," *Proceedings of the National Academy of Science* 107:15, 6748–52.

Bulbeck, David, Anthony Reid, Lay-Cheng Tan, and Yiqi Wu. 1998. *Southeast Asian Exports since the Fourteenth Century: Cloves, Pepper, Coffee, and Sugar.* Singapore: ISEAS.

Burney, Henry. 1971. *The Burney Papers,* 5 vols. Bangkok: Vajiranana National Library, 1910–14. Reprinted 1971. Gregg International.

Butcher, John. 2004. *The Closing of the Frontier: A History of the Marine Fisheries of Southeast Asia, c.1850–2000.* Singapore: ISEAS.

Chaunu, Pierre. 1960. *Les Philippines et le Pacifique des Ibériques (XVIe, XVIIe, XVIIIe siècles). Introduction méthodologique et indices d'activité.* Paris: S.E.V.P.E.N.

Chirino, Pedro. 1604/1969. *Relación de las Islas Filipinas: The Philippines in 1600,* trans Ramón Echevarria. Manila: Historical Conservation Society.

Choi Byung Wook. 2004. *Southern Vietnam under the Reign of Minh Mang (1820–1841): Central Policies and Local Response.* Ithaca: Cornell University Southeast Asia Program.

Christie, C.J. 1996. *A Modern History of Southeast Asia: Decolonization, Nationaism and Separatism.* London: I.B. Tauris.

Coedès, George. 1968. *The Indianized States of Southeast Asia,* trans. Susan Brown Cowing, ed. Walter F. Vella. Honolulu: East-West Center Press.

Coen, J.P. *Jan Pieterszoon Coen: bescheiden omtrent zijn bedrijf in Indie,* ed. H.T. Colenbrander, 4 vols. 1919–22. The Hague: Nijhoff.

Cohen, Matthew. 2006. *The Komedie Stamboel: Popular Theater in Colonial Indonesia, 1891–1903.* Athens, OH: Ohio University Press.

Crawfurd, John. 1820. *History of the Indian Archipelago,* 3 vols. Edinburgh: A. Constable.

Crawfurd, John. 1828/1967. *Journal of an Embassy to the Courts of Siam and Cochin China.* Reprinted 1967. Kuala Lumpur: Oxford University Press.

Crawfurd, John. 1856. *A Descriptive Dictionary of the Indian Islands and Adjacent Countries.* London: Bradbury and Evans.

Cruz, Gaspar da. 1569/1953. "Treatise in which the Things of China are Related." Translated in ed. Charles Boxer, *South China in the Sixteenth Century.* Cambridge: Hakluyt Society, 45–239.

Da Shan 1699/1993. "Hai Wai Ji Shi" [Record of Countries Overseas]. Translated in eds. Li Tana and Anthony Reid, *Southern Vietnam under the Nguyên. Documents on the Economic History of Cochinchina (Dang Trong), 1602–1777.* Singapore: ISEAS, 55–9.

Dasmariñas, Gomez Perez 1590/1958. "The Manners, Customs and Beliefs of the Philippine Inhabitants of Long Ago," [Boxer Codex] trans. C. Quirino and M. Garcia, *The Philippines Journal of Science* 87, iv (1958), 389–445.

Drewes, G.W.J., ed. 1978. *An Early Javanese Code of Muslim Ethics.* The Hague: Nijhoff.

Drewes, G.W.J., ed. 1980. *Two Acehnese Poems.* The Hague, Nijhoff for KITLV.

Durie, Mark. 1996. "Framing the Acehnese Text: Language Choice and Discourse Structures in Aceh." *Oceanic Linguistics* 35:1 (June), 113–37.

Dutton, George, Jane Werner, and John Whitmore, eds. 2012. *Sources of Vietnamese Tradition.* New York: Columbia University Press.

Edwards, Penny. 2007. "'Dressed in a Little Brief Authority': Clothing the Body Politic in Burma." In eds. Mina Roces and Louise Edwards, *The Politics of Dress in Asia and the Americas.* Brighton: Sussex Academic Press, 121–38.

Elson, R.E. 1997. *The End of the Peasantry in Southeast Asia: A Social and Economic HISTORY of peasant Livelihood, 1800–1990s.* Basingstoke: Macmillan.

Elson, R.E. 2001. Suharto: *A Political Biography.* Cambridge: Cambridge University Press.

Elson, R.E. 2008. *The Idea of Indonesia: A History.* Cambridge: Cambridge University Press.

Elvin, Mark. 1973. T*he Pattern of the Chinese Past. A Social and Economic Interpretation.* Stanford: Stanford University Press.

Eviota, Elizabeth Uy. 1992. *The Political Economy of Gender: Women and the Sexual Division of Labour in the Philippines.* London: Zed Books.

Fansuri, Hamzah, 1986. *The Poems of Hamzah Fansuri,* eds. G.W.J. Drewes and Lode Brakel. Dordrecht: Foris for KITLV.

Feith, Herbert and Lance Castles. 1970. *Indonesian Political Thinking 1945–1965.* Ithaca: Cornell

University Press.

Frederici, Cesare. 1581. "The voyage and travell of M. Caesar Fredericke, Marchant of Venice, into the East India, and beyond the Indies," trans. T. Hickocke, 1907. In ed. Richard Hakluyt, *The Principal Navigations, Voyages, Traffiques, and Discoveries of the English Nation*, Vol. III, Everyman's Edition. London: J.M. Dent, 198–269.

Furnivall, J.S. 1939. *Netherlands India: A Study of a Plural Economy.* Cambridge: Cambridge University Press.

Furnivall, J.S. 1948. *Colonial Policy and Practice. A Comparative Study of Burma and Netherlands India.* Cambridge: Cambridge University Press.

Galvão, Antonio. 1544. *A Treatise on the Moluccas (c.1544), Probably the Preliminary Version of Antonio Galvão's Lost* História das Molucas, trans. Hubert Jacobs, 1971. Rome: Jesuit Historical Institute.

Geertz, Clifford. 1963. *Agricultural Involution: The Processes of Ecological Change in Indonesia.* Berkeley: University of California Press.

Geertz, Clifford. 1980. *Negara: The Theatre State in Nineteenth-Century* Bali. Princeton: Princeton University Press.

Gioseffi, Daniela, ed. 2003. *Women on War: An Anthology of Women's Writings from Antiquity to the Present.* New York: The Feminist Press, CUNY Graduate Center.

Goens, Rijklof van. 1656/1956. *De vijf gezantschapsreizen van Rijklof van Goens naar het hof van Mataram, 1648–1654,* ed. H.J. de Graaf. The Hague: Nijhoff for Linschoten-Vereeniging.

Goscha, Christopher. 1995. *Vietnam or Indochina: Contesting Concepts of Space in Vietnamese Nationalism, 1887–1954.* Copenhagen: Nordic Institute of Asian Studies.

Goscha, Christopher. 1999. *Thailand and the Southeast Asian Networks of the Vietnamese Revolution, 1885–1954.* London: Curzon.

Guggenheim, Scott. 2012. "Indonesia's Quiet Springtime: Knowledge, Policy and Reform." In ed. Anthony Reid, *Indonesia Rising: The Repositioning of Asia's Third Giant.* Singapore: ISEAS.

Hadler, Jeffrey. 2008. *Muslims and Matriarchs: Cultural Resilience in Minangkabau through Jihad and Colonialism.* Ithaca, NY: Cornell University Press.

Hall, D.G.E. 1968. *A History of South-East Asia,* 3rd edn. London: Macmillan.

Hamilton, Alexander. 1727/1930. *A New Account of the East Indies,* Vol. II. Reprinted Edinburgh: John Mosman, 1930.

Handley, Paul. 2006. *The King Never Smiles: A Biography of Thailand's Bhumibol Adulyadej.* New Haven: Yale University Press.

Hatta, Mohammad. 1953–4. *Kumpulan Karangan,* 4 vols. Jakarta: Balai Buku Indonesia.

Hikayat Dewa Mandu: Epopée Malaise. 1980. Ed. H. Chambert-Loir. Paris: EFEO.

Ibrahim, ibn Muhammad. 1688/1972. *The Ship of Sulaiman,* trans. from the Persian by J. O' Kane. London: Routledge and Kegan Paul, 1972.

Ileto, Reynaldo. 1979. *Pasyon and Revolution: Popular Movements in the Philippines, 1840–1910.* Quezon City: Ateneo de Manila University Press.

Jamieson, Neil. 1993. *Understanding Vietnam.* Berkeley: University of California Press.

Jarric, Pierre du. 1608. *Histoire des choses plus memorable advenues tant ez Indes Orientales, que autres pais de la decouverte des Portugais,* Vol. I. Bordeaux: Millanges.

Jesus, E.C. de. 1980. *The Tobacco Monopoly in the Philippines: Bureaucratic Enterprise and Social Change, 1766–1880.* Quezon City: Ateneo de Manila University Press.

Johnson, J.J. ed. 1962. *The Role of the Military in Underdeveloped Countries.* Princeton: Princeton University Press.

Karim, Wazir Jahan. 1995. "Bilateralism and Gender in Southeast Asia." In ed. Wazir Jahan Karim, *"Male" and "Female" in Developing Southeast Asia.* Oxford: Berg Publishers, 35–74.

King, Victor and William Wilder. 2003. *The Modern Anthropology of South-East Asia: An Introduction.* London: Routledge.

Kobata, Atsushi and Mitsugo Matsuda. 1969. *Ryukyuan Relations with Korea and South Sea Countries.* Kyoto: Atsushi Kobata.

La Loubère, Simon de. 1691/1969. *A New Historical Relation of the Kingdom of Siam.* London, 1691. Reprinted Kuala Lumpur: OUP, 1969.

Laarhoven, Ruurdje. 1994. *"The Power of Cloth: The Textile Trade of the Dutch East India Company (VOC) 1600–1780."* Ph.D. dissertation, ANU.

Lasimbang, Jannie, and Colin Nicholas. 2007. "Malaysia: The Changing Status of Indigenous and Statutory Systems on Natural Resource Management." In ed. Helen Leake, *Bridging the Gap: Policies and Practices on Indigenous Peoples' Natural Resource Management in Asia.* Bangkok: UNDP, 175–234.

Le Blanc, Marcel. 1692. *Histoire de la revolution du roiaume de Siam, arrivé en l'année 1688.* Lyon: Horace Moulin.

Le Quy Don. 1776/1993. *Phu Bien Tap Luc* [1776], as translated in eds. Li Tana and Anthony Reid, *Southern Vietnam under the Nguyen: Documents on the Economic History of Cochin-China (Dang Trong), 1602–1777.* Singapore: ISEAS, 1993.

Leach, E.R. 1959. *Political Systems of Highland Burma: A Study of Kachin Social Structure.* Reprinted 2004. Oxford: Berg.

Lee Kuan Yew. 2000. *From Third World to First: The Singapore Story: 1965–2000.* Singapore: Times Editions.

Liaw Yock Fang. 1976. *Undang-undang Melaka: The Laws of Melaka.* The Hague, Nijhoff for KITLV.

Lieberman, Victor. 1995. "An Age of Commerce in Southeast Asia? Problems of Regional Coherence: A Review Article," *Journal of Asian Studies* 54:3, 796–807.

Lieberman, Victor. 2003. *Strange Parallels: Southeast Asia in Global Context, c.800–1830, Vol. I: Integration on the Mainland.* Cambridge: Cambridge University Press.

Lieberman, Victor. 2009. *Strange Parallels: Southeast Asia in Global Context, c.800–1830, Vol. II; Mainland Mirrors: Europe, Japan, China, South Asia and the Islands.* Cambridge: Cambridge University Press.

Liu Hong. 2011. *China and the Shaping of Indonesia 1949–1965.* Singapore: National University of

Singapore Press.

Loarca, Miguel de. 1582. *"Relation of the Filipinas Islands"* In Blair and Robertson, eds., 1903–9, Vol. 5, 34–167.

Locher-Scholten, Elsbeth. 2000. *Women and the Colonial State: Essays on Gender and Modernity in the Netherlands Indies, 1900–1942.* Amsterdam: Amsterdam University Press.

Lodewycksz, Willem. 1598/1915. *"D'eerste Boeck: Historie van Indien vaer inne verhaelt is de avontueren die de Hollandtsche schepen bejeghent zijn."* In eds. G.P. Rouffaer and J.W. Ijzerman, *De eerste schipvaart der Nederlanders naar Oost-Indië onder Cornelis de Houtman 1595–1597,* Vol. I, 1915. The Hague: Nijhoff for Linschoten- Vereniging.

Ma Huan. 1433/1970. Ying Yai Sheng-lan: *"The Overall Survey of the Ocean's Shores,"* trans. J.V.G. Mills. Cambridge: Hakluyt Society, 1970. Reprinted Bangkok: White Lotus Press, 1997.

Maddison, Angus. 2006. *The World Economy: A Millenial Perspective.* Paris: OECD.

Magalhães-Godinho, Vitorino. 1969. *L'économie de l'empire portugais aux XVe et XVIe siècles.* Paris S.E.V.P.E.N.

Maier, Henk. 2004. *We Are Playing Relatives: A Survey of Malay Writing.* Leiden: KITLV Press.

Marr, David. 1981. *Vietnamese Tradition on Trial, 1920–1945.* Berkeley: University of California Press.

Marr, David. 2013. *Vietnam: State, War and Revolution (1945–1946).* Berkeley: University of California Press.

Marsden, William. 1811. *The History of Sumatra,* 3rd revised edn. London, 1811. Reprinted Kuala Lumpur: OUP, 1966.

Masuda, Erika. 2004. "The Last Siamese Tributary Missions to China, 1851–1854 and the 'Rejected' Value of *Chim Kong.*" In eds. Wang Gungwu and Ng Chin-keong, *Maritime China in Transition 1750–1850.* Wiesbaden: Horowitz.

McNeill, William. 1982. *The Pursuit of Power: Technology, Armed Force, and Society since A.D. 1000.* Chicago: University of Chicago Press.

McVey, Ruth T. 1965. *The Rise of Indonesian Communism.* Ithaca: Cornell University Press.

Minter, Tessa. 2010. *The Agta of the Northern Sierra Madre: Livelihood Strategies and Resilience among Philippine Hunter-Gatherers.* Published dissertation, University of Leiden.

Montesano, Michael and Patrick Jory, eds. 2008. *Thai South and Malay North: Ethnic Interactions on a Plural Peninsula.* Singapore: NUS Press.

Moor, J.H. 1837. *Notices of the Indian Archipelago, and Adjacent Countries: Being a Collection of Papers relating to Borneo, Celebes, Bali, Java, Sumatra, Nias, the Philippine Islands, Sulu, Siam, Cochin China, Malayan Peninsula, etc.* Singapore: n.p.

Morga, Antonio de. 1609/1971. *Sucesos de las Islas Filipinas,* trans. J.S. Cummins. Cambridge: Hakluyt Society, 1971.

Murashima, Eiji. 1988. "The Origin of Modern Official State Ideology in Thailand." *JSEAS* 19:1, 80–96.

Myrdal, Gunnar. 1968. *Asian Drama. An Inquiry into the Poverty of Nations,* 3 vols. New York: Pantheon.

Neck, Jacob van. 1604/1980. "Journal van Jacob van Neck." In eds. H.A. van Foreest and A. de Booy,

De vierde schipvaart der Nederlanders naar Oost-Indie onder Jacob Wilkens en Jacob van Neck (1599–1604), Vol. I. The Hague: Linschoten-Vereeniging.

Newbold, T.J. 1839. *British Settlements in the Straits of Malacca*, 2 vols. London: John Murray. Reprinted Kuala Lumpur: OUP, 1971.

Nguyen Trai. 1428/1967. "Proclamation of Victory over Wu [China]," trans. Truong Buu Lam, 1967. *Patterns of Vietnamese Response to Foreign Intervention 1858–1900*. New Haven: Yale University Southeast Asia Studies, 55–62.

Nu, U. 1975. U Nu: *Saturday's Son*. New Haven: Yale University Press.

Omar, Arifin. 1993. Bangsa Melayu. *Malay Concepts of Democracy and Community, 1945–1950*. Kuala Lumpur: Oxford University Press.

Pallegoix, Mgr. 1854. *Description du Royaume Thai ou Siam*, 2 vols. Photographic reprint, 1969. Paris: Gregg International.

Parlindungan, Mangaradja. 1964. *Pongkinangolngolan Sinambela gelar Tuanku Rao: Terror Agama Islam Mazhab Hambali di Tanah Batak 1816–1833*. Jakarta: Penerbit Tandjung Harapan. Appendix 31 of this book, purporting to be a reading of Chinese materials by Dutch official Poortman 50 years earlier, was translated and analyzed by H.J. de Graaf and Th.G.Th. Pigeaud in ed. M.C. Ricklefs, *Chinese Muslims in Java in the 15th and 16th Centuries*. Melbourne: Monash University Southeast Asia Monographs, 1984.

Parker, Geoffrey. 2013. *Global Crisis: War, Climate Change and Catastrophe in the Seventeenth Century*. New Haven, Yale University Press.

Parker, Geoffrey and Lesley Smith, eds. 1978. *The General Crisis of the Seventeenth Century*. London, Routledge. The second edition (1997) includes Southeast Asia.

Pauker, Guy. 1959. "Southeast Asia as a Problem Area in the Next Decade," *World Politics* 6.

Phan Boi Chau. 1914. "Prison Notes." In ed. David Marr, *Reflections from Captivity*. Athens: Ohio University Press, 1978.

Pinto, Fernão Mendes. 1578/1989. *The Travels of Mendes Pinto*, trans. Rebecca Catz. Chicago: University of Chicago Press.

Pires, Tomé. 1515/1944. *The Suma Oriental of Tomé Pires*, trans. Armando Cortesão. London: Hakluyt Society.

Pollock, Sheldon. 2006. *The Language of the Gods in the World of Men: Sanskrit, Culture and Power in Premodern India*. Berkeley: University of California Press.

Pomeranz, Kenneth. 2000. *The Great Divergence: China, Europe, and the Making of the Modern World Economy*. Princeton: Princeton University Press.

Quezón, Manuel. 1936. *"Second State of the Nation Address."* 16 June 1936, http://www.gov.ph/1936/06/16/manuel-l-quezon-second-state-of-the-nation-addressjune-16-1936 (accessed November 8, 2014).

Quinn, George. 1992. *The Novel in Javanese: Aspects of its Social and Literary Character*. Leiden: KITLV Press.

Raffles, Thomas Stamford. 1817/1978. *The History of Java*, 2 vols. London: John Murray. Reprinted

Kuala Lumpur: Oxford University Press, 1978.

Raniri, Nuru'd-din ar-. 1643/1966. *Bustanu's-Salatin, Bab II, Fasal 13,* ed. T. Iskandar, 1966. Kuala Lumpur: Dewan Bahasa dan Pustaka.

Reid, Anthony. 1988. *Southeast Asia in the Age of Commerce.* Vol I: The Lands Below the Winds. New Haven: Yale University Press.

Reid, Anthony. 1990. "The 'Seventeenth Century Crisis' as an Approach to Southeast Asian History," *Modern Asian Studies* 24:4, 639–59.

Reid, Anthony. 1993. *Southeast Asia in the Age of Commerce, 1450–1680.* Vol. 2: Expansion and Crisis. New Haven: Yale University Press.

Reid, Anthony. 1999. *Charting the Shape of Early Modern Southeast Asia.* Chiang Mai: Silkworm Books.

Reid, Anthony. 2009. "Family Names in Southeast Asian History." In eds. Zheng Yangwen and Charles Macdonald, *Personal Names in Asia: History, Culture and Identity.* Singapore: NUS Press, 21–36.

Reid, Anthony. 2010. *Imperial Alchemy: Nationalism and Political Identity in Southeast Asia.* Cambridge: Cambridge University Press.

Renfrew, Colin. 1987. *Archaeology and Language – The Puzzle of Indo-European Origins.* London: Jonathan Cape.

Reyes, Raquel. 2008. *Love, Passion and Patriotism: Sexuality and the Philippine Propaganda Movement, 1882–1892.* Singapore: NUS Press.

Rhodes, Alexandre de. [1653], as translated in Solange Herz, *Rhodes of Vietnam: The Travels and Missions of Father Alexander de Rhodes in China and Other Kingdoms of the Orient.* Westminster, MD: Newman Press, 1966.

Ricklefs, M.C. 2006. *Mystic Synthesis in Java: A History of Islamization from the Fourteenth to the Early Nineteenth Centuries.* Norwalk, CT: EastBridge.

Rigg, Jonathan. 2003. *Southeast Asia: The Human Landscape of Modernization and Development,* 2nd edn. London: Routledge.

Robson, Stuart, trans. 1995. *Désawarnana (Nāgarakṛtāgama) by Mpu Prapañca.* Leiden: KITLV Press.

Roff, W.R. 1967. *The Origins of Malay Nationalism.* New Haven: Yale University Press.

Salemink, Oscar. 2003. *The Ethnography of Vietnam's Central Highlanders: A Historical Contextualization, 1850–1990.* London: Routledge Curzon.

Sangermano, Vincentius.1833/1966. *A Description of the Burmese Empire*, trans. William Tandy. Rome, 1833. Reprinted London: Susil Gupta, 1966.

Santoso, Soewito. 1975. *Sutasoma, a Study in Old Javanese Wajrayana.* New Delhi: International Academy of Indian Culture.

Sargent, Matthew. 2013. "Global Trade and Local Knowledge: Gathering Natural Knowledge in Seventeenth-Century Indonesia". In eds. Tara Alberts and D.R.M.Irving, *Intercultural Exchange in Southeast Asia: History and Society in the Early Modern World.* London: I.B. Tauris.

Schumacher, Frank. 1979. *Readings in Philippine Church History.* Quezon City: Loyola School of Theology, Ateneo de Manila University Press.

Scott, Edmund. 1606/1943. "An exact discourse of the Subtitles, Fashions, Pollicies, Religion, and Ceremonies of the East Indians, as well Chyneses as Javans, there abiding and dweling." In ed. Sir William Foster, *The Voyage of Henry Middleton to the Moluccas*. London: Hakluyt Society.

Scott, James C. 1998. *Seeing Like a State: How Certain Schemes to Improve the Human Condition Have Failed*. New Haven: Yale University Press.

Scott, James C. 2009. *The Art of Not Being Governed: An Anarchist History of Upland Southeast Asia*. New Haven: Yale University Press.

Sen, Krishna. 1994. *Indonesian Cinema: Framing the New Order*. London: Zed Books.

Sejarah Goa. n.d., ed. G.J. Wolhoff and Abdurrahim. Makassar: Jajasan Kebujaan Sulawesi Selatan dan Tenggara [1968?].

Sejarah Melayu. 1612/1938. Ed. R.O. Winstedt, *JMBRAS* 16, iii, 42–226, trans. C.C. Brown, 1952, *JMBRAS* 25, ii-iii.

Sjahrir, Sutan. 1968. *Our Struggle,* trans. B.R.O'G. Anderson. Ithaca: Cornell University Modern Indonesia Program.

Smeaton, Donald. 1887. *The Loyal Karens of Burma*. London: Kegan Paul, Trench & Co.

Soewardi Soerjaningrat. 1914. "Onze Nationale Kleeding," reproduced in *Karja K. H. Dewantara,* Vol IIA. Jogjakarta: Persatuan Taman Siswa, 1967.

Stapel, F.W. 1922. *Het Bongaais verdrag*. Leiden: Rijsuniversiteit.

Sukarno. 1965. *Sukarno. An Autobiography, as Told to Cindy Adams*. Indianapolis: Bobs-Merrill.

Tan Malaka. 1925. *Naar de "Republiek-Indonesia."* Canton: n.p.

Tan Malaka. 1926/2000. *Massa Aksi*. Reprinted 2000. Jakarta: Teplok Press.

Taylor, K.W. and John K. Whitmore. 1995. *Essays into Vietnamese Pasts*. Ithaca: Cornell University Southeast Asia Program.

Transparency International. 2014. http://www.transparency.org/research/cpi (last accessed November 14, 2014).

Trocki, Carl. 2007. *Prince of Pirates: The Temenggongs and the Development of Johor and Singapore, 1784–1885,* 2nd edn. Singapore: NUS Press.

Truong Buu Lam. 1967. *Patterns of Vietnamese Response to Foreign Intervention 1858–1900*. New Haven: Yale University Southeast Asia Studies.

Vliet, Jeremias van. 1640/2005. *Van Vliet's Siam,* eds. Chris Baker, Dhiravat na Pombejra, Alfons van der Kraan, and David Wyatt. Chiang Mai: Silkworm Books.

Wallace, Alfred Russell. 1869. *The Malay Archipelago*. New York: Harper.

Waterson, Roxana. 1997. "The Contested Landscapes of Myth and History in Tana Toraja." In ed. James Fox, *The Poetic Power of Place: Comparative Perspectives on Austronesian Ideas of Locality*. Canberra: ANU E Press, 63–88.

Whitmore, John. 2011. *"Van Don, the 'Mac Gap' and the end of the Jiaozhi Ocean System: Trade and State in Dai Viet, Circa 1450–1550."* In Cooke, et al. 2011: 101–16.

Winichakul, Thongchai. 1994. *Siam Mapped: A History of the Geo-Body of a Nation*. Honolulu: University of Hawaii Press.

Wolters, O.W. 1999. *History, Culture and Region in Southeast Asian Perspectives.* Revised edn. Ithaca: Cornell University Southeast Asia Program.

Woodside, Alexander. 1997. "The Relationship between Political Theory and Economic Growth in Vietnam, 1750–1840." In ed. Anthony Reid, *The Last Stand of Asian Autonomies: Responses to Modernity in the Diverse States of Southeast Asia and Korea, 1750–1900.* Basingstoke: Macmillan, 245–68.

World Bank. 2014. World Bank Open Data. http://data.worldbank.org. (accessed 2014).

World Economic Forum. 2013. *The Global Gender Gap Report 2013.* Geneva: World Economic Forum. http://www3.weforum.org/docs/WEF_GenderGap_Report_2013. pdf (accessed November 8, 2014).

Wyatt, David K. 1982. *Thailand: A Short History.* New Haven: Yale University Press.

Yamin, Muhammad. 1954. *Naskah-Persiapan Undang-undang Dasar 1945,* 3 vols. Jakarta: Yayasan Prapanca.

Yang, Bin. 2010. "The Zhang on Southern Chinese Frontiers: Disease-Construction, Environmental Changes, and Imperial Colonization." *Bulletin of the History of Medicine* 84: 2.

Yuan Bingling. 2000. *Chinese Democracies: A Study of the Kongsis of West Borneo (1776–1884).* Leiden: Universiteit Leiden CNWS.

Yule, Henry. 1858. *A Narrative of the Mission to the Court of Ava in 1855,* [1858] New edn, ed. Hugh Tinker. Kuala Lumpur: Oxford University Press, 1968.

Zaide, Gregoria F. 1990. *Documentary Sources of Philippine History,* Vol. I. Metro Manila: National Book Store. The instructions to Legazpi by the Royal Audiencia of Mexico, September 1, 1564, 397–410.

Zhou Daguan. 1297/2007. *A Record of Cambodia: The Land and its People,* trans. Peter Harris. Chiang Mai: Silkworm Books

延伸閱讀

關於東南亞通史

Dutton, George, ed. 2014. *Voices of Southeast Asia: Essential Readings from Antiquity to the Present.* Armonk, NY: M.E. Sharpe.

Lieberman, Victor. 2003–9. *Strange Parallels: Southeast Asia in Global Context, c.800–1830.* 2 vols. Cambridge: Cambridge University Press.

Owen, Norman, ed. *The Emergence of Modern Southeast Asia: A New History.* Honolulu: University of Hawaii Press.

Scott, James. 2009. *The Art of Not Being Governed: An Anarchist History of Upland Southeast Asia.* New Haven: Yale University Press.

Tarling, Nicholas, ed.1992. *The Cambridge History of Southeast Asia.* 2 vols. Cambridge: Cambridge University Press.

Tarling, Nicholas. 2001. *Southeast Asia: A Modern History.* Oxford: Oxford University Press.

關於國別史

Baker, Chris and Pasuk Phongpaichit. 2009. *A History of Thailand,* 2nd edn. Cambridge: Cambridge University Press.

Chandler, David. 2007. *A History of Cambodia.* 4th edn. Boulder, CO: Westview.

Charney, Michael. 2009. *A History of Modern Burma.* Cambridge: Cambridge University Press.

Corpuz, O.D. 2007. *The Roots of the Filipino Nation.* Honolulu: University of Hawaii Press.

Dutton, George, Jane Werner, and John Whitmore, eds. 2012. *Sources of Vietnamese Tradition.* New York: Columbia University Press.

Evans, Grant. 2002. *A Short History of Laos: The Land in Between*. Sydney: Allen & Unwin.

Jamieson, Neil. 1993. *Understanding Vietnam*. Berkeley: University of California Press.

Ricklefs, M.C. 1993. *A History of Modern Indonesia since c.1300*. 2nd ed. Basingstoke: Macmillan.

Stuart-Fox, Martin. 1997. *A History of Laos*. Cambridge: Cambridge University Press.

Taylor, Keith. 2013. *A History of the Vietnamese*. Cambridge: Cambridge University Press.

Thant Myint-U. 2006. *The River of Lost Footsteps: Histories of Burma*. New York: Farrer, Straus & Giroux.

Wyatt, David. 1982. *Thailand: A Short History*. New Haven: Yale University Press.

第一至第二章：關於開端

Aung-Thwin, Michael. 1985. *Pagan: The Origins of Modern Burma*. Honolulu: University of Hawaii Press.

Bellwood, Peter. 1997. *Prehistory of the Indo-Malaysian Archipelago*. Honolulu: University of Hawaii Press.

Boomgaard, Peter. 2007. *Southeast Asia: An Environmental History*. Santa Barbara, CA: ABC-Clio.

Coedes, George. 1968. *The Indianized States of Southeast Asia*, trans. Susan Cowing. Honolulu: East-West Center Press.

Gesick, Lorraine, ed. 1983. *Centers, Symbols and Hierarchies: Essays on the Classical States of Southeast Asia*. New Haven: Yale University Southeast Asia Studies.

Ishii Yoneo, ed. 1978. *Thailand: A Rice-Growing Society*, trans. Peter Hawkes and Stephanie Hawkes. Honolulu: University of Hawaii Press.

Higham, Charles. 1989. *The Archaeology of Mainland Southeast Asia*. Cambridge: Cambridge University Press.

Higham, Charles. 1996. *The Bronze Age of Southeast Asia*. Cambridge: Cambridge University Press.

Lombard, Denys. 1990. *Le carrefour javanais. Essai d'histoire globale*. 3 vols. Paris: Editions de l'Ecole des Hautes Etudes en Sciences Sociales.

Pollock, Sheldon. 2006. *The Language of the Gods in the World of Men: Sanskrit, Culture and Power in Premodern India*. Berkeley: University of California Press.

第三至第六章：關於早期現代的貿易、宗教與混和體

Andaya, Barbara. 2006. *The Flaming Womb. Repositioning Women in Early Modern Southeast Asia*. Honolulu: University of Hawaii Press.

Bulbeck, David, Anthony Reid, Lay-Cheng Tan, and Yiqi Wu. 1998. *Southeast Asian Exports since the Fourteenth Century: Cloves, Pepper, Coffee, and Sugar*. Singapore: ISEAS.

Chaunu, Pierre. 1960. *Les Philippines et le Pacifique des Iberiques (XVIe, XVIIe, XVIIIe siecles). Introduction methodologique et indices d'activite*. Paris: S.E.V.P.E.N.

Reid, Anthony. 1988–93. *Southeast Asia in the Age of Commerce*. 2 vols. New Haven: Yale University

Press.

Ricci, Ronit. 2011. *Islam Translated*. Chicago: University of Chicago Press.

Wade, Geoffrey. 2009. *China and Southeast Asia: Routledge Library on Southeast Asia*, 6 vols. London/New York: Routledge.

Wade, Geoffrey and Sun Laichen, eds. 2010. *Southeast Asia in the Fifteenth Century: The China Factor*. Singapore: NUS Press.

第七至第八章：關於十七、十八世紀

Azra, Azyumardi. 2004. *The Origins of Islamic Reformism in Southeast Asia: Networks of Malay-Indonesian and Middle Eastern 'Ulama' in the Seventeenth and Eighteenth Centuries*. Sydney: Allen & Unwin.

Laarhoven, Ruurdje. 1994. "*The Power of Cloth: The textile trade of the Dutch East India Company (VOC) 1600–1780*". Ph.D. dissertation, ANU.

Parker, Geoffrey. 2013. *Global Crisis: War, Climate Change and Catastrophe in the Seventeenth Century*. New Haven: Yale University Press.

Phelan, J.L. 1959. *The Hispanization of the Philippines. Spanish Aims and Filipino Responses 1565–1700*. Madison: University of Wisconsin Press.

Raben, Remco. 1996. "*Batavia and Colombo: The Ethnic and Spatial Order of Two Colonial Cities, 1600–1800.*" Ph.D. dissertation, Leiden University.

Reid, Anthony and David Marr, eds. 1979. *Perceptions of the Past in Southeast Asia*. Singapore: Heinemann.

第九至第十一章：關於前殖民政體

Cooke, Nola, Li Tana, and A. Anderson, eds. 2011. *The Tongking Gulf through History*. Philadelphia: University of Pennsylvania Press.

Dutton, George. 2006. *The Tay Son Uprising: Society and Rebellion in Eighteenth-Century Vietnam*. Honolulu: University of Hawaii Press.

Heidhues, Mary Somers. 2003. *Golddiggers, Farmers and Traders in the "Chinese Districts" of West Kalimantan, Indonesia*. Ithaca: Cornell University Southeast Asia Program.

Reid, Anthony, ed. 1996. *Sojourners and Settlers: Histories of Southeast Asia and the Chinese*. Honolulu: University of Hawaii Press.

Reid, Anthony, ed. 1997. *The Last Stand of Asian Autonomies: Responses to Modernity in the Diverse States of Southeast Asia and Korea, 1750–1900*. Basingstoke: Macmillan.

Thant, Myint-U. 2001. *The Making of Modern Burma*. Cambridge: Cambridge University Press.

Tran, Nhung Tuyet and Anthony Reid, eds. 2006. *Viet Nam: Borderless Histories*. Madison: University of Wisconsin Press.

Warren, James. 1981. *The Sulu Zone, 1768–1898: The Dynamics of External Trade, Slavery, and*

Ethnicity. Singapore: NUS Press.

Woodside, Alexander. 1971. *Vietnam and the Chinese Model: A Comparative Study of Nguyen and Ch'ing Civil Government in the First Half of the Nineteenth Century*. Cambridge, MA: Harvard University Press.

第十二至十三章：關於十八至二十世紀的經濟和政治變遷

Boomgaard, Peter. 1989. *Children of the Colonial State: Population Growth and Economic Development in Java, 1795–1880*. Amsterdam: Free University Press.

Brocheux, Pierre and Daniel Hemery. 2009. *Indochina: An Ambiguous Colonization, 1858–1954*, trans. Ly Lan Dill-Klein. Berkeley: University of California Press.

Butcher, John and Howard Dick, eds. 1993. *The Rise and Fall of Revenue Farming: Business Elites and the Emergence of the Modern State in Southeast Asia*. Basingstoke: Macmillan.

Chirot, Daniel and Anthony Reid. 1997. *Essential Outsiders: Chinese and Jews in the Modern Transformation of Southeast Asia and Central Europe*. Seattle: University of Washington Press.

Corpuz, O.D. 1997. *An Economic History of the Philippines*. Quezon City: University of the Philippines Press.

Cribb, Robert, ed. 1994. *The Late Colonial State in Indonesia: Political and Economic Foundations of the Netherlands Indies 1880–1942*. Leiden: KITLV Press

Dick, Howard and Peter Rimmer. 2003. *Cities, Transport and Communications: The Integration of Southeast Asia since 1850*. London: Palgrave Macmillan.

Elson, R.E. 1997. *The End of the Peasantry in Southeast Asia: A Social and Economic History of Peasant Livelihood, 1800–1990s*. Basingstoke: Macmillan.

Furnivall, J.S. 1948. *Colonial Policy and Practice. A Comparative Study of Burma and Netherlands India*. Cambridge: Cambridge University Press.

Goscha, Christopher. 1995. *Vietnam or Indochina? Contesting Concepts of Space in Vietnamese Nationalism, 1887–1954*. Copenhagen: NIAS Books.

McCoy, Alfred and Ed. de Jesus, eds. *Philippine Social History: Global Trade and Local Transformations*. Sydney: Allen & Unwin.

McGee, T.G. 1967. *The Southeast Asian City*. London: G. Bell.

Myoe, Maung Aung. Unpublished. "The Peacock and the Dragon: Myanmar's Relations with China in the Monarchical Era." Singapore: unpublished.

Owen, Norman, ed. 1987. *Death and Disease in Southeast Asia: Explorations in Social, Medical and Demographic History*. Singapore: Oxford University Press.

Trocki, Carl. 1999. *Opium, Empire and the Global Political Economy: A Study of the Asian Opium Trade 1750–1950*. Abingdon: Routledge.

Wong Lin Ken. 1960. "The Trade of Singapore 1819–69," *JMBRAS* 33, part iv.

第十四至十五章：關於二十世紀的現代性

Brandon, James. 1967. *Theatre in Southeast Asia*. Cambridge, MA: Harvard University Press.

Ikeya, Chie. 2011. *Refiguring Women, Colonialism and Modernity in Burma*. Honolulu: University of Hawaii Press.

Marr, David. 1981. *Vietnamese Tradition on Trial, 1920–1945*. Berkeley: University of California Press.

Reid, Anthony. 2010. *Imperial Alchemy: Nationalism and Political Identity in Southeast Asia*. Cambridge: Cambridge University Press.

Reyes, Raquel. 2008. *Love, Passion and Patriotism: Sexuality and the Philippine Propaganda Movement, 1882–1892*. Singapore: NUS Press.

Schulte Nordholt, Henk, ed. 1997. *Outward Appearances: Dressing State and Society in Indonesia*. Leiden: KITLV Press.

Tonnesson, Stein and Hans Antlov. 1996. *Asian Forms of the Nation*. London: Curzon.

第十六至二十章：關於後殖民轉型

Abdullah, Taufik. 2009. *Indonesia: Towards Democracy*. Singapore: ISEAS.

Anderson, Benedict. 1998. *The Spectre of Comparisons: Nationalism, Southeast Asia, and the World*. London: Verso.

Benjamin, Geoffrey and Cynthia Chou. 2002. *Tribal Communities in the Malay World: Historical, Cultural and Social Perspectives*. Singapore: ISEAS.

Bertrand, Jacques. 2013. *Political Change in Southeast Asia*. Cambridge: Cambridge University Press.

Cheah Boon Kheng. 2002. *Malaysia: The Making of a Nation*. Singapore: ISEAS.

Christie, Clive. 2000. *A Modern History of Southeast Asia: Decolonization, Nationalism and Separatism*. London: I.B. Tauris.

Crouch, Harold. 1988. *The Army and Politics in Indonesia*. Revised edn. Ithaca: Cornell University Press.

Drabble, John. 2000. *An Economic History of Malaysia, c.1800–1990: The Transition to Modern Economic Growth*. Basingstoke: Macmillan.

Feith, Herbert and Lance Castles. 1970. *Indonesian Political Thinking, 1945–1965*. Ithaca: Cornell University Press.

Goscha, Christopher. 1999. *Thailand and the Southeast Asian Networks of the Vietnamese Revolution, 1885–1954*. London: Curzon.

Handley, Paul. 2006. *The King Never Smiles. A Biography of Thailand's Bhumibol Adulyadej*. New Haven: Yale University Press.

Hefner, Robert. 2000. *Civil Islam: Muslims and Democratization in Indonesia*. Princeton: Princeton University Press.

Hill, Hal. 2010. *The Indonesian Economy*. 2nd edn. Cambridge: Cambridge University Press.

Huff, W.G. 2000. *The Economic Growth of Singapore: Trade and Development in the Twentieth*

Century. Cambridge: Cambridge University Press.

Laothamatas, Anek, ed. 1997. *Democratization in Southeast and East Asia*. Singapore: ISEAS.

Lindsay, J. and Liem, M., eds. 2011. *Heirs to World Culture: Being Indonesian 1950–1965*. Leiden: KITLV Press.

McCoy, Alfred, ed. 1980. *Southeast Asia under Japanese Occupation*. New Haven: Yale University Southeast Asia Studies.

McCoy, Alfred, ed. 1993. *An Anarchy of Families: State and Family in the Philippines*. Madison: University of Wisconsin Press.

Osborne, Milton. 1994. *Sihanouk: Prince of Light, Prince of Darkness*. Sydney: Allen &Unwin.

Pan, Lynn, ed. 1998. *The Encyclopedia of the Chinese Overseas*. Singapore: Archipelago Press.

Reid, Anthony. 1974. *The Indonesian National Revolution, 1945–1950*. Hawthorn, Vic: Longmans Australia.

Reid, Anthony, ed. 1996. *Sojourners and Settlers: Histories of Southeast Asia and the Chinese*. Sydney: Allen & Unwin.

Reynolds, Craig. 2006. *Seditious Histories: Contesting Thai and Southeast Asian Pasts*. Seattle: University of Washington Press.

Rigg, Jonathan. 2003. *Southeast Asia: The Human Landscape of Modernization and Development*. 2nd edn. London: Routledge.

Rosaldo, Renato. 1980. *Ilongot Headhunting, 1883–1974: A Study in Society and History*. Stanford: Stanford University Press.

Skinner, G. William. 1957. *Chinese Society in Thailand: An Analytical History*. Ithaca: Cornell University Press.

Suehiro Akira. 1989. *Capital Accumulation in Thailand, 1855–1985*. Tokyo: Centre for East Asian Cultural Studies.

東南亞史

多元而獨特，關鍵的十字路口

A History of Southeast Asia: Critical Crossroads

作者｜安東尼・瑞德（Anthony Reid）　譯者｜韓翔中　審訂｜鄭永常
主編｜洪源鴻　責任編輯｜宋士弘
行銷企劃總監｜蔡慧華
封面設計｜虎稿・薛偉成　內頁排版｜宸遠彩藝

出版｜八旗文化／遠足文化事業股份有限公司
發行｜遠足文化事業股份有限公司（讀書共和國出版集團）
地址｜新北市新店區民權路 108-2 號 9 樓
電話｜02-22181417　傳真｜02-22188057
客服專線｜0800-221029　E-mail｜gusa0601@gmail.com
Facebook｜facebook.com/gusapublishing　Blog｜gusapublishing.blogspot.com
法律顧問｜華洋法律事務所／蘇文生律師
印刷｜通南彩色印刷有限公司

出版｜2022 年 08 月　初版一刷
　　　2023 年 12 月　初版五刷
定價｜900 元

ISBN｜9786267129647（平裝）
　　　9786267129661（EPUB）
　　　9786267129654（PDF）

國家圖書館出版品預行編目（CIP）資料

東南亞史：多元而獨特，關鍵的十字路口
安東尼‧瑞德（Anthony Reid）著／
韓翔中譯／初版／新北市／八旗文化出版／
遠足文化事業股份有限公司發行／民 111.08
譯自：A History of Southeast Asia: Critical
　　　Crossroads
ISBN：978-626-7129-64-7（平裝）

一、歷史　　二、東南亞

738.01　　　　　　　　　　　　111011409